개정증보판

Mergers & Acquisitions

M&A와 투자, 기업재편 가이드

이중욱 · 김성수 · 박윤진 공저

SAMIL | 삼일인포마인

www.samili.com 사이트 **제품몰** 코너에서 본 도서 **수정사항**을 클릭하시면 정오표 및 중요한 수정 사항이 있을 경우 그 내용을 확인하실 수 있습니다.

머리말

최근 M&A, 투자, 기업재편에 대한 관심이 높아지고 있습니다. 스타트업(Start-up)은 물론 성장기 및 성숙기에 들어선 기업들에게도 M&A는 기업이 환경에 적응하고 더 도약할 수 있는 중요한 방법이 되어가고 있습니다. 나아가 M&A를 투자라는 넓은 관점에서 바라보면 누구나 접하게 되는 주제가 됩니다.

그러나 M&A라는 단어가 주는 느낌은 왠지 생소하고 복잡해 보입니다. 그동안 외국에 비해서는 M&A활동이 비교적 활발하지 못했던 경제 상황 및 국내 환경에 적합한 M&A 관련 참고 서적의 부족, 그리고 소수의 전문가를 위한 정보가 많았던 것 때문일 수도 있습니다.

이 책의 목적은 복잡하고 어렵다고 생각할 수 있는 M&A의 전체적인 과정을 이해하기 쉽도록 서술하여 실무자가 입문부터 실전까지 충분한 지식을 쌓도록 도와주는 것입니다. 그래서 최대한 명확하게 M&A의 모든 과정을 설명하는 데 가장 중점을 두었습니다. 또한 세부적인 부분을 놓치지 않기 위해 실행과정에서 꼭 필요한 절차와 지식에 대해서는 표, 그림, 별점 자료 등을 추가해 보나 자세히 다루고 있습니다.

그리고, 실행과정에서 실무적용에 도움이 되는 상세한 해설이 필요한 독자들을 위해 각 프로세스별 핵심 주제에 대해서는 부록 "실무가이드"를 통해 깊이 있는 설명을 별도로 이어갈 수 있도록 편성하였습니다.

즉, 이 책은 M&A에 대한 이해와 실행과정에 도움이 될 목적으로 집필되었기 때문에 M&A 과정에서 필요한 여러 가지 **기본개념의 이해, M&A환경과 성공요소에 대한 설명, M&A의 전체적인 과정에 대한 이해(매도자 입장과 매수자 입장을 구분하여), 투자 및 자금조달, 거래구조, 합병, 분할, 양수도, 상장, 계약, 협상, 법률, 회계와 세무에서 PMI(사후통합)까지 M&A절차 상 각각의 주제에 대한 자세한 설명, 그리고 실무적용에 도움을 주는 주제별 실무가이드 및 예시자료**로 구성됩니다.

또한 최근 주목받고 있는 ESG(Environmental, SocialandcorporateGovernance, 환경, 사회, 기업 지배구조)가 M&A와 투자에 미치는 영향에 대해서도 다루었으며, 다양한 Deal structure에 대한 설명과 사례를 통해 딜 구조 방안 마련 시 고려사항을 쉽게 이해할 수 있도록 하였습니다. 일반적인 프로세스 설명에서 간과되는 M&A 정산시 고려사항에 대한 설명 등을 비롯한 M&A 및 투자의 실무적 고려사항도 쉽고 체계적으로 정리해 두었습니다.

그리고, 최근 스타트업 투자에 대한 관심을 고려하여 스타트업의 투자유치절차 및 투자유치시 고려사항에 대한 설명을 담았으며, 어떤 기업이 투자를 받게 되는지에 대한 이야기와 M&A과정에서 CEO와 실무자가 알아야 할 법률과 재무 및 세무 주제에 대한 설명도 함께 담았습니다.

많은 분들께서 이 책의 완성에 도움을 주셨습니다. 수많은 경험과 고민을 함께했던 선배, 동료, 후배들에게도 감사드립니다. 바쁜 일상 속에서도 기꺼이 시간을 내어 이 책에 대해 소중한 의견을 주신 강덕호, 고규진, 김상협, 김지훈, 두종민, 배은주, 엄기호, 이수빈, 이승섭, 장성욱, 정우재, 최원호, 홍석형님께 감사드리며, 첫 장부터 마지막장까지 정독하면서 꼼꼼한 의견을 주신 임혜진님께도 감사드립니다. 그리고 책의 필요성과 방향을 이해하고 전적으로 지원을 해 주신 삼일인포마인 이희태 대표이사님과 조원오 전무님, 그리고 임연혁 차장님을 비롯한 편집부 팀원들에게도 감사드립니다. 마지막으로 아낌없는 격려와 함께 항상 곁에서 미소를 지으며 행복을 전하는 가족에게는 고맙다는 말은 충분해 보이지 않습니다.

우리는 이 책을 "꿈과 도전에 대한 이야기"라는 화두로 시작하고자 합니다.

진정한 발견이란 새로운 땅을 찾아내는 것이 아니라 새로운 시각을 갖는 것이고, 새로운 시각을 갖고 무언가를 성취하고자 한다면 행동하는 것뿐만 아니라, 꿈꾸는 것도 반드시 필요할 것입니다. M&A가 선순환구조로 작동할 수 있다면 M&A는 누군가의 꿈이 실현되는 마당이 될 수 있고, 꿈꾸는 자의 도전과 혁신의 이야기가 될 수 있을 것입니다. 물론 모든 도전이 성공으로 이어질 수는 없겠지만 "다시 시도하라. 또 실패하라, 더 낫게 실패하라"는 말처럼 그러한 실패마저도 기꺼이 받아줄 수 있는 마당이 열릴 수 있기를 바랍니다. 감사합니다.

2023년 5월 저자

차례

제1장

M&A의 이해

Ⅰ 투자와 M&A 이야기

1 꿈과 도전, 그리고 적응과 생존

꿈과 도전에 관한 이야기 하나;

"진정한 발견이란 새로운 땅을 찾아내는 것이 아니라 새로운 시각을 갖는 것이다"[1)]

최근 스타트업(Start-up) 또는 창업생태계에 대한 관심이 증가하고 있습니다. 이렇게 새로운 시각으로 적극적인 도전과 혁신을 꿈꾸는 사람이 많아진다는 것은 세상에 활력을 주는 긍정의 요소가 되는 것이 아닐까 합니다. 우리가 늘 강조하는 크리에이티브(Creative) 혹은 창의성이라는 것도 사회가 이를 적극적으로 받아들여줄 수 있을 때 발현될 수 있을 것이기 때문입니다.

M&A를 투자라는 넓은 틀에서 바라본다면 이러한 창업생태계를 활성화하는 것과 밀접한 관련이 있다고 볼 수 있습니다. 초기단계에서 누군가 우리가 바라는 꿈 또는 우리가 바라는 기술에 투자할 수 있습니다. 그리고 그러한 기술이 실현될 가능성이 커질 경우에는 지분투자자로부터 투자를 받아 시장성을 확보하게 되고, 상용화에 성공하면 IPO 등을 통해 좀 더 많은 투자자로부터 관심과 투자를 받을 수 있게 됩니다. 그리고 이렇게 성공한 기업은 새롭게 도전과 혁신을 꿈꾸는 자에게 투자합니다. 스타트업과 M&A는 이렇게 선순환구조로서 작용할 수 있습니다.

이러한 선순환구조가 작동하려면 여러 가지 면에서 변화되어야 할 사항들이 있을 수 있지만 충분히 가능하다고 봅니다. 위대한 성취를 하려면 행동하는 것뿐만 아니라, 꿈꾸는 것도 반드시 필요하다[2)]고 합니다. M&A의 선순환구조는 누군가의 꿈이 실현되는 장이 되고, 꿈꾸는 자의 도전과 혁신의 이야기가 될 수 있다고 봅니다. 물론 모든 도전이 성공으로 이어질 수는 없겠지만 "다시 시도하라. 또 실패하라, 더 낫게 실패하라[3)]"는 말처럼 그러한 실패마저도 기꺼이 받아줄 수 있는 마당이 될 수 있기를 바랍니다.

1) 마르셀 프루스트
2) 아나톨 프랑스
3) 사뮈엘 베케트

기업의 생존과 적응에 관한 이야기 하나;

기업은 내외부 환경에 끊임없이 적응하면서 가치를 창출하고, 환경에 적응하지 못하는 기업은 사라지기도 합니다. 기업들이 환경에 적응하는 방식은 다양합니다. 제품이나 서비스를 시장상황에 따라 조금씩 바꾸기도 하고, 때로는 전혀 다른 제품이나 서비스로 거듭나기도 합니다. 이 과정에서 내부역량의 육성 및 강화를 통해 이러한 적응과 변화를 도모하기도 하지만, M&A를 환경 적응의 중요한 방법으로 활용하기도 합니다. 새로운 시장에 진입하거나 새로운 기술을 확보하는데 M&A가 효과적일 수 있다고 보기 때문입니다.

전략적인 방향성이 일치하고 무리하지 않는다면 M&A는 기업이 환경에 적응하여 생존해 가는데 효과적인 방법일 수 있습니다. 그러나, 우리는 과거의 모든 M&A가 성공하였던 것은 아니라는 사실을 받아들이고, 향후 지속적인 가치창출을 위해 우리에게 꼭 필요한 M&A이고, 감당할 수 있는 수준의 M&A인지에 대해 고민해 보는 것을 잊지 않아야 할 것입니다.

그리고, M&A를 검토할 때 자신과 자신을 둘러싼 환경에 대한 명확한 이해가 없이는 M&A가 올바른 방향으로 진행되기가 어려울 수 있다는 점도 절대 간과하지 말아야 할 것입니다.

2 M&A는 무엇인가?

M&A는 Mergers & Acquisitions, 즉 합병과 인수를 의미하지만, 일반적으로는 합병과 인수뿐만 아니라 다양한 방식의 통합을 포괄하는 용어로 사용될 수 있습니다.

먼저 합병은 두 개 이상의 기업이 하나로 합쳐지는 것을 의미합니다. 인수는 기업의 전부 또는 일부 지분을 매입하거나 유상증자로 신주발행에 참여하여 지분을 확보하는 것, 또는 기업의 특정 영업부문이나 자산을 매입하는 것이 모두 포함될 수 있습니다.

그러나, M&A는 좀더 포괄적인 의미로 사용되기도 합니다. 합병이나 인수가 아니더라도 주식교환과 같은 통합방법이나, 합작투자나 전략적 제휴, 자회사나 특정 사업부문을 매각 또는 분할하는 것과 같이 경영권에 영향을 미치는 일련의 행위를 포괄하여 M&A의 범주로 볼 수도 있습니다.

참고로 공정거래법이나 회계기준에서도 M&A와 유사한 기업결합이나 사업결합이라는 용어를 사용하고 있는데, 여기에서도 합병, 지분양수도, 사업양수도 이외에 임원의 지위 획득 등 지배력을 획득할 수 있는 다양한 거래나 사건을 폭넓게 정의하고 있습니다.

NOTE 1

❑ 법규 및 기준상으로 보는 M&A

용어	관련 법규	법규 및 기준상의 정의
기업결합	공정거래법	1. 다른 회사의 주식의 취득 또는 소유 2. 임원 또는 종업원에 의한 다른 회사의 임원지위의 겸임 3. 다른 회사와의 합병 4. 다른 회사의 영업의 전부 또는 주요부분의 양수・임차 또는 경영의 수임이나 다른 회사의 영업용고정자산의 전부 또는 주요부분의 양수 5. 새로운 회사설립에의 참여
사업결합	K-IFRS	취득자가 하나 이상의 사업에 대한 지배력을 획득하는 거래나 그 밖의 사건(지분인수, 합병, 사업양수, 주식교환 등을 포함)

3 기업들이 M&A를 추진하는 이유

시장의 변화속도가 빨라지고 경쟁이 글로벌화되고, 기존 사업의 지속기간이 짧아지는 등의 이유로 인해 생존과 성장전략으로 M&A를 고려하는 기업들이 증가하고 있습니다.

기업들이 M&A를 추진하는 주요 이유는 다양하겠지만 일반적인 M&A 목적으로서 언급되는 사항은 매수자측면에서는 기술의 확보나 신규 시장의 신속한 진입, 매도자 측면에서는 비핵심사업 매각을 통한 재무역량 강화 등이 있을 수 있습니다.

[표 1] M&A 추진의 목적

매수사 측면	매도자 측면
• 기술의 확보 또는 R&D 역량의 확보 • 새로운 시장/산업으로의 신속한 진입 • 규모의 경제 등을 통한 시장 지배력 확대 • Value-chain 연계를 통한 가격 경쟁력 확보 • 시너지 창출 • 포트폴리오의 확장	• (구조재편 측면) 핵심사업 집중을 위한 비핵심사업 매각 • 재무구조의 개선 또는 자금조달 • (재무적 투자자 등의) 투자회수 목적 매각 • 창업자의 은퇴

많은 기업들이 변화하는 환경에 적응하고 지속적으로 성장하고자 하는 방안 중의 하나로 M&A를 고려하지만 M&A가 반드시 성공을 담보하지는 않습니다. M&A는 실패 가능성

이 더 높은 게임이라는 의견도 많습니다.

한 가지 우리가 반드시 생각해야 할 것은 M&A는 회사가 마주하고 있는 모든 문제를 해결해 주는 마법의 열쇠가 될 수는 없으므로 항상 다양한 대안을 충분히 검토하고 이러한 대안들 중에서 합리적인 선택을 할 필요가 있을 것입니다.

4 M&A의 다양한 유형 및 M&A의 대안

1) 최근 국내 M&A의 동향

최근 국내 M&A 시장의 특징은 사모펀드의 역할이 증가하고 있고, 신생벤처기업에 대한 투자가 활발하게 이루어지고 있으며, 대기업의 핵심 사업 집중 및 사업재편이 자발적이고 선제적으로 이루어지고 있다는 점입니다. 이와 함께 국내기업의 해외투자 등과 같은 Cross-border M&A가 증가하고 있다는 것도 최근의 동향 중 하나라고 볼 수 있습니다. 이처럼 최근 M&A는 다양한 영역에서, 다양한 이해관계자에 의해, 다양한 목적과 다양한 유형으로 이루어지고 있습니다.

2) M&A의 유형

합병을 하거나 지분을 인수하는 방법도 다양하게 이루어질 수 있으며, 합병의 경우에도 단순합병과 분할합병, 삼각합병 등의 방법이 있습니다.

지분인수도 기존에 발행된 지분을 인수하는 방법, 자기주식을 인수하는 방법, 유상증자 등을 통해 신주를 인수하는 방법이 있습니다. 기존에 발행된 지분을 인수하는 방법도 지배주주의 지분을 인수하는 방법, 시장에서 매수하는 방법, 공개매수를 하는 방법 등이 있을 수 있습니다.

합병이나 지분인수가 아닌 통합방법으로 주식의 포괄적 교환이나 주식의 포괄적 이전의 방법이 활용될 수도 있습니다.

지분이 아닌 특정 영업부문을 인수하거나 특정 자산을 인수할 수도 있습니다.[4)]

그러나 M&A가 반드시 지분을 확보하거나 합병을 하는 등의 방법으로 대상회사를 인수하는 것만을 의미하지는 않습니다. 우리 기업의 부족한 부분을 다른 기업과의 전략적 제휴를 통해 보완하는 경우도 있습니다. 이러한 경우도 단순한 거래가 아니라 의사결정의 중요한 부분을 협의해 가면서 전략적 파트너로서 기능한다면 M&A의 한 유형이 될 수 있을 것입니다.

4) 다양한 유형의 자세한 설명은 부록 "실무가이드"에서 다루기로 합니다.

[표 2] 일반적인 M&A의 분류

구분 기준	구분 기분에 따른 M&A 분류
형태(또는 방법)별 유형	합병, 분할합병, 영업양수도, 자산양수도, 지분양수도, 주식의 포괄적 교환 및 이전, 현물출자 등
상호간의 거래의사	우호적 M&A - 적대적 M&A
거래 지역	Domestic M&A - Cross-Border M&A[5)]
사업적 구조	수평적 M&A - 수직적 M&A[6)] - 다각적 M&A[7)]
교섭방법	개별 교섭 - 공개매수
결제수단	현금 - 주식 - 현물

3) M&A 거래의 구분

M&A는 다양한 형태로 이루어지기 때문에 일률적으로 M&A 거래를 구분할 수는 없지만, 거래진행주체, 거래진행방식, 거래구조에 따라 구분한 다음의 그림은 M&A가 이루어지는 방식에 대한 개괄적인 내용을 이해하는 데 참고가 될 수 있을 것입니다.

[그림 1] M&A 거래의 구분

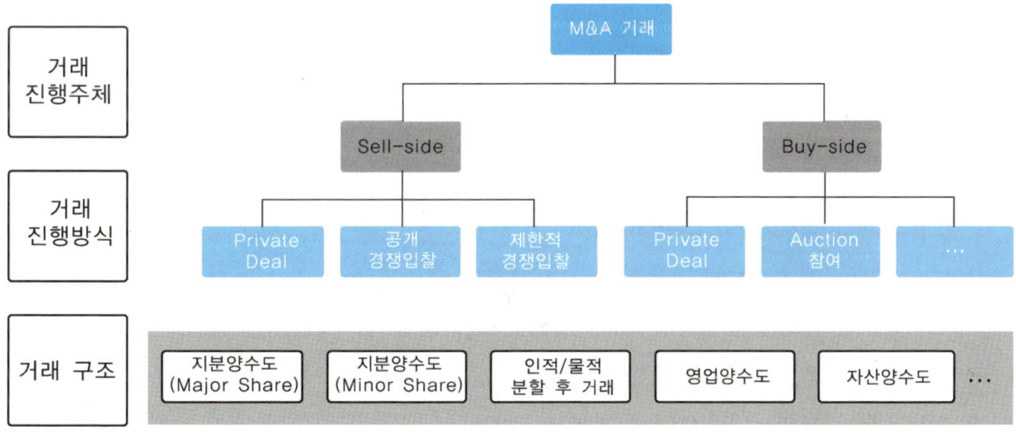

5) Domestic M&A는 동일 국가내의 기업간의 M&A를, Cross-border M&A는 서로 다른 국가/지역의 기업간 M&A를 의미합니다.
6) 수평전 M&A는 경쟁관계에 있는 동일업종간의 M&A를 의미하며, 수직적 M&A는 생산 또는 서비스체계에서 사업적 연관관계에 있는 value chain간의 M&A를 의미합니다.
7) 서로 관련성이 낮은 업종간의 M&A

위의 그림에서 보는 바와 같이 M&A는 거래진행 주체에 따라 매각관점에 있는 Sell-side, 매수관점에 있는 Buy-side가 있습니다.

거래진행방식은 매도자와 매수자가 공개적인 입찰절차 없이 1대1로 접촉하여 M&A를 진행하는 Private deal이 있고, 소수의 입찰후보자와 접촉하여 그 중에서 M&A 거래 대상자를 선정하는 제한적 경쟁입찰절차가 있으며, 관심있는 투자자는 일정 조건을 충족한다면 누구나 입찰에 참여하도록 하는 공개입찰절차가 있습니다.

그리고 이러한 거래는 지분양수도, 영업양수도, 자산양수도, 분할 후 거래, 합병 등 다양한 구조를 통해 이루어지게 됩니다.

4) M&A의 대안

기업이 환경에 적응하고 성장하기 위한 전략을 수립하기 위해서는 지나치게 M&A만 의존하기보다는 회사 내부 역량, 외부 자원의 활용 가능성, 시장환경 등에 대한 고려를 통해 균형있는 성장전략을 수립하는 것이 바람직할 것입니다. 자생적 성장을 기초로 M&A를 포함한 외부 역량 활용 방안을 다각도로 도모하는 등 성장 전략을 다변화하는 기업의 지속가능성이 M&A에만 의존하는 기업보다 더 높다는 주장도 있습니다. 균형잡힌 성장의 중요성을 다시 한번 생각하게 합니다.

M&A의 대안으로써 고려해 볼 수 있는 방법은 신규설립(Green Field Investment), 합작투자(Joint Venture), 전략적제휴(Strategic Alliance), IPO(기업공개, 상장) 등이 있을 수 있습니다. 다음은 각각의 내용에 대해 간단히 살펴보도록 하겠습니다.

① 신규설립(Green Field Investment)

기업은 다양한 외부환경에 적응하며 지속적으로 생존과 성장을 이어가게 됩니다. 기업이 새로운 시장으로 확대를 통해 성장하는 방법으로는 내적 성장(organic growth, Green Field Investment)과 M&A를 통한 외적 성장(Inorganic growth)이 있습니다.

내적 성장은 기업의 보유 자원을 토대로 투자하여 매출과 이익의 성장을 가져오는 방법입니다. 기존의 기업문화와 동질성을 유지하면서 사업을 확장한다는 측면이 있으나, 새로운 시장에 안정적으로 진출하는 데까지 상대적으로 시간이 많이 소요된다는 점이 고려되어야 합니다.

외적 성장(Inorganic growth)는 기술, 판매채널, 신규 사업 등 다양한 경영자원을 M&A를 통해 확보하여 사업의 성장을 도모하는 방법입니다. 내적 성장에 비해 상대적으로 시간이 단축될 수 있으나, 이질적 기업문화와 인수비용은 짧은 기간에 해결하기에는 부담이 될 수 있다는 점이 고려되어야 합니다.

[표 3] 신규설립과 M&A의 장단점

구분	신규설립(내적성장)	M&A(외적성장)
장점	• 입지 선정 등 의사결정의 융통성 • 투자시기 및 규모, 금액 결정의 융통성 • 전반적인 통제가 용이	• 시장 진입에 시간 단축 • 기존 자원, 인력, 기술, 유통망, 브랜드, 서비스 등의 용이한 확보
단점	• 정상궤도 진입에 장기가 소요 • 인력, 자원 확보의 어려움 • 기존업체와 경쟁	• 인수자금 부담 • 이질적 조직문화 등 기존 자원 또는 경영방식과의 통합의 어려움 • 파악하지 못한 부실/위험의 존재 가능성 • 핵심인력/기술의 연속성 여부

② 합작투자(Joint venture)

합작투자는 둘 이상의 기업이 공동으로 자원을 투자하여 법인을 설립하고 공동으로 운영하며, 공동으로 소유권을 가지는 방식의 투자입니다. 공동투자이므로 위험부담이 상대적으로 줄어들고, 각 기업이 보유한 기술이나 노하우, 생산시설, 자금 등 경쟁력이 있는 자원이 투사되어 상호간 부족한 부분을 보완하게 된다면 시장진입 및 규모의 경제 달성이 용이해질 수도 있습니다.

이러한 합작투자는 신규시장 진출에 필요한 노하우나 자본이 부족한 경우, 시장의 규제 등으로 단독투자가 쉽지 않을 경우, 자원의 용이한 조달 등을 위해 파트너의 도움이 필요한 경우, 마케팅이나 채널 확보 등을 위한 파트너 협력이 필요한 경우, 기술은 보유하고 있으나 시장의 성공적인 진출을 위해 자금이나 신용의 확보가 필요한 경우 등에 이용될 수 있습니다.

③ 전략적 제휴

협력을 하는 것이 시너지 등을 통한 가치창출 가능성이 높을 것으로 예상되는데, 현 시점에서 M&A가 용이하지 않은 경우가 있을 수 있습니다. 다음의 그림에서 4사분 면에 있는 기업들이 그 대상이 될 수 있습니다. 흔히 M&A 대상에 대한 검토를 하는 과정에서 이러한 기업들은 인수 용이성이 낮아 M&A 후보기업에서 제외됩니다. 그러나, 제휴를 통해서도 회사가 목표로 하는 가치창출을 해낼 수 있다면 이러한 기회 역시 검토해 보아야 할 것입니다.

[그림 2] M&A대상과 전략적 제휴 대상

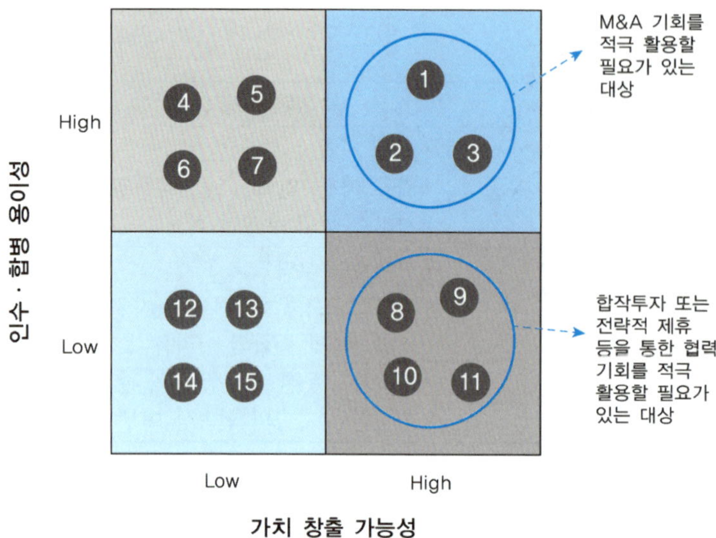

전략적 제휴는 신규설립과 같은 내적성장방식과 인수 · 합병과 같은 협력방식을 모두 포함할 수 있습니다. 이러한 측면에서 앞서 언급한 합작투자도 전략적 제휴의 범위에 포함됩니다.

전략적 제휴는 각 기업들이 보유한 역량을 공유하여 새로운 제품 · 서비스의 개발 또는 새로운 시장의 진출을 도모하는 방식으로 다른 방법에 비해 훨씬 유연하게 협력할 수 있습니다. 전략적 제휴는 각자가 보유한 자원을 활용하면서 추가로 부족한 부분을 제휴 파트너와 협력을 통해 활용할 수 있다는 장점이 있지만, 제휴 파트너와 신뢰와 협력을 바탕으로 한 상생관계 형성에 실패한다면 많은 것을 잃을 수도 있습니다.

[그림 3] M&A의 대안으로서 전략적 제휴

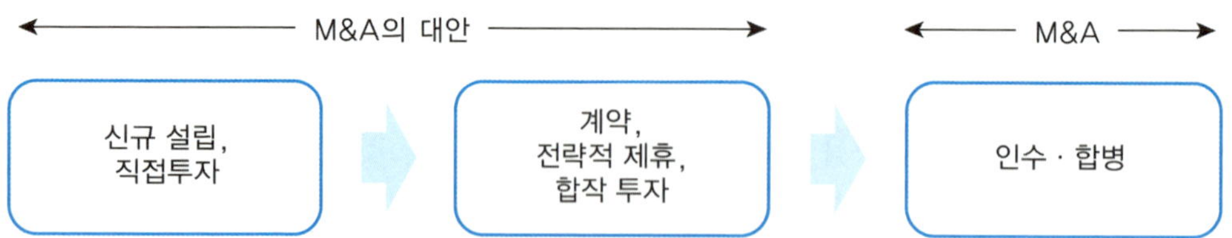

외부역량을 효과적으로 활용하는 것은 기업들이 빠르게 변화하는 시장환경에 유연하게 대응하면서 지속가능한 성장전략을 수립하는 데 중요한 능력이 되고 있습니다. 그리고 외부역량을 효과적으로 활용할 수 있기 위해서는 파트너와의 신뢰 및 협력을 토대로 한 상생관계 형성이 중요하다는 점은 시장참여자들에게 시사하는 바가 크다고 할 수 있습니다.

④ IPO(Initial Public Offering; 기업공개, 상장)

M&A를 자금조달 방안 중의 하나로 본다면, 기업공개(상장)도 M&A의 대안이 될 수 있습니다. 기업공개는 회사의 주식을 다수의 일반투자자에게 공모를 통해 유상증자하여 발행하거나, 이미 발행된 기존주주의 주식을 매각하여 자금을 조달하고 주식을 분산시키는 것입니다. 주식은 시장에서 원활하게 거래될 수 있어야 자금조달이 용이하기 때문에 유가증권시장이나 코스닥시장, 코넥스시장에 기업을 공개 상장하여 매매거래가 활발하게 이루어지도록 하는 것입니다.

국내 시장의 IPO규모는 2015년 4조 371억원을 기록한 이후 2016년 6조 3,272억원, 2017년 7조 8,188억원으로 꾸준하게 증가하였는데 2018년 글로벌 증시 조정과 함께 감소하였습니다. 그러나 적자여도 뛰어난 기술력을 보유하면 상장을 허용하는 '기술특례 상장' 제도 등으로 인해 코스닥 시장을 중심으로 특례상장 기업의 수는 지속적으로 증가하고 있습니다.

[그림 4] 연도별 IPO 공모금액 및 기업수[8)]

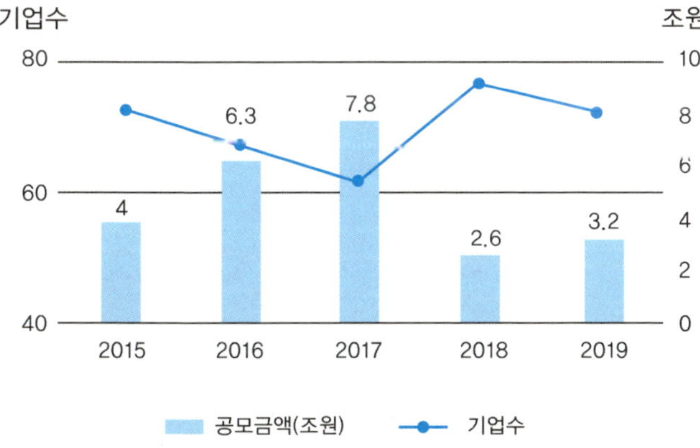

최근에는 사업초기단계의 기업이 인터넷 플랫폼 등을 활용하여 사업내용이나 프로젝트 현황 및 비전을 공개하고 다수의 투자자로부터 투자를 받는 방식인 크라우드펀딩도 벤처기업의 새로운 자금조달 방법으로 자리매김하고 있습니다.[9)]

8) 통계청 자료, 출처: 금융감독원 전자공시시스템(DART)

9) 2016년 자본시장법 개정안 시행 이후 크라우드펀딩의 성공실적도 늘어나고 있습니다. 크라우드펀딩 플랫폼 크라우드넷에 따르면, 2020년 3월 현재 주식형 크라우드펀딩의 성공실적은 888건이고, 펀딩성공 금액은 모두 약 817억원에 이릅니다.

5) 기타의 방안

판매후리스(Sales & Leaseback)나 자산유동화(Liquidation)도 고려가능한 방안이 될 수 있습니다. 판매후리스는 기업이 소유하고 있는 설비 등의 자산을 매각한 후 해당자산을 리스 혹은 임대계약을 통해 다시 사용하는 방식의 거래입니다. 초기 투자자금이 많이 소유되나 향후 수익규모가 리스료보다 더 클 것으로 예상되는 경우 고려해 볼 수 있습니다. 자산유동화는 기업이 보유한 자산을 담보로 채권을 발행하여 자금을 조달하는 방법입니다.

Ⅱ 성공적인 M&A를 위한 요소

1 M&A는 항상 성공하는가?

많은 기업들이 기업의 성장수단으로 또는 변화하는 환경에 신속하게 적응하고자 하는 방법으로 M&A를 선택합니다. 그렇다면 M&A는 성공을 반드시 보장하는 방법일까?

다음의 조사를 보면서 우리는 M&A에 대해 조금 현실적으로 접근할 필요성을 느끼게 됩니다. 세계적인 회계법인이면서 컨설팅법인인 PwC와 M&A 전문 조사기관 Mergermarket의 2019년 조사 자료를 보면, 딜을 완료한 후 24개월 후의 총주주수익률 비교에서 인수자의 53%가 업계 평균을 하회하였고, 매각자의 57%가 업계 평균을 하회하였다고 발표하고 있습니다.[10)]

[표 4] M&A 후 기업 성과 조사[11)]

53%	딜 완료 24개월 후를 기준으로 Total shareholder Return은 인수자측의 53%가 업계평균을 하회
57%	딜 완료 24개월 후를 기준으로 Total shareholder Return은 매각자측의 57%가 업계평균을 하회

물론 이 조사결과로 M&A의 성공확률이 50% 정도밖에 되지 않는다고 단정할 수는 없을 것입니다. 인수자측은 인수 후 시너지를 창출하는 과정에 시간이 소요될 수도 있고, 매각자측은 매각 후 새로운 사업을 안정적으로 영위하기 위한 숙제를 앉게 될 수도 있으며, M&A 성공의 기준이 반드시 총주주수익률이 아닌 경우도 있을 것이기 때문입니다. 그러나, 이 조사는 M&A가 성공을 보장하는 확실한 수단이 아니라는 것을 보여주고 있는 것임에는 분명합니다. 그렇기 때문에 M&A를 추진하고자 한다면 성공적인 M&A를 위해 무엇이 필요한지, 어떤 경우에 실패하였는지 등을 면밀히 살펴볼 필요가 있습니다.

10) Source: Creating Value beyond the deal 2019(pwc & Mergermarket)
11) PwC와 M&A 전문 조사기관 Mergermarket의 2019년 조사

2 다임러와 크라이슬러는 왜 결별하였을까?

"앞으로 자동차 시장은 빅5만 살아남을 것이다. 우리가 생존하기 위해 해야 할 일은 무엇일까?"

독일 최고의 명차 제조사 중의 하나인 벤츠 그룹은 규모를 키우기로 하고 M&A를 모색하기 시작했습니다. 대상은 미국 빅3 중 하나인 "크라이슬러"

1998년 5월. 3년 여의 협상 끝에 인수 확정.

대부분의 주주가 인수 합병에 찬성.

"다임러크라이슬러(DaimlerChrysler)"의 탄생.

GM, 포드, 토요타, 폭스바겐에 이은 세계 5위의 자동차 업체는 이렇게 탄생하였습니다.

다임러크라이슬러의 초대 CEO인 위르겐 에리히 슈렘프가 "Match made in Heaven"이라고 표현할 정도로 이 합병에 대한 기대감을 나타냈습니다.

시장에서도 많은 전문가들이 꿈의 결합, 세기의 결합이라고 하면서 각자가 가진 장점을 결합하여 부품과 기술을 공유하고, 구매와 유통망을 공동 이용하는 등의 규모의 경제를 통한 경쟁력 강화와 공동생산 및 연구개발을 통한 성장을 통해 몇 년 안에 세계 최대의 자동차 회사가 될 것으로 내다보았습니다.

그러나, 합병 3년만에 주가 폭락,

2003년 영업손실 약 6억 2천만달러,

수차례에 걸친 대대적인 인력 구조조정

2007년 M&A 실패를 인정하고 인수금액의 20% 가격에 크라이슬러를 매각하게 됩니다.

NOTE 2

❑ 벤츠와 크라이슬러 합병 실패에 대한 소견

벤츠와 크라이슬러 M&A 실패 원인에 대해서는 다양한 의견들이 제시되고 있습니다.

그 중 통합(PMI)의 실패가 많이 이야기됩니다. 즉, 서로에 대한 이해가 부족하였고, 조직문화적 차이가 있음에도 불구하고 이러한 문제를 너무 간과했다는 것입니다. 체계적인 규칙과 규율을 중요시하는 기업문화와 자율과 성과를 중시하는 기업문화의 차이가 있음에도 이러한 차이를 충분히 고려하지 않은 경영 방식으로 많은 유능한 인재가 떠나게 되고, 기업 운영에 있어 비효율성도 커지게 되었는다는 것입니다.

또 다른 원인으로는 시너지 효과에 대한 과대 평가가 있습니다. M&A 당시에는 벤츠의 고급차 이미지와 크라이슬러의 대중적 이미지가 가진 장점과 유통망 등을 결합하여 시장을 확대할 것으로 기대하였으나, 소비자들은 벤츠에 대한 신뢰를 크라이슬러의 구매로 연결하지 않았고, 크라이슬러의 유통망은 벤츠의 판매에 큰 도움이 되지 않았다는 것입니다. 고급차와 대중차의 시장과 특성은 본질적으로 다름에도 불구하고 이를 충분히 고려하지 못하고 시너지 효과를 과대평가한 것입니다.

그리고 마지막으로 언급하고자 하는 원인은 전략수립단계에서 자신과 시장에 대한 분석이 충분하지 않았을 수도 있었다는 것입니다. 당시 시장은 빅5 생존론으로 인해 많은 자동차 기업들이 인수합병에 열을 올릴 시기였습니다. 이러한 상황에서 벤츠와 크라이슬러도 자기자신과 시장 분석을 바탕으로 수립된 장기 전략에 의한 M&A가 아닌, 주변 상황의 움직임에 떠밀려 시작된 M&A 계획이 아니었을까 하는 생각도 하게 됩니다.

즉, M&A는 서로에 대한 니즈(needs)에서 출발하는 것입니다. 니즈를 안다는 것은 자기자신에 대해 철저히 분석하고, 대상회사 및 시장상황에 대해 충분히 이해하는 것입니다. 즉, M&A는 바로 자신과 상대방과 시장상황을 잘 이해하는 데에서부터 시작되어야 합니다.

3 왜 실패하는가?

M&A는 성공사례만 있는 것이 아니라 실패한 사례도 많습니다. 승자의 저주라는 말이 있을 정도입니다. 그렇다면 "왜 실패하는가?"라는 물음을 던지는 것은 다양한 실패원인을 파악하고 이에 대비할 수 있다는 측면에서 M&A의 성공 가능성을 높이는 중요한 요소라고 볼 수 있습니다.

[표 5] M&A 실패 원인[12)]

M&A 사전 검토 단계	실행 단계	사후 통합 단계
• 명확하지 않은 M&A 목적 • 전략적 적합성에 대한 충분하지 못한 고려 • 적합하지 않은 대상 기업의 선정 • 대상 회사에 대한 이해 부족 • 시너지 과대 평가	• 실사 및 가치평가의 미흡 • 과도한 인수가격 지불 및 가격협상 실패 • 비밀유지 실패 • M&A 성사에 대한 집착 • financing의 실패(과다 차입 혹은 차입 비용등)	• 기업문화 및 제도 통합 실패 • 사후 통합전략 수립 미흡 및 통합작업 부실 • 핵심 인력 유지 실패 • 노사관계 유지 실패 • 시너지 활용 미흡 및 비전 공유 실패

12) M&A에센스, 중소기업청, 2016년 참고

M&A 사전 검토 단계	실행 단계	사후 통합 단계
• M&A에 대한 이해 부족에 따른 미흡한 준비 • 시장 및 규제/이해관계자 등 경영환경 이슈의 미고려 • 인허가, 지분 제한 등 regulation에 대한 미고려	• 협상 기간의 지연 • 사전에 결정된 기준의 미준수 • 협상 컨트롤 타워의 부재 • 통합상 장애요인 미고려 • 절차상 내부적 제약요인(주식매수청구권, 채권자보호절차 등)	• 법, 제도에 대한 정보 부족 및 과도한 행정비용 • 통합작업에 따른 실적 부진 • 시장상황의 불리한 변화 • 인수 후 구조재편의 원활한 이행 실패

M&A의 실패 원인은 잠재적인 위험 요소에 대한 충분한 검토가 이루어지지 못하는 경우, 혹은 파악된 위험 요소에 대한 대비책을 충실하게 준비하지 못하는 경우에 있다고 볼 수 있습니다.

M&A 사전 검토와 실행 단계에서는 회사의 사업에 대한 충분한 이해를 바탕으로 전략적 적합성이 충분한지 대상 회사의 사업 기회에 위험 요소는 없는지, 시너지가 과대 평가된 것은 아닌지 등을 반드시 살펴보아야 할 것입니다.

실행 과정에서는 대상 회사가 지나치게 과대평가된 것은 아닌지 등을 검토하여 인수에 소요되는 자금이 인수 효과 대비하여 지나치게 커서 회사에 재무적인 부담이 될 가능성은 없는지도 확인하여야 합니다. 이 과정에서 핵심인력의 이탈 위험, 핵심기술의 유출 위험 등도 검토하여야 합니다. 대상 회사의 핵심 경쟁요소를 파악하여 핵심 경쟁요소를 인수 이후에도 지속적으로 강화 및 확대할 수 있는지에 대한 부분도 확인이 필요한데, 이는 기존 사업과 잘 융합될 수 있는지, 시너지 창출 가능성이 높은지 등에 대한 부분과 병행하여 검토가 이루어져야 합니다.

인수 종결 및 이후 단계에서는 어떻게 잘 통합할 것인가에 대한 부분에 포커스가 맞춰지게 됩니다. 우리는 흔히 충분한 사전 준비와 실행단계를 거쳐 계약이 체결되면 M&A가 성공했다고 보고 사후적인 통합을 간과하는 사례들을 종종 목격하게 됩니다. 그러나 사후통합(PMI: Post Merger Integration)은 서로 다른 문화를 갖고 있는 조직이 동일한 목표를 향해 협력해서 나아가는데 아주 중요한 부분입니다. 다임러벤츠와 크라이슬러의 합병에서도 사후통합의 문제가 시너지를 창출하는데 중요한 장애요인이 되었다고 알려지고 있습니다. 결국 사후통합을 얼마나 잘 해내느냐가 사전 준비와 실행의 결과에 어떻게 마침표를 찍느냐는 화룡점정 같은 일입니다. 그러므로 사전 준비 단계와 실행 단계에서도 이러한 통합상의 장애요인이 무엇이 있는지, 이를 극복하기 위해서는 어떻게 해야 하는지를 파악하는 것이 필요합니다.

또한 사후통합에서 중요한 부분 중의 하나는 문화적 차이를 어떻게 받아들이고, 인수자와 피인수자의 입장에서 각각 상대방을 어떻게 배려하면서 협력을 이끌어내느냐 하는 것입니다. 이를 위해서는 구성원 각자의 노력도 중요하지만 경영진의 사후통합에 대한 중요성 인식 및 적극적인 지원이 절대적으로 필요하다고 볼 수 있습니다.

4 어떻게 성공했는가?

1) 하이얼의 GE 가전 부문 인수[13)]

2004년 중국 최대의 가전 기업으로 성장한 하이얼은 해외시장에서도 시장을 선도하는 최고의 가전 제품 브랜드로 성장하는 것을 목표로 수립하고 해외의 주요 가전업체 인수에도 관심을 갖기 시작했습니다. 그리고 2015년 12월 GE와 일렉트로룩스의 GE 가전부문 매각을 위한 협상이 시장의 공정거래 저해 가능성에 대한 우려 등을 이유로 중단되자 하이얼은 기회를 놓치지 않고 이러한 발표가 난 지 한달도 지나지 않아서 GE 가전사업부문을 인수하게 됩니다. 하이얼은 글로벌 선도 가전 기업을 지향하는 전략의 일환으로 GE 가전사업부문의 인수를 추진하였습니다. 이 인수를 통해 미국에서 단번에 높은 인지도와 시장점유율을 차지하게 되었고, 프리미엄 글로벌 브랜드를 확보하게 되었으며, 미국내 주요 유통망을 확보하게 됨으로써 전략적 목표를 달성하는 것이 용이해졌습니다.

하이얼의 GE가전사업부문 인수는 시장에 매물이 나와서 급작스럽게 이루어진 M&A가 아닙니다. 이 인수는 하이얼의 전략적 목표하에서 오랜 기간 검토되어왔다고 볼 수 있습니다. 2004년 글로벌 브랜드로 성장하겠다는 전략목표를 수립한 이후 꾸준히 글로벌 가전기업 M&A에 대한 관심을 가져왔고, 글로벌 금융위기로 GE가 매각 작업을 취소하기는 했지만 2008년 GE가 가전부문 매각을 시도했을 때에도 인수를 검토하고 논의를 진행했습니다. **명확한 전략적 목적하에서 준비되고 계획된** M&A였다고 볼 수 있습니다.

2) 다우케미칼과 듀폰의 합병[14)]

다우케미칼과 듀폰은 100년 이상 동안 기업활동을 해오면서 높은 인지도와 평판을 유지해온 기업입니다. 그러한 양사가 2015년 합병을 발표하였습니다. 농업과 화학 산업은 다우

13) LG Business Insight 1397 참고
14) LG Business Insight 1397 참고

케미칼, 듀폰, 몬산토, 바이엘, 바스프, 신젠타와 같은 빅6로 불리는 다국적 기업들이 시장을 장악하고 있는 산업입니다. 이러한 시장에서 양사의 합병은 시장에 커다란 파장을 불러왔습니다. 경쟁업체들의 성장으로 실적 부진이 이어져 왔으나 동업종에서 거대기업의 단순한 합병만으로는 문제를 해결할 수는 없기 때문입니다. 그러나 다우와 듀폰은 합병을 계획할 때부터 효율적 운영을 통해 수익성 증대를 실현할 수 있는 방안을 모색하였고, 이전보다 더 큰 규모의 경제로 선택과 집중이 가능한 3개 회사로 분사하여 사업을 운영하는 방안을 계획하고 준비하였습니다. 합병 후 원활한 통합단계를 거쳐 규모의 경제로 비용절감 효과를 달성한 후, 소재과학부문, 농업부문, 특수제품사업부문으로 회사를 나누어 각 사업부문이 개별기업으로서 핵심사업에 집중하도록 함으로써 추가적인 시너지를 달성하겠다는 계획입니다. 아직 합병의 성공여부를 예단할 수는 없지만 2019년 계획대로 3개사로 분사가 이루어지면서 M&A를 통해 시장을 새롭게 주도해 나갈 준비를 하고 있는 것은 분명해 보입니다.

3) 디즈니의 픽사 인수

"경쟁력있는 콘텐츠와 캐릭터를 보유하고 있는 디즈니(Disney)는 인수합병에 있어서도 성공적이었다고 평가받은 사례들을 가지고 있습니다. 컴퓨터 애니메이션 부분에서 당시 최강이었던 픽사(Pixar)인수도 그중 하나입니다. 디즈니는 픽사 인수전에 이미 컴퓨터 애니메이션 제작 역량을 갖추고 있었습니다. 그러나, 인수법인은 디즈니였지만, 디즈니 그룹의 애니메이션 부분 총괄을 픽사 경영진이 맡고, 기존 제작부서와 픽사의 업무플로어나 R&D 등의 인위적인 통합을 시도하지 않고 각 부서가 기존의 방식대로 각자의 아이디어를 추구하되, 서로 가진 정보와 기술을 적극적으로 교류할 수 있도록 하였습니다."

서로의 조직문화를 존중하고 각자가 갖고 있는 장점을 최대로 살릴 수 있는 통합의 방법으로 시너지를 창출하여 성공한 케이스로 언급할 수 있을 것 같습니다.

5 M&A의 성공 요소

모든 상황에서 다 적용되는 M&A의 성공요소를 정의하는 것은 쉽지 않지만, "왜 실패했는가?", "어떻게 성공했는가?"의 질문으로부터 M&A 성공 확률을 높이기 위해 필요한 요소가 무엇인지는 몇 가지로 나눠볼 수 있습니다.

ⓐ 우선 M&A를 하는 **분명한 목적**과 이러한 목적이 회사의 **전략에 부합**하여야 합니다.

전략은 M&A가 향후 **지속적인 가치창출**과 어떻게 연관될 수 있는지 구체적이되 구성원에게 명확하게 전달되어 공유될 필요가 있습니다.

ⓑ **대상에 대해 충분히 이해**하여야 합니다. 충분한 검토와 실사, 평가 등을 통해, 대상기업이 M&A 목적을 달성하는데 적합한지, 통합상의 장애요인은 없는지 등을 파악하여야 합니다.

ⓒ 그리고 시너지 창출이 가능하다면 **시너지 창출방안**을 구체적으로 마련하여 이러한 방안이 **실현 가능**한지 파악할 필요가 있습니다.

ⓓ 여러 기회요소와 위험요소를 인식했다면 **공정한 가치**가 어떻게 되는지에 대한 파악이 필요합니다. 그리고 이 가격이 협상 가능한 가치인지 검토한 후, 인수자금 조달을 통해 **재무구조의 건전성**이 심하게 악화될 경우에는 기업전체가 위험에 노출될 수 있다는 사실에 주의해야 합니다.

ⓔ **핵심가치에 집중**하여야 합니다. M&A는 이해관계자가 많고, 기업운영도 다양한 활동의 집합으로 이루어지기 때문에 자칫하면 도중에 방향을 잃을 수 있습니다. 모든 이슈를 동일하게 다룰 수 없는 상황이 발생할 수 있고, 이 경우에는 핵심가치에 우선순위를 두고 이슈를 바라볼 필요가 있습니다.

ⓕ M&A의 일련의 과정은 소통의 연속입니다. 모든 이해관계자와 **어떻게 소통할 것인지 계획하고 준비**하여야 합니다. M&A에서 대표적인 소통과정은 거래 상대방과의 협상입니다. 협상을 체계적으로 준비하고 관리하는 것은 당연해 보입니다. 그러나, M&A 과정은 거래 상대방 이외에도 임직원, 투자자, 거래처, 고객 등 다양한 이해관계자와 소통이 필요할 수 있습니다. 그리고 각 단계에서 공개하여 논의할 사항과 비밀을 유지해야 할 사항을 구분하는 것도 필요합니다. 이 과정을 어떻게 계획하고 준비하여 실행해 나가느냐는 M&A의 절차를 원활하게 진행하는 데 필수적입니다. 그리고 원활한 소통절차는 리더십을 토대로 한 **경영진의 적극적인 지원** 없이는 쉽게 달성하기가 어렵습니다.

ⓖ **어떻게 통합할 것인지**는 사전단계에서부터 준비되어야 합니다. 원만한 통합과정은 M&A의 성패를 좌우하는 중요한 절차라고 앞서 설명하였습니다. 통합상의 장애요인은 무엇인지, 어떻게 통합할 수 있을 것인지를 사전에 잘 파악하여 통합의 첫날부터 수행할 일을 구체적으로 계획하여야 합니다. 그리고 이 통합과정은 사업을 지속하는데 부담되지 않도록 실행되어야 할 것입니다.

III M&A 이해관계자

M&A는 하나의 상품을 거래하는 것이 아니라, 기업의 다양한 법적 권리와 의무가 종합적으로 거래되는 것이므로 과정과 절차가 복잡하다고 여겨질 수 있습니다. 그렇기 때문에 M&A의 참여자와 이해관계자도 다양합니다.

각각의 역할이 모두 다르지만 복잡도에 따라 한 참여자가 여러 역할을 수행하는 경우도 있고, 상황에 따라 참여 이해관계자의 범위가 달라질 수도 있습니다. 그러나 최근 M&A 시장이 활성화되고 역할의 전문성이 강조되면서 다양한 이해관계자의 참여도가 증가하는 경향을 보이고 있습니다.

M&A 절차의 원활한 진행을 위해서는 다양한 이해관계자와 소통이 중요하며, 이를 위해서는 각 이해관계자의 역할을 이해하는 것이 필요합니다.

[그림 5] M&A 시장 참여자

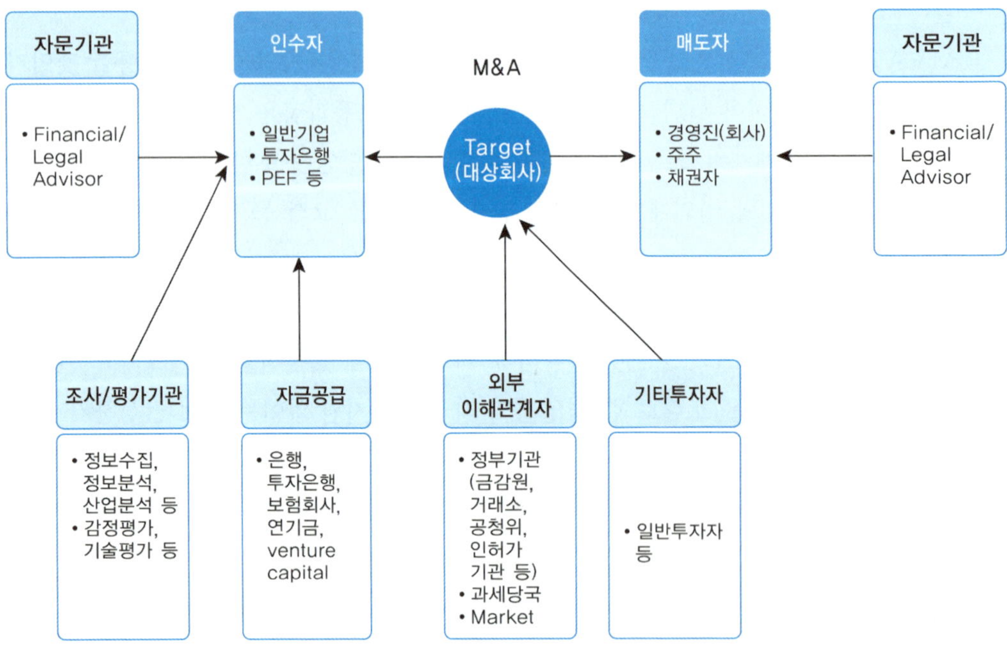

- M&A 자문기관: 회계법인, 법무법인, 증권회사(IB 등 포함) 등이 M&A과정에서 필요한 다양한 전문적인 서비스를 제공하고 있습니다. M&A 자문기관이 제공하는 서비스의 예로는 ⓐ M&A 전략의 수립, ⓑ 인수 및 매각기업의 발굴 및 소개/투자유치 자문, ⓒ 산업분석, ⓓ 대상기업에 대한 실사 및 가치평가, ⓔ 법률자문, ⓕ 세무자문, ⓖ 협상자문, ⓗ 사후통합(PMI) 자문 등이 있습니다.
- 임직원과 주주: 직간접적인 영향을 받거나 또는 의사결정에 영향을 미치기도 합니다. 경우에 따라서는 직접적으로 매도자 혹은 매수자가 되기도 합니다.[15)]
- 금융기관: 자금 공급 등의 서비스를 제공합니다. 투자자가 자금을 조달하는 것을 인수금융이라고 하는데, 인수금융은 위험도에 따라 선순위, 중순위, 후순위 대출(금융)로 분류할 수 있습니다. 선수위는 담보가 제공되고 많은 자금이 낮은 수익률로 자금 공급이 이루어지며 주로 은행 등이 이 역할을 담당합니다. 중순위는 선순위보다는 조금 높은 약정된 수익률로 자금을 공급하며 국민연금과 같은 연기금이나 보험회사 등에서 이 역할을 담당합니다. 후순위는 위험도 높고 수익률도 높은 금융이며, 사모펀드(PEF), 증권회사(IB 등 포함)등이 이 역할을 담당하는 경우가 많습니다.
- PE(Private Equity) 등 투자 전문회사: 최근 M&A시장은 PE, 벤처캐피탈(VC) 등 투자 전문회사가 시장참여자로 활발하게 활동하고 있습니다. 투자 전문회사는 성장성이 있을 것으로 예상되는 기업(주로 비상장기업)들에 투자하여 회사의 가치를 높인 후, IPO나 매각을 통해 수익을 얻는 방식의 거래를 하는 전문 투자회사입니다. PE투자 전문회사는 적절한 투자대상을 발굴하여 투자자들을 대상으로 투자자금을 사모형태로 모집하여 펀드를 구성하고 관리하는데, 이러한 펀드를 PEF(Private Equity Fund: 사모투자펀드)라고 합니다.[16)]
- 채권자: M&A는 기업의 재무구조에 영향을 미칠 수 있습니다. 그러므로 채권자는 약정사항을 통해 채권회수 등을 요구할수도 있고, 합병등의 경우에는 상법에서 정하는 채권자를 위한 이의제기 절차 등을 진행하여야 합니다.
- 정부기관 또는 유관기관(금감원, 거래소, 공정위 등)이나 세무당국도 상황에 따라서는 중요한 이해관계자가 될 수 있습니다.

15) 이러한 경우를 Management buy-out(경영자매수), Employee buy-out(종업원매수)이라고 합니다.
16) PE 및 VC에 대해서는 다음 장의 "다양한 투자자 유형"을 참고하시기 바랍니다.

이렇게 다양한 이해관계자들과의 원활한 소통을 위해 기업은 지속적인 커뮤니케이션 활동을 하게 되는데, 소통방식과 내용을 다음과 같이 몇 개의 카테고리로 분류하여 진행하기도 합니다.

[표 6] 커뮤니케이션 방식 구분의 예

IR(Investor Relations)	GR(Government Relations)	PR(Public Relations)
• 전략적제휴처 • 금융기관주주 • 일반주주 • Analyst • 국내외 금융기관 • 신용평가사 등	• 공정위 • 방통위 • 금융위(금감원, 거래소 등)	• NGO • 언론 • 소비자 등

Ⅳ 회사의 가치는 어떻게 평가되는가?

1 시장의 가치판단에 영향을 미치는 요인은 무엇인가?[17)]

M&A에 참여하는 이해관계자가 가장 궁금해하는 부분이 바로 회사의 가치입니다. 매수자입장에서는 대상회사의 가치이면서 M&A 후 인수회사의 가치에 미치는 영향일 것이고, 매도자입장에서는 우리 회사의 가치를 어느 정도로 바라보고 M&A에 임하여야 하는지에 대한 부분입니다.

기업의 가치는 다양한 요인에 의해 결정됩니다. 그렇기 때문에 단정적으로 어떤 한두가지 상황만으로 가치를 판단하기는 어렵습니다. 그렇지만 일반적인 경우에 있어서 어떤 상황이 기업의 가치판단에 영향을 미치는지에 대한 이해는 필요할 수 있습니다. 다음의 그림은 얼핏 보면 유사해 보이는 기업의 가치를 비교해 보았습니다.

[그림 6] 가치평가에 영향을 주는 요인; 사례분석

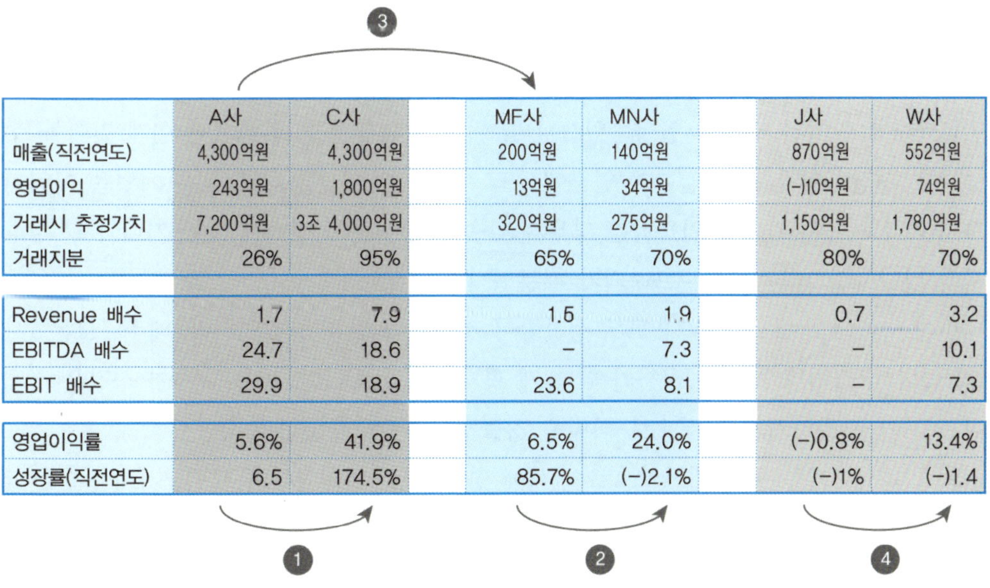

	A사	C사	MF사	MN사	J사	W사
매출(직전연도)	4,300억원	4,300억원	200억원	140억원	870억원	552억원
영업이익	243억원	1,800억원	13억원	34억원	(-)10억원	74억원
거래시 추정가치	7,200억원	3조 4,000억원	320억원	275억원	1,150억원	1,780억원
거래지분	26%	95%	65%	70%	80%	70%
Revenue 배수	1.7	7.9	1.5	1.9	0.7	3.2
EBITDA 배수	24.7	18.6	-	7.3	-	10.1
EBIT 배수	29.9	18.9	23.6	8.1	-	7.3
영업이익률	5.6%	41.9%	6.5%	24.0%	(-)0.8%	13.4%
성장률(직전연도)	6.5	174.5%	85.7%	(-)2.1%	(-)1%	(-)1.4

17) "시장의 가치판단에 영향을 미치는 요인은 무엇인가"는 "기업가치평가와 재무실사, 삼일인포마인"을 참고하여 작성하였습니다.

첫번째 사례(1)는 매출이 4,300억원으로 동일하나 거래되는 가치는 7,200억원과 3조4천억원으로 5배 가까이 차이가 납니다. 이러한 차이는 영업이익률과 성장률의 차이일 것입니다. C사의 영업이익률 41.9%와 성장률 174.5%는 A사의 값보다 현저하게 높습니다. 즉, 매출규모는 유사하더라도 성장률과 수익성의 차이가 가치의 차이로 나타난 것입니다.[18)]

두번째 사례(2)는 MN사가 MF사보다 이익률이 훨씬 높지만 가치평가는 더 높다고 볼 수 없을 것 같습니다. Revenue배수와 EBIT배수[19)]를 보면 이를 알 수 있습니다. 이는 성장률의 차이 때문일 것입니다. MN사의 성장률은 정체되어 있어, MF사에 비해 높은 평가를 받지 못하고 있습니다.

세번째 사례(3)는 A사와 MF사를 보면 이익률은 유사한데, 성장률은 MF사가 A사에 비해 훨씬 높습니다. 그렇다면 시장에서의 가치평가는 A사에 비해 MF사가 상대적으로 더 높아야 하지 않을까 생각할 수 있습니다. 그러나, Revenue배수와 EBIT배수를 보면 MF사의 상대적인 가치가 더 높게 평가받았다고 보기는 어려울 것 같습니다. 이는 향후 현금흐름의 안정성 측면으로 볼 수 있습니다. Risk 관점에서의 차이인데, 위의 사례에서는 매출 규모가 상당히 커서 시장에서 안정적으로 판매가 되고 있다면 향후 현금흐름도 안정적일 것으로 예측하는 것입니다. 매출규모만으로 향후 현금흐름의 안정성을 측정할 수 있는 것은 아니지만, 매출규모가 현저하게 커서 시장점유율 1-2위를 차지하는 시장지배적 사업자로 인식이 되면 그에 따른 위험도 낮게 측정되고, 따라서 가치도 높아질 가능성이 있다는 관점이 이 사례에 반영된 것으로 볼 수 있습니다. 이러한 현상은 IT업계에서 쉽게 찾아볼 수 있습니다. 성장성이 높은 동일한 산업군에서도 가입자 수가 월등하게 높은 기업은 이익이 나지 않더라도 높은 가치를 인정받는 경우가 있습니다. 이는 성장성에 대한 기대와 그 시장에서의 리딩사업자라는 점이 고려되기 때문입니다.

네번째 사례(4)는 J사와 W사 모두 성장률이 정체되어 있는 상태입니다. 매출규모는 J사가 더 큽니다. 그러나 가치는 W사가 더 높게 평가되고 있습니다. 이는 W사가 성장은 정체되어 있지만 꾸준하게 안정적으로 이익을 창출하고 있기 때문입니다.

위의 4가지 사례를 통해 일반적으로 가치에 영향을 주는 핵심적인 요인 3가지를 추론할 수 있습니다.

---

18) 추가적인 요소로서, 거래를 통해 확보되는 지분율이 충분히 높은 경우에는 그렇지 않은 경우에 비해 가치가 더 높게 평가되는 경우가 있습니다. 이를 경영권프리미엄이라고 합니다. 경영권프리미엄은 회사의 경영권을 확보하여 시너지 등 이익의 추가적인 창출이 가능할 것에 대한 기대치가 반영된 것으로 보고 있습니다.

19) Revenue배수는 매출대비 몇배로 가치가 평가되고 있는지를 나타내는 지표이고, EBIT배수는 영업이익 대비 몇배로 가치가 평가되고 있는지를 나타내는 지표입니다.

바로 **"현금흐름 창출능력"**과 **"현금흐름의 성장에 대한 기대치"**, 그리고 **"미래 예상되는 현금흐름에 대한 불확실성"**을 의미하는 Risk[20]입니다. 이러한 3가지 요소는 위의 사례에서 "이익률", "성장률", 그리고 위험 혹은 현금흐름의 안정성에 대한 예시는 "시장점유 및 (매출)규모"로 예를 들어 설명하였습니다. 현금흐름의 불확실성 혹은 현금창출 능력의 안정성 및 지속성은 평가 방법론에 따라 **"할인율"** 또는 **"요구수익률"** 등으로 설명되기도 합니다.

[그림 7] 가치에 영향을 주는 3가지 핵심요소

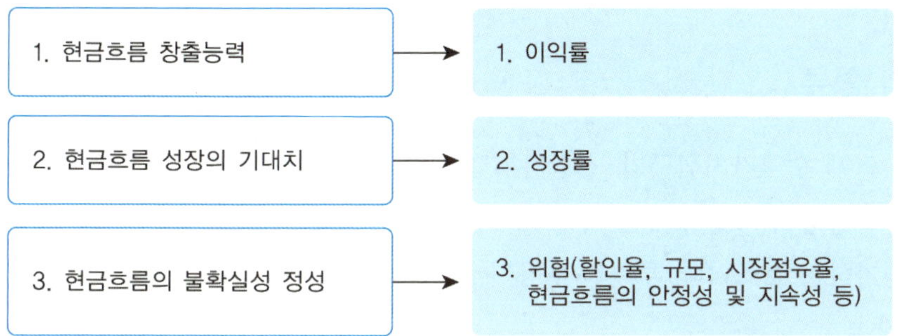

이 3가지 요소를 모두 갖춘 경우도 있겠지만 신생벤처기업의 경우에는 현 시점에서 이 요소를 모두 갖추었는가로 평가되기보다는 이 3가지 요소를 갖출 잠재력이 있는가로 평가될 수도 있으며, 성숙기에 접어든 기업의 경우에는 성장성에 대한 기대요소보다는 이익창출의 지속가능성에 대한 요소를 중심으로 평가될 가능성이 크다고 볼 수 있습니다.

이렇게 가치를 평가하기 위해서는 대상회사에 대해 재무적 관점뿐만 아니라 비재무적 관점에서의 분석이 필요합니다. 그리고 내부적인 관점은 물론 외부적인 관점에서의 분석도 필요할 것입니다.

다음의 표는 가치평가시에 고려되어야 하는 사항을 4가지 관점으로 구분하여 예시적으로 보여주고 있습니다.

20) Risk는 재무적인 관점에서는 변동성의 의미에 가깝습니다. 확실하지 않고, 많고 적음을 떠나서 예측이 힘든 경우를 불확실성이 크다 혹은 Risk가 크다라고 합니다. Risk를 측정하는 지표는 여러 가지가 있을 수 있지만, 여기서는 시장점유율이 높은 시장지배적 사업자의 현금흐름 불확실성이 상대적으로 그렇지 못한 회사에 비해 낮을 수 있다라는 측면에서 이를 단순화하여 설명하였습니다.

[표 7] 가치평가 시 고려되는 4가지 관점

구분	내부적 관점	외부적 관점
재무적 관점	자산부채의 현황 및 영업실적, 사업계획 등	경제 및 동업종 산업 성장률, 물가상승률, 이자율 등
비재무적 관점	주요 제품과 서비스 현황, 경영진의 능력 및 조직현황, 보유 설비 및 기술, 공급망 및 영업망, 고객현황, 인지도 등	규제환경, 경쟁환경, 진입장벽, 기술의 발전 추이 및 대체적 위협 등

2 가치평가의 종류

가치평가 방법은 크게 수익가치접근법, 시장가치접근법, 자산가치접근법이 있습니다. 이러한 가치평가방법에 공통적으로 내재된 기본 개념은 투자한 비용보다 효익이 더 크게 발생하는지 여부를 평가하는 것입니다. 투자한 비용과 효익을 어떻게 분석하고 산출하는지만 다를 뿐인 것입니다.

수익가치접근법은 "미래수익" 또는 "미래현금흐름"과 위험으로 대변되는 "할인율"을 이용하여 평가하는 방법입니다.

시장가치접근법은 비교대상 유사회사 평가 결과가 시장에 나타나는 결과를 바탕으로 평가하는 상대가치(relative value)의 개념입니다. 같은 아파트 단지의 비슷한 층의 같은 면적의 아파트는 다른 차이가 없다면 가격이 비슷할 것이라고 보는 것과 유사한 개념입니다.

자산가치접근법은 보유 자산에서 부채를 차감한 가액으로 가치를 평가하는 방법입니다.

[표 8] 가치평가방법의 종류[21)]

구분	평가방식	주요 평가 모델
수익가치평가 (Income Approach)	기업이 현재 보유한 유무형 자산 및 역량을 토대로 기대되는 미래 수익 또는 현금흐름을 위험요소가 고려된 자본비용으로 할인하여 평가하는 방법	현금흐름할인법(DCF), 배당할인법(DDM), 초과이익모형(RIM) 등
시장가치평가 (Market Approach)	비교 대상이 되는 유사기업의 가치를 바탕으로 평가대상의 가치를 유추하여 추정하는 방법	주가수익률(PER), 주가순자산배율(PBR), 주가매출액배율(PSR), EV/EBITDA 배수 등

21) 기업가치평가와 재무실사, 삼일인포마인 참조

구분	평가방식	주요 평가 모델
자산가치평가 (Asset-based Approach)	개별 자산 및 부채의 가치를 측정한 후 이를 합산하여 평가하는 방법	장부가액법, 공정가액법, 청산가치법 등
법규상 평가방법	자본시장법이나 세법과 같이 특정 상황에서 평가 시 적용하여야 하는 방법으로 대부분 수익가치, 자산가치, 시장가치 평가방법을 고려한 방법으로 규정하고 있음	자본시장법 상 본질가치, 상속세 및 증여세법상 보충적 평가방법

수익가치평가방법 중 가장 보편적으로 사용되는 방법은 현금흐름할인법(DCF: Discounted cash flow method)입니다. 현금흐름할인법은 미래 기대되는 현금흐름을 해당 현금흐름의 위험수준을 반영한 이자율과 유사한 개념의 자본비용으로 할인하여 가치를 평가하는 방법입니다.

시장가치평가방법은 상대가치평가방법(Relative method)이라고도 합니다. 유사회사의 가치를 통해 대상회사의 가치를 평가하는 상대적인 기법이기 때문입니다. 예를 들어 유사회사의 주가가 당기순이익의 15배 정도로 형성되고 있다면 대상회사의 당기순이익이 10일 때 지분가치는 10×15=150으로 평가하는 방법입니다. 위와 같은 평가 구조 때문에 비교대상회사가 많고 평가대상회사와 재무현황이나 사업현황 등이 유사할수록 평가는 적절해실 수 있습니다.

자산가치평가방법은 자산이 독립적으로 수익창출을 하거나 비교적 자산대비 수익률이 낮은 상황에서 고려될 수 있습니다. 예를 들어 주식을 주로 보유한 지주회사나 부동산을 주로 보유한 회사의 경우에는 보유한 각 자산의 가치를 합산하여 평가하는 것이 적절할 수 있습니다.

대상회사를 평가하기 위한 평가방법을 선정하는 것은 적절한 가치평가를 위해서 중요한 문제입니다.

우선, 법규에 따른 평가가 필요한 상황인지 또는 준수하여야 할 규범 등이 있는지 확인하여야 합니다. 또한 평가대상회사의 수익창출방식, 주요 수익창출자산, 그리고 평가를 위해 활용 가능한 정보가 무엇인지를 파악하고 각각의 평가방법이 지니는 장단점 등을 고려하여 대상회사를 평가하기 위한 가장 적합한 방법을 선정하여야 합니다.

가치평가를 할 경우 어떤 방법이 절대적으로 적합하다고 단정하기는 쉽지 않습니다. 그러므로, 수익가치접근법, 시장가치접근법, 자산가치접근법으로 대상회사를 각각 평가하여

상호 보완하거나 또는 적정 평가액의 범위를 산정하는 방식으로 평가가 이루어지기도 합니다.[22)]

[표 9] 가치평가방법별 장단점 비교[23)]

구분	수익가치접근법	시장가치접근법	자산가치접근법
장점	• '가치창출'이라는 기업의 목적을 고려할 때 이론적으로 가장 합리적이며, 내재가치 측정에 상대적으로 적합	• 직관적이고 이해 가능성이 높음 • 유사기업이 많을 경우, 적용이 용이함 • 시장상황 변동을 평가에 반영 • 재무적·비재무적 요인 모두 고려 가능(예: 가입자 수 등)	• 평가방법이 간단하고 객관적이며, 검증 가능성이 높아 신뢰성이 높음
단점	• 평가과정에서 고려해야 될 변수가 많고 복잡함 • 추정의 불확실성 • 회계 및 재무에 관한 이론적 이해가 바탕이 되어야 유용	• 비교가능 유사회사가 적거나 없을 경우 평가 어려움 • 평가 시점별로 변동 가능성이 클 수 있음 • 기업의 본질가치와 일치하지 않을 수 있음(개별기업 특성의 고려가 용이하지 않음)	• 미래 수익창출능력에 대한 고려가 용이하지 않아 계속기업의 가정에 적합하지 않을 수 있음

① 상대가치평가방법

상대가치평가 혹은 시장가치평가는 주식시장에서 평가대상회사와 유사한 주식들의 가격이 어떻게 형성되는지를 기초로 하여 평가하는 방법입니다. 즉, A라는 회사를 평가할 때, 주식시장에서 이와 유사한 사업을 영위하는 유사한 규모의 회사들의 가치가 영업이익의 10배로 거래되고 있다면, A라는 회사의 가치도 A가 창출하는 영업이익의 10배 정도로 가치를 추정할 수 있는 것입니다.

22) 참고로 미국 등과 같이 M&A 거래가 활성화된 시장이나 산업에서는 시장가치평가를 위한 정보가 풍부하기 때문에 시장가치평가에 대한 신뢰성이 상대적으로 높다고 볼 수 있습니다. 그러나, M&A 시장이 활성화되지 않은 산업이나 시장에서는 시장가치법은 사전적 검토 목적으로 적용되고, 가치평가의 범위 산정 목적으로 다른 평가방법과 함께 적용하는 것을 고려할 필요가 있을 것입니다.

23) 기업가치평가와 재무실사, 삼일인포마인 참조

[그림 8] 상대가치평가의 기본 개념[24)]

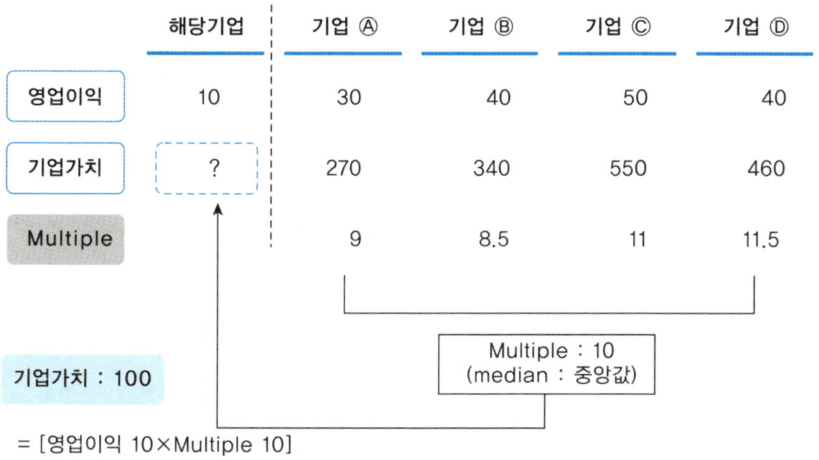

	해당기업	기업 Ⓐ	기업 Ⓑ	기업 Ⓒ	기업 Ⓓ
영업이익	10	30	40	50	40
기업가치	?	270	340	550	460
Multiple		9	8.5	11	11.5

Multiple : 10
(median : 중앙값)

기업가치 : 100
= [영업이익 10×Multiple 10]

위와 같이 상대가치는 쉽게 기업가치를 추정할 수 있지만, 이러한 추정이 적정하게 이루어지기 위해서는 평가대상회사와 사업적인 면, 규모적인 면, 상황적인 면 등, 다양한 관점에서 ⓐ 최대한 유사한 주식을 찾아야 할 것입니다. 그리고 비교를 할 때는 ⓑ 동일한 기준을 사용하여야 합니다. 기업의 가치를 측정하는 지표는 매출, 영업이익, EBITDA, 당기순이익 등 다양하고, 이를 통해 측정되는 지표도 주주지분의 가치일 수 있고, 주주지분의 가치와 타인자본(부채)의 합인 기업가치일 수 있습니다. 그렇기 때문에 동일한 기준[25)]을 적용하여야 한다는 점을 유의해야 할 것입니다. 유사한 회사를 영업이익과 기업가치로 평가하였다면, 평가대상회사도 영업이익과 기업가치로 평가하여야 하고, 유사한 회사를 주당순이익과 주당가치로 평가하였다면, 평가대상회사도 주당순이익과 주당가치로 평가되어야 할 것입니다.

주로 활용되는 시장가치접근법은 PER(주가수익률), PBR(주가순자산비율), EV/EBITDA 배수, EV/Revenue 등이 있습니다.

그러나, 신생벤처기업 등은 평가를 위한 재무자료 등이 충분하지 않으므로 산업별 핵심역량지표 혹은 보유역량지표(예를 들어 가입자 수, 페이지뷰와 같은 비재무지표)를 기준으로 가치를 평가할 수도 있습니다.

아래의 표에서 기타로 분류된 평가모델이 재무적인 지표가 아닌 비재무적 지표를 통해 회사를 평가하는 방법입니다.

24) 기업가치평가와 재무실사, 삼일인포마인 참조
25) 동일한 기준은 비교 기간, 시점도 포함될 수 있고, 각 회사의 차이점을 조정하는 것도 포함될 수 있습니다.

[표 10] 주로 활용되는 시장가치접근법의 종류

구분	주요 평가 모델	설명
Enterprise Multiple (기업가치 기준 배수)	EV / EBITDA	유사회사의 기업가치와 EBITDA 배수를 통해 대상회사의 기업가치 추정
	EV / EBIT	유사회사의 기업가치와 EBIT(영업이익) 배수를 통해 대상회사의 기업가치 추정
	EV / Revenue	유사회사의 기업가치와 매출 배수를 통해 대상회사 기업가치 추정
Equity Multiple (자기자본 기준 배수)	PER (Price to Earnings ratio)	주가와 주당순이익 배수를 통해 대상회사의 주가(자기자본 가치) 추정
	PBR (Price to Book Value ratio)	주가와 주당순자산 배수를 통해 대상회사의 주가(자기자본 가치) 추정
Equity Multiple (자기자본 기준 배수)	PSR (Price to Sales ratio)	주가와 매출액 배수를 통해 대상회사의 주가(자기자본 가치) 추정
	PCR (Price to Cash flow ratio)	주가와 (영업)현금흐름 배수를 통해 대상회사의 주가(자기자본 가치) 추정
	PEG(Price Earning Growth)	PER에 주당이익의 기대성장률을 반영하여 가치평가(PER ÷ 주당이익성장률)
기타	MAU, ARPU[26] 등의 산업별 경쟁 지표	산업별 핵심경쟁요소에 따른 가치 비교를 통해 대상회사의 가치를 추정

② 수익가치평가방법

수익가치평가방법은 기업이 창출 가능한 예상 현금흐름 혹은 예상 이익 등을 추정하고, 추정된 현금흐름 등의 성장률을 예측하여, 이를 현금흐름의 위험이 반영된 기대수익률(할인율)로 할인하여 평가하는 방법입니다. 예를 들어 1년 후 예상 현금흐름이 100이며, 이 현금흐름의 위험을 고려한 할인율이 10%라면 이 현금흐름의 현재가치는 100 / (1+10%) = 91이 되는 구조입니다. 이는 차입금에 대한 기간별 원리금의 상환스케줄에 따라 차입이자율로 할인하여 차입금의 현재가치를 계산하는 구조와 유사합니다.

26) Monthly Active User, Average Revenue Per User

[그림 9] 수익가치평가의 기본 개념[27)]

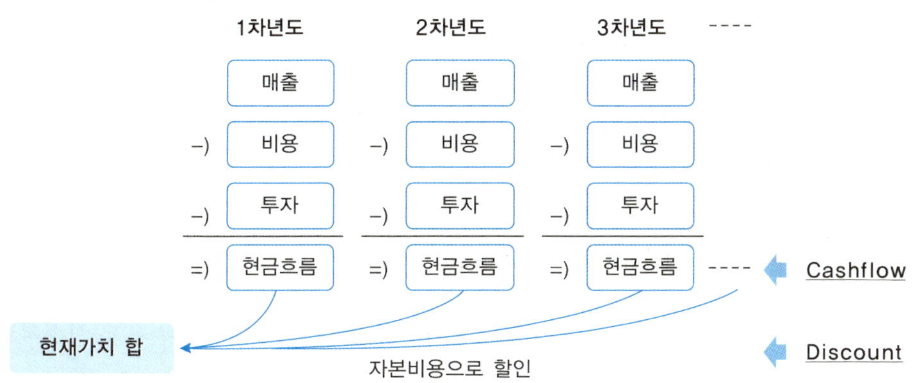

수익가치평가의 핵심적인 요소는 현금흐름과 할인율, 그리고 성장률입니다. 해당 기업이 미래에 창출할 수 있을 것으로 예상되는 현금흐름을 추정합니다. 현금흐름 추정 시에는 성장률에 대한 가정이 포함될 수 있습니다. 그리고 마지막으로 할인율을 산정해야 합니다. 할인율은 기대수익률입니다. 우리가 주식투자를 할 때 목표로 하는 수익률이라고 보면 될 것 같습니다. 목표수익률에는 자본투자에 따른 위험 등 다양한 요인들이 고려됩니다. 즉, 개념적으로는 주식시장에 참여하는 시장참여자들의 목표수익률의 평균이라고 볼 수 있습니다.

③ 자산가치평가방법

자산가치평가방법은 기업이 보유한 자산에서 부채를 차감한 가액으로 지분가치를 평가하는 방법입니다. 이때 각 자산과 부채는 장부가액으로 평가될 수도 있고, 각각의 자산과 부채를 공정가치로 평가하여 합산할 수도 있을 것이지만, 일반적으로는 공정가치평가가 우선적으로 고려됩니다.

④ 상증법상(세법) 평가방법

과세를 위한 기준으로 세법에서도 시가의 기준과 평가방법을 정하고 있습니다. 세법에서도 시장에서 공정하게 거래되는 가액 혹은 시가를 과세 기준의 기본 원칙으로 보고 있습니다. 그러나, 특수관계자간의 거래에 있어서는 통상적으로 공정하게 거래되지 않을 가능성이 있으므로 세법에서 규정하고 있는 시가에 대한 기준과 시가 산정을 위한 평가방법을 검토할 필요가 있습니다.

특히, 상속세및증여세법에서는 재산평가에 관한 규정이 있는데, 비상장주식의 특수관계

27) 기업가치평가와 재무실사, 삼일인포마인 참고

자 거래에 있어서는 이 규정에 따른 가액과 거래가액의 차이가 있을 경우에는 추가적으로 부담해야 하는 세금은 없는지 확인해 보아야 할 것입니다.

[표 11] 상증법 상 주식평가 Summary[28)]

<table>
<tr><th>구분</th><th colspan="2">내용</th></tr>
<tr><td>상장주식의 시가</td><td colspan="2">평가기준일 전후 2개월 종가평균</td></tr>
<tr><td>비상장주식의 평가</td><td colspan="2">1. 시가의 원칙: 거래일의 시가. 단, 시가란 불특정 다수인간에 자유로운 거래가 이루어지는 경우에 통상 성립된다고 인정되는 가액으로 한정
2. 시가로 인정받는 경우: 제3자간의 매매사례가액, 수용・공매 등(상속은 전후 6개월, 증여는 전 6개월 & 후 3개월 이내)
3. 시가 산정이 어려운 경우: 보충적 평가방법에 의한 가액</td></tr>
<tr><td rowspan="5">보충적 평가방법에 의한
비상장주식가치[29)]</td><td>• 일반적 평가:</td><td>[순손익가치 × 3 + 순자산가치 × 2] ÷ 5
하한은 순자산가치의 80%</td></tr>
<tr><td>• 부동산 과다 보유 법인(부동산 비율 50% 이상, 80% 미만):</td><td>[순손익가치 × 2 + 순자산가치 × 3] ÷ 5
하한은 순자산가치의 80%</td></tr>
<tr><td>• 부동산 또는 주식 과다 보유 법인(부동산 또는 주식 80% 이상)</td><td>순자산가치</td></tr>
<tr><td>• 최대주주의 경우에는 할증</td><td>20%(중소기업 및 직전 3개년 매출 평균 5천억원 미만 중견기업은 예외)</td></tr>
<tr><td colspan="2">• 비상장주식 보충적 평가방법 개념도 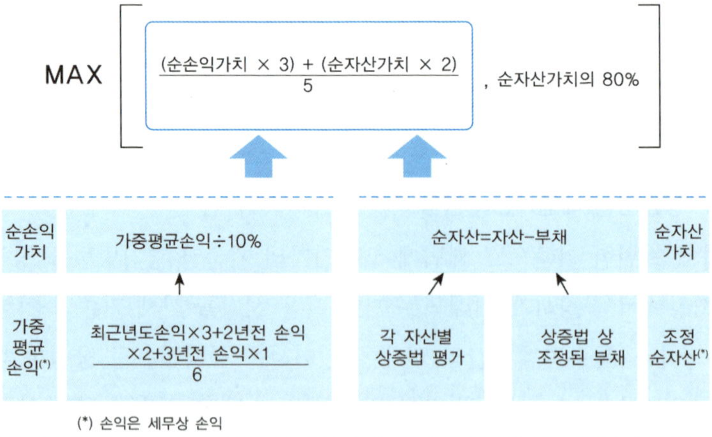
MAX [(순손익가치 × 3) + (순자산가치 × 2) / 5 , 순자산가치의 80%]
순손익가치 | 가중평균손익÷10%
가중평균손익(*) | 최근년도손익×3+2년전 손익×2+3년전 손익×1 / 6
순자산=자산−부채 | 순자산가치
각 자산별 상증법 평가 | 상증법 상 조정된 부채 | 조정 순자산(*)
(*) 손익은 세무상 손익</td></tr>
</table>

28) 기업가치평가와 재무실사, 삼일인포마인 참조

29) 보충적평가방법의 평가액 하한은 순자산가치의 80%이다. 즉, 상기 보충적평가방법에 의한 평가액이 순자산가치의 80%에 미달하는 경우에는 순자산가치의 80%로 평가하게 됩니다.

⑤ 자본시장법 상 본질가치 평가방법

상장법인이 비상장법인과 합병 등을 할 경우, 상장법인의 시가를 산정하는 기준과 비상장법인의 가치를 평가하는 방법을 자본시장법에서는 규정을 하고 있으며, 이때 비상장법인의 주식가치 산정방법을 본질가치 평가라고 합니다.

본질가치는 자산가치와 수익가치를 1:1.5의 비중으로 가중평균하여 산정합니다.[30)]

[표 12] 본질가치 산정 계산 구조

$$본질가치 = \frac{자산가치 \times 1 + 수익가치 \times 1.5}{2.5}$$

수익가치는 평가대상 법인의 특성을 고려하여 적합한 방법을 선정하여 평가하도록 되어 있으나, 대부분의 경우 현금흐름할인모형(DCF)에 의해 수익가치를 산정하고 있습니다.

자산가치는 직전(최근)사업연도말 재무상태표에서 분석기준일까지 발생한 중요한 순자산의 증감으로 자본시장법 관련 규정[31)]에서 정해 놓은 사항을 가감하는 방식으로 산정합니다.

⑥ 신생벤처기업의 평가[32)]

신생 벤처기업은 매출이 미미하거나, 매출이 발생하고 있다고 하더라도 영업손실을 기록하거나 양(+)의 현금흐름을 창출하지 못하는 경우가 많습니다. 비교를 위한 동업종 회사들도 각각의 성장단계(Stage)나 현황 등에 있어 차이가 많아 비교가 용이하지 않은 경우가 많고, 평가를 위한 정보나 자료가 불충분한 경우가 대부분입니다. 이러한 요인들이 신생 벤처기업의 평가를 쉽지 않게 하는데, 그 중에서도 성장하여 지속적으로 생존해 나갈 수 있는지에 대한 물음이 신생 벤처기업의 평가를 가장 어렵게 하는 이유가 될 것입니다.

그렇다면, 신생 벤처기업 혹은 사업초기 단계 기업을 평가할 때에는 어떤 가치평가방법을 적용하여야 하는가? 이 역시 대상회사의 상황이나 평가에 필요한 정보의 수준에 따라 달라 일률적으로 적합한 평가방법이 있다고 답하기는 어렵고, 평가방법론에 대한 견해도 다양하게 존재합니다. 그 중에는 성장단계별로 평가에 적합한 정보가 다르므로 평가방법도

30) 합병, 분할합병, 주식의 포괄적 교환 및 이전에서 본질가치 평가가 이루어지는 경우, 중요한 영업 · 자산양수도의 경우에는 외부평가를 받아야 합니다.
31) 증권의 발행 및 공시에 관한 규정 시행세칙 제4조
32) 신생벤처기업 평가에 대한 내용은 "기업가치평가와 재무실사, 삼일인포마인"의 "제10장. 다양한 상황하에서의 가치평가" 부분을 참조하였습니다.

달리 접근해야 한다는 의견도 있습니다. 예를 들어,

① 신생단계에서는 평가를 위한 재무자료 등이 충분하지 않으므로 보유역량(가입자 수, 페이지뷰와 같은 비재무지표)을 기준으로 시장가치접근법에 따라 평가하고,

② 매출을 실현하기 시작하는 단계에서는 이용가능한 재무자료(PSR, EV/Revenue)를 통해 시장가치접근법을 적용하며,

③ 과거 재무정보가 쌓이고 이익을 창출하기 시작하는 단계에서는 수익가치접근법(DCF)이나 이익지표를 활용한 시장가치접근법(PER, EV/EBITDA)의 적용이 필요하다는 것입니다.

그러나, 앞서 언급한 평가의 불확실성으로 인해 가능하다면 수익가치접근법과 더불어 자산가치접근법, 비용(원가)접근법[33] 또는 재무적 혹은 비재무적 지표에 의한 시장가치접근법을 병행하여 평가하는 것이 필요할 것입니다.

특히, 신생벤처기업의 평가에서는 핵심역량에 대한 분석이 필요하며, 이 핵심역량에 대한 평가에 주안점을 두어야 합니다. 수익을 창출하지 못하더라도 가입자수가 많은 경우에 높게 평가되는 산업 환경이라면 비재무적 지표인 가입자 수를 기준으로 상대가치평가방법을 적용해 볼 수도 있을 것입니다.

NOTE 3

❑ Start-up의 평가 예시[34]

현재 이익을 창출하지 못하는 기업에 투자를 할 때, 벤처캐피탈 등 투자자들은 Exit Value(미래 회수 예상 시점의 가치)를 기초로 대상회의 가치를 산정합니다.

회사의 현황 및 투자 예상액은 다음과 같습니다.[35]

구분	금액, 배수	구분	금액, 수익률, 기간
5년 후 예상 매출액	100억원	투자액	20억원
당기순이익	20억원	기대수익률	20%
예상 PSR	3.5배	투자기간	5년
예상 PER	15배		

33) 비용(원가)접근법은 기술 개발 등을 위해 투입된 비용을 기준으로 가치를 산정하는 방법입니다. 새롭게 비용을 투입하여 기술 개발을 할 경우 소요되는 비용 수준을 해당 기술의 가치로 보는 것으로 시가의 흐름에 따라 발생할 수 있는 가치하락 요소와 기회비용 등이 가감되어 반영될 수 있습니다.

위의 현황을 바탕으로 투자자는 지분율을 다음과 같이 산정합니다.

구분	금액, 지분율	산정 내역
ⓐ 회사의 추정 가치	325억원	(100억 × 3.5배 + 20억 × 15배) ÷ 2
ⓑ 요구수익률을 고려한 미래가치 (Exit Value)	50억원	20억 × $(1+20\%)^5$
ⓒ 벤처캐피탈 지분율	15.3%	ⓑ ÷ⓐ

위의 사례에서 평가는 시장가치평가법을 적용하는 것을 가정하였지만, 현금흐름할인법(DCF)을 적용하여 Exit 시점(투자회수 시점)의 가치를 산정할 수도 있으며, 재무지표가 불안정한 Start-up의 특성상 MAU(Monthly Active User), ARPU(Average Revenue per User)와 같은 시장에서 신뢰하고 핵심경쟁요소로 받아들여지는 지표를 통해 Exit value를 산정하기도 합니다.

신생벤처기업 평가시에는 핵심역량을 나타내는 비재무적 지표를 이용한 시장가치접근법과 미래 예상되는 재무적 지표를 이용한 Exit value 산정과 같은 평가방법이외에도 현금흐름할인법과 같은 수익가치접근법의 적용도 가능합니다. 수익가치접근법을 적용할 때에는 시장규모, 시장점유율, 시장 성장률과 같은 시장이나 산업의 전망을 기초로 추정을 하는 방법이 고려될 수 있습니다. 또한 신생벤처기업은 성장과정에서의 불확실성이 크기 때문에 목표의 수준[36)]을 구분하여 각각의 목표 달성확률을 반영한 방법이 적용될 수도 있습니다. 그리고 특정 과정을 통과하여 제품을 출시하게 되는 확률을 고려하여 평가하는 rNPV(Risk-adjusted Net Present Value)의 적용도 의료산업과 같이 인허가 등이 중요한 특정산업에서는 이용될 수 있을 것입니다.[37)]

34) "기업가치평가와 재무실사, 삼일인포마인"의 "제10장. 다양한 상황하에서 가치평가"를 참고하여 작성하였습니다.
35) 회사의 5년 후 예상 매출 및 이익은 투자 후의 추정액으로 가정하였습니다.
36) 예를 들어 시장지배자가 되어 높은 매출과 높은 영업이익률을 달성하는 경우, 적정한 이익을 달성하는 시장참여자 중의 하나가 되는 경우, 낮은 매출과 낮은 영업이익률을 달성하게 되는 경우 등으로 구분하여 각각의 달성확률을 적용하여 평가하는 방법이 있을 수 있습니다.
37) 신생벤처기업의 평가방법에 대해서는 "기업가치평가와 재무실사, 삼일인포마인"을 참고할 수 있습니다.

NOTE 4

❑ 가치를 높이기 위한 벤처기업 지원 프로그램[38)]

신생벤처기업은 잠재력에도 불구하고 사업화 등에 대한 Know-how의 부족으로 빛을 보지 못하는 경우가 많습니다. 그러므로 신생벤처기업은 다양한 지원프로그램의 활용을 고려해 볼 필요가 있는데, 그 중에 하나가 TIPS(Tech Incubator Program for Start-up) 제도입니다. TIPS는 세계시장을 선도할 기술 아이템을 보유한 창업팀을 집중 육성하는 '민간 투자 주도형 기술창업 지원' 프로그램으로, 기술력을 갖춘 유망한 창업팀에게 창업 기회를 제공하기 위해 성공한 벤처인 중심의 엔젤투자사, 초기기업 전문 벤처캐피탈, 기술대기업 등 민간 벤처육성기관(액셀러레이터)을 'TIPS 운영사'로 지정해 투자 · 투자유치 · 보육 · 멘도링 · 지도와 함께 R&D자금 등을 지원합니다.

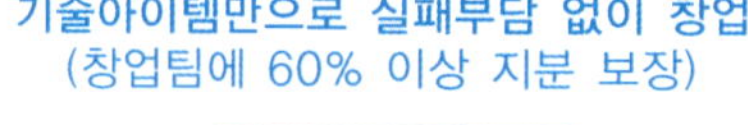

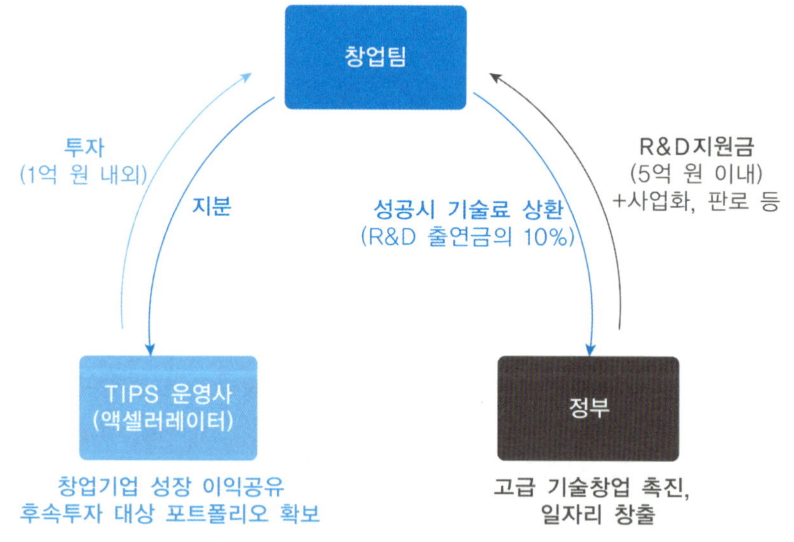

38) TIPS 홈페이지 참조

3 M&A는 어떻게 기업가치를 증대시키는가?

M&A를 통해 기업가치를 증대시키는 전형은 기업들이 M&A를 추진하는 목표와 맞닿아 있습니다. 그렇기 때문에 기업들이 M&A를 추진할 때에는 분명한 목적과 전략을 가지고 여기에 부합하는 대상을 선택한 후 핵심가치에 집중하는 시너지 방안을 마련하는 것이 필요합니다.

기업들이 M&A를 통해 가치를 증대시키는 경우는 매출 증대와 비용 절감을 통해서 이루어집니다.

인수자 입장에서 자체적으로 개발하여 만드는 것보다 더 신속하고 낮은 비용으로 기술이나 노하우를 확보하여 시장에 진출함으로써 매출을 확대하고 비용을 절감해내는 기업이 가치를 창출하게 됩니다.

시너지(Synergy)나 볼트온(Bolt-on), 롤업(Roll-up) 전략을 효과적으로 활용하여 매출을 확대하고 비용을 절감해 내는 기업이 가치를 창출하게 됩니다. 볼트온 전략은 동종업계 기업을 인수해 시장지배력을 확대하거나 전후방 사업체 인수를 통한 시너지로 회사의 가치를 끌어올리는 전략입니다. 롤업 전략은 같은 산업의 여러 소규모 회사를 인수 및 합병하여, 규모의 경제, 가격결정력 확보 등을 통해 회사의 가치를 높이는 전략입니다.

아직 시장에 공개되지 않은 피인수기업의 제품이나 서비스의 완성도를 높여 시장에 진출한 후 피인수기업의 성과를 향상시키는 기업이 가치를 창출하게 됩니다.

또한 중복과 비효율을 제거하여 투자와 비용을 절감해내는 기업이 가치를 창출하고, 피인수기업의 제품이나 서비스를 인수기업의 네트워크 등을 통해 새로운 시장으로 효과적으로 진출해는 기업이 가치를 창출합니다.

인수기업과 피인수기업이 갖는 확장성을 활용하여 포트폴리오를 확대해나가는 기업이 가치를 창출하게 됩니다.

4 스타트업이 투자를 받는 이유는 무엇인가?

스타트업이 투자를 받은 이유는 자체적인 현금창출이 충분하지 않은 상황에서 성장을 위해서는 많은 투자자금이 필요하기 때문입니다. 만약 오랜 시간을 두고 자체적인 매출과 이익실현을 통해 창출된 현금으로 차근차근 성장을 위한 투자를 해나간다면 별도로 제3자의 투자를 받을 필요가 없을 수 있습니다. 그러나 그 과정에서 시장은 변화하고 새로운 경쟁자가 출연하게 되는 상황이라면 기업이 계획한 비즈니스 모델의 성공적인 시장 안착을 위해 현금유입보다는 투자로 인한 현금유출이 더 많은 상황이 발생하기 때문에, 시장 선점을 위한 자원이 필요한 것입니다.

또한 투자자는 스타트업이 보유하지 않은 자원과 네트워크를 가지고 스타트업의 성공을 돕는 지원군이 될 수 있습니다. 물론 투자자금만을 필요로 하는 경우도 있겠지만 투자자를 탐색할 때에는 어떤 투자자가 투자를 받는 스타트업에 도움이 될 수 있는지도 고려해보아야 할 것입니다.

때때로 투자유치를 받는 과정에서 많은 정보를 얻게 되는 경우도 있습니다. 서비스 개시 전에 시장참여자들의 의견과 반응을 직접적으로 듣게 되고, 이러한 피드백을 긍정적으로 활용하게 되면 스타트업의 비즈니스 모델 방향성을 시장친화적으로 수정할 수 있고, 실패 확률을 낮추고 성공적인 시장 안착의 가능성을 높일 수도 있습니다.

동시에 투자유치는 그만큼 책임감이 더 커지는 일이기도 합니다. 그러므로 투자유치 이전에는 기업의 목표와 수립된 전략 및 비즈니스 모델에 대해 스스로 확신을 갖고 다른 이들이 공감할 수 있도록 다시 한번 점검해 보는 것이 필요할 것입니다.

5 어떤 스타트업이 투자를 받는가?

투자자들은 어떤 스타트업에 투자를 할까요? 스타트업은 보여줄 수 있는 성과가 많지 않기 때문에 정성적인 요소들이 많이 고려가 됩니다.

그렇다며 어떤 정성적인 요소들이 고려될까요? 스타트업을 정성적인 요소들로 평가하는 방법 중의 하나인 Step-up valuation(The Berkus Method)나 Scorecard Method 등에서 평가요소로 많이 고려되는 항목들을 참고할 수 있을 것입니다.[39)]

먼저 Idea 혹은 비즈니스 모델이 갖는 매력도입니다. 비즈니스 모델이 시장에 안착할 수 있는지, 시장 수요가 충분한지, 성장 가능성이 있는지, 확실한 경쟁력이 있는지 등에 대한 관심입니다. 만약 프로토타입(Prototype)이 있다면 프로토타입을 통해서 기술력 혹은 실행 가능성등에 대한 설명이 용이할 수 있습니다. 아무리 매력적인 아이디어나 모델이라도 그러한 매력이 상대방에게 잘 전달되지 않을 때에는 투자자들은 관심을 갖지 않을 것입니다. 투자자들이 쉽게 이해할 수 있도록 시장 특성과 규모, 제품 · 서비스의 경쟁력에 대한 설명이 이루어져야 합니다.

경영진을 포함한 팀의 이력과 역량을 빼 놓을 수 없을 것입니다.

39) 기업가치평가와 재무실사, 삼일인포마인 참조

목표를 달성하기 위해 구성원들이 필요한 역량을 갖추었는지 뿐만 아니라, 창업자들이 과거에 어떤 삶을 살아왔고, 어떤 가치관을 가지고 있는지, 책임감과 통찰력은 있는지, 그리고 그들이 모여서 이룰 수 있는 시너지가 무엇이 될 것인지에 대한 부분도 투자자들이 많은 관심을 갖는 부분입니다. 성공이 보장되지 않은 창업의 세계에서 과거의 성실한 삶의 궤적, 비즈니스 모델과 관련된 이력, 그리고 원활한 팀워크 및 팀의 올바른 가치관 등은 실패확률을 낮출 수 있을 것이라고 투자자들은 기대합니다.

다양한 이해관계자와 전략적 관계(Strategic relationship)을 가져갈 수 있는 능력도 관심을 갖는 지점입니다. 기업은 기업을 둘러싼 환경에 적응하는 과정에서 성장합니다. 어떤 기업도 그러한 네트워크와 관계를 벗어나 섬으로 존재할 수는 없습니다. 조직내에서 그리고 조직 외적으로 기업을 둘러싼 다양한 이해관계자 혹은 잠재적 고객 등과 원활하게 커뮤니케이션을 하고 우호적인 관계(relationship)을 잘 만들고 유지해 나갈 수 있는 능력도 투자자가 관심 갖는 부분입니다.

그리고 비전과 목표입니다. 현재 가지고 있는 아이디어와 비즈니스 모델의 실현을 통해 이루고자 하는 비전과 목표가 명확하고 실현가능할 뿐만 아니라 그 크기가 충분히 원대할 때, 그리고 이 비전을 달성하기 위한 의지와 집념이 느껴질 때 투자자는 관심을 갖게 됩니다.

제 2 장

M&A의 절차(Process)

M&A는 자신의 상황을 정확하게 인식하는 것에서 시작하여 차질없이 통합을 완료하는 것으로 맺어집니다. 이 과정에서 이해 관계자들과 원활하게 소통해 가는 것은 매우 중요합니다.

"There is no one-size fits all set of norms to apply"

모든 상황에 동일하게 적용 가능한 단 한 가지의 규범은 존재하지 않습니다. M&A 절차도 목적, 대상, 이해관계자 등에 따라 다양한 방식으로 이루어집니다. 그러므로 일반적인 절차를 이해한 후 이를 바탕으로 상황에 맞게 이를 적용할 필요가 있습니다.

상황에 맞게 이를 적용할 때 가장 중요한 부분은 "이해관계자"가 누구인가를 파악하는 것입니다. 예를 들어 대상회사와 우리회사가 모두 상장회사인 경우와 모두 1인 주주인 경우의 M&A는 절차와 방법이 크게 달라질 수 있습니다.

일반적으로 M&A는 다음의 절차를 통해 실행됩니다.

- 전략(& Planning) 수립
- 대상의 선정 및 접촉
- 실사 및 가치평가(대상회사에 대한 이해)
- 협상 및 계약
- 종결 및 통합절차

이러한 절차는 단계별로 수행될 수도 있지만 동시에 또는 다른 방식으로 수행될 수 있습니다. 예를 들어 통합을 위한 준비는 M&A절차 초기 단계에서부터 수행하는 것이 필요할 수 있으며, 협상도 대상의 선정 단계에서부터 시작될 수 있습니다.

I 일반적인 M&A Process

M&A는 목적, M&A 대상, 매도자와 매수자의 관계 및 상장 여부에 따른 이해관계자, 시장 상황 등에 여러 요소들이 고려되어 절차가 진행되기 때문에 정형화된 단일의 프로세스로 설명하기는 어려우나, 일반적으로 전략(& Planning) 수립, 대상 선정 및 접촉, 실사 및 가치평가, 협상 및 계약, 종결 및 통합이라는 기본 틀을 바탕으로 진행된다고 볼 수 있습니다.

이러한 기본 틀에서 매도자와 매수자는 각각의 전략적 토대에서 M&A 목표를 달성하기 위한 절차를 수행하게 되는 것입니다. 사전준비 단계(전략 수립 등)를 제외하고는 대부분은 상대방이 있는 절차이기 때문에 동일한 절차(Process)를 밟게 되나 매도자와 매수자의 입장에 따라 강조되는 측면에서 차이가 나는 부분이 있을 수 있습니다. 예를 들어 매도자는 매각을 위한 마케팅 과정이 매수자의 절차와는 다른 차이일 수 있고, 매수자는 매수대상의 물색과정과 통합 과정이 매도자보다는 강조되는 차이일 수 있습니다.

매도자와 매수자의 입장에서 이루어지는 일반적인 절차는 다음의 그림을 참고할 수 있을 것입니다.

[그림 1] 일반적인 M&A Process의 예시 1

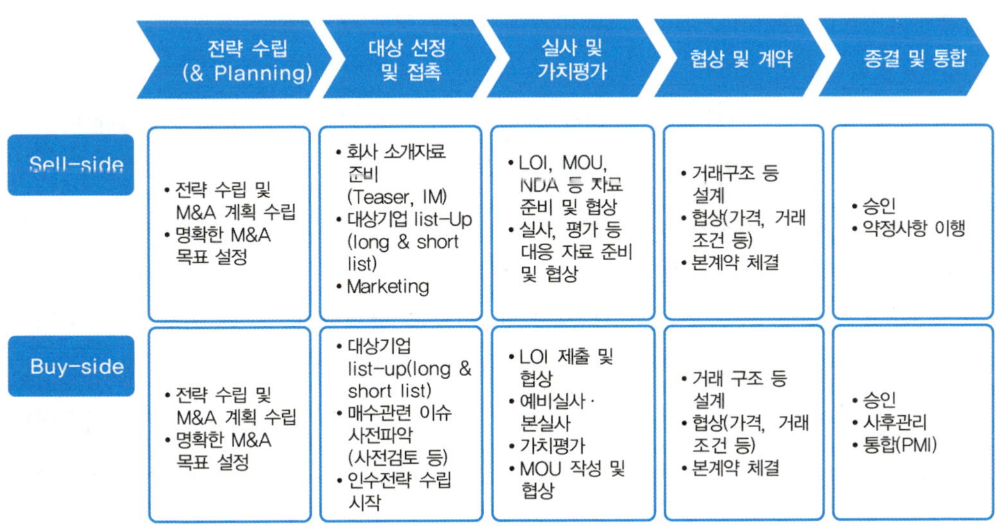

위의 절차를 조금 더 구체화하여 여러 단계로 나누어 실행되는 경우도 있습니다. 흔히 공개입찰방식의 M&A에서 그러한 경향이 있는데, 다음의 그림은 매도자측과 매수자측 입장에서의 M&A 절차(Process)를 단계별로 구체화하여 실행하는 경우의 예시를 보여주고 있습니다.

[그림 2] M&A Process의 예시 2

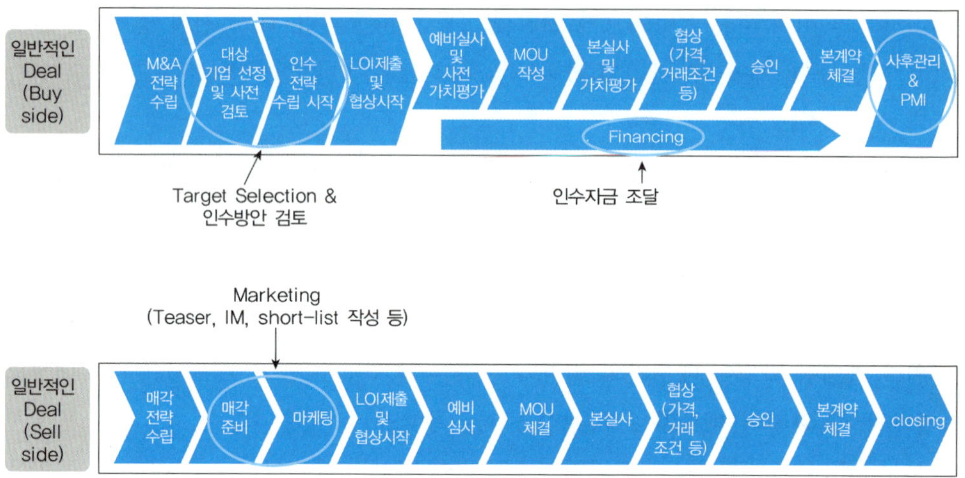

어떤 딜(Deal)이든 수립된 전략을 바탕으로 M&A 검토가 이루어져야 합니다.

인수의향서(LOI: Letter of Intents)는 인수의사를 전하고 상호간 직접적인 커뮤니케이션이 본격적으로 이루어지는 단계로 이 단계에서는 통상 독점적 교섭권과 비밀유지 약정이 체결될 수 있습니다.

예비실사는 본격적인 실사 이전에 제한된 범위에서 이루어지는 실사로서 상황에 따라서는 예비실사없이 본실사만 실시하는 경우도 있습니다.

양해각서(MOU: Memorandum of Understanding)는 본 계약 전에 잠정적으로 합의를 이룬 내용을 문서화한 것으로 중요 조건, 계약체결까지의 일정, 가격 결정 방식 등에 대해 협의한 내용을 토대로 본 계약까지 체결하도록 상호간 협력하자는 내용이 주로 포함됩니다. 실사와 마찬가지로 인수의향서 또는 양해각서 중 하나만 작성하는 경우도 있습니다.[40]

통합과정(PMI: Post Merger Integration)은 인수 후 기업간 효과적인 융합을 이끌어내기 위해 조직, 문화, 시스템, 채널 등 다양한 영역에서 통합을 이루어가는 과정입니다. 예전

40) 우선협상자가 되어 MOU를 체결하고 본실사로 들어가는 과정에서 계약금의 일정 비율(예: 5%~10%)의 보증금을 예치하는 경우도 있습니다.

에는 M&A에 있어서 사후 통합과정은 그렇게 중요하게 고려되지 않았습니다. 그러나, M&A의 성패가 통합과정의 성공 여부에 많은 부분이 달려있다는 사실이 알려지면서 M&A에서 아주 중요하게 고려되는 절차가 되어가고 있습니다.

앞서 설명한 바와 같이 모든 M&A가 동일한 절차로 실행되는 것은 아닙니다. 예를 들어 상호간 우호적인 딜(Deal)에 있어서 절차를 축소하여 진행하고자 할 때에는 예비실사와 본실사는 합하여 1회만 수행하고, 인수의향서(LOI) 제출 없이 협상이 진행되기도 하고, 사후통합(PMI)을 위한 검토는 실사단계에서부터 실행되기도 합니다.

M&A 절차는 지나치게 시간을 끌 경우 매도자, 매수자 모두에게 부정적인 영향을 줄 수 있으므로 검토 과정은 꼭 필요한 절차를 중심으로 신속하게 진행하는 것이 좋습니다. 그러나, 너무 서두를 경우 중요한 사항을 간과하는 경우도 있으므로 명확한 전략적 방향에 따라 충분한 준비과정이 필요합니다.

참고로 M&A 혹은 투자에 있어서 매도자 입장(Sell-side)과 매수자 입장(Buy-side)에서 이루어지는 딜(Deal)의 유형은 다음과 같이 나누어 볼 수 있습니다.

[표 1] 매수자와 매도자 입장의 주요 딜(Deal) 유형

구분	주요 유형
매수자 입장(Buy-side)	지분투자(Minority 투자), 인수(Buy-out) 등
매도자 입장(Sell-side)	지분매각(sell), 투자유치(Pre-IPO 등), 유상증자 등

M&A의 전체적인 절차(Process)상에서는 큰 차이는 없지만 매수자 입장과 매도자 입장은 요구 사항이 달라질 수 있습니다. 본 서의 "M&A의 절차(Process)"에서는 기본적으로 매수자 입장(Buy-side)에서 설명을 하되, 매도자 입장(Sell-side)에서 고려해야 하는 사항에 대해서는 "M&A의 절차(Process)" 후반에 "매도자(투자유치) 입장에서의 고려사항" 부분에서 추가적으로 설명을 하였습니다.

NOTE 1

❑ 입찰방식의 종류

구분	주요 내용
일반경쟁입찰	불특정 다수의 잠재적 투자자를 입찰에 참가할 수 있도록 하여, 가장 높은 배점을 받은 업체를 선정하는 방법
제한경쟁입찰	입찰자격을 특정 요건을 충족하는 자로 제한하여 경쟁입찰을 진행하는 방식
경매호가입찰 (Progressive Deal)	본 입찰 후 인수후보를 복수로 선정한 후 경쟁자가 모두 탈락할 때까지 가격 경쟁을 하도록 하는 방식
Stalking Horse	스토킹호스 방식은 유력한 인수후보자를 사전에 확보한 후, 공개입찰 경쟁을 진행하는 방식
[참고]Private Deal	참고로 Private deal은 잠재적 투자자의 후보군을 정하여 private하게 의사를 타진한 후 협상을 진행하는 방식임

NOTE 2

❑ 입찰방식별 주요 특징 및 장단점 비교

구분	일대일 협상(Private Deal)	제한적 경쟁입찰	공개 경쟁입찰
절차	• 인수 의사가 있는 잠재적 투자자와 배타적 협상 진행	• 인수 의사가 있는 소수의 잠재투자자를 선정하여 매각 절차 진행	• 일정 조건을 충족하는 다양한 전략적/재무적 잠재 투자자들을 접촉하여 매각절차를 진행
장점	• 영업기밀 등 비밀정보의 유출 최소화 • 잠재적 투자자와 협상이 원활하게 진행될 경우 매각기간이 단축됨 • 실패할 경우, 신뢰도 상실 문제 없이 재매각 절차 진행 가능	• 유력한 투자자들을 주로 접촉 • 영업기밀 등 비밀정보의 유출 통제 가능 • 적절한 가격경쟁 • 공개경쟁입찰보다는 매각 기간이 짧음	• 모든 투자자 군을 접촉(전략적/재무적 투자자 모두 포함) • 경쟁 상황이 될 경우 가격이 높아질 가능성 • 공정한 매각절차로 인식될 수 있음
단점	• 시장의 모든 잠재 투자자들을 접촉하지 않음으로서 더 매력적인 투자자를 배제할 가능성 존재 • 매각 가치가 상대적으로 낮을 가능성 일부 존재 • 실패로 인해 재매각 할 경우 매각에 들인 노력 및 시간이 배가 될 가능성 존재	• 접촉 가능한 잠재 투자자 군이 제한적일 수 있음	• 회사 영업활동에 장애요인이 될 수 있음 • 절차상 비밀유지가 어려울 수 있음 • 인수의사가 낮은 잠재 투자자에게도 회사 정보가 공개될 수 있음 • 실패할 경우 재매각 절차 진행이 어려울 수 있음
주요 특징	기밀유지 및 신속한 절차 진행 가능 ⟵ ⟶ 매각대금 상승 가능성		

Ⅱ 전략수립과 사전준비

M&A는 기업의 중장기 전략과 연계하여 고려하여야 합니다. 중장기 전략과 연계하여 고려하려면 다음의 3가지 관점에서 M&A의 타당성 여부를 살펴보아야 합니다.

첫번째는 자기자신에 대한 분석이 필요합니다. 자신의 역량을 분석하고 어떤 부분을 더욱 강화할 것인지 혹은 어떤 부분을 보완할 것인지, 재무적 상황은 어떠한지 등을 명확히 파악한 후 그에 맞는 대상을 찾아야 합니다. 시장에 좋은 물건이 있다고 해서 무분별하게 쇼핑을 할 경우에는 정작 꼭 필요한 물건을 사는 것이 힘들어질수도 있습니다. 성공적인 M&A를 위해서는 우리 회사와 **연관성이 있는 부분으로 진출**하는 것이 필요합니다. 연관성이라는 것은 기존 산업과의 유사성일 수도 있지만 반드시 동일 사업군만을 의미하는 것은 아닙니다. 우리 회사가 가지고 있는 핵심 기술이나 솔루션을 접목할 수 있는 관점에서의 연관성일 수도 있고, 고객이나 시장관점의 연관성일 수도 있습니다. 이런 연관성에 대한 분석의 시작은 자신의 역량과 방향성에 대한 분석이 될 것입니다.

두번째는 시장환경에 대한 분석이 필요합니다. 자기 자신에 대한 명확한 역량파악을 바탕으로 **기회와 위협요인** 등을 충분히 검토하여 M&A 계획을 수립하여야 합니다. 기회와 위협요인은 회사와 대상회사에 영향을 미치는 시장 상황을 살펴봄으로써 파악할 수 있습니다.

자기자신에 대한 분석과 시장환경에 대한 분석을 토대로 M&A 동기 또는 목적이 명확하게 정의되었다면, 이제 실행을 해야 합니다.

세번째가 바로 실행시기에 대한 검토입니다. 실행시기는 통찰력이 필요한 영역일수도 있습니다. 어떤 기업은 한참 성장기에 있는 사업을 매각하여 다른 사업에 핵심 역량을 집중하기도 하고, 어떤 기업은 잠재력 있는 회사를 남들이 망설일 때 인수하여 성장시키기도 합니다. 이렇게 M&A 실행시기는 가치창출의 핵심적인 요소입니다. 적절한 실행시기를 일반화할 수는 없지만, 인수자 입장에서는 재무적인 안정성, 투자를 위한 분명한 목표, 산업에 대한 이해, 해당 사업을 이끌어갈 인재 등이 확보되었을 때를 기준으로 실행시기를 정하는 것이 필요할 것입니다. 매도자 혹은 투자 유치자 입장에서도 인수자 입장과 동일하겠지만 매각 혹은 투자 유치자금의 활용에 대한 명확한 계획과 비전의 수립이 필요하다는 점이 실행시기 결정에 추가될 수 있을 것 같습니다. 산업의 사이클을 정확하게 예측하는 것은 불가능합니다. 우리가 **준비되었을 때**, 우리에게 **필요한 사업을**, 우리가 **필요하다고 판단되는 시점**에 실행하는 것이 최선의 선택이라고 보여집니다.

[그림 3] 전략 및 계획 수립 단계에서의 고려사항

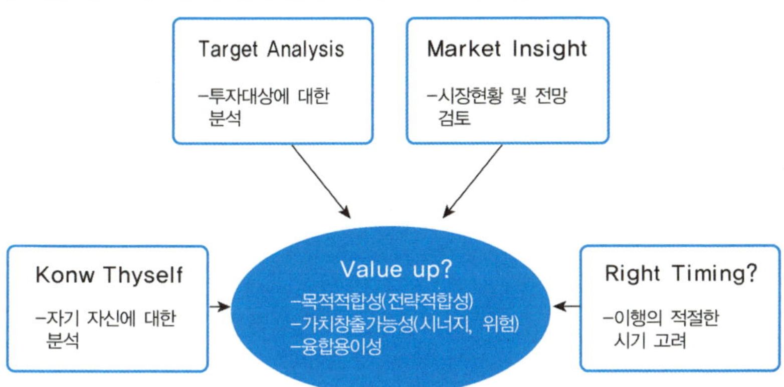

1 중장기 전략수립

기업의 중장기 전략은 경영진과 임직원이 공유하는 비전을 바탕으로 수립됩니다. 중장기 전략은 달성가능한 단기적 목표로서 설명(Back-up)될 수 있어야 하며, 그러한 목표 달성을 위한 방안으로서 M&A가 고려될 수 있는 것입니다.

일반투자의 경우에도 가치투자자의 경우에는 5~10년 이상의 장기투자의 중요성을 강조합니다. M&A의 경우도 마찬가지입니다. 오히려 더 중장기적인 관점에서 바라볼 필요도 있습니다.

어떤 M&A가 기업의 중장기 전략과 맥락을 같이 하지 않는다면 그러한 M&A는 목적을 상실하게 되고, 이해관계자의 동의를 얻지 못하는 상황에서 성공 가능성은 낮아지게 될 것입니다.

중장기 전략과 연계하여 M&A의 타당성을 검토할 때 자기자신의 강점 및 약점과 시상환경의 기회 및 위협을 분석하는 대표적인 방법으로는 SWOT(Strengths, Weaknesses, Opportunities, Threats) 분석이 있습니다.

[그림 4] SWOT 분석의 기본 구조 및 핵심질문의 예[41)]

	Strengths	Weaknesses
내적요인	• 시장의 경쟁요소에서 우월한 점은 무엇인가? • 경쟁자가 갖지 않는 보유 자원/역량이 있는가? • 경쟁자보다 잘하고 있는 것은 무엇인가? • 시장은 우리의 강점을 무엇으로 인지하고 있나? • 고객이 우리의 제품을 이용하는 이유는?	• 개선해야 할 점은 무엇인가? • 피하여야 할 점은 무엇인가? • 시장은 우리의 약점을 무엇으로 인지하고 있나? • 판매를 감소시킬 수 있는 요소는 무엇인가?
외적요인	• 시장환경이 우호적으로 변할 수 있는가? • 시장환경에 적응이 용이한가?	• 직면하고 있는 장애요인이 있는가? • 경쟁자는 어떻게 변화를 시도하고 있는가? • 시장의 표준이나 경쟁요소가 변하고 있는가? • 기술 또는 시장환경의 변화가 매출에 영향을 주는가?
	Opportunities	Threats

기업의 강점(S) 및 약점(W)은 Value-chain, 즉 이익창출과정에서의 경쟁력과 경쟁환경 분석으로 이루어질 필요가 있습니다.

외부환경분석에서도 기업의 Value-chain을 고려하여 기업을 둘러싼 환경적 측면에 대한 이해를 기초로 기회(O)와 위협(T)요인을 분석할 수 있습니다. 이러한 분석방법으로 많이 활용되는 것이 마이클포터 교수의 5-Force model로서 '① 산업내 경쟁수준', '② 공급자의 협상능력', '③ 구매자의 협상능력', '④ 신규진입자의 위협', '⑤ 대체재의 위협'이라는 5가지 주요한 환경요인을 분석하는 것입니다. 5-Forces Model은 산업구조분석과 경쟁요인 분석, 그리고 회사의 경쟁전략을 종합적으로 분석하기 때문에 내외부 환경을 전략적으로 이해하는데 많은 도움을 줄 수 있습니다.

41) 기업가치평가와 재무실사, 삼일인포마인, 2019. 참고

[그림 5] 5-Forces model framework

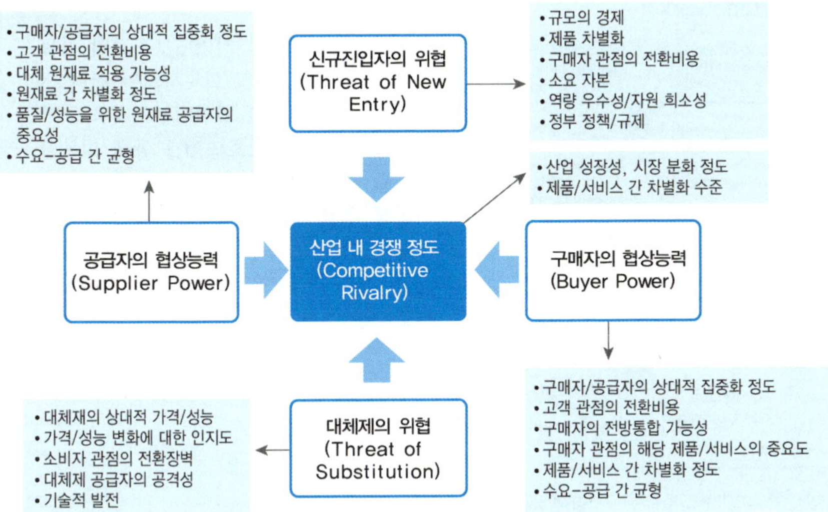

NOTE 3

□ 환경 적응과 성장을 위한 기업의 생존전략; Resilience

참고로 세계경제포럼(WEF)은 기업이 환경에 적응하고 성장하기 위해서는 **위기를 기회로 전환할 수 있는 능력**을 가지고 있어야 한다고 하면서, 이를 리질리언스(Resilience, 회복탄력성)로 정의하고 있습니다. 세계경제포럼은 리질리언스(Resilience)를 다음의 9가지 프레임워크로 제시한 바 있는데, 이 프레임워크는 기업의 장단점 분석을 통한 전략 방향 수립과 접목하여 기업이 내적성장 혹은 M&A를 통한 성장 방향성을 결정하는 가이드가 될 수 있을 것 같습니다.

42) 세계경제포럼(WEF) 글로벌 리스크 보고서 2018

[표 2] 위기를 기회로 전환해 지속 성장할 수 있는 기반이 되는 9가지 Resilience framework[42)]

구조적 리질리언스 Structural Resilience	통합적 리질리언스 Integrative Resilience	전환적 리질리언스 Transformative Resilience
1 가외성 Redundancy	2 다중상호작용 Mulit-scale interactions	3 분산/다극화 지배구조 Distributed or Polycentric governance
4 시스템 모듈화 System Modularity	5 문턱효과 Thresholds	6 예지력 Foresight
7 필수적 다양성 Requisite Diversity	8 사회적 결속 Social Cohesion	9 혁신과 실험 Innovation and Experimentation

- 구조적 리질리언스: 기업내부조직의 기능을 외부리스크로부터 회복시키는 전략
- 통합적 리질리언스: 기업내부조직과 외부환경간의 복잡한 상호연계를 통해 회복탄력성을 강화하는 전략
- 전환적 리질리언스: 회복탄력성이란 반드시 원점으로 돌아오는 것만을 의미하지는 않음. 리스크 극복을 위해 자체적인 변화를 도모하는 전략

전략 구분	주요 내용
가외성 (Redundancy)	하나의 요소가 기능을 상실할 경우를 대비해 그 기능을 대신할 다른 요소를 준비해놓는 전략
시스템 모듈화 (System Modularity)	기업 내부 조직을 단위(모듈)별로 분리함으로써, 단위 일부가 손상되더라도 전체는 존속될 수 있도록 하는 전략
필수적 다양성 (Requisite Diversity)	다양성을 활용한 주요 회복 전략. 경영전략의 유연성을 증대시키기 위해 다양한 대안들을 개발하고, 불확실성이 줄어들 때까지는 대안들을 옵션으로 가져가는 것
다중상호작용 (Muti-scale Interactions)	가치사슬의 외부화로 확대된 다양한 이해관계자들과의 역학관계에 유기적이고 능동적으로 상호작용하는 체계 구축 전략
문턱효과 (Thresholds)	임계점을 예측하여 경영계획을 수립(리스크는 서서히 다가오는 것이 아니라 한순간 걷잡을 수 없이 이어지는 경향이 있음)
사회적결속 (Social Cohension)	기업의 위기상황을 완화시켜줄 수 있는 사회적 관계 자본의 구축
분산/다극화 지배구조 (Distriduted or Polycentric governance)	위기상황으로부터의 회복력을 신속히 강화할 수 있는 기업 조직의 권한 분산 또는 다극화 체계 구축 전략
예지력 (Foresight)	여러 가지 미래의 불확실성에 대처할 수 있는 다양한 예측 시나리오 개발을 통해 기회와 위험에 대비하는 전략
혁신과 실험 (Innovation and Experimentation)	경쟁업체보다 변화에 빠르게 대응하고 이에 맞는 시스템을 구축하는 전략 → 일상적인 조직 경계에서 벗어나 '불편한 영역(uncomfortable territory)'을 개척하려는 도전 정신

2 M&A 동기 및 목적이 명확한가?

전략수립 및 실행단계에서 M&A가 고려될 때에는 동기 혹은 목적이 명확하여야 합니다. 동기 및 목적이 명확하지 않으면 방향성을 쉽게 상실할 수 있기 때문입니다. 다음의 몇 가지 M&A 실행 동기 예시는 우리가 실행하고자 하는 M&A의 목적을 명확하게 하는 데 도움이 될 것입니다.

[그림 6] M&A의 실행 동기 예시

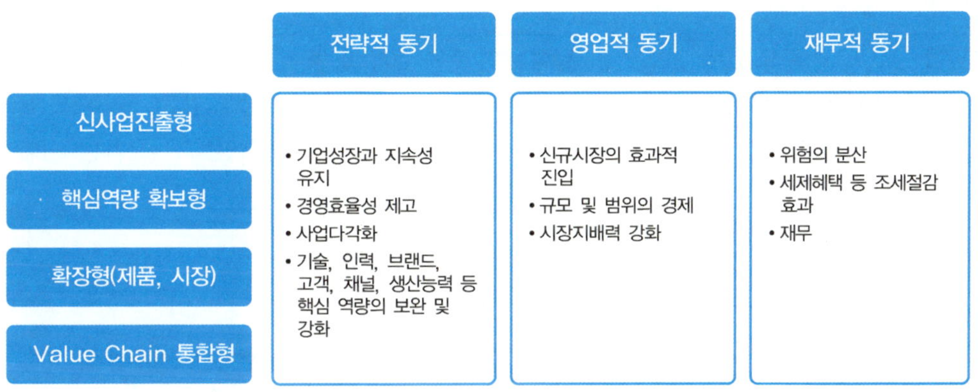

3 사전준비

M&A로 방향성이 정해졌다면, 이제 M&A를 실행하기 위한 준비를 하여야 합니다. 먼저 M&A를 실행하기 위한 팀(TFT; Task Force Team)을 구성하고, 실행 절차 및 각 절차별로 필요한 사항과 일정을 포함한 계획을 수립합니다. M&A는 회사의 일상적인 업무가 아니므로 필요한 경우에는 외부 자문을 받기도 합니다. 사전준비단계에서는 어떤 영역에서 외부자문을 받을 것인지를 계획해 둘 필요가 있습니다.

이질적인 두 기업이 융합하여 운영되어야 하므로 효과적인 통합은 M&A에서 매우 중요하게 고려되어야 합니다. 구성원을 포함한 이해관계자들의 공감대를 형성할 수 있는 M&A 인지에 대한 판단과 준비도 사전단계에서부터 시작되어야 할 것입니다. M&A의 명분과 전략이 뛰어나더라도 구성원들을 포함한 이해관계자의 적극적인 참여와 이해가 뒷받침되지 않으면 M&A의 성공가능성은 낮아질 수 있습니다.

사전준비단계에서 고려되어야 하는 사항들은 다음장부터 설명하는 절차별 진행사항을 참고할 수 있습니다. 절차별 진행사항은 M&A의 전반적 계획 혹은 로드맵(Roadmap)을 수립하는 데 고려될 필요가 있기 때문입니다.

M&A절차를 이행하는데 어느 정도의 시간이 소요되고, 각 절차별로 어떤 업무가 필요한지에 대해 전반적으로 이해하는 것은 사전에 준비를 하는 데 많은 도움이 될 수 있습니다. 물론 M&A의 절차 및 일정은 매번 달라질 수 있지만, 아래의 예시를 참고로 하여 필요한 부분을 조정해 나가면 될 것 같습니다.

[표 3] M&A 일정 계획 예시(BUY-SIDE)

단계	주요 업무	일정	주요 Output 등	고려사항 등
전략수립 및 거래준비 단계	M&A 전략의 수립		-	타당성 검토
	TFT 구성	D-120일 이전	-	필요인력, 자문기관 선임 여부
	대상기업 선정 및 사전 검토		Short-list	-
	인수 전략 및 Deal Structure 검토	D-90일 이전	인수방안	인수조건, 인수방법, 대응 전략 검토, deal 구조 및 일정 논의
	Financing scheme 검토			
인수구체화 단계	Contact & 협상 (필요시 LOI 제출)	D-72	LOI, NDA	
	예비실사 및 사전 가치평가	D-62 (2~3주)	예비실사 및 Valuation 결과	자문사 선정 등
	MOU 작성	D-41	MOU	협상기간, 실사기준/일정/범위, 이행보증금, 사전적 가격 제시, 가격조정범위 등
	본실사 및 가치평가	D-31 (3~6주)	본실사 및 Valuation 결과	주요 이슈 파악 및 인수 금액 결정
	가격 및 거래조건 협상	D-10 (2주내외)	-	가격조정, 지급방법, 우발채무 등에 대한 진술보장, 선행조건 등 협의

<table>
<tr><th>단계</th><th colspan="2">주요 업무</th><th>일정</th><th>주요 Output 등</th><th>고려사항 등</th></tr>
<tr><td rowspan="5">거래종료 단계</td><td rowspan="2">본 계약 체결</td><td rowspan="2">승인</td><td>D</td><td>계약서</td><td>-</td></tr>
<tr><td>D+61</td><td>의사록, 신고서 등</td><td>이사회, 주주총회, 심사 및 기관 등의 승인/인허가(기업결합심사 등), 공시/보고(주요사항보고서 공시, 주주 변경 공시 등)</td></tr>
<tr><td colspan="2">인수 자금 조달</td><td>-</td><td>사업계획서 등</td><td>-</td></tr>
<tr><td colspan="2">계약조건의 실행</td><td>-</td><td>-</td><td>인수 선행조건 check</td></tr>
<tr><td colspan="2">인수 후 통합(PMI)</td><td></td><td>PMI 추진 계획</td><td>PMI 추진팀 구성</td></tr>
</table>

M&A 절차별 진행 사항

1 TFT(Task Force Team)의 구성

Task force team(TFT)은 합리적인 의사결정을 위해 각 분야의 전문가들이 참여할 필요가 있습니다. 그러나, 비밀유지 및 신중한 접근이 필요한 초기단계에는 중요성에 따라 핵심 분야의 전문가들에 한정할 수도 있습니다. TFT를 구성할 때, M&A가 일상적인 회사의 업무는 아닐 수 있으므로 필요한 부분에 대해서는 외부 전문가의 자문을 받을 수도 있습니다. 외부전문가의 자문을 받을 때에는 외부전문가의 경험 및 전문성도 중요하지만 이해상충[43)]의 여부의 확인과 비밀유지 의무의 준수도 함께 요구되어야 합니다.

TFT는 신속한 의사결정을 위해 최고의사결정권자가 참여하거나 최고의사결정권자로부터 상당한 권한을 위임받은 인원의 참여가 필요합니다.

[그림 7] Task force team(TFT) 구성의 예

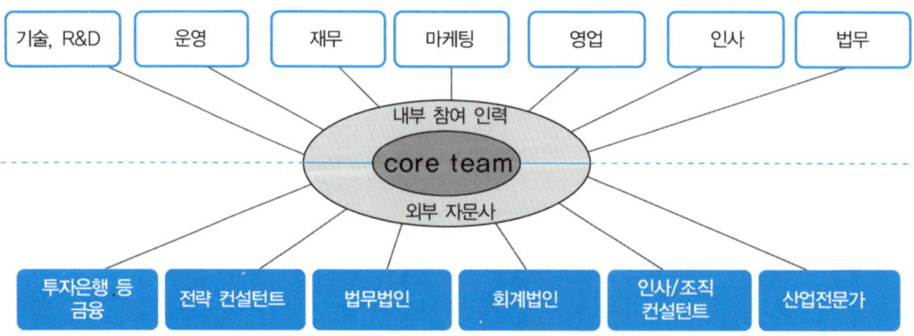

TFT는 대상기업의 인수를 검토하기 위해 필요한 다양한 전문인력이 포함될 필요가 있으며, 다양한 참여자들의 의견이 잘 소통되고 융합될 수 있도록 하는 책임자가 필요합니다. 위의 그림에서 "Core Team"으로 표현되고 있는데, Core team은 정보의 통로이고, 재생산 창구입니다. 정보가 원활하게 소통되지 못하면, 병목이 되고, Deal을 성공적으로 진행하는 게 어려워집니다. TFT에서 Core team은 M&A가 완료될 때까지 커뮤니케이션이 일관성

43) 한 가지 예로서 인수대상 기업의 외부감사인이나 자문변호사가 매수자측에서 매수자문을 하게 되면, 다른 목적으로 확보하거나 이해하게 되었던 대상 기업의 정보가 불공정하게 이용될 수 있으므로 공정한 자문을 하기 어렵다고 보는 것이 일반적이며 이를 이해상충이 있다고 봅니다.

을 가지고 지속적으로 이루어질 수 있도록 유지하는 것이 필요합니다.

TFT를 구성할 때에는 역할과 책임(R&R; Role and Responsibilities)을 정립하는 것도 중요합니다. R&R 정립은 다음의 예시를 참고하여 M&A의 성격에 맞게 조정하면 될 것으로 보입니다.

[표 4] R&R 정립의 예

구분	대상선정/ 인수전략수립	실사 및 평가	협상	승인/PMI
CEO/CFO	• 전략적 목표 명확화 • 검토기준 수립	• 가격에 대한 의사결정	• Deal 조건 제시 및 의사결정	• 투자계약서 승인 • 운영모델에 대한 의사결정
전담팀 (Core Team)	• 전체 프로세스 실무 주관 • 대내외 커뮤니케이션 채널 • 대상에 대한 전반적 분석	• 실사 및 평가팀 의견 조율 • 커뮤니케이션 창구	• 협상 실무 협의	• 승인 절차 실무 진행 • 프로세스 관리 및 커뮤니케이션 창구 • 운영모델 및 PMI 전반 계획 수립
각 사업부	• 대상에 대한 상세 분석	• 각 영역별 실사 참여	• 협상 필요 자료 지원	• 담당 대외기관 신고 및 승인 실행 • PMI 실무 계획 수립

M&A는 일상적인 회사 업무가 아니고, 회사의 향후 전략과 관련된 중요한 거래이므로 외부전문가의 자문을 받는 경우가 많이 있습니다. 외부전문가가 수행하는 업무범위가 명확히 구분되는 것은 아니지만 일반적으로는 M&A Process에 대한 자문과 법률 이슈 검토, 대상회사에 대한 실사 및 가치평가, PMI(사후통합)업무 등이 주로 자문의 영역에서 이루어지고 있습니다.

[표 5] 단계별 주요 자문 영역

전략수립, 대상선정 및 사전검토 단계	실사 및 가치평가 단계	협상 및 계약 단계	종결 및 통합 단계
• 인수 또는 매각 전략 수립 • Deal Sourcing • 대상기업 선정 및 검토	• 재무/법률/HR/환경/IT/Technology/통합 등 핵심영역에 대한 실사	• 협상전략 수립 및 지원 • 계약서 검토 • 인허가 자문	• 정산실사 • PMI 계획 수립 및 실행 자문 • 종결 관련 법률자문

전략수립, 대상선정 및 사전검토 단계	실사 및 가치평가 단계	협상 및 계약 단계	종결 및 통합 단계
• 대상 사전 접촉 및 의사타진&협의 • 사전 재무/법률/산업/통합 이슈 검토(Pre-DD)	• 산업 및 경쟁력 분석 • 가치평가 • 잠재 시너지 분석 • MOU 및 주요 법률사항 검토	• 통합관리 계획수립	• 재무통합 자문 • 시너지 확보 활동 자문
• 전략컨설팅법인, 회계법인, IB 등	• 회계법인, 법무법인(CDD, ODD의 경우는 컨설팅법인)	• 회계법인, 법무법인, IB 등	• 회계법인, 법무법인(PMI의 경우 컨설팅 법인)

2 대상기업의 선정(Target selection)

1) 대상기업 선정 절차

만약 대상 사업군의 선정부터 필요한 상황이라면 산업에 대한 분석에서 시작되어야 할 것입니다. 산업의 시장규모, 경쟁상황, 성장성 및 수익성 등에 대한 검토를 기본으로 해당 산업이 중장기 성장전략에 부합하는 지에 대한 분석이 이루어져야 하는 것입니다.

인수 대상 기업을 선정할 때 가장 우선적으로 고려되어야 하는 사항은 명확하게 설정된 M&A의 목적에 부합하는 대상(Target)을 선정하는 것입니다.

그 다음으로는 통합의 용이성과 이를 통한 시너지 창출 가능성이 고려되어야 합니다.

인수대상 기업을 탐색하는 방법은 산업별 협회 및 유관 기관 웹사이트, 금감원 전자공시시스템(Dart) 등을 통해 관련 정보를 확보할 수 있으며, 해당 기업 및 자문사의 네트워크를 활용하는 방법도 고려할 수 있습니다.

대상기업이 매도 또는 투자유치 목적으로 작성한 회사소개서가 있는 경우에 해당 자료를 토대로 분석이 이루어지지만, 그렇지 않을 경우에는 인수 대상 기업을 탐색할 때 외부에서 수집할 수 있는 정보에 한정될 수밖에 없습니다.

그러므로 다양한 네트워크를 활용하여 최대한 많은 정보를 모을 필요가 있는데, 일반적으로 다음과 같은 정보들이 필요합니다.

- 후보 기업의 일반 현황(연혁, 제품/서비스, 주요주주, 사이트, 기술수준, 생산능력, 경영진 및 조직구성 등)
- 후보기업의 재무제표
- 후보기업이 속한 산업 현황(시장성, 경쟁현황, 수익성 등)
- 기타 가능한 수준에서 M&A 목적 달성 가능성을 체크할 수 있는 정보(예: 수익창출의 지속 가능성, 성장성, 핵심 역량 수준, 기술 수준, 법규상 제약사항, 통합 용이성, 가치 및 인수 시 소요자금 등)

후보 기업 중 인수대상 후보가 몇 곳으로 압축된 다음에는 해당 기업과 직접 접촉하여 NDA(비밀유지협약서)등을 체결하고 추가 자료를 확보하여 검토가 이루어질 수도 있습니다.

[그림 8] 대상기업선정(Target Selection) 절차 예시

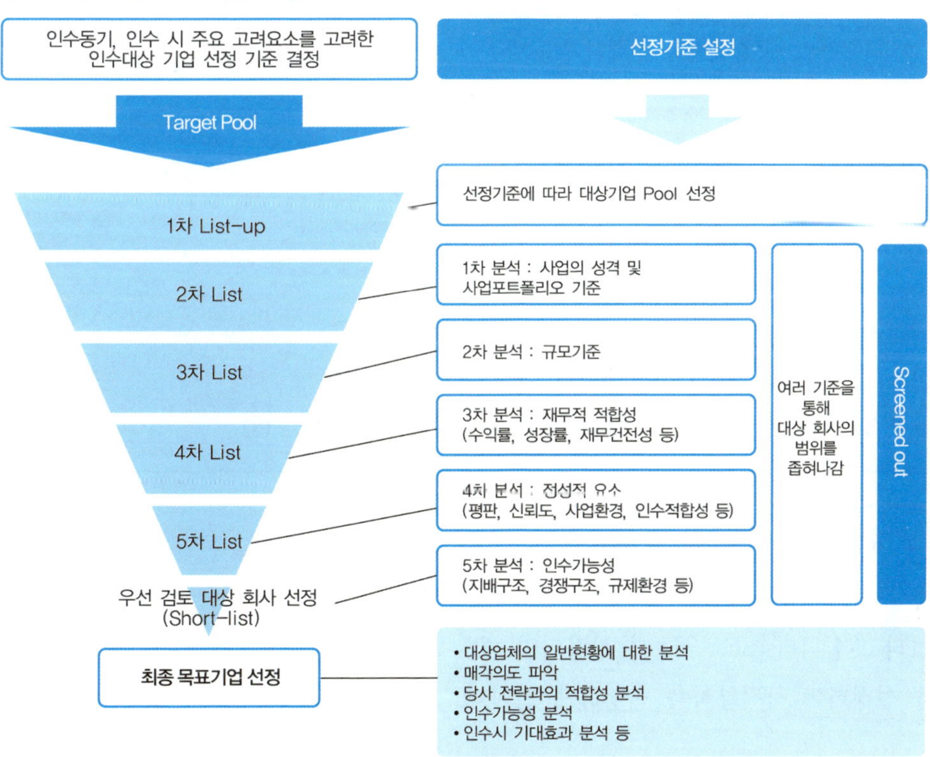

NOTE 4

❏ 대상기업의 정보를 어디서 얻는가?

동종 산업의 경우	• 통상적인 산업관련 자료들이 축적되어 있어 용이함 • 경쟁사 동향자료 등을 활용하여 해당회사의 정보를 파악 가능함
이종 산업의 경우	• 업종전문지, 업종 전문 사이트 • 금융감독원 전자공시 자료(http://dart.fss.or.kr) • 신용조사/정보제공기관(Kis-Line, Cretop, D&B 등) • 증권회사 Report • M&A 전문기관 활용
외부 인수 검토 요청	• 주로 'Teaser' 수준의 개괄적인 회사 소개 자료가 제공됨(회사개요, 매각 Structure, CA 및 LOI양식 등의 기본정보) • 주로 매각 주관사가 접촉해 오거나, 매도회사의 임원급과 회사의 Top Management간에 접촉이 이루어짐 • 매도자 측은 Deal의 인수경쟁 유도를 위해 다수의 회사에 비슷한 수준의 매입 의뢰를 진행하기도 함

NOTE 5

❏ 어떤 기업이 인수대상(target)이 될 수 있는가?

- 전략에 부합하는 기업
- 경쟁력 있는 핵심역량을 보유하는 기업
- 인수 및 통합의 장애요인이 없거나 극복 가능한 기업
- 재무적 기준 및 가치수준이 인수 기업의 기준에 부합하는 기업

2) 후보기업에 대한 사전 검토

인수대상 후보기업들(Target Pool)을 선정기준에 따라 몇 개의 후보군으로 압축한 것을 Short-list라고 합니다. Short-list가 선정되면 해당 기업에 대한 1차 검토를 토대로 우선대상기업을 선정하여 사전분석을 진행하게 됩니다.

[그림 9] Short-list 선정 후 사전검토 Process 예시

Short-list 선정			사전 검토	
인수가능성 Tapping	산업 및 회사 1차 검토	Target 기업 선정	사전 분석적 검토	주요 고려 사항 도출
• 소유지배구조 검토 • 다양한 Network 활용 • 투자가능성 Tapping	• 해당 산업의 핵심 경쟁요소 파악 • 해당 기업의 SWOT 분석 • 인수적합성 분석 • 시너지 가능 여부 예비분석	• Target 기업의 역량 및 인수 적합성에 따른 후보기업 선정 (1~3개)	• 접근 가능 자료를 통한 사전 검토 • 사전 검토 자료를 바탕으로 한 예비적 Valuation	• 예상 이슈사항 도출 • 이슈 대응 시나리오 검토 • 인수가능 구조 예비적 검토

3) 인수가능성 Tapping

인수가능성 Tapping 단계는 현실적인 투자가능성을 사전에 확인해 보는 것입니다. 이를 위해서는 지분구조 등을 살펴보고, 다양한 네트워크를 활용하여 직간접적으로 매각의도를 파악하게 됩니다. 이러한 과정에서 상호간에 이해와 신뢰가 확보되면 CA/NDA[44]와 같은 비밀유지약정을 맺고 본격적인 논의가 시작됩니다.

4) 대상기업 사전 검토

대상기업이 선정되면 지분구조, 사업구조, 재무구조, 조직구조, 시장점유율, 핵심 경쟁 요소 등 대상회사를 이해할 수 있는 다양한 기초자료를 확보하여야 합니다.

수집된 자료를 바탕으로 후보기업에 대한 사전검토를 할 때에는 대상회사의 현 상황에 대한 분석만을 하기보다는 대상회사 및 산업의 성장요소, M&A 후 예상 효과, 우리회사와의 M&A 적합성 등을 다각도로 살펴보는 것이 필요합니다. 다음의 표는 검토가 필요한 사항을 예시로 든 것입니다.

44) Non-disclosure Agreement, Confidential Agreement

[표 6] 사전검토 필요 사항 예시

개별기업 분석	산업 동향 및 성장요소 분석
• 회사 일반 현황 • 재무현황 • 수익성, 성장성, 안정성, 현금흐름 • 고객 유지 & 확대 가능성 • 브랜드 또는 평판 • Value Chain 상에서의 주요 역량 • 제품 및 가격경쟁력 • 생산, 기술/특허, 원가, 채널 경쟁력 • 인사/노무관리 및 조직문화의 강점, 약점 • 법률, 세무상의 이슈 현황 • 시스템 및 인프라 현황	• 시장의 성장성, 산업 동향 • 경쟁현황 및 경쟁구도의 변화 추이 및 전망 • 신제품 전략 • 기술 및 규제 추이 • 시장 및 기업의 위험요소 • 사업모델의 안전성
M&A 후 효과 분석	**M&A 적합성 분석**
• 전략적 시너지 • 운영 시너지 • 재무적 시너지	• 법률적 제약조건 • 자금조달 능력 • 임직원과의 마찰 가능성 • 문화 및 조직적 이슈 • 타 인수희망 업체 현황 • 경쟁업체들의 예상 반응

5) 대상기업의 인수적합성 및 실행 용이성 검토

대상회사의 인수가 중장기전략, 인수 목적, 인수 후 통합 등을 고려할 때 타당한가를 살펴보는 것이 인수적합성 검토입니다. 인수적합성은 전략적 적합성, 재무적 적합성, 인사·조직·문화적 적합성 측면에서 검토됩니다.

[표 7] 인수적합성 검토 포인트

전략적 적합성	• 회사의 전략과 적합한가? • 해당산업과 대상회사는 매력적인가? • 인수대상회사가 충분한 역량을 보유하고 있어 인수 후 Synergy를 낼 수 있는가? • 인수 후 PMI과정에 문제는 없는가?
재무적 적합성	• 적정 Valuation 값은 무엇이며, 그 가격에 인수가 재무적으로 부담이 되지는 않는가? • 인수할 회사는 재무적으로 건전한가? 또는 인수후 이른 기간안에 건전해 질수 있는가? • 투자수익성은 충분하고 달성 가능한가?
인사·조직·문화적 적합성	• 철학, 가치, 신념 체계 비교 후 융합에 어려움은 없는가? • 핵심인재 이탈 등 잠재적 리스크는 없는가?

인수적합성과 함께 중요한 것은 인수 실행의 용이성입니다. 실행용이성은 실제 인수가 가능한 상황인지를 파악하는 것입니다. 이를 위해서는 대상회사 또는 주주의 매각의사도 파악하여야 하고, 인수 시 법적인 제약이 있는지 여부도 확인하여야 합니다. 공정거래법이나 관련 법규에서의 지분보유 제약 사항을 살펴볼 필요가 있습니다. 이사회나 주주총회의 승인이 필요한 경우에는 해당 기관의 승인 가능성을 검토할 필요가 있으며, 주식매수청구권이 발생하는 거래에 있어서는 해당 금액의 부담이 M&A 구조에 있어서 어떤 영향을 미칠 수 있는지도 살펴보아야 합니다. 때에 따라서는 주요 채권자나 거래처의 동의가 필요한 경우도 있습니다. 또한 다양한 이해관계자가 있는 경우에는 이해관계자들의 해당 거래에 대한 의견도 주의 깊게 수렴할 필요가 있습니다.

NOTE 6

❑ 가치창출 기회는 있으나 매각 또는 매입의 가능성이 낮은 Target은 어떻게 할 것인가?

해당 시장에 진출하기 위해 협업이 가능하거나 관련 기술을 기반으로 사업의 확장 가능성이 있는 경우, 혹은 대상회사와 사업포트폴리오의 연관성이 있는데, M&A 적합성이 낮아 M&A로 이어지지 못하는 대상에 대해서는 어떻게 할 것인가? 이런 회사는 대부분 Target에서 제외된 후 후속적인 조치가 이루어지지 않습니다. 그러나 이러한 대상회사와도 전략적 제휴 등 다양한 방식의 협업이 가능할 수 있습니다. 기본적으로 M&A는 가치창출을 위한 과정이기 때문에, 다른 방식의 가치창출 기회가 있다면 우리는 이러한 기회도 관심있게 살펴보아야 할 것입니다.

3 인수전략 수립 및 접촉(Deal Structure & Financing 등)

예비적 검토를 통해 인수타당성이 인정되면 협상을 위한 향후 전략을 수립하고 인수 시 예상되는 문제점 및 이의 해결방안을 모색하여야 합니다.

인수전략 수립시 고려될 필요가 있는 사항을 다음의 표로 정리해 보았습니다.

[표 8] 인수전략 수립 시 고려사항 예시

구분	인수 전략 수립 시 필요한 고려사항 예시
협상팀의 구성	• 대상회사의 성격, 매도자 및 잠재적 이슈 등을 고려하여 협상팀을 구성
인수형태 결정	• 자산 · 사업양수도, 주식양수도, 합병 등의 방법 결정

구분	인수 전략 수립 시 필요한 고려사항 예시
투자 방법 결정	• 지분투자, 현금지급, 주식교환 등 현물지급 • 경영권 인수, 일부지분 참여 • 보통주, 전환우선주, 전환사채 등의 투자 방법 결정
자금조달방법 결정	• 자기자본과 타인자본의 비중, 타인자본 조달을 위한 방법
일정계획 수립	• 협상과 인수방법 등을 고려한 계획 수립
Contingency Plan	• 인수과정에서 발생 가능한 예상 이슈 및 대응 방안 마련
기타 고려사항	• 세금효과, 회계적 이슈, 법규상 제약, 통합 용이성, 재무건전성 등

딜(Deal)은 재무구조에 부담이 되지 않는 수준에서 추진하는 것이 바람직합니다. 즉, 인수전략은 기존 사업에 부담이 되지 않고, 합리적 방법과 가격으로 인수할 수 있도록 수립되어야 합니다. 이러한 과정에서 인수구조(Deal Structure)와 자금조달(Financing)방안도 구체적인 모습을 그리기 시작하여야 합니다.

1) Deal Structure

거래구조는 상호간의 필요에 의해 다양한 방식으로 이루어집니다. 거래구조의 다양한 방법론에 대해서는 다음 장에서 살펴보기로 하고, 여기서는 거래구조를 수립할 때 고려해야 하는 사항은 무엇이 있을지 알아봅니다.

① 첫번째는 **법적인 제약사항**이 있는지 확인해 보아야 합니다. M&A는 정형화된 거래가 아니라 다양한 방식으로 거래가 이루어지고, 기업이 보유한 다양한 자산의 집합에 대한 거래이므로, 법규제도 거래방식뿐만 아니라 자산의 구성내역, 산업의 특성 등에 따라 다양할 수 있습니다.

② 두번째는 **소요자금 및 자금조달의 용이성**(Funding)에 대한 고려가 필요합니다. 거래구조에 따라 딜 종료시점의 소요자금은 차이가 발생할 수 있고, 자산 및 부채의 이전에 대한 비용도 차이가 발생할 수 있습니다. 또한 자금을 외부조달할 경우에는 어떤 구조가 자금조달에 용이한지 고려하여야 합니다.

③ 세번째는 **세금**에 대한 고려입니다. 자산이 이전되는 거래는 반드시 세금이 수반됩니다. 그러나 거래방식에 따라 세금의 규모, 납부 시기 등은 다소 차이가 날 수 있습니다.

④ 네번째는 **사후 통합의 용이성**입니다. M&A를 통해 가치를 창출하기 위해서 어떤 구조가 적합한지를 고려하는 것은 필수적이며, 어떤 지배구조하에서 통합이 원활하게 이루어질 수 있고, 시너지등을 포함한 가치창출이 효과적으로 실현가능할지를 고민해

보아야 합니다.

⑤ 기타 고려사항은 **재무적 건전성**이나 **회계**처리에 미치는 영향, **지분구조, 승인 및 인허가** 용이성 등이 있을수 있습니다.

거래구조를 수립할 때는 인수방식, 지급수단, 지급방식 등을 고려해야 합니다. 인수방식은 영업양수도, 지분양수도, 합병, 주식교환 등 어떤 형태로 인수할 것인지, 직접인수, 간접인수, 공동인수 등 인수주체 등의 결정을 포함합니다. 지급수단은 현금지급인지, 주식, 전환사채, 전환상환우선주 등 유가증권을 대가로 지급할 것인지에 대한 사항입니다. 지급방식은 거래종결일에 지급하는지, 거래종결일 이후 정산을 통한 잔여대금 지급인지, 이후 실적을 통해 잔여지급을 확정할 것인지에 대한 협의를 포함합니다.

2) 자금조달(Financing)

거래를 위해서는 당연히 어떤 형태로든 자금이 필요합니다. 그러나 해당 자금이 어떻게 조달되었는지도 중요할 수 있습니다. 우선 과도하게 차입을 통해 자금을 조달할 경우에는 재무건전성의 악화로 기업환경의 다양한 변화에 적응하기가 쉽지 않게 됩니다. 물론 차입을 통한 인수가 이자비용의 세금감면으로 인수자의 수익률을 높일수 있다는 주장도 있지만 이는 어디까지나 인수자가 기업환경의 악화에도 버텨낼수 있는 수준의 차입일 때에만 해당될 것입니다. 또한 매도인도 안정적인 자금조달 방법을 보유한 매수인을 선호하는 경향이 있습니다.

[표 9] 자금조달 방법 예시[45)]

자금조달 방법	성격
사세자금	보유현금 및 매각가능자산
Debt Financing(차입조달)	금융기관 차입금, 사채발행, 프로젝트 파이낸싱 등
Equity Financing(자본조달)	재무적투자자(FI) 등을 통한 유상증자(보통주, 우선주, 전환상환우선주 등)
Mezzanine(차입과 자본의 혼합)	주식과 채권의 성격을 모두 보유한 형태의 자본조달(전환사채, 신주인수권부사채, 교환사채 등)
Consortium(공동인수)	전략적투자자 또는 재무적투자자와 지분 분담

45) 자금조달방법별 상세 내용은 다음 장에서 설명하기로 합니다.

M&A 시 인수금융에 참여하는 투자자는 투자자의 목적에 따라 전략적 투자자(SI: Strategic Investor)와 재무적 투자자(FI: Financial Investor)로 구분할 수 있습니다. 전략적투자자는 사업적인 협업 또는 경영참여 목적으로 참여하는 투자자이고, 재무적투자자는 회사의 가치를 높여 일정 시점에 지분을 처분함으로써 투자수익을 얻고자하는 투자자입니다.

3) 접촉 및 인수의사 전달

사전검토가 이루어진 후에는 인수전략 수립과 함께 대상기업과의 접촉 및 협상도 시작하게 됩니다. 공개입찰과 같은 deal에서는 인수의향서(LOI)를 제출하기도 합니다.

이 시기는 본격적인 협상이 시작되는 시기라고 볼 수 있습니다. M&A의 모든 과정이 중요하지만 M&A에서 가장 중요한 부분 중의 하나가 바로 "협상"입니다. 상대방을 혹은 이해관계자를 설득하는 힘이 있어야 합니다. 이 힘은 바로 M&A 동기의 타당성과 충분한 사전준비에서 나올수 있습니다.

협상은 신뢰관계를 기본으로 합니다. 그러므로 이 단계에서는 상대방과의 신뢰를 쌓는 것이 무엇보다 중요할 수 있습니다.

협상은 M&A 전과정에서 필요합니다. 초반에는 M&A 실행 동력을 얻기 위한 내부이해관계자에 대한 협상, 거래상대방을 대화 테이블로 이끌어 내는 협상, 이후 가격을 포함한 거래조건을 합의하여 계약에 이르기까지의 협상, 이후 효과적인 통합을 이루어내기 위해 서로 다른 조직 구성원간의 협상 등까지 모두 중요한 커뮤니케이션 과정입니다. 협상에 대한 좀더 자세한 이야기는 다음 장의 "M&A협상" 부분에서 다루기로 하겠습니다.

NOTE 7

❑ Invitation Package

일반적인 Invitation Package
입찰을 통한 M&A의 경우에는 회사를 소개하고 입찰에 응하기 위해 필요한 자료들을 잠재적 투자자들에게 제공하는데, 이를 Invitation Package라고 합니다. Invitation Package에 제공되는 자료는 일반적으로 다음과 같습니다. ① Invitation Letter ② LOI form ③ Teaser(회사소개자료) ④ CA(confidential Agreement) or NDA(Non disclosure Agreement)

공개입찰 시 필요서류의 예

① 입찰참가신청서
② 컨소시엄 협정서(컨소시엄의 경우)
③ 입찰참가자 소개
④ 입찰서(입찰금액, 입찰금액 조달 증빙, MOU(안)수정 요청사항, 종업원 고용보장 확약서 등을 포함)
⑤ 확약서
⑥ 위임장
⑦ 경영계획서
⑧ 양해각서(안)
⑨ 기타(주간사 제시 재무제표, 실사기준, 질권설정계약서(안) 등)

4 실사와 가치평가

1) 실사(DD: Due Diligence)[46)]

실사는 Due Diligence, 약어로 "DD"라고 합니다. 실사는 M&A를 위한 대상회사의 이해를 목적으로 실시합니다. 실사를 통해 파악된 사항을 바탕으로 가치평가를 하게 되며, 계약체결 이전에 해소되어야 하는 사항, 계약서에 반영하여야 하는 사항, 통합을 위해 필요한 사항 등을 파악하게 됩니다.

대상회사를 충분히 이해하지 않고 M&A를 한다는 것은 상상하기 어렵습니다. 어떤 형태로든 대상회사를 이해하는 과정이 필요합니다. 성공적인 M&A를 위해선 대상회사가 영위하는 사업의 본질을 이해하고 명확한 가치창출 전략을 마련해야 하는데, 이 과정은 실사단계에서 이루어진다고 볼 수 있습니다. 또한 실사를 통해 발견된 사항은 M&A 전 과정 및 사후통합에 있어서도 중요하게 영향을 미치게 됩니다. 그 만큼 목적적합한 실사는 성공적인 M&A에 있어서 매우 중요합니다.

① 실사의 목적

실사는 M&A의 목적에 따라 다양하게 정의될 수 있지만, 일반적으로 ⓐ **대상회사는 어떤 회사인지**를 이해하고 이를 토대로 ⓑ **인수를 하는 것이 이익이 되는지**를 확인하는 데 그 목적이 있습니다. 또한 ⓒ **인수를 위해 얼마를 지불해야 하는지**, ⓓ **인수시에 고려하여**

46) 실사의 기본 내용은 "기업가치평가와 재무실사, 삼일인포마인"을 참고하였습니다.

야 하는 사항 혹은 계약사항에 반영하여야 하는 사항은 무엇인지, ⓔ **인수에 장애가 되는 사항은 무엇인지**, ⓕ **인수 후 통합을 위해 필요한 사항은 무엇인지**를 파악하는 것도 실사의 중요한 목적 중의 하나입니다.

② 실사의 종류

실사는 회사를 둘러싼 다양한 환경과 기업활동의 전체적인 수행과정에 대한 이해의 과정이기 때문에 다양한 측면에서 실사가 수행될 수 있습니다. 기능적 측면에서 보면 실사는 아래의 그림과 같이 재무실사 이외에도 법률실사, 운영&업무 실사 등 다양한 분야에서, 종합적으로, 때로는 필요한 부분에 한하여 수행됩니다.

[그림 10] 실사 종류의 예[47)]

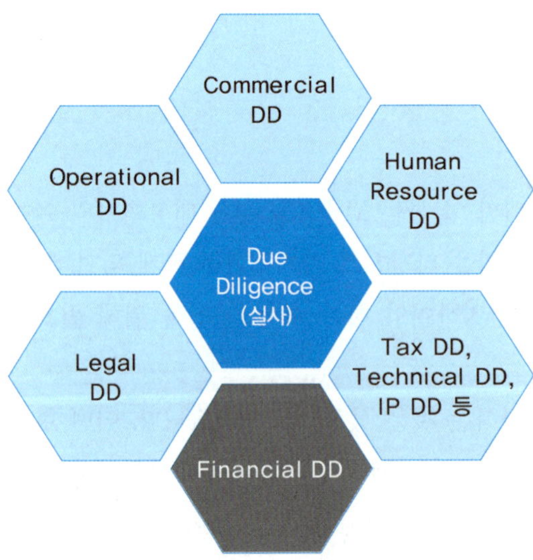

- Commercial DD: **대상과 관련된 산업, 시장, 경쟁업체, 거래처, 산업규제 및 산업성장의 동인에 대한 실사**
- Operational DD: 구매, 제조에서 판매까지 회사 운영 전반에 걸친 업무효율성, 영업활동의 핵심요소 등 value 제고를 위한 요소에 대한 실사
- Human Resource DD: 인원 구성, 인사정책, 보상 등 인사/노무관련 현황 등을 파악하기 위한 실사
- Technical DD: 대상회사가 보유하고 있는 기술과 기술의 운영에 관련한 사항 등을 파악하는 실사
- Legal DD: 대상회사의 법률 준수 여부, 소송/약정사항/우발사항과 관련한 사항, 거래구조 상에서 발생하는 법규 사항을 파악하는 실사(환경문제와 관련된 사항을 별도로 Environmental DD라고도 함)
- Intellectual Property DD: 지적재산권과 관련한 사항을 파악하는 실사
- Tax DD: 대상회사의 조세 규정 준수 여부, 거래구조 상에서 발생하는 조세 위험 등 세무관련 실사
- Financial DD: 대상회사의 재무적·비재무적 사항이 재무적으로 미치는 영향 등을 파악하는 실사

47) 기업가치평가와 재무실사, 삼일인포마인 참조

③ M&A에서의 단계별 실사

실사는 M&A 진행 단계에 따라서도 자료의 접근 범위나 수행되는 절차 등에 있어서 차이가 있을 수 있습니다. 다음의 그림은 M&A의 진행단계별로 수행되는 실사의 예시입니다.

[그림 11] M&A에서의 단계별 실사의 예[48)]

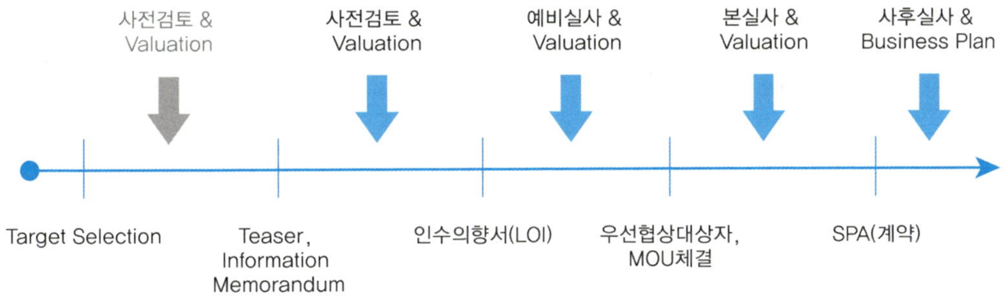

사전검토는 인수 대상을 선정하거나 인수 가능성 등을 파악하기 위해 사전적으로 외부에서 입수 가능한 자료를 바탕으로 대상회사를 분석하는 단계입니다. 예비실사는 비밀유지계약을 하고 대상회사 또는 매각자로부터 제한된 수준의 정보를 직접 확보하여 대상회사를 분석하는 단계이며, 본실사는 대상회사의 가격 의사결정 및 인수여부를 결정할 수 있는 수준의 자료확보와 분석이 이루어지는 단계입니다. 인수 의사결정이 이루어진 후에는 다양한 목적으로 실사가 수행될 수 있는데 정산실사나 사후적으로 실시하는 통합 목적의 실사 등이 그 예가 될 수 있습니다.

④ 실사를 누가하는가?

실사는 매도자가 할 수도 있고, 매수자가 할 수도 있습니다. 일반적으로는 매수자에 의해 매도자가 제시한 내용을 확인하는 방식으로 이루어지지만, 매도자가 제3의 외부기관에 실사를 의뢰하여 수행한 후 실사결과를 잠재적 매수자에게 제공하는 경우도 있습니다(Vendor's DD).[49)] 이와는 별도로 매도자가 매각과정에서의 잠재적 이슈파악과 대응을 목적으로 수행하는 매각전 실사(Pre-sale DD)가 있습니다.

48) 기업가치평가와 재무실사, 삼일인포마인 참조

49) 매도자 실사(Vendor's DD)의 경우에는 잠재적 매수자가 다수일 때 매수자별 실사가 아닌 한번의 실사로 업무부담과 시간이 단축될 수 있으나, 매수자별 회사의 이해를 위한 추가적인 needs 충족을 위해 질의응답 등을 통한 보완은 필요할 수 있습니다.

[표 10] 실사 수행 주체에 따른 분류[50)]

구분	Buy-side DD	Vendor's DD	Pre-sale DD
수행주체	잠재적 투자자	매각자	매각자
주요 이용자	잠재적 투자자	잠재적 투자자	매각자
목적	• 대상회사에 대한 이해 목적으로 수행 • 잠재적인 투자와 관련한 위험과 기회를 평가하고 우발부채 발견 및 적정 가격 산정	• 매각자가 잠재적 투자자를 위해 실시하며 객관성 확보를 위해 외부 전문가가 수행 • 매수자 실사 생략 또는 축소 가능 • 매각자는 사전적으로 이슈 파악 가능	• 매각과정에서 잠재적 투자자가 발견할 수 있는 주요 이슈 등을 사전 파악하거나 또는 매수자 실사 등에 대비하기 위한 준비과정으로서 수행

⑤ 실사기간과 범위

실사기간이나 범위는 대상회사의 규모나 복잡성에 따라 달라집니다. 협상시 실사기간과 범위를 충분하게 확보하기 위해서는 사전검토단계에서 회사에 대한 이해 수준이 영향을 미칠 수 있습니다. 또한 대상회사의 성격에 따라서도 실사 범위는 달라질 수 있습니다. 예를 들어 신생벤처기업의 경우에는 관련 재무정보가 충분하지 않아 보유 기술, 무형자산, 고객, 경영진 등 비재무적 사항이 중요한 실사범위가 될 수 있습니다. 이처럼 회사의 분석시에는 재무적 사항이외에도 비재무적 사항에 대한 실사가 병행되어야 합니다.

실사 시에 개별기업에 대한 분석뿐만 아니라 산업동향 및 성장요소에 대한 분석, 시너지와 같은 M&A 후 효과분석, 원활한 통합가능성과 같은 M&A 적합성 분석까지 이루어진다면, 실사의 본래 목적인 대상회사를 인수하는 것이 우리에게 이익이 되는지의 판단여부를 포함하여 대상회사를 좀 더 효과적으로 이해할 수 있을 것입니다.

⑥ 재무실사 시 확인할 사항

여러 종류의 실사 중에서도 재무실사는 대부분의 거래에서 필수적인 절차입니다. 회사의 영업활동은 결국은 재무적인 결과로 나타나기 때문입니다. 재무실사는 향후 지속가능한 이익수준을 살펴보는 손익실사와 자산부채의 건전성을 살펴보는 자산부채실사가 함께 수행될 필요가 있습니다. 손익실사는 흔히 이익의 질을 평가한다고 합니다. 그래서 Quality of Earnings(QoE)분석이라고 합니다.

50) 기업가치평가와 재무실사, 삼일인포마인 참조

[표 11] 주요 재무실사 분석사항 예시[51)]

<table>
<tr><td colspan="2">QoE(Quality of Earnings; 이익의 질)</td><td>QoE는 지속가능한 경상적인 이익수준을 의미합니다. 일시적이거나 비경상적인 손익을 제거한 경상적인 이익수준을 분석합니다. 더 나아가 이익 창출 요인에 대한 분석, 원가 변동 요인에 대한 분석 등을 통해 지속가능한 이익수준을 살펴봄으로써 회사 이익의 질과 가치를 가늠해 볼 수 있습니다.</td></tr>
<tr><td rowspan="7">QoA(Quality of net Asset; 자산부채의 건전성 분석)</td><td>Working Capital (순운전자본 분석)</td><td>운전자본은 매출채권, 재고자산, 매입채무와 같이 영업활동 과정에서 발생하는 자산과 부채를 말합니다. 해당 자산부채의 과소, 과대계상여부, 정상적 수준의 운전자본 규모 등에 대한 분석이 필요할 수 있습니다.</td></tr>
<tr><td>CAPEX (자본적 지출)</td><td>영업활동에 필요한 유형자산이나 무형자산과 같은 자산에 대한 투자액은 무엇이 있는지, 적정수준의 투자규모와 투자주기는 어떻게 되는지 파악할 필요가 있습니다.</td></tr>
<tr><td>Debt & Debt like items</td><td>회사가 지급하여야 하는 모든 의무가 재무제표에 계상되었는지 확인합니다. 회사가 차입금 등의 부채로 분류하지 않았을 수도 있고, 실사를 통해 발견된 부채일 수도 있으며, 거래 이후 현금유출이 발생하는 항목이 있을 수도 있습니다. 실사과정에서 파악되지 않은 부외부채 또는 우발부채는 인수후 직접적인 현금유출이 발생할 수 있으므로 주의를 해야 합니다.</td></tr>
<tr><td>비영업자산 및 부채</td><td>회사는 영업활동과 직접적인 관련성이 없는 자산 및 부채를 보유하는 경우도 있습니다. 예를 들어 투자목적의 부동산이나 지분 등이 있을 수 있습니다. 해당 자산부채가 회사의 가치와 현금흐름에 어떻게 영향을 미치는지 살펴볼 필요가 있습니다.</td></tr>
<tr><td>자본항목</td><td>자본항목은 회사 가치의 배분과 관련되어 있습니다. 우선주가 있거나 주식으로 전환가능한 옵션등이 부여된 경우에는 각 주주지분의 가치에 어떤 영향이 있는지 분석할 필요가 있습니다.</td></tr>
<tr><td>사후통합</td><td>통합과정에서 추가적인 비용이 발생할 수도 있습니다. 예를 들어 시스템을 통합하기 위해 투자가 필요하거나, 인력 투입 등 조직변경과정에서 인건비 구조가 변동할 수도 있습니다.</td></tr>
<tr><td>현금 및 현금흐름분석</td><td>영업활동에 필요한 현금수준 및 잉여현금수준을 파악하고, 현금흐름이 어떤 활동을 통해 창출되고 소비되는지 파악할 필요가 있습니다.</td></tr>
</table>

51) QoE와 QoA에 대한 자세한 설명은 “기업가치평가와 재무실사, 삼일인포마인”을 참고하시기 바랍니다.

앞서 언급한 바와 같이 실사는 대상회사를 이해하는 과정입니다. 회사마다 특성이 다양하기 때문에 실사를 할 때 회사의 특성을 고려하여 중점 검토 사항의 비중을 다르게 가져가야 합니다. 예를 들어 신생벤처기업의 경우에는 보유하고 있는 설비와 같은 유형자산이나 과거실적보다는 보유 인력이나 기술과 같은 무형의 자산과 향후 성장성 등이 비중있게 다루어질 수 있습니다.

⑦ 법률실사 시 확인할 사항

법률실사의 목적은 대상회사에 대한 법률적 하자 여부를 확인하고, 하자가 발견될 경우 이에 대한 치유 방안을 확인하며, 이로 인해 대상회사의 인수 위험 혹은 대상회사의 가치에 미치는 영향의 분석을 통해 인수가 타당한지를 파악하는 것입니다.

[표 12] 법률 실사 검토 사항 예시

법률실사 주요 검토 분야	검토 필요 주요 법규	주요 문서에 대한 검토
• 회사일반 • 인허가사항 • 공정거래에 관한 사항 • 영업/금융 등 주요 계약사항 • 보험계약 • 부동산 등 자산의 소유현황 및 제한사항 • 자산의 담보/질권 관련 사항 • 소송 • 인사노무관련 사항 • Compliance 관련 사항 • 기타 환경, 저작권 등	• 상법 • 자본시장과 금융투자업에 관한 법률 • 독점규제 및 공정거래에 관한 법률 • 세법 • 노동관계법 • 기타 해당 산업 관련 법률 및 규정	• LOI, MOU, 비밀유지계약서, 양수도계약서(SPA, DA) 등 주요 문서에 대한 검토

⑧ 실사 vs Valuation vs 계약

실사 발견사항은 가치평가에 반영되어야 하며, 계약서에도 적절하게 고려되어야 합니다. 다음의 그림과 같이 실사와 가치평가(Valuation), 계약은 서로 밀접하게 연결되어 있다는 점을 이해하여야 거래과정에서 중요한 부분을 놓치지 않을 수 있습니다.

[그림 12] 실사 및 가치평가와 계약의 관계

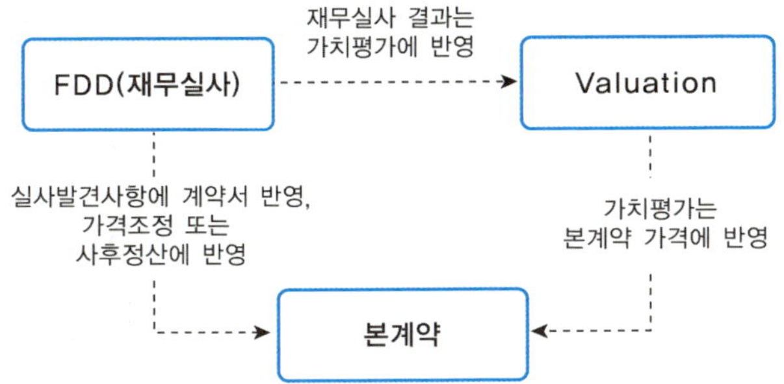

NOTE 8

❑ Key deal Issue의 4가지 유형

유형	예시
Valuation Issues	비경상적인 항목등의 발견으로 손익이 조정되는 등 실사 발견사항이 회사 가치평가에 영향을 미치게 되는 경우
Integration Issues	기업문화의 차이, 급여보상체계의 차이, 전산시스템 차이 등 통합과 관련되는 경우
Contractual Issues	경쟁금지, 우발채무, Transition period 동안 Seller로부터 받아야 할 지원, 관계회사 거래에 대한 장기계약의 필요성 등 세약/인허가/이행조건 등과 관련되는 경우
Deal breaking issues	대상회사 제시 자료 및 임직원에 대한 신뢰성 부족, 관련 법규 등으로 인해 Deal의 진행이 사실상 불가한 경우, 중대한 우발부채의 존재, M&A의 실익을 저해하는 주요한 자산 또는 인력의 유출 등 실질적으로 M&A 목적 달성이 어려운 경우

❑ Deal breaker[52)]의 예시

구분	내용
자료의 왜곡	설명과 사실이 다를 경우에는 기본적인 신뢰가 깨지는 것으로 전체 협상에 중요한 영향을 미침
우발부채	소송이나 클레임의 현실화 가능성이 높고 예상되는 우발부채의 규모가 큰 상황에서 상호간에 견해차이가 큰 경우
잠재적 부실	과거 실적에는 나타나지 않았던 향후 예상되는 대규모 손실 또는 인수 후 현저한 매출감소나 원가증가가 예상되는 경우
계약관계상의 제약사항	중요한 지적재산권의 불완전 소유, 과도한 장기 지급수수료 계약, Change of control 규정[53)] 등

2) 가치평가(Valuation)[54)]

가치평가는 "**이용 가능한 정보를 활용하여 합리적으로 값을 결정하는 과정**"이라고 볼 수 있으며, 여기서 합리적인 값이란 이해관계자가 "**합의**"할 수 있는 가격이 될 수 있습니다.

가치평가는 기업이 보유한 자산과 역량을 바탕으로 한 미래수익가치 또는 미래현금창출능력을 평가하는 것입니다. 이렇게 평가된 가치평가결과는 가격 협상을 위한 범위를 제시합니다. 그리고, 실제 거래 가격은 가치평가 결과를 토대로 상호간 협상에 따라 결정됩니다.

가치평가는 미래에 창출할 것으로 예상되는 수익 또는 현금흐름을 기준으로 평가하는 방법과, 유사회사의 가치를 비교하여 평가하는 방법, 평가대상이 보유한 자산을 토대로 평가하는 방법 등이 있습니다. 대상의 가치를 평가하기에 가장 적합한 방법을 적용하여 평가하는 것이 일반적이지만, 상황에 따라서는 평가방법이 법률 등에 의해 정해지는 경우도 있습니다.[55)]

가치평가에 대한 자세한 사항은 "제1장 M&A의 이해"의 "Ⅳ. 회사의 가치는 어떻게 평가되는가?"을 참고하시기 바랍니다.

여기서는 M&A를 위한 평가 시에 가치평가에서 가격결정으로 이어지는 메커니즘을 간략하게 살펴보면, 아래의 그림과 같이 다양한 방법에 의한 가치평가가 비교되어 평가가 이루어질 뿐만 아니라 전략적 가치(시너지 등)와 경쟁상황까지 고려하여 가격이 결정되는 것을 알 수 있습니다.

[그림 13] M&A에서의 가치평가 시 다양한 평가방법 고려 예시[56)]

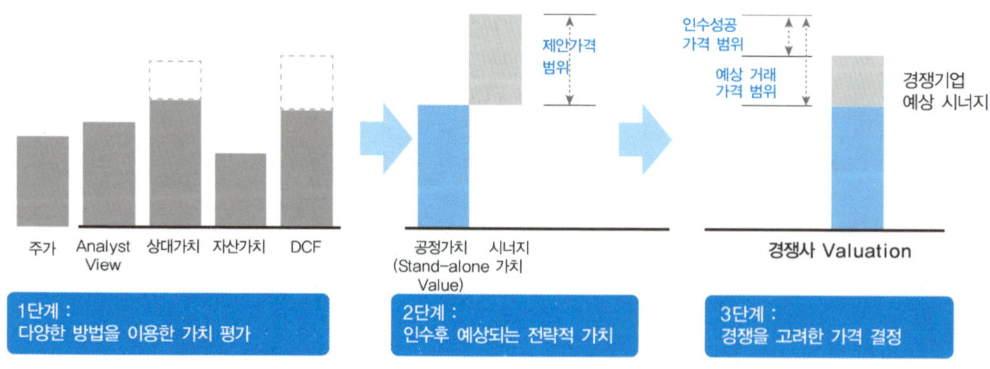

52) 거래를 중단되게 하는 중요한 이슈
53) 경영권이 변동되면 계약이 종료되거나 상대방의 사전동의를 받도록 하는 계약조건
54) 가치평가에 대한 내용은 "기업가치평가와 재무실사, 삼일인포마인"의 내용을 인용 및 참고하였습니다.
55) 예를 들어 상장법인이 비상장법인과 합병할 때 비상장법인의 평가를 자본시장법상 본질가치로 평가하거나, 특수관계자간 비상장회사 지분을 양수도할 때 세무상 목적으로 세법상 규정된 방법으로 평가가 필요할 수 있는 경우가 해당됩니다.
56) 기업가치평가와 재무실사, 삼일인포마인 참조

5 계약(NDA, LOI, MOU, SPA 등)

1) 협상과 계약(Overview)

M&A는 많은 자본과 경영권에 영향을 미칠 수 있는 규모가 있는 거래입니다. 자본 뿐 아니라 시간도 오래 걸릴 수 있습니다. 진행 과정에서 경제 상황 등이 바뀌면 원점에서 다시 검토해야 하는 상황도 발생할 수 있습니다. 결국 본 계약(Definitive Agreement) 체결까지는 수많은 협상과 그 협상 결과를 담은 다양한 서류들이 등장하게 됩니다. 이를 개괄적으로 정리해 보았습니다.

Private Deal의 경우에는 거래대상이 확정되면 인수의향서(Letter of Intent, 'LOI')를 작성합니다. 이 과정에서 비밀유지확약서(Non-disclosure agreement, 'NDA')를 체결합니다. 이를 준수하면서 당사자는 제한된 범위 내에서 예비 실사(Preliminary Due Diligence)를 하고, 양해각서(Memorandum of Understanding, 'MOU')를 체결합니다.[57] 이때 가격 등 중요 계약 조건들의 대략적인 윤곽이 드러납니다. MOU 이후 본 실사(Due Diligence)를 실시합니다. 거래종결에 필요한 모든 이슈에 대해 자세한 실사가 이루어집니다. 정밀실사 결과를 바탕으로 협상이 진행되고, 본 계약을 체결하게 됩니다. 본 계약 이후 선행조건과 약정사항을 이행하고 거래를 종결하게 됩니다. 거래 종결 후 계약서에 따라 추후 이행하거나 조정하고자 한 사항을 정리함으로써 M&A절차는 종결됩니다.

즉, Private Deal의 경우에는 대상 선정→인수의향서(LOI) 및 비밀유지계약(NDA)→예비 실사→양해각서(MOU)→본 실사→본 계약→거래 선행조건 등 이행→거래 종결→사후 조정의 순서입니다. 만약 공개입찰 등의 Deal일 경우에는 인수교섭은 LOI 이후 단계에 이루어지게 될 것입니다.

한 가지 기억해야 할 것은 계약은 기본적으로 거래 당사자간에 맺는 합의를 확정하는 것이라는 점입니다. 즉 여기서 언급하는 절차와 서류들이 법으로 정해진 사항은 아니라는 의미입니다. 따라서 당사자들의 의사와 필요에 따라 얼마든지 달라질 수 있습니다. 상황에 따라서 절차와 서류들은 달라질 수 있기 때문에, 거래 종결(Closing)까지 계약 조건의 핵심 쟁점을 염두에 두면서 전체 과정을 생각해 볼 필요가 있습니다.

다음으로는 위에 등장한 LOI와 MOU,[58] NDA 그리고 M&A 본 계약서에 공통적으로

57) 통상 MOU(Binding, or Non-binding), Term Sheet 등을 체결할 때 독점적 교섭권을 부여하게 됩니다. 그러나, Private Deal의 경우에 적극적인 인수의지를 표명하면서 LOI 단계에서부터 독점적 교섭권을 요청하는 경우도 있습니다. 공개입찰 등의 경우에는 LOI 제출자를 대상으로 예비실사를 하고, 이들을 대상으로 입찰을 받아 우선협상대상자를 선정하여 MOU를 체결한 후 본실사를 진행하기도 합니다.

등장하는 주요 내용에 대해 알아보도록 하겠습니다.

NOTE 9

❑ M&A 과정에서 작성되는 문서의 예

M&A과정에서는 거래상대방과의 협의 과정에서 몇 가지 문서가 필요할 수 있습니다. 이러한 문서는 통상 약어로 사용되는데, 대표적인 것을 다음의 표로 정리해 보았습니다.

Teaser, IM	Information Memorandum (회사소개자료, 투자안내서)	매각대상회사에 대한 설명을 담은 자료로서 Teaser는 회사명없이 회사에 대한 대략적인 소개를 하는 문서(주로 Buyer를 찾을 때 사용함), IM은 회사의 상황 및 특징을 포함한 selling point[59]를 적극적으로 담은 문서(일반적으로 LOI를 제출하고 받게 됨)
CA/NDA	Confidential Agreement/ Non-disclosure Agreement (비밀유지협약)	상호간에 논의한 내용 및 논의과정에서 파악한 내용을 제3자에게 알리지 않는 것을 상호간의 의무로 합의한 문서
LOI/LOC	Letter of Intent(인수의향서), Letter of commitment (인수확약서)	인수자에 대한 설명과 인수의향(혹은 인수확약)이 있음을 상대방에게 공식적으로 알리는 문서. LOI가 인수자에 대한 설명과 인수의향이 있음을 상대방에게 공식적으로 알리는 문서라면, LOC는 입찰 전에 투자를 공식적으로 확약하는 문서로서 법적인 효력이 있으며, 따라서 LOC에는 LOI와 달리 구체적인 내용들이 문서에 포함됨
MOU	Memorandum of Understanding (양해각서)	본계약에 이르기 전에 잠정적으로 합의를 이룬 내용에 대한 정리와 합의 내용을 준수하여 지속적인 협력을 통해 본계약까지 체결하기 위해 필요한 사항 등을 정리한 문서
Term sheet	Term sheet(계약조건)	계약조건의 기본적인 사항을 서면으로 정리한 문서

58) 두 문서를 모두 작성하는 경우도 있고, LOI나 MOU 중 하나만 작성되는 경우도 있으며, 상호간 우호적인 거래의 경우에는 이러한 문서 없이 본계약만 체결되는 경우도 있습니다. 두 문서를 모두 작성하는 경우의 주요사례로는 공개입찰의 경우 예비입찰자로부터 LOI(인수의향서)를 수령하고, 예비실사 후 최종 우선협상자를 선정하여, 우선협상자와 MOU(양해각서)를 체결하여 본실사를 진행하는 방식이 대표적 사례입니다.

59) 매출과 이익규모 및 성장성, 고객/채널/기술/지적재산/사업모델/인력과 같은 핵심경쟁력이 주로 포함됩니다.

Teaser, IM	Information Memorandum (회사소개자료, 투자안내서)	매각대상회사에 대한 설명을 담은 자료로서 Teaser는 회사명없이 회사에 대한 대략적인 소개를 하는 문서(주로 Buyer를 찾을 때 사용함), IM은 회사의 상황 및 특징을 포함한 selling point[59]를 적극적으로 담은 문서(일반적으로 LOI를 제출하고 받게 됨)
SPA, DA, SHA	Sales and Purchase Agreement, Definitive Agreement, Shareholder Agreement	주식매매계약서, 양수도계약서, 본계약서, 합작계약서 등

2) 인수의향서(Letter of Intent, 'LOI')

인수의향서는 상대방에게 거래 의향을 확인하는 문서로서 비밀유지계약서와 함께 상대방과의 공식적인 거래의 문을 여는 절차입니다.

의향서(LOI)는 교섭 단계에서 M&A 실사와 거래에 대한 '양해사항' 등을 포함해 상대방에게 보낸 서신 형식의 서류입니다. 의향서는 당사자의 상호신뢰를 확인하고, M&A 거래의 쟁점을 미리 명확하게 함으로써 본 계약에서의 협상 비용을 절약한다는 장점이 있습니다. 그러나 상황에 따라서는 의향서로 인해 본 계약 전에 오히려 시간과 기타 협상 비용이 증가할 수도 있습니다.

의향서(LOI)와 양해각서(MOU)는 명확하게 구별되지 않는 경우가 많습니다. 의향서와 양해각서 모두 M&A 거래에 대한 양해사항을 담고 있기 때문입니다. 양해사항에는 M&A 대상물을 실사하는데 필요한 권리와 의무를 정한 내용이 대부분입니다. 보통 실사(Due Diligence)기간, 방법, 협조사항, 비밀유지(Confidentiality), 독점교섭권(Exclusivity)이 포함됩니다. 본 계약의 중요 내용인 계약대상, 계약대금, 이행방법 등도 포함됩니다. 물론 실무상 인수의향과 향후 진행사항 정도만 간단하게 기재한 인수의향서도 활용되고 있습니다.

의향서에는 특별한 형식이 없습니다. 그러므로 일반화할 수는 없지만 의향서에 포함되는 내용을 예시적으로 다음과 같이 정리해 보았습니다.

[표 13] 인수의향서에 포함될 수 있는 사항 예시

- 인수대상 및 인수의향에 관한 내용
- 인수가격 및 인수조건(인수가격 및 조건은 실사 종료 후 협상을 통해 결정될 사항이므로 확정적인 가격이나 인수조건이 기재되기 보다는 가격 산정방식과 조건 협의 방식 혹은 대략적인 가격범위와 실사후 가격 조정 방식 등을 기재할 수 있음)
- 거래구조
- 대금지급수단, 우발상황과 지급조건에 관한 사항
- 고용계약 등 임직원 처우에 관한 사항
- 실사에 관한 사항(실사항목, 실사범위 실사기간, 실사 협조사항 등)
- 비밀 유지 및 배타적 협상 권리에 관한 사항
- 협상기간중의 회사운영거래 종료를 위한 조건들
- 거래 일정
- 이행보증금, 파기수수료 등에 관한 사항
- 정부승인과 같은 특별한 조건충족에 대한 사항
- 경업금지, 손해배상, 분쟁 해결에 관한 사항, 적용 법률에 관한 사항

3) 양해각서((Memorandum of Understanding, 'MOU')

양해각서(MOU) 역시 의향서(LOI)와 마찬가지로, M&A 실사와 거래에 대한 '양해사항' 등을 담은 서류입니다. 의향서를 체결한 후 예비 실사를 끝내고 양해각서를 별도로 작성하기도 합니다. 이런 경우의 양해각서에는 인수 가격 등 중요한 계약조건, 실사와 본 계약체결까지의 일정 등이 포함됩니다. 즉, 거래 당사자들간의 기본적 의사를 확인하여 향후의 거래 진행에 대한 일종의 가이드 역할을 하게 됩니다.

양해각서도 인수의향서와 마찬가지로 표준화된 양식은 없으며, 상호간의 협상과 협의에 의해 양해각서에 포함될 내용을 정하게 됩니다. 양해각서에 포함되는 사항은 앞서 살펴본 인수의향서에 포함될 수 있는 사항으로 예시한 내용과 유사합니다. 단, 그 내용은 인수의향서에 기재된 내용보다는 구체적으로 기술되어 포함되어 이후 진행되는 M&A 절차의 지침 혹은 가이드가 됩니다.

양해각서 체결 후 본 실사(Due Diligence)를 실시합니다. 본 실사는 정밀실사 또는 상세실사라고도 합니다. 최종 계약에 반영될 중요 조건들을 다양한 관점에서 면밀히 살펴보는 것입니다. 그러나 양해각서의 당사자는 아직 확정되지 않은 후보자 중 하나입니다. 상세 실

사 이후에 본 계약에 가지 않는 경우도 많습니다.

따라서 관심은 양해각서가 어느 정도의 법적 구속력을 갖느냐로 모아집니다. 양해각서는 본 계약도 아니고, 그렇다고 약속이 전혀 아니라고도 할 수 없기 때문입니다. 잘못된 상식 중 하나는 양해각서의 경우 법적 구속력이 전혀 없다고 단정하는 것입니다. 그러나 약속을 담은 서류의 이름이 의향서든, 양해각서든, 기본적으로 모든 약속은 구속력이 있다고 보아야 할 것입니다.

양해각서의 경우도 마찬가지입니다. 법적 구속력이 있는지 여부는 양해각서에 담긴 내용과 그 성격에 따라 달라질 수 있습니다. 절차적 규정과 실체적 규정으로 구분하기도 하지만, 이러한 구분은 이론적인 것이며, 판례에서 가장 중요하게 보는 것은 당사자들의 "의도(intent)"입니다. 즉, 당사자들이 해당 규정을 구속적으로 해석하려는 의도가 있었다면 법적 구속력이 있다고 보는 것입니다. 따라서 비밀유지나 배타적 교섭의무를 져버리는 행위는 거의 대부분 법적 구속을 받습니다. 비밀유지의무를 무시하고 계약의 중요 조건을 공개해버리거나, 배타적 교섭권을 다른 사람에게도 허용하는 것까지 좋다고 할 당사자는 없기 때문입니다. 즉, 서류 이름이 중요한 것이 아니라, 약속 내용과 그 성격이 법적 구속력을 판단하는 기준입니다. 문제의 소지를 차단하기 위해 Binding or Non-binding처럼 법적 구속력 여부를 명시적으로 넣을 수도 있습니다.

양해각서 체결 단계에서 보증금을 예치하기도 합니다. 이를 이행보증금이라고 하는데, 이때의 예치금은 인수자의 잘못으로 정해진 기간 내에 본 계약이 체결되지 않을 경우에 돌려받지 못하는 것입니다. 그러나 거래조건에 대한 이견 조정은 인수자측과 매각자측 쌍방 모두의 문제인 경우가 많습니다. 따라서 예치금의 몰취는 인수자가 거래절차 이외의 문제 등으로 인수를 중도에 포기하게 될 때 발생할 수 있습니다. 실제 기업을 인수할 의도가 없으면서 M&A 거래를 빌미로 회사 정보를 얻고자 하는 경우가 있을 수 있습니다. 예치금은 이런 경우를 예방하는 효과도 있다고 보입니다. 회생절차 또는 기업구조조정 절차 중인 회사에 대하여 인수절차를 추진하는 경우, 매도인의 주간사나 회생법원은 일정금액 또는 계약금액의 5%(~10%)를 보증금으로 예치할 것을 요구하는 경우도 있습니다.

NOTE 10

❑ 이행보증금 관련 판례[60)]

한화그룹은 2008년 한화석유화학(현 한화케미칼)과 한화, 한화건설로 컨소시엄을 구성해 산업은행이 보유한 대우조선해양 주식 9639만 주를 6조3002억원에 매입하기로 하고, 이행보증금으로 인수가의 5%에 해당하는 3150억원을 산업은행에 지급하였습니다. 한화와 산업은행은 같은해 12월 29일까지 최종계약을 하기로 하고 이를 위반할 경우 산업은행이 이행보증금을 갖는다는 내용의 양해각서도 체결하였습니다. 하지만 서브프라임 사태 등으로 자금 확보가 어려워진 한화와 산업은행 간 이견이 발생해 결국 계약은 2009년 6월 18일 최종 결렬됐습니다. 산업은행은 양해각서에 따라 보증금을 돌려주지 않았고, 한화는 "대우조선에 대한 확인 실사를 하지 못했다"며 소송을 냈습니다. 그리고, 대법원은 2016년 7월 이행보증금 반환 청구소송(2012다65973) 판결에서 "원심은 이행보증금 몰취 조항을 위약벌로 판단했지만 사실상 이 금액은 손해배상액의 예정으로서의 성질을 갖는다"며 "양해각서에서 이행보증금 몰취 조항을 두게 된 주된 목적이 최종 계약의 체결이라는 채무이행을 확보하려는 데 있었다고 하더라도 3150억원에 이르는 이행보증금 전액을 몰취하는 것은 부당하게 과하다"고 하면서 산업은행 등은 한화에 1260억여원과 지연이자를 지급하여야 한다고 판시하였습니다.

향후에는 계약 이행이 이루어지지 않은 귀책사유에 따라 이행보증금의 몰취/반환/일부반환 등으로 결정되는 방식으로 관행이 변화될 가능성이 있을 것으로 보입니다.

4) 비밀유지협약(Non-disclosure Agreement, 'NDA', 또는 Confidential Agreement, 'CA')

비밀유지협약은 교섭단계에서 어느 정도 범위와 수준에서 정보를 주고받을 지와 해당 정보들의 비밀유지를 어떻게 할지에 관한 약정을 의미합니다. 비밀유지내용은 의향서(LOI), 양해각서(MOU), 나아가 본 계약 내용에도 반드시 포함됩니다. 비밀유지계약서에는 제공되는 비밀의 범위, 비밀정보의 사용 용도, 비밀유지의무의 기간,[61)] 위반 시 손해배상책임 등 제재, 관할합의 등이 포함됩니다.

비밀유지는 M&A 거래에 있어 매우 중요합니다. 각 기업마다 기술과 영업상 핵심적인 정보가 있고 이것들은 대상회사의 가치를 결정하는 중요 요건입니다. 만약 이런 중요한 정보들이 경쟁업체나 잠재적 인수자들 또는 주식 시장에 알려질 경우에는 M&A 거래뿐만

60) 법률신문 2018.01.11 참조
61) 통상 1~3년 정도가 비밀유지 기간으로 약정됩니다.

아니라, 주가에도 큰 영향을 미칩니다. 해당 정보가 공시정보인 경우에는 공시 위반 문제도 발생할 수 있습니다.

[표 14] 비밀유지계약서에 포함되는 내용의 예

- 비밀유지의무의 대상이 되는 정보의 범위
- 비밀유지의무는 비밀보장계약서에 서명한 자뿐만 아니라 그로부터 정보를 받은 자에게 모두 적용된다는 내용
- M&A가 성사되지 않으면 입수한 모든 정보를 폐기하거나 반환한다는 내용
- 상대방의 동의 없이 회사의 경영진, 직원, 자문인, 기타 관계자를 직접 접촉하지 않는다는 내용
- 비밀유지를 하지 못하여 상대방이 피해를 입게 되는 경우 보상에 관한 내용
- 대상기업의 내부기밀정보 공개가 필요한 경우 사전승인을 얻어야 한다는 것
- 비밀유지계약을 위반하여 목표기업에 손실을 가한 경우 보상에 관한 규정

5) **본계약**(DA: Definitive Agreement, SPA: Sales and Purchase Agreement)

실사, 평가, 거래구조 등 M&A를 위해 수행되었던 대부분의 절차는 계약서에 의해 정리되고 확정됩니다. 그러므로 M&A에 있어서 매우 중요한 절차 중의 하나입니다.

공개 입찰 방식 등의 M&A인 경우에는 본계약의 사전단계로서 양해각서(MOU) 등을 체결함으로써 절차를 진행할 수도 있습니다.

매매계약서에는 일반적으로 기본적인 거래조건 이외에도 선행조건, 진술 및 보장, 확약사항, 손해배상, 계약해제 등에 대한 사항이 포함되기 때문에 계약서의 구성과 각 조항의 내용을 꼼꼼하게 체크하여야 합니다.

상황에 따라서는 본계약에 추가로 다른 계약이 이루어질 수 있습니다. 예를 들어 유상증자로 투자가 이루어지거나 대주주의 일부 지분을 양수도하는 경우에는 기존 대주주와의 주주간 약정이 체결될 수 있습니다.[62]

또한 대상회사의 상황이나 거래구조에 따라 서비스 제공 계약이나 부동산임대차계약, 지적 재산권 라이선스 계약 등이 본계약과 별도로 혹은 부수적으로 체결되는 경우가 있습니다.

본계약의 내용은 거래의 유형에 따라 달라질 수 있습니다. 예를 들어, M&A를 자산양수

62) 대주주가 본계약의 당사자로 포함되어 주주간 약정사항이 본계약에 포함되는 경우도 있습니다.

도 형태로 하게 되면, 본 계약은 자산양수도계약이 됩니다. 주식매매를 통해 경영권이 거래되는 경우에는, 본 계약은 주식매매계약이 됩니다. 이처럼 본계약의 종류가 다양할 수 있기 때문에 여기에서는 일반적으로 M&A 거래에 등장하는 다양한 계약서들에서 공통적으로 고려되는 사항을 중심으로 설명하고자 합니다.

참고적으로 본 계약의 체결이 이루어지면 인수대금의 일정비율(예: 10%, 기납입된 이행보증금이 있다면 이를 포함)을 계약금으로 예치하도록 하여 인수자의 귀책사유로 본계약이 해지되는 경우에는 계약금을 위약금으로 몰취하는 조항을 본계약에 명시하여 인수자가 부당하게 본계약을 파기하지 못하도록 하는 경우가 많기 때문에 본계약은 신중한 의사결정이 필요합니다.

① 계약서 초안의 작성과 구성

계약서 초안 작성

누가 계약서 초안을 작성하느냐는 매우 중요합니다. 협상 전략을 미리 준비해서 초안에 반영할 수 있기 때문입니다. 인수자측이 우위를 가질 수 있는 거래 형태에서는 인수자측이 작성하고, 매물이 희소하거나 인수경쟁이 치열한 경우에는 매각자측이 초안을 작성하는 경우가 많습니다. 초안 작성 후에는 거래 상대방이 이견(Markups)을 제시하는 방식으로 협상이 진행됩니다.

계약서에 첨부되는 목록

복잡한 M&A 계약의 경우에는 본 계약서에 첨부되는 자료도 많을 수 있습니다. M&A 방법으로 주식양수도를 선택했다면, 일반적으로 진술 및 보장(Representations & Warranties)과 관련 있는 사항들이 첨부 자료가 추가될 수 있습니다. 이 중에는 공개목록도 포함될 수 있습니다. 공개목록은 진술 및 보장과 관련하여 현재 진행 중에 있는 사항을 공개하여 상대방이 이를 확인하고 판단할 수 있도록 하는 것입니다.[63] 공개목록에 있는 문서들에 대해서는 진술 및 보장에서 면책되므로, 협상할 때 공개목록에 어떠한 문서를 포함시킬 지도 중요한 협상 포인트가 됩니다.

만일 거래가 영업양수도라면, 해당 자산에 관한 사항 등이 목록으로 첨부됩니다.

63) 예를 들어, 대상회사를 상대로 한 소송이 없다는 진술 및 보장을 제공하는 경우이지만, 실제로 진행되고 있는 소송이 있다면, 이를 매수인에게 공개할 경우에는 해당 진술 및 보장을 위반하지 않게 됩니다.

부속합의서

부속합의서는 본 계약의 하위에 위치하면서 본 계약의 내용을 보충하는 효력을 가지는 문서입니다. 그러나 법률상 효력은 본 계약서와 동일합니다. 따라서 본 계약서와 부속합의서의 내용이 서로 모순되는 경우 다툼의 여지가 생기게 됩니다. 이를 사전에 막기 위해 보통 본 계약서와 부속합의서 중 어느 것이 우선하는지를 명문화하는 것이 좋습니다. 예컨대, "본 계약서와 부속합의서의 내용이 다른 경우에는 본 계약서의 내용이 우선한다." 등을 본 계약서 등에 기재하는 것입니다.

추가합의서(특약서)

본 계약서 작성 이후, 경영 상황이 심각하게 달라지는 경우도 있습니다. 추가합의서(특약서)는 이러한 사정변경에 따라 기존 계약을 변경하거나 새로운 내용을 추가할 경우에 조건을 넣어 본 계약의 효력에 변화를 주는 합의서입니다. 따라서 그 성격상 본 계약에 우선합니다. 그러나 이러한 원칙적 우열관계도 당연하다고만은 볼 수 없습니다. 따라서 특약서 등을 작성하는 경우에도 본 계약서와의 관계에서 무엇이 우선하는지에 대해 정하는 것이 좋습니다.

② 계약시의 주요 내용 및 체크포인트

인수당사자의 특정

양도인과 양수인이 각각 하나의 기업일 경우에는 큰 문제가 없습니다. 그러나 M&A는 거래구조가 복잡하거나 많은 자금이 필요하여 자금조달 목적으로 재무적 투자자(Financial Investor)들이 포함된 경우가 많습니다. 흔히 컨소시엄(consortium) 형태로 거래를 추진할 수도 있습니다. 재무적 투자자 등 전략적 투자자들이 갖는 중요도는 거래마다 다르겠지만, 거래에서 이들이 갖는 의미가 크거나 그 구성이 모호한 경우에는 이들도 계약시에서 분명하게 밝힐 필요가 있습니다. 또한 계약서 상에서 특정 행위의 당사자를 명확히 할 필요가 있습니다. 예를 들어 경영권 또는 거래대상 자산의 이전 절차 이행의무의 당사자, 진술과 보장의 당사자 등이 있을 수 있습니다.

대상 주식 또는 자산의 특정

거래 목적물을 분명하게 특정해야 합니다. 주식양수도 거래라면 대상주식을, 자산 또는 영업양수도 거래라면 그 자산 또는 영업을 정확하게 명시하여야 합니다.

주식의 경우에는 특정이 어렵지 않습니다. 그러나 자산 또는 영업양수도의 경우에는 특정하는 것이 쉽지 않을 수 있습니다. 유동자산을 특정할 때는 그 표시와 변동 현황에 유의하여야 합니다. 영업양수도나 자산양수도의 거래대상인 자산, 부채, 거래처, 지적재산권, 근로관계 등의 범위 등은 목록에 구체적으로 기재하는 것이 좋습니다. "○○사업 관련 자산 전부"라는 식의 표현은 혼란을 초래할 수도 있습니다. 관련 자산에는 다른 사업과 공동으로 사용하는 자산도 있을 수 있기 때문입니다.

거래 대상의 질권 설정 또는 명의신탁 여부를 확인하는 것은 필수적 절차입니다. 명의신탁이란 소유관계를 공시하도록 되어 있는 재산에 대하여 소유자 명의를 실소유자가 아닌 다른 사람 이름으로 해놓는 것을 말합니다. 부동산인 경우에는 일반적으로 명의신탁계약의 효과는 무효입니다. 그러나 다른 물권인 경우에는 명의신탁 계약의 유·무효 여부를 명확하게 단정하기 어려운 경우도 있습니다. 만약 거래 대상이 명의신탁되어 있다면 그 관계를 분명하게 해결한 후 M&A 계약을 체결하는 것이 좋습니다.

양도대가의 산정 및 지급방법

양도대가의 재조정 방법을 크게 구분한다면 사후정산(Post-Closing Adjustment)과 영업성과 기반 재조정(Earn-Out), 그리고 Lock-box mechanism이 있습니다.

사후정산(Post-Closing Adjustment)은 실사 등을 통해 평가기준일과 거래종결일 사이에 발행한 가치변화 또는 순자산 등의 변화를 파악하고 이를 바탕으로 거래 가격을 조정하는 방법입니다. 보통 순자산가치의 변동, 순운전자본의 변동, 우발채무의 발생 등이 주된 쟁점들입니다.

영업성과 기반 재조정(Earn-Out)은 거래 종료 후 일정 기간의 영업성과를 바탕으로 양도대가를 재조정하는 것입니다.

Lock-box 매커니즘은 거래 당사자들이 주식양수도계약 체결 전의 특정일을 기준으로 대상 회사의 기업가치를 평가하여 매매대금을 정하고, 그 이후에 기업가치의 변화가 있어도 매매대금을 조정하지 않는 방식입니다.

이 중 무엇을 선택하느냐는 당사자 합의에 따릅니다. 가격이 조정되는 경우에는, 양도인은 가격조정에 따른 양도차익과 그에 따른 소득세 또는 법인세 등 세금에 미치는 영향도 고려되어야 할 것입니다.

이러한 가격조정은 양도대가의 지급시기와 방법에도 영향을 미칩니다. 가격조정을 한다면, 거래 종결 후에도 거래대금 전부를 일시에 지급하지 않습니다. 거래대금의 일부를 일정기간 Escrow Account에 예치할수도 있습니다. 이때, Escrow Account의 Agent, 금액, 기간, 비용 등에 관해서도 당사자들은 미리 협의하여야 합니다.

진술 및 보증(Representations & Warranties)

진술 및 보증이란 M&A 거래 당사자가 이해하고 있는 거래 사실을 '명확히 진술'하고 '틀림없음을 보장'하는 것입니다. 계약 체결까지 거래대금과 함께 가장 많은 협상 시간이 요구되는 부분이기도 합니다. 만일 거래에 어떤 문제가 생겼고, 그 원인이 당사자의 착오 또는 고의 때문인지 여부를 판단하려면 명확한 기준이 있어야 하는데, 진술 및 보증이 바로 그 기준 역할을 합니다. 진술과 보증을 위반하는 경우에는 손해배상 책임이 발생할 수 있기 때문에 명확한 기준이 필요한 것입니다.

진술과 보증은 계약을 체결할 때뿐만 아니라, 체결 후 거래종결 시(Closing)에도 유효합니다. 따라서 계약체결 후 거래종결 사이에도 진술 및 보증 관련 위반사항이 발생할 수 있습니다. 진술과 보증의 내용이 너무 광범위하거나, 통제될 수 없는 요소가 포함되지 않도록 협상과정에서 신경 써야 합니다. 즉, 진술과 보증은 위험요소의 분배(Risk Allocation) 차원에서 검토되어야 합니다.

진술 및 보증의 내용은 크게 즉 양도인과 양수인 부분으로 나누어집니다. 양도인의 경우에는 양도인 자신에 관한 것과 인수대상에 대한 정보가 주된 내용입니다. 이를 통해 양수자의 법적 안정성을 보다 확실하게 보장해 주는 효과를 갖습니다. 양도인의 재무제표, 자산과 부채, 중요계약, 근로계약, 지적재산권, 법적 준수 이행, 환경, 분쟁, 보험, 관계회사, 우발부채의 부존재, 인허가, 조세 등이 보통 그 대상이 됩니다. 기업가치산정의 기본 전제가 되는 사항들이기 때문입니다. 양수인의 경우, 양수인 자신과 재정적 능력에 관한 사항을 주된 대상으로 합니다. 예컨대, 양수인의 법적 지위, 재정적 능력, 거래종결에 필요한 법적 승인 등입니다. 만일 진술 및 보증에 위반될 수 있는 사항이 있다면, 해당 당사자는 공개목록(Disclosure Schedule)[64]에 열거하여야 합니다.

진술 및 보증 관련 협상에서는 '중요성'이라는 개념을 사용하기도 합니다. 중요성 한계(Materiality Limits)는 보통 Material Adverse Change(MAC) 또는 Material Adverse Effect(MAE)라고 부르기도 합니다(흔히 '중대악화사유', '중대한 부정적 변화'라고 합니다). 이는 거래 당사자에게 발생한 매우 중대한 부정적 사건이나 변화를 뜻합니다.

MAC/MAE는 보통 이런 중대하게 나쁜 변화가 '없다면' 그러한 사유 변화로 진술 및

64) 예를 들어 대상회사를 상대로 한 소송이 없다는 진술 및 보장을 제공하는 경우이지만, 실제로 진행되고 있는 소송이 있다면, 이를 매수인에게 공개할 경우에는 해당 진술 및 보장을 위반하지 않게 됩니다.

보증을 위반한 것은 아니라는 맥락에서 주로 사용됩니다. 중요성 자체가 불확정 개념이다 보니, 그 중요성을 금액으로 특정하는 경우도 있습니다. 매도인이나 매수인이 "아는 바로는 틀림없이(To the best of the seller's or the Buyer's knowledge)"라는 문구를 넣어 타협의 여지를 만들기도 합니다.

약정사항(Covenants)

약정사항이란 M&A 거래를 체결하기 위해 계속 유지되거나 구비되어야 할 조건 등을 이행하기로 약속한 계약 내용입니다. 약정사항에는 거래종결 전 약정사항(Pre-Closing Covenants)과 거래종결 후 약정사항(Post-Closing Covenants), 그리고 선행조건이 있습니다.

거래종결 전 약정사항(Pre-Closing Covenants)은 본 계약 체결 이후 종결일 전까지 통상의 업무를 제외하고 거래 대상에 변화를 주어서는 안 된다는 약정내용입니다. 거래대금 산정 등에 기초된 거래대상물의 가치에 영향을 주는 건 Deal-breaking Issue(거래가 이루어질 수 없게 되는 사건)가 될 수 있습니다. 보통 신규투자, 중요한 자산의 처분, 차입, 배당금의 지급, 신주의 발행 등 일정한 행위를 하지 못하도록 하는 조항을 삽입하는 경우가 많습니다. 약정사항은 그 약정내용을 당사자가 통제할 수 있거나, 보증할 수 있는 내용이어야 합니다. 거래실행전의 약정사항을 위반하는 경우 손해배상책임을 발생시키기 때문에 약정내용에 대한 합의는 신중하여야 합니다.

한편, 계약체결 후에도 계속 실사를 진행하여 그 결과가 충족되어야 한다는 선행조건을 두는 경우도 있습니다. 이런 경우에는 실사의 범위와 기간을 명확하게 정해야 하고 그 기간 내에 나온 결과로 한정해야 합니다. 그렇지 않을 경우, 나중에 가격조정 등 여지를 남기게 됩니다.[65)]

거래종결 후의 약정사항(Post-Closing Covenants)은 거래종결(Closing) 이후에도 계속 지켜져야 하는 약정내용들 입니다. 여기에는 기존 경영진 교체를 위한 주주총회/이사회 절차 실행, 대금의 후속 정산 등 절차 이행, 경업금지, 대상회사 임직원 영입 금지, 비밀유지, 고용보장 등을 규정하는 경우가 대표적입니다. 이때 매도인은 경업이나 임직원의 범위, 경업금지 기간 등을 면밀히 검토해서 교섭해야 합니다.

선행조건(Conditions Precedent)은 거래 종결 전에 각 사 이사회 및 주주총회의 승인이 이루어져야 한다는 것과 인허가 등이 필요한 부분이 있다면 관련 기관의 승인을 획득하여

65) 거래실행 전 약정사항으로 매수인 쪽에서 인수자금 조달에 성공하면 거래를 실행하겠다는 조건을 요구하는 경우가 있습니다. 이런 경우 매도인은 보통 이를 거부할 것입니다. 계약 체결 자체가 인수자의 자금조달 여부에 따라 무산이 될 수도 있기 때문입니다.

야 한다는 점, 매수인과 매도인의 진술과 보장이 정확하고 거래종결 전 확약 및 이행사항을 모두 이행하였을 것 등의 내용이 포함될 수 있습니다. 시장점유율이 큰 기업들의 M&A에 있어서는 공정거래위원회의 기업결합 승인 심사를 받아야 하는데, 이러한 사항도 선행조건에 포함되어야 합니다. 특히, 공정거래위원회의 기업결합 승인 심사는 Deal의 기간을 결정하는 중요한 절차이기도 합니다.[66] 또한 채권자의 승인, 중요 계약 상 거래처의 동의, 약정사항 이행 등이 거래 종결전 이루어져야 한다는 등의 내용이 포함될 수 있습니다.

선행조건은 매수인 의무 이행 선행조건과 매도인의무 선행조건으로 구분할 수 있는데, 매도인 의무 선행조건으로는 거래 제한의 부존재, 임원 사임서 교부, 매매대금 조정 완료, 거래에 대한 고객사 동의(COC) 등이 있을 수 있으며, 매수인 의무 선행조건으로는 기업결합승인, 내부 이사회 승인 등이 있을 수 있습니다.

거래종결(Closing)

언제 거래가 종결되는지 판단 기준은 M&A 거래형태에 따라 다릅니다. 자산이나 영업양수도의 경우에는 이것들이 모두 이전되는 시점일 것입니다. 보통 자산과 영업의 이전은 대금지급과 동시에 이뤄지기 때문에 대금지급시점을 거래 종결로 볼 수도 있습니다. 거래종결 시 매수인 또는 매도인이 이행하기로 한 약정내용에 따라 주주총회에서 이사를 새롭게 선임해 경영진이 교체되는 시점을 거래종결로 삼기도 합니다.

거래종결일에 매수인이 매매대금을 지급한다면, 매도인은 주권, 이사·감사 사임서 및 인감증명서(기타 필요서류) 등과 기타 선행조건이 이행되었음을 증명하는 서면 등을 매수인에게 교부하게 됩니다.

손해배상책임, 면책 및 책임 해소(Damages, Indemnity & Release)[67]

손해배상(Damages)은 진술 및 보장 내용이 사실과 다르거나, 약정사항 등 의무를 이행하지 않은 경우 그로 인한 손해배상책임 또는 면책규정을 뜻합니다. 종결일 이후 가격조정 사유가 발생한 경우에도 일반적으로 손해배상 또는 면책규정을 정해 놓습니다.

여기에는 '누구'의 손해를 '누구'에게 청구할 수 있는가, 즉 손해배상권리자와 손해배상의

66) 해외종속회사가 있거나, 해외매출이 기준금액을 초과하는 경우 해외 각 국가의 공정거래 심의를 받게 되는데, 이러한 승인을 받는 데 상당한 시일이 소요될 수 있습니다. 예를들어 현대중공업이 대우조선해양을 인수할 때 선행조건은 기업결합 신청 대상국에서 모두 승인을 받아야 한다는 것이었고, 2020.01 현재 EU, 싱가포르 등에서 기업결합심사를 진행중에 있습니다.

67) 최근에는 W&I(Warranty and Indemnification, 진술보증보험)와 같이 매도인의 진술과 보장으로 인한 손해배상을 보험회사가 대신 부담하는 보험상품도 활용되고 있습니다.

무자를 특정합니다. 면책되는 사정 또한 명확히 기재해야 분쟁이 없습니다. 예컨대, 회사를 산 이후에 제3자가 매수인을 상대로 소송을 제기하는 경우가 있습니다. 이때, 매수인이 입은 손해를 매도인이 어느 정도 수준에서 배상할지 아니면 면책할지에 대한 내용을 구체적으로 기재해야 합니다.

매각자측에서도 이러한 책임을 한없이 부담할 수는 없습니다. 따라서 손해배상책임도 기간이나 배상금(Indemnity)을 설정해 두어야 합니다. 책임의 존속기간을 정했다면, 그에 따르면 됩니다. 문제는 이에 대해 아무런 규정도 두지 않았을 때입니다. 이런 경우에는 민법 및 상법상의 소멸시효기간이 적용됩니다.[68] 일반적으로는 M&A 종결 후 사업연도 전체에 대해 회계감사를 받을 수 있는 1년에서 3년 사이를 손해배상 존속기간으로 두는 경우가 많습니다. 물론, 국제거래나 환경문제 등 특수 문제에 대해서는 이보다 장기의 책임존속기간을 약정하는 경우도 있습니다. 예를 들어 조세의 경우에는 국세부과제척기간 등을 고려하여 손해배상 존속기간을 설정할 수 있습니다.

어떤 조건이 충족되거나 일정 기간이 지나면 양도인을 모든 책임에서 풀어주는 규정(Release)을 두기도 합니다. 한편, 그 위반 사항이 너무 중요해서 배상 또는 면책 차원으로는 해결이 어려운 경우에는 계약을 해제할 수도 있다는 뜻을 명시하는 경우도 있습니다.

NOTE 11

❑ 손해배상 관련 주요 용어

용어	설명
Basket	손해가 일정 금액(Basket amount)를 초과하는 경우에만 전체 금액을 배상하는 조항
carve out (손해배상 예외사유)	손해배상 시 제외하기로 사전에 약속하는 내용
de minimis	손해배상이 요구되는 각 사안별로 일정 금액 이상의 손해가 발생한 경우에만 배상하기로 약속한 조항. 즉, 개별 건 기준으로 일정금액 미만인 경우에는 손해배상 청구를 하지 못하도록 하는 조항
Threshold	각 건별로 일정 금액 이상의 손해가 발생한 경우에만 이를 배상한다는 조항에서 일정 기준 금액

68) 민법상 채권의 소멸시효는 10년(민법 제162조), 상법상 상행위로 인한 채권 소멸시효는 5년(상법 제64조, 채권유형별로 소멸시효 다름)입니다.

용어	설명
Cap (면책배상한도)	면책 및 손해배상의 한도를 일정금액 또는 매매대금에 대한 일정비율로 제한하는 조항
Deductible	손해가 일정 금액(Basket amount)를 초과하는 경우 그 초과금액에 대해 배상을 하는 조항
특별손해배상	현재는 불확실하나 향후 현실화 가능성이 있는 리스크가 존재하는 경우 특별손해배상 조항으로 해당 내용을 포함

NOTE 12

❑ 본계약서의 주요 내용 및 고려사항 예시

구분		고려사항 예시
당사자 및 대상회사		거래의 주체, 거래의 대상, 진술과 보증의 당사자 등 계약서 상 내용을 고려하여 명확히 정의할 필요가 있습니다.
계약목적물		양수도 대상이 되는 자산, 부채, 계약관계, 종업원, 주식 등의 범위를 특정하여 구체적인 목록을 작성, 첨부하여야 할 수도 있습니다.
매매대금	지급시기	거래 종결 시 일시 지급하거나 일정조건에 따라 분할 지급할 경우 등이 있으며, 어떤 경우든 지급시기를 구체적으로 기재하여야 합니다.
	지급방법	현금이나 지분 등 특정 자산일 수도 있습니다.
	가격조정사항	중요한 발견 또는 변동사항이 있을 경우 거래가격이 조정될 수 있고, 조정방식을 구체적으로 기재할 수 있습니다.
	기타	거래대금을 Closing 후 일정 기간 동안 에스크로 계좌(Escrow Account)에 예치할 경우에는 기간과 지급조건을 명확히 할 필요가 있습니다.[69]

69) 진술 및 보장을 위한 담보 필요 시 등에는 매매대금의 일정비율(예: 5%, 10% 20% 등)를 합의된 기간 동안 에스크로 계좌를 설정하여 예치하는 경우가 있습니다. 이러한 경우에는 기간의 명시와 함께 어떤 조건이 충족될 때 지급될 수 있는지를 구체적으로 기재할 필요가 있습니다.

70) 해당 책임의 존속기간을 정하지 않을 경우에는 민법 및 상법 상 소멸시효기간(예: 10년, 5년)이 적용될 수 있습니다.

71) 손해배상 하한의 설정이유는 일정 금액수준까지는 사업활동 과정에서 발생할 수 있다고 인정하고 손해배상 누적합계가 일정 금액 이상일 때에만 배상 대상이 되도록 하기 위함입니다. 하한과 상한의 설정의 예로는 하한을 매매대금의 1~5%로 설정하고, 상한도 매매대금의 일정비율을 한도로 설정할 수 있습니다.

구분	고려사항 예시
진술 및 보증	진술과 보증은 매도인과 매수인인 거래를 위한 전제와 협의사항의 이행을 위한 권리 및 의무 등에 있어 진술한 내용이 문제가 없고 사실임을 보증하는 내용 중 중요한 사항을 기재합니다. 예를 들어 자산부채의 상태를 포함한 재무제표의 적정성, 법규준수 여부, 인허가 보유 여부, 지적재산권의 관계, 근로관계, 소송 등 법적관계, 우발채무 및 세무이슈의 부존재, 자산(동산/부동산/지적재산권)의 적법한 소유, 중요 계약의 유지 여부 등 대상회사의 지속가능성을 위한 중요한 전제가 되는 사항들이 포함될 수 있습니다.
거래 종결 전 확약 사항	계약 체결 후 거래 종결까지 일정 규모 이상의 투자, 중요한 자산의 처분, 배당금의 지급, 신주의 발행 등 일상적인 경영행위 이외에 기업가치를 중대하게 변동시킬 여지가 있는 행위를 금지하는 조항을 삽입할 수 있습니다.
거래 종결 후 확약 사항	거래 종결 후 일정기간동안 경업금지, 임직원의 채용 금지 등의 조항이 포함될 수 있습니다.
거래 종결의 선행조건	주주총회결의 또는 인허가 기관 등 필요한 승인의 획득, 채권자 보호절차, 중요 계약 상 거래처의 동의, 약정사항 이행 등이 거래 종결전 해소되어야 한다는 등의 내용이 포함될 수 있습니다.
거래의 종결	매도인과 매수인은 주권교부나 매매대금 지급 등 거래의 종결을 위한 행위가 무엇인지 기재합니다.
손해배상	책임의 존속기간[70)]이나 손해배상의 대상, 손해배상의 하한[71)] 또는 상한과 같은 책임의 제한 규정 등이 포함될 수 있습니다.
계약의 해제	거래종결일 전 계약이 해제될 수 있는 사항의 기재가 필요할 수 있습니다. 예를 들어 상호간의 서면합의, 일방의 중대한 고의 또는 중과실에 의한 의무 위반 등이 있을 수 있습니다.
기타	유상증자에 의한 투자 등의 경우에는 이사회 구성 및 결의사항과 관련된 조항이 포함될 수 있고, 투자자는 일정 자료의 제출을 요구하는 내용을 포함할 수 있습니다. 동반매도참여권(Tag-along)이나 우선매수권과 같은 권리를 거래당사자에게 부여할 수도 있습니다.

6 M&A 협상

1) 협상은 언제 이루어지는가?

협상은 M&A 전 과정에서 이루어진다고 볼 수 있습니다. 거래상대방과의 제반 절차, 거래구조, 가격 등에 대한 협상뿐만 아니라, 정보 확보를 위한 협상, 우선협상자가 되기 위한 협상 등이 전반적으로 진행됩니다. 협상은 거래상대방과의 협상만 있는 것이 아니고 구성원과의 M&A 타당성과 명분을 확보하기 위한 협상 등 다양한 이해관계자와의 커뮤니케이션도 협상에 포함될 수 있습니다.

상대방과의 거래관련 협상으로 범위를 좁혀보면 일반적으로 가격협상과 거래조건 협상이 가장 중요한 부분입니다. 보통 가격협상이 협상의 전체라고 볼 수 있으나, 오히려 거래조건에 대한 협상은 협상 항목이 많아 더 시간이 소요될 수 있습니다. 거래조건은 SPA 등 본계약을 통해 구체화됩니다.

협상이 원활하게 잘 이루어지지 않는다면 M&A를 통해 달성하고자 하는 다양한 기회를 상실할 수도 있습니다. 예를 들어 M&A비용이 과대해질 수 있고, 정보의 부족으로 시너지 창출의 효과성이 낮아질 수도 있습니다. 또한 구성원과의 협상이 효과적으로 되지 않는다면 통합의 실패 가능성이 높아질 것입니다. **협상은 거래의 장애요인**(Deal breakers)**들을 제거하기 위해 노력하는 것**입니다.

[그림 14] M&A Process별 주요 협상 사항

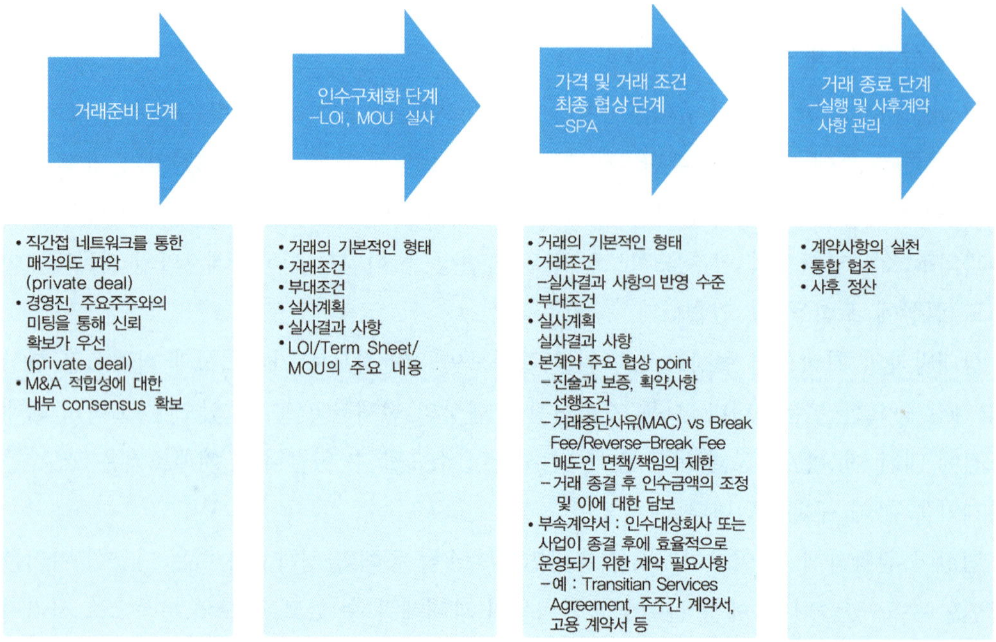

거래준비 단계	인수구체화 단계 -LOI, MOU 실사	가격 및 거래 조건 최종 협상 단계 -SPA	거래 종료 단계 -실행 및 사후계약 사항 관리
• 직간접 네트워크를 통한 매각의도 파악 (private deal) • 경영진, 주요주주와의 미팅을 통해 신뢰 확보가 우선 (private deal) • M&A 적합성에 대한 내부 consensus 확보	• 거래의 기본적인 형태 • 거래조건 • 부대조건 • 실사계획 • 실사결과 사항 • LOI/Term Sheet/ MOU의 주요 내용	• 거래의 기본적인 형태 • 거래조건 -실사결과 사항의 반영 수준 • 부대조건 • 실사계획 실사결과 사항 • 본계약 주요 협상 point -진술과 보증, 확약사항 -선행조건 -거래중단사유(MAC) vs Break Fee/Reverse-Break Fee -매도인 면책/책임의 제한 -거래 종결 후 인수금액의 조정 및 이에 대한 담보 • 부속계약서 : 인수대상회사 또는 사업이 종결 후에 효율적으로 운영되기 위한 계약 필요사항 -예 : Transitian Services Agreement, 주주간 계약서, 고용 계약서 등	• 계약사항의 실천 • 통합 협조 • 사후 정산

M&A Process 진행과정에서 발생할 수 있는 협상이 필요한 다양한 법률적 고려사항 등에 대해서는 "제3장 M&A의 실행" 중 "Ⅱ .M&A와 법규"에 자세히 다루도록 하겠습니다.

2) M&A 협상의 고려사항

협상을 흔히 말하는 거래 조건 등 계약체결을 위한 관점에서 바라보면, 앞에서 본 바와 같이 계약서 초안부터 진술 및 보장, 거래대금, 약정사항, 손해배상 및 면책에 이르기까지 모든 내용이 인수자측과 매각자측이 벌이는 협상의 대상임을 알 수 있습니다. 계약서 초안이 만들어진 후, 이러한 협상의 결과물들이 최종 계약서에 담기게 됩니다.

협상에는 어떤 비법도 없다고 보는 것이 맞을 것 같습니다. 협상의 비법에 대한 조언은 다양한 상황 속에서 선택할 수 있는 하나의 옵션을 줄 수는 있지만, 모든 상황에서 적용 가능하다고 볼 수는 없을 것입니다. 그 이유는 모든 협상의 상황과 조건이 제각기 다르기 때문입니다. 게다가 협상은 시간과의 싸움이기도 합니다. 긴 협상 기간 동안 대상 회사와 산업 그리고 경제 전반에 불어 닥치는 변화의 바람을 막거나 예상할 수 있는 사람은 아무도 없습니다. 그 때마다 협상 조건이 달라질 수 있기 때문에 모든 협상의 문을 열 수 있는 만능 키 또한 존재하지 않는 것입니다.

이런 경우 가장 좋은 방법은 Back to Basic, 기본이 무엇인지 생각해 보는 것입니다.

① '협상(協商)'이란 말에 담긴 의미

그러나 막상 "기본이 무엇인가?, 원칙이 무엇인가?"라는 질문에 대한 대답은 쉽지 않을 수 있습니다. 기본을 찾는 방법 중 하나는 문제가 되는 개념의 뿌리를 따라가는 겁니다.

협상은 한자로 '協商', 이렇게 씁니다. 앞에 있는 협(協)이란 글자는 숫자 10을 뜻하는 열(十)과 힘을 뜻하는 역(力)자 3개를 합친 것입니다. 힘력(力)자가 농기구 모양을 본 떠 만든 글자이니까, 협(協)에는 농기구 30개가 있는 셈입니다. 넓은 밭에서 30마리의 소가 끄는 30개의 쟁기를 상상해보시면 이해가 좀 더 쉬울 겁니다. 여기서 '협력하다', '돕다'라는 의미가 나왔습니다. 따라서 협(協)에는 여럿이 하나의 목표를 향해 나아간다는 뜻도 담겨 있습니다.

협상에서 상(商)은 이익을 위한 거래활동을 일컫습니다. 즉, 협상(協商)은 상호간의 이익을 위한 거래활동을 서로 도와가면서 이룩하는 것입니다. **공동 이익을 목표로 서로 박자를 맞추면서 하는 협력으로 협상을 바라볼 때,** 우리는 더 많을 것을 얻게 될지도 모릅니다.

M&A 협상에 대한 경험이 풍부해질수록 협상의 원칙은 공동 이익을 위한 협력과정이라는 것을 깨닫게 됩니다. 당장의 이익을 위해서 행하는 기본을 벗어난 말과 행동은 나중에 더 큰 손해로 돌아올 수 있습니다. 그렇다면 공동 이익을 향한 협력적 협상의 구체적인 방법을 살펴볼 필요가 있을 것입니다.

NOTE 13

❑ 협상의 기본자세는 "易地思之"

협상은 우리의 목표와 상대방이 원하는 것을 잘 파악하여 공동의 이익을 위해 협력하는 자세가 필요합니다. 그러므로 협상에서는 易地思之(역시사지)의 자세가 중요합니다. 易地思之를 통하여 비로서 "상대방이 진정 원하는 것"을 파악할 수 있기 때문입니다. 역지사지를 위해서는 정보의 수집과 의사소통은 필수이며, 관찰과 경청을 통해서 가능할 수 있습니다. 이는 협상의 대상물을 이해하는 것만큼이나 중요한 일입니다.

② 나를 알아야 한다

우리 쪽 입장이 명확하여야 합니다. 우리가 M&A를 하고자 하는 목적, 그 목표를 협상팀 모두 공유해야 합니다. 신사업 진출, 자금조달, 또는 규모의 경제를 실현하기 위한 시장확보 등의 목표가 확실해야 합니다. 대부분 M&A는 여러 가지 포석을 깔고 추진됩니다. 그런 경우에는 목표의 우선순위가 있어야 합니다. 그래야 협상을 유연하게 진행할 수 있습니다.

협상팀 모두 같은 대답을 할 수 있는 분명한 목표가 있어야 하고, 당연히 이런 궁극의 목표는 회사의 최고의사결정권자도 함께 참여해 결정한 것이어야 합니다.

특히 가격 협상에서 우리가 알아야 할 가장 중요한 정보 중 하나는 현재의 기업가치와 M&A 후 기업가치입니다. 현재의 기업가치에는 M&A를 하지 않고서도 달성할 수 있는 최대값도 포함됩니다. M&A를 하지 않고서도 M&A를 통해 얻을 수 있는 기업가치와 같거나 그 이상을 얻을 수 있다면 굳이 M&A를 할 이유가 없기 때문입니다. 우리가 M&A에 나선 이유는, 자체적인 개발 또는 내적 성장(Organic growth)보다는 M&A를 통해서 얻을 수 있는 기업가치가 더 클 것이라는 기대때문입니다.

이 과정에서는 M&A를 통해 얻게 되는 기대치(시너지 등) 추정도 합리적이어야 합니다. 승자의 저주라는 말이 있습니다. 여러 기업들이 인수대상 기업을 평가할 때, 모두 일정수준의 시너지를 기대하고 있다면, 시너지를 가장 높게 기대하는 자가 가장 높은 가격을 제시하게 될 것입니다. 그 가격은 때로는 가능성이 낮은 과대 예측에 기초했을 수 있고, 결국은 지급한 대가 대비 가치창출효과가 낮아 회사 전체가 어려워질 수도 있습니다.

현재 기업가치와 M&A 이후 기업가치가 예측되었다면, 우리가 협상에서 어느 정도까지 양보하거나, 요구할 수 있는지도 파악할 수 있게 됩니다. 계약서 초안에는 양보가 가능한 부분과 상대의 양보를 얻어내야 할 부분이 진술 및 보증, 거래대금 및 지급방법, 약정사항, 손해배상 등으로 담겨집니다. 상대방이 초안을 작성한 경우라면, 해당 부분을 면밀하게 검토해서 상대방의 의중을 파악할 필요가 있습니다.

③ 상대방을 알아야 한다

우리는 앞서 협상을 공동 이익을 위한 협력 과정이라고 하였습니다. 공동 이익을 산출하는 방법은 우리 쪽의 목표와 상대방의 목표가 겹치는 부분, 즉 교집합을 넓히는 겁니다. 이러한 교집합을 협상 용어로 '협상가능영역'(Zone of Possible agreement, 'ZOPA')이라고 합니다.

ZOPA가 생긴다면 협상이 원만하게 진행됩니다. 문제는 양 상대방 모두 자신의 목표를 공개하지 않는다는 점입니다. 따라서 계속 상대방의 목표를 상상해서 ZOPA를 추정해 나가야 합니다.

ZOPA를 만들기 위해 가장 좋은 방법은 자신의 목표를 모두 공개해도 좋을 만큼 신뢰를 쌓는 것입니다. 신뢰는 상대방에 대한 충분한 이해를 바탕으로 이루어집니다. 이를 위한 최선의 방법은 상대방에 대한 정보를 다양한 경로를 통해서 알아보는 것입니다. 업계 평판도 그 중에 포함되는 사항입니다. 상대방이 상식과 원칙을 지키면서 사업을 해 왔는지는 업계 평판에 드러나 있는 경우가 많습니다.

협상 테이블에 앉은 사람이 이번 거래에 있어 어느 정도의 결정권을 가지고 있는지도 반드시 확인해야 합니다. 협상 대상자가 결정권이 없는 경우에는 협상테이블에서의 협상결과가 추후에 번번히 의사결정권자에 의해 번복되는 상황이 발생할 수 있어 협상이 원만하게 진행되기 어렵습니다.

④ 시장을 알아야 한다

'나를 알고 상대방을 알면 전쟁에 나가서 두려울 것이 없다'라는 격언으로 유명한 손자는 나와 상대가 위치한 지형을 정확히 알고, 그에 맞게 전략을 수립하라고 조언하는데, 이 조언은 협상에서도 많은 도움이 됩니다.

여기서 말하는 지리적 위치와 지형을 M&A 협상 관점에서 보면 시장이 될 것입니다. 나의 목표와 상대방의 목표는 모두 시장에서 만들어진 것입니다. 나도 상대방도 시장을 나름 읽어낸 후 상호간에 커뮤니케이션을 하게 됩니다. 시장의 상황 및 시장에서 형성되는 가치는 나와 상대방 모두가 받아들여야 하는 기준입니다.

최근 동종 업종의 국내외 M&A 결과를 알고 있어야 합니다. 최근 동종 업종의 M&A 사례는 시장을 이해하는데에도 도움이 되고, 사례와 대상회사 혹은 우리 회사의 비교를 통해 상호간의 이해를 더 쉽게 할 수 있습니다. 공시정보처럼 확정적이고 객관적인 정보가 좋을 수 있겠지만, 공시정보가 없는 경우에는 다양한 정보제공 기관 또는 언론보도를 참고하거나, 여러 네트워크를 통해 비밀유지의무가 유지되는 범위 내에서 정보를 수집해야 합니다.

참고로 공개입찰의 deal에 있어서는 경쟁사의 상황과 인수의지, 자금조달 능력과 과거 경쟁사의 M&A history 등을 파악하는 것이 가격 등의 조건을 제시하는 데 있어서 참고가 될 수 있습니다.

⑤ 대안을 생각한다[72)]

협상 용어 중 BATNA(Best Alternative To a Negotiated Agreement)라는 것이 있습니다.

---

72) 추가적으로 **협상계획서**와 **시나리오**를 작성하는 것도 도움이 될 수 있습니다. 협상계획서는 보통 협상상대방 정보, 기밀사항, 협상진행사항, 우리 팀의 목표, 상대방의 추정 목표 등으로 구성됩니다. 만약, 상대방이 자주 사용하는 특정 단어가 있다면 이를 기록하는 것이 좋습니다. 그 단어를 중심으로 문장 형태로 상대방의 논리를 재구성하다 보면, 상대방의 니즈(Needs)를 파악하는 데 도움이 될 수 있습니다. 시나리오는 협상 테이블에서의 역할 분담을 하려는 목적도 있습니다. 역할을 분담한다는 의미는 누가 주된 협상을 이끌고 누가 협상을 어떻게 지원할지를 분담한다는 의미입니다.

BATNA는 협상을 통해선 합의가 불가능할 경우, 협상당사자들이 생각할 수 있는 최선의 대안을 의미합니다. 대안은 한자로 '代案'이라고 씁니다. 대(代)는 이어준다는 의미를, 안(案)은 생각이란 뜻입니다. 즉 대안은 사람의 생각과 생각을 이어주는 역할을 하는 것입니다.

그렇다고 대안이 무조건 협상의 계속을 의미하는 건 아닙니다. BATNA에는 모든 것이 포함됩니다. 우리 협상단의 재구성, 협상파트너 교체요구, 협상중단, 나아가 법적 절차에 따른 손해배상 청구 등이 포함될 수 있습니다.

앞서 말한 ZOPA(Zone of Possible Agreement)가 형성될 수 없을 때 어떤 BATNA를 내놓느냐에 따라 협상의 성패가 갈립니다. 특히 가격 등이 문제가 될 경우에는 자금으로 환산하기 어려운 다른 가치를 염두에 두고 대안을 마련하는 것이 좋습니다. 이를 위해선 기업, 업계는 물론 경제 전반에 대한 종합적인 정보를 기초로 해서 사전에 준비된 대안을 제시해야 합니다. 갑작스럽게 만든 대안은 오히려 제시하지 않는 쪽이 낫습니다. 사람과 사람, 생각과 생각을 이어주는 데 대안의 의미가 있음을 잊지 않는다면 보다 폭넓은 관점에서 대안을 마련할 수 있으리라 생각합니다.

NOTE 14

❑ 협상의 자세와 고려사항 요약

- 협상 상대방을 공동의 이익을 향해 가는 동반자로 간주하는 자세가 필요합니다. 협상은 제로섬게임이 아니라는 것을 이해하여야 합니다.
- 자신의 목표를 명확히 인지하는 것이 필요합니다.
- 상대방의 상황을 이해하는 것이 필요합니다. 그리고, 상대방과 입장차이가 나는 것은 당연하게 받아들이면서, 공동의 이익을 위한 영역을 찾아나가는 것이 필요합니다.
- 협상은 상대방이 다른 문화적 배경을 가졌다는 사실을 충분히 이해하고 진행하여야 합니다. 상대방의 문화적 배경에 대한 무시는 협상을 어렵게 하는 가장 빈번한 요인 중의 하나입니다.
- 협상은 자기의 논리만을 주장하는 것이 아니고, 상호간의 주장을 이해하는 데에서부터 출발합니다. 협상에서는 상대방에 대한 존중이 필요합니다.
- 자신을 과신하여 자기중심적인 환상에 빠지게 되면 상대방과 시장상황에 대한 중요한 정보를 놓칠 수 있습니다.
- 시장 상황을 이해하는 것이 필요합니다. 협상 최종 착륙지점인 공동의 이익은 시장상황의 한가운데 놓여 있기 때문입니다.
- 계획을 가지고 협상에 임하는 것이 필요합니다. 준비가 충분히 되지 않은 상태에서 협상에 임하게 되면 상대방의 신뢰를 얻기가 힘들어집니다.

- 사전에 수립한 준거점(reference point)에 구속되는 것은 때로는 협상의 장애요인이 될 수 있습니다. 협상과정에서 달라진 상황에 맞는 기준을 재설정하는 융통성이 필요한 경우도 있습니다.
- 객관적인 자료와 객관적인 시각으로 바라볼 필요가 있습니다.
- 때로는 의제제기를 누가 먼저 하느냐가 중요할 수 있습니다.
- 협상창구는 가능한 단일화하는 것이 필요합니다. 협상창구의 단일화는 "정보의 집중", "협상 권한", "보안"이라는 3가지 측면에서 중요합니다. 협상 창구 단일화를 통해 정보를 집중시키고, 협상 대표에게 상당한 권한을 위임함으로써 신속하고 원활한 협상이 가능하도록 합니다. 그리고 단일화된 창구는 상호간의 중요한 정보에 대한 보안을 통제하고 관리하는 데 효과적입니다.
- 확실한 의사표현이 필요할 수 있습니다. 정확한 의사전달과 입장 표명을 통해 상호간 오해와 불필요한 소모를 줄일 필요가 있습니다.
- 대안을 생각해 둘 필요가 있습니다.

NOTE 15

❑ 협상의 기법

구분	주요 내용
Anchoring	"닻을 내린다"는 표현으로 협상을 시작할 때 협상 당사자가 원하는 조건 또는 가격을 제시하는 것을 의미. 예상 가격의 범위내에서 제시하며, 이를 벗어난 가격 제시는 협상이 결렬되거나 불필요한 지연을 초래할 수 있음
수권 (Authorization)	협상당사자가 특정 조건의 협상, 수용, 양허를 할 수 있는 권한을 부여받는 것이 필요함. 단, 협상 시 의사결정권자가 별도로 있거나 복잡한 보고체계, 의사결정의 경직성이 있을 수 있는 기업의 경우, 그 기업 문화 특성상 협상의 기법으로 중요한 의제의 회피 또는 지연 목적으로 수권의 제한을 활용하는 경우가 있으나, 남용하면 상대방의 진정성이 의심받게 되어 모멘텀을 잃고 실기할 수 있음
재정능력 (Financial Capacity)	재정능력은 협상시 중요한 의제임. 매수인의 경우, 가격 협상을 준비하기 위해 예산을 책정하는 과정에서 매수인의 재정 능력 고려는 필수이며, 매도자도 협상대상자의 재정능력을 협상에 임하기 전에 중요한 요소로 고려하게 됨

구분	주요 내용
상호주의 (Reciprocity)	특정 조항이나 조건을 계약당사자에게 동일하게 상호 적용시키자는 주의. 예를 들어 비밀유지, 경업금지, 진술과보증, 손해배상, 확약사항 등이 어느 일방에게 불균형적으로 적용될 경우에는 협상이 원활하게 진행되기 어려움

NOTE 16

❑ 협상력에 영향을 미치는 주요 요인

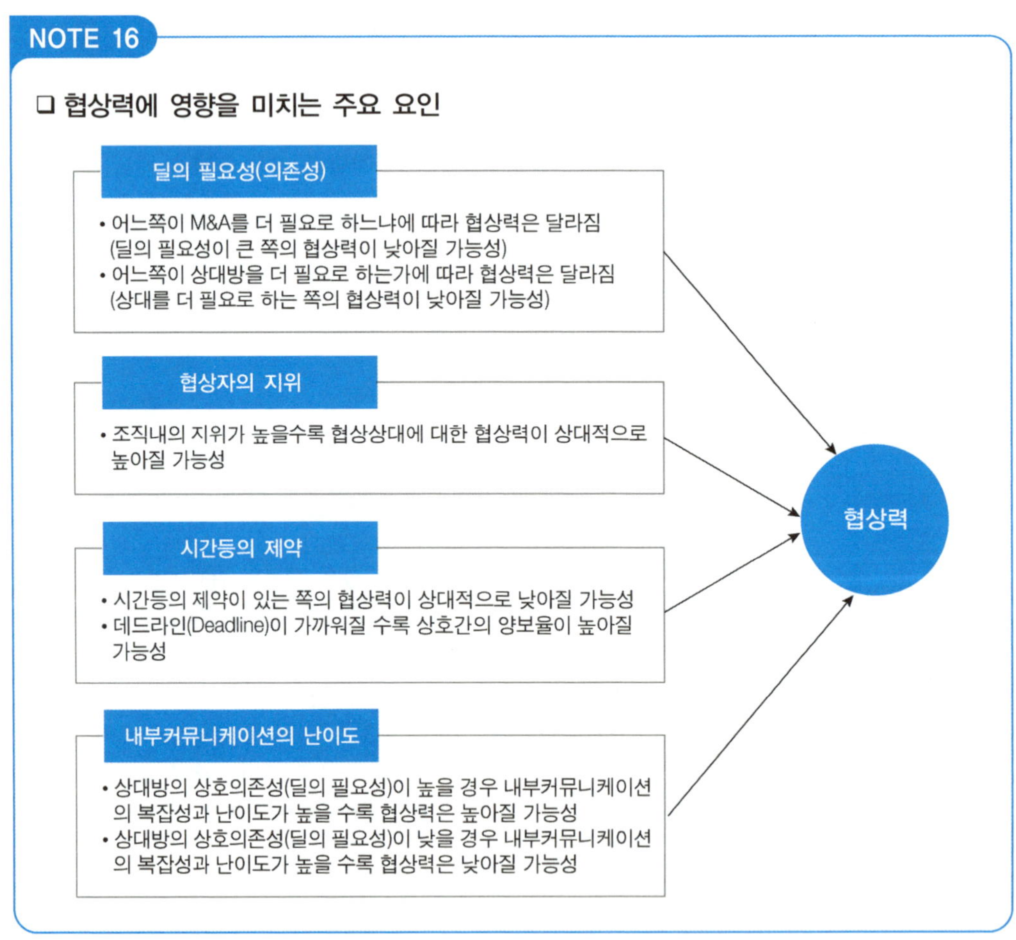

3) 가격 협상

거래 당사자는 각자의 관점에서 대상회사에 대한 평가를 하게 됩니다. 매도자는 미래에 창출될 것으로 예상되는 수익(또는 현금)를 포함하여 가치를 산정할 것입니다. 매수자도 인수시점에 예상되는 인수대상회사의 가치를 산정할 것입니다. 매수자가 예상하는 가치는 시너지가 포함되지 않은 매수자 관점에서의 미래 예상 수익을 고려한 가치에서 시너지 효과를 고려한 가치로 범위가 정해질 것입니다. 가치는 상호간 각자의 주관적인 요소가 고려되어 결정되기 때문에 협상 초기에 일치하기는 쉽지 않습니다. 객관적인 관점에서 실사와 평가가 필요한 이유이기도 합니다. 서로의 가치를 인정하려는 자세가 거래를 가능하게 하는 협상의 시작입니다. 협상을 통해 상호간의 괴리를 좁혀가는 과정에서 거래가격이 결정됩니다.

[그림 15] 가격협상 메커니즘

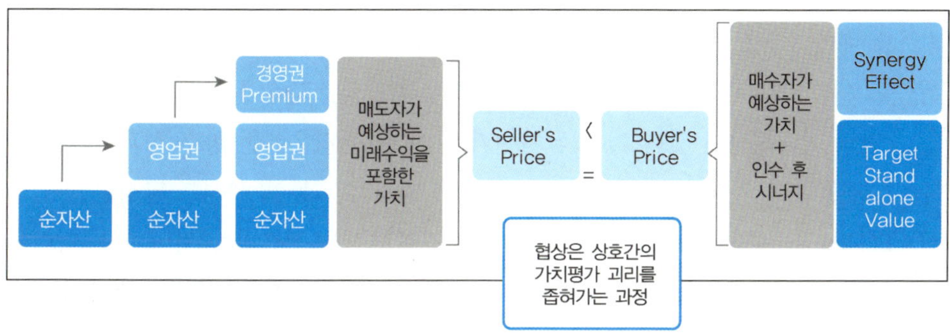

4) 가격의 조정

실사 또는 가치평가 기준일과 거래의 종결일까지의 기간이 긴 경우나, 대상회사가 제시한 재무제표가 실사 과정에서 조정이 될 경우에는 대상회사의 가격이 조정될 필요가 생길 수 있습니다. 이런 경우 다양한 방식으로 가격조정이 이루어지게 됩니다.

만약 가격 산정 방식이 사전에 합의된 경우라면, 가격 산정 방식에 영향을 미치는 사항에 따라 가격을 조정합니다. 예를 들어 EV/EBITDA에 의하여 가격을 결정하고 배수까지 합의가 되었다면, 실사를 통한 EBITDA 변동분에 사전에 합의된 배수를 곱한 금액이 가격조정 금액이 될 것이며, 여기에 차입금 및 운전자본 변동 등을 추가로 반영할 수 있을 것입니다.

가격 산정 방식이 합의된 경우가 아니라면, 실사를 통한 순자산 변동 전체 금액이나, 운전자본과 차입금 변동과 같은 일부 순자산 변동액을 가격조정에 반영할 수 있습니다.

예를 들어 실사기준에 따라 실사를 수행한 후 대상회사의 순자산이 조정된 경우, 협상을 통해 실사조정액을 기초로 가격이 조정될 수 있습니다. 그러나 이 경우에도 거래의 안정성 등을 위해 가격 조정의 한도[73)]를 정해두는 경우가 많습니다.

73) 예를 들어 순자산 또는 인수대금의 일정 비율(예: 3%, 5%, 10%)을 가격 조정의 한도로 설정할 수 있습니다.

또한 모든 실사조정사항이 순자산 조정사항이 될 수 있는 것은 아니고, 사전에 협의된 기준에 따른 조정만을 대상으로 하거나, 조정사항의 범위가 가격 산정 방식에 따라 달라질 수도 있습니다.

가격조정의 다른 예로는 실사 및 평가기준일의 순자산과 거래종결일의 순자산 차이를 정산하는 방식이 있을 수 있습니다.

정상적인 순운전자본 수준에 대해 상호간 합의를 한 후, 거래종결일의 순운전자본 수준과의 차이를 정산하는 방식도 영업양수도나 회사 분할을 통한 매매 거래의 경우 사용될 수 있습니다.

사후적으로 메매대금을 정산하는 경우에는 조정내역과 MOU상 기재된 사항에 근거한 조정 사유 등을 포함한 인수대금 조정 요청서 등을 작성하여 상호간에 협의할 수도 있습니다.

또한 상호간의 기대성과가 달라 가격의 차이가 많이 나는 경우에는 향후 성과를 이용하여 가격을 조정할 수도 있습니다. 예를 들어 거래 후 일정기간 동안 실제로 달성한 영업현금흐름, EBITDA, 또는 순이익을 기초로 평가하여 잔여가격을 정산하는 것입니다. 이러한 경우에는 거래 종결일 이후 상호간 영업성과를 객관적으로 확인하는 절차가 필요합니다.

거래종결일에 이루어지는 사후정산과 일정기간 동안 성과에 따라 정산이 이루어지는 Earn-out, 그리고 최근 몇몇 사례들이 생기고 있는 Lock-box mechanism에 대해서는 "제3장 M&A의 실행"의 자금조달과 거래구조에서 더 자세히 다루고 있습니다.

NOTE 17

❑ Cash free / Debt free

정산방식에서 Cash free / Debt free라는 용어가 사용되는 경우가 있습니다. 이는 대상회사의 평가 또는 정산방식의 하나로서 대상회사 혹은 대상사업의 가치를 평가할 때 순현금과 순부채의 영향을 배제하여 평가하고, 이후 정산도 순현금과 순부채를 배제하고 정산하는 방식입니다. 즉, 가치산정 시 현금과 차입금이 전혀 없는 것을 전제하여 산정하고, 이후 이전 시에는 cash free / debt free 전제하의 가치에 현금이나 차입금이 추가될 경우 이를 가감하여 최종대가를 산정하는 것입니다.

NOTE 18

❑ 매매대금 사후정산 vs Lock-box mechanism

모든 거래에서 사후정산이 이루어지지는 않습니다. 중대한 경영사항의 변화가 없다면 실사기준시점과 거래종결시점에서의 계속기업으로서의 회사 가치는 큰 변화가 없다고 보기 때문입니다. 그러나, 중요한 경영사항의 변화가 있거나, 분할 또는 영업양수도와 같이 회사 일부분이 분리되어 거래되는 경우에는 거래 종결시점의 대상재무제표가 실사기준시점과 중요한 차이가 나지 않는지 확인하고 차이가 날 경우에 이 차이를 매매대금에서 정산하는 거래를 하는 경우가 있습니다. 이를 매매대금 사후정산이라고 합니다.

반면에 실사기준일(Lock-box date)에 대상회사의 가치변화 위험을 모두 매수자에게 이전하여 사후정산이 이루어지지 않은 형태의 거래방식도 존재합니다. 이를 Lock Box mechanism[74]이라고 하는데, 기본적으로 Lock box date에 거래가 된 것으로 간주합니다. 이때, 매수자 입장에서는 closing date까지의 Leakage(자산의 유출)가 주요 문제(concern)가 되며, 이를 위하여 계약서에 Leakage를 제한하는 조항 등을 반영하게 됩니다.

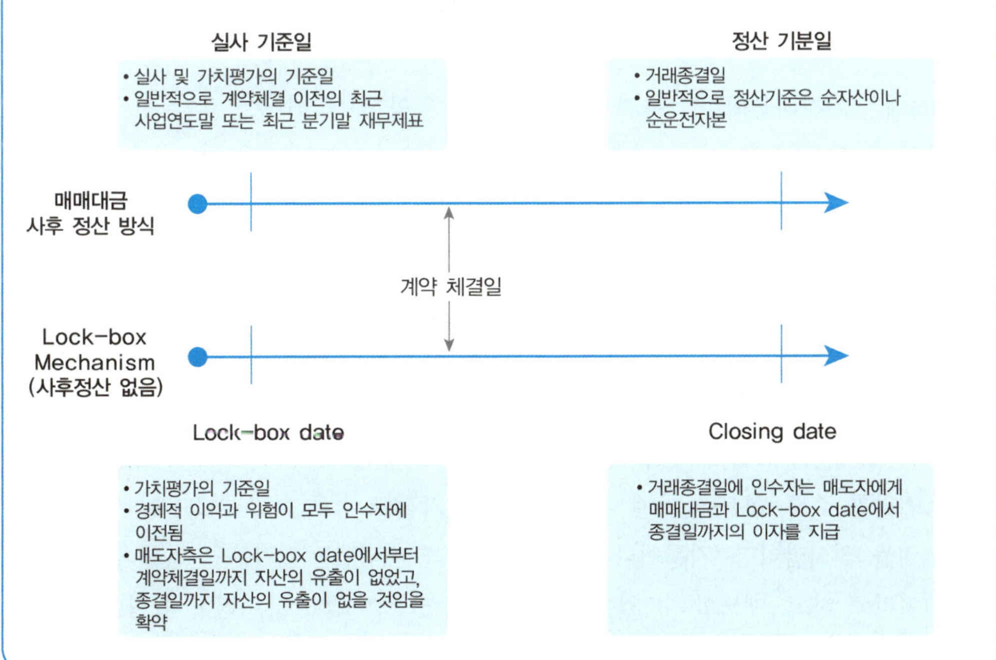

74) Lock Box mechanism은 유럽에서 많이 사용하는 방식으로 Seller 우위 시장에서 적용되는 방식으로 최근 국내시장도 Seller 우위 시장이 지속되면서, 한국 M&A에서도 등장하고 있습니다.

5) 거래조건 협상

가격 협상이외에도 거래조건에 대한 협상이 필요합니다.

거래의 종결을 위해 사전에 이행되거나 정리되어야 하는 사항은 무엇인지 협의하여 정해 놓아야 합니다. 인허가를 받아야 하는 경우나 주주총회의 승인을 받아야 하는 경우, 주요 채권자들의 동의를 받아야 하는 경우 등이 그 예입니다.

거래대금의 지급방식이나 지급시기에 대한 협상이 필요할 수 있습니다.

우발채무 또는 손해배상 책임의 담보를 위해 매매대금의 일부를 질권 설정 또는 에스크로(Escrow)[75]계좌에 보관해 두도록 하는 것도 거래조건 협상의 대상이 될 수 있습니다.

거래대금의 지급시기에서 일반적으로 고려할 수 있는 방법이 본계약 체결 시 계약금을 지불하고, 거래종결 시에 잔금을 지급하는 방법입니다. 본 계약 체결 이후 잔금 지급시기에 양 당사자가 협의한 일정 기준에 의해 거래대금이 조정될 수도 있습니다. 이를 Price adjustment라고 합니다. 향후 가치에 대한 합의가 용이하지 않을 경우에는 향후 일정 이익 수준의 달성에 따라 대금을 추가적으로 지급 혹은 정산하는 Earn-out 방식도 고려될 수 있습니다.

계약서에는 거래대금의 지급조건 이외에도 다양한 약정사항이 포함될 수 있습니다. Tag along(동반매도권) 및 Drag along(동반매도청구권), 우선매수권, Call Option과 Put Option 등이 그 예입니다.

Tag along(동반매도권)은 주주간 약정에 따라 지배주주 등이 보유지분을 매각할 때, 약정을 맺은 다른 주주도 동일한 조건으로 보유 주식을 팔 수 있는 권리를 의미합니다. Drag along(동반매도청구권)은 주주간 약정을 맺은 주주(a)가 지배주주 등(b)에게 (a)+(b)를 합하여 제3자에게 매각할 것을 요구할 수 있는 권리를 의미합니다. 우선매수권은 주식을 양도하려는 주주가 제3자가 제시하는 조건대로 먼저 회사나 기존 주주에게 자신의 주식을 매수할 권리를 주고, 회사나 기존 주주가 매수를 거절할 경우 다른 제3자에게 양도할 수 있는 권리를 의미합니다. 지분이나 특정 증권 등을 매입할 수 있는 권리를 콜옵션(Call Option)이라고 하고, 매도할 수 있는 권리를 풋옵션(Put Option)이라고 합니다.

75) Escrow계좌는 객관적인 제3자의 계좌에 거래대금을 맡긴후 일정 조건이 충족되면 지급할 수 있도록 하는 것으로 결제의 안정성을 위한 장치로 볼 수 있습니다. 예를 들어 매매대금의 10~20%를 1~2년 동안의 에스크로계좌에 예치하여 합의된 우발채무나 손해배상 책임의 발생 여부에 따라 정산한 후 지급하는 것입니다.

7 승인 및 거래 종결

계약체결 이후에는 거래 종결을 위한 선행조건들이 모두 이행되면, 거래 종결을 위한 승인 절차가 필요할 수 있습니다. 주주총회의 승인이 필요하거나, 정부 등 인허가 기관의 승인 등이 필요할 수 있고, 채권자보호절차, 중요 계약자 등의 동의 등이 선행되어야 거래가 종결되는 경우도 있습니다. 이러한 사항은 보통 거래 종결을 위한 선행조건이 됩니다.

거래의 종결이라 함은 통상 매매대금 지급 완료일이면서 권리의무가 이전되는 것을 의미합니다.

거래가 종결된 이후에는 등기·등록이 필요한 경우가 있을 수 있습니다.

주요 당사자 중 관련 거래에 있어서 양도소득세, 증권거래세, 과점주주취득세 등 과세 항목이 발생한 경우에는 세무신고가 이루어져야 합니다.

자본시장법 상, 혹은 다른 법률에 의해 공시, 공고 및 신고가 필요한 경우에는 관련 법규에 따른 해당 의무를 이행하여야 합니다.

다음의 그림은 본계약(SPA) 체결 이후 선행조건의 해소를 위한 다양한 절차를 이행한 후에 거래종결(Deal Closing)이 이루어지고 있음을 보여주고 있습니다.

[그림 16] M&A 거래 일정 예시

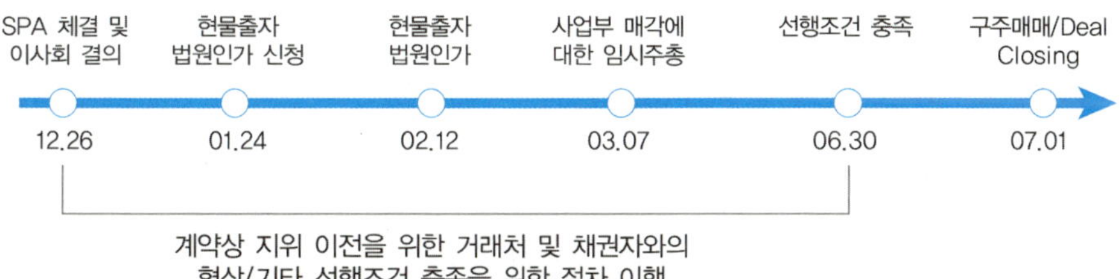

거래의 종결은 법적절차, 계약관계, 인허가, 승인 등을 통해 거래의 목적물이 양수자에게 이전되는 절차가 이루어져야 합니다. 이러한 절차는 주식 양수도의 경우에는 해당 주권이 양수자에게 이전되거나 주주명부가 양수자로 변경되는 것을 의미하며, 부동산 등의 경우에는 등기 및 등록이 양수자 명의로 이전되는 것을 의미합니다.

[표 15] 거래의 기타 종결절차 예시

구분	종결절차 예시
주식의 양수도	주식 명의개서, 주권의 이전 등
자산거래	개별 자산의 소유권 이전 등 • 토지/건물 등 부동산: 등기 및 등록 이전 • 영업인허가: 이전 혹은 당사자 변경 • 각종 계약관계: 당사자 동의 및 이전 계약
Governance 변경	정관변경, 이사 및 감사 변경, 회사명 변경 등

8 통합(PMI; Post Merger Integration)

M&A의 성공여부가 인수 후 통합을 얼마나 효과적으로 이루었는지에 따라 달라질 수 있다는 사실이 알려지면서 인수 후 통합(PMI)은 최근의 M&A에서 매우 중요한 화두가 되었습니다.

조직, 문화, 업무방식, 시스템, 채널 등 다양한 영역에서 어떤 방식으로 융합하고 통합할지를 결정하여야 합니다. 유기적인 통합을 위해서는 양사의 특징을 명확하게 이해하고 있어야 하며, 이 과정은 M&A 초기 단계에서부터 고려되고 계획되어야 합니다.

PMI는 M&A 성공의 핵심요인으로서 이에 대한 자세한 사항은 "제3장 M&A의 실행"의 "Ⅳ. PMI(통합)"을 참고하시기 바랍니다.

[표 16] PMI(통합) 시 고려사항 예시

구분	고려사항 예시
통합계획	• 대상회사 선정단계부터 고려되고, 실사단계부터 구체적으로 실행되어야 합니다. • 통합을 위한 업무가 기존 사업 영업에 미치는 부담을 최소화할 수 있도록 팀이 구성되고 통합이 계획되어야 합니다.
관계 및 비전의 공유 & 커뮤니케이션	• 인수자와 피인수자가 동반자로서 공감과 협력을 이끌어 낼 수 있도록 하는 관계를 형성해야 합니다. • 모든 참여자가 목표를 명확하게 인지함으로써 인수 시 혼란과 마찰을 줄일 수 있도록 계획되고 실행되어야 합니다. 그러므로 M&A의 배경과 이를 통해 달성하고자 하는 비전, 통합의 기준 등을 충분히 이해할 수 있도록 소통이 이루어져야 합니다.

구분	고려사항 예시
조직문화의 통합과 인력의 유지	• 각 조직간 문화적 차이를 극복하는 것은 중요합니다. 여러 조직이 유기적으로 움직여 성과를 창출해야 하는데, 유기적이지 못한 조직은 기대한 만큼의 성과를 창출하지 못할 수 있습니다. • M&A 과정에서 유능한 인재가 이탈하지 않도록 하는 것은 중요합니다. 인재 유출은 M&A의 기대효과가 줄어드는 결과를 초래할 수도 있습니다.
고객의 유지 및 통합	• M&A 통합과정에서 혹은 그 이후 고객이 이탈하지 않도록 하여야 합니다. 기존 고객에 대한 세심한 배려, 통합과정에서의 적절한 고객응대 등 각별한 주의가 필요할 수 있습니다.
중요성	• 한번에 모든 것을 통합하는 것은 어렵고 효과적이지 않습니다. 가장 중요한 부문에 집중하고 신속하게 통합하는 것이 중요합니다.

IV 매도자(투자유치) 입장에서의 고려사항

1 투자유치(또는 매각) 절차

매각 혹은 투자유치 절차도 매수자 입장의 절차와 크게 다르지는 않습니다. 그러나, 매수자와 매도자는 입장이 다르기 때문에 이에 따라 고려해야 하는 사항이 달라질 수 있습니다. 전체적인 M&A 절차는 앞에서 설명한 "일반적인 M&A Process"와 "M&A 절차별 진행사항"을 참고하시길 바라며, 이번 장에서는 M&A 절차상 매도자 입장에서의 고려사항을 정리해보았습니다.

매도자의 경우 M&A 절차상에서 어떤 방식으로 투자유치를 할 것인지에 대한 전략을 수립하고, 마케팅을 위한 회사 설명자료를 만들고, 어떤 투자자를 대상으로 마케팅을 할 것인지를 정하는 것이 필요합니다.

[그림 17] 투자유치(또는 매각) 절차

1) 매각(투자유치) 전략수립

회사의 현 상태를 진단하고, 중장기적 전략과 부합하는 매각 방식을 결정하여야 합니다. 지분으로 참여하는 투자인지, 차입방식의 투자인지, 투자규모와 투자지분, 투자 대상 등에 대한 결정이 필요합니다. 이러한 결정을 위해서는 매각의 목표가 분명히 설정되어야 하고, 회사의 재무 상황 및 경쟁현황 등에 대한 분석, 필요자금 등에 대한 분석 등이 필요합니다. 매각과정에서 발생할 수 있는 법률적인 문제나 세무적인 문제 등을 미리 파악하는 것도 중요합니다.

2) 매각(투자유치) 준비

매도자 혹은 투자를 받고자 하는 회사는 회사 소개자료를 작성하게 됩니다.

매각 대상에 대한 사업 현황, 재무자료, 산업 및 회사의 전망, 매각 대상회사의 강점·핵심역량 등 투자 Points, 거래배경, 잠재적 거래 구조 등에 대한 내용을 담은 회사 소개자료를 작성하여 매각 및 투자유치를 위한 마케팅 자료로 사용합니다.

소개자료는 일반적으로 두 가지 버전으로 작성하는 데, 잠재적 투자자와 초기 접촉을 위해 작성하는 소개자료인 Teaser와 보다 자세한 내용을 담은 IM(Information memorandum)이 있습니다. 물론 Teaser와 IM의 구분이 없이 회사소개자료의 개념으로 하나만 작성되는 경우도 있습니다.

Teaser는 매각 대상회사의 특징 및 중요한 투자 Points를 중심으로 작성한 간략한 회사소개자료입니다. 예를 들어 회사의 매출, 이익수준, 성장성, 핵심 경쟁력, 투자 시 고려될 필요가 있는 사항 등이 Teaser에 포함될 수 있습니다. Teaser는 주로 Buyer를 탐색할 때 사용합니다.

투자의향이 있는 투자자는 비밀유지협약[76]을 한 후 인수의향서(LOI)를 제출하고 대상회사에 대한 보다 자세한 내용을 담고 있는 IM을 통해 회사에 대한 분석을 할 수 있습니다.

Term sheet도 미리 작성해 놓을 필요가 있습니다. Term sheet는 예상금액, 예상지분 등 여러가지 투자 조건을 투자자입장에서 정리한 문서입니다.[77]

입찰을 통한 M&A의 경우에는 회사를 소개하고 입찰에 응하기 위해 필요한 자료들을 잠재적 인수자들에게 제공하는데, 이를 Invitation Package라고 합니다. Invitation Package에는 통상 Invitation Letter, LOI form, Teaser(회사소개자료), CA(confidential Agreement) or NDA(Non disclosure Agreement) 등이 포함됩니다.

매도자는 매도자 입장에서 잠재적 이슈 파악과 적절한 소개자료의 작성 등의 목적으로 자체적인 실사를 수행할 수도 있고, 투자유치 가능한 금액 및 효과 등을 파악할 목적으로 현금흐름 분석과 가치평가가 이루어질 수도 있습니다.

76) NDA: Non disclosure agreement, CA: Confidential agreement
77) 부록 예시 참조

NOTE 19

□ 공개입찰시 필요서류의 예

공개입찰 서류의 예	① 입찰참가신청서 ② 컨소시엄 협정서(컨소시엄의 경우) ③ 입찰참가자 소개 ④ 입찰서(입찰금액, 입찰금액 조달 증빙, MOU(안)수정 요청사항, 종업원 고용보장 확약서 등을 포함) ⑤ 확약서 ⑥ 위임장 ⑦ 경영계획서 ⑧ 양해각서(안) ⑨ 기타(주간사 제시 재무제표, 실사기준, 질권설정계약서(안) 등)

3) 매도자 실사

실사(DD, Due Diligence)는 흔히 인수자가 하는 것으로 알려져 있습니다. 그러나, 상황에 따라서는 매도자측에서도 실사를 진행할 수 있습니다. 매도자가 진행하는 실사는 매도자가 매각과정에서 잠재적 투자자가 발견할 수 있는 주요 이슈 등을 사전에 파악하거나 매수자 실사 등에 대비하기 위한 준비과정으로 수행하는 Pre-sale DD와 매도자가 잠재적 투자자를 위해서 실사하지만 객관성 확보를 위해 외부 전문가에 의해서 수행하는 Vendor's DD가 있습니다.

매도자 실사는 매도를 전략적으로 접근하기 위해서 필요할 수 있습니다. 매각도 가치창출 과정이며 어떤 방식으로 어떤 시기에 누구를 대상으로 매각하느냐에 따라 매각을 위한 준비과정이 달라질 수 있으며, 매각 가치도 달라질 수 있습니다. 예를 들어 잠재적 인수 후보군을 명확하게 특정할 수 있다면, 잠재적 인수자가 대상회사를 어떤 관점에서 바라보게 될 지를 분석하여 회사의 장단점을 보완해 나갈 수 있도록 할 수 있습니다.

4) 마케팅(& 투자자 탐색)

어떤 투자자를 대상으로 마케팅을 할 것인지 정할 필요가 있습니다. 매각 혹은 투자유치 목적을 고려하여 재무적인 투자[78]가 필요한 것인지, 전략적으로 사업의 확장에 도움을 줄

78) 재무적투자자(FI: Financial Investor)는 PEF(Private Equity Fund, 사모투자펀드), 벤처투자자(VC: Venture Capital), 연기금, 금융기관 등 자본투자 이익을 취하는 투자자를 말합니다.

수 있는 투자자[79]가 필요한 것인지, 경영권을 이전할 투자자를 대상으로 할 것인지 등에 대한 목표 수립이 필요합니다. 매각을 위한 마케팅 준비자료도 이러한 목표에 맞춰 작성되어야 하고, 투자자 탐색도 이러한 명확한 목표하에서 효과적으로 이루어질 수 있습니다.

5) 투자유치(매각자) 입장에서의 Target 선정

투자유치 또는 매각자 입장에서의 Target 선정은 어떤 투자자를 대상으로 투자에 대한 논의를 시작할 것인가의 문제입니다. 투자유치의 대상은 현재 우리회사의 상황, 필요자금 규모, 투자유치 목적 등에 따라 달라질 수 있습니다.

투자자는 크게 전략적 투자자(SI: Strategic Investor)와 재무적 투자자(Financial Investor)로 구분됩니다.[80] 우리의 부족한 역량을 보완하여 성장하는데 무게중심을 둔다면 시너지를 창출할 수 있는 전략적 투자자가 우선적으로 고려될 수 있습니다. 투자자와 협업을 통한 시너지 창출보다는 성장과 투자를 위한 자금조달이 목적이라면 재무적 투자자가 우선적으로 고려될 것입니다. 물론 전략적 투자자가 재무적 투자자의 역할을 할수도 있고, 재무적 투자자도 네트워크등을 활용한 전략적지원이 가능할 수 있습니다.

현 상황이 사업의 시작단계이고 비교적 소규모 자금이 필요한 상황이라면 재무적 투자자 중에서도 벤처캐피탈과 같은 스타트업 투자자본을 우선적인 선정대상으로 고려할 필요가 있습니다.

6) 투자자 접촉 및 협상 시작

다양한 네트워크를 통해 의사결정 가능한 투자자측 인사와 접촉하여 의사를 타진합니다. 이 과정은 상호간 비밀을 유지하기로 약속하고 진행하는 경우가 많습니다. 비밀유지가 중요한 경우에는 비밀유지계약서[81]를 작성할 필요가 있습니다. 준비된 Teaser, IM 등 회사소개자료를 제공하거나 필요한 경우 Presentation을 통해 회사에 대한 설명을 진행합니다.

7) 협상, MOU

거래상대방과의 제반 절차, 거래구조, 지분구조, 가격 등에 대한 협상 등이 이루어지며, 협상을 통해 합의한 사항을 문서화 하기위해 양해각서(MOU)를 체결하기도 합니다. 양해

79) 전략적투자자(SI: Strategic Investor)는 경영권을 확보하거나 대상회사와의 상호협력을 통한 시너지 창출로 가치를 끌어올리고자 하는 투자를 말하며, 통상적으로 동종산업, 전후방 연관 사업자, 사업 다각화 목적의 투자자들이 해당될 수 있습니다.

80) 전략자투자자와 재무적투자자에 대해서는 "다양한 투자자 유형"에서 추가적으로 다루었습니다.

81) 비밀유지계약서(NDA/CA: Non-disclosure Agreement, Confidential Agreement)

각서는 본 계약 체결 이전에 계약 당사자가 합의한 사항을 문서화한 M&A 사전 협정서의 성격을 가진다고 볼 수 있습니다.

8) 실사

투자자는 회사에 대한 충분한 이해를 필요로 할 것입니다. 이를 위해 투자대상회사를 파악하기 위한 절차인 실사를 수행하게 됩니다. 실사는 대상회사의 재무적 사항을 파악하는 재무실사와 법률관계를 파악하는 법률실사 등 다양한 목적으로 다양한 영역에서 수행될 수 있습니다.[82] 매도자는 매수자가 실사를 수행함에 있어서 필요한 자료의 제공과 인터뷰가 이루어질 수 있습니다. 필요한 자료의 제공을 어디까지 할 것인지에 대한 부분은 실사 범위에 대한 협상과 실사 단계에 따라 달라질 수 있습니다. 예비실사시에는 결산자료 및 이와 관련된 제한된 정보만 제공하게 됩니다. 이후 이루어지는 본실사에서는 상당한 수준의 정보가 제공되는데, 이 과정에서 회사 기밀들이 공개될 수 있으므로 반드시 사전에 비밀유지확약서 등을 체결할 필요가 있습니다.

통상 실사는 투자자측에서 직접 또는 회계법인을 통해 실행되지만, 매도자 입장에서도 잠재적 이슈의 파악목적이나 절차의 간소화 등을 위해 수행될 수 있습니다.

투자자는 실사 결과를 토대로 협상을 위한 가격을 최종적으로 확정하게 됩니다.

9) 본계약체결

협상, 실사, 평가의 결과는 계약서에 의해 정리되고 확정됩니다. 협상단계에서 MOU(양해각서)를 체결하였다면 MOU가 계약서의 기본 골격이 될 수 있습니다. 계약서는 주주간 지분을 양수도하는 계약이라면 주주간 주식 양수도 계약서를, 대상회사에 투자하는 거래라면 투자계약서를 작성하게 됩니다. 본계약서에는 가격, 거래조건 등의 사항 이외에도 계약 당사 상호간 진술에 대한 확약 및 보장에 관한 내용, 계약의 종결 이전에 해결되어야 할 사항, 손해배상 등과 같은 사항이 포함될 수 있기 때문에 법률전문가의 도움을 받는 것이 필요할 수 있습니다.

10) 승인 & 투자실행

계약을 실행하기 위한 여러 조건들이 해소되면 매각 또는 투자가 실행됩니다. 계약실행을 위한 여러 전제 조건들 중의 하나는 주주의 승인을 받거나, 인허가가 필요한 경우에는

82) 실사에 대한 자세한 사항은 M&A 절차별 진행사항의 "실사편" 또는 "기업가치평가와 재무실사, 삼일인포마인"을 참고하시기 바랍니다.

인허가를 획득하거나 승인을 받는 것,[83] 채권자 등 이해관계자의 동의가 필요한 경우에는 동의절차를 완료하는 것 등이 포함될 수 있습니다. 이러한 선행조건들이 해결되면 투자가 실행됩니다. 투자의 실행은 거래조건에 따라 거래종료일에 투자가 전액 실행될 수도 있고, Escrow 계좌[84]를 통해 일부 금액은 일정기간 이후에 실행될 수도 있습니다.

2 투자유치

투자 유치 방안은 거래구조(Deal Structuring)를 어떻게 계획하는지에 대한 부분과 투자 자금을 어떤 형태로 받을 것인지에 대한 부분으로 나누어 볼 수 있습니다.

거래구조(Deal Structure)와 관련해서는 지분을 양도할 것인지, 유상증자를 통해 투자를 받을 것인지, 영업 혹은 자산을 양도할 것인지, 사업부를 분할하여 투자유치를 진행할 것인지, 다른 법인과의 합병을 진행할 것인지 등 다양한 방안을 고려해 볼 수 있을 것입니다.

투자 자금을 어떤 형태로 받을 것인지에 대한 부분은 지분투자의 경우에는 보통주 투자, 우선주 투자, 혹은 우선주에 보통주로의 전환권이나 상환권이 부여된 투자(전환우선주, 상환우선주, 전환상환우선주) 등으로 구분하여 볼 수 있습니다. 또한 차입이나 채권투자 방식이라면 단순차입, 보통주로의 전환권이 부여된 사채(전환사채), 신주를 인수할 수 있는 권리가 부여된 사채(신주인수권부사채), 다른 주식 등으로 교환할 수 있는 사채(교환사채) 등을 고려해 볼 수 있습니다.

이러한 Deal Structure와 자금조달의 다양한 유형에 대한 설명은 다음 장의 "Deal Structuring & Financing"에서 자세하게 다루고자 합니다.

3 다양한 투자자 유형

1) 전략적투자자(Strategic Investor)

전략적투자자란 일반적으로 인수 대상 사업을 영위할 목적으로 하는 투자자를 의미하며, 통상적으로 시너지 창출을 기대하거나 새로운 시장에의 진출을 희망하는 기업이 이 범주에

83) 독과점 문제에 있어서 기업결합 승인을 공정거래위원회로부터 받는 것 등도 이에 해당합니다. 기업결합 승인과 관련한 사항은 실행편의 M&A 관련 법규 부분을 참고하시기 바랍니다.

84) 에스크로계좌는 거래의 안전이나 보장을 위해 출금제한 등을 둔 제3자가 위탁관리하는 계좌로서 상호간에 손해배상에 대한 대비나 우발채무 금액에 대한 보장 또는 향후 실적에 대한 기대 차이 등으로 인해 거래금액의 일정액을 에스크로 계좌에 이체후 일정기간 또는 상호간의 협의사항이 완결될 때 제약이 해제되어 거래대가로서 정산되도록 하는 계좌를 의미합니다.

들어갑니다. 그렇기 때문에 전략적투자자는 회사의 비전과 전략이 고려된 장기간의 사업영위, 즉 장기투자의 성격이 크다고 볼 수 있습니다.

2) 재무적투자자(Financial Investor)

재무적투자자는 투자자금에 대한 배당이나 원금에 대한 일정 수익률의 확보가 주 목적인 투자자를 말합니다. 재무적투자자로는 은행, 기관투자자(증권, 보험, 자산운용사 등), 국민연금과 같은 공적기관, PE(사모투자자) 등이 포함되지만 일반 기업의 경우에도 투자목적에 따라서는 재무적투자자가 될 수도 있습니다.

재무적투자자는 투자자금에 대한 수익만을 목적으로 하기 때문에 경영에는 참여하지 않는다고 일반적으로 정의되지만, Buyout deal(경영권이 인수되는 거래)을 하는 재무적투자자의 경우에는 투자후 적극적으로 경영에 참여하여 회사가치를 끌어올린 뒤에 매각차익을 높이는 전략을 구사하는 경우도 있습니다.

재무적투자자는 투자금 회수가 전제가 되기 때문에 투자 시점부터 투자금 회수 방안을 고려하게 되며, 계약서 상에도 투자금 회수를 위한 조항(예를 들어 downside protection 조항[85] 등)이 반영되는 것이 일반적입니다.

[표 17] 전략적투자자와 재무적투자자의 비교

구분	전략적투자자(Strategic Investor)	재무적투자자(Financial Investor)
목적	본업과의 시너지, 장기 비전을 위한 신사업 동력 등	단기적인 투자수익 획득
투자기간	장기적	일반적으로 단기적(3~7년)
차입활용	전략적 투자자의 자금여력 등에 따라 차이	일반적으로 활용
매각 후 매도자 잔류 여부	전략적 투자자자의 사업에 대한 경험 및 PMI 이슈 등을 고려하여 결정	잔류하는 경우가 많음
투자자의 경영참여	M&A 목적 및 PMI를 고려하여 운영	이사회 참여를 통해 경영참여

① PEF(Private Equity Fund)란?

M&A 과정에서 재무적투자자로서 자주 거론되는 투자자로 "PEF"가 있습니다. PEF는 여러 투자자의 자금을 펀드 형태로 모아서 운용하는 것으로 펀드를 운용하는 사람을

85) 투자손실을 회피하기 위해 설계된 조항으로 투자한 지분을 다시 매입하도록 하거나, 투자자가 보유지분을 주주간 약정을 맺은 기존 주주 지분과 함께 제3자에게 매각할 수 있는 drag-along 등이 그 예입니다.

"Fund Manager"라고 하고, 이러한 서비스를 전문적으로 제공하는 집단을 "PE(Private Equity Firm)"라고 합니다. 하나의 PEF는 통상 만기를 두며 3년에서 길게는 10년까지 다양합니다. 펀드를 운용하는 매니저는 전체 펀드규모의 1% 정도를 출자하고, 펀드 운용기간 동안 펀드 규모의 일정률에 해당하는 운용보수를 받고, 펀드에서 수익이 발생하면 수익의 일정비율을 성과보수로 받게 됩니다.

[그림 18] PEF 투자 구조

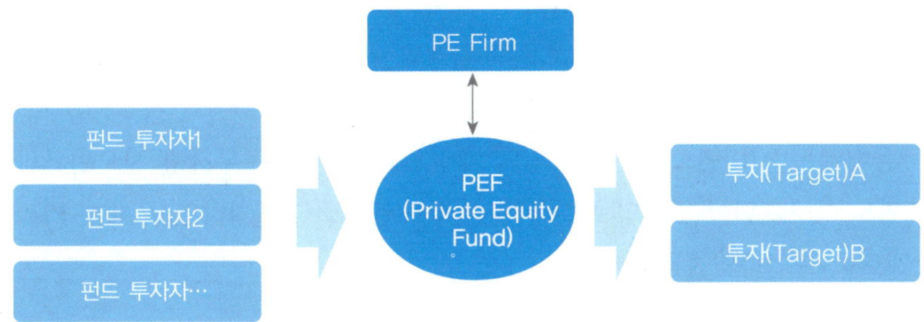

[그림 19] PEF의 기본 운영구조[86)]

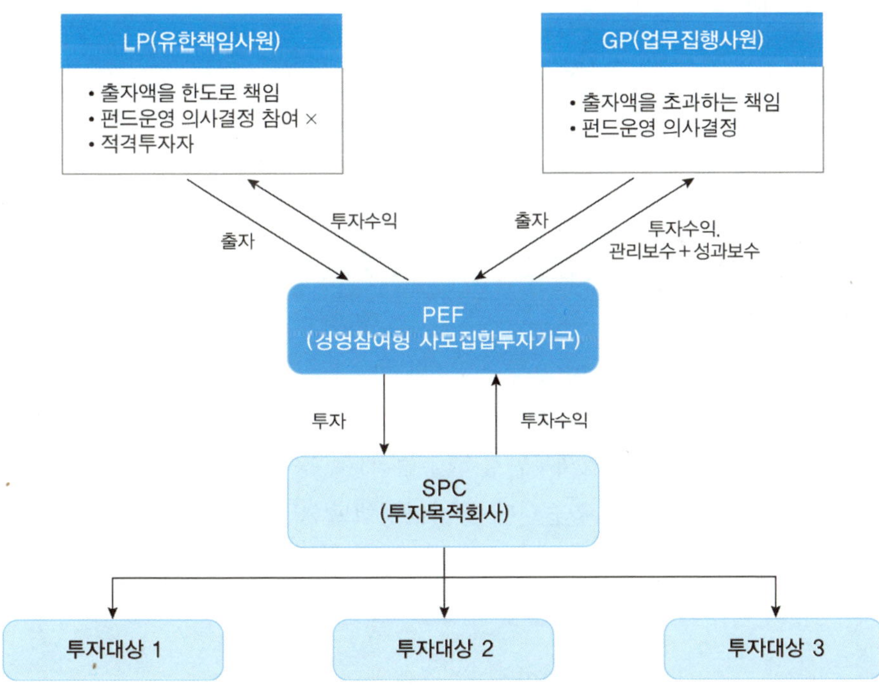

86) 경영참여형 사모집합투자기구 실무안내, 금융감독원 2016 참고

PEF는 상법에 따른 합자회사로 설립됩니다. 상법상 합자회사는 출자액을 한도로 책임을 지면서 업무집행에 참여하지 않는 유한책임사원(LP: Limited Partner)과 회사의 업무를 집행할 권리와 의무가 있는 무한책임사원(GP: General Partner)으로 구성됩니다. 일반적으로 유한책임사원은 펀드 투자자가 되고, 무한책임사원은 펀드운용의 의사결정을 하면서 펀드 운영결과에 책임을 지므로 투자에 대한 관리보수와 투자수익에 대한 성과보수를 받게 됩니다.

펀드의 조성은 투자대상을 특정하여 진행하는 프로젝트 PEF와 투자대상을 특정하지 않은 상태에서 무한책임사원의 운용능력을 기초로 유한책임사원들로부터 출자 약정을 받은 후 투자대상을 선정하는 블라인드 PEF가 있습니다.

사모펀드의 규율체계는 2018년도 자본시장법의 개정으로 과거 전문투자형 사모펀드와 경영참여형 사모펀드로 구분되어 있었던 부분을 일반 사모펀드로 일원화하였고, 대신 기관전용 사모펀드 제도를 도입하였습니다.

[그림 20] 사모펀드의 체계

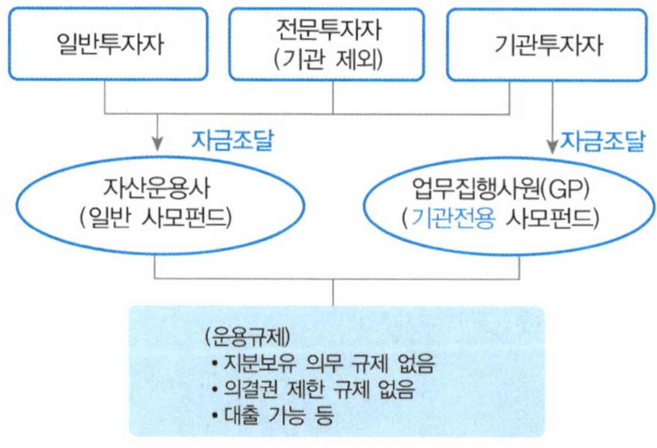

등록된 사모펀드는 2011년 181개에서 2018년 6월 기준으로 501개로 매년 증가하고 있습니다. 이 중에서 일반 PEF는 423개, 기업재무안정 PEF는 53개, 창업/벤처전문 PEF는 19개, 해외자원개발 PEF는 6개가 등록되어 있습니다. 출자약정액도 2011년 32조원에서 2018년 6월 66조원으로 증가하여 M&A시장에서 PEF의 역할은 점점 커져가고 있는 추세입니다.

[표 18] PEF 등록 현황[87)]

(단위: 개)

2011	2012	2013	2014	2015	2016	2017	2018.6월
181	226	237	277	316	383	444	501

[표 19] 출자 약정액 및 이행 현황[88)]

(단위: 억원, %)

구분	2011	2012	2013	2014	2015	2016	2017	2018.6월
약정액	318,859	399,821	439,999	512,442	585,180	622,261	626,032	664,828
이행액	176,978	210,567	280,844	317,634	383,903	435,931	455,353	493,443

NOTE 20

❑ PEF의 과세; 동업기업과세특례[89)]

PEF는 형태는 회사이지만 경제적 실질은 조합 내지 인적회사와 유사하여 동업기업과세제도를 적용할 수 있는데, 동업기업과세는 회사단계에서는 과세대상에 해당하지 아니하여 법인세가 부과되지 않고 투자자단계에서 과세가 이루어지도록 하는 제도입니다.

'동업기업과세특례(Partnership Taxation)'란 동업기업을 도관으로 보아 동업기업에서 발생한 소득에 대해 동업기업단계에서는 과세하지 않고 구성원인 동업자에게 귀속시켜 동업자별로 과세하되, 소득의 계산 및 신고에 있어서는 동업기업을 실체로 인정하는 제도입니다. 즉, 동업기업에 대하여는 소득세 및 법인세를 과세하지 아니하고 그 소득을 손익배분비율에 따라 동업자에게 배분하여 소득세 또는 법인세로 과세하는데, 동업기업의 소득금액 또는 결손금은 실제 자산분배 여부와 관계없이 동업기업의 각 과세연도 종료일에 배분하게 됩니다.

② 벤처캐피탈(Venture Capital, VC)

벤처캐피탈은 창업과 사업확장을 위해 자본이 필요한 기업에 주식 형태로 자금을 공급하는 자본 혹은 성장 잠재력이 있는 벤처기업에 자금을 공급하면서 기업이 성장할 수 있도록 경영컨설팅 등을 종합적으로 수행하여 높은 자본이득을 추구하는 금융자본을 말합니다. 벤처캐피탈은 크게 창업투자회사(창투사)와 신기술금융회사(신기사)로 구분할 수 있습니다.

87) 사모펀드체계 개편방향, 금융위원회/금융감독원, 2018.09
88) 사모펀드체계 개편방향, 금융위원회/금융감독원, 2018.09
89) 조세특례제한법 제100조의14~제100조의26

창업투자회사는 「중소기업창업지원법」에 의거하여 창업을 준비 중이거나 기술력은 뛰어나지만 자본력이 부족한 중소기업에 납입자본금의 50% 범위 내에서 직접 투자하는 투자회사입니다.

신기술사업금융회사는 「신기술사업 금융지원에 관한 법률」에 의거하여 기술을 개발하거나 이를 응용하여 사업화하는 중소기업인 신기술사업자에 대한 투자·융자 및 경영·기술지도를 행하는 회사를 말합니다.

NOTE 21

❑ 투자자별 선호도 비교

투자자 구분	선호 Method	주요 특징
PEF	전환사채, 전환상환우선주, 신주인수권부사채, 전환우선주 등	상장 전 혹은 상장이 가능한 기업에 투자 선호하나, PEF 시장이 활성화되면서 Fund별 성격에 따라 선호도가 다양하게 나타남
벤처캐피탈/창투사 등	전환사채, 전환상환우선주, 신주인수권부사채, 전환우선주 등	높은 자본조달비용으로 고위험 & 고수익 추구
연기금	-	간접투자 위주로 운용
공제회	전환사채, 전환상환우선주, 신주인수권부사채, 전환우선주 등	안정적인 운용을 추구하나, 회원들의 목표 지급률에 따라 위험선호도에 차이가 있음
보험	대출	장기 안전자산을 선호
은행	대출	담보자산의 가치를 중요시함

3) 크라우드 펀딩(Crowd Funding)

크라우드 펀딩이란 창업초기기업, 영세중소기업, 사회적기업 등 특정한 목적으로 설립된 기업 등이 불특정 대중으로부터 소액의 자금을 인터넷을 통해 모집하는 것을 의미합니다. 여기에는 크게 기부형, 물품구매형, 대출형, 증권투자형 등 네 가지 유형이 있습니다.

이 중 '증권형 크라우드 펀딩'은 2016년에 자본시장법에 도입·시행되었습니다. 증권형 크라우드 펀딩이 도입된 이유는 기존에 있던 일반공모와 소액공모[90]에 있던 규제를 적용

90) 자본시장법의 기본 목표 중 하나는 투자자 보호입니다. 이는 소액공모 역시 마찬가지입니다. 이에 따라 자본시장법은 소액공모에서도 감사보고서 제출, 소액공모 공시서류 등을 요구하고 있습니다. 또한 이에 따라 공모한 사람은 공모 후 90일 이내에 재무서류를 제출하는 등 공시의무를 부담해야 합니다. 나아가 소액공모를 중개하는 업체는 인가를 받은 투자중개업자로 한정됩니다.

하지 않기 위해서입니다.

크라우드 펀딩은 새로운 유형의 자금조달 방법으로 성장하고 있습니다. 소셜 네트워크 등을 통해 후원을 받는 방식으로 시작한 이 방법은 상품이나 서비스 개발, 이벤트, 자선활동 등 다양한 프로젝트 및 목적으로 확대되었고, 최근에는 다수의 소액투자자로부터 자금을 조달하는 하나의 방법으로 자리 매김하고 있습니다.[91)]

다양한 프로젝트에 활용되는 크라우드 펀딩 중에서도 스타트업 기업들의 자금조달 방안으로 활용될 수 있는 증권형 크라우드 펀딩에 적용되는 법률로는 자본시장법에서 "온라인소액투자중개업자 등에 대한 특례"로서 규정하고 있는 부분이 있습니다. 일반적으로 다수를 상대로 자금을 모집할 경우에는 증권신고서 제출 등 복잡한 절차와 많은 양의 서류 등을 준비해야 하는데, 일정 요건을 충족하는 크라우드 펀딩의 경우에는 증권신고서 제출을 면제하거나, 소액공모 대비 제출서류를 간소화하여 처리할 수 있도록 하기 위한 것입니다.

[표 20] 모집절차 간소화 대상 증권형 크라우드 펀딩[92)]

구분	내용	관련 법규
펀딩 가능한 대상	창업 7년 이내의 비상장기업, 벤처기업(중소기업으로 확대 예정)[93)]	자본시장법 제9조, 시행령 제14조의5
펀딩 금액	연간 30억원[94)]	자본시장법 시행령 제118조의15
투자자별 투자한도	투자자의 전문성 및 위험감수능력 등을 고려하여 투자자별 투자한도를 차등화하여 적용	자본시장법 제117조의10

투자를 보호하기 위해서 동일기업 투자한도와 연간 총 투자한도를 두고 있으며, 일반투자자는 동일기업 500만원(연간 총 1,000만원), 소득요건구비투자자의 동일기업 한도는 1,000만원(연간 총 2,000만원), 전문투자자는 각 회사의 펀딩한도 내에서 투자를 할 수 있습니다.[95)]

91) 주요 크라우드 펀딩 플랫폼에서 이루어지고 있는 투자 방식도 리워드형, 지분투자형, 대출형 등으로 다양하게 이루어지고 있습니다.

92) 최근(2020.6.16) 금융위는 크라우드 펀딩 시장을 확대하는 방침을 발표했습니다. 이에 따르면, 발행기업이 현재 비상장 창업·벤처기업에서 비상장 중소기업으로 확대되고, 투자자의 투자규모도 확대하여 크라우드 펀딩이 활성화될 수 있도록 하는 방안을 입법화할 예정입니다.

93) 벤처기업 등은 업력 7년 이상도 가능하며, 금융업, 부동산업, 유흥업 등 업종 제한이 있습니다.

94) 과거 1년 동안의 모집액을 합산하며, 채무증권의 합계액은 15억원을 한도로 합니다.

95) 기업의 최대주주와 5% 이상의 대주주, 임원과 우리사주조합원, 계열회사와 계열회사의 임원은 투자의 제한을 받지 않습니다(비상장기업인 경우에는 주주도 포함).

NOTE 22

❑ 크라우드 펀딩 발행 현황[96)]

크라우드 펀딩은 개인투자자들의 스타트업 주식에 대한 직접 취득이 용이해졌고, 낮은 규제비용으로 스타트업들의 공모발행을 통한 자본시장 접근이 쉬워졌는데, 이는 증권형 크라우드펀딩 도입 이후 2020년말까지 767개사가 800건의 펀딩 성공으로 약 1,334억원의 자금을 조달하였다는 점에서 확인할 수 있습니다.

기업들의 업력별 발행 실적을 살펴보면, 3년 이하 기업의 이용비율이 총 56.5%로서 가장 많아, 스타트업의 자금조달 수단으로 유효하게 이용되고 있으며, 3억원 이하의 소액모집이 전체 발행건수의 84.3%로서 크라우드 펀딩이 스타트업의 소액 자금조달 수단으로 유용하게 사용되고 있음을 알 수 있습니다.

[연도별 발행 실적현황]

(조회기간: 2016.1.~2020.12., 증권구분: 전체(주식, 채권))

연도	발행건수	발행회사수	발행금액(원)
2016년	106	101	16,476,006,156
2017년	172	164	26,029,499,162
2018년	190	183	30,345,721,529
2019년	195	187	36,786,268,645
2020년	137	132	23,719,398,381
합 계	800	767	133,356,890,873

출처 : 한국예탁결제원 크라우드넷(https://www.crowdnet.or.kr)

[발행인의 업력별 발행 실적현황]

(조회기간: 2016.1.~2020.12., 증권구분: 전체(주식, 채권))

연도	발행건수	비율	발행회사수	발행금액(원)
1년 이하	181	22.6	177	32,143,466,760
1~2년	143	17.9	140	20,158,517,076
2~3년	128	16.0	121	22,159,690,537
3~4년	101	12.6	91	17,500,839,076
4~5년	64	8.0	61	9,352,976,099
5~6년	54	6.8	54	9,352,976,380
6~7년	37	4.6	36	6,485,054,452

96) 증권형 크라우드펀딩의 제도 개선을 위한 방안, 금융투자협회, 21.05 참고

연도	발행건수	비율	발행회사수	발행금액(원)
7년 초과	92	11.5	75	16,608,381,493
합 계	800	100	755	133,356,890,873

출처 : 한국예탁결제원 크라우드넷(https://www.crowdnet.or.kr)

[모집가액 규모별 발행 실적현황]

(조회기간: 2016.1.~2020.12., 증권구분: 전체(주식, 채권))

모집가액 규모	발행건수	비율	발행회사수	발행금액(원)
0.5억원 이하	193	24.1	184	6,904,832,022
0.5~1억원	219	27.4	204	16,463,704,954
1~2억원	166	20.8	154	23,166,451,629
2~3억원	95	11.9	89	24,001,400,010
3~4억원	37	4.6	36	12,287,566,564
4~5억원	54	6.8	53	24,239,501,915
5~6억원	7	0.9	7	3,811,737,400
6~7억원	18	2.3	18	12,236,436,599
7억원 초과	11	1.4	11	10,245,259,780
합 계	800	100	755	133,356,890,873

출처 : 한국예탁결제원 크라우드넷(https://www.crowdnet.or.kr)

[투자자의 연령별 · 성별 투자현황]

(조회기간: 2016.1.~2020.12., 증권구분: 전체(주식, 채권))

연령	일반투자자							
	남성			여성			합계	
	인원	비율	금액(원)	인원	비율	금액(원)	인원	비율
10대	100	0.2	107,024,240	41	0.2	40,574,200	141	0.2
20대	9,305	21.8	9,264,993,371	5,684	30.5	4,718,386,705	14,989	24.5
30대	17,515	41.1	22,484,199,098	7,807	41.9	8,670,969,719	25,322	4104
40대	11,013	25.8	16,447,721,604	3,384	18.2	4,815,892,669	14,397	23.5
50대	3,992	9.4	7,087,669,588	1,300	7.0	2,240,978,298	5,292	8.6
60대	580	1.4	1,149,006,571	359	1.9	757,860,269	939	1.5
70대	103	0.2	159,114,535	44	0.2	94,370,500	147	0.2
80대 이상	5	0.0	15,622,780	2	0.0	2,100,000	7	0.0
합 계	42,613	100.0	56,715,351,787	18,621	100.0	21,341,132,360	61,234	100.0

연령	일반투자자							
	남성			여성			합계	
	인원	비율	금액(원)	인원	비율	금액(원)	인원	비율
10대	0	0.0	0	0	0.0	0	0	0.0
20대	141	4.7	248,915,937	15	4.7	39,395,600	156	4.7
30대	824	27.5	2,017,779,705	128	39.8	315,293,526	952	28.7
40대	1,255	41.8	3,962,479,525	134	41.6	365,261,010	1,389	41.8
50대	666	22.2	2,108,546,908	36	11.2	177,880,200	702	21.1
60대	112	3.7	313,117,923	8	2.5	35,000,000	120	3.6
70대	1	0.0	10,000,000	1	0.3	10,000,000	2	0.1
80대 이상	0	0.0	0	0	0.0	0	0	0.0
합 계	2,999	100.0	8,660,839,998	322	100.0	942,830,336	3,321	100.0

출처 : 한국예탁결제원 크라우드넷(https://www.crowdnet.or.kr)

4) 기업의 성장 단계별 투자자 유형

기업의 성장 단계별로 투자 규모와 투자자의 기대수익률이 달라지게 됩니다. 이러한 이유로 기업의 성장 단계마다 투자자의 유형은 조금 다를 수 있습니다.

창업단계에서는 엔젤투자자, 엑셀러레이터나 크라우딩펀딩이 창업시 필요한 자금을 공급하고, 벤처캐피탈이나 신기술금융사는 기술 상용화 자금 등을 공급합니다.

성장자본은 성장단계 기업이 한 단계 도약할 수 있도록 중장기 투자 자금을 공급합니다.

PEF는 지분 확보를 통한 경영권 참여로 기업가치 제고 후 매각하거나, 지분 참여 투자를 한 후 IPO등을 통해 매각하여 원리금을 회수하는 방식의 투자를 진행합니다.

PEF는 창업, 벤처 기업 전문 PEF에서부터 성장자본에 투자하는 PEF, 경영권 확보(Buy-out) 등을 통한 재무개선 후 매각차익 등을 추구하는 PEF까지 그 범위가 다양합니다. 아직은 국내 사모펀드가 기업공개 직전이나 일시적인 재무곤경에 처한 기업들의 자금공급에 많은 비중을 두고 있지만, 성장단계별로 보다 체계화된 투자기구의 정립을 통해 창업부터 상장까지 잠재적인 가치가 있는 기업에 필요 자금의 성격에 맞는 투자가 이루어질 수 있도록 시장참여자의 관심이 필요할 것입니다.

[그림 21] 기업의 성장단계별 투자자 유형[97)]

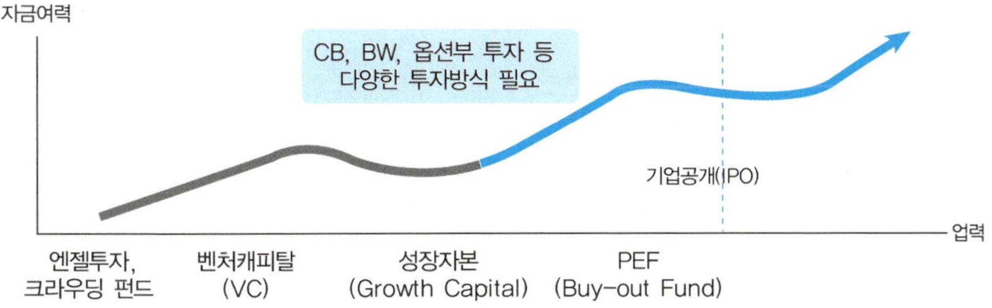

NOTE 23

❑ 시리즈 A, B, C 투자

- **엔젤투자**: 창업회사가 아이디어를 실현시키는 데 드는 초기 비용에 투자하는 투자자. 시리즈 A단계에서 투자하는 자본도 엔젤투자자로 불려지는 경우도 있습니다.
- **시리즈 A투자**: 창업 벤처기업이 시제품을 개발하여 제품으로 발전시키는데 소요되는 자금을 투자하는 단계입니다(통상적으로 수십억 정도의 자금이 투자됩니다).
- **시리즈 B투자**: 시장에서 어느 정도 성공 가능성을 인정받은 창업 벤처기업이 제품의 최종 버전, 즉, 판매가능한 제품을 만들기 위해 필요한 자금을 투자하는 단계입니다(이 단계에서는 회사의 잠재가치에 따라 수십억원에서 수백억원까지 투자가 이루어지기도 합니다).
- **시리즈 C투자**: 제품 출시 후 수익이 창출되어 안정적인 이익이 발생될 때까지 소요되는 자금을 투자하는 단계입니다.
- **후기투자**: 창업벤처 생태계의 활성화를 위해 시리즈 C이후 D, E, F 등 후기 투자 또한 필요할 수 있습니다.

[표 21] 단계별 투자자의 유형[98)]

분류	유형	설명 및 관련 기관
	개인투자자	개인투자자 혹은 엔젤투자실적을 보유한 전문 개인투자자(개인투자조합 결성)
	크라우드 펀딩	불특정 다수로부터 인터넷플랫폼 등을 통해 소액의 자금을 모집하는 것으로 금융위에서 관할

97) 사모펀드체계 개편방향, 금융위원회/금융감독원, 2018.9
98) '스타트업 투자유치 전략, 나무', '한국벤처캐피탈협회' 등 참고

분류	유형	설명 및 관련 기관
엔젤투자자 ↓	엔젤클럽(엔젤네트워크), 엑셀러레이터(창업기획자)	엔젤투자자들간의 정보를 공유하는 네트워크를 통해 다수의 개인이 그룹으로 진행하는 투자가 이루어지거나, 투자뿐만 아니라 성장을 위한 멘토십, 교육 등의 프로그램을 함께 제공하는 투자로 중소벤처기업부에서 관할
VC(벤처캐피탈) ↓	산학연협력기술지주회사	산학협력단 또는 (공공)연구기관이 보유하고 있는 기술의 사업화를 목적으로 하는 투자, 대학 또는 (공공)연구기관이 보유한 특허 등의 기술을 출자하며, 교육부에서 관할
	창업벤처전문 PEF	7년 이내의 중소기업에만 투자하며, 금융위 관할
	중소기업창업투자회사(창투사)	창업자, 벤처기업, 기술혁신형 중소기업에 투자하며 중소벤처기업부 관할
	신기술사업금융전문회사(신기사)	새로운 기술을 개발하거나 이를 응용해 사업화하려는 기업에 투·융자 지원을 해주는 금융회사로 금융위 관할
PE(Private Equity)	성장자본투자	성장하는 기업이 필요로 하는 안정적인 자금의 조달을 위한 투자자로 금융위 관할
	경영참여형 PEF, 바이아웃펀드(Buy-out fund)	회사의 지분을 대규모로 취득, 혹은 기업의 경영권에 투자하여 기업가치를 높인 후 매각하는 투자자로 금융위 관할
금융기관		은행, 증권사, 자산운용사, 캐피탈, 보험사 등
공공기관		국민연금, 한국벤처투자(KVIC), 기술보증기금, 신용보증기금 등
일반법인		일반법인의 직접투자 등

앞서 기업 성장단계별로 투자 유형은 다양하게 구분할 수 있다고 하였습니다. 국내 창업벤처 생태계가 활성화되기 위해서는 기업의 성장단계별로 다양한 성향의 투자자들이 참여할 수 있는 환경이 조성될 필요가 있을 것입니다. 자금의 선순환은 곧 창업벤처기업시장의 선순환과 밀접하게 연결되어 있기 때문입니다.

4 철수도 전략이다.

철수도 전략적으로 접근하여야 합니다. 회사는 지속적으로 성장하기 위해 튼튼한 체력을 가지고 있어야 합니다. 튼튼한 체력을 유지하기 위해서는 때로는 필요한 것을 사야할 때와 기존의 것을 튜닝해야 할 때, 새로운 기회를 위해 선택하고 집중해야 할 때가 있기 마련입니다. 즉, 철수는 성공을 위한 전략적 선택이 되는 것입니다.

철수 전략 수립 시 고려할 사항[99)]

- 흑자사업도 철수대상이 될 수 있습니다. 흑자사업이라도 중장기전략과 거리가 있다면 철수를 검토해 볼 수 있습니다. 즉, 충분히 매력적이고 좋은 성과를 달성하고 있지만 기업의 비전과 맞지 않아 철수할 경우에는 가치가 상대적으로 높을 때 매각이 가능할 수 있습니다.
- 투자자(매수자)에게 충분히 매력적이어야 될 것입니다. 핵심역량을 보유하고 있을 경우가 그러한 예가 될 수 있습니다. 개인의 역량에 지나치게 의존하는 기업은 매각이 쉽지 않을 수 있습니다. 기업의 비즈니스는 체계를 갖추어 운영될 수 있을 때 투자자들이 관심을 갖을 것입니다.
- 철수에는 타이밍이 중요합니다. 시장상황이나 기업의 실적 추이 등을 고려하여 매각이 가능한 타이밍을 놓치지 않은 것이 중요합니다. 기업은 성장이 기대될 때 높은 가치를 인정받습니다. 또한 실적이 좋더라도 시장상황이 좋지 않으면 매각이 어려울 수 있습니다.
- 다양한 철수 방안을 고려할 필요가 있습니다. 철수방법으로는 청산이 아닌 다양한 방법이 존재합니다. 분할, 합병, 지분매각, 영업 또는 자산양수도 등도 모두 철수 방안으로 고려해 볼 수 있습니다.
- 철수 과정에서 회사의 다른 부문에 미치는 영향이 최소화되도록 할 필요가 있습니다.
- 철수를 통해 얻게 되는 새로운 자원과 기회는 중장기 전략을 통해 합의된 핵심사업에 투자되어야 합니다.

전략적 철수를 위해서는 Exit Plan을 수립하는 것이 필요합니다. Exit Plan은 기존은 Venture 기업 또는 PEF 등에서 사용하였지만, 충분히 성장한 모든 기업에서도 전략적으로 고려될 수 있습니다. Exit Plan이 성공하기 위해서는 Exit 전담팀이 Exit guideline을 마련

99) LG경제연구원에서 발표한 철수전략의 5가지 성공포인트를 참고하였습니다.

하여 회사의 비전과 전략 방향하에서 명확한 기준을 가지고 수행하는 것이 바람직할 것입니다. 이를 위해서는 Top management의 강력한 의지도 중요하며, 이 과정에서는 조직 구성원 등 이해관계자와의 충분한 소통(Communication)도 이루어져야 할 것입니다.

1) 철수(EXIT) 방안별 비교

Exit방안은 Exit 목적과 Exit 후 전략에 따라 다양한 방안을 고려해 볼 수 있습니다. Exit 방안의 자세한 내용은 'Deal structuring & Financing'의 거래유형에서 자세히 설명하기로 하며, 여기서는 일반적으로 고려할 수 있는 3가지 유형의 Exit방안을 비교해 보았습니다.

[표 22] 3가지 유형의 Exit 방안별 비교

구분	지분매각	영업양도	청산
회수방법	• 현금매각의 경우 주주가 자금확보 가능	• 현금매각의 경우 매각 법인이 자금확보 가능	• 청산가치에 의한 잔여재산 분배
매각주체	• 주주	• 대상법인	• 대상법인 & 주주
주요절차	• 절차가 간단하여 조기매각 가능 • 공시의무 주의 필요	• 주총특별결의 • 주식매수청구권	• 주총특별결의 및 채권채무관계를 정리하여 잔여재산 분배를 위한 재무제표 확정 등 절차 복잡
주요Tax	• 양도소득세 • 증권거래세 • 세무상 시가 이슈	• 양도차익에 대한 법인세 • 포괄적인 영업양도의 경우 부가가치세 납세의무 없음	• 청산소득에 대한 법인세
기타	• 지분율에 따른 효과 및 의무고려	• 영업양도인의 경업금지(10~20년)	-

2) 철수 Process의 예시

앞장에서 매각자 혹은 투자유치자 입장에서의 M&A 프로세스에 대해 설명드린 바 있습니다. 철수 프로세스는 곧 매각자 입장에서의 프로세스와 동일할 것이지만, 다음의 그림이 보여주는 철수 프로세스는 기업에서 철수 검토가 이루어지는 단계에서부터 철수 후 조달자원의 운용에 대한 단계까지의 전반적인 과정을 예시적으로 보여주고 있습니다. 매각 실행의 상세절차는 앞서 설명드린 매각자 입장의 M&A 프로세스를 참고하시면 될 것이며, 다음의 프로세스는 철수의 전반적인 과정으로 참고하시면 될 것입니다.

[그림 22] 철수(Exit) Process의 예시

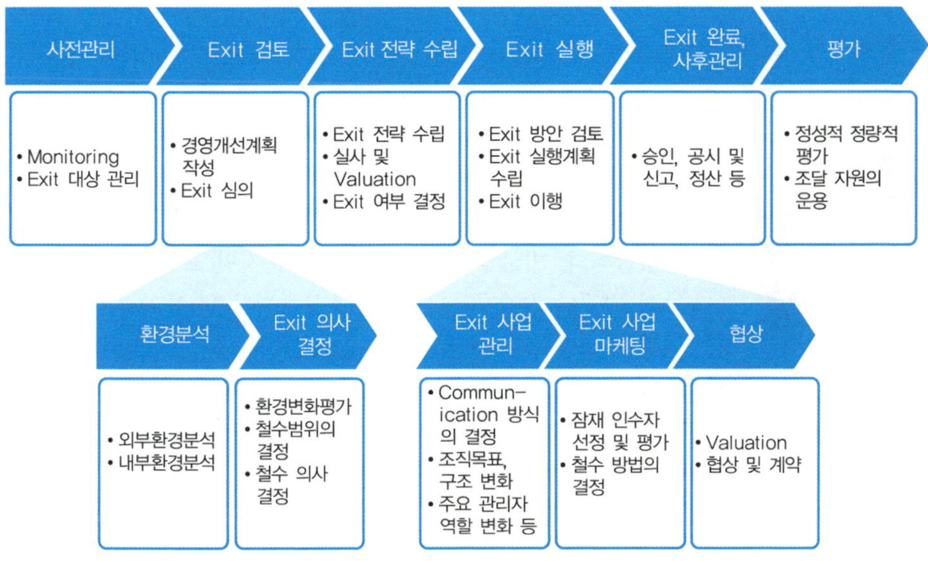

기업은 주기적으로 각 사업에 대한 경영현황과 재무현황을 Monitoring 할 필요가 있을 것입니다. 선제적인 철수 의사결정을 위해서는 회사의 비전과 전략이 명확하여야 하고, 대상회사의 산업 전망도 지속적으로 모니터링하여야 합니다.

Exit 대상 사업은 객관적인 기준에 의하여 선정하되, 계량적 기준 이외에도 비계량적 기준을 종합적으로 고려하여 판단할 필요가 있습니다.

Exit 여부에 대한 합리적인 의사결정을 위해서는 Exit 이외에도 가능한 대안을 도출해보고 대안간에 비교를 해 볼 필요가 있습니다.

Exit이 결정되면 Exit 방법과 시기 등을 포함한 구체적인 전략을 수립하여야 합니다.

필요에 따라서는 철수대상 법인의 현황과 회수 가능금액의 확인을 위해 실사를 수행할 수도 있습니다.

Exit 방법별 차이와 제약 사항 등을 명확하게 파악하여 가장 효과적인 Exit 방안을 선정하여야 할 것입니다.

Exit이 종료되면 Exit 결과에 대해 평가하고, 조달 자원이 회사의 비전과 전략에 맞게 운용될 수 있도록 하여야 할 것입니다.

NOTE 24

❑ 전략적 철수의 성공과 실패 사례

세계최초의 디지털 카메라를 만든 회사는 어디일까? 지금 현재 디지털 카메라로 시장을 주도하고 있는 회사가 아닌 전혀 다른 의외의 회사입니다. 바로 "코닥(KodaK)"이라는 회사였습니다. 코닥은 당시 아날로그 필름 시장의 리더였습니다. 미국의 대표적인 경영전문지인 포브스(Forbes)의 1987년 창간 70년을 맞은 조사에서 70년 동안 시가총액 평균 성장률이 시장평균을 웃도는 실적을 낸 기업은 코닥과 GE 두 곳 뿐이라고 발표한 적도 있습니다. 코닥은 내부적으로 지속적인 연구개발을 해 왔습니다. 그 과정에서 디지털 카메라도 개발하게 된 것입니다. 하지만 코닥은 주 수입원인 필름시장이 잠식될 것을 걱정하여 디지털 카메라를 지속적으로 연구개발하여 상품화하는 것을 소홀히 하였습니다. 그 이후 시장이 빠르게 디지털 카메라로 재편된 뒤에는 디지털 카메라의 시장 리더들을 따라잡기에는 코닥의 디지털 기술은 너무 뒤쳐져 버리고 말았습니다. 존속기술에만 의지하고 시장의 변화를 감지하지 못하여 기존 기술의 전략적인 철수를 이루지 못해 시장지배력을 상실해 버린 전형적인 사례로 볼 수 있습니다.

2008년 삼성전자는 가치 6조원의 자산을 전격적으로 포기한 적이 있습니다. 바로 "애니콜(anycall)"이라는 브랜드입니다. 애니콜은 삼성전자 휴대폰 역사에 지대한 공헌을 한 브랜드입니다. 애니콜은 국내시장에서 막강한 입지를 가졌던 모토로라를 누르고 삼성전자가 1위로 뛰어오르는 데 공헌을 한 브랜드입니다. 이후 애니콜은 국내에서 50% 안팎의 시장 점유율을 유지하는 브랜드로 자리잡았습니다. 삼성전자 휴대폰이 노키아에 이어 세계 2위 입지를 공고히 했던 2008년 애니콜의 브랜드 가치는 약 6조원으로 측정되기도 하였습니다. 그런데, 성공의 정점에서 삼성전자는 "애니콜"을 포기하는 결정을 하게 됩니다. 바로 스마트폰 시대로의 전환기에서 "애니콜"이라는 브랜드는 어울리지 않다고 판단한 것입니다. 스마트폰 시대에는 새로운 브랜드가 필요했고 곧바로 "갤럭시"라는 브랜드를 런칭하면서 삼성전자는 스마트폰 시대에도 계속적인 성공의 길을 걷게 됩니다. 시장의 변화에 따라 기업의 전략이 정해지고 전략적으로 부합하지 않은 자산은 과감하게 철수 의사결정을 내려 성공한 대표적인 사례로 볼 수 있습니다.

5 스타트업(Start-up)의 투자유치

스타트업의 투자유치도 일반적인 매도자 입장에서의 M&A 절차와 크게 다르지는 않습니다. 스타트업의 경우에는 회사의 매력도를 투자자에게 알리기 위한 IR(회사소개)과정이 상대적으로 강조되는 절차로 볼 수 있고, 전반적으로는 일반적인 M&A 절차와 유사한 흐름으로 진행됩니다.

아래 그림의 절차는 예시적 절차이며, 상황에 따라 다르지만 이 과정은 통상 3~9개월 정도 소요되므로 투자유치 준비는 여유 있게 시작하는 것이 좋습니다. 또한 투자유치 절차를 시작하였다고 하여도 반드시 성공적으로 계약체결까지 이루어지는 것은 아니므로 진행중인 투자유치가 중단될 가능성도 고려하여야 합니다.

[그림 23] 스타트업(Start-up)의 투자유치 절차의 예시

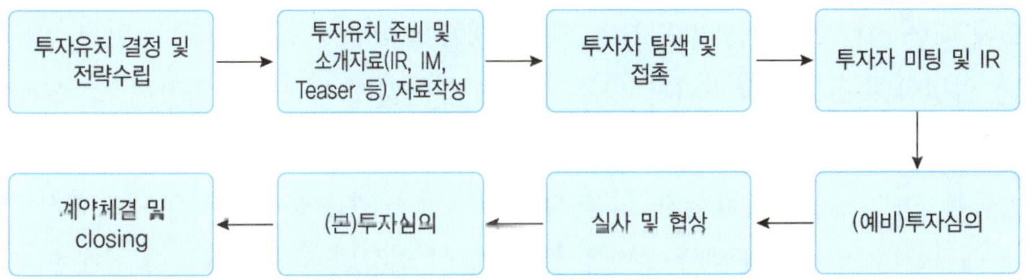

1) 투자유치 결정 및 전략 수립

투자를 유치하기 위해서는 투자 유치의 목적이 명확하여야 하고, 투자받은 자금을 어떻게 활용할 것인지에 대한 계획이 수립되어야 합니다. 투자의 목적과 투자자금 활용방안이 명확하지 않은 기업에 쉽게 투자할 투자자는 없기 때문입니다.

투자유치 전 필요자금을 차입을 통해 조달할 것인지, 자본투자 방식의 투자를 받을 것인지 결정하는 것도 필요합니다. 이 때는 필요자금 규모 및 시기, 회사의 상환능력, 투자유치에 따른 금융비용 및 기회비용, 지분율의 변화 등을 고려하게 됩니다.

투자규모는 향후 인력계획, 운영비용, CAPEX(유무형자산투자) 수준, 개발자금, 시장확장을 위한 투자자금 등을 고려하여 결정하게 됩니다.

투자준비시 회사가치도 사전에 검토해 볼 필요가 있습니다. 투자자가 회사의 가치(value)가 어느 정도 수준인지 질문하는 경우도 있고, 투자자가 제시하는 가격수준이 합리적인지 판단하기 위해서는 회사의 가치를 사전에 검토해 놓는 것이 도움이 됩니다. 스타트

업의 가치를 평가하는 것은 어려운 영역이지만 유사회사와 비교하거나 최근 투자시 평가액과 비교하거나 혹은 회사의 성장성, 유형 및 무형의 보유자산 가치 등을 고려하여 평가할 수 있습니다.[100)]

2) 투자유치 준비 및 소개자료 작성

회사 소개자료에는 향후 회사의 사업계획과 비전이 투자자에게 충분히 실현가능성이 있고 매력적이어야 합니다. 사업계획을 통해 달성하고자 하는 목표와 목표를 달성하기 위한 방안을 구체적으로 제시할 수 있어야 투자자들을 설득할 수 있습니다.

회사가 사업을 하는 시장과 타깃 고객에 대한 설명 및 분석을 회사 소개자료에 담는 것도 필요합니다. 회사가 진출할 시장과 고객을 충분히 잘 파악하고 있다는 것은 투자자에게 신뢰를 주는 데 도움이 됩니다.

비즈니스 모델에 대한 구체적이지만 쉽게 이해될 수 있는 설명도 필요합니다. 단순히 제품과 서비스에 대한 설명보다는 제품과 서비스가 고객에게 어떤 효익을 가져다 줄 수 있는지, 경쟁력과 차별화 포인트는 무엇인지, 향후 시장에서 어떻게 성장하고 확장해 갈 수 있는지에 대한 구체적인 내용이 담겨 있으면 더 좋을 것입니다.

회사의 제품과 서비스가 왜 필요한지, 시장 혹은 고객이 느끼는 문제는 무엇이고 회사가 이를 어떻게 해결할 수 있는지에 대한 설명은 투자자들이 회사의 서비스를 좀더 쉽게 이해할 수 있도록 하는 방법입니다.

스타트업이 가진 비즈니스 모델을 성공적으로 시장에 안착시키는 데에는 시간이 소요될 수 있습니다. 그러므로 로드맵을 통해 얼마의 기간 동안 어떤 방법과 과정을 거쳐 시장에 접근하고 안착할 수 있는지 각각의 마일스톤을 사업계획과 연계하여 준비하는 것도 필요할 것입니다.

사업계획을 재무모델에 담아 향후 예상 손익을 추정하여 보여준다면 투자자들이 투자의 사결정을 하는 데 도움이 될 것입니다. 그리고 추정손익은 로드맵 등 사업계획에 담긴 여러 내용이 논리적으로 고려되어 있을 때 투자자들에게 설득력을 갖게 될 것입니다.

그리고 이러한 일을 만들어가는 회사의 주요 인력에 대한 설명도 필요합니다.

회계/세무/법률적인 내용을 잘 정비하는 것도 필요합니다. 외부감사를 받지 않는 기업의 경우에는 결산이 세무신고 목적으로만 이루어져서 회계기준과는 다소 차이가 나는 경우도

100) 스타트업의 평가방법에 대해서는 "기업가치평가와 재무실사, 삼일인포마인", 가치투자를 위한 나의 첫 주식가치평가, 삼일인포마인" 등을 참조

종종 있습니다. 회계/세무/법률적인 내용이 정비되어 있지 않은 경우 투자자들의 실사시 예상하지 못한 이슈가 나올 수 있으므로 투자 유치 이전에 회계기준에 맞는 재무제표를 작성하고, 누락된 세무신고가 있는지 확인하며, 정관/계약서/각종규정 등 법률적으로 갖춰야 할 사항을 미리 점검하고 준비하는 것이 향후 실사 대응 목적으로 필요할 수 있습니다.

NOTE 25

❑ 스타트업 IR자료에 포함되어야 하는 사항의 예시[101)]

- 기업 또는 비즈니스 모델의 정의(짧고 명료한 정의)
- 문제 혹은 이슈 제기(현재 고객의 고충(pain point) 또는 시장에서 필요로 하는 사항)
- 제기된 문제 혹은 이슈의 해결방안(해결방안 및 해결방안이 비즈니스 모델과 어떻게 연결되는지에 대한 설명)
- 비즈니스 모델(비즈니스 모델에 대한 쉽고 명확한 설명, 고객 및 시장에 어떻게 효익을 가져다 줄 수 있는지, 회사는 가치를 어떻게 창출할 수 있는지에 대한 쉬운 설명)
- Why me & why now(우리가 문제를 잘 해결해 낼 수 있는 이유, 경쟁력, 차별화 및 지금이 적절한 시기인 이유)
- Target Market(대상 시장 및 고객의 정의, 잠재적 시장의 규모 및 성장성)
- 경쟁환경(현재 및 잠재적 경쟁사항과 잠재적 대체제에 대한 분석)
- 인력(구성에 대한 설명)
- 로드맵(단계적 마일스톤 달성 계획)
- 재무현황 및 재무예상(현재의 재무사항 및 향후 3~5개년의 재무예측)
- 전략 및 비전(중장기적 방향성 및 달성하고자 하는 목표)
- Appendix(필요자금, 필요자금의 사용목적, 예상 기업가치 등)

3) 투자자 탐색 및 접촉

어떤 투자자로부터 투자를 받을 것인지에 대한 방향성을 결정하는 것이 필요합니다. 단순히 필요자금 조달이 목적인지, 우리의 부족한 역량을 보완하여 성장을 도와줄 수 있는 투자자가 필요한지에 따라서 투자자 선택은 달라질 수 있습니다. 투자자의 구분은 전략적 투자자(SI)와 재무적투자자(FI), 그리고 투자규모에 따라 벤처캐피탈 등 다양한 재무적투자자로 구분될 수 있습니다.[102)]

101) "스타트업 투자유치 전략, 나무" 등 참고
102) 이에 대해서는 "1.투자유치 절차"의 "5)투자유치 입장에서의 Target 선정"을 참조

투자유치가 한번이 아닌 여러 단계마다 이루어질 수 있으므로 각 성장단계에서 가장 필요한 사항이 무엇인지 고려하여야 합니다. 또한 이번에 받는 투자가 다음 투자에 긍정적으로 작용할 것인지 아니면 장애요인이 될 가능성은 없는지에 대한 고려도 필요할 수 있습니다.

투자를 받고자 한다면 투자자들의 원하는 목적(Goal 또는 needs)을 이해하는 것도 중요합니다. 투자하고, 투자 받는 것은 결국 상호간에 윈-윈(win-win)할 수 있다는 판단이 서야 이루어질 수 있기 때문입니다. 일반적으로 전략적 투자자는 시너지, 신시장/신기술의 획득 등을 목적으로 하고, 재무적 투자자는 투자를 통한 재무적 이득을 목적으로 합니다. 이외에 다양한 부수적인 목적이 있을 수 있습니다. 이러한 투자자의 목적을 이해한다면 투자자를 탐색하고 향후 미팅 및 IR을 준비하는 데 많은 도움이 될 것입니다.

4) 투자자 미팅 및 IR

투자자와 미팅을 하고 준비된 자료를 기초로 회사를 소개합니다. 필요시 프리젠테이션을 하고 경영자와 핵심인력의 인터뷰 및 질의응답 과정이 요구되기도 합니다.

투자자와 미팅을 하고 IR을 하는 과정에서 다양한 회사자료가 투자자에게 전달됩니다. 이 과정에서 회사의 사업비밀을 지키기 위해서는 잠재적 투자자와 비밀유지확약서(NDA: Non-disclosure Agreement)를 체결하고 진행하는 것이 필요합니다.[103)]

그리고 이 과정에서 투자의 대략적인 조건을 담은 Term-sheet를 주고받습니다. Term-sheet는 잠재적 투자자가 회사에 제공하는 경우도 있고, 회사가 준비하여 잠재적 투자자에게 제공하는 경우도 있습니다. 회사가 투자유치를 준비하여 잠재적 투자자를 탐색하는 과정이라면 회사가 투자자를 위한 Term-sheet를 미리 준비해 놓는 것이 좋습니다.

Term-sheet[104)]에는 투자형태, 투자금액, 투자금의 용도, 회사의 예상가치, 주요 투자 조건 등에 대한 상황을 담아 잠재적투자자가 투자를 위한 대략적인 조건을 쉽게 확인할 수 있도록 작성합니다.

5) 투자심의

투자자가 회사와 미팅을 하고 IR이 성공적이었다면, 투자의 실행을 위해 내부 승인을 받아야 합니다. 이 과장에서 투자심사를 위한 보고서, 투자계획서 등을 작성하여 투심위원회의 승인을 받거나 이사회 또는 경영진의 승인을 받게 됩니다.

103) NDA의 예시는 본서 참고자료 "NDA 예시" 참조
104) Term-sheet의 예시는 본서 참고자료 "Term-sheet 예시" 참조

이러한 과정은 투자자 내부적으로 이루어지는 절차이지만 투자를 위한 보고서 작성과 프리젠테이션의 효과적인 준비를 위해 회사와 지속적인 커뮤니케이션이 필요할 수 있습니다.

6) 실사 및 협상

스타트업 초기 단계의 실사는 투자의사결정에 중요한 영향을 미치지 않을 수도 있습니다. 초기 스타트업의 투자는 사실상 회사의 비즈니스 모델의 시장성과 성장성이 주요 판단 요소이기 때문입니다. 단, 실사를 통해 회사가 제시한 비즈니스 모델을 실현하기 위한 회사의 여러기능들이 제대로 작동하고 있지 않다고 판단된다면 투자 계약까지는 체결되지 못하고 투자절차가 중단될 수 있습니다.

그러나, 회사의규모가 커지고 복잡해지면 실사가 투자의사결정에 중요한 영향을 미치게 됩니다. 초기 미팅과정에서 파악되지 못한 장애요인들이 실사과정에서 발견될 경우, 그러한 장애요인들이 극복가능한지, 극복이 어려운 것인지에 따라 투자 여부가 결정되기 때문입니다. 만약 장애요인의 발견에도 불구하고 투자의사결정이 유지되는 경우라면 초기 협상 단계에서 주고받았던 거래가격이 조정될 수 있다는 점도 고려하여야 합니다.

실사기간은 회사의 복잡도와 자료 제공수준에 따라 달라지지만 보통 1주~3주 정도 소요된다고 볼 수 있습니다. 그러나 회사의 결산이 외부 대행업체를 통해 이루어지고 있거나 실사를 위해 필요한 자료의 준비가 늦어지는 경우 실사기간은 이보다 길어질 수 있습니다.[105]

실사과정에서 혹은 실사 이후에는 계약서에 담겨질 다행한 내용에 대한 협상이 이루어집니다.

투자규모와 투자에 따른 지분율 혹은 주식수 결정을 위해 회사 가치에 대한 논의도 필요합니다. 투자는 보통주, 상환전환우선주, 전환사채, 신주인수권부사채 등 어떤 방식으로 이루어질 것인지에 대한 결정도 그 중의 하나입니다. 투자금 사용의 제한, 이사회 구성, 사전협의사항/동의사항 등 향후 경영의사결정의 방법, 주요 사항 보고 조건, 주요주주의 지분처분 제한, 배당 및 이자율 조건/상환조건/전환조건/우선매수권/동반매각요구권 등 투자자의 권리, 주요 인력의 퇴사제한/경업금지, 투자자의 엑시트(Exit)방안 등 다양한 투자조건에 대한 논의가 이루어집니다.[106]

7) 계약체결 및 closing

투자는 가장 일반적인 자본인 보통주식으로 이루어지는 경우도 있고, 주식과 차입의 성

105) 실사준비자료는 본서 "참고자료"의 "8.재무실사 체크리스트"를 참조
106) 계약서상 주요 협상 주제에 대해서는 본서 "참고자료"의 계약서 예시 참조

격이 혼합된 RCPS(상환전환우선주)나 CB(전환사채), BW(신주인권부사채)투자로 이루어지는 경우도 있습니다.

RCPS(상환전환우선주)는 보통주로 전환할 수 있는 가격이 정해져 있어서 회사의 가치가 오르면 보통주로 전환할 수 있고 회사의 가치가 충분히 오르지 않으면 회사에 투자금+일정수익률의 상환을 요청할 수도 있는 권리가 부여된 주식입니다. 단, 상환은 상법상 처분가능 이익잉여금이 존재할 경우에만 가능합니다. 상환전환우선주는 일반회계기준에서는 자본으로 분류되나 한국채택국제회계기준에서는 일반적으로 부채로 분류되는 경우가 많습니다.

CB(전환사채)는 시채에 미리 정해진 가격으로 보통주로 전환할 수 있는 전환권이 부여된 것이고, BW(신주인수권부사채)는 사채에 미리 정해진 가격으로 보통주 신주를 인수할 수 있는 권리가 부여된 사채입니다. CB와 BW는 회계상 부채로 분류되며, 상환이 필요한 부분에 대해서는 상법상 처분가능 이익잉여금의 존재 여부와 무관하게 상환이 이루어집니다.

계약서에는 투자방식이 결정되면 이에 맞는 방식과 이에 필요한 여러 조건들이 담겨집니다. 이러한 계약조건들에는 앞서 협상 필요사항에 언급되었던 내용들도 포함됩니다.[107)]

그러한 사항들에는 이사회의 구성, 경영과 관련하여 보고하여야 할 사항, 협의하여야 할 사항, 동의를 받아야 할 사항 등을 구체적으로 정하는 것도 포함됩니다.

그리고 계약 완결을 위해 사전에 해소되어야 하는 전제 조건들의 실행이 이루어지고 최종 승인권자의 승인을 얻게 되면 계약이 종결됩니다.

8) 투자유치 이후

투자유치를 통해 투자자와 스타트업은 동일한 목표를 향해 나아가게 됩니다. 그러므로 투자유치 이후에도 투자자와 주기적인 커뮤니케이션을 통해 정보를 공유하고 현안을 논의하는 것이 필요할 수 있습니다.

투자유치 이후에는 현금흐름 관리의 중요성이 점차 커져갑니다. 지금 당장 실적을 낼 수는 없지만 중장기적으로 현금창출이 가능할 수 있도록 투자는 계획적으로 이루어져야 합니다.

107) 계약서에 담기는 주요사항의 예시와 관련해서는 본서 "참고자료"의 계약서 예시 참조

제3장

M&A의 실행

Deal Structuring & Financing Ⅰ
ESG 투자와 M&A Ⅱ
M&A와 법규 Ⅲ
M&A와 세무 Ⅳ
M&A와 회계 Ⅴ
PMI(Post Merger Integration, 통합) Ⅵ

Deal Structuring & Financing

1 자금조달과 거래구조 및 정산

1) 거래구조 설계시 고려사항

M&A는 다양한 이해관계가 얽혀 있거나 여러 문제들과 연결되어 있을 수 있습니다. 거래를 위한 자금의 문제뿐만 아니라, 세금, 비용, 적용 법률, 필요절차, 회계, 소요기간 등 여러가지 사항이 고려되어야 할 것입니다. 그러므로 거래 구조를 설계할 때에는 대상회사를 둘러싼 다양한 상황을 파악하여 법률, 세무, 회계, 산업 등 필요한 전문가들의 자문을 받는 것을 고려해 보아야 합니다.

[표 1] 거래구조 설계시 고려사항 예시

구분	설명
세금	주주입장에서 발생하는 세금 및 회사입장에서 발생하는 세금, 거래단계에서 발생하는 세금 및 거래 후 발생할 수 있는 세금 등
자금(& 거래대가 이외의 비용)	소요자금, 자금조달 방안, 자산・부채 이전 비용, 자문사 수수료, 기타 부대비용 등
법률	거래구조의 적용 법규, 해당 산업의 적용 법규, 해당 시장의 적용 법규 등
필요절차	법률적 절차, 인허가, 이해관계자간의 커뮤니케이션 등
회계	거래구조가 재무제표에 미치는 영향
소요기간	거래구조 의사결정과정 및 거래 종결시까지 소요기간
통합	사후통합의 용이성 및 전략적 목적 달성의 적합성
재무 및 지분구조	재무건전성 및 지분구조에 미치는 영향
환경 & others	대상회사 및 산업환경, 기술환경, 시장 상황, 근로관계, 조직문화 등

2) 주요 거래유형

① 거래대상 및 법적 절차에 따른 주요 거래 유형

M&A에서 거래대상은 주로 지분(구조 또는 신주), 영업(영업활동을 위한 자산집합) 또는 특정 자산입니다. 이 대상이 어떤 절차를 통해 거래가 이루어지는지에 따라 지분양수도, 영업양수도, 자산양수도, 합병, 분할, 주식의 포괄적교환 등 다양한 유형으로 구분될 수 있

습니다. 각각의 유형마다 대상자산의 범위가 다르기 때문에 필요 절차, 세금 발생 가능성, 위험의 크기 등이 차이가 날 수 있습니다. M&A의 장애요인과 거래의 용이성 등을 고려하여 거래구조를 계획할 필요가 있는 것입니다.

[표 2] 거래 대상 및 법적 절차에 따른 주요 거래 유형

구분	거래구조	비고
지분 양수도	주주 A, 주주 B, 양수대금 지불, A 회사 → 주주 A, 주주 B, 지분이전, A 회사, A 회사	주주간 지분 거래
영업 양수도/자산 양수도	주주 A, 주주 B, A 회사, A, 양수대금 지불, B 회사, 영업 또는 자산 → 주주 A, 주주 B, A 회사, 영업/자산 이전, B 회사, a, 영업 또는 자산	법인간 사업/자산 양수도거래
합병	주주 a, 주주 b, A 회사, B 회사 → 주주 a, 주주 b, 합병회사	하나의 회사로 합쳐지며, 피합병회사 주주는 합병회사의 주식을 취득
분할, 분할합병	인적분할: 주주 a, α%, A 회사 / 주주 b, α%, α%, A 회사, a 회사 물적분할: 주주 a, α%, A 회사 → 주주 b, α%, A 회사, 100%, a 회사 분할합병: 주주 a, α%, A 회사 → 주주 a, 주주 b, α%, β%, γ%, A 회사, a 회사, B 회사	회사를 두 개 이상으로 나누는 것
주식의 포괄적 교환 및 이전	주주 a, 주주 b, A, B → 주주 a, 주주 b, A, 100%, B	주식교환을 통해 완전 모-자회사되는 것

② 인수주체에 따른 구분(직접투자와 간접투자)

최근 인수대금 규모가 증가하고, 재무적투자자의 참여도가 높아짐에 따라 컨소시엄 방식의 투자가 많이 이루어지고 있습니다. 재무적투자자는 인수대상회사에 직접투자할 수도 있

고, 인수대상회사에 투자하는 SPC(투자목적회사)를 설립한 후 SPC에 투자하는 간접투자 방식을 선택할 수도 있습니다.

투자의 상황에 따라 다르겠지만 일반적으로 직접투자방식은 거래규모가 크지 않은 M&A에서 주로 사용되며, 인수 대상 기업의 사업 위험이 투자자의 투자 성과에 직접적인 영향을 미치게 됩니다. 간접투자 방식은 컨소시엄으로 투자가 이루어지는 경우에 많이 활용되는데, 상환의 우선순위가 부여될 경우에는 인수 대상 기업의 사업 위험(Risk)이 투자자의 투자 성과에 미치는 영향이 상대적으로 줄어들게 됩니다.

[그림 1] 직접투자와 간접투자

3) 자금조달 또는 투자방식

① 자금조달 방식의 종류

자금 조달을 위해서 자기자본, 차입, 지분과 채권의 성격을 모두 보유한 복합 상품 등 다양한 방안을 고려할 수 있습니다. 마찬가지로 투자자 입장에서도 지분 투자, 채권 투자 등 여러 방법들이 고려될 수 있다는 의미입니다.

앞서 우리는 자금조달 방안은 크게 자체자금, 차입조달(Debt Financing), 자본조달(Equity Financing), 주식과 채권의 성격을 모두 보유한 Mezzanine투자, 전략적투자자와 지분을 공동으로 투자하는 Consortium형태가 있다고 하였습니다. 각각의 형태를 구체적으로 살펴보면 다음과 같습니다.

[표 3] 자금조달 방법 예시[108)]

<table>
<tr><th>구분</th><th>성격</th><th>종류 및 방법</th></tr>
<tr><td>자체자금</td><td>보유현금 및 매각가능자산을 통한 현금, 주주 유상증자 등을 통해 조달한 현금 활용</td><td>보유현금, 유상증자 등</td></tr>
<tr><td rowspan="2">Debt Financing
(차입조달)</td><td>금융기관 차입금, 사채발행, 프로젝트 파이낸싱 등</td><td>신용공여, 담보(유형자산, 매출채권 등), 장기차입, 판매후리스, 공모 또는 사모 사채</td></tr>
<tr><td>차입조달의 특수한 형태인 매도자의 자금을 활용[109)]하거나 부채인수[110)] 방안 또는 향후 성과에 연동하여 대금을 분할 지급하는 방식 등</td><td>이연지급(Deferred payments), 성과연동분납(Earnouts), 분할지급(Installment Sales)</td></tr>
<tr><td>Equity Financing
(자본조달)</td><td>재무적투자자(FI) 등을 통한 유상증자</td><td>보통주, 우선주, 전환상환우선주(RCPS) 등</td></tr>
<tr><td>Mezzanine
(Hybrid securities)</td><td>주식과 채권의 성격을 모두 보유한 형태의 자본조달</td><td>전환사채(CB), 신주인수권부사채(BW), 교환사채(EB) 등</td></tr>
<tr><td rowspan="2">Consortium
(공동인수)</td><td colspan="2">재무적 투자자(FI) 또는 전략적 투자자(SI)[111)]와 함께 인수하는 방안으로 인수대상 지분 중 일부 지분을 공동 투자자에게 제공하는 방법</td></tr>
<tr><td colspan="2">공동인수의 특수한 형태로 기존주주 또는 종업원에게 인수회사의 지분을 매입할 수 있는 권리를 부여하는 방법[112)]</td></tr>
</table>

투자자 입장에서 보면 대출은 안정성이 높으나, 상대적으로 수익성은 낮은 투자입니다. 반면 지분투자, 그 중에서 보통주 투자는 안정성은 낮으나, 수익성은 상대적으로 높은 투자가 될 수 있습니다. 최근에는 많은 투자자들이 안정성 높은 채권의 성격과 수익성이 높은 지분의 성격을 혼합한 방식의 투자를 선호하고 있습니다. 전환사채, 전환상환우선주 등이 이러한 방식의 대표적 투자 상품입니다. 이들은 채권과 지분의 성격을 모두 갖고 있다고 하여 Hybrid securities 혹은 Mezzanine securities라고 합니다.

108) 자금조달방법별 상세 내용은 다음장에서 설명하기로 합니다.
109) 매도자여신을 제공받는 방법으로 인수자금을 후불로 지급하거나 분할상환을 조건으로 인수하는 방식
110) 영업양수도 등의 경우 기존 부채를 승계함으로써 인수자금의 부담을 줄이는 방법
111) FI: Financial investor, SI: Strategic investor
112) Right Offering

[그림 2] 안정성 및 수익성에 따른 Financing method 단계(투자자 입장)

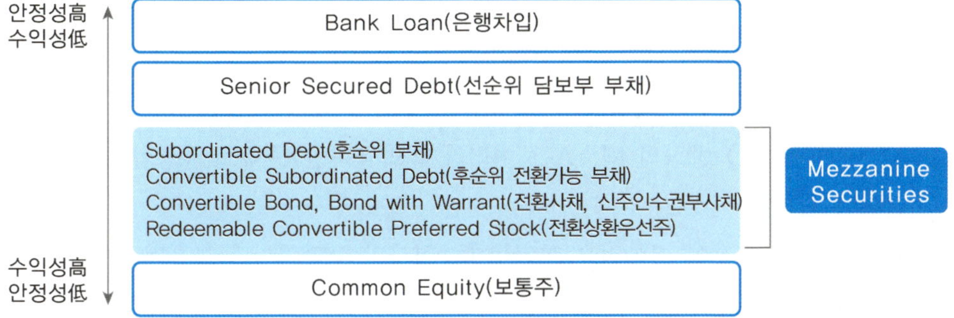

자금을 안정적으로 조달하는 것은 매우 중요합니다. 우선매도인은 확실한 자금조달 방법을 보유한 매수인을 선호합니다. 기업인수 규모가 대형화됨에 따라 인수자금 규모도 확대되어 가고 있는데, 자체자금과 인수금융(차입)의 비중을 적정하게 유지하여 인수로 인한 재무구조 악화 가능성을 사전에 차단하여야 합니다. 물론 차입금을 통한 기업인수는 이자의 세금감면 효과를 통해 인수인의 수익률을 높일 수 있다는 장점도 있지만, 인수자의 적정부담수준을 상회하는 차입인수는 인수자의 기존 사업의 재무구조마저 악화시킬 수 있음을 많은 사례들이 말해주고 있습니다.

[표 4] M&A 자금 조달 사전 Check-Point

- 거시적 경제 상황 및 정부의 자금 시장 규제 방향
  - 경기침체 vs 경기호황
  - 정책적 조세 지원(예: 사모 M&A 펀드)
- 자금 시장의 상황 변화
  - 자금 유형별 상대적 비용과 활용가능성
- 조달 기간 vs 조달 Timing
- 인수 후 대상기업의 재무구조 및 현금흐름
  - 인수 후 사업계획에 따른 필요 운전자본의 안정적인 확보
  - M&A이후 대상회사의 차입금에 대한 금융기관의 상환요구 가능성
  - 현금, 유휴 부동산, 비주력 사업 등 자금소요에 활용 가능성
- 인수 후 투자회사 재무구조
  - 신용등급 변동 가능성(주요지표: Debt/EBITDA)

② LBO, MBO, EBO

자금조달방안의 특수한 형태로서 LBO, MBO, EBO의 방법들이 있습니다.

LBO는 Leverage buy out의 약자로 인수대상기업의 담보력을 이용한 차입을 통해 자금을 조달하여 대상기업을 인수하는 방법으로 자기자금부담이 작으나 위험이 큰 거래구조입니다. 그러나 이러한 LBO 방식의 M&A는 여러가지 법률적인 문제도 발생할 수 있다는 점을 인지하여야 합니다.

LBO는 다음의 그림과 같이 기본적으로 인수대상회사의 수익성이나 보유자산에 근거하여 매수자측에서 차입이 이루어집니다. 이러한 LBO구조는 인수금융의 일정부분을 인수대상회사가 부담하는 결과를 초래할 수 있기 때문에, 인수전 대상회사의 자산을 담보로 제공하거나, 이와 유사한 의사결정의 잠재적 법적 문제에 대한 확인이 반드시 필요합니다.

[그림 3] LBO 구조 예시

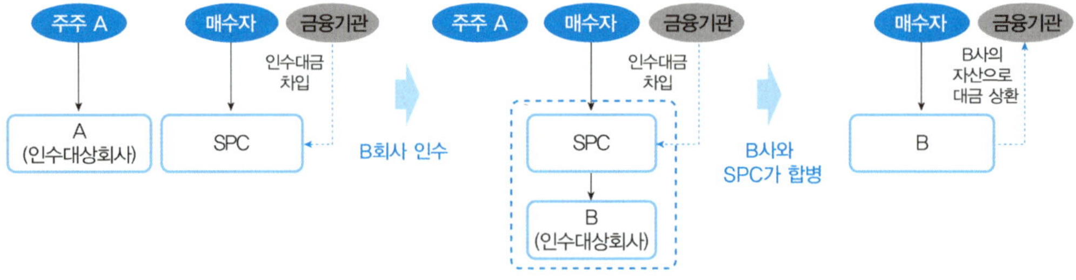

[표 5] LBO 개념 및 유형 그리고 법률적 이슈

구분	주요 내용
개념	인수대상회사의 자산이나 현금흐름을 담보로 금융기관으로부터 매수자금을 조달하여 기업을 인수
유형	• 담보제공: 인수대상회사의 자산을 담보로 제공하여 인수자금 조달 • 합병: 인수대상회사와 합병하여 차입금 승계 및 원리금 상환 • 유상감자: 인수대상회사의 유상감자로 현금 회수 및 원리금 상환 • 배당: 인수대상회사로부터 배당을 받아 현금 회수 및 원리금 상환
법률적 이슈	업무상 배임죄, 상법상 이사의 손해배상책임

MBO는 Management buyout의 약자로 경영진에 의한 인수를 의미합니다. MBO는 인수대상기업의 경영진이 주도하여 출자를 하는 방식인데, 경영진만의 투자가 쉽지 않은 경우가 많기 때문에 투자전문회사 등과 함께 인수가 이루어지게 됩니다.[113)]

EBO는 Employee buyout의 약자로 종업원에 의한 인수를 의미합니다. 우리사주조합(ESOP) 등과 같은 제도 등을 통해 직원들이 출자하여 회사의 경영권을 확보할 수 있는 수준의 지분을 인수하는 방식입니다.

4) 결제수단에 따른 구분(인수대금의 지급방식)

인수대금의 지급 방식과 시기는 상대방과의 협상에 의해 이루어지기 때문에 거래마다 다르게 나타날 수 있습니다. 인수대금의 지급형태는 크게는 현금과 인수기업의 주식으로 교환하는 방법이 있을 수 있습니다. 주식으로 대금을 지급하는 경우에는 인수자의 기존 주식으로 교환하거나 유상증자 등을 통해 지급하는 방식이 있을 수 있습니다.

[표 6] 인수대금 지급 방식

구분	설명
현금매수	매수대가로 현금을 지급
주식교환매수	기존주식, 유상증자(보통주, 우선주), 전환사채/신주인수권부사채 등

5) 복합적 성격의 자금조달 또는 투자방식의 비교

흔히 복합적 성격의 투자라고 하면 채권 성격의 사채와 지분투자 성격의 자본이 혼합된 방식을 의미하며, 채권이나 주식에 다양한 권리가 부여된 상품도 포함될 수 있습니다. 대표적으로는 전환사채, 신주인수권부사채, 전환상환우선주 등이 이에 해당합니다. 전환사채 등은 사채를 발행하면서 사채 소유권자에게 다양한 권리를 부여한 것이고, 전환상환우선주 등은 주식을 발행하면서 주식 소유권자에게 다양한 권리를 부여한 것입니다.

① 전환사채(CB), 신주인수권부사채(BW), 교환사채(EB)

전환사채는 사채를 발행할 때 사채 소유권자에게 주식으로 전환할 수 있는 권리를 부여한 것이고, 신주인수권부사채는 사채 소유권자에게 일정한 행사가격으로 발행회사의 신주를 인수할 수 있는 권리를 부여한 것입니다. 전환사채는 전환권리를 행사하면 사채가 주식으로 바뀌나, 신주인수권부사채는 신주인수권을 행사할 때 현금납입 등으로 행사하기 때문에 사채는 그대로 유지됩니다. 교환사채는 전환사채와 유사한데 교환대상 주식이 사채를 발행한 회사의 지분이 아니라 발행회사가 보유한 다른 주식이라는 것에 차이가 있습니다.

113) Unit MBO는 대상기업의 특정 사업부문이나 자회사를 대상으로 모기업이나 해당 사업부문의 경영진에 의해 이루어지는 인수거래를 의미합니다.

[표 7] 전환사채 vs 신주인수권부사채 vs 교환사채의 비교

구분	전환사채	신주인수권부사채	교환사채
개요	• 사채권자에게 전환기간 내에 주어진 전환비율에 따라 당해 사채발행회사의 주식으로 전환할 수 있는 권리가 부여된 사채	• 사채권자에게 발행 후 소정의 기간이 경과한 후 일정한 행사가격으로 발행회사의 신주를 인수할 수 있는 권리가 부여된 사채 • 전환권을 행사하면 사채권이 소멸되는 전환사채와는 달리 신주대금 납입을 현금으로 하는 경우 사채권은 존속	• 사채권자에게 일정한 기간 내에 당해 법인이 소유하고 있는 지분증권(주로 상장회사 지분)으로 교환을 청구할 수 있는 권리가 부여된 사채
권리행사 목적물	• 사채발행회사의 신주	• 사채발행회사의 신주	• 발행회사가 보유한 지분증권(자사주 포함)
정관의 근거	• 정관에 근거가 있어야 발행 가능. 주주외에 자에게 발행하는 경우에는 정관에 발행한도를 설정		• 불필요
행사가액 제한	• 상장법인은 기준주가 이상		• 제한 없음
대금납입방법	• 사채로 납입	• 현금 또는 사채	• 사채로 납입
권리의 분리	• 분리 불가	• 분리 가능	• 분리 불가
등기여부	• 등기	• 등기	• 불필요
발행자 회계처리[114)]	• 주계약은 금융부채 • 전환옵션은 지분상품이나 금융부채 • 상환옵션은 금융부채	• 주계약은 금융부채 • 신주인수옵션은 지분상품이나 금융부채 • 상환옵션은 금융부채	• 금융부채
투자자 회계처리[115)]	• 복합금융상품	• 복합금융상품	• 복합금융상품

예전에는 주식회사 사채발행한도를 순자산의 4배로 제한하는 상법 규정이 있었으나, 2012년 개정상법에서 사채발행한도 규정을 삭제하여 현재는 상법상 사채발행한도는 없습니다. 그러나, 전환사채나 신주인수권부사채를 발행하기 위해서는 정관에 발행의 근거규정

114) 일반기업회계기준을 적용하는 경우에는 일반사채에 해당하는 부분(부채부문)과 전환권대가/신주인수권대가/교환대가(자본부문)로 구분하여 회계처리하게 됩니다.

115) 일반기업회계기준을 적용하는 경우에는 요건에 따라 내재파생상품을 주된 계약과 분리하여 회계처리하거나, 전체를 당기손익인식항목 등으로 분류하여 회계처리하게 됩니다.

이 있어야 합니다.

회사는 정관으로 이사회 결의에 의해서 발행할 수 있는 사채발행한도를 규정하는 경우가 있습니다. 전환사채 등에 대해서는 전환사채 총액과 전환조건 등에 대해서도 정관으로 규정해 놓는 것이 일반적인데, 정관에 규정이 없는 것은 이사회에서 결정하나, 주주총회에서 결정하도록 정하는 경우도 있습니다.

사채발행은 반드시 이사회 결의를 거쳐야 합니다. 그러나 정관으로 규정이 있는 경우에는 이사회는 대표이사에게 사채의 금액 및 종류를 정하여 1년을 초과하지 아니하는 기간 내에 사채를 발행할 것을 위임할 수 있습니다.[116)]

NOTE 1

❑ **전환사채(CB) 고려사항**

- 전환사채는 상장회사와 비상장회사 모두 발행할 수 있습니다.
- 주주외의 자에 대하여 전환사채를 발행하는 경우에 그 발행할 수 있는 전환사채의 액, 전환의 조건, 전환으로 인하여 발행할 주식의 내용과 전환을 청구할 수 있는 기간에 관하여 정관에 규정이 없으면 반드시 주주총회 특별결의에 의해야 합니다.[117)] 상장법인의 경우에는 전환사채 등 주식연계채권도 지분보유 및 변동에 대한 공시를 하여야 합니다.
- 권리행사(전환권행사)는 사모발행은 발행일로부터 1년 이후, 공모발행은 발행일로부터 1개월 이후에 행사 가능합니다.
- 상장법인이 전환사채를 발행하는 경우 그 전환가액은 전환사채 발행을 위한 이사회 결의일 전일을 기산일로 한 기준주가[118)] 이상으로 하여야 합니다.
- 상장법인은 시가하락에 따른 전환가액의 조정시 조정 후 전환가액은 발행당시 전환가액의 70%나 조정일 전일을 기산일로 한 기준주가 이상이어야 합니다.[119)]
- 비상장법인은 전환가격에 대한 법규상 제한규정이 존재하지 않으므로 액면가액 이상에서 이해관계자간에 협의하여 정합니다.
- 합병 및 분할시에는 해당 사유 발생 직전에 전환사채 등을 주식으로 전환하였을 경우 전환사채권자 등이 가질 수 있었던 주식수에 따른 가치에 상응하도록 전환가액을 조정합니다.

116) 상법 제469조 제4항
117) 상법 제513조
118) ⓐ 1개월 가중산술평균주가, 1주일 가중산술평균주가 및 최근일 가중산술평균주가를 산술평균한 가액, ⓑ 최근일 가중산술평균주가, ⓒ 청약일전(청약일이 없는 경우에는 납입일) 제3거래일 가중산술평균주가 중 모집방법에 따른 높은 가액 또는 일반공모발행의 경우에는 낮은 가액(증권발행및공시에관한규정 제5-22조)
119) 주권상장법인의 경우 발행 당시 주주총회 특별결의에 의해 전환가액의 최저한도를 액면가액 미만으로 정

- 주권상장법인이 최대주주 및 특수관계인의 지분율 확대를 목적으로 전환사채매수선택권 부여 전환사채를 발행하는 것을 제한[120)]
- 시가하락에 따른 하향조정이 가능한 사모발행 전환사채에 대해서는 주가가 다시 상승할 경우 최초 전환가액 범위 내에서 전환가액을 상향조정 하도록 의무를 부여[121)]
- 전환가격 조정(Refixing)의 예

구분	산식
주식배당, 무상증자 (전환가격을 하회하는 가액으로 발행시)	$\text{조정 후 전환가액} = \dfrac{(\text{조정전 전환가액} \times \text{기발행 주식수})}{\text{기발행 주식수} + \text{신발행 주식수}}$
주식분할, 주식병합	조정후 전환가액 = 조정전 전환가액 × (조정후 1주당 액면가액/조정전 1주당 액면가액)
유상증자 (전환가격을 하회하는 가액으로 발행시, CB, BW발행 포함)	조정후 전환가액 $= \text{조정 전 전환가액} \times \left[\dfrac{\text{기발행주식수} + (\text{신발행주식수} \times \dfrac{\text{1주당 발행가액}}{\text{조정전 전환가액}})}{\text{기발행 주식수} + \text{신발행 주식수}} \right]$ * CB, BW의 경우 1주당 발행가액은 전환가격 또는 행사가격 * 시가 하회하는 가격으로 발행시에는 조정전 전환가액 대신 시가로 산식을 수정

NOTE 2

❑ 신주인수권부사채(BW) 고려사항

- 신주인수권부 사채도 상장회사와 비상장회사 모두 발행할 수 있으며, 대부분의 사항이 전환사채와 유사합니다.
- 신주인수권은 분리형과 비분리형이 있는데, 상장법인의 경우에는 비분리형이 원칙이고, 공모발행의 경우에 한하여 분리형을 허용하고 있습니다.
- 신주인수권부 사채는 주식을 인수하기 위해서는 행사가액에 해당하는 현금을 납입하여야 하는데, 사채상환을 현금납입으로 갈음하는 대용납입도 가능합니다. 단, 사채발행의 이사회에서 해당 내용에 대한 결의가 있어야 합니다.

한 경우에는 액면가액 미만으로 전환가액을 조정하는 것이 가능하나, 전환가액의 최저한도를 액면가액 이상으로 정한 전환사채가 이미 발행된 경우에는 발행 이후 주주총회 특별결의를 통해서 사후에 최저한도를 액면가액 미만으로 변경하는 것은 불가능합니다.(금융감독원, 2021 기업공시 실무안내 참고)

120) 증권의 발행 및 공시 등에 관한 규정(제4-21조, 제4-5조, 제5-21조)

121) 증권의 발행 및 공시 등에 관한 규정(제5-23조)

NOTE 3

❑ 교환사채(EB) 고려사항

- 교환사채도 상장회사와 비상장회사 모두 발행할 수 있습니다.
- 교환대상이 되는 증권은 자기주식 또는 발행회사가 보유한 다른 회사의 주식이 대상이 될 수 있으며, 비상장법인 주식도 대상이 될 수 있습니다.
- 그러나 교환대상이 되는 증권은 한국예탁결제원의 예탁이 가능한 증권이어야 하므로 상장회사주식은 모두 대상이 될 수 있으나, 비상장법인의 주식은 일부 제한이 될 수 있습니다.[122] 상장회사가 발행한 전환사채나 신주인수권부사채의 전환가격과 가격의 조정(Refixing)에 대해서는 자본시장법과 관련 규정에서 제한을 두고 있으나, 교환사채는 교환으로 이루어지는 행위가 증자가 아닌 자산의 매각이므로 교환가격 등에 대한 제한 규정을 별도로 두지는 않고 있습니다.

② 상환우선주(RPS), 전환우선주(CPS), 상환전환우선주(RCPS)

상환우선주는 우선주주[123]가 상환을 요청할 수 있는 권리가 부여된 상품이고, 전환우선주는 우선주주가 보통주식으로 전환할 수 있는 권리를 갖는 상품이며, 상환전환우선주는 우선주주가 상환을 요청할 수 있는 권리와 보통주로 전환할 수 있는 권리를 모두 갖는 상품입니다.

[표 8] 상환우선주 vs 전환우선주 vs 상환전환우선주

구분	상환우선주 (Redeemable PS)	전환우선주 (Convertible PS)	상환전환우선주 (RCPS)
개요	• 일정기간 경과 후 우선주주가 상환을 요청할 수 있는 우선주 • 일반적으로 상환우선주의 상환은 배당가능이익 내에서만 가능	• 보유자에게 발행 후 소정의 기간이 경과한 후 일정한 전환비율로 발행회사의 보통주를 인수할 수 있는 권리가 부여된 우선주	• 상환우선주+전환우선주 • 상환은 배당가능이익 내에서만 가능[124]

122) 교환사채를 발행하는 회사는 사채권자가 교환청구를 하는 때 또는 그 사채의 교환청구기간이 끝나는 때까지 교환에 필요한 주식 또는 유가증권을 한국예탁결제원에 예탁하거나 「주식·사채 등의 전자등록에 관한 법률」 제2조 제6호에 따른 전자등록기관(이하 "전자등록기관"이라 한다)에 전자등록해야 합니다(상법 시행령 제22조).

123) 우선주는 배당 등에 있어서 보통주보다 우선적으로 권리를 갖는 주식을 말합니다. 통상적으로 의결권이 없다고 하나, 특수한 결의의 경우나 특별한 상황에 있어서는 의결권이 주어지는 경우도 있습니다.

124) 상법 제345조

구분	상환우선주 (Redeemable PS)	전환우선주 (Convertible PS)	상환전환우선주 (RCPS)
Downside Protection	Put option	• Refixing 발행회사 주가가 하락하거나, 손익 악화 시 전환비율 조정 • Put Option	Refixing
의결권	부여 가능	부여 가능	부여 가능
발행자 회계처리 (K-IFRS)	대부분 부채	자본 or 부채 전환비율이 변동하는 경우 부채로 인식(단순한 액면가분할, 무상증자 등에 따른 전환비율 조정은 자본으로 인식 가능) 발행회사가 Put Option 부담 시 부채로 인식. 발행회사 대신 제3자가 부담 시 자본으로 분류 가능	대부분 부채 보유자가 아닌 발행회사가 상환권을 보유 시(Callable), 자본으로 분류 가능
투자자 회계처리 (K-IFRS)	복합금융상품	복합금융상품(공정가치 평가). 단, 풋가능 우선주는 일반적으로 지분상품으로 보지 않음	복합금융상품

K-IFRS를 적용하는 발행자는 해당 금융상품의 성격을 구분하여 부채 혹은 자본으로 회계처리하게 되지만, 일반기업회계기준을 적용하는 발행자는 법적 성격에 따라 전환우선주, 상환우선주 등을 자본으로 회계처리하게 됩니다.

③ 영구채 및 Total Return Swap

영구채는 상환기간에 반드시 상환해야 하는 대신 만기 재연장이 가능하도록 약정이 이루어지는 채권으로, 발행자와 인수자 사이에 기간별 이자율의 변화, 중도 상환을 위한 옵션 등 다양한 조건의 협의가 이루어질 수 있습니다. 총수익스왑(TRS)은 자산의 매도자가 투자자에게 자산을 매각한 후 해당 자산으로부터 발생되는 수익을 매도자에게 귀속하는 대신 투자자에게 일정 수익률을 보장하는 상품입니다.

[표 9] 영구채와 TRS(Total Return Swap)

구분	영구채	TRS(Total Return Swap)
개요	• 만기가 도래했을 때 상환하지 않고 연장할 수 있는, 만기 재연장이 가능한 채권 • 법률적으로 채권이나 회계적으로는 일정요건을 만족하는 경우에 한하여 자본으로 인정(Hybrid 증권) • 보유자는 계약상 현금흐름의 성격에 따라 상각원가, 공정가치평가(당기손익 또는 기타포괄손익) 중 하나로 분류	• 매도자가 투자자에게 투자원금 및 일정 수익률을 보장하고, 자산 보유에 따른 모든 이익과 손실을 매도자에 귀속시키는 거래(고정이익과 변동이익의 Swap) • 경제실질 측면에서 매도자가 매도 이후에도 자산을 보유한 것과 동일
주요 이슈	• 중도상환시점: 통상 5년 내 발행회사가 중도 상환 call option 행사하지 않는 조건이어야 자본으로 인식 가능 • Step up: 중도상환 시점이 경과하면, 금리를 상승시키는 조건, Step up이 상당 수준으로 인상 시 실질적인 상환 압박이 될 수 있어 자본으로 인정되기 어려울 수 있음	• 모회사가 자회사 지분 매각 시 신용공여 수단으로 활용 가능 - 사례: SK㈜의 자회사인 SK마리타임이 SK해운 지분 매각 시 SK㈜가 SK해운 투자자와 TRS계약 체결 - 공정거래법상 채무보증 및 부당지원 해당 가능성 • 거래 실질에 대한 판단 이슈 - 법규상 제약을 회피하기 위한 수단이라고 간주될 가능성 - 회계처리에서도 계약 성격에 따라 차입 or 매각거래의 판단이 달라질수 있음

6) 거래대금 지급 시기 및 정산방법에 따른 구분

① 거래 종결일 지급 또는 Price Adjustment(Completion method)

거래대금의 지급방식은 거래 상대방과의 협상을 통해 정해지기 때문에 각각의 거래마다 다르게 나타날 수 있습니다.

일반적으로 고려할 수 있는 방법은 본계약 체결 시 계약금을 지불하고, 거래종결 시에 잔금을 지급하는 것입니다.

이러한 구조를 기본으로 하여 다양한 형태의 지급방법이 파생될 수 있는데, 거래종결일 기준으로 실사를 하여 정산을 하기로 하였다면 정산실사[125]에 의한 가격조정이 발생할 수 있습니다.

125) 일반적으로 실사 또는 평가를 하게 되는 기준재무제표는 인수시점의 재무제표와 차이가 발생할 수 있으므로 기준재무제표와 인수시점 재무제표간의 순자산 또는 순운전자본의 차이를 파악하여 거래대금에서 조정하는 거래구조를 말합니다.

주요 정산 대상

거래 종결일에 정산이 이루어지는 경우에는 주로 순자산 정산이나 순현금(현금에서 차입금을 차감한 금액) 및 순운전자본에 대한 정산이 이루어집니다.

순자산 정산은 실사 대상이 되었던 기준 재무상태표와 거래종결일의 확정 재무상태표(정산대상 재무제표)의 차이를 매매대금에서 정산하는 것입니다. 기준재무제표 대비 확정 재무제표 순자산이 더 크면 매도자가 매수자에게 정산대금을 지급하고, 확정 재무제표 순자산이 기준재무제표 보다 더 크다면 매수자가 매도자에게 정산대금을 지급하게 됩니다.

거래구조 상 순현금 또는 순운전자본만 정산대상이 되는 경우도 있지만, 일반적으로는 순현금과 순운전자본은 정산매거니즘에서는 함께 고려될 필요가 있습니다. 동일한 상황에서 순운전자본의 증감은 순현금에 직접적으로 영향을 미치기 때문입니다.

다음의 그림에서 보는 바와 같이 현금과 순운전자본은 매입채무 → 재고자산 → 매출채권 → 현금으로 이어지는 순환의 고리로 연결되어 있어 별도로 분리해서 정산을 하게 되면 정산금액이 왜곡되는 결과를 가져올 가능성도 있습니다.

[그림 4] 순운전자본과 순현금의 순환[126)]

순운전자본만을 정산하는 구조에서는 실사대상 기준재무제표와 거래종결일의 확정재무제표와의 순운전자본 차이를 정산하는 경우도 있지만, 정상적인 수준의 순운전자본(Normalized Net working capital)을 구하여 이를 정산기준으로 하는 경우도 있습니다. 예를 들어 거래가격에 합의를 할 때에 정상적인 수준의 순운전자본(혹은 목표 순운전자본)에 대해서도 상호간에 합의한 후, 거래종결시점의 실제 순운전자본과 합의된 정상적인 순운전자본(혹은 목표 순운전자본)의 차이를 정산하는 것으로, 실제 순운전자본이 크다면 인수자

126) "매출채권회전기간+재고자산회전기간－매입채무회전기간＝현금전환주기"라고 합니다.

측에서 차이를 매도자 측에 지급하게 되며, 실제 순운전자본이 작다면 매도자측이 인수자 측에 차이를 지급하는 것입니다.

[그림 5] 정상적인 수준의 순운전자본(Normalized Net working capital)의 예[127)]

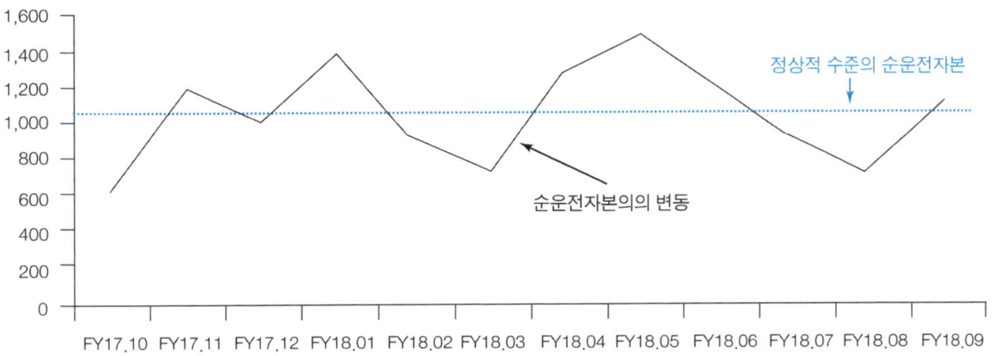

정산시 정산항목 추가 고려사항

일부 부채 항목의 경우에는 거래 종결시점 이전에 확정된 부채의 부담 주체를 누구로 정하느냐의 문제도 고려될 필요가 있습니다. 예를 이전 대상 근로자들의 거래 종결시점까지의 퇴직급여충당금에 대해 사외적립금이 충분히 적립되어 있지 않을 경우 이에 대한 부담 주체, 이전 대상 근로자에 대해 거래 종결일 이전에 지급의무가 확정된 급여/4대 보험 및 관련 예수금 등 근로 관련 부채의 부담 주체를 정하는 문제, 법령 위반과 관련한 부채, 거래 종결일 이전에 이행기간이 도래하였으나 미지급된 부채 등이 있을 수 있습니다. 거래구조나 평가구조에 따라 다르겠지만 거래종결일까지 발생한 이전대상 근로자들의 퇴직급여채무에 대한 부담 등은 매도자측에서 부담하는 경우들이 있습니다.

또한 배당, 상여, 채무인수 혹은 면제, 자산양수노 등 정상적인 영업활동 이외에 비경상적으로 가치에 변동을 줄 수 있는 사항도 정산 시 고려될 필요가 있습니다.

정산 절차

정산을 위해서는 거래 종결일 혹은 합의된 시점을 기준으로 매도자측에서 일정 기간(예를 들어 14영업일 등)이내에 정산을 위한 재무상태표를 확정하여 매수자측에 제시하면 매수자는 이를 확인하여 정산조정을 위한 의견서를 일정기간(예를 들어 7영업일 등) 이내에 제출하게 되고, 이를 토대로 매도자와 매수자가 일정 기간을 정하여 정산 조정사항을 합의

127) 기업가치평가와 재무실사, 삼일인포마인 참고

하는 절차를 통해 정산이 이루어집니다.

[그림 6] M&A Process에서의 정산 절차

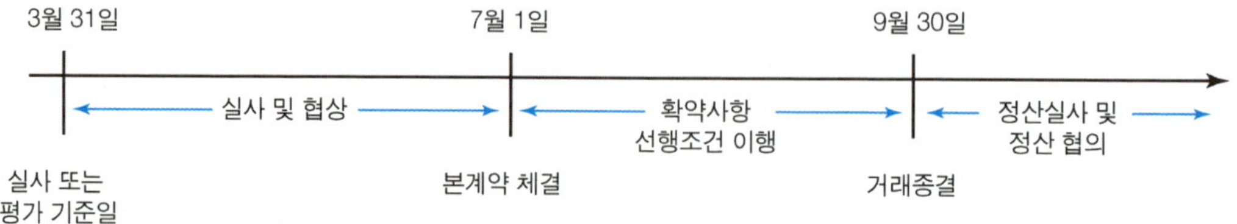

정산을 위해 본계약서상 명확히 하여야 할 사항

Completion method에 의해 계약을 할 때에는 정산을 하기 위해 계약서상 명확히 하여야 할 부분이 있습니다. 다음의 표는 이러한 항목의 예시입니다.

[표 10] 정산을 위해 본계약서상 명확히 하여야 할 항목의 예

- 거래종결일 재무제표 준비 주체
- 정산 절차 및 일정(정산재무제표 제출 절차 및 일정, 상대방의 검토 절차 및 일정, 합의 절차 및 일정 등)
- 재무제표에 적용되는 회계기준 및 회계정책
- 순자산, 순현금, 순운전자본 등 정산대상 항목에 대한 정의
- 정산기준 금액이 산출되는 방식(예: 순자산, 순현금, 순운전자본이 계산되는 방식으로 특정항목이 제외되거나 추가될 수 있음)
- 합의 완료 후 정산대금 지급 절차 등

또한 거래 종결일의 정산목적 재무제표는 인수회사가 대상회사에 적용할 기초재무제표와는 차이가 있을 수 있습니다. 예를 들어 본계약서에서 정의한 정산목적 거래종결일 재무상태표의 회계기준 회계정책은 인수회사의 회계기준 및 정책과 다를 수 있고, 정산 대상이 아닌 일부 자산부채 항목은 정산목적 재무상태표 작성시 제외되어 있을 수도 있습니다. 그러므로 인수자는 정산재무제표 확인과는 별도로 기초재무제표 작성을 위한 작업이 필요할 수도 있습니다.

② Earned-out

향후 예상 손익에 대한 기대치가 서로 많이 다를 경우에는 대상회사의 영업성과에 따라

추가적인 대금을 지급하는 방식을 고려해 볼 수 있습니다. 거래종결 후 1~2년동안의 매출, 영업이익, EBITDA, 영업현금흐름과 같은 영업성과지표를 기준으로 하여 일정 수준을 초과하여 달성할 경우 추가 대금을 지급하는 방식이기 때문에 독립된 제3자에 의한 결산사항 확인 절차가 필요할 수 있습니다.

[표 11] Earned-out 조건 사례

매각대상	Earn-out 조건
가공필름사업 영위 (가)법인	기준영업이익 초과액의 50%
자동차관련 사업 (나)법인	영업이익의 일정 비율
정보통신사업 (다)법인	향후 2년간 EBIT에 연동
제지사업 (라)법인	실적 개선 시 $500만
금융업 (마)법인	3년간 당기순이익 6,000억 초과 시 초과분의 20%
금융업 (바)법인	(바)법인 보유지분 주식 매각액이 일정금액 초과시 초과금액의 52%
서비스업 (사)법인	향 후 1년간 매출실적에 연동
IT 관련업 (아)법인	매출성장률과 영업이익률 연동
제약업 (자)법인	5년간 회사수익의 일정액
제약업 (차)법인	2년간 기준 EBITDA 초과액의 일정비율

위의 사례와 같이 영업성과지표를 재무적 요소로 정하는 경우도 있지만, 고객수, 신제품의 인허가 획득 등과 같은 비재무적 요소를 성과지표로 정하는 경우도 있습니다. 이처럼 Earned-out 방법은 매도자와 매수자 간 가격 등에 대한 이견이 발생하여 가격 합의를 하지 못한 경우에도 활용 가능합니다. 다만, 성과 측정 방식 및 공정성 등 분쟁 발생 가능성이 존재하며, 매도자 잔류 시 기업가치 제고보다는 성과측정 지표에 초점을 둔 경영을 할 가능성이 존재할 수 있다는 점이 고려되어야 합니다.

③ Locked box mechanism[128)]

Lock-box 매커니즘은 거래 당사자들이 주식양수도계약 체결 전의 특정일을 기준으로 대상 회사의 기업가치를 평가하여 매매대금을 정하고, 그 이후에 기업가치의 변화가 있어도

128) Locked-box mechanism은 신속한 Closing 및 가격확정을 위해 Post closing adjustment가 없습니다. 유럽 지역 M&A에서는 Completion account보다 Locked-box mechanism이 많이 보편화된 것으로 알려지고 있으며, 매각자측에서 신속한 거래 종결을 희망하거나 또는 경쟁 딜인 경우에는 Locked-box mechanism이 하나의 고려대상이 될 수 있을 것입니다.

매매대금을 조정하지 않는 방식입니다.

다음의 그림과 같이 일정 기준일(Lock-box date)을 정하여 경제적 이익과 위험을 모두 인수자에게 이전하고, 매도자측은 Lock-box date에서부터 계약체결일까지 자산의 유출이 없을 것임을 확약합니다. 이후 계약을 체결하고, 거래 종결일에 인수자는 매도자에게 Lock-box date에서부터 종결일까지의 이자 성격의 대금을 포함한 매매대금을 지급하게 됩니다.

[그림 7] Lock-box mechanism[129)]

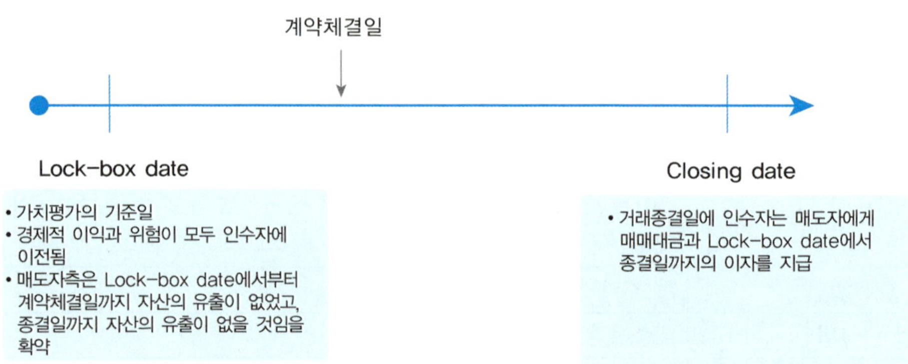

Lock-box mechanism은 Lock-box date에 대상회사의 경제적인 가치변동 위험이 모두 매수자에게 이전되지만, 경영권과 법적인 소유권은 여전히 매도자에게 남아 있는 상태입니다. 그러므로 배당, 상여, 채무인수 혹은 면제, 자산양수도 등 정상적인 영업활동 이외에 가치변동에 영향을 미치는 상황의 방지를 위한 상호간의 협의가 필요하며, 이를 허용가능한 경제적 효익의 유출(Leakage)의 범위를 명확하게 규정할 필요가 있습니다.

Lock-box mechanism은 거래 종결일 이후에 가격조정을 위한 절차와 일정이 필요하지 않다는 점이 특징이지만, 실사 또는 평가 기준일로부터 거래종결일까지의 변동사항에 대한 안정장치가 부족할 수 있다는 점도 고려되어야 할 필요가 있습니다. 또한 영업양수도나 법인을 분할하여 양수도하는 경우와 같이 재무제표가 확정되기 어려운 상황에서는 Lock-box mechanism을 적용하기 어려울 수 있습니다.

129) 기업가치평가와 재무실사, 삼일인포마인 참조

[표 12] 주요 거래 종결 방안 비교

구분	Completion method	Earned-out	Lock-box mechanism
특징	실사(또는 평가) 기준일 시점 재무제표와 거래종결일 재무제표의 차이를 조정하는 방식. 차이조정의 대상은 순자산 또는 순현금과 순운전자본 등	거래종결일 이후 정해진 기간 내에 대상회사가 일정한 조건을 충족하는 경우 추가 대금을 지급하는 방식	특정일을 기준으로 실사 및 평가를 하여 가격을 정하고, 이후 순자산변동 등에 대한 정산절차 없이 일정 기준에 의한 대금을 수수(기간에 따른 이자 등)
장점	매도자가 순자산 변동 등을 통해 거래가격을 임의 조정할 수 있는 위험을 방지할 수 있음	매도자와 매수자 간 가격 등에 대한 이견이 발생하여 가격 합의를 하지 못한 경우에도 활용 가능	거래종결일에 정산 목적의 재무제표가 필요하지 않으며, 거래종결일 이후 별도의 가격조정이 필요하지 않음
단점	거래종결일에 정산을 위한 재무제표 준비 등으로 인해 추가적인 시간 및 비용이 발생할 수 있음	성과 측정 방식 및 공정성 등 분쟁 발생 가능성이 존재하며, 매도자 잔류 시 기업가치 제고보다는 성과측정 지표에 초점을 둔 경영을 할 가능성이 존재	매도자에 의한 경제적 효익 유출 및 영업실적 악화 등에 대한 안전 장치가 미흡할 수 있음

7) 다양한 약정사항

① Tag along(동반매도권) 및 Drag along(동반매도청구권)

Tag along(동반매도권)은 주주간 약정에 따라 지배주주 등이 보유지분을 매각할 때, 약정을 맺은 다른 주주도 동일한 조건으로 보유 주식을 팔 수 있는 권리를 의미합니다.

Drag along(동반매도청구권)은 주주간 약정을 맺은 주주(a)가 지배주주 등(b)에게 (a)+(b)를 합하여 제3자에게 매각할 것을 요구할 수 있는 권리를 의미합니다. Drag along은 보통 콜옵션(우선매수권)과 함께 약정이 이루어지는 경우가 많습니다. 지배주주 등(b)에게 일정 조건으로 다른 주주(a)의 주식을 매입할 수 있는 콜옵션을 부여함과 동시에 다른 주주(a)는 Drag along을 보유하게 되면 다른 주주(a)는 특정상황에서 Drag along 조항을 발동하여 지배주주 등(b)에게 다른 주주(a)등의 주식을 매입하도록 유도할 수 있습니다. 사실상 (a)가 (b)에 대해서 갖는 풋옵션과 유사한 효과를 가져오는 방안인데, 통상적으로 지배주주 등(b)이 어떤 회사를 인수하고자 할 때 자금조달을 위해 출자금을 조달하는 재무적 투자자(a)와의 주주간 약정에 적용되는 경우가 많습니다.

② 우선매수권과 우선협상권

First Refusal right 또는 Right of first refusal이라고 하는 우선매수권은 주식을 양도하려는 주주가 제3자가 제시하는 조건대로 먼저 회사나 기존 주주에게 자신의 주식을 매수할 권리를 주고, 회사나 기존 주주가 매수를 거절할 경우 다른 제3자에게 양도할 수 있는 권리를 의미합니다. 우선매수권은 양도인이 미리 제3자를 물색하고 거래조건을 협상한 후 다른 주주에게 우선매수 기회를 부여하므로 양수하고자 하는 제3자의 입장에서 기회비용 상실 위험이 크므로 거래 성사 가능성이 낮다고 볼 수 있습니다.

그러나, 우선 협상권(Right of First Offer)은 양도인이 상대방 주주에게 매수의사를 먼저 타진하고 상대방 주주가 제시한 거래조건보다 더 낮은 가격이나 나쁜 조건으로 제3자에게 양도하지 못하는 조건이므로 양도인은 최소 가격 혹은 조건으로 제3자와 협상을 할 수 있어 거래 성사 가능성이 좀 더 큰 약정사항이라고 볼 수 있습니다.

③ Call Option과 Put Option

매입할 수 있는 권리를 콜옵션(Call Option), 매도할 수 있는 권리를 풋옵션(Put Option)이라고 합니다. 콜옵션과 풋옵션의 매입할 수 있는 가격과 매도할 수 있는 권리는 일반적으로 정해져 있습니다. 그렇기 때문에 정해져 있는 매입 또는 매도 가격과 현재의 가치를 비교하여 옵션의 보유자가 권리를 행사하게 되는 구조입니다.

콜옵션과 풋옵션은 지분 이외에 사채와 같은 상품에도 부여될 수 있습니다. 만약 사채 발행자가 콜옵션을 보유하고 있다면, 이는 사채의 만기전 매도청구권으로서 사채 발행회사가 사채를 재매입할 권리가 있다는 것이고, 사채 인수자에게 풋옵션이 있다면, 이는 사채 만기전 조기상환권으로서 사채 보유자가 발행회사에 만기 이전에 사채의 상환을 요구할 수 있는 권리가 있는 것입니다.

2 다양한 거래구조간의 비교

거래구조를 설계할 때 다양한 거래구조와 방식을 놓고 고민을 하게 됩니다. 우리는 여기서 몇 가지 거래구조에 대해 유사점과 차이점을 비교해 보았습니다. 이행방안별 주요 사항에 대한 비교를 통해 M&A 거래구조를 설계할 때 도움이 될 수 있도록 하였습니다.

1) 다양한 방식의 거래구조

M&A 실행 과정에서는 다양한 방식의 거래구조가 복합적으로 고려될 수 있습니다. 합

병, 분할, 주식교환 및 이전, 현물출자, 주식양수도나 사업양수도 등이 그 중에서 많이 활용되는 방법입니다. 아래의 그림은 이렇게 다양한 방식의 거래구조에 대한 기본적인 개념을 그림으로 요약해 보았습니다. 각 방식에 대한 자세한 내용은 다음 장에서부터 하나씩 살펴볼 것입니다.

[그림 8] 다양한 방식의 거래구조 개요도

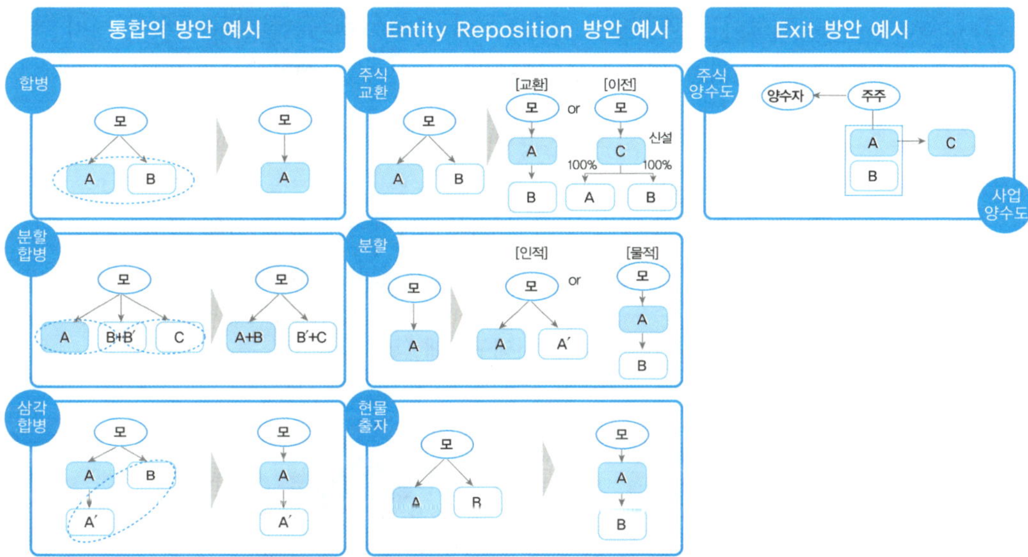

NOTE 4

❑ Deal structuring시 고려 사항

이와 같은 다양한 형태의 딜구조는 상호간의 필요(needs)와 딜구조 방식에 따라 얻게 되는 효익에 따라 달라질 수 있습니다. 다음은 딜구조 방안 마련시 고려되는 사항의 예시입니다.

Deal structuring시 고려 사항의 예시

- 이행절차의 용이성
- 통합의 방법 및 용이성
- 시너지 방안과의 적합성
- 재무 및 세무적 효과
- 지분율, 경영체제 등 지배구조에 미치는 영향
- 법규 상 제약사항

• 리스크 관리 용이성
• 인수 목적 및 전략 달성의 용이성

2) 분할후 합병 vs 현물출자 vs 사업양수도

Deal Structure를 검토하는 과정에서 지향하는 To-be model을 실현하기 위한 여러 가지 대안을 고려하게 되고, 그러한 대안은 다양한 방법이 있을 수 있습니다. 이러한 경우 우리는 각각의 대안에 대한 절차와 특징을 비교하여 현 상황에 맞는 최적의 방안을 선택하게 됩니다.

예를 들어 다음의 그림과 같이 하나의 사업부를 분리하여 다른 회사와 통합하고자 한다면 이러한 to-be 구조를 만들 수 있는 방안이 무엇이 있을지를 검토하게 됩니다.

[그림 9] To-be의 structure로 가는 다양한 거래구조에 대한 검토

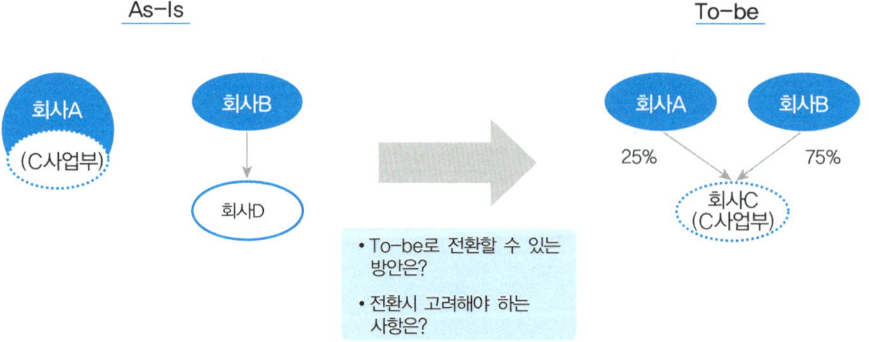

위의 사례라면 C를 분할하여 D사와 합병하거나, C사업부를 D사에 현물출자하거나, D사가 C사의 사업부를 양수도하는 방안[130] 등을 고려해 볼 수 있을 것입니다. 이러한 경우에는 각각의 방안별로 필요한 절차와 이러한 절차의 이행 용이성, 각 방안이 갖는 Cost 등을 비교하게 될 것입니다.

130) 이 경우에는 B사가 D사에 증자등을 통해 자금을 지원하고, 추후 A사가 B사로부터 D사의 지분 일부를 양수하는 등의 추가적인 절차가 필요할 수 있습니다.

[표 13] 대안별 비교: 분할후 합병 vs 현물출자 vs 사업양수도

구분		분할후 합병 (C물적분할 후 D와 합병 가정)	현물출자	사업양수도
주요 절차	채권자보호절차	필요	불필요 (부채 이전 시 해당 채권자 동의는 필요)	불필요 (부채 이전 시 해당 채권자 동의는 필요)
	주주총회	특별결의 필요	이사회 결의 (중요할 경우 주총 특별결의)	이사회 결의 (중요할 경우 주총 특별결의)
	주식매수청구권	합병 시 인정	불인정 (중요할 경우 인정)	불인정 (중요할 경우 인정)
Tax /Cost	대가	주식교부	주식교부	현금등
	양도차익	적격시 이연 (비적격시 과세)	적격시 이연 (비적격시 과세)	과세
	취득세	요건 충족 시 일부 감면, 과점주주취득세	요건 충족 시 일부 감면, 과점주주취득세	과세
기타	-	-	법원인가 필요	-

3) 지분양수도 vs 영업양수도 vs 자산양수도

지분양수도와 영업양수도, 그리고 자산양수도는 양수도라는 공통점이 있지만, 거래 대상의 범위와 거래주체가 달라질 수 있으며 이러한 차이에서 파생되는 특징이 비교포인트가 될 수 있습니다. 특히, 지분양수도는 절차적인 측면에서는 자산양수도의 한 종류로 분류될 수 있지만, 대상 회사의 거래 구조적인 측면에서 보면 영업양수도와 자산양수도가 대상회사의 특성 사업 또는 특성 자산에 대한 거래라면, 지분양수도는 특정 사업이나 자산을 구분하지 않은 상태의 회사 지분이라는 측면에서 차이가 있다고 볼 수 있습니다.

[표 14] 지분양수도 vs 영업양수도 vs 자산양수도의 비교

구분		지분양수도	영업양수도[131]	자산양수도
개념		대상회사의 구주를 양수도하거나 신주(유상증자) 취득을 통해 대상회사에 투자하거나 경영권을 획득하는 방법	독립된 특정사업부문의 자산 및 부채, 권리 및 의무, 인력 및 조직 등 사업부문의 일체를 그 동일성을 유지하면서 포괄적으로 이전하는 것[132]	대상회사의 특정 자산을 개별적으로 이전하여 소유권을 변경하는 방법 * 인적조직의 승계는 신규 채용형식으로 이루어짐
양도자		대상회사의 주주(구주) 또는 대상회사(신주)	대상회사	대상회사
주요 절차	상법	이사회결의	이사회결의 주주총회 특별결의 및 주식매수청구권*1) 영업양도의 겸업금지	이사회결의[133]
	공정거래법	기업결합신고*1)	기업결합신고*1)	기업결합신고*1)
	자본시장법	주요사항보고서 등 공시*1) 지분변동공시*1) 외부기관평가*1)	주요사항보고서 등 공시*1) 외부기관평가*1)	주요사항보고서 등 공시*1) 외부기관평가*1)
우발채무		기본적으로 우발채무 회피 불가능. 단 계약조건상 에스크로계좌, 손해배상규정 등을 통해 일부 안전장치 확보 가능	영업관련 필요자산부채로 한정하므로 우발채무 부담 감소	특정 자산부채로 한정하므로 우발채무 회피 가능
인허가		인허가 영향 없음. 단, 지분보유제한, 대주주 승인여부 등 주주변경에 따른 승인 혹은 인허가 필요할 수 있음	해당 법령에 인허가 규정된 경우 승계 가능. 규정이 없는 경우 해당 인허가 관청 확인 필요*2)	양수인 신규 취득 필요
Tax	양도자	양도차익 소득세(또는 법인세) 증권거래세	양도차익 법인세 부가가치세(포괄승계 미충족시)	양도차익 법인세 부가가치세
	양수자	과점주주취득세*3)	양수자산 취득세 사업양수인의 2차 납세 의무	양수자산 취득세

131) 공정거래법 상 "영업"의 정의: 회사의 사업목적을 위하여 조직화하고 유기적 일체로서 기능하는 재산권의

*1) 공시, 신고, 주주총회 특별결의와 같은 절차는 특정요건 충족시 필요합니다. 예를 들어 상법 혹은 자본시장법 등에 의한 "중요한 영업(자산)양수도"일 경우에는 주주총회 특별결의 및 반대주주 주식매수청구권 절차가 필요합니다.
*2) 인허가 규정이 없는 경우 인허가 관청의 해석 등에 의해 포괄승계로 인해 승계된다고 보는 경우와 양수인이 인허가를 새롭게 취득하는 경우가 있을 수 있습니다.
*3) 과점주주취득세는 유가증권상장주식 이외의 주식에만 해당됩니다.

4) 영업양수도와 분할의 비교

영업양수도와 분할은 하나의 사업부를 분할한다는 측면에서는 유사한 점이 있으나, 거래구조와 거래대가에 있어서 차이가 날 수 있습니다. 영업양수도는 거래주체가 해당 사업을 영위하고 있는 법인이 되어 거래대가를 수수하지만, 분할은 거래주체가 해당 사업을 영위하는 법인으로 간주되는 것까지는 유사하지만 궁극적으로 거래대가가 인적분할의 경우에는 법인의 주주에게 귀속되는 구조라는 점 등에서 차이가 발생하게 됩니다.

[표 15] 영업양수도와 분할의 비교

구분	영업양수도	분할
주주총회여부	중요한[134] 영업양수도일 경우에는 주주총회 특별결의 필요	주주총회 특별결의
주식매수청구권	중요한 영업양수도는 필요(경상적 영업양수도는 불필요)	불필요
채권자보호절차	불필요(단, 이전대상 채권자 동의 필요)	필요(단, 연대채무 부담 시 생략가능)
평가	양수도가액에 대한 외부기관의 평가 필요	
Tax	양도법인: 양도차익에 대한 법인세 양수자: 취득세	존속법인: 비적격분할시 양도차익 법인세(적격분할시에는 과세 이연) 신설법인: 비적격분할시 취득세(적격분할시에는 일부 감면[135])

집합(기업결합의 신고요령 Ⅲ.4.나)
132) 포괄적으로 이전된다고 하여도 양수 대상 영업에 속한 권리와 의무(자산, 계약, 채권, 정부인허가, 근로자)를 개별적으로 이전하여야 하는 절차를 거쳐야 한다는 점이 합병이나 주식양수도와 차이가 날 수 있습니다.
133) 이사회결의만으로 충분하나, 실질적으로 영업양수도에 해당된다면 주주총회 특별결의가 필요할수도 있습니다.
134) "중요한"의 일반적인 기준은 자산총액, 매출총액의 10% 이상, 양수된 부채총액이 10% 이상, 영업전부의 양수인 경우로 자세한 기준은 다음 장의 "영업양수도"편에서 설명하였습니다.
135) 2024년까지는 분할하여 취득하는 경우 취득세의 75%를 경감합니다(지방세특례제한법 제57조의2).

5) 합병 vs 영업양수도 vs 자산양수도

합병이나 영업양수도 및 자산양수도는 특정사업을 통합하는 방안으로 활용되기도 합니다. 합병은 해당 사업을 영위하는 법인을 그대로 통합하는 것이고, 사업양수도는 통합하고자 하는 사업에 해당하는 부분만을 분리하여 양수하는 것이며, 자산양수도는 통합하고자 하는 해당 사업부 중에서 필요한 관련 자산만을 양수하는 방안입니다.

특히, 합병은 소멸회사의 권리의무를 포괄 승계하므로 개별 권리·의무를 일일이 이전하여야 하는 절차상의 부담은 상대적으로 없으나, 영업양수도 또는 자산양수도는 양수 대상 영업에 속한 권리와 의무(자산, 계약, 채권, 정부인허가, 근로자)를 개별적으로 이전하여야 하는 절차상의 부담이 합병에 비해 클 수 있습니다. 반면, 합병은 우발부채 또는 부외부채까지 승계될 위험이 있지만, 영업양수도 또는 자산양수도는 향후 문제가 되는 권리와 의무를 양수도대상에서 제외하여 우발부채 승계 위험을 줄일 수 있다는 차이점이 있습니다.

[표 16] 합병 vs 사업양수도 vs 자산양수도 비교

구분		합병	사업양수도	자산양수도
주요 절차	채권자보호 절차	필요	불필요 (부채이전시 해당 채권자의 동의는 필요)	불필요
	주주총회	특별결의 필요 (소규모/간이: 이사회결의)	이사회 결의 (중요할 경우 주총 특별결의)	이사회 결의
	주식매수 청구권	인정(소규모합병은 불인정)	불인정(중요할 경우 인정)	불인정
Tax /Cost	대가	일반적으로 주식교부	현금 등	현금 등
	양도차익	적격요건* 충족 시 과세이연	과세	과세
	취득세	일부 감면[136)]	납부	납부
	의제배당	적격요건*) 충족 시 면제	N/A	N/A
기타 주요사항		공정거래법상 기업결합신고 필요 상장-비상장 합병: 우회상장요건 검토, 주식매수청구권 행사 가능성, 평가 이슈 존재		

* 1년 이상 사업영위한 법인간 합병으로 합병대가의 80% 이상이 주식 등이라는 적격합병 요건 충족과 합병등기일의 다음사업연도부터 2년간 사업유지, 2년간 피합병법인 지배주주 지분 1/2 이상 유지, 3년간 합병법인과 피합병법인 근로자수의 80% 이상 유지 등의 사후관리 요건을 충족하여야 함.

136) 2024년까지 합병하는 경우에는 취득세(1.5%)의 50%를 경감합니다(중소기업간 합병시에는 60%를 경감합니다). 취득세 납부의무자가 부담하는 지방교육세(취득세의 20%)도 경감 후 취득세액을 기준으로 납부합니다.

3 Deal structuring 사례: 딜 구조가 이렇게 설계된 이유는 무엇일까?

1) 사업부 양수도 사례

H사는 N사업부문을 재무적투자자인 P사에 양도하려는 계획을 마련하였습니다. 사업부를 양수도하는 방법으로는 영업양수도로 대상 영업부문의 자산부채 일체를 양수자에게 양도하는 방법이 있고, N사업부를 분할하여 P사가 분할사업부의 지분을 양수하는 방법 등이 있습니다.

[그림 10] M&A의 기본 목]사업부 양수도

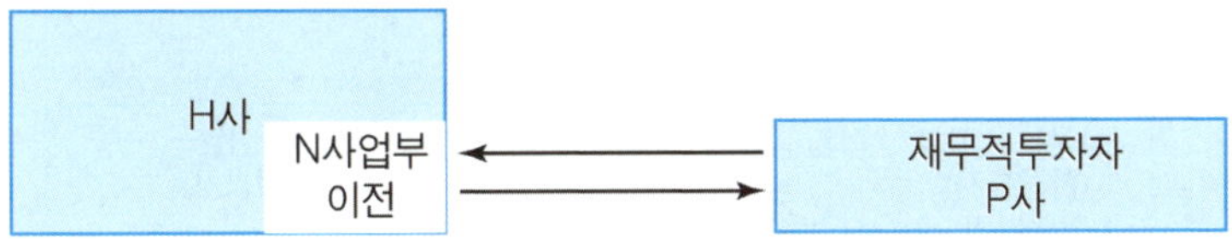

우선 양수자는 재무적투자자인 PEF로서 영업양수도를 위해서는 사업 영위를 위한 별도 법인을 새롭게 설립해야 하기 때문에 영업양수도가 아닌 N사업부를 물적분할하여 분할신설법인의 지분을 인수하는 방안을 고려하게 됩니다. 물적분할 후 지분양도이기 때문에 분할존속법인과 분할신설법인이 기존의 채무에 대해 연대채무를 부담할 수 없어서, 각 법인에 귀속된 채무에 대해서만 책임을 지는 연대채무 단절을 위해 채권자보호절차가 필요하게 됩니다. 그러나, H사는 차입금이 비교적 많은 편이었고 이로 인해 H사 전체 채권자에 대해 채권자보호절차를 진행하는 것에 부담을 갖게 됩니다. 그래서 신설법인으로 합작법인을 먼저 설립한 후 → 신설법인에 N사업부를 현물출자하고 → 현물출자를 통해 H사가 신설법인에 대해 갖게 되는 지분을 P사가 양수하는 구조로 Deal이 이루어지게 됩니다. 이처럼 Deal 구조는 진행과정에서의 제약조건 혹은 장애요인을 효과적으로 극복하기 위한 대인을 마련하는 과정에서 새로운 형태로 구조화될 수 있습니다.

[그림 11] 사업부 양수도 Deal structure & Process

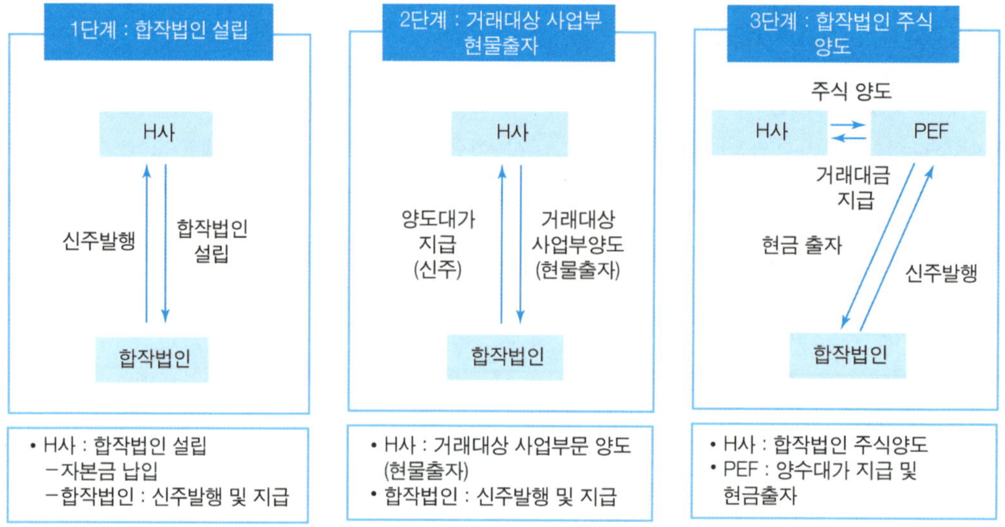

2) 2개 회사 지분양수도 사례

투자자A는 T1사와 T2사의 지분을 동시에 양수하고자 합니다. 우선 2개 회사의 지분을 기존주주로부터 양수하는 방안이 고려되었습니다.

[그림 12] M&A의 기본 목적: 2개 회사의 지분 양수도

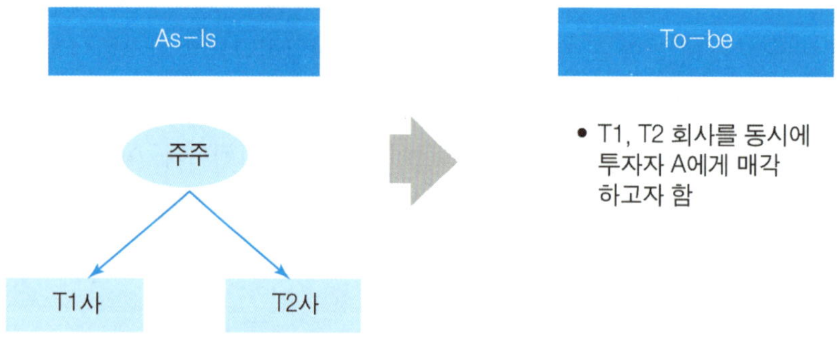

그러나, 실사과정에서 T2사의 우발부채가 발견되었고, 우발부채까지 인수하는 것은 위험부담이 크다고 판단하였습니다. 협상을 통해 T1사의 지분을 양수한 후 T1사가 T2의 사업부문만을 영업양수도함으로써 2개 회사의 사업을 인수하면서도 우발부채를 제외하는 효과를 얻는 구조가 마련되었습니다. 하지만, 영업양수도 거래구조 준비과정에서 T2사의 사업관련 중요 계약을 맺고 있는 거래처 동의과정이 쉽지 않을 수 있다는 장애요인이 발견되었

습니다. 영업양수도는 영업관련 자산부채 및 권리의무 등의 일체가 그 동일성을 유지하면서 포괄적으로 이전되는 딜 구조이지만, 자산부채 및 권리의무 등의 이전절차는 개별적인 이전절차를 거쳐야 하고, 계약이 이전되는 경우 계약당사자의 동의도 필요합니다. T2사의 핵심역량은 다양한 거래처와 계약을 통한 거래관계에 있고, 영업양수도에 따른 계약의 이전에 대해 동의를 받지 못하면 사실상 이 거래는 종결되기 어렵습니다. 그래서 영업양수도 대신에 계약관계가 포괄적으로 이전되는 물적분할을 통해 T2사업을 신설법인으로 분할이전하고 → T1사가 T2의 분할신설법인 지분을 양수한 후 → 투자자A가 T1사의 지분을 양수함으로써 최초에 계획하였던 T1사와 T2사의 사업을 모두 양수하는 결과를 얻게 되었습니다.

3) 직접투자를 할 것인가 vs 간접투자를 할 것인가

A1사와 A2사는 컨소시엄을 구성하여 Target사를 인수하고자 합니다. 인수를 위한 구조를 마련하는 과정에서 두 회사가 직접 Target사의 지분을 나누어 인수하는 방안과 SPC를 설립하여 두 회사가 SPC에 출자하고, SPC에서 인수자금을 출자금 이외에 차입을 통해 마련하여 Target를 인수하는 간접투자 방안을 비교하고 있습니다.

[그림 13] 직접투자 방안 vs SPC 설립을 통한 간접투자 방안

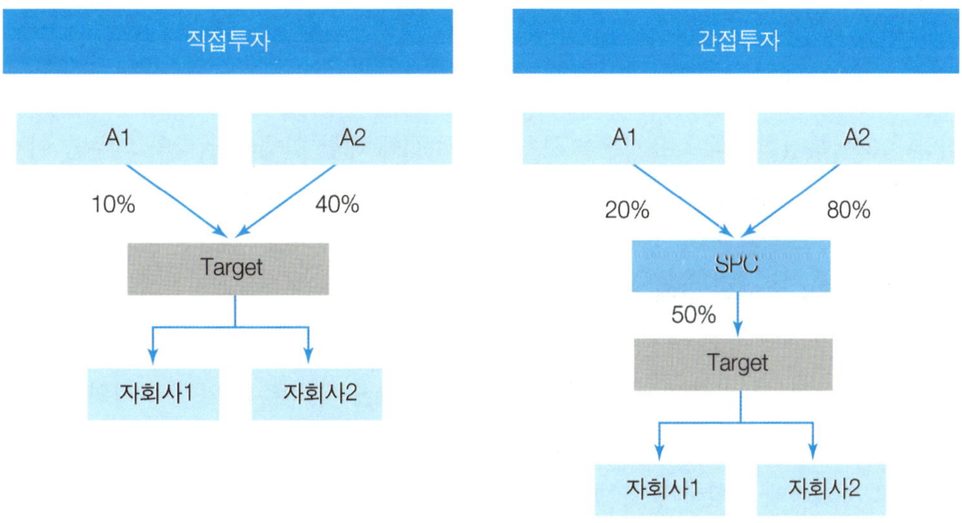

이 두 방안을 비교하기 위해서는 어떤 방식이 인수금융에 유리한지를 먼저 살펴보아야 합니다. 투자자의 재무비율과 신용도, 투자자입장에서의 회수 용이성도 고려되어야 할 것

입니다. 각각의 M&A사례별로 다양한 고려사항이 있을 수 있습니다.

컨소시엄에 참여하는 투자자의 공동의 책임하에 인수금융을 마련하는 구조로서는 SPC를 통하는 방안이 용이할 수 있습니다. 채권자도 컨소시엄투자의 경우 회수 가능성 측면등을 고려하여 SPC를 통한 투자를 선호할 수 있습니다. 그러나, 컨소시엄 참여자인 A1사와 A2사가 특수관계인 계열법인인 경우나 혹은 한 개 회사만의 독자적인 투자인 경우에는 SPC 설립을 투자와 직접투자가 인수금융 용이성, 금리, 투자자 재무비율 및 신용도 등에서 큰 차이가 없는 경우가 있을 수 있습니다.

또한 지분구조별 제약사항 여부도 검토해 보아야 합니다. 만약 A2사가 지주회사라면 Target사는 지주회사의 손자회사가 되고, Target사의 자회사는 증손회사가 됩니다. 공정거래법상 지주회사의 손자회사는 증손회사의 지분을 100% 보유하는 경우를 제외하고는 보유할 수 없기 때문에 이로 인해 Target사는 자회사 지분을 처분하거나 혹은 추가로 매입하여야 하며, 향후에도 지분 보유 100%가 아닌 형태로 자회사를 통한 사업은 영위하는 데 제약이 따르게 됩니다.

이렇게 다양한 사항 중 장단점을 비교하여 가장 중요한 영향을 미치는 요소를 고려하여 직접투자를 할 것인지, SPC 설립을 통한 간접투자를 할 것인지를 결정하여야 합니다.

4 주식(지분)양수도

1) 주식양수도란?

주식양수도는 특정회사의 소유지분을 표창하는 주식에 대한 일체의 권리와 의무를 이전하는 것입니다. 주식양수도계약(SPA: Stock Purchase Agreement)에서 양도는 당사간의 합의뿐만 아니라, 주권을 이전 받아야 합니다.

주식을 이전 받은 후에는 거래대상이 된 회사의 주주명부에 명의개서를 해야 합니다. 명의개서란 주주명부에 주식의 이전으로 주주가 교체되었을 경우 그 양수인을 주주명부에 기재하는 것을 의미합니다. 주주명부에는 주주의 성명과 주소, 각 주주가 가진 주식의 종류와 그 수, 주권의 번호, 각 주식의 취득년월일을 기재합니다. 주식을 양도받았더라도 명의개서를 하지 않으면 회사에 대항하지 못합니다. 즉, 명의개서를 하지 않았다면 주식양도인이 여전히 회사의 관계에서 주주로 남게 됩니다.

주식양수도 계약서에는 경영권의 이전 시기와 방법도 포함될 수 있습니다. 거래 대상인 주식을 주고받는 것과 함께 양도인이 지명한 이사를 양수인이 지명한 이사로 교체하는 시점을 기재합니다. 이사가 주주총회에서 선임될 때까지 양도인은 양수인의 뜻에 따라 주주권을 행사한다는 내용도 기재할 수 있습니다.

2) 지분인수 규모(지분율)에 따른 고려사항

지분율에 따라 매수자나 매도자는 해당 회사의 경영권에 미치는 영향 등에 차이가 발생할 수 있습니다. 그리고, 지분율 수준에 따라 각 주주가 수행하여야 하는 권리와 의무에도 차이가 발생할 수 있습니다. 또한 산업별로는 보유지분의 한도나 대주주에 대한 제약사항을 두는 경우도 있습니다.

[표 17] 지분율에 따른 고려사항

지분율	규정	내용	비고
95%	유가증권시장 상장규정	관리종목 & 상장폐지기준	소액주주가 보유하고 있는 주식이 5% 미만인 경우 관리종목 지정 및 관리종목 지정 1년 후 지속될 경우 상장폐지심사[137)]
80%	코스닥시장 상장규정	관리종목 & 상장폐지기준	소액주주가 보유하고 있는 주식이 20% 미만인 경우 관리종목 지정 및 관리종목 지정 1년 후 지속될 경우 상장폐지심사[138)]
50% 초과	지방세법	과점주주의 취득세 납세의무	50%를 초과하여 취득한 과점주주는 그 법인이 보유한 취득세과세대상 부동산 등을 취득한 것으로 보아 취득세를 부담
	법인세법	과점주주의 제2차 납세의무	법인이 납부할 국세 등을 납부하지 못하는 경우, 과점주주는 당해 법인이 납부하지 못한 국세 등을 납부할 의무를 부담
	상법	모자회사간의 상호주 소유 금지	모회사가 자회사 지분 50% 초과 보유시 해당 자회사는 모회사 지분을 취득할 수 없음
	일반기업 회계기준	연결범위기준 (지배력 판단 기준)	지배기업이 직접으로 또는 종속기업을 통하여 간접으로 기업 의결권의 과반수를 소유하는 경우에는 지배기업이 그 기업을 지배한다고 봄(단, K-IFRS는 실질지배력을 판단해야 함)
50%	공정거래법 (지주회사 및 지주회사의 자회사 행위제한)	국내 비상장인 (손)자회사주식 50% 미만 보유금지	지주회사는 비상장 자회사주식을 50% 이상 보유해야 하고, 지주회사의 자회사도 비상장 손자회사 주식을 50% 이상 보유해야 함(단, 손자회사의 경우 100%를 보유하는 경우를 제외하고는 계열회사 주식을 소유할 수 없음)

지분율	규정	내용	비고
30%	공정거래법 (지주회사 및 지주회사의 자회사 행위제한)	국내 상장 (손)자회사주식 30% 미만 보유금지	지주회사는 상장 자회사주식을 30% 이상 보유해야 하고, 지주회사의 자회사도 상장 손자회사 주식을 30% 이상 보유해야 함
20%	공정거래법	비상장법인의 기업결합신고	기업결합신고대상법인이 비상장법인의 의결권주식을 20% 이상 취득하는 경우
	일반기업회계 기준, K-IFRS	지분법적용 기준	기업이 직접 또는 간접으로 피투자자에 대한 의결권의 20% 이상을 소유하고 있다면 유의적인 영향력을 보유하는 것으로 봄.
15%	공정거래법	상장법인의 기업결합신고	기업결합신고대상법인이 상장법인의 의결권주식을 15% 이상 취득하는 경우
10%	상법	모·자회사간의 상호주에 대한 의결권 제한	A회사가 B회사의 주식을 10% 초과하여 보유할 경우 B회사가 소유한 A회사 주식은 의결권이 없음.
10%	자본시장법	10% 이상 주요주주 또는 임원의 소유상황보고	주요주주 또는 임원이 된 날로부터 5일 이내에 증권선물위원회와 거래소에 보고 (자본시장법 제173조)
	외국인투자 촉진법	외국인 투자신고	외국인 국내기업 주식을 10% 이상 취득하려면 산업통상자원부 장관에 신고
5%	자본시장법	5% 이상 주주 주식상황 보고	상장법인 주식을 5% 이상 보유하게 된 날부터 5영업일 이내에 금융위원회와 거래소 신고(자본시장법 제147조)
5%	상법	지배주주의 매도청구권 및 소수주주의 매수청구권	지배주주에 의한 소수주식의 전부 취득이 가능(상법 제360조의24) 및 소수주주가 지배주주에 지분 전부의 매수청구가능(상법 제360조의25)
5%	공정거래법	지주회사의 계열사 이외의 지분보유 제한	계열사 이외의 국내주식을 5%를 초과하여 소유할 수 없음(예외 있음)
4%	소득세법	양도세 납부대상 대주주	코넥스 지분(비상장법인 포함) 4% 이상 주주는 대주주
2%	소득세법	양도세 납부대상 대주주	코스닥 지분 2% 이상 주주는 양도세 납부대상 대주주
1%	소득세법	양도세 납부대상 대주주	유가증권시장 지분 1% 이상 주주는 양도세 납부대상 대주주

지분율	규정	내용	비고
1%	자본시장법	5% 이상 주주 주식상황 변동보고	5% 이상 주주가 1% 이상 지분 변동 시 변동된 날부터 5영업일 이내에 금융위원회와 거래소에 보고(자본시장법 제147조)
1주	자본시장법	10% 이상 주요주주 또는 임원의 소유상황변동보고	소유상황에 변동이 있는 경우에는 그 변동이 있는 날부터 5일 이내에 증권선물위원회와 거래소에 보고(자본시장법 제173조)

* 단독주주권과 소수주주권에 대한 사항은 "M&A와 법규"편을 참고

NOTE 5

❑ 지분양수도 시 관련 규정 준수의 중요성

1. 공시 기준 위반에 따른 지분 취득 제약 사례

K사는 사모펀드와 뮤추얼펀드를 통해 20.64%의 H사 지분을 매입하였으나, 5% rule 공시위반으로 금융위원회의 처분명령 및 법원의 의결권 제한 판결을 받았습니다. 직접매입 뿐 아니라 간접지분에 대해서도 공시기준이 엄격히 적용되므로, 공시 등의 절차에 대해 철저한 준비가 필요합니다.

2. 관계 당국의 승인을 받지 못하여 인수가 제한된 사례

S사는 C사의 지분 30%를 인수하여 S사의 자회사와 합병을 계획하였으나, 공정거래위원회에서 경쟁을 제한할 우려가 있다고 하여 기업결합(인수)을 금지하였습니다. 지분 거래시에는 이와 같이 인허가 당국 또는 산업의 관련 법규 등으로 인해 지분거래의 제한이 있는지 반드시 확인하여야 합니다.

3) 지분투자의 종류

지분투자는 일반적으로 구주인수와 신주인수로 구분할 수 있습니다. 구주는 이미 발행된 주식을 양수도하는 것을 의미하며, 신주는 유상증자 등을 통해 새롭게 주식을 발행하여 투자자에게 교부하는 경우를 말합니다. 이와는 별개로 지분을 인수 할 수 있는 권리 등이 부여된 채권·증권에 투자하는 방법도 고려해 볼 수 있습니다. 대표적인 것은 전환사채, 신수인수권부사채, 상환전환우선주 등입니다. 전환사채는 주식으로 전환할 수 있는 권리가 부

137) 일반주주가 소유한 주식의 총수가 200만 주 이상인 경우에는 제외합니다(유가증권상장규정 제47조).
138) 다만, 300인 이상의 소액주주가 유동주식수의 100분의 10 이상으로서 100만 주 이상을 소유하고 있는 경우에는 동 지정을 하지 아니합니다(코스닥시장 상장규정 제28조).

여된 채권이고, 신주인수권부사채는 주식을 인수할 수 있는 권리가 부여된 채권이며, 상환전환우선주는 주식으로 전환 또는 상환의 청구가 가능한 우선주입니다.

[표 18] 지분투자의 종류

<table>
<tr><th>구분</th><th colspan="2">방법</th><th>특징</th></tr>
<tr><td rowspan="9">기존주식(구주)의 인수</td><td colspan="3">상장주식</td></tr>
<tr><td>소량
매매</td><td>시장매수(장중거래),
시간외매매[139)]</td><td>주식시장에서 매매.
절차가 복잡하지 않음</td></tr>
<tr><td rowspan="6">대량
매매</td><td>직접계약에 의한 장외거래</td><td>특정인으로부터 계약에 의해 장외에서 주식을 인수하는 방법</td></tr>
<tr><td>장중대량매매</td><td>정규시장의 매매거래시간 동안 일정 규모 이상의 거래물량에 대해 당해 호가 접수 직전까지 형성된 최고·최저가격 이내에서 이루어지는 거래</td></tr>
<tr><td>경쟁대량매매</td><td>대량의 거래물량을 장중호가와 별도로 집중하여 이루어지는 거래</td></tr>
<tr><td>시간외대량매매</td><td>시간외시장에서 일정 규모 이상의 거래물량에 대해 당일의 상하한가 범위내에서 계약 체결</td></tr>
<tr><td>공개매수</td><td>불특정다수인으로부터 주식 등을 집단적으로 장외에서 매수하는 방법</td></tr>
<tr><td colspan="2"></td></tr>
<tr><td colspan="3">비상장주식: 직접계약에 의한 거래 또는 장외주식시장 등을 통한 거래</td></tr>
<tr><td>신주인수</td><td colspan="2">유상증자 참여</td><td>제3자 배정 유상증자는 정관에 규정이 있어야 함</td></tr>
<tr><td>전환사채 등 주식연계 채권인수</td><td colspan="2">전환사채, 신주인수권부사채,
전환상환우선주 등</td><td>보통주 등의 주식을 전환하거나 주식을 인수할 수 있는 권리 등이 부여된 채권/증권의 인수
매입자에게는 전환청구기간 동안의 환경 변화에 대응이 가능하고, 매도자는 자금 조달 가능성이 증대</td></tr>
</table>

상장주식은 구주의 인수방법이 다양합니다. 일반적으로 거래소에서 장중에 이루어지는 소량매매 이외에도 다양한 방식으로 대량매매를 할 수 있습니다. 우선 직접적으로 주식을 보유한 상대방과 장외에서 계약을 체결하여 주식을 매매할 수 있습니다. 공개매수의 방법으로 불특정다수에게서 장외에서 주식을 매수하는 방법도 있고, 거래소의 대량매매 체결방

139) 시간외종가매매는 투자자에게 추가적인 매매거래기회를 제공하기 위하여 정규매매시간 종료후 및 장개시전 일정시간동안 당일종가로 시간우선의 원칙만 적용하여 매매거래를 성립시키는 제도를 말합니다(한국거래소).

법을 활용할 수도 있습니다. 거래소의 대량매매체결 제도는 대량매매가 시장에 미치는 영향이 크기 때문에 시장에 미치는 영향을 최소화하기 위한 제도입니다. 대표적으로 시간외 대량매매, 장중대량매매, 경쟁대량매매 방법이 있습니다.

시간외대량매매는 시간외시장의 매매거래시간(08:00~09:00, 15:40~18:00) 동안 매매수량단위의 5000배 이상 또는 1억원 이상의 호가로서 종목 및 수량이 동일한 매도・매수호가에 대하여 당일의 상・하한가 범위내의 가격으로 매매거래를 성립시키기 위하여 신청하는 경우에 그 가격으로 매매거래를 성립시키는 제도입니다.

장중대량매매는 정규시장의 매매거래시간 동안 대량 및 바스켓 매매거래를 성립시키기 위하여 신청하는 경우에 매매거래를 성립시키는 제도입니다. 수량요건은 시간외 대량매매와 동일하며, 가격은 당해호가 접수직전까지 형성된 최고・최저가격 이내로 가능합니다.

경쟁대량매매는 익명거래를 원하는 투자자의 일정규모 이상의 대량호가를 정규시장 호가와 별도로 집중시켜 이들 호가간에 매매거래를 체결시키는 제도입니다. 이때 체결가격은 당해 종목의 거래량가중평균가격으로서 장종료 후에 산출되어 각 당사자에 통보됩니다.[140)]

4) 주식이동 시 발생 가능한 세무

주식 양수도 시에는 양수도로 인해 발생하는 차익에 대한 법인세, 개인의 경우에는 양도소득세의 과세를 기본적으로 고려하게 됩니다. 그러나 이외에도 다양한 세무 사항을 확인할 필요가 있습니다.

양도 시 발생하는 증권거래세, 50%를 초과한 지분을 취득할 때 발생하는 과점주주취득세, 거래가격이 세무상 시가로 인정될 수 있는지, 시가로 인정되지 못할 때 발생할 수 있는 부당행위계산부인이나 증여의제의 문제 등이 확인이 필요한 세무사항의 예가 될 수 있습니다. 주식 이동 시 발생할 수 있는 세무사항의 자세한 내용은 "제3장, Ⅲ. M&A 회계와 세무"에서 살펴보기로 합니다.

5) 주식양수도 절차

① 양수도절차

양수도 대상 주식이 중요한 자산에 해당하는 경우에는 자본시장법에서 규정한 절차가 있으므로 이를 준수해야 하지만 그렇지 않은 경상적인 주식양수도는 이사회 결의 등 회사 내부의 규정 및 절차에 따라 진행하면 됩니다.

140) 한국거래소(krx.co.kr) regulation 참고

[표 19] 주식 양수도 절차 예시

구분	주요 내용
주식 평가(필요한 경우 실사)	공정가치 평가 특수관계자 거래일 경우에는 세무상 시가에 대한 확인
이사회 결의 및 내부규정에 의한 승인 절차	내부 규정에 의한 승인 절차 후 계약 체결
주식양수도 계약서 작성 및 서명(날인)	양도자는 신분증, 인감도장(날인시), 인감증명서 등, 양수자는 신분증 인감도장(날인시) 등 * 공증: - 내용을 명확히 하기 위해서 양수도 당사자가 공증을 받는 경우도 있으나, 반드시 필요한 절차는 아님
주식양수도 기준일	실질적인 주식 양수도일(권리 등이 이전되는 날)
대금지급	기준일 또는 계약이행 이후 지급
주주명부 명의개서	양수인이 명의개서를 요청하고, 회사(또는 대행사)는 주주명부 수정기재 * 공증(필요시): - 양수도 사항을 명확히 하기 위해 회사에 의뢰하여 회사가 변경된 주주명부에 대한 공증을 받음
증권거래세 신고 납부	양도자가 거래대금증권거래세율을 적용하여 납부[141](양도일이 속하는 반기의 말일부터 2개월 이내)[142]
과점주주취득세 신고 납부	양수자가 납부. 취득세 대상 자산이 있을 경우 대상이 될 수 있음(주식을 취득한 날로부터 60일 이내에 취득 물건 소재지 시·군·구정청에 신고납부)
양도소득세 신고 납부	양도자가 신고 납부(차익이 발생하지 않더라도 신고는 필요, 양도일이 속하는 반기의 말일부터 2개월 이내, 특정주식 및 부동산과다법인 주식은 양도일이 속하는 달의 말일부터 2개월 이내)[143]
주식등 변동상황명세서 제출	회사는 법인세 신고시 주주명부와 주식등 변동상황명세서를 제출

141) 비상장주식 증권거래세는 0.35%(22년까지는 0.43%), 유가증권시장에 거래시에는 0.0%(22년까지는 0.08%, 23년은 0.05%, 24년은 0.03%, 농특세 0.15% 별도), 코스닥시장에서 거래시에는 0.15%(22년까지는 0.23%, 23년은 0.2%, 24년은 0.18%), 코넥스시장에서 거래시에는 0.1%를 납부합니다.

142) 전자등록기관, 한국예탁결제원 및 금융투자업자인 경우(증거법 제10조 제1항 제1호)에는 당해 거래월의 다음달 10일까지 신고하여야 합니다.

143) 또한 위의 예정신고기한내에 신고하였더라도 양도한 과세기간의 다음 연도 5.1.~5.31.까지 확정신고 의무가 있는지 확인해 보아야 합니다. 보통 예정신고를 한 경우에는 확정신고의 의무가 없지만 누진세율 적용대상 주식등에 대한 예정신고를 2회 이상 한 자가 이미 신고한 양도소득금액과 합산하여 예정신고를 하지 아니한 경우와 주식 등을 2회 이상 양도한 경우로서 양도소득 기본공제의 적용순위로 인하여 당초 신고한 양도소득 산출세액이 달라지는 경우에는 확정신고를 하여야 합니다.

② 중요한 주식(자산)양수도 절차

법인의 입장에서 주식 양수도는 자산 양수도로 간주됩니다. 그러므로 해당 주식이 중요한 자산이라면 상법 및 자본시장법에서 규정한 사항을 준수해야 합니다.

[표 20] 중요한 자산(주식) 양수도 절차

필요절차	주요 고려사항	관련 규정
주식에 대한 외부기관의 평가	상장법인 필수. 특수관계자거래인 경우에는 세무상 시가에 대한 고려 필요	자본시장법 시행령 제176조의16
이사회 결의		
계약체결	이사회 승인 후 계약체결	
이사회 결의사항 신고 및 공시	거래소에 신고(상장법인)	유가증권시장공시규정(제7조) 및 코스닥시장공시규정(제6조)
주요사항보고서제출	금융위원회제출(상장법인)	자본시장법 제161조
주식양수도 기준일	실질적인 주식 양수도일	
계약이행	대상자산에 대한 소유권 이전절차	
합병등 종료보고서	주요사항보고서를 제출한 경우, 자산양수도를 사실상 종료한 때 금융위원회 제출(상장법인)	증권의 발행 및 공시 등에 관한 규정(제5-15조)
대금지급	기준일 또는 계약이행 이후 지급	

6) 지배주주에 의한 소수주식 매수

상법은 지배주주에 의한 소수주식의 전부 취득이 가능한 규정을 두고 있습니다(상법 제360조의24). 이 규정은 발행주식총수의 95% 이상을 보유하는 주주가 '회사의 경영상 목적을 달성하기 위하여 필요한 경우'에 소수주주에게 주식매도를 청구할 수 있도록 하고 있습니다. 이때 보유주식 수는 모회사와 자회사가 보유한 주식을 합산해 계산합니다. 지배주주가 매도청구를 할 경우에는 미리 주주총회의 승인을 받아야 합니다. 주주총회 소집통지할 때 매매가액의 산정 근거 등을 기재하여야 하고, 그 내용을 주주총회에서 설명하여야 합니다. 반대의 경우로 지배주주(95% 지분보유)가 있는 회사의 소수주주는 언제든지 지배주주에게 그 보유주식의 매수를 청구할 수 있습니다(상법 제360조의25).

7) 양수도 실무 가이드

지분양수도는 법인 입장에서는 자산양수도의 한 형태로서 실행 시에는 자산양수도의 내용을 일정 부분 참고할 필요가 있습니다. 자산양수도 실행 시 검토되어야 할 중요한 사항은 "부록"의 "영업양수도 및 자산양수도 실무 가이드"에서 상세하게 다루도록 하겠습니다.

5 영업양수도 · 자산양수도

1) 양수도란?

양수도는 크게 영업양수도와 자산양수도로 구분할 수 있습니다. 우리가 일반적으로 이야기하는 지분 혹은 주식거래는 자산양수도의 범주에 포함될 수 있을 것입니다. 영업양수도는 독립된 사업부문의 자산 · 부채, 권리 · 의무, 인력 등 사업부문 일체가 동일성을 유지하면서 포괄적으로 이전되는 거래를 의미합니다. 반면 자산양수도는 개별적인 자산이 매매거래를 통해 소유권이 변경되는 방식을 의미합니다.

영업양수도 또는 자산양수도는 양수 대상 영업에 속한 권리와 의무(자산, 계약, 채권, 정부인허가, 근로자)를 개별적으로 이전하여야 하는 절차를 거친다는 점에서 합병 또는 주식양수도와 구별되기도 합니다.

① 영업양수도

영업양수도는 회사의 영업을 매매하는 것인데, 회사의 영업이란 사업을 위해 조직되고 유기적 일체로 기능하면서 관리되는 재산 전부 또는 중요한 일부를 통칭하는 것입니다. 상법(제374조)은 회사의 영업의 전부 또는 중요한 일부를 양도하거나 회사의 영업에 중대한 영향을 미치는 다른 회사의 영업 전부 또는 일부를 양수할 경우에는 주주총회의 특별결의가 필요하다고 규정하고 있습니다. 나아가 영업양수도에 관한 주주총회를 소집 통지를 할 때는 주식매수청구권의 내용과 그 행사방법도 명시해야 합니다. 일반적으로 영업양수도의 경우에는 채권자보호절차가 필요 없다고 봅니다.

영업양수도에서 문제되는 것은 '영업의 중요한 일부'라고 할 때 그 중요성을 판단하는 기준입니다. 양도대상 재산이 회사 전체 자산에서 차지하는 비중을 기준으로 삼아 양적으로 판단하는 것이 객관적일 수 있습니다. 자본시장법에서는 자산총액의 100분의 10 이상, 또는 매출액의 100분의 10 이상 등에 해당하는 영업의 양도를 중요한 양도로 보고 있습니다. 다만, 상법상 중요성의 기준이 명시되지 않았기 때문에 자본시장법상 기준을 참고하여 정성적으로 판단할 필요도 있습니다.

회사의 영업에 중대한 영향을 미치는 다른 회사의 영업을 양도받는 것도 주주총회 특별결의사항입니다. 영업의 전부양도는 중요성 판단을 하지 않고 주주총회에서 특별결의를 받아야 합니다. 다만, 영업의 양수는 전부나 일부에 상관없이 중요하다고 판단되는 경우에 주주총회의 특별결의사항이 필요합니다. 영업을 양도받는 것의 중요성 판단은 기존 영업의 폐지나 부정적 영향보다는, 그 영업을 사는데 필요한 자금을 조달하기 위해 회사가 얼마나 큰 위험을 부담하는가를 그 기준으로 삼습니다.

상호는 영업을 폐지하거나 영업과 함께 하는 경우에 한하여 양도할 수 있다고 상법에서 규정하고 있습니다(상법 제25조). 문제는 영업을 받은 양수인이 양도인의 상호를 계속 사용하는 경우에는 양도인의 영업으로 인한 제3자의 채권에 대해서 그 양수인도 변제할 책임이 있다는 것입니다. 다만, 양수인이 지체 없이 양도인의 채무에 대한 책임 없음을 등기하면서 동시에 양도인과 양수인이 지체 없이 제3자에게 그 뜻을 통지한 경우에 그 통지를 받은 제3자에 대하여는 변제 책임을 면하게 됩니다(상법 제42조).

② 자산양수도

회사의 자산이란 회사가 소유하고 있는 경제적 가치가 있는 유무형의 재산을 말합니다. 상법상 자산의 거래 시 문제가 되는 건, 영업양수도와 다른 절차상의 이유 때문입니다. 앞서 본 영업양수도의 경우에는 그 중요성에 따라 주주총회의 특별결의라는 절차가 필수적으로 요구됩니다. 그러나 상법은 자산양수도의 경우와 같은 개별적인 자산 처분에는 그 중요성을 묻지 않고 있습니다. 그렇다면 자산양수도의 경우에는 어떤 경우에도 주주총회 결의 없이 양도할 수 있는가? 라는 질문이 필요할 수 있습니다.

이런 경우에는 당연히 구체적인 상황에 따라 자산의 중요성에 대한 판단이 달라질 수 있습니다. 법원이 자산의 중요성을 판단하기 위해 제시한 기준은 그 회사의 목적사업을 수행하는데 기초가 되는 자산인지 여부입니다. 관광호텔을 하기 위해 세운 회사가 호텔을 짓고자 한 토지를 매각하는 경우, 광산업을 하는 회사가 광업권을 양도한 경우, 시장의 점포임대를 하는 회사가 시장 건물을 매각하는 경우 등은 그 자산이 중요하기 때문에 주주총회의 특별결의가 필요하다고 법원은 판단했습니다. 반대로, 금속제품 생산 업체가 온천개발을 준비하던 부동산을 양도한 경우와 사무실의 전세보증금채권을 양도한 경우에는 영업의 계속성 여부와 상관없기 때문에 주주총회 특별결의가 필요없다고 판단했습니다.

중요하지 않은 개별 자산의 양수도에는 주주총회의 특별결의, 주식매수청구권, 채권자보호절차가 필수 절차가 아니라고 볼 수 있습니다.

2) 양수도 유형별 비교

양수도는 유형에 따라 상법상 필요 절차가 달라질 수 있습니다. 예를 들어 주주총회나 주식매수청구권과 같은 절차는 중요한 영업양수도의 경우에는 필요하나, 자산양수도나 지분양수도의 경우에는 일반적으로 필요하지 않습니다. 또한 양수도의 유형에 따라 이전되는 자산부채, 권리의무의 범위가 달라질 수 있습니다. 예를 들어 영업양수도는 해당 영업과 관련된 모든 자산과 부채, 권리와 의무가 승계되는 것이 일반적이라면, 자산양수도는 특정자산에 한정하여 거래가 이루어질 수 있습니다. 다음의 표는 거래 유형 선택의 참고목적으로 영업양수도, 자산양수도, 지분양수도를 비교해 보았습니다. 영업양수도와 자산양수도를 구분할 때 주의하여야 하는 점은, 계약의 형식이 아닌 계약의 실질 내용에 의하여 영업양수도인지, 자산양수도인지를 구분하여야 한다는 것입니다.

[표 21] 영업양수도-자산양수도 비교

구분	영업양수도	자산양수도	지분양수도
거래대상	대상회사가 영위하고 있는 영업 일체(영업용 자산 및 부채 포함)	특정 유·무형 자산의 개별 매각(기술 특허권, 제품, 제조시설 등)	대상회사의 발행주식(신주 또는 구주)
인력	인적조직 승계[144]	인적조직의 승계는 신규 채용형식으로 이루어짐	n/a
상법상 규정[145]	• 주주총회 · 주식매수청구권(중요한 양수도의 경우) • 영업양도인의 경업 금지	-	-
공정거래법상 규정	• 기업결합신고	• 기업결합신고	• 기업결합신고
자본시장법상 규정	• 공시 및 신고 • 외부기관 평가	• 공시 및 신고 • 외부기관 평가	• 공시 및 신고 • 공개매수 절차

144) 포괄적으로 이전된다고 하여도 양수 대상 영업에 속한 권리와 의무(자산, 계약, 채권, 정부인허가, 근로자)를 개별적으로 이전하여야 하는 절차를 거쳐야 한다는 점에서 인적 조직 승계도 실무상 근로자들의 동의 절차를 이행하는 경우가 많습니다.

145) 상법은 자산양수도에 대해서는 특별한 규정을 두고 있지 아니합니다.

구분	영업양수도	자산양수도	지분양수도
특징	• 우발채무 분리 가능 • 법인 업력, 인허가 등 승계 여부는 관계 법령 및 관계기관 확인 필요 • 비영업용 자산·부채의 분리 인수	• 우발채무 분리 가능 • 대상 자산의 선택적 인수 • 법인 업력, 인허가 등 승계 여부는 관계 법령 및 관계기관 확인 필요	• 법인 업력, 인허가를 포함한 모든 권리의무 승계 • 인수 실무 절차 상대적 간소 • 우발채무 발생에 따른 사후 분쟁 위험

3) 중요한 양수도

양수도에서 중요성 기준을 언급하는 이유는 중요성에 따라 이행 절차가 달라지기 때문입니다. 만약 양수도 부문이 자산총액 또는 매출총액이 전체 자산 또는 매출의 10% 이상인 경우 등 법규상 정의된 중요한 영업양수도에 해당하는 경우에는 주주총회 절차를 진행하여야 하며 주식매수청구권도 인정됩니다. 그러나, 중요하지 않은 영업양수도나 자산양수도의 경우에는 주주총회 절차가 필수 요건이 아니어서 상대적으로 간단한 절차로 진행이 가능합니다.

또한 상장법인은 중요한 영업양수도 및 중요한 자산양수도의 경우에는 양수도 대상에 대해 외부평가기관의 평가를 받아야 합니다.

[표 22] 중요성에 따른 필요절차의 차이

필요절차	중요한 영업양수도	중요한 자산양수도	경상적인 양수도
주주총회	특별결의 필요	불필요	불필요
주식매수청구권 절차	필요	불필요	불필요
채권자보호절차	불필요	불필요	불필요
외부평가기관 의견서 (자본시장법)	필요	필요	불필요
주요사항보고서 제출 (자본시장법)	필요	필요	불필요

양수도는 이처럼 중요성 여부에 따라서 이행 절차가 달라지지만 상법상 중요성에 대한 명확한 규정은 존재하지 않습니다. 그렇기 때문에 비상장법인도 자본시장법상 규정되어 있는 중요성의 기준을 참고하여 중요성 여부를 판단하는 경우가 많습니다.[146)]

146) 명확히 규정되어 있지 않다는 의미는 자본시장법상 기준에 미달하더라도 실질적이고도 명백하게 중요하다

[표 23] 중요성의 기준(상법, 자본시장법, 공정거래법)

구분	기준	대상법인 및 관련규정
상법	영업의 전부 또는 중요한 일부의 양도 영업 전부의 임대 또는 경영위임, 이와 유사한 계약 회사 영업에 중대한 영향을 미치는 다른 회사의 영업 전부 또는 일부의 양수	제374조
자본 시장법	양수·도 영업부분의 자산액[*1)]이 최근사업연도말 자산 총액[*2)]의 10% 이상인 경우 양수·도 영업부분의 매출액이 최근사업연도말 매출액[*2)]의 10% 이상인 경우 영업의 양수로 인수할 부채액이 최근사업연도말 부채총액[*2)]의 10% 이상인 경우 양수·양도하려는 자산액[*1)]이 최근사업연도말 현재 자산총액[*2)]의 10% 이상인 양수·양도[*3)]	상장법인 (시행령 제171조 제2항 제1호~제4호, 시행령 제171조 제2항 제5호)
	*1) 장부가액과 거래금액 중 큰 금액 *2) 한국채택국제회계기준을 적용하는 연결재무제표 작성대상법인인 경우에는 연결재무제표의 금액기준 *3) 일상적인 영업활동으로서 상품·제품·원재료를 매매하는 행위는 제외	
공정 거래법	다른회사의 영업전부 주요부분: 영업양수 신고양수금액이 양도회사 직전사업연도 종료일의 대차대조표상 자산총액의 10% 이상이거나, 50억원 이상인 경우	기업결합신고 대상 법인 (기업결합신고 요령 Ⅲ.4.가, 기업결합신고 요령 Ⅲ.4.다)
	다른회사 발행주식총수의 20% 이상(유가증권 및 코스닥 상장법인은 15% 이상) 소유하게 되는 경우	제12조
	* 공정거래법상의 기준은 기업결합신고대상 기준임 * 주요부분: 양수 또는 임차부분이 독립된 사업단위로서 영위될 수 있는 형태를 갖추고 있거나 양수 또는 임차됨으로써 양도회사의 매출의 상당한 감소를 초래하는 경우	

중요성 기준에 미달하는 유사한 거래를 수 회에 걸쳐 진행할 경우에도 이를 실질상 동일한 거래로 합산하여 중요성을 판단할 필요가 있습니다. 단, 일상적인 영업활동으로서의 거

고 판단되는 양수도의 경우에는 중요한 영업양수도 절차를 취할 필요가 있을 수 있다는 의미이기도 합니다. 상장법인의 경우에도 일부 사례의 경우에는 자본시장법상 기준에 근접한 수준으로 미달하여 영업양수도와 관련한 신고서 등은 제출하지 않더라도 주주총회와 주식매수청구권 부여 절차는 이행하는 사례들을 볼 수 있습니다.

래는 이러한 판단에서 제외됩니다.

4) 양수도 시 고려사항

- 영업양수도 시에는 영업양도인과 양수인이 상법상 갖게 되는 책임에 대해 인지할 필요가 있습니다. 영업양도인은 다른 약정이 없으면 10년간 동일한 특별시・광역시・시・군과 인접 특별시・광역시・시・군에서 동종영업을 영위할 수 없습니다.[147] 그리고, 영업양수인은 양도인의 상호를 계속 사용하는 경우에는 양도인의 영업으로 인한 제3자의 채권에 대하여 양수인도 변제할 책임이 있습니다.[148]
- 영업양수도 또는 자산양수도의 거래당사자가 상장법인이라면 자본시장법상 고려하여야 하는 사항이 있는지 살펴보아야 합니다. 거래당사자가 상장법인인 경우 중요한 영업 또는 자산양수도 시에는 외부평가기관의 평가의견서를 제출하여야 합니다.[149] 사업보고서 제출 대상법인은 중요한 영업 또는 자산 양수도 결의를 한 경우에는 주요사항보고서를 제출하여야 하고, 완료시에는 합병등 종료보고서를 제출하여야 합니다.[150] 영업 또는 자산양수도가 우회상장에 해당하는지 살펴보아야 하고, 우회상장에 해당할 경우 요건을 충족하는지, 최대출자자의 매각제한과 제한 기간에 대해 확인이 필요합니다.[151] 또한 상장법인이 영업양도로 인하여 주된 영업의 정지 사유에 해당된다면 상장폐지가 될 수 있다는 점도 유의하여야 합니다.[152]
- 공정거래위원회는 기업의 집중 또는 경쟁 제한을 방지하기 위해 일정 규모 이상인 회사의 결합을 제한하고 있습니다. 거래를 하는 회사 규모에 따라 사전신고 및 사후신고로 구분되므로 당해 거래가 어디에 해당되는지도 살펴보아야 합니다.[153]

---

147) 상법 제41조
148) 이러한 변제 책임이 있는 경우에는 양도인의 제3자에 대한 채무는 영업양도 또는 광고후 2년이 경과하면 소멸합니다(상법 제42조, 제45조).
149) 자본시장법 시행령 제176조의6
150) 자본시장법 제161조, 시행령 제171조, 증권의 발행 및 공시 등에 관한 규정 제5-15조
151) 유가증권시장 상장규정 제35조 및 제48조, 코스닥시장 상장규정 제19조의3, 제22조의3 및 제38조
152) 유가증권시장 상장규정 제48조, 코스닥시장 상장규정 제38조
153) 사전신고는 자산총액 또는 매출액이 2조원 이상인 회사가 거래당사자일 경우에는 기업결합일 이전에 신고를 하여야 하는데, 신고 후 30일 경과전까지는 양수도 계약의 이행이 불가하므로 이를 유의하여야 합니다. 사후신고는 자산총액 또는 매출액이 3,000억원 이상인 회사가 자산총액 또는 매출액이 300억원 이상인 다른 회사의 영업을 양수하는 경우에는 기업결합일로부터 30일 이내에 신고하여야 합니다(공정거래법 제12조, 시행령 제18조).

NOTE 6

❑ 상호의 양도[154)]

상호는 영업을 폐지하거나 영업과 함께 하는 경우에 한하여 이를 양도할 수 있습니다.

만약, 영업양수인이 양도인의 상호를 계속 사용하는 경우에는 양도인의 영업으로 인한 제3자의 채권에 대하여 양수인도 변제할 책임이 있습니다. 다만, 양수인이 영업양도를 받은 후 지체없이 양도인의 채무에 대한 책임이 없음을 등기하거나, 양도인과 양수인이 지체없이 제3자에 대하여 양수인이 변제 책임 없음을 통지한 경우에 그 통지를 받은 제3자에 대하여는 양수인의 변제 책임이 없습니다.

양도인의 영업으로 인한 채권에 대하여 채무자가 선의이며 중대한 과실없이 양수인에게 변제한 때에는 그 변제의 효력이 있게 됩니다.

5) 양수도 실무 가이드

영업양수도 및 자산양수도는 지분양수도, 합병 및 분할 등과 함께 M&A, 투자, 기업재편 과정에서 가장 빈번하게 활용되는 실행 방안입니다. 영업양수도 및 자산양수도를 실행하기 위해서는 해당 법인의 성격에 맞는 실행 절차, 평가, 관련 세무 및 회계 등에 대한 검토가 필요합니다. 이러한 사항은 영업양수도 및 자산양수도 실행 시 검토되어야 할 중요한 부분이므로 "부록"의 "영업양수도 및 자산양수도 실무 가이드"에서 상세하게 다루도록 하겠습니다.

6 합병

1) 합병이란?

합병은 2개 이상의 회사가 계약에 의해 하나의 회사로 합쳐지는 것을 의미합니다. 합병은 다음의 그림과 같이 합병법인이 피합병법인[155)]의 자산과 부채를 포함한 모든 권리와 의무를 포괄적으로 승계하고 그 대가로 합병법인의 주식 등을 피합병법인의 주주들에게 지급합니다.

154) 상법 제25조

155) 합병으로 소멸하는 회사를 피합병법인이라고 하고, 합병후 존속하거나 합병으로 신설되는 회사를 합병법인이라고 합니다.

[그림 14] 합병의 개념

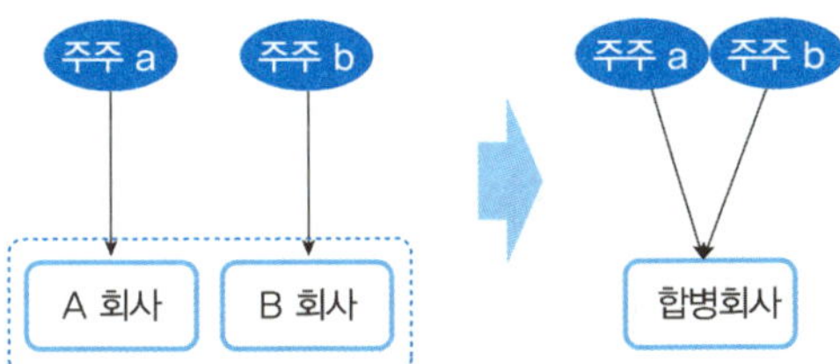

합병에는 흡수합병과 신설합병 두 가지 방법이 있습니다. 흡수합병은 A사와 B사가 합병하면서 A사가 존속하는 법인으로 남고, B사를 흡수하는 방법입니다. 신설합병은 A사와 B사가 모두 소멸하면서 새로운 회사 C사를 신설하는 방법입니다. 여기서 소멸한 회사(흡수합병에서는 B사, 신설합병에서는 A사와 B사)가 갖고 있던 법률관계는 존속하는 회사(흡수합병에서는 A사, 신설합병에서는 C사)에게 포괄적으로 승계됩니다. 우리나라에서는 주로 흡수합병이 활용됩니다.

간이합병은 말 그대로 절차를 간단하게 만든 합병입니다. 합병은 기존 주주를 보호하기 위해 주주의 승인이 반드시 있어야 합니다. 간이합병은 기존 주주를 보호해야 할 필요성이 매우 적은, 다음 두 가지 경우에만 가능합니다. 첫째, 소멸회사의 총주주의 동의가 있을 경우, 둘째, 소멸회사의 발행주식총수의 100분의 90 이상을 이미 존속회사가 소유하고 있는 경우에 있어서 소멸회사의 절차에 적용됩니다. 이 두 경우에는 주주총회의 승인결의를 이사회 결의로 대신할 수 있습니다. 간이합병절차는 흡수합병시 소멸회사에만 적용되는 것이므로 흡수합병시 존속회사나, 신설합병을 할 경우에는 적용할 수 없습니다.

소규모합병은 규모가 큰 회사(A사)가 규모가 작은 회사(B사)를 흡수합병하는 경우에, A사의 주주총회 승인결의를 이사회 결의로 대신할 수 있도록 하고, 주식매수청구절차를 거치지 않도록 한 것입니다. A사 입장에서 보면, B사를 흡수합병하는 것이 일상적인 경영활동에 불과하기 때문에 절차를 그에 맞게 줄여준 것입니다. 상법은 존속회사가 소멸회사의 주주에게 발행해주는 신주 또는 이전하는 자기주식의 수가 존속회사의 발행주식총수의 100분의 10을 초과하지 않는 경우에 소규모 합병이 가능하도록 규정하고 있습니다. 간단하게 보면, 10배 이상 큰 회사가 흡수합병할 경우 소규모합병이 적용된다고 볼 수 있습니다.[156]

156) 단, 합병회사가 발행하는 신주의 수는 소멸회사(피합병회사)의 총자산 규모가 아닌 순자산을 기준으로 하기 때문에 규모가 크더라도 자본잠식이 심한 경우에는 순자산은 작아질 수 있습니다. 이러한 경우 대규모 부실회사를 흡수합병할 때도 이 제도가 적용되어 주주총회의 결의가 생략되는 문제가 발생할 수도 있습니다.

삼각합병은 상법 제523조의2가[157] 생기면서 가능하게 된 합병 방법입니다. A1(모회사), A2(합병법인, 모회사의 자회사), B(피합병회사) 이렇게 세 개 회사가 있다고 가정하면, 일반적인 합병은 합병법인(A2)이 피합병법인(B)의 주주에게 합병대가로서 합병법인(A2)의 주식를 발행하여 대가를 지급합니다. 그러나, 삼각합병은 합병법인의 주식 대신 합병법인이 보유한 모회사 주식(A1)으로 합병대가를 지급하는 제도입니다.

2) 왜 합병하는가?

합병의 이유는 기업이 환경에 적응하고 생존을 위해 실행하는 전략만큼 다양합니다. 2개 이상의 회사가 합쳐지는 만큼 ① 기업확장의 수단으로 합병이 활용됩니다. 서로 다른 기업의 강점과 약점을 보완하여 ② 경쟁력을 강화하는 목적으로 활용될수도 있습니다. ③ 기업인수의 수단으로 활용될수도 있고, ④ 소유구조의 변경, ⑤ 재무구조의 개선, ⑥ 사업구조조정, ⑦ 세무적 혜택 목적으로도 활용됩니다.

3) 합병의 유형

합병의 유형은 합병 당사회사의 소멸 여부에 따라 흡수합병과 신설합병으로 구분되고, 합병 진행 절차, 특히 주주총회 관련 절차의 간소화 여부에 따라 일반합병, 소규모합병, 간이합병으로 구분될 수 있습니다. 주로 흡수합병과 일반합병으로 많이 진행되는 것이 통상적이며, 관계사간의 합병일 경우에는 소규모 합병이나 간이합병으로도 진행되는 경우가 많습니다.

소멸여부	흡수합병	합병당사회사 중 하나가 존속하여 다른 회사의 모든 권리와 의무 포괄적으로 승계
	신설합병[158]	합병당사회사가 신설회사 설립하여, 합병당사회사의 모든 권리와 의무를 신설회사로 포괄이전, 합병당사회사는 별도의 청산절차 없이 소멸
절차의 간소화 정도	일반합병	합병계약서의 승인을 각 당사 법인의 **주주총회의 특별결의**를 거치며, 반대주주의 **주식매수청구권** 인정하는 일반적인 방법

157) 상법 제523조의2에서는 "소멸하는 회사(피합병회사)의 주주에게 제공하는 재산이 존속하는 회사의 모회사주식을 포함하는 경우에는 존속하는 회사는 그 지급을 위하여 모회사주식을 취득할 수 있다"라고 규정하여, 합병대가를 모회사 주식으로 지급할 수 있도록 하였습니다.

158) 국내에서 신설합병의 사례는 드물다고 알려져 있습니다. 2001년 국민은행과 주택은행의 합병이 신설합병으로 이루어진 대표적인 사례로 볼 수 있을 것 같습니다.

	소규모합병[159]	흡수합병 시 **존속회사**에 대해서만 인정 합병법인 주주총회 없이 이사회 승인만으로 합병 절차 진행 가능, 반대주주의 주식매수청구권 인정하지 않음
	간이합병[160]	흡수합병 시 **소멸회사**에 대해서만 인정 피합병법인 주주총회 없이 이사회 승인만으로 합병 절차 진행 가능, 반대주주 있을 경우 **주식매수청구권** 인정
기타유형	-	교부금합병,[161] 삼각합병,[162] 역합병[163] 등

NOTE 7

❑ 외국회사와 합병 및 다른 형태의 회사간 합병의 가능 여부

외국회사와의 합병은 상법상 인정되지 않습니다. 그러므로 외국회사와 합병이 필요한 경우에는 상법상 합병절차를 통하여 진행하는 것이 아니라 사업을 양수도하는 등의 거래를 통해서 진행하여야 합니다. 다만, 삼각합병[164] 방법을 활용한다면 합병과 유사한 효과를 기대할 수는 있습니다.

참고로 합병은 분할과는 달리 유한회사나 합명・합자회사와 같은 인적회사와도 진행할 수 있습니다. 단, 합명・합자회사와 같은 인적회사와 합병시에는 물적회사인 주식회사나 유한회사가 되어야 합니다. 물적회사인 유한회사와 주식회사가 합병할 경우에는 주식회사가 될 때에는 법원인가를 받아야 하고, 유한회사가 될 때에는 사채상환을 해야 합니다(상법 제174조, 제600조).

159) 소규모 합병 요건: 합병신주의 비율이 합병회사 발행주식의 10% 이내이고 합병교부금이 합병회사 최종재무상태표 순자산의 5% 이내인 경우에만 인정됩니다. 단, 20% 이상의 주주가 반대의사를 통지할 경우에는 소규모합병 절차로 진행할 수 없습니다. 피합병법인은 간이합병 요건을 충족한 경우가 아니라면 일반합병 절차로 진행합니다.

160) 간이 합병 요건: ① 총주주의 동의 또는 ② 존속회사가 소멸회사의 주식을 90% 이상 소유한 경우 인정합니다. 합병법인은 소규모합병 요건을 충족한 경우가 아니라면 일반합병 절차로 진행합니다.

161) 기존에는 합병대가를 주식으로만 지급하였으나, 상법의 개정으로 합병 대가의 전부 또는 일부로서 금전이나 그 밖의 재산을 제공할 수 있도록 하여, 주식은 물론 현금, 채권, 모회사주식 등으로 합병대가를 지급할 수 있게 되었습니다(상법 제523조). 단, 교부금 합병은 흡수합병의 경우에만 가능합니다.

162) 삼각합병은 소멸회사의 주주에게 존속회사의 주식이 아닌 존속회사의 모회사 주식을 합병 대가로 지급하는 방법입니다.

163) 역합병은 상법상 규정된 합병방식은 아닙니다. 합병을 한 후 소멸법인의 상호를 합병법인의 상호로 사용하거나, 지분관계가 있는 모자회사간 합병에서 자회사가 모회사를 합병하는 경우 등을 흔히 역합병이라고 얘기합니다. 회계상으로는 지분을 법적으로 발행한 법인이 아닌 법적 소멸법인이 회계상 취득자가 되는 합병, 즉 회계상 취득자와 법적 취득자가 달라지는 경우를 역취득(통상 역합병)이라고 합니다.

164) 삼각합병은 합병법인의 주식 대신 합병법인이 보유한 모회사 주식으로 합병대가를 지급하는 제도로서 이에 대한 자세한 설명은 "합병실무가이드" 부분을 참고하시기 바랍니다.

4) 합병시 고려하여야 할 사항

합병시에는 합병으로 인한 효과, 합병으로 인해 발생할 수 있는 비용이나 위험요인, 합병 과정에서 준수해야할 법규나 기존 계약서 등에서 합병 시 필요로 하는 절차 혹은 조건이 있는지 여부, 그리고 회사의 이해관계자들이 합병의 필요성에 대해 충분히 공감할 수 있는지 등이 고려되어야 합니다. 이러한 고려사항을 기초로 합병 절차 등 필요한 사항을 검토하여 합병 계획을 수립하여야 합니다.

[그림 15] 합병 시 고려사항 및 검토사항

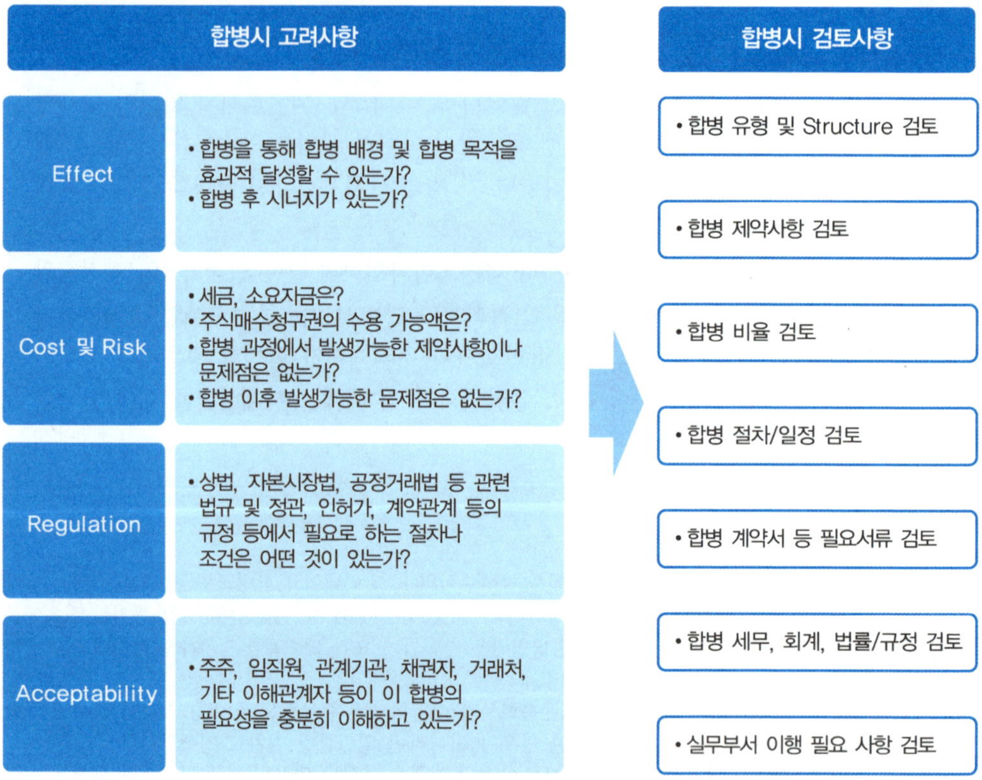

합병시 고려사항	
Effect	• 합병을 통해 합병 배경 및 합병 목적을 효과적 달성할 수 있는가? • 합병 후 시너지가 있는가?
Cost 및 Risk	• 세금, 소요자금은? • 주식매수청구권의 수용 가능액은? • 합병 과정에서 발생가능한 제약사항이나 문제점은 없는가? • 합병 이후 발생가능한 문제점은 없는가?
Regulation	• 상법, 자본시장법, 공정거래법 등 관련 법규 및 정관, 인허가, 계약관계 등의 규정 등에서 필요로 하는 절차나 조건은 어떤 것이 있는가?
Acceptability	• 주주, 임직원, 관계기관, 채권자, 거래처, 기타 이해관계자 등이 이 합병의 필요성을 충분히 이해하고 있는가?

합병시 검토사항
• 합병 유형 및 Structure 검토
• 합병 제약사항 검토
• 합병 비율 검토
• 합병 절차/일정 검토
• 합병 계약서 등 필요서류 검토
• 합병 세무, 회계, 법률/규정 검토
• 실무부서 이행 필요 사항 검토

회사의 합병은 일반적으로 상법상의 합병을 의미하기 때문에 합병을 하기 위해서는 상법상의 절차를 따르는 것이 필요합니다. 물론 대상회사가 자본시장법이나 공정거래법의 적용대상이 되는 경우에는 해당 법규에서 규정하는 절차도 준수하여야 합니다.

- 상법상 절차로는 이사회 결의, 합병계약체결, 주주총회결의, 주식매수청구권, 주주 및 채권자보호절차, 합병등기 등의 절차를 거치게 됩니다.
- 공정거래법상 절차로는 경쟁제한적 합병 금지 대상에 해당할 수 있는지,[165] 기업결합의 신고 대상[166]인지를 확인하여야 합니다.
- 자본시장법상 절차로는 주요사항보고서 및 증권신고서의 제출, 상장법인과 비상장법인 합병시 합병비율에 대한 외부평가기관의 평가, 우회상장해당 여부,[167] 비상장대법인과 합병 여부,[168] 합병 후 단기분할 제한에 해당하는 지 여부,[169] 합병신주의 상장, 지분변동보고, 이 외의 공시 및 신고 절차가 필요합니다.
- 이외에도 합병당사회사가 속한 산업의 특성에 따라 해당 산업 관련 법규에서 합병에 필요한 절차를 규정하고 있는 경우에는 해당 법규 절차도 고려하여야 합니다.[170]

5) 합병 사례

국내 IT 환경에 많은 변화를 가져온 다음커뮤니케이션과 카카오의 합병 사례를 통해 합병 유형과 합병 시 고려해야 하는 사항 등을 살펴볼 수 있습니다.

우선 합병 배경과 목적입니다. 다음커뮤니케이션은 야후 등 해외포털과 경쟁에서 우위로 국내 최대 규모의 인터넷 서비스를 제공하여 왔으나, 네이버, 구글의 부상과 모바일 플랫폼에서의 상대적인 경쟁력 열위 상태에서 카카오가 보유하고 있는 모바일 트래픽을 활용한 인터넷 사업 성장성 확보를 합병을 통해 얻고자 하였습니다. 카카오는 다음커뮤니케이션의

165) 2016년 공정거래위원회는 SK텔레콤과 CJ헬로비전의 인수합병을 불허한 경우가 있습니다.

166) 사전신고 대상은 합병등기일 이전에 신고 및 심사가 완료되어야 하며, 사후신고대상은 합병등기일로부터 30일 이내에 기업결합신고를 하여야 합니다(공정거래법 제7조, 제12조).

167) 우회상장 요건 미충족 시 상장 폐지, 우회상장으로 인한 경영권 변동 시 비상장법인 최대주주 등의 지분매각 제한

168) 상장법인과 합병하는 비상장대법인의 합병 요건 강화 및 매각 제한

169) 유가증권시장 상장규정은 상장법인과 비상장법인이 합병 후 합병기일로부터 3년내 분할재상장시, 분할신설법인의 주된 영업부문에 합병 당시 비상장법인의 주된 영업부문 포함시 재상장 요건 강화하고 있으나, 코스닥시장상장규정은 상장법인과 비상장법인이 합병 후 합병기일로부터 3년내 분할재상장시, 분할신설법인에 비상장법인의 주된 영업부문이 포함되었는지와 무관하게 분할신설법인 재상장 요건을 강화하고 있습니다.

170) 은행법상 금융기관, 자본시장법상 금융투자업자, 보험회사 등은 주무관청의 허가를 받지 않으면 합병할 수 없도록 하고 있고(은행법 제55조, 자본시장법 제417조, 보험업법 제116조, 상호저축은행법 제10조), 건설산업기본법에서는 합병시에는 건설업 양도 공고 절차를 이행하도록 규정하고 있는 것이 한 예가 될 수 있습니다.

전문화된 인력과 기술력, 콘텐츠, 플랫폼을 활용하여 카카오가 계획하고 있는 모바일 정보·생활 혁신의 가속화를 합병을 통해 가져올 것을 기대하였습니다. 이처럼 인수 합병에는 명확한 비전과 목표가 있어야 합니다.

다음으로 절차적인 측면에서는 상장회사인 "다음커뮤니케이션"이 비상장회사인 "카카오"를 흡수합병한 형태입니다. 즉, 다음커뮤니케이션이 카카오를 합병하면서, 합병비율에 따라 다음커뮤니케이션의 신주를 카카오의 주주에게 교부하였습니다. 그러나, "카카오"의 지분가치가 상대적으로 크고, 합병 후 최대주주는 "카카오"측 최대주주 등으로 변경되는 등의 이유로 회계상으로는 "카카오"를 취득자로, "다음커뮤니케이션"을 피취득자로 보아 역취득(역합병) 회계처리를 하였습니다.

또한, 비상장법인의 최대주주가 합병 후 상장법인 최대주주로 변경되었기 때문에 우회상장 심사 절차를 진행하였습니다.

그리고, 합병의 일반절차인 양사 주주총회의 특별결의, 주식매수청구권 절차, 채권자보호절차 등을 거쳐 합병을 한 후, 상호를 "다음카카오"로 변경하였습니다.

[그림 16] 다음과 카카오의 합병 사례

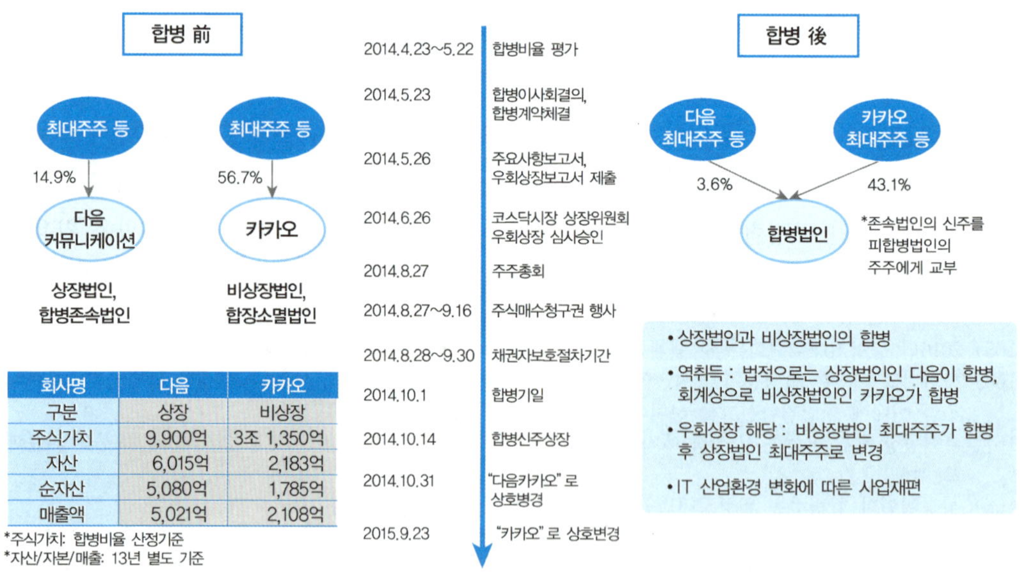

회사명	다음	카카오
구분	상장	비상장
주식가치	9,900억	3조 1,350억
자산	6,015억	2,183억
순자산	5,080억	1,785억
매출액	5,021억	2,108억

*주식가치: 합병비율 산정기준
*자산/자본/매출: 13년 별도 기준

6) 합병 실무 가이드

합병은 지분양수도, 영업양수도 및 분할 등과 함께 M&A, 투자, 기업재편 과정에서 가장 빈번하게 활용되는 실행 방안입니다. 합병을 실행하기 위해서는 해당 법인의 성격에 맞는 실행 절차, 합병비율 산정, 합병세무 및 회계 등에 대한 검토가 필요합니다. 이러한 사항은 합병 실행 시 검토되어야 할 중요한 부분이므로 "부록"의 "합병 실무 가이드"에서 상세하게 다루도록 하겠습니다.

7 분할

1) 분할이란?

분할은 하나의 회사가 가지고 있는 영업을 따로 분리하여 새로운 회사로 만들거나, 다른 회사와 합병시키는 것입니다. 분리된 영업을 새로운 회사로 만드는 것을 단순분할이라고 하고, 다른 회사와 합병시키는 것을 분할합병이라고 합니다.

분할[171]은 회사가 독립하여 영위 가능한 사업부문의 권리와 의무, 자산과 부채를 분리하여 1개 이상의 회사를 설립하여 2개 이상의 회사로 나누는 것입니다. 분리시에는 자산과 부채 등은 포괄적으로 신설법인에 이전되어야 합니다. 그렇지 않을 경우에는 세법 등 관련 법규의 혜택을 받지 못할 수 있습니다.

분할은 크게 세 가지 유형으로 나누어 볼 수 있습니다. 주주가 분할된 회사의 지분을 나누어 갖는 인적분할, 분할회사가 분할된 회사의 지분을 보유하게 되는 물적분할, 그리고 분할과 함께 다른 법인과 합병하게 되는 분할합병이 있습니다.

171) 일반적으로 분할은 상법상의 제도를 의미합니다. 그러므로 기본적으로 상법에서 규정한 주요절차 및 요건을 따라야 합니다.

[그림 17] 분할의 유형[172)]

인적분할	물적분할	분할합병
주주 → α% → A 회사 ⇒ 주주 → α% → A 회사, α% → a 회사	주주 → α% → A 회사 ⇒ 주주 → α% → A 회사 → 100% → a 회사	주주 → α% → A 회사 ⇒ 주주 → α% → A 회사, β% → a 회사; B 주주 → γ% → B 회사
상법 제530조의2 ①	상법 제530조의12	상법 제530조의2 ②

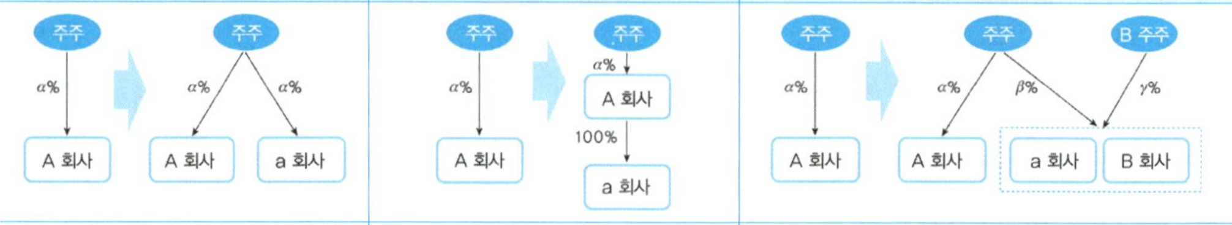

분할을 고려할 때에는 인적분할 또는 물적분할과 같은 ①분할의 유형, 법규 등에 따른 ②분할의 제약사항, ③분할대상 자산 및 부채, ④분할시 필요한 절차와 일정, ⑤분할계획서와 같은 필요서류, ⑥분할시 발생가능한 세금문제나 다른 회계적 이슈 등 다양한 사항들이 검토되어야 합니다.

2) 왜 분할하는가?

합병과 마찬가지로 분할도 기업의 전략적 선택에 따라 다양한 목적으로 활용되고 있습니다. 사업부를 분리하여 매각하거나 투자유치와 같은 자금조달 목적으로 활용되기도 하고, 관리 및 의사결정 구조를 분리하여 책임경영과 전문화 또는 핵심사업 집중과 같은 사업구조 재편 목적으로 활용되기도 합니다. 기업의 위험을 분산하거나 지배구조의 변경이 필요한 경우에도 분할이 고려됩니다.

3) 분할시 고려하여야 할 사항

분할시에는 분할로 인한 효과, 분할로 인해 발생할 수 있는 비용이나 위험요인, 분할 과정에서 준수해야 할 법규나 기존 계약서 등에서 분할시 필요로 하는 절차 혹은 조건이 있는지 여부, 그리고 회사의 이해관계자들이 분할의 필요성에 대해 충분히 이해할 수 있는지 등이 고려되어야 합니다. 이러한 고려사항을 기초로 분할 절차 등 필요한 사항을 검토하여 분할 계획을 수립하여야 합니다.

172) 관련 규정은 다음과 같습니다.
"상법 제530조의2 ① 회사는 분할에 의하여 1개 또는 수개의 회사를 설립할 수 있다."
"상법 제530조의2 ② 회사는 분할에 의하여 1개 또는 수개의 존립중의 회사와 합병(이하 "분할합병"이라 한다)할 수 있다."
"상법 제530조의12(물적 분할) 이 절의 규정은 분할되는 회사가 분할 또는 분할합병으로 인하여 설립되는 회사의 주식의 총수를 취득하는 경우에 이를 준용한다."

[그림 18] 분할시 고려되어야 할 사항 및 검토 사항

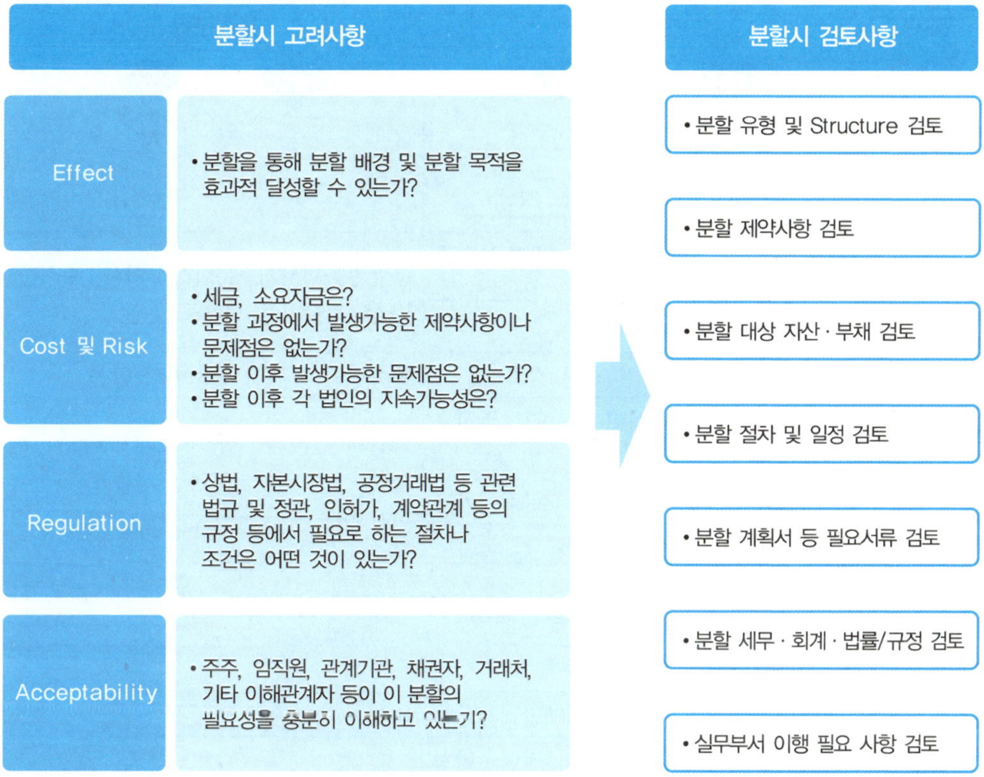

분할시 고려사항	
Effect	• 분할을 통해 분할 배경 및 분할 목적을 효과적 달성할 수 있는가?
Cost 및 Risk	• 세금, 소요자금은? • 분할 과정에서 발생가능한 제약사항이나 문제점은 없는가? • 분할 이후 발생가능한 문제점은 없는가? • 분할 이후 각 법인의 지속가능성은?
Regulation	• 상법, 자본시장법, 공정거래법 등 관련 법규 및 정관, 인허가, 계약관계 등의 규정 등에서 필요로 하는 절차나 조건은 어떤 것이 있는가?
Acceptability	• 주주, 임직원, 관계기관, 채권자, 거래처, 기타 이해관계자 등이 이 분할의 필요성을 충분히 이해하고 있는가?

분할시 검토사항
• 분할 유형 및 Structure 검토
• 분할 제약사항 검토
• 분할 대상 자산 · 부채 검토
• 분할 절차 및 일정 검토
• 분할 계획서 등 필요서류 검토
• 분할 세무 · 회계 · 법률/규정 검토
• 실무부서 이행 필요 사항 검토

4) 분할유형(인적분할 vs 물적분할)

분할의 유형은 지분구조 측면에서 수평적 분할인 주주가 분할된 회사의 지분을 나누어 갖는 인적분할과 수직적 분할인 분할회사가 분할된 회사의 지분을 보유하게 되는 물적분할로 구분할 수 있습니다. 인적분할은 회사가 두개로 완전히 분리되는 것이고, 물적분할은 분할하는 존속회사 입장에서 보면 여러 형태의 자산으로 보유하던 것을 분할을 통해 지분형태로 보유방식이 바뀌게 되는 것으로 주주입장에서는 실질적으로 달라지는 것은 없다고 볼 수 있습니다. 이렇게 인적분할과 물적분할은 분리방식이 다르기 때문에 이행 절차 측면에서도 몇 가지 차이가 있습니다.

[표 24] 인적분할과 물적분할의 비교

구분	인적분할	물적분할
기본 형태	주주 A 주주 a% a% A1 A2	주주 A 주주 a% A1 100% A2
기본 개념	기존주주가 분할 전 지분율 대로 분할존속회사와 분할신설회사 주식을 모두 소유하는 형태로 분할	분할존속회사가 분할신설회사 주식을 100% 소유하는 형태로 분할
사본감소	원칙적으로 존속법인 자본 감소	존속법인 자본이 감소하지 않음
구주권 제출	필요(기존보유 주식이 2개회사 주식으로 나누어짐)	불필요(기존보유 주식은 그대로 유지)
배당가능이익	감자차손 발생 시, 분할회사의 배당가능이익 영향	영향 없음
채권자 보호절차	연대채무[173]단절 시에는 필요, 연대채무 부담 시에는 불필요[174]	
주식매수청구	기본적으로 불필요[175]	
상장법인에만 해당하는 비교		
매매거래 정지	구주권 제출기간 만료일의 전일~변경상장 전일	정지 기간 없음
신설법인 상장	분할 재상장 예비심사 신청 절차 필요	신설법인은 상장시 신규상장 절차 진행
존속법인 상장폐지 실질심사	분할 또는 분할합병 등에 따라 주된 영업이 이전되는 경우에는 상장폐지 실질심사 대상	

173) 연대채무는 분할전의 채무에 대하여 각 분할법인이 연대하여 함께 책임을 지는 것을 의미합니다.

174) 물적분할은 구주권제출기간도 없기 때문에 연대채무를 부담할 경우 분할절차에 소요되는 기간을 단축할 수 있습니다.

175) 단, 상장법인 인적분할시 신설법인이 재상장되지 않는다면 주식매수청구 절차가 필요합니다. 또한 주권상장법인이 핵심 사업부문을 물적 분할(분할합병은 제외)하는 경우 분할되는 회사 주주의 피해로 이어지는 사례가 발생할 우려가 있어 물적 분할에 관한 이사회의 결의에 반대하는 주주에게 자기가 소유하고 있는 주식을 매수하여 줄 것을 해당 법인에 청구할 수 있는 주식매수청구권을 부여하도록 2022년에 개정되었습니다(자본시장법 시행령 제176조의7 제1항).

5) 분할 제약사항[176)]

분할은 상법상의 절차이기 때문에 상법의 규정을 고려하여야 합니다. 또한 회사가 적용받고 있는 자본시장법이나 공정거래법과 같은 다른 법률이나 내외부 규정, 타인과의 계약 등도 분할시 고려되어야 합니다.

- 상법상 고려되는 제약사항[177)]으로는 ⓐ 분할은 주식회사만 가능하다는 점, ⓑ 분할은 일반결의와 달리 주주총회의 특별결의[178)] 사항이라는 점, ⓒ 분할전 채무에 대해 분할존속회사 및 신설회사가 연대하여 채무를 부담하여야 한다는 점(연대채무를 부담하지 않을 경우에는 채권자보호절차[179)]가 필요), ⓓ 의결권이 제한된 종류주주도 의결권을 행사할 수 있다는 점,[180)] ⓔ 분할계획서에 구체적인 내용이 없다면 영업양도인의 경업금지 조항이 적용될 수 있다는 점,[181)] ⓕ 이외 상법상 규정된 절차 등을 준수해야 한다는 점이 있을 수 있습니다.
- 자본시장법 관련 규정(유가증권시장 상장규정 등)에서는 분할신설법인은 재상장 심사를 받게 되고, 존속법인과 신설법인의 상장요건과 관련된 사항을 점검하여 상장법인의 주된 사업이 분할되면 상장폐지 실질심사를 받거나,[182)] 상장법인이 비상장법인과 합병 후 3년 이내에 분할할 경우에는 재상장 요건을 강화하는 규정[183)] 등을 두고 있습니다. 그리고 상장법인이 인적분할시 신설법인이 재상장되지 않거나, 상장법인이 핵심 사업부문을 물적 분할(분할합병은 제외)하는 경우 물적 분할에 관한 이사회의 결의에 반대하는 주주에게는 주식매수청구권을 부여하는 규정을 두고 있습니다.

---

176) 분할은 주식회사만 가능합니다. 합병이 유한회사나 합명회사와 같은 다른 형태의 회사도 가능한 것과는 차이가 있습니다. 단, 상법이 아닌 관련산업의 특별법에서 분할을 인정하는 경우도 있습니다.

177) 상법상 분할과 관련된 기본 규정은 제530조의2~제530조의12에 해당합니다.

178) 특별결의 요건은 상법 제434조에 따라 "출석한 주주의 의결권의 3분의 2 이상의 수와 발행주식총수의 3분의 1 이상의 수"로 합니다.

179) 채권자보호절차는 금융채무뿐만 아니라 상거래채무와 같은 채무에 대해서도 필요합니다.

180) 합병은 분할과 달리 무의결권 주주의 의결권이 인정된다는 규정이 없습니다.

181) 분할을 영업양수도와 동일하게 본다면 상법상 영업양도인의 경업금지 규정(상법 제41조)이 적용될 수 있습니다. 그러므로 이를 분명히 할 필요가 있을 때에는 분할계획서에 경업허용, 제한 또는 금지 등의 내용을 명확히 기재하여야 합니다.

182) 유가증권시장 상장규정 제42조, 제48조, 제49조, 코스닥시장 상장규정 제38조, 제38조의2

183) 유가증권시장 상장규정은 상장법인과 비상장법인이 합병 후 합병기일로부터 3년내 분할재상장시, 분할신설법인의 주된 영업부문에 합병 당시 비상장법인의 주된 영업부문 포함시 재상장 요건 강화하고 있으나, 코스닥시장상장규정은 상장법인과 비상장법인이 합병 후 합병기일로부터 3년내 분할재상장시, 분할신설법인에 비상장법인의 주된 영업부문이 포함되었는지와 무관하게 분할신설법인 재상장 요건을 강화하고 있습니다. 단, 합병시 우회상장심사 대상이 된 경우에는 제외됩니다(유가증권시장 상장규정 제34조, 제42조, 코스닥시장 상장규정 제17조, 제19조).

- 공정거래법에서는 경쟁제한과 관련된 규정으로 기업결합신고 등의 규정을 두고 있는데, 단순분할의 경우에는 이로 인한 경쟁제한 가능성은 낮아 기업결합신고의무를 면제하고 있습니다.[184)]
- 이외에도 해당 산업 관련 법규에서 면허 등의 인허가를 위한 절차, 실적 등의 승계 여부를 규정하기도 하며, 분할에 대해 관계기관의 인가 또는 등기·등록이 필요할 수 있고,[185)] 회사가 맺고 있는 다양한 거래처와의 계약조건에도 상대방의 동의, 협의, 통지 등을 담는 내용이 포함되어 있을 수 있습니다. 또한 금융기관과의 계약 관계에서는 부채비율 등에 따라 상환을 요구하는 조항이 있을 수 있으므로 분할방안을 마련할 때 이러한 사항들을 사전에 파악하여야 합니다.
- 그리고, 가장 중요한 이해관계자 중의 하나는 임직원이므로 분할 고려 시 임직원에 대한 배려가 필요하며, 분할 목적에 대해 충분히 이해 가능하도록 다각적인 소통이 필요합니다.

6) 분할 실무 가이드

분할은 지분양수도, 영업양수도 및 합병 등과 함께 M&A, 투자, 기업재편 과정에서 가장 빈번하게 활용되는 실행 방안입니다. 분할을 실행하기 위해서는 해당 법인의 성격에 맞는 실행 절차, 분할대상 자산부채의 구분 및 분할비율 결정, 관련 세무 및 회계 등에 대한 검토가 필요합니다. 이러한 사항은 분할 실행 시 검토되어야 할 중요한 부분이므로 "부록"의 "분할 실무 가이드"에서 상세하게 다루도록 하겠습니다.

8 분할합병

1) 분할합병이란?

분할합병은 회사가 분할하면서 다른회사와 합병하는 방식입니다.[186)] 분할합병은 회사의 분할과 합병이라는 2가지의 절차를 하나로 이행하는 것이므로 분할과 합병 시 고려사항이 동시에 검토되어야 합니다.[187)]

184) 합병의 경우에는 공정거래법상 기업결합신고의무가 있습니다.
185) 상법상의 분할기일 또는 분할등기일 이후 관련 법규상 인허가절차가 완료되는 시기까지 일정기간이 소요된다면, 해당 기간동안 입찰 등 대외적 영업활동의 제한 여부 등과 같은 사항도 사전에 확인이 필요합니다.
186) 상법 제530조의2
187) 일반적으로 분할합병이라고 함은 회사가 분할하여 분할신설회사가 다른회사와 합병하는 것을 의미합니다. 그러므로 분할후 존속회사가 다른회사와 합병할 경우에는 상법상 분할합병이 아니라 분할 후 합병이라는

2) 분할합병의 사례

분할합병은 1개의 회사가 분할하여 분할신설법인이 다른 회사와 합병한 사례와 수개의 회사가 분할하여 각각의 분할신설법인이 다른 회사와 합병한 사례들이 있습니다.

[그림 19] 2018년 현대중공업과 현대삼호중공업의 분할합병[188)]

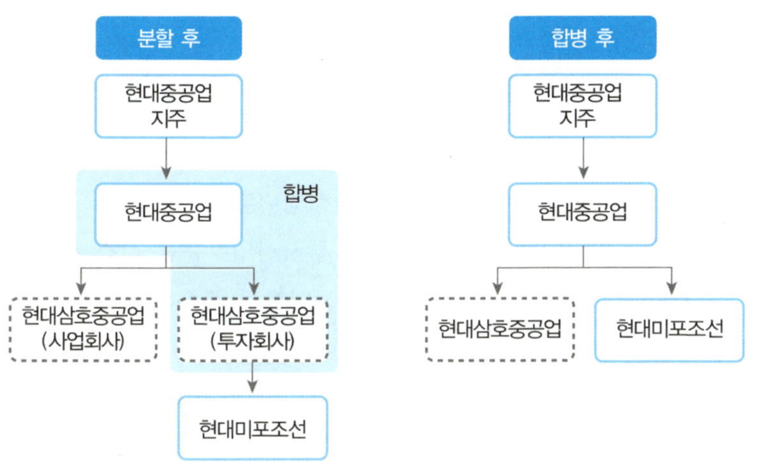

위의 분할합병은 분할회사인 현대삼호중공업이 영위하는 사업 중 자회사 및 피투자회사 지분의 관리 및 투자를 목적으로 하는 사업부문 등("분할합병대상부문")을 분할하여 현대중공업에 흡수합병하는 방식의 분할합병으로, 현대삼호중공업의 주주가 분할합병신주 배정기준일 현재의 지분에 비례하여 분할합병계약서상 분할합병비율에 따라 현대중공업의 주식을 배정받는 흡수인적분할합병 사례입니다.

절차를 각각 이행하여야 한다는 해석이 있습니다.

188) 전자공시시스템, 주요사항보고서 2013년 참조

[그림 20] 2017년 롯데제과 등 4개사 분할합병[189)]

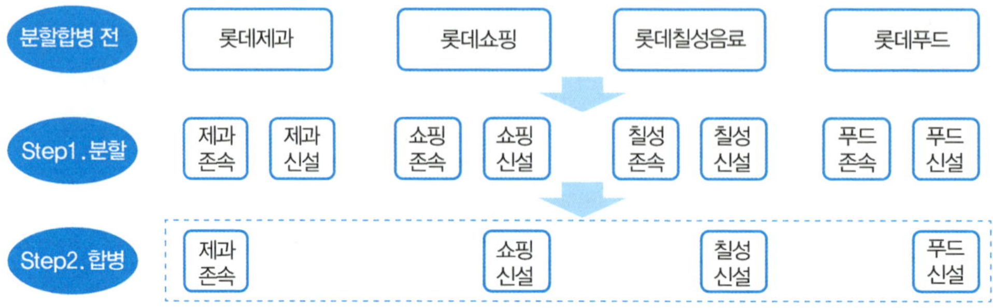

위의 분할합병은 다수의 회사가 동시에 분할합병을 한 사례입니다.

롯데쇼핑, 롯데칠성음료, 롯데푸드가 영위하는 사업 중 각 투자사업부문을 각각 분할하여 롯데제과(분할에 따라 분할대상부문을 제외한 투자사업부문만으로 존속하게 되는 회사이며, 분할합병 후 상호를 롯데지주로 변경, "분할승계회사")에 흡수합병하는 방식의 분할합병으로, 롯데쇼핑, 롯데칠성음료, 롯데푸드(이하 "분할회사")의 분할합병대상부문 주주가 분할합병비율에 따라 분할승계회사인 롯데제과 투자부문(롯데지주) 주식을 배정받는 흡수인적분할합병방식의 사례입니다.

3) 분할합병과 분할의 비교

분할합병은 분할과 합병이 동시에 이루어지는 절차입니다. 그러므로 분할절차와 합병절차가 모두 진행된다고 보면 될 것 같습니다. 그렇기 때문에 분할합병계약서를 작성할 때에는 별첨으로 분할이 이루어지는 분할법인의 분할계획서도 첨부되어야 하며, 채권자보호절차와 주식매수청구권 절차도 진행하여야 합니다.

구분	분할	분할합병
기본서류	분할계획서	분할합병계약서 및 분할계획서
채권자보호절차	연대책임 시 불필요, 연대책임이 아닌 경우 필요	연대책임 여부와 **관계없이 반드시 필요**
주식매수청구권 절차	불필요[190)]	필요
공정거래법상 신고의무	면제	신고의무 부담

189) 전자공시시스템, 주요사항보고서 2017년 참조

190) 단, 분할의 경우에도 분할신설법인이 재상장되지 않고 비상장법인이 되는 경우에는 주식매수청구권이 필요합니다.

4) 분할합병과 합병의 비교

분할합병과 합병은 합병의 상대방이 분할을 한다는 점을 제외하고는 이행절차나 고려사항이 대부분 유사합니다. 즉, 합병과 동일하게 절차를 진행하며, 추가적으로 분할절차가 필요하다고 이해하면 될 것 같습니다.

5) 분할합병 실무 가이드

분할합병은 지분양수도, 영업양수도, 합병 및 분할에 비교하면 상대적으로 활용빈도가 낮은 실행 방안이지만, 실행 방안 검토 시 중요하게 고려되는 방법 중의 하나입니다. 분할합병을 실행하기 위해서는 해당 법인의 성격에 맞는 실행 절차, 분할대상 자산부채의 구분 및 분할합병비율 산정, 관련 세무 및 회계 등에 대한 검토가 필요합니다. 이러한 사항은 분할합병 실행 시 검토되어야 할 중요한 부분이므로 "부록"의 "분할합병 실무 가이드"에서 상세하게 다루도록 하겠습니다.

9 주식의 포괄적 교환 및 이전

1) 주식의 포괄적 교환 및 이전이란?

상법 제360조의2에서 회사는 주식의 포괄적 교환에 의해 다른 회사의 발행주식의 총수를 소유하는 회사가 될 수 있다고 규정하고 있습니다. 이때 앞에 언급된 회사를 "완전모회사"라고 하고, 뒤에 언급된 다른 회사를 "완전자회사"라고 부릅니다. A와 B 두 회사가 있다고 가정하면, A와 B가 계약을 맺어 B(완전자회사)의 주주가 가지고 있던 주식 전부를 A(완전모회사)에게 이전하고, 그 대가로 A가 자기주식이나 신주를 주는 방식입니다. 그렇게 되면 B는 A의 완전자회사가 되고, B의 주주는 A의 주주가 됩니다.

포괄적 주식 '이전'은 포괄적 주식 '교환'과 구조가 대부분 동일하지만 위 예에서 A가 신설회사라는 점만 다릅니다. 즉, 주식을 이전해 줄 B가 이전 받을 A를 새로 설립하는 것입니다. 그 결과 A는 B의 완전모회사가 됩니다.

포괄적 교환(이전)은 앞서 살펴본 삼각합병과 유사한 결과를 가져옵니다. 즉, 회사 관계를 모자관계로 만드는 것입니다.

주식의 포괄적 교환(이전)을 하려면 이에 관계되는 두 회사 모두 주주총회의 특별결의에 의한 승인을 받아야 합니다. 따라서 반대하는 주주의 주식매수청구권도 인정됩니다.

합병에 간이합병과 소규모합병이 있듯이, 주식교환에도 간이주식교환과 소규모주식교환이 있습니다. 간이주식교환은 대상회사의 총주주의 동의가 있거나, 인수회사가 대상회사 주식의 90% 이상을 이미 갖고 있는 경우, 대상회사는 주주총회 결의를 얻지 않아도 됩니다. 그러나 반대주주의 주식매수청구권은 인정됩니다. 소규모주식교환은 그 요건과 절차가 소규모합병과 동일합니다.

주식의 포괄적 교환(이전)이 합병과 다른 점 중 하나는 채권자보호절차를 밟지 않는다는 것입니다. 그 이유는 포괄적 주식교환(이전)은 두 회사의 법인격이 그대로 유지되기 때문입니다. 법인격이 그대로 유지된다는 것은 채권자의 이해관계에 영향을 미치지 않는다는 의미이기도 합니다. 다만, 주식의 소유자만 바뀔 뿐입니다.

2) 주식의 포괄적 교환 및 이전의 개념

주식교환은 한 회사의 주식을 다른 회사의 주식과 교환하는 것을 의미하는데, '주식의 포괄적 교환'은 주식교환 중에서도 회사간의 주식교환을 통하여 한 회사가 다른 회사의 100% 지분을 소유한 완전모-자회사가 되는 절차를 말합니다. 주식의 포괄적 교환이 기존 법인간의 주식교환이라면, 주식의 포괄적 이전은 기존 법인의 주식을 신규로 설립되는 회사에 출자하여 완전모-자회사가 된다는 점에서 차이가 있습니다.

[표 25] 주식의 포괄적 교환과 주식의 포괄적 이전의 기본 개념

구분	주식의 포괄적 교환	주식의 포괄적 이전
거래구조	a → A, b → B ⇒ a, b → A → B (100%)	b → B ⇒ A(신설) ⇒ b → A(신설) → B (100%)
완전모회사 형태	기존 법인	신규로 설립될 법인
기본 서류	주식교환계약서	주식이전계획서
간이, 소규모	인정	불인정
교부대상 주식	신주 또는 구주(자기주식)가능	신주만 가능

주식의 포괄적 교환은 합병과 개념적으로 유사한 부분이 많이 있습니다. 법인을 하나로 통합하는 방식인지, 아니면 별도 법인을 유지하면서 통합과 같은 효과를 얻는 방식인지의 차이입니다.

[표 26] 합병과 포괄적 주식교환의 비교

구분	합병	포괄적 주식교환
계약내용	• 합병계약서	• 주식교환계약서
주주지위의 전환	• 피합병회사 주주는 합병회사 주주로 전환	• 자회사의 주주는 모회사의 주주로 전환
회사소멸 여부	• 피합병회사는 소멸함	• 완전자회사는 소멸되지 않고 독립적으로 존재
교환대상	• 피합병회사의 모든 자산과 부채	• 자회사 지분 100%
소규모, 간이 인정 여부	• 인정 • 요건: 합병신주 또는 자기주식이 발행주식 대비 10% 이하, 교부금이 자본총계 대비 5% 이하	• 인정 • 요건: 교환신주 또는 자기주식이 발행주식 대비 10% 이하, 교부금이 자본총계 대비 5% 이하
주주총회	• 특별결의	• 특별결의
주식매수 청구권	• 인정	• 인정
채권자보호절차	• 인정	• 불필요
구주권제출절차	• 피합병회사 주주 필요	• 완전자회사 주주 필요
우회상장	• 직접적 우회상장(피합병회사 및 피합병회사 주주 모두 상장회사 지분 보유)	• 간접적 우회상장(완전자회사 주주는 상장회사 지분 보유)
합병법인 보유 피합병주식	• 신주발행하여 자기주식화 또는 신주 미발행으로 소멸 모두 가능	• 기존 보유주식은 교환대상이 아님

3) 주식의 포괄적 교환 및 이전의 제한 규정

① 상법상 제한 규정

교환 및 이전에 의한 완전모회사의 자본증가 한도

주식교환을 통해 완전모회사가 부실해지는 것을 방지하기 위해서 주식교환 및 이전으로 인한 완전모회사의 자본금은 완전자회사의 순자산 범위 내에서만 증가할 수 있도록 제한하고 있습니다.

완전모회사의 자본금 증가 한도액 ≤ 완전자회사 순자산 × (1－주식교환 전 보유 지분율) － (완전자회사 주주에게 지급할 금전 등의 재산가액)[191]

① 상호주 보유 제한

주식교환 전에 완전자회사가 완전모회사의 주식을 보유할 경우에는 주식의 포괄적 교환이 이루어지면 상호간에 주식을 보유하게 됩니다. 상법에서는 A회사가 B회사의 주식을 50% 초과하여 보유할 경우 B회사는 A회사 주식을 취득할 수 없고, 만약 주식의 포괄적 교환이나 합병 등으로 인해 불가피하게 상호주가 되는 경우에는 자회사는 모회사의 주식을 6개월 이내에 처분하도록 하고 있습니다.[192]

② 공정거래법 상 신고

주식의 포괄적 교환 및 이전으로 완전모-자회사가 되는 경우에는 공정거래법상 기업결합신고를 하여야 합니다. 자산총액 또는 매출액이 3천억원 이상의 회사는 주식교환 및 이전일로부터 30일 이내에 사후신고를 하여야 하고, 자산총액 또는 매출액이 2조원 이상인 경우에는 기업결합일 이전에 신고를 하여야 합니다. 사전 신고의 경우에는 공정위 심사결과를 통지받기 전에는 기업결합을 할 수 없습니다.[193] 또한 주식 교환 및 이전을 통해 공정거래법상 지주회사가 되는 경우에는 지주회사 설립 또는 전환 신고를 하여야 합니다.

③ 자본시장법 상 고려사항

주식의 포괄적 교환 대상 법인에 상장법인이 포함된 경우에는 상법 이외에도 자본시장법상 준수해야 하는 사항을 살펴보아야 합니다. 예를 들어 주요사항보고서 등 신고서를 제출하거나 공시하여야 합니다. 이를 위반할 경우에는 손해배상, 금융위 조사, 형사적 책임 또는 과징금 등의 벌칙이 부과될 수 있습니다. 만약 상장법인이 비상장법인과 주식의 포괄적 교환을 할 경우에는 비상장법인의 주주가 보유한 주식이 상장주식이 되기 때문에 상장심사를 거치지 않고 상장되는 효과가 발생할 수 있습니다. 그러므로 주식의 포괄적 교환으로 경영권이 변동될 경우(우회상장), 비상장법인은 상장요건을 충족하여야 주식교환이 가능합니다.

---

191) 완전자회사 주주에게 지급할 금전 등의 재산가액에서 신주발행에 갈음하여 자기주식을 지급하는 경우 자기주식은 장부가액으로 가산합니다(상법 제360조의7, 제360조의18).

192) 상법 제342조의2. 참고로 A회사가 B회사의 지분을 10% 이상 보유할 경우에는 B회사가 보유한 A회사의 지분에 대해서는 의결권이 인정되지 않습니다(상법 제369조, 제342조의3).

193) 독점규제및공정거래에관한법률 제12조

[표 27] 주식포괄교환 및 이전 시 자본시장법 상 고려사항

구분	주요 고려사항
주요신고사항	주요사항보고서, 투자설명서, 증권신고서, 증권발행실적보고서(또는 주식교환(이전) 종료보고서) 등
교환비율 평가	합병비율 평가 규정과 기본적으로 동일 • 상장법인과 상장법인의 주식교환은 기준시가 • 상장법인과 비상장법인 주식교환은 교환비율에 대한 외부평가기관의 평가 필요
우회상장 제한	우회상장에 해당할 경우 비상장법인은 상장요건을 충족하여 주식교환이 가능하며, 비상장법인 최대주주는 일정기간동안 보유지분에 대한 매각이 제한

4) 포괄적 주식교환 및 이전 실무 가이드

주식의 포괄적 교환 및 이전은 지분양수도, 영업양수도, 합병 및 분할에 비교하면 상대적으로 활용빈도가 낮은 실행 방안이지만, 기업간 재편 실행 방안 검토 시 중요하게 고려되는 방법 중의 하나입니다. 주식의 포괄적 교환 및 이전을 실행하기 위해서는 해당 법인의 성격에 맞는 실행 절차, 주식교환비율 산정, 관련 세무 및 회계 등에 대한 검토가 필요합니다. 이러한 사항은 포괄적 주식교환 및 이전 시 검토되어야 할 중요한 부분이므로 "부록"의 "주식의 포괄적 교환 및 이전 실무 가이드"에서 상세하게 다루도록 하겠습니다.

10 현물출자

주식회사는 현금출자가 기본원칙입니다. 그러나, 상법에서는 예외적으로 현금이외의 자산으로 출자하는 것을 인정하고 있습니다. 이때 현금 이외의 자산으로 출자하는 것을 현물출자라고 합니다.

현물출자는 금전이 아닌 부동산, 주식 등의 재산을 법인에 출자하고 해당 법인의 신주를 그 대가로 받는 것을 말합니다. 현물로 출자하는 경우에는 출자재산의 과대평가 위험이 있어 상법은 법원의 검사 및 인가를 받도록 하고 있습니다.

[표 28] 현물출자의 예

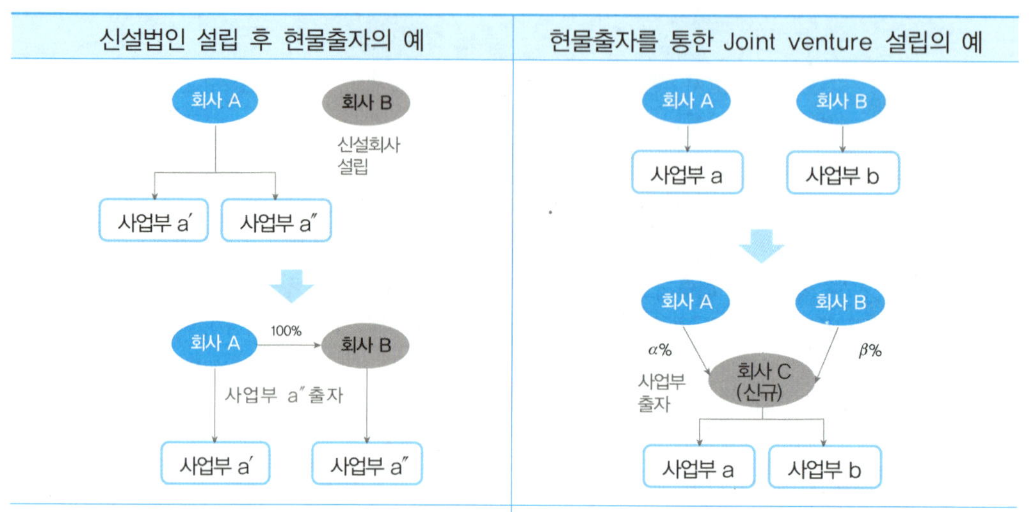

신설법인 설립 후 현물출자의 예	현물출자를 통한 Joint venture 설립의 예
신설법인 설립 후, 회사가 기존사업 또는 자산을 설립된 법인에 출자하고, 해당법인의 주식을 취득하는 형태임. 기존회사가 100% 주식 취득 시 물적분할과 비슷한 형태가 됨	두개 이상의 회사가 기존의 사업부 또는 자산을 현물출자하거나, 한 회사는 금전을 출자하는 등의 방식으로 공동투자법인(JV)을 설립하는 경우에 현물출자가 활용됨

현물출자는 출자자 입장에서는 양수도(출자)의 대가가 신주 발행에 따른 주식일 뿐이고 성격상으로는 자산 또는 영업의 양수도와 동일합니다. 그러므로 기본적으로 자산을 출자하는 것이라면 자산양수도에 따른 절차를, 영업을 출자하는 것이라면 영업양수도에 따른 절차가 필요합니다.

신주를 발행하는 회사에서는 신주발행에 따른 절차와 현물출자 재산가액의 적정성에 대한 법원 인가가 필요합니다.

단, 현물출자의 목적인 재산의 가액이 자본금의 5분의 1을 초과하지 아니하고 5천만원을 초과하지 않거나, 거래소의 시세있는 유가증권으로서 이사회 또는 주주총회의 결의가 있은 날(결의일)부터 소급하여 1개월간의 거래소에서의 평균 종가, 결의일부터 소급하여 1주일간의 거래소에서의 평균 종가 및 결의일 직전 거래일의 거래소에서의 종가를 산술평균하여 산정한 금액과 결의일 직전 거래일의 거래소 종가 중 낮은 금액을 초과하지 않는 경우에는 법원이 선임한 검사인의 검사 또는 공인된 감정인의 감정을 받지 않아도 됩니다.[194)]

또한 벤처기업에 특허권·실용신안권·디자인권·저작권, 그 밖에 이에 준하는 기술과 그 사용에 관한 지적재산권을 현물출자하는 경우에는 일정 자격의 기술평가기관이 지식재

194) 상법 제422조(법인설립시 현물출자의 경우에 상법 제299조)

산권등의 가격을 평가한다면 상법에 따른 공인된 감정인이 감정한 것으로 보도록 하고 있습니다.[195)]

현물출자 실행 시 검토되어야 할 사항은 "부록"의 "현물출자 실무 가이드"에서 상세하게 다루도록 하겠습니다.

11 지주회사

지주회사는 광의의 의미로 다른 회사의 주식을 소유함으로써, 사업활동을 지배하는 것을 주된 사업으로 하는 회사를 말합니다. 이러한 회사들 중에서 일정 규모 이상이 되는 회사를 공정거래법에서 별도로 정의하여 혜택과 제약사항을 두고 있습니다.

공정거래법에서 정의하는 지주회사는 ⓐ 자산총액이 5,000억원 이상이고, ⓑ 지주회사가 보유한 국내자회사의 주식가액 합계액이 자산총액의 100분의 50 이상인 회사를 말합니다.[196)]

[그림 21] 지주회사의 개념

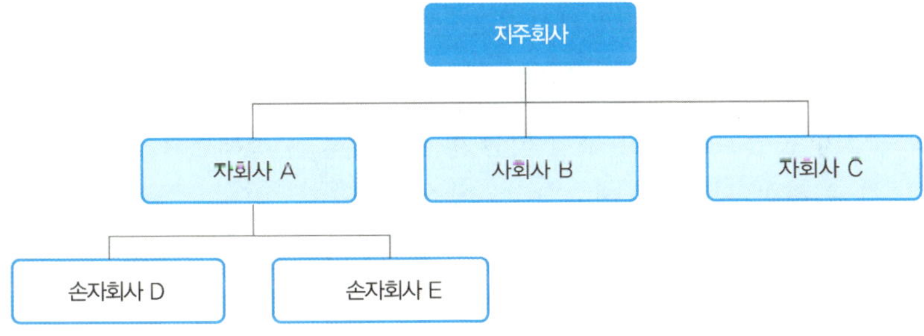

1) 지주회사의 유형[197)]

지주회사는 자회사의 주식만을 보유하고 자회사로부터의 배당수익으로 운영하는 순수지주회사와 독립적으로 사업을 영위하면서 지주회사로서의 역할을 하는 사업지주회사로 구분할 수 있습니다. 또한 금융회사를 지배하는 금융지주회사, 금융업 이외의 회사를 지배하는 일반지주회사로 구분할 수 있으며, 공정거래법상 지주회사는 아니지만, 실질적으로 지주회사로서의 역할을 하는 지주형 회사가 있습니다.

195) 벤처기업육성에 관한 특별조치법 제6조

196) 공정거래법상 지주회사는 지주회사로 전환시 전환일로부터 30일 이내에 공정위에 신고하여야 합니다. 단, 자산증가나 주식취득 등의 결산사항에 의해 지주회사가 되는 경우에는 사업연도 종료일로부터 4개월 이내에 신고하면 됩니다.

197) 지주회사의 자회사가 또다른 지주회사인 경우 이 지주회사를 중간지주회사라고 합니다.

<table>
<tr><th colspan="2">구분</th><th>설명</th></tr>
<tr><td rowspan="2">사업여부</td><td>순수지주회사</td><td>순수하게 자회사의 주식만 보유(배당수익 위주로 운영)</td></tr>
<tr><td>사업지주회사</td><td>사업을 하면서 지주회사의 역할</td></tr>
<tr><td rowspan="4">업종별
(법규정에
따른 구분)</td><td>일반지주회사</td><td>비금융회사(일반회사)를 지배하는 지주회사
→ 공정거래법에서 규정</td></tr>
<tr><td>벤처지주회사</td><td>벤처기업 또는 중소기업을 자회사로 지배하는 회사
→ 공정거래법에서 규정</td></tr>
<tr><td>금융지주회사</td><td>금융회사를 지배하는 회사 → 금융지주회사법에서 규정</td></tr>
<tr><td>지주형회사</td><td>법규정의 적용을 받지 않으나, 지주회사 형태를 유지하고 있는 회사</td></tr>
</table>

2) 지주회사의 기대효과

회사들이 지주회사로 전환하는 이유는 다양할 수 있습니다. 그러나 여기에는 몇 가지 공통적인 이유가 있을 수 있는데, 이를 지주회사 전환의 기대효과로서 다음과 같이 정리해 보았습니다.

첫째, 자회사의 독립경영체제로 책임경영이 강화되고, 효율적 자원배분과 핵심역량에 집중이 용이하여 경영효율성이 증대될 수 있습니다.

둘째, 사업부문별로 위험이 분산되어 동반 부실 확률이 줄어들고, 구조재편과 분리 및 매각 등이 유연한 구조로서 위험관리능력이 제고될 수 있습니다.

셋째, 필요 부문에 유상증자와 같은 다양한 방법 등을 통해 자금조달이 유리한 구조가 될 수 있습니다.

넷째, 복잡한 지분구조를 갖고 있는 기업에 비해 지분구조가 단순·명확하여 시장의 우호적 반응으로 대외이미지가 제고될 수 있습니다.

3) 지주회사의 주요 혜택

공정거래법상 지주회사로 전환할 경우에는 전환과정과 유지기간 동안 세법 등에서 몇 가지 혜택을 부여하고 있습니다. 그 중 가장 대표적인 것이 지주회사로 전환하고자 지분을 현물출자하는 경우에는 주식 양도차익에 대한 과세를 이연해주는 혜택을 주고 있는 것입니다. 한편, 자회사로부터 배당을 받았을 때 이 배당수익을 이익으로 보지 않고 과세를 하지 않는 비율이 있는데(익금불산입 비율), 이 비율을 과거에는 지주회사의 경우 일반회사에 비해 더 높은 비율을 적용하는 혜택을 주었으나, 2023년부터는 일반회사와 지주회사의 배당소득 익금불산입율은 동일한 비율을 적용받게 됩니다.

[표 29] 지주회사의 주요 혜택

<table>
<tr><td rowspan="2">지주회사
이행시 Tax
지원</td><td>• 현물출자로 지주회사 설립/전환</td><td rowspan="2">• <u>주주의 주식 양도차익 과세이연 또는 분할납부</u>(조세특례제한법 제38조의2, 일몰규정이며 기존 과세이연의 유예기간을 2023년 12월 31일까지, 4년 거치 3년 분할납부의 일몰기한을 2026년 12월 31일까지)</td></tr>
<tr><td>• 현물출자 또는 분할로 전환한 지주회사의 자회사 요건충족을 위한 현물출자</td></tr>
<tr><td>지주회사
배당소득
혜택</td><td colspan="2">• 배당소득 익금불산입 : 이중과세를 방지하기 위한 배당소득 익금불산입율은 2023년부터 일반기업과 지주회사가 동일한 비율을 적용
<table><tr><th>피출자법인에 대한 출자비율</th><th>익금불산입률</th></tr><tr><td>50% 이상</td><td>100%</td></tr><tr><td>20% 이상 50% 미만</td><td>80%</td></tr><tr><td>20% 미만</td><td>30%</td></tr></table></td></tr>
<tr><td>행위제한
유예기간</td><td colspan="2">• 부채비율 요건, 자회사(손자회사) 지분율 등 모든 행위제한 요건에 대해서 1~2년(공정위 승인시 일부 요건은 2년 연장 가능)간 유예기간 부여</td></tr>
<tr><td>일감몰아주기
증여의제 제외</td><td colspan="2">• 수혜법인이 지주회사인 경우로서 자회사와 거래한 매출액은 <u>과세제외 매출액에 해당</u></td></tr>
</table>

4) 지주회사의 제약사항

공정거래법상 지주회사가 되면 앞서 언급한 혜택이 주어지는 반면, 지분구조를 투명하게 유지하기 위한 지분보유 제한 규정을 준수해야 합니다. 예를 들어 지주회사는 자회사의 지분을 50% 이상(상장 또는 공동출자지분은 30% 이상) 보유하여야 하고, 상호출자 및 순환출자 혹은 이와 유사한 구조의 출자를 하면 안됩니다. 다음의 그림을 보면 공정거래법 상 지주회사 및 자회사가 유지하여야 하는 지분구조를 확인할 수 있습니다.

[그림 22] 공정거래법 상 지주회사 및 자회사의 지분보유 제한[198)]

지주회사 및 자회사의 지분보유 제한[199)]

구분	주요내용
지주회사 행위제한	• 자회사 지분비율 50% 이상(상장 또는 공동출자법인 30%) • 계열회사가 아닌 국내회사 지분율 5% 초과소유 금지(단, 자회사가액의 15%까지는 보유 가능) • 부채비율 200% 이하
자회사 행위제한	• 손자회사 지분비율 50% 이상(상장 또는 공동출자법인 30%) • 손자회사가 아닌 국내 계열회사 지분 보유 금지
손자회사	• 증손회사는 지분 100% 보유 시에만 가능

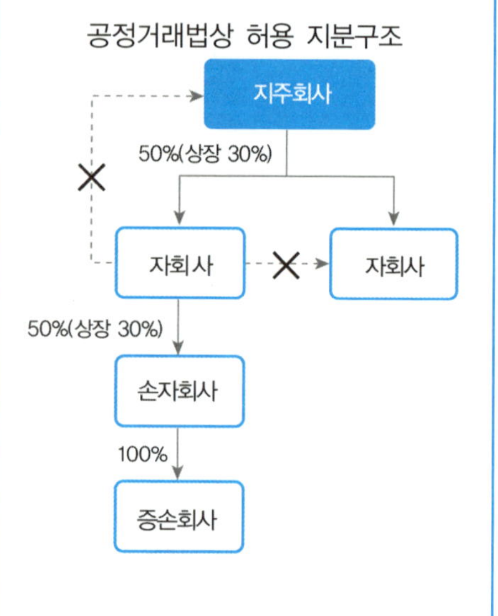

또한, 지주회사는 부채비율을 200% 이하로 유지하여야 합니다.

일반지주회사는 금융회사의 지분을 보유하면 안되고, 금융지주회사는 금융회사 이외의 자회사를 소유할 수 없습니다. 그리고, 일반지주회사의 자회사는 금융업을 영위하는 회사를 손자회사로 지배할 수는 없습니다.[200)]

또한 상호출자제한기업집단에 속하는 지주회사 및 지주회사의 자회사는 계열회사와 채무보증을 모두 해소하여야 합니다.

지주회사의 행위제한 규정을 위반하게 되면 공정위에서는 과징금 부과, 시정 조치, 기타 벌칙 등의 제재를 할 수 있습니다.[201)]

198) 공정거래법 제18조. 지주회사 전환과정에서 이러한 지분을 완전히 정리하지 못한 상황이라도 1~2년의 유예기간을 두고 있습니다. 또한 공정거래법상 행위제한 규정을 위반하는 경우에는 공정거래법 제38조에 의한 과징금, 제37조에 의한 시정조치, 제124조 및 제126조에 의한 벌칙 등이 부과될 수 있습니다

199) 과거에는 자회사가 소유하는 손자회사 주식의 수가 그 자회사의 지주회사가 소유하는 그 회사의 주식 수와 같은 경우나 지주회사의 다른 자회사가 소유하는 손자회사의 주식 수와 같은 경우에도 그 손자회사를 지주회사의 손자회사로 보도록 손자회사에 대한 최다출자자 요건을 규정하였으나, 2020년 공정거래법 개정으로 수직적 출자를 통한 단순·투명한 소유·지배구조 형성이라는 지주회사 제도 취지에 맞게 하나의 손자회사를 하나의 자회사가 지배하도록 하였습니다.

200) 손자회사는 증손회사 지분을 100% 보유하는 것만 가능하므로 일반지주회사의 손자회사는 금융업을 영위하는 계열회사 지분을 보유할 수 없습니다.

201) 공정거래법 제16조, 제17조, 제66조, 제78조

5) 벤처지주회사

벤처지주회사는 벤처기업 또는 중소기업법상 중소기업을 자회사로 하는 지주회사입니다. 공정거래법의 적용을 받는 일반지주회사는 자산총액이 5천억원 이상인 지주회사인데, 벤처지주회사는 자산총액이 300억원 이상이면 공정거래법의 적용을 받는 지주회사가 됩니다.

벤처지주회사가 되기 위해서는 이사회 또는 주주총회를 통해 벤처지주회사로 설립 또는 전환하기로 의결하여야 하며, 회사가 소유하고 있는 전체 자회사 주식가액 합계액 중 중소기업[202] 또는 벤처기업[203]의 주식가액 합계액이 차지하는 비율이 50%이어야 합니다. 다만, 벤처지주회사의 설립 · 전환을 최초로 의결한 날부터 2년까지는 그 비율을 30% 이상으로 할 수 있습니다.

또한 공정거래법에 따라 지정된 공시대상기업집단으로서 동일인이 자연인인 기업집단에 소속된 벤처지주회사의 동일인 및 그 친족이 자회사, 손자회사 또는 증손회사의 주식을 소유하지 않아야 합니다.

벤처지주회사는 자회사보유요건도 일반지주회사와는 차이가 있습니다. 벤처지주회사는 자회사의 지분을 상장-비상장 구분없이 20% 이상 보유하여야 합니다.

일반지주회사는 벤처지주회사를 자회사로 둘 수 있습니다. 자회사인 벤처지주회사는 손자회사 지분을 20% 이상 보유하여야 합니다. 만약 일반지주회사의 손자회사가 벤처지주회사인 경우에는 그 손자회사는 국내 계열회사(금융업 또는 보험업을 영위하는 회사는 제외) 발행주식총수의 50% 이상을 소유하여야 합니다.

일반지주회사는 비계열사 지분을 5% 초과보유하는 것에 대한 제한이 있으나, 벤처지주회사는 비계열사 주식취득 제한이 없습니다.

과거에는 일반지주회사는 금융-산업간 상호 보유-지배를 금지하는 원칙에 따라 금융회사인 기업형 벤처캐피털(CVC: Corporate Venture Capital)지분의 보유를 금지하였으나, 2022년에 [지주회사 관련 규정에 관한 해석지침] 개정안을 마련하여 일정 요건하에서 일반지주회사가 기업형 벤처캐피탈 지분을 보유하는 것을 허용하였습니다.

202) 「중소기업기본법」 제2조에 따른 중소기업 중 공정거래위원회가 정하여 고시하는 바에 따라 산정한 연간 매출액에 대한 연간 연구개발비의 비율이 100분의 3 이상인 중소기업을 말합니다.
203) 「벤처기업육성에 관한 특별조치법」에 따른 벤처기업

[표 30] CVC 행위제한 규정 주요내용

항목	내용
CVC 설립 · 운용	• 지주회사는 CVC 지분 100% 보유 의무 • CVC 부채비율 제한(200%)
자금조달 · 투자 등	• 투자조합별로 40% 이내에서 외부자금 출자 허용 • CVC 총자산(투자조합의 출자금액 포함)의 20% 범위 내에서 해외투자 허용 • 소속 기업집단 총수일가 지분보유 기업 투자금지 등
모니터링	• CVC 출자자현황, 투자내역 등 공정위 보고

12 증자, 감자 & 자기주식

1) 증자

① 증자의 종류

증자란 회사설립 후 정관에서 정한 수권주식의 범위 내에서 주식을 발행하여 자본을 증가시키는 행위를 의미합니다. 자본금을 증가시키는 방법은 크게 현금 등의 실질자산을 투자하여 증가시키는 유상증자가 있고, 회사의 자본금은 증가하지만 실질자산은 증가하지 않은 무상증자가 있습니다.

무상증자 vs 유상증자

구분	무상증자	유상증자
형태	현금 또는 현물 등 별도 납입 없이 기존주주들에게 무상으로 신주 교부(자본의 구성 항목만 변경)	현금 또는 현물 등의 납입을 통해 자본금을 증가시키고 신주를 발행
목적	• 유통주식수의 증가 • 주주에 대한 이익배당 성격	• 자본조달을 통한 재무건전성 확보 • 필요기술, 필요자원의 효율적인 조달

② 무상증자

무상증자는 회사의 실질자산의 증가없이 자본잉여금이나 이익잉여금을 자본으로 전입함으로써 자본금을 증가시키는 것입니다. 즉, 자본구성의 항목만이 변경됩니다.

무상증자[204)]의 종류

구분	재원 등	과세 대상
무상증자	자본준비금을 자본금으로 전입	과세대상 아님(예외있음)[205)]
	이익준비금을 자본금으로 전입	배당으로 과세[206)]
주식배당	이익잉여금에 의한 주식배당	배당으로 과세

상법상 무상증자의 재원에 대하여 별도의 규정은 없으나 일반적으로 법정준비금인 자본준비금(자본잉여금)과 이익준비금에 한하여 전입이 가능하다고 보고 있습니다.[207)] 만약 이익배당이 가능한 이익잉여금으로 자본에 전입하였다면 이는 무상증자가 아닌 주식배당이 됩니다.

무상증자의 발행가액은 액면가로 하여야 합니다.

무상증자는 이사회 결의로 할 수 있으나, 정관으로 주주총회에서 결정하기로 정한 경우에는 정관에 따라 주주총회 결의로 하여야 하며, 이익배당(주식배당)은 주주총회에서 결의합니다.

주식에 의한 배당은 이익배당총액의 2분의 1에 상당하는 금액을 초과하지 못합니다. 그러나, 상장법인은 시가가 액면가액보다 높다면 이익배당 전액을 주식배당으로 할 수 있습니다.[208)]

③ 유상증자

유상증자는 현금이나 현물 등 실질자산이 회사에 투자되어 자본이 증가하는 경우입니다. 이때 신주가 발행되는데, 신주를 누구를 대상으로 발행할 것인지, 신주를 어떤 가액으로 발행할 것인지 등을 결정하여야 합니다.

204) 일반적으로 우선주에 대해서도 우선주 배정이 이루어져야 한다고 보고 있으며, 자기주식에 대해서는 무상주 배정에 대해 다른 견해들이 있으나, 실무상 자기주식에 무상주를 배정하지 않는 경우가 많습니다.

205) 자본잉여금 중에서도 과세되지 않은 잉여금은 의제배당에 해당하지 않으나, 자기주식처분이익, 채무의 출자전환시 채무면제이익, 익금산입된 토지 재평가차익, 일정조건하의 자기주식소각이익 등 과세된 잉여금을 자본전입할 경우에는 의제배당에 해당합니다.

206) 자본전입결의일을 이익배당을 받은 날로 보고 과세하며, 액면가액을 기준으로 과세하게 됩니다.

207) "회사는 이사회의 결의에 의하여 준비금의 전부 또는 일부를 자본금에 전입할 수 있다. 그러나 정관으로 주주총회에서 결정하기로 정한 경우에는 그러하지 아니하다"(상법 제461조 제1항)

208) 상법 제462조의2 및 자본시장법 제165조의13

배정 대상에 따른 분류

유상증자는 신주를 누구에게 배정하느냐에 따라 주주배정, 제3자배정, 공모의 방법으로 구분할 수 있습니다.

구분	내용	신주부여 대상	관련법규
주주배정	주주에게 보유주식 비율에 따라 배정(신주발행(증자)의 기본 원칙)	기존주주	상법 제418조
제3자배정	정관에 정함에 따라 특정인에게 배정	제3자	상법 제418조
공모	불특정 다수인에게 청약기회 부여(주주우선공모, 주주 우선청약권이 없는 일반공모)	불특정 다수	자본시장법 제165조의6

회사가 신주를 발행하는 경우 주주는 원칙적으로 소유주식수에 비례하여 신주를 배정받을 권리(신주인수권)가 있으며, 이에 따라 주주의 보유지분비율에 따라 신주를 배정하는 방식을 주주배정이라고 합니다.

회사는 정관의 정함에 따라 신기술 도입, 재무구조 개선 등 회사의 경영상 목적을 달성하기 위하여 필요한 경우에 한하여 주주 외의 자(특정인)에게 신주를 배정할 수 있으며, 이에 따라 특정한 자에게 신주를 배정하는 방식을 제3자 배정이라고 합니다.

공모방식은 두 가지 방식이 있습니다. 우선청약 기회 부여 여부에 따라 기존 주주에게 우선청약권을 부여하고 잔여분을 불특정다수인에게 공모하는 주주우선공모[209]와 기존 주주의 우선청약권이 없이 불특정다수인에게 동등하게 청약권을 부여하는 일반공모로 구분됩니다.

우리사주조합이 있는 유가증권시장 상장회사는 주식을 모집·매출할 때 모집·매출 주식의 20%를 우리사주조합에 우선배정하여야 합니다.[210] 다만, 우리사주조합원이 소유하는 주식수가 신규로 발행되는 주식과 기발행된 주식총수의 20%를 초과하는 경우에는 우선배정권이 없습니다.

209) 주주우선공모는 주주배정과 달리 주주의 주식소유비율에 따라 청약기회를 부여하여야 하는 것이 아니며, 이와 다르게 부여하는 것도 가능합니다.

210) 자본시장법 제165조의7

비상장회사의 유상증자 필요 절차[211)]

구분	주요 절차
주주배정[212)]	• 이사회결의(D-16, 정관에서 주주총회에서 정하기로 한 경우에는 주주총회[213)]) －신주발행 공고(D-15) －신주배정기준일(D-day) －신주배정 통지(D+1) －청약(D+17) －실권주 처리 이사회(D+17) －실권주청약(D+18) －주금납입(D+19) －증자 등기(D+20) －신주권 교부
제3자배정	• 이사회결의(D-16, 정관에서 주주총회에서 정하기로 한 경우에는 주주총회) －주주에 대한 통지 및 공고(납입기일의 2주 전) －신주인수권자에게 최고(청약기일의 2주 전, 신주인수권자에게 청약기일, 신주인수권의 종류, 실권과 관련사항을 통지) －제3자의 주식인수 청약 －제3자에 대한 신주배정 －주금납입 －증자등기 －신주권 교부

* 상장회사의 경우에는 주요사항보고서의 제출, 증권신고서, 투자설명서, 발행가액 결정, 공시 등의 절차로 인해 주주배정 및 주주우선공모의 경우 이사회결의~신주상장까지 2달 이상, 일반공모증자의 경우 1달이상이 소요될 수 있습니다. 제3자배정 증자시 발행증권을 1년간 한국예탁결제원에 예탁하는 전매제한을 하는 경우에는 이사회결의~신주상장까지 1달이내에 이루어질 수도 있습니다.

211) 상법 제416조~제432조
212) 총주주의 동의가 있을 경우에는 주주에 대한 공고 및 통지 일부를 생략하고 납입기일을 단축하여 진행하는 경우도 있습니다.
213) 소규모 회사 중 이사가 2인 이하인 경우에는 이사회가 존재하지 않기 때문에 주주총회에서 신주발행 결의를 하여야 합니다.

[표 31] 신주발행시 이사회(주주총회)에서 결정하여야 할 사항

1. 신주의 종류와 수
2. 신주의 발행가액과 납입기일

2의2. 무액면주식의 경우에는 신주의 발행가액 중 자본금으로 계상하는 금액

3. 신주의 인수방법
4. 현물출자를 하는 자의 성명과 그 목적인 재산의 종류, 수량, 가액과 이에 대하여 부여할 주식의 종류와 수
5. 주주가 가지는 신주인수권을 양도할 수 있는 것에 관한 사항
6. 주주의 청구가 있는 때에만 신주인수권증서를 발행한다는 것과 그 청구기간

NOTE 8

❑ 정관상 이사회결의로 제3자배정을 할 경우 발행할 주식의 범위

증자시 신주를 배정받을 권리는 기본적으로 회사의 주주에게 있습니다. 그러나 정관규정에 따라 이사회결의로 제3자에게 신주를 발행할 수 있도록 함에 있어서 발행할 수 있는 신주의 범위를 정하게 되는데, 통상적으로 다음과 같은 문구로 기재되는 경우가 많습니다.

예시문구: 발행주식총수의 100분의 20을 초과하지 않은 범위내에서 전략적 제휴를 위하여 제휴업체에게 신주를 발행하는 경우

이때 발행주식총수의 의미가 새롭게 발행할 제3자 배정 신주를 포함하는 의미인지, 아니면 신주 발행 직전의 주식수를 의미하는지 불분명한 부분이 있습니다. 가장 좋은 방법은 어느 경우에 있어서든 한도를 넘지 않는 수준에서 발행하는 것이 좋을 것이나, 한도 산정이 중요한 경우에는 법률적인 해석을 받을 필요가 있습니다. 단, 표준정관 주석상에서 발행주식수는 제3자배정을 통해 발행할 신주와 기 발행주식을 합산하여 산정한다고 기술하고 있다는 점은 참고할 수 있을 것 같습니다.

또한 제3자 배정 신주의 한도는 이번에 발행될 신주만을 의미하는 것이 아니고, 그 동안 이사회결의에 의해 누적적으로 발행된 제3자배정 신주를 모두 합산하여 계산하여야 합니다.

발행가액에 따른 구분

신주발행가액을 액면으로 발행하느냐, 액면미달로 발행하느냐, 시가로 발행하느냐로 구분될 수 있습니다.

원칙적으로 액면가 이상으로 발행되어야 하며, 상장법인은 대부분 일정기간 동안 주식시장에서 형성되는 가격을 기준주가로 하여 유상증자 신주를 발행합니다.

액면미달발행은 원칙적으로 금지되어 있습니다. 그러나 설립 후 2년 이상의 법인이 주주총회 특별결의로 최저발행가액을 결정하고 법원의 인가를 얻는 등 일정 요건을 충족한 경우에는 액면미달발행이 가능합니다.[214] 상장법인은 법원의 인가 없이 주주총회의 특별결의만으로 액면미달발행을 할 수 있는데, 이 경우에도 기준주가를 기준으로 산정한 최저발행가액 이하로는 발행할 수 없는 등 일정 제약조건이 있습니다.

[표 32] 상장법인의 신주 배정 방식에 따른 기준 주가 산정 방식[215]

구분	주주배정방식	제3자배정방식		공모방식
		일반	보호예수하는 경우	
발행가액	발행가액 자유결정 (실권주 미발행시)	기준주가에서 10% 이내로 할인된 가격		기준주가에서 30% 이내로 할인된 가격
기준주가		가중산술평균주가 (총거래금액/총거래량)	아래의 ①, ② 중 낮은 가액 ① (1개월 가중산술평균주가 +1주일 가중산술평균주가 +최근일 가중산술평균주가)/3 ② 최근일 가중산술평균주가	가중산술평균주가 (총거래금액/총거래량)
기산일		청약일 전 제3거래일부터 제5거래일	이사회결의일 전일	청약일 전 제3거래일부터 제5거래일

214) 비상장법인은 상법 제417조, 상장법인은 자본시장법 제165조의8

215) 2016 상장회사 유무상증자 실무해설, 상장사협의회 참조

NOTE 9

❑ 주식분할과 병합

주식분할	주식분할은 자본금의 변동 없이 발행주식수만 늘어나는 것을 말합니다. 회사 재산의 변동 없이 1주의 주식을 2주 또는 10주로 기존보다 많은 수의 주식으로 나누기 때문에 흔히 액면분할이라고 합니다. 주식을 분할하면서 액면가액 10,000원에서 5,000원 또는 1,000원으로 변경되기 때문입니다. 주식의 분할은 주주총회 특별결의로 하여야 하며, 정관상 발행주식총수의 변경이 필요한 경우에는 정관변경도 함께 이루어져야 합니다. 액면가가 있는 주식의 액면분할시 1주당 액면금액은 100원 이상으로 하여야 합니다. 참고로 상법은 액면미달로 주식을 발행하는 것을 엄격하게 제한하고 있습니다.[216]
주식병합	주식병합은 주식분할과는 반대로 여러 개의 주식을 합하여 종전보다 적은 수의 주식으로 바꾸는 것입니다. 주식병합은 넓게 보면 액면가 500원인 주식 10주를 액면가 5,000원인 주식 1주로 바꾸는 액면병합을 포함합니다. 그러나 일반적으로 주식병합이라고 하면 ⓐ 자본금 감소를 위한 주식병합과 ⓑ 회사의 합병·분할·주식교환·주식이전시의 주식병합을 의미합니다. 먼저 감자를 위한 주식병합의 경우는 상법 제438조에서 제444조에서 규정하는 자본금 감소절차에 따라 주식병합이 이루어집니다. 따라서 주주총회 특별결의와 채권자 보호절차를 거쳐야 합니다. 회사 합병 시의 주식병합은 합병비율이 1:1이 아닌 때에는 합병비율에 따라 피합병법인의 주식병합이 이루어지고, 회사 인적분할의 경우에도 분할신주의 배정교부를 위하여 분할존속법인의 주식병합 절차를 거치는 경우가 일반적입니다.

④ 주식배당과 무상증자의 회계처리

주주에 대한 이익배당의 지급은 금전으로 하는 것이 원칙이지만 일정한 요건과 절차에 따라 이익배당총액의 2분의 1에 상당하는 금액의 범위 내에서 주식으로 이익배당을 할 수 있음을 규정하고 있으며, 주권상장법인은 해당 주식의 시가가 액면가액에 미치지 못하는 경우를 제외하고 이익배당총액을 주식배당으로 할 수 있도록 규정하고 있습니다.[217]

배당회계처리는 결산시점이 아닌 배당 결의시점에 이루어집니다. 일반기업회계기준 제24장 문단 24.7에서는 이익잉여금처분계산서에 포함된 배당은 재무상태표에 부채로 인식하

216) 상법 제329조의2, 제33조, 제417조

217) 상법 제462조의2, 자본시장과 금융투자업에 관한 법률 제165조의13

지 아니하며 재무상태표에는 이익잉여금처분 전의 재무상태를 표시하도록 규정하고 있습니다. 따라서 주식배당의 경우 결산시점에는 별도의 회계처리가 필요하지 않으며 실제 배당시점에 관련 자본계정에 직접 대체하는 회계처리를 하면 됩니다.

만약 현금으로 800의 이익배당을 하고, 200은 액면가액으로 신주를 발행하여 주식배당을 한다고 가정하면, 배당 결의시점에 다음과 같이 회계처리를 하게 됩니다.

미처분 이익잉여금	1,000	자본금	200
		현금	800

무상증자는 자본의 부에 있어서의 자본잉여금 또는 이익잉여금계정을 자본금계정으로 대체하는 것이므로 회사의 자본구성 내용에 변동을 가져올 뿐 기업의 순자산액에는 전혀 변동이 없습니다. 또한 무상증자에 의하여 신주를 교부받은 주주의 입장에서도 소유주식수는 증가하지만 지분율은 변하지 않습니다.

만약 주식발행초과금 300과 이익준비금 700을 재원으로 무상증자를 결의하고 액면가액으로 신주를 발행하였다면 다음과 같이 회계처리를 하게 됩니다.

주식발행초과금	300	자본금	1,000
이익준비금	700		

⑤ 증자시 세무

유상증자 가액이 시가와 비교하여 고가이거나 저가일 경우에는 증여의제 등 과세 문제가 발생할 수 있습니다. 이에 대한 자세한 사항은 "Ⅲ. M&A 회계와 세무"편을 참고하시기 바랍니다.

2) 감자

① 감자의 종류

회사의 자본금이 감소하는 것을 감자라고 합니다. 감자에는 회사의 실질자산이 감소하는 유상감자와 실질자산이 감소하지 않은 무상감자로 구분할 수 있습니다.

무상감자 vs 유상감자

구분	무상감자	유상감자
형태	현금 등의 유출없이 명목상의 자본금만 감소하는 것(자본의 구성항목만 변경)	현금 등을 주주에게 돌려주어 회사의 실질자산 감소를 통해 자본금이 감소하는 것
목적	• 유통주식수의 감소 • 결손보전 목적	주주에게 자본반환

감자의 방법은 이외에도 주식의 액면가액을 감소시키는 방법과 발행주식총수를 감소시키는 방법이 있습니다. 발행주식총수를 감소시키는 방법은 2주를 1주로 바꾸는 등 주식수를 균등하게 줄이는 주식병합과 자기주식을 취득한 후 소각하는 것과 같이 특정주식을 소멸시켜 주식수를 감소시키는 방법이 있습니다. 주식병합은 다시 유상감자와 무상감자로 구분할 수 있습니다.

② 무상감자

무상감자는 결손보전 등의 목적으로 이루어집니다. 결손보전의 목적이란 자본금을 결손금과 상쇄하기 위한 것입니다. 실질적인 자산의 감소가 발생하지 않기 때문에 유상감자와는 달리 주주총회의 보통결의만으로 이행 가능합니다. 그러나, 무상감자를 통해 결손보전되면 향후 배당을 통해 자본이 유출될 수 있기 때문에 채권자보호절차는 필요합니다.

③ 자기주식취득후 소각과 유상감자

자기주식을 취득[218]한 후 이를 다시 매각하지 않고 소각시키는 방법으로는 배당할 이익으로 소각하는 방법과 주주총회의 감자 결의에 의해 자본금을 감소시키는 유상감자의 방법이 있습니다. 자기주식취득 후 소각은 배당가능이익의 한도 내에서 이익잉여금 감소를 통해 자기주식을 소각하는 것이기 때문에 채권자보호절차가 필요없고, 이사회 결의로 가능합니다. 유상감자는 자본금이 감소하는 것이므로 한도는 없으나, 채권자보호절차가 필요하고 주주총회 특별결의가 필요합니다.

218) 상법 제341조. 상법상 자기주식의 취득은 배당가능이익 한도내에서 할 수 있습니다.

[표 33] 자기주식취득 후 소각과 유상감자 비교[219)]

구분	자기주식취득 후 소각	유상감자
한도	배당가능이익[220)]	상법상 한도 없음
의사결정	이사회 결의	주주총회 특별결의
채권자보호	채권자보호절차 불필요	채권자보호절차 필요
소각시 자본구성에 미치는 영향	이익잉여금 감소	자본금 감소(감자차손 발생 시 이익잉여금 감소할 수 있음)

위에서 설명하는 "자기주식 취득후 소각"은 이사회 결의로 자기주식을 취득하는 경우를 의미하며, 합병, 주식매수청구권의 행사, 단주 처리 등에 의해 취득하게 되는 경우를 의미하는 "특정목적에 의해 취득한 자기주식"을 소각하는 경우는 유상감자에 해당하므로 주주총회 결의에 의한 유상감자 절차를 따라야 합니다.

참고로 위에서 설명한 "자기주식 취득 후 소각"이외에도 "상환주식을 상환"하는 경우에도 배당가능이익의 범위 내에서 상환이 이루어져야 합니다.[221)]

④ 감자 절차

주식수를 감소시키는 감자절차인 주식병합은 주주총회의 승인과 채권자보호절차가 필요합니다. 유상감자의 경우에는 주주총회의 특별결의가 필요하고, 결손보전 목적의 무상감자인 경우에는 보통결의가 필요합니다. 그러나 두 경우 모두 회사의 실질자산이 감소하거나 혹은 감소 가능성이 있기 때문에 채권자의 보호를 위한 절차를 거쳐야 합니다.

[그림 23] 감자(주식병합) 절차

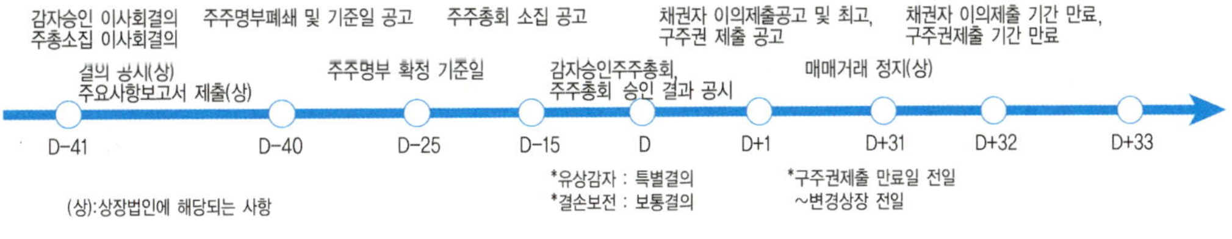

219) 합병이나 주식매수청구권의 행사 등에 의해 취득하게 되는 특정목적에 의해 취득한 자기주식을 소각하는 경우는 유상감자에 의한 감소절차로 분류됩니다.

220) 배당가능이익 범위 = 순자산액 - 자본(금) - 자본준비금 및 이익준비금 - 적립할 이익준비금 - 미실현이익

221) 상법 제345조 ① 회사는 정관으로 정하는 바에 따라 회사의 이익으로써 소각할 수 있는 종류주식을 발행할 수 있다. 이 경우 회사는 정관에 상환가액, 상환기간, 상환의 방법과 상환할 주식의 수를 정하여야 한다.

"자기주식을 취득한 후 소각"하는 방식으로 주식수의 감소가 이루어지는 절차는 이사회 결의를 통해서 이루어지기 때문에 위에서 설명한 자본감소의 절차가 불필요합니다. 그러나, 합병, 주식매수청구권의 행사, 단주 처리 등에 의해 취득하게 되는 경우를 의미하는 "특정 목적에 의해 취득한 자기주식"을 소각하는 경우는 자본감소의 절차를 따라야 하므로 위에서 설명한 절차와 동일하게 진행되어야 할 것입니다. 단, 자기주식을 이미 취득한 상태이므로 구주권의 제출절차는 필요하지 않습니다.

⑤ 유상감자의 회계처리

주식을 유상으로 매입하여 소각하는 경우에는 1주당 액면금액에 매입소각하는 주식수를 곱하여 산출한 금액만큼의 자본금 감소가 있게 됩니다. 이와 같은 자본금의 감소는 채권자 보호절차를 포함한 법정절차를 거치고 구체적인 실행절차를 완료한 시기에 효력이 발생하지만, 그 실행에 있어서는 주권제출기한이 만료됨으로써 종료되며 회계상으로는 주식의 매입일에 자본금을 감소시키는 회계처리를 하게 됩니다.

그러나 주식을 매입한 후에 즉각 소각의 절차를 밟지 않고 일정 기간 보유하고 있다가 소각하는 경우에는 일단 자기주식계정을 설정하여 처리하여야 하며, 주식의 매입일과 소각일의 사이에 결산일이 도래한 경우에는 자기주식의 취득가액을 자기주식이란 자본조정과목으로 재무상태표에 표시하고, 그 취득 경위·향후 처리계획 등을 주석으로 기재하여야 합니다.

한편 자기주식을 취득한 후 주식소각을 통하여 자본금의 감소 없이 유통주식수를 감소시키는 경우에는 자본금이 아닌 이익잉여금을 감소시키는 회계처리를 하여야 합니다.

[표 34] 자기주식 취득후 소각과 유상감자 회계처리 비교

구분	회계처리 예시	비고
유상감자 (자본감소 규정에 의한 소각)	자본금 1,000 현금 등 1,200 감자차손 200 (또는 감자차익)	자본금이 감소하며, 이에 따라 감자차손(또는 감자차익)일 발생 감자차손이 발생한 경우 향후 결손금처리순서에 따라 처리
자기주식취득 후 소각	자기주식 1,200 현금 등 1,200 이익잉여금 1,200 자기주식 1,200	자기주식 취득 반영 후, 소각시에 이익잉여금의 감소로 처리

⑥ 유상감자 시 세무

유상감자 가액이 시가와 비교하여 고가이거나 저가일 경우에는 증여의제 등 과세문제가 발생할 수 있습니다. 이에 대한 자세한 사항은 "Ⅲ. M&A 회계와 세무"편을 참고하시기 바랍니다.

3) 자기주식

① 자기주식의 취득 한도

자기주식은 배당가능이익의 한도 내에서 취득이 가능합니다. 배당가능이익은 회사가 영업활동을 통해 확보한 순이익의 누적액인 이익잉여금과 유사한 개념으로 볼 수 있는데, 회계기준에 따른 자산 및 부채의 평가로 인하여 증가된 이익은 미실현이익으로 제외됩니다. 단, 미실현손실과는 상계하지 않습니다(상법 제462조).

배당가능이익 범위 = 순자산액 – 자본(금) – 자본준비금 및 이익준비금 – 적립할 이익준비금 – 미실현이익

위와 같이 배당가능이익의 범위내에서 자기주식을 취득하는 것이 일반적이지만, 상법 제341조의2에서 규정하는 특정목적에 의한 자기주식 취득의 경우에는 배당가능이익과 무관하게 자기주식을 취득할 수 있습니다. 특정목적에 의한 자기주식 취득은 합병 또는 다른 회사의 영업전부의 양수로 인한 경우, 회사의 권리를 실행함에 있어 그 목적 달성에 필요한 경우, 단주의 처리를 위해 필요한 경우, 주주가 주식매수청구권을 행사한 경우 등이 해당됩니다.

② 자기주식의 취득 방법

상장 법인은 거래소에서 시세에 따라 자기주식을 취득할 수 있고, 비상장법인은 총주주에게 균등한 조건으로 취득한다는 통지를 하고 자기주식을 취득할 수 있습니다. 예외적으로 합병이나 주식매수청구권의 행사가 있을 경우, 절차상 자기주식을 취득하여야 하는 상황이 발생하는 경우도 있습니다.

[표 35] 자기주식 취득 방법

구분		취득 방법
일반적 취득	상장법인	거래소에 취득하는 방법 공개매수를 통해 취득하는 방법 신탁계약을 통해 취득하는 방법
	비상장법인 및 상장법인	각 주주가 가진 주식 수에 따라 균등한 조건으로 취득하는 조건으로 총주주에게 취득 통지/공고하여 취득하는 방법
특정목적 취득		a. 회사의 합병 또는 다른 회사의 영업전부의 양수로 인한 경우 b. 회사의 권리를 실행함에 있어 그 목적을 달성하기 위하여 필요한 경우 c. 단주(端株)의 처리를 위하여 필요한 경우 d. 주주가 주식매수청구권을 행사한 경우

③ 자기주식의 취득 결의

자기주식을 취득하려는 회사는 주주총회의 보통결의에 의해 취득할 수 있는 주식의 종류와 수, 취득가액의 총액 한도, 1년을 초과하지 아니하는 범위에서 자기주식을 취득할 수 있는 기간을 정하여야 합니다. 그러나, 이사회의 결의로 이익배당을 할 수 있다고 정관으로 정하고 있는 경우에는 이사회의 결의로써 주주총회의 결의를 갈음할 수 있습니다.

자기주식을 취득하려는 회사는 이사회 결의로서 정하여야 하는 사항이 있습니다.

[표 36] 자기주식 취득 이사회 결의사항(상법 시행령 제10조)[222)]

a. 자기주식 취득의 목적
b. 취득할 주식의 종류 및 수
c. 주식 1주를 취득하는 대가로 교부할 금전이나 그 밖의 재산의 내용 및 그 산정 방법
d. 주식 취득의 대가로 교부할 금전등의 총액
e. 20일 이상 60일 내의 범위에서 주식양도를 신청할 수 있는 기간(양도신청기간)
f. 양도신청기간이 끝나는 날부터 1개월의 범위에서 양도의 대가로 금전등을 교부하는 시기와 그 밖에 주식 취득의 조건

222) 상장법인은 다음의 경우에는 자기주식을 취득할 수 없습니다(자본시장법 시행령 제176조의2): 1. 다른 법인과의 합병에 관한 이사회 결의일부터 과거 1개월간, 2. 유상증자의 신주배정에 관한 기준일(일반공모증자의 경우에는 청약일) 1개월 전부터 청약일까지의 기간, 3. 준비금의 자본전입에 관한 이사회 결의일부터 신주배정기준일까지의 기간, 4. 시장조성을 할 기간, 5. 미공개중요정보가 있는 경우 그 정보가 공개되기 전까지의 기간

회사는 양도신청기간이 시작하는 날의 2주 전까지 각 주주에게 회사의 재무 현황, 자기주식 보유 현황 및 이사회 결의 사항을 서면으로 또는 각 주주의 동의를 받아 전자문서로 통지하여야 하고, 회사에 주식을 양도하려는 주주는 양도신청기간이 끝나는 날까지 양도하려는 주식의 종류와 수를 적은 서면으로 주식양도를 신청하여야 하며, 주주가 신청한 주식의 총수가 취득할 주식의 총수를 초과하는 경우 계약 성립의 범위는 취득할 주식의 총수를 신청한 주식의 총수로 나눈 수에 주주가 신청한 주식의 수를 곱한 수로 정하여야 합니다.

[그림 24] 비상장법인의 자기주식 취득 절차

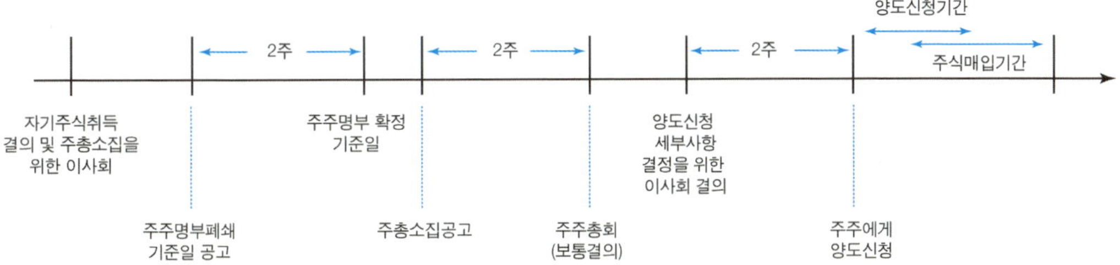

④ 자기주식의 처분 및 소각

상법상 취득한 자기주식은 보유기한에 명시적인 제한이 없으며, 정관의 규정이나 이사회 결의에 의하여 처분을 결정할 수 있습니다.

주식을 처분할 때에는 처분할 주식의 종류와 수, 처분가액과 납입기일, 주식을 처분할 상대방 및 처분방법 등을 정하여야 하는데, 정관에 이 사항의 규정이 없다면 이사회에서 정하여야 합니다.

자기주식을 소각하는 의사결정은 배당가능이익의 범위내에서 일반적인 방법에 의해 취득한 자기주식은 이사회결의로 할 수 있습니다. 그러나, 합병이나 주식매수청구권행사와 같은 특정목적에 의해 취득한 자기주식은 자본감소의 절차에 따라 주주총회와 채권자보호절차를 거쳐 진행해야 합니다.[223)]

223) 상법 제343조

NOTE 10

❑ 자기주식 취득시 세무상 이슈

자기주식을 취득할 때는 기본적으로 상법상 절차에 따라 취득이 이루어져야 합니다. 그러나 상법상 절차에 따라 취득이 이루어졌다고 하더라도 비상장기업에서 자기주식을 취득할 때에는 세무상 쟁점이 있을 수 있습니다. 과세당국은 자기주식취득이 주주에 대한 우회적 자금지원의 목적이 있다고 판단될 경우에는 이를 자기주식 취득이 아닌 가지급금 지급으로 볼 수 있다는 견해가 있기 때문입니다. 그러므로 자기주식을 취득할 때에는 외부투자 유치, 임직원 보상재원 마련, 기타 업무관련성 있는 이유가 있을 때에 한하여 해당 목적으로 취득하여야 할 것입니다.

상법상 절차에 따른 자기주식 취득이 세무상으로 자기주식취득으로 인정받을 경우에는 주식을 양도한 주주는 양도세를 납부하게 됩니다. 그러나, 자기주식 취득 후, 해당 주식을 소각할 경우에는 이를 감자로 간주하여 주주는 양도세가 아닌 배당소득세를 납부하게 될 수 있습니다. 그러므로 자기주식 취득이 소각 목적이 아닌 업무관련성 있는 목적에 활용될 계획이었다면 이에 맞게 활용되어야 추후 예상하지 못한 세무문제를 줄일수 있을 것입니다.

⑤ 자기주식 취득 및 처분의 공시

사업보고서 제출대상법인은 자기주식을 취득 처분할 것을 결의한 때에는 그 다음 날까지 주요사항보고서를 제출하여야 합니다. 그러나, 상법 제341조의2에 따른 특정목적에 의한 자기주식 취득의 경우 별도의 결의가 있다고 보기 어렵고, 단지 다른 행위에 자기주식취득이 수반되는 것에 불과 하므로, 자기주식취득에 대한 주요사항보고서 제출의무는 없습니다[224]. 다만, 특정목적에 의해 취득한 자기주식을 처분하는 경우에는 자기주식 처분에 대한 이사회결의를 수반하므로 주요사항보고서 제출의무가 있음에 유의하여야 합니다.

사업보고서 제출 대상 법인 및 상장법인의 자기주식의 취득-처분 관련 공시 사항은 다음과 같습니다.

224) 기업공시실무 안내 2021, 금융감독원

[표 37] 자기주식의 취득–처분 관련 공시 사항[225)]

<table>
<tr><th>신고서 구분</th><th>제출대상법인</th><th>제출사유</th><th>제출기한</th></tr>
<tr><td>주요사항보고서</td><td>사업보고서 제출대상법인</td><td>상법 및 자본시장법 등에 따라 자기주식의 취득 처분(신탁계약의 체결 해지)에 관한 결의가 있은 때</td><td>다음 날</td></tr>
<tr><td>자기주식취득 결과보고서</td><td rowspan="4">주권상장법인</td><td rowspan="2">자본시장법에 따른 자기주식의 취득(처분)을 완료한 때 또는 주요사항보고서에 기재한 자기주식을 취득(처분)하고자 하는 기간이 만료된 때</td><td rowspan="4">5일 이내(영업일 기준 아님. 기간 말일이 공휴일인 경우 익일로 연기)</td></tr>
<tr><td>자기주식처분 결과보고서</td></tr>
<tr><td>신탁계약에 의한 취득상황보고서</td><td>신탁계약을 체결한 후 3개월이 경과한 때</td></tr>
<tr><td>신탁계약해지 결과보고서</td><td>신탁계약을 해지하거나 신탁계약이 기간 만료로 종료된 때</td></tr>
</table>

13 배당

① 배당의 기본 개념

기업이 일정기간 동안의 영업활동을 통해 쌓은 이익의 일부 또는 전부를 주주에게 분배하는 것으로 주주가 투자한 자금을 실현하는 방법 중의 하나입니다.

상법상으로 이익배당은 한도가 정해져 있습니다.

[표 38] 이익배당 한도 산식

차감	이익배당의 한도 산식	추가 설명
	순자산	
–	자본금	
–	그 결산기까지 적립된 자본준비금과 이익준비금의 합계액	
–	그 결산기에 적립하여야 할 이익준비금의 액	
–	미실현이익	자산 및 부채에 대한 평가로 인하여 증가한 대차대조표상의 순자산액으로서, 미실현손실과 상계(相計)하지 아니한 금액[226)]

225) 기업공시실무 안내 2021, 금융감독원

226) 예외적으로 미실현손실과 상계할 수 있는 경우로는 가) 파생결합증권의 거래를 하고, 그 거래의 위험을

회사는 그 자본금의 2분의 1이 될 때까지 매 결산기 이익배당액의 10분의 1 이상을 이익준비금으로 적립하여야 합니다. 다만, 주식배당의 경우에는 그러하지 아니합니다.[227] 만약, 적립된 자본준비금 및 이익준비금의 총액이 자본금의 1.5배를 초과하는 경우에는 주주총회의 결의에 따라 그 초과한 금액 범위에서 자본준비금과 이익준비금을 감액할 수 있습니다.[228]

② 배당 절차

이익배당은 주주총회 결의로서 실시 여부와 그 규모가 정해지므로 주주총회이전에 이사회에서 그 내용을 승인받아야 합니다. 따라서 재무제표 승인을 위한 이사회결의일 이전에 배당가능이익의 유무와 배당규모, 배당방법 등에 대해 사전에 충분히 검토하고 준비하는 것이 필요합니다.

배당 기준일 설정 및 공고

배당받을 권리주주를 확정하기 위하여 배당기준일을 정하여야 하며, 배당기준일로부터 2주간 전에 정관에서 정한 신문에 기준일 설정 공고를 하여야 합니다. 그러나, 정관으로 배당기준일을 정한 경우에는 공고를 생략할 수 있습니다.[229] 또한 2020년 상법 개정으로 영업년도 말을 배당기준일로 전제한 규정이 삭제되어 결산일과 배당을 위한 기준일이 분리 가능해졌습니다.

이사회 결의

이사회에서는 주주총회의 안건으로 상정하기 위해 이익잉여금처분계산서(안)을 확정하여야 하며, 이에 따라 이익잉여금처분계산서(안)을 승인하는 경우 이익배당이 동시에 결의됩니다.

이사회 결의내용 신고·공시

현금배당을 위한 이사회 결의 후 익일까지 금융감독원과 증권거래소에 관련 내용을 신고하여야 합니다.

회피하기 위하여 해당 거래와 연계된 거래를 한 경우로서 각 거래로 미실현이익과 미실현손실이 발생한 경우, 나) 파생상품의 거래가 그 거래와 연계된 거래의 위험을 회피하기 위하여 한 경우로서 각 거래로 미실현이익과 미실현손실이 발생한 경우(상법 시행령 제19조)

227) 상법 제458조

228) 상법 제461조의2

229) 상법 제354조

주주총회 결의

이익 배당은 주주총회 보통결의 사항입니다. 따라서 출석주식수의 과반수 찬성으로 의결하되, 그 찬성주식수가 발행주식총수의 4분의 1 이상이면 안건이 의결됩니다.

배당통지서 발송

주주별로 배당금, 배당급 수령장소, 배당금지급시기 등을 표시한 배당통지서를 주주 및 질권자에게 발송하여야 합니다. 배당에 따른 통지시한은 별도로 규정되어 있지 않지만, 주주 또는 질권자에게 도달되는 기간을 고려하여 늦어도 지급일 1주 전까지는 발송할 필요가 있습니다.

배당금 지급

회사는 재무제표에 대한 주주총회의 승인결의가 있은 후 1월 이내에 배당금을 지급하여야 합니다. 그러나 정기주주총회에서 배당금의 지급시기를 따로 정한 때에는 결의 내용에 의할 수 있습니다. 현금배당의 지급처는 회사에서 임의로 정할 수 있습니다. 대개 명부주주의 경우에는 대행기관을 통하여, 실질주주의 경우에는 거래 증권회사를 통하여 증권계좌로 입금되는 것이 일반적입니다.

원천징수세액의 납부

원천징수액은 징수일이 속하는 달의 다음 달 10일까지 관할세무서에 납부하여야 합니다.[230] 배당소득에 대하여는 주총결의일부터 3개월이 경과하면 지급의제로 보기 때문에 이때에는 미지급 배당금에 대해서도 원천세를 납부하여야 합니다.[231]

③ 주식배당

회사는 주주총회의 결의에 의하여 이익의 배당을 새로이 발행하는 주식으로써, 즉 주식배당으로써 할 수 있습니다. 그러나 주식에 의한 배당은 이익배당총액의 2분의 1에 상당하는 금액을 초과하지 못합니다.[232] 단, 주권상장법인은 「상법」 제462조의2 제1항 단서에도 불구하고 이익배당총액에 상당하는 금액까지는 새로 발행하는 주식으로 이익배당을 할 수 있습니다. 그러나, 해당 주식의 시가가 액면액에 미치지 못하면 「상법」 제462조의2 제1항 단서에 따르게 됩니다. 주권상장법인의 주식배당시 주식의 시가는 주식배당을 결의한 주주

230) 소득세법 제128조
231) 소득세법 제132조 제1항
232) 상법 제462조의2 제1항

총회일의 직전일부터 소급하여 그 주주총회일이 속하는 사업연도의 개시일까지 사이에 공표된 매일의 증권시장에서 거래된 최종시세가격의 평균액과 그 주주총회일의 직전일의 증권시장에서 거래된 최종시세가격 중 낮은 가액으로 하게 됩니다.

배당가능이익 중 배당할 이익이 금액으로 확정된 후 신주로 환산하여 배당하는 절차를 밟는데, 기 보유한 자기주식은 주식배당의 대상이 될 수 없습니다.

주식배당은 배당할 이익이 자본금으로 전입되기 때문에 결국 배당가능이익이 사내 유보되는 장점이 있습니다.[233)]

④ 현물배당

2011년 4월 11일 「상법」개정에 따라 주식배당이외의 현물배당이 가능함을 명문화 하였습니다. 이에 따라 회사는 정관으로 금전 외의 재산으로 배당을 할 수 있음을 정할 수 있습니다.[234)] 따라서 현물배당을 위해서는 주주총회 특별결의를 통해 당해 법인의 정관을 변경하여 현물배당 지급규정을 신설하여야 합니다.

⑤ 중간배당

년 1회의 결산기를 정한 회사는 영업년도중 1회에 한하여 이사회의 결의로 일정한 날을 정하여 그 날의 주주에 대하여 이익을 배당(할 수 있음을 정관으로 정할 수 있습니다. 그러나, 당해 결산기의 대차대조표상의 순자산액이 배당가능금액의 합계액에 미치지 못할 우려가 있는 때에는 중간배당을 하여서는 아니됩니다.

상장회사의 경우에는 정관으로 정하는 바에 따라 사업연도 중 그 사업연도 개시일부터 3월, 6월 및 9월 말일 당시의 주주에게 이사회 결의로써 금전으로 이익배당("분기배당")을 할 수 있습니다.

233) 주식배당시에 주주들의 선택으로 인해 금전배당과 주식배당을 선별적으로 진행한 것은 주식평등의 원칙에 위배가 되어 위법이 될 수 있다는 의견이 있음으로 유의하여야 합니다.

234) 상법 제462의 4조 제1항

[그림 25] 중간이익배당 한도 산식

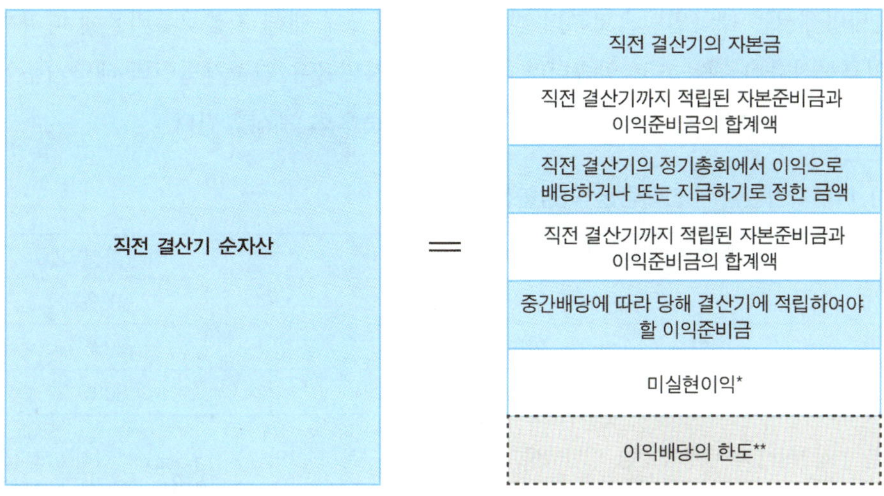

* 자산 및 부채에 대한 평가로 인하여 증가한 대차대조표상의 순자산액으로서, 미실현손실과 상계(相計)하지 아니한 금액[235)]

** 중간이익배당은 직전결산기 순자산에서 자본금, 자본준비금, 이익준비금, 미실현이익 등을 차감한 후 잔액을 한도로 함.

⑥ 법령에 위반한 배당시 문제

법령, 정관에 위반하여 행하여 진 배당을 위법배당이라 하는데 이때 이사, 감사 등에게 손해배상책임 및 벌칙이 적용될 수 있습니다. 예를 들어, 이사에게는 「상법」 제385조에 따른 해임 사유가 될 수 있습니다. 「상법」 제399조 및 제401조에 의거 책임 있는 이사는 회사, 주주, 채권자 등에게 손해배상 책임을 지게 되며, 감사 또한 「상법」 제414조 등에 의거 손해배상책임을 지게 되며, 관련 집행임원들은 「상법」 제625조에 의거 벌칙이 부여될 수 있습니다.

배당가능이익이 없을 때 배당한 것은 배당자체가 무효가 될 수 있습니다.[236)]

소집절차 위반같은 절차 등에 하자가 있을 경우에도 위법배당으로서 그 효력이 부정될 수 있습니다. 단, 이 경우에는 배당가능이익의 범위에서 배당이 이루어졌다면 회사채권자는 배당 반환청구권을 인정받을 수 없을 것입니다.

235) 예외적으로 미실현손실과 상계할 수 있는 경우로는 가) 파생결합증권의 거래를 하고, 그 거래의 위험을 회피하기 위하여 해당 거래와 연계된 거래를 한 경우로서 각 거래로 미실현이익과 미실현손실이 발생한 경우, 나) 파생상품의 거래가 그 거래와 연계된 거래의 위험을 회피하기 위하여 한 경우로서 각 거래로 미실현이익과 미실현손실이 발생한 경우(상법 시행령 제19조)

236) 「상법」 제462조 제1항

⑦ 배당소득 익금불산입

법인세법에서는 내국법인으로부터 받은 수입배당금에 대해 지분보유비율에 따라 일정비율로 익금불산율을 적용하고 있습니다. 이 경우 출자비율은 피출자법인의 배당기준일 현재 3개월 이상 계속해서 보유하고 있는 주식등을 기준으로 계산합니다.

[표 39] 피투자법인별 수입배당금 익금불산입률

피출자법인에 대한 출자비율	익금불산입률
50% 이상	100%
20% 이상 50% 미만	80%
20% 미만	30%

(*) 기존에 상장법인과 비상장법인, 일반법인과 지주회사로 구분하여 익금불산입율을 조정하였으나, 2023년부터는 이를 통합하여 하나의 익금불산입을 적용. 단, 지주회사는 2023년까지는 종전의 기준을 적용할 수 있음.

또한 2023년부터 내국법인이 10% 이상의 출자지분을 보유하는 외국자회사로부터 받은 배당소득의 95%에 해당하는 금액에 대해서는 익금에 산입하지 아니하도록 하고, 외국납부세액공제의 적용대상에서 제외하도록 하여 외국자회사가 외국에서 납부한 법인세액과의 이중과세를 합리적으로 조정할 수 있도록 하였습니다.[237)]

NOTE 11

❑ 이익처분에 의한 상여

법인의 주주에게 배당을 지급하는 것과 유사한 것으로 임직원에게 이익처분의 방법으로 상여를 지급하는 경우가 있습니다. 이를 이익처분에 의한 상여라고 하는데, 이익처분에 의한 상여는 법인이 확정한 결산에 의한 이익 또는 잉여금의 처분에 의해 상여금을 지급하는 경우를 말합니다. 법인세법에는 법인이 그 임원 또는 사용인에게 이익처분에 의하여 지급하는 상여금은 손금에 산입하지 않도록 하고 있습니다. 다만, 예외적으로 손금으로 산입할 수 있는 경우가 있는데, ① 우리사주조합을 통하여 자기주식으로 지급하는 성과급 ② 기획재정부령으로 정하는 주식 매수선택권 등(해당 법인의 발행주식총수의 100분의 10의 범위에서 부여하거나 지급한 경우만 해당)을 부여받거나 지급받은 자에게 지급할 때 약정된 주식매수시기에 약정된 주식의 매수가액과 시가의 차액을 금전 또는 해당 법인의 주식으로 지급하는 경우 해당 금액(주식기준보상으로 금전을 지급하는 경우

237) 법인세법 제18조의 4【외국자회사 수입배당금액의 익금불산입】

에는 해당 금액) ③ 내국법인이 근로자(임원을 제외)와 성과산정지표 및 그 목표, 성과의 측정 및 배분방법 등에 대하여 사전에 서면으로 약정하고 이에 따라 그 근로자에게 지급하는 성과배분상여금이 손금으로 반영 가능한 경우입니다.

[표 40] 상여금의 손금가능 여부

대상자	손금가능 여부	법규상 내용
임원	손금산입	• 정관 · 주주총회 · 사원총회 또는 이사회의 결의에 의하여 결정된 급여지급기준에 의하여 지급하는 상여금
	손금불산입	• 급여지급기준을 초과하여 지급한 경우 그 초과금액 • 이익처분에 의하여 지급하는 상여금
직원	손금산입	• 원칙적으로 손금에 산입함
	손금불산입	• 이익처분에 의하여 지급하는 상여금(예외 있음)

NOTE 12

❑ **자기주식 취득시 세무상 이슈**

자기주식을 취득할 때는 기본적으로 상법상 절차에 따라 취득이 이루어져야 합니다. 그러나 상법상 절차에 따라 취득이 이루어졌다고 하더라도 비상장기업에서 자기주식을 취득할 때에는 세무상 쟁점이 있을 수 있습니다. 과세당국은 자기주식취득이 주주에 대한 우회적 자금지원의 목적이 있다고 판단될 경우에는 이를 자기주식 취득이 아닌 가지급금 지급으로 볼 수 있다는 견해가 있기 때문입니다. 그러므로 자기주식을 취득할 때에는 외부투자 유치, 임직원 보상재원 마련, 기타 업무관련성 있는 이유가 있을 때에 한하여 해당 목적으로 취득하여야 할 것입니다.

상법상 절차에 따른 자기주식 취득이 세무상으로 자기주식취득으로 인정받을 경우에는 주식을 양도한 주주는 양도세를 납부하게 됩니다. 그러나, 자기주식 취득 후 해당 주식을 소각할 경우에는 이를 감자로 간주하여 주주는 양도세가 아닌 배당소득세를 납부하게 될 수 있습니다. 그러므로 자기주식 취득이 소각 목적이 아닌 업무관련성 있는 목적에 활용될 계획이었다면 이에 맞게 활용되어야 추후 예상하지 못한 세무문제를 줄일 수 있을 것입니다.

14 상장

상장은 주식등을 거래하기 위해 시장에 등록하는 것을 의미합니다. 우리나라의 증권시장은 크게 유가증권시장과 코스닥시장, 코넥스시장이 있으며 한국거래소에서 운영하고 있습니다. 이외에 상장되지 못한 장외기업 주식들을 거래하기 위한 K-OTC 시장이 있으며, 이 시장은 한국금융투자협회에서 운영하고 있습니다.

상장의 방법으로는 일반상장(신규상장, 재상장, 변경상장, 추가상장 등), 우회상장, 기술상장, SPAC상장 등 다양한 방법이 있습니다.

NOTE 13

❏ 상장과 기업공개

상장(上場)은 한자로 보면 시장(場)에 올린다(上)는 뜻입니다. 여기서 시장은 거래소(주식시장)를 말하고, 올리는 대상은 주식이 대표적이라고 볼 수 있습니다. 영어로는 "Listing", 주식시장 상품 목록에 자기 회사 이름을 올리는 것을 의미합니다. 즉, 상장은 주식 등을 증권시장에서 거래할 수 있도록 등록하는 것이고, 그 목적은 투자자들로부터의 자금조달을 용이하게 하기 위한 것입니다. 따라서 투자자들을 보호하기 위해 일정한 요건과 그에 대한 심사 절차가 필요합니다. 상장 요건을 심사하고 자격을 부여하는 일을 하는 곳이 거래소입니다.

상장은 기업공개(Going Public)와 동일한 의미로 사용되지만 사실은 조금 다른 의미입니다. 기업공개는 그 동안 개인 등에 의해 제한적으로 경영되던 기업이 공모를 통해 많은 사람들에게 회사 주식을 분산시키고 기업의 재무상태 등을 알리는 것입니다. 여기서 '공모'(Public Offering)란 50명 이상의 사람에게 새로 증권을 발행하거나 이미 발행된 증권의 매입을 권유하는 것을 말합니다. 즉, IPO(Initial Public Offering)은 기업의 주식을 일반투자자에게 최초로 공모하는 것이고, 이 과정에서 거래소에 해당 주식이 등록되어 상장되는 것입니다.

[표 41] 상장의 종류

구분	설명
신규상장	• 기업이 발행한 주권을 증권시장에 처음으로 상장시키는 것
재상장	• 일반재상장: 상장이 폐지된 후 5년 이내에 해당 주권을 다시 상장하는 것 • 분할재상장: 상장법인이 분할이나 분할합병에 의해 설립된 법인을 상장하는 것 • 합병재상장: 상장법인간의 합병에 의해 설립된 법인을 상장하는 것
추가상장	• 상장법인이 증자, 합병, 전환사채, 신주인수권부사채 등을 소유한 자의 권리행사로 인해 추가로 발행한 주식을 상장하는 것
변경상장	• 상호, 액면금액 등 주권에 기재된 내용이 변경되는 경우에 변경된 주권을 교체하여 발행하는 것
우회상장	• 비상장기업이 상장기업과 합병 등의 방식으로 사실상 상장효과를 얻게 되는 것
주식예탁증서 (DR: Depository Receipt)	• 국내시장에서 발행된 주식을 예탁기관에 보관하고, 보관한 주식을 보증하는 증서를 해외시장에서 발행하여 해외시장에서 거래가 되도록 하여 해외투자자가 국내기업 주식을 거래하는 것과 같은 효과를 얻도록 하는 것(절차적으로 해외 직상장에 비해 복잡성이 상대적으로 완화됨. 미국시장에서 발행하는 ADR, 유럽시장에서 발행하는 EDR, 주요 글로벌 시장에서 동시에 발행하는 GDR이 있음)

1) 일반상장[238)]

가장 일반적으로 진행되는 상장방식은 신규상장으로서 공모 상장하는 경우입니다.

기업공개 및 상장을 추진하기 위해서는 경영관리조직과 내부규정 정비, 상장예비심사청구서 등 관련 서류 작성 및 제출 등의 많은 준비가 필요합니다. 이러한 이유로 통상 상장추진업무를 전담할 프로젝트 팀을 구성하게 되며, 해당 팀은 회사를 위하여 대표 주관회사,[239)] 회계법인, 법무법인, 기타 관련기관 등과의 교섭창구 역할을 하게 됩니다.

상장추진전담팀이 상장준비과정에서 수행하는 주요 업무는 **"기업공개 및 상장 일정의 관리"**, **"정관 등 내부 규정 및 경영관리조직의 정비"**, **"내부 통제 시스템 및 회계 관리 시스템 정비"**, **"상장추진과 관련된 서류 준비"**, **"명의개서대행계약체결"**, **"우리사주조합제도 협의"**, **"대표 주관회사의 Due Diligence 지원"**, **"발행가격(공모가격) 협의"**, **최대주주 등의 지분 변동 사전 점검"** 등이 있습니다.

238) 유가증권시장 및 코스닥시장 상장 세부절차는 부록을 참고하시기 바랍니다.
239) 대표주관사는 상장에 관련된 제반업무를 원활하게 진행할 수 있도록 지원을 하는 증권사로서 일반적으로 상장예비심사청구일 2개월전에 계약을 체결하고 있습니다.

상장을 준비중인 기업은 상장하고자 하는 사업연도의 전년 또는 당해년도에 증권선물위원회에 회계감사인 지정을 신청하여 **지정받은 감사인으로부터 회계감사**를 받아야 합니다.

신규 상장을 하려는 기업은 신규상장이전에 상장예비심사청구서를 거래소에 제출하고, 상장적격성에 대해 심사를 받게 됩니다.[240] 거래소는 상장예비심사청구서를 접수한 날부터 45일(영업일 기준) 이내에 상장예비심사결과를 신규상장을 신청한 회사와 금융위원회에 서면으로 통보합니다.[241] 다만, 상장예비심사청구서 및 첨부서류에 보완해야 할 내용이 있는 등 불가피한 사유가 있는 경우에는 그 결과 통지를 연장할 수도 있습니다.

상장예비심사 통과 후 기업공개에 들어가 증권신고서를 금융위에 제출하면 공모상장 절차가 시작됩니다.

거래소로부터 상장예비심사에서 상장 적격성을 통보받아 증권신고서를 제출하고 모든 공모절차를 종료한 법인은 모집, 매출의 완료시에 신규상장신청서를 한국거래소에 제출하여야 합니다. 상장신청서를 제출하면 거래소는 주식분산요건 등 상장예비심사시 확인되지 않은 사항과 명의개서대행계약체결 사실, 예탁자계좌부 기재사실 및 주금납입 등을 확인한 후 접수일로부터 일주일 이내에 상장승인 여부를 신규상장신청법인 및 관계기관에 통보합니다.

2) 기술성장기업 상장특례

일반적인 상장요건은 매우 엄격합니다. 특히 기업의 안정성을 판단하는 수익성 요건은 투자자보호라는 측면에서는 필수적이라고 할 수 있습니다. 그러나 우수한 기술력은 있지만 아직 경영성과가 없는 초기 기업의 경우에 수익성 요건은 충족하기 어려운 부분입니다.

기술상장은 이렇게 기술력과 성장성은 뛰어나지만, 아직 수익을 내지 못하고 있는 벤처기업 등이 상장하여 자금조달이 용이해질 수 있도록 하는 특례제도입니다. 중소기업이 기술특례로 상장하려면 전문평가기관에서 기술평가를 받아야 합니다. 그 평가 결과 A등급 이상인 경우에는 상장요건 중 수익성 요건을 면제받게 됩니다.

기술특례 상장절차는 크게 두 단계로 나눌 수 있습니다. 첫 단계는 대상기업의 기술평가 절차이고, 두번째 단계는 상장예비심사 절차입니다.

기술상장을 하려는 회사의 주관사는 기술보증기금, 나이스평가정보, 한국기업데이터 등 전문평가기관 중 2개 기관에 기술평가를 신청합니다. 전문평가기관은 그 평가 결과를 거래

240) 상장요건은 부록 참고
241) 유가증권시장상장규정 제22조 제1항

소와 주관사에 4주 내에 제출해야 합니다. 평가결과가 A등급 및 BBB등급 이상이면, 상장 예비심사를 청구할 수 있습니다.

한국거래소는 기술상장을 하려는 회사의 질적요건과 양적요건을 심사합니다. 거래소 내에 전문가회의와 상장위원회 심의를 거쳐 상장여부를 확정하게 됩니다.

[그림 26] 기술 성장 기업 기술 평가 및 상장예비 심사 절차[242)]

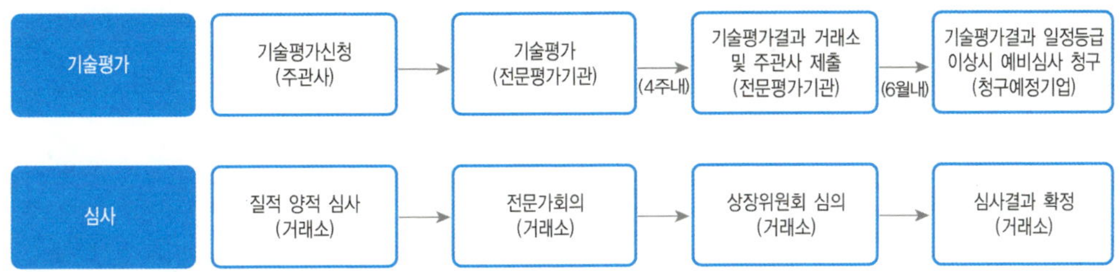

3) 이익미실현 기업 상장

기술성장기업 상장특례와 비교되는 상장 방식 중 하나는 이익미실현 기업의 상장입니다. 이익미실현 기업 상장은 일명 "테슬라 상장"으로 알려져 있으며, 재무성과가 당장에는 적자이더라도 시장의 평가와 성장성이 인정되는 일정규모 이상의 외형을 갖춘 기업에 대해 심사를 통해 상장을 허용하는 제도입니다.

아래의 표는 코스닥시장 상장요건인데, 이 중에서 "시장평가 · 성장성 기준", "기술성장기업"에 해당하는 기준이 성장성과 기술력 등을 인정받는 기업이 상장할 수 있도록 하는 제도에 해당한다고 볼 수 있습니다.

[표 42] 코스닥시장 상장요건[243)]

구분	일반기업(벤처 포함)		기술성장기업	
	수익성 · 매출액 기준	시장평가 · 성장성 기준	기술평가 특례	성장성 추천
주식분산 (택일)	• 소액주주 500명 & 25% 이상, 청구후 공모 5% 이상(소액주주 25% 미만시 공모 10% 이상) • 자기자본 500억원 이상, 소액주주 500명 이상, 청구후 공모 10% 이상 & 규모별 일정주식수 이상 • 공모 25% 이상 & 소액주주 500명			

242) 한국거래소 홈페이지 참조
243) 한국거래소 홈페이지 참조

<table>
<tr><th rowspan="2">구분</th><th colspan="2">일반기업(벤처 포함)</th><th colspan="2">기술성장기업</th></tr>
<tr><th>수익성 · 매출액 기준</th><th>시장평가 · 성장성 기준</th><th>기술평가 특례</th><th>성장성 추천</th></tr>
<tr><td rowspan="2">경영성과 및 시장평가 등 (택일)</td><td rowspan="2">• 법인세차감전계속사업이익 20억원 [벤처: 10억원] & 시총 90억원
• 법인세차감전계속사업이익 20억원 [벤처: 10억원] & 자기자본 30억원 [벤처: 15억원]
• 법인세차감전계속사업이익 있을것 & 시총 200억원 & 매출액 100억원 [벤처: 50억원]
• 법인세차감전계속사업이익 50억원</td><td rowspan="2">• 시총 500억원 & 매출 30억원 & 최근 2사업연도 평균 매출증가율 20% 이상
• 시총 300억원 & 매출액 100억원 이상 [벤처: 50억원]
• 시총 500억원 & PBR 200%
• 시총 1,000억원
• 자기자본 250억원</td><td colspan="2">• 자기자본 10억원
• 시가총액 90억원</td></tr>
<tr><td>• 전문평가기관의 기술 등에 대한 평가를 받고 평가결과가 A등급 이상일 것</td><td>• 상장주선인이 성장성을 평가하여 추천한 중소기업일 것</td></tr>
<tr><td>감사의견</td><td colspan="4">최근사업연도 적정</td></tr>
<tr><td>경영투명성 (지배구조)</td><td colspan="4">사외이사, 상근감사 충족</td></tr>
<tr><td>기타 요건</td><td colspan="4">주식양도 제한이 없을 것 등</td></tr>
<tr><td>질적 요건</td><td colspan="4">기업의 성장성, 계속성, 경영의 투명성 및 안정성, 기타 투자자 보호, 코스닥시장의 건전한 발전, 업종별 특성, 고용창출효과 및 국민경제적 기여도 등을 종합 고려</td></tr>
<tr><td>최대주주 등의 지분 매각 제한</td><td colspan="2">상장 후 6개월</td><td colspan="2">상장후 1년</td></tr>
</table>

4) 우회 상장(Back-door listing)

우회상장이란 합병, 포괄적 주식교환, 영업 · 자산양수 등을 통해 상장회사의 경영권이 바뀌어, 비상장법인이 상장되는 효과가 있는 경우를 말합니다. 신규상장 방식으로는 상장할 수 없던 비상장회사들이 M&A를 통해 상장될 수 있기 때문에 우회상장에는 많은 규제가 따릅니다.

우회상장하려는 비상장법인은 신규상장요건과 동일한 요건을 만족해야 합니다. 신규상장요건을 충족하지 못하는 경우에는 우회상장을 허용하지 않습니다. 만일 부적격인 비상장회사와 우회상장을 하거나, 예비심사청구서 제출 전에 우회상장을 완료한 경우에는 해당 법인은 상장 폐지가 될 수 있습니다.

우회상장의 경우에는 상장 절차와 관련된 공시를 강화하는 규정을 두고 있습니다. 우회상장 요건을 충족하지 못할 경우에는 상장이 폐지되고, 비상장법인의 최대주주 등이 보유한 상장법인의 지분은 일정기간(6개월[244]) 매각을 제한하고 있습니다. 또한, 비상장법인이 상장법인과 합병한 후 3년내 분할시에는 분할신설법인에 대한 재상장 요건을 강화하는 규정을 두고 있습니다.

우회상장을 위해서는 재무사항 등과 같은 형식적인 요건과 질적 심사요건을 충족하여야 합니다. 이러한 요건은 비상장법인이 상장심사 없이 상장되는 효과를 방지하기 위해 대부분 상장시 요건과 유사합니다.

① 우회상장의 유형

우회상장은 비상장법인 또는 비상장법인의 사업부문이 상장되는 효과를 거두거나 비상장법인의 주주가 상장법인의 주주로 전환되는 효과가 있는 거래입니다. 이러한 효과를 위한 거래 방법으로는 합병과 같이 직접적으로 비상장법인이 상장법인이 되는 경우이외에도 주식의 포괄적 교환을 통해 상장법인의 주주가 되는 방법, 영업양수도 후 양도사금으로 상장법인의 제3자 배정 유상증자에 참여함으로써 상장법인의 주주가 되는 방법 등이 포함됩니다.

[표 43] 우회상장의 유형

유형	설명
합병	상장법인과 비상장법인 간의 합병으로 비상장법인이 상장법인에 흡수합병되고 비상장법인의 주주가 상장법인의 주주로 전환되는 거래
주식의 포괄적 교환	상장법인과 비상장법인 간 주식교환으로 비상장법인은 상장법인의 자회사가 되고 비상장법인의 주주는 상장법인의 주주로 전환되는 거래
영업양수도	상장법인이 비상장법인의 영업부문을 양수하고 영업양수 전후로 일정기간 이내에 비상장법인 또는 그 최대주주 등을 대상으로 제3자 배정증자 등을 통해 비상장법인의 주주가 상장법인의 주주가 되는 거래

244) 단, 상장예비심사 신청일 전 1년 이내에 제3자배정방식으로 발행한 비상장법인의 주식 등을 취득한 경우, 해당 주식이 합병 또는 주식교환으로 발행되는 주식일 경우에는 주식 발행일로부터 1년간 매각이 제한됩니다.

유형	설명
자산양수도	상장법인이 비상장법인의 최대주주 등으로부터 비상장법인의 주식을 취득하여 자회사로 편입하고 주식 취득 전후로 일정기간 내에 비상장법인 최대주주 등을 대상으로 제3자 배정 증자 등을 하여 비상장법인의 주주가 상장법인의 주주가 되는 거래
현물출자	상장법인이 비상장법인의 최대주주 등을 대상으로 하여 제3자 배정으로 주식을 발행하고 신주발행에 대한 납입이 비상장법인 주식으로 이루어지는 거래

참고로 경영권의 변화가 있는 우회상장과 유사한 거래로 상장법인이 비상장대법인[245]과 합병하는 경우가 있는데, 경영권의 변동이 없는 비상장대법인과의 합병인 경우에는 유가증권시장은 우회상장에 해당하지 않아 형식적인 요건만 충족하면 되지만, 코스닥시장에서는 우회상장으로 간주되어 거래소 심사를 받아야 합니다.

② 우회상장 절차

우회상장시에는 반드시 상장주선인을 선임하여야 합니다(유가증권시장상장규정 제12조).

비상장회사 또는 그 회사의 최대주주 등과 우회상장에 해당하는 거래를 계획하고 있는 상장법인은 우회상장 해당여부, 상장절차, 상장시기 등을 사전에 거래소와 협의해야 합니다(유가증권시장상장규정 제20조).

우회상장신청법인은 거래소와 상장계약을 체결하여야 합니다(유가증권시장상장규정 제16조).

합병 등 기업결합 공시시점에 우회상장 규제대상 거래 유형에 해당하는 경우에는 우회상장으로 인해 비상장법인 최대주주 등이 그 상장회사의 최대주주가 되는지 여부를 담은 '우회상장확인서'를 거래소에 제출해 확인받아야 합니다(유가증권시장상장규정 제33조).

우회상장을 거래소에 신고하게 되면 해당 상장법인의 주식은 우회상장 확인서 및 첨부서류 제출시까지 매매거래가 정지됩니다. 만약 우회상장 대상으로 확인되는 경우에는 우회상장 예비심사신청서 제출일까지 매매거래가 정지됩니다(유가증권시장상장규정 제153조).

우회상장 거래를 하기전에는 상장예비심사신청서와 첨부서류를 거래소에 제출하여야 합니다. 첨부서류에는 비상장법인의 최근 3사업연도 재무제표 및 감사보고서(당해 연도 반기종료 후 45일 경과시에는 반기재무제표 및 검토보고서), 합병비율 등에 대한 외부평가의견서, 보호예수 관련서류 등이 포함됩니다(유가증권시장상장규정 제34조).

거래소는 상장예비심사신청서 접수일로부터 영업일 기준 45일 이내에 상장공시위원회

245) 자산총계, 자본금, 매출액 중 두가지 이상이 상장법인보다 더 큰 비상장법인을 비상장대법인이라고 합니다.

심의를 거쳐 상장예비심사결과를 예비심사신청인과 금융위에 통지하여야 합니다(유가증권시장상장규정 제22조).

우회상장신청인은 상장예비심사 신청 후 상장일전까지 최근 결산 재무제표 및 감사(검토)보고서, 투자설명서 등의 서류 및 경영상 중대한 사실이 발생하였을 경우 해당 보고서 등을 거래소에 추가적으로 제출하여야 합니다(유가증권시장상장규정 제21조).

코스닥 상장의 경우에는 우회상장절차가 유가증권시장과 대부분 유사하나 조금 차이가 나는 부분이 있습니다.

코스닥 우회상장신청법인은 우회상장관련 확인서 제출 시에 주요사항보고서도 함께 제출하여야 합니다(코스닥시장상장규정 시행세칙 제19조).

코스닥 우회상장신청법인의 매매거래 정지는 우회상장 결정 신고 또는 공시시점부터 우회상장 여부 통지일까지 이루어집니다(코스닥시장상장규정 시행세칙 제29조).

[표 44] 우회상장 시 제한 규정[246)]

구분	내용
우회상장 요건 미충족시 상장폐지	상장법인의 경영권이 변경되는 우회상장의 경우 비상장법인이 우회상장요건을 충족하지 못한 경우 당해 우회상장법인(상장법인)은 상장이 폐지됨
우회상장으로 인한 경영권 변동시 지분매각 제한	상장법인이 비상장법인과 우회상장으로 상장법인의 경영권이 변경될 경우 비상장법인의 최대주주 등이 보유하는 상장법인의 주식 등에 대하여 일정기간 매각을 제한함
합병 후 단기분할시 분할신설법인 재상장 제한	비상장법인이 상장법인과 합병한 후 3년내 분할시 분할신설법인에 대한 재상장 요건 강화
우회상장 절차 강화	상장법인이 비상장법인 또는 그 최대주주 등과 우회상장거래를 하는 경우 상장주선인 신임 및 우회상장예비심사 청구서 등 우회상장 심사 서류 제출
우회상장 공시 강화	우회상장법인에 대하여 우회상장종목임을 일정기간 전산시스템에 공표하여 투자자의 주의 환기

5) SPAC 상장[247)]

스팩(SPAC: Special Purpose Acquisition Company)은 자금을 조달하여 해당 자금으로

246) 기업금융과 M&A, 최상우외 공저, 삼일인포마인
247) 2019년 말 한국거래소는 스팩(SPAC)제도 도입 후 10년간 총 174개의 스팩이 상장했고, 이 중 합병까지 성공한 스팩은 총 79개사였다고 설명하였습니다.

비상장기업을 인수합병해 상장시키는 것을 목적으로 하는 명목 회사(Paper company)를 말합니다.

이러한 SPAC과의 합병을 통해 상장하는 것을 SPAC 상장이라고 합니다. 이미 상장되어 있는 SPAC이 상장 후 3년 내에 다른 기업과 합병하게 되면 그 대상기업이 자연스럽게 상장법인이 되기 때문입니다. SPAC 제도를 통해 일반 개인투자자들도 SPAC에 투자함으로써 소액으로 M&A 시장에 참여할 수 있게 되었습니다. 또한 유망한 비상장기업에게도 상장을 통해 적시에 자금조달이 이루어지는 방안이 될 수 있습니다.

[표 45] SPAC 제도의 특징[248]

높은 투자 안정성	높은 환금과 유동성
• 공모자금의 90% 이상을 별도 예치하고 3년내 합병에 실패할 경우 반환 • 예치금은 인출, 담보제공 금지	• 상장 후 장내 매도가능 • 합병 반대시 주식매수청구권 행사 가능
일반투자자에게 M&A 투자기회 제공	**우량기업에 대규모 자금 조달**
• 개인도 SPAC 주식 취득으로 M&A 투자 참여 가능 • 주주총회에서 일반주주가 합병을 결정(공모전 주주는 의결권 행사 제한)	• 우량기업과의 합병을 통해 상장과 유상증자를 동시에 하는 효과

SPAC 상장은 보통 3단계로 이뤄지게 됩니다. 1단계는 공모를 통해 명목 회사인 SPAC을 설립하는 것입니다. 2단계는 설립한 SPAC을 상장시키는 단계입니다. 3단계는 상장된 SPAC이 비상장 우량기업을 합병하는 단계입니다. 만약 3년 이내에 합병에 실패하게 되는 경우에는 공모자금을 반환하게 됩니다.

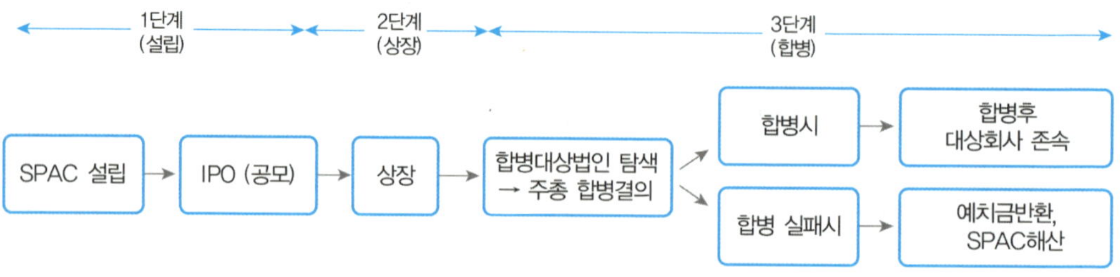

248) 한국거래소 홈페이지 참조

① 스팩(SPAC) 법인 설립 및 공모(IPO)

1단계는 주식회사인 SPAC 법인을 설립하는 것입니다. SPAC은 발기인(자기자본 1,000억원 이상 금융투자업자 1인 이상 포함)에 의해 주식회사 형태로 설립됩니다. 정관작성, 임원선임 등 설립관련 실무절차는 발기인으로 참여한 금융투자업자의 주도하에 진행됩니다.

설립된 SPAC은 거래소에 상장예비심사청구서를 제출하여 SPAC의 상장적격성 심사를 의뢰합니다.

발기인은 설립 시 발행하는 주식을 인수, 대금을 납입하여 회사의 기초자본을 형성하게 되는데, 이때 금융투자업자로 하여금 SPAC 주식 등의 발행총액 중 5% 이상을 소유하도록 하여 금융투자업자가 SPAC의 성공을 위해 책임을 지고 최선을 다하도록 제도적 장치를 마련하였습니다.

상장예비심사결과 상장적격성이 인정된 SPAC은 IPO(공모)를 실시하고, 주식공모 완료일(주금 납입기일)까지 거래소에 주권 신규상장신청을 합니다.

② IPO 후 SPAC 상장

IPO를 끝낸 SPAC은 그 발행 주권을 상장합니다. 일반 사업활동을 영위하지 않는 SPAC 특성을 고려하여, 일반적인 신규상장심사요건 중 '영업활동기간', '경영성과', '최대주주 변경제한' 등과 같은 일부 요건은 적용을 배제하고, '지배구조', '금융투자업자(발기인) 및 임원자격' 등 투자자금의 안전한 보관 등 투자자보호 강화를 위한 심사요건이 추가됩니다.

③ 상장 후 M&A(합병)

SPAC과 합병하게 되는 합병 대상 비상장기업의 가치는 예치된 공모금액의 80% 이상이어야 합니다. 그리고 SPAC 설립 시 발기인과 이해관계가 없는 회사여야 합니다.

SPAC과 합병하는 비상장법인은 직상장을 하는 경우와 마찬가지로 상장 적격성 심사를 받아야 합니다. SPAC의 합병상장심사시 '경영성과(이익)', '감사의견', '최대주주 변경제한', '부도 및 소송 등 사유해소', '영업활동기간', '합병 등 제한' 등 형식적 요건 심사 외에 기업경영의 계속성, 지배구조 및 경영의 투명성 등을 중심으로 신규상장 심사기준을 준용하여 질적심사를 받습니다.

합병 절차는 기업 인수를 위한 절차와 합병 절차, 그리고 상장절차가 준용된다고 볼 수 있습니다. 대상회사를 인수하기 위한 중요한 과정인 실사(DD)를 하고, 합병이사회와 주주총회를 거치게 되며, 상장심사를 위한 절차가 진행됩니다. 공모를 하기 이전의 주주는 합병 시 의결권 행사가 제한되므로 주주총회에서 합병결정은 일반주주가 하게 됩니다. 이 기간은 통상 5개월 정도가 소요된다고 보고 있습니다.

[그림 27] SPAC 합병 절차[249)]

과거에는 상장된 SPAC(기업인수목적회사)이 존속하고 인수대상회사가 소멸하는 합병만을 허용하여 왔으나, 2021년 코스닥시장 상장규정 개정을 통해 SPAC이 소멸하고 인수대상회사가 존속하는 합병도 허용되었습니다.

인수대상회사를 존속법인으로 합병하는 경우에는 예비심사 승인 이후 합병상장신청 절차가 이루어져야 합니다.[250)]

④ SPAC과 합병하는 비상장기업의 평가

상장법인인 기업인수목적회사(SPAC)가 다른회사와 합병하고자 하는 경우의 평가방법은 기본적으로는 일반법인의 합병가액 산정기준과 동일하나, 몇 가지 차이가 있습니다. 피합병법인이 비상장법인인 경우에는 평가방법을 양사가 협의하여 정할 수 있도록 한 것입니다. 그러나, 협의하여 산정한 가액은 본질가치 및 상대가치와 비교 공시하여야 합니다.

[표 46] 기업인수목적회사(SPAC) 합병 시 합병가액 산정 방법[251)]

구분	평가방법
SPAC(상장법인)	기준시가
SPAC과 합병하는 다른 법인	다른 법인이 상장법인인 경우: 기준시가(단, 기준시가 산정 불가시 본질가치)
	다른 법인이 비상장인 경우: 양사가 협의하여 정하는 가격[252)](본질가치 및 상대가치 비교 공시)

249) 기업인수목적회사(스팩)와의 합병 과정에서 합병추진기업의 법인격이 소멸되면 관공서, 매출처, 협력사, 금융기관 등에 등록된 기존 법인격을 기업인수목적회사로 변경·재등록이 요구되고, 법인격 변경기간 중 정부 발주사업 등 입찰참여 불가할 수 있는 등 사업상 애로사항이 발생할 수 있어 2021년 8월 상장규정 개정을 통해 기업인수목적회사의 합병상장의 유형에 현행 기업인수목적회사 존속방식 외에 기업인수목적회사 소멸방식을 추가하였습니다.

250) 상장절차와 상장요건에 대해서는 한국거래소 홈페이지(www.krx.co.kr)를 참조하실수 있습니다.

251) 기업가치평가와 재무실사, 삼일인포마인 참조

252) 실무적으로 협의가격은 본질가치(자산가치:수익가치=1:1.5)와 비교 공시하는 점을 고려하여 수익가치 비중을 조정하는 방식등으로 운용하여 정하고 있습니다.

6) 코넥스 시장

코넥스(KONEX, Korea New Exchange)는 초기 중소·벤처기업을 위한 주식시장입니다. 이런 이유로 코넥스에는 「중소기업기본법」상의 중소기업만이 상장할 수 있습니다. 그러나 공모방식으로 제한되지 않고, 사모, 직상장 등이 모두 가능하고, 재무요건을 폐지하는 등 성장성 있는 초기 중소 벤처기업의 상장을 유도하고 있습니다.

중소기업의 자금조달 현황을 살펴보면 대부분 은행대출에 편중되어 있고, 직접금융(주식발행)을 통한 자금조달은 매우 낮은 수준입니다. 이로 인해 중소기업 등 비상장기업의 부채비율이 높아지고, 이자비용 부담도 상장기업에 비해 과중한 실정이며 은행의 대출정책 변화 등에 따라 기업의 존립이 위협받을 수 있는 가능성도 있어, 중소기업의 자본조달 방안 다변화를 위해 코넥스시장이 설립되었습니다.

[표 47] 중소기업 외부자금 조달 비중(%)[253]

	은행자금	정책자금	비은행 금융기관	주식	회사채	사채(私債)	해외자금 차입 등
2011년	83.3	10.6	0.9	1.1	3.2	0.4	0.6

코넥스시장은 전문투자자, 중소기업 투자전문성이 인정되는 벤처캐피탈(창업투자조합 등 포함) 및 엔젤투자자 등이 시장에 참여할 수 있도록 하여 모험자본의 선순환을 도모하고 있습니다.

코넥스시장은 초기 중소기업 중심의 시장으로서 어느 정도 위험감수능력을 갖춘 투자자로 시장참여자를 제한할 필요가 있어 코넥스시장 상장주권을 매수하려는 자의 경우 3천만원 이상을 기본예탁금으로 예탁하도록 하고 있습니다. 다만, 충분한 위험감수능력이 있거나 중소기업에 대한 투자전문성이 인정되는 전문투자자, 창투조합, 엑셀러레이터 등은 기본예탁금을 면제하고 있습니다.

유가증권시장 및 코스닥시장에 상장을 하고자 하는 기업은 한국거래소의 상장예비심사 승인 후 해당 기업이 신규로 발행한 주식을 일반투자자를 대상으로 공모하는 절차를 이행하여야 합니다. 그러나 코넥스시장에서는 공모 이외에 사모(50인 이하 자를 대상으로 자금조달), 직상장(자금조달 없이 상장신청일 현재 주식만을 상장) 등 다양한 상장 방법이 허용되어 있습니다. 그러므로 기업은 자금조달 규모 및 필요성을 고려하여 기업에 적합한 상장 방법을 선택할 수 있습니다.

253) 한국거래소 홈페이지 참조

[표 48] 코넥스 상장 기업에 대한 지원[254)]

구분	주요 내용
공시	증권신고서 제출의무 완화, 분반기보고서 제출의무 면제 등 공시항목 축소
회계	감사인 지정 및 K-IFRS 의무 적용 면제
지배구조	사외이사 및 상근감사 선임의무 면제
합병규정 완화	코넥스상장기업이 비상장기업과 합병할 경우 상장기업에 적용되는 합병가액 산정기준 및 외부평가의무 미적용 및 우회상장규정 미적용
기타	보호예수의무 적용 완화 및 코스닥 이전상장 용이

[그림 28] 코넥스 시장 상장 절차[255)]

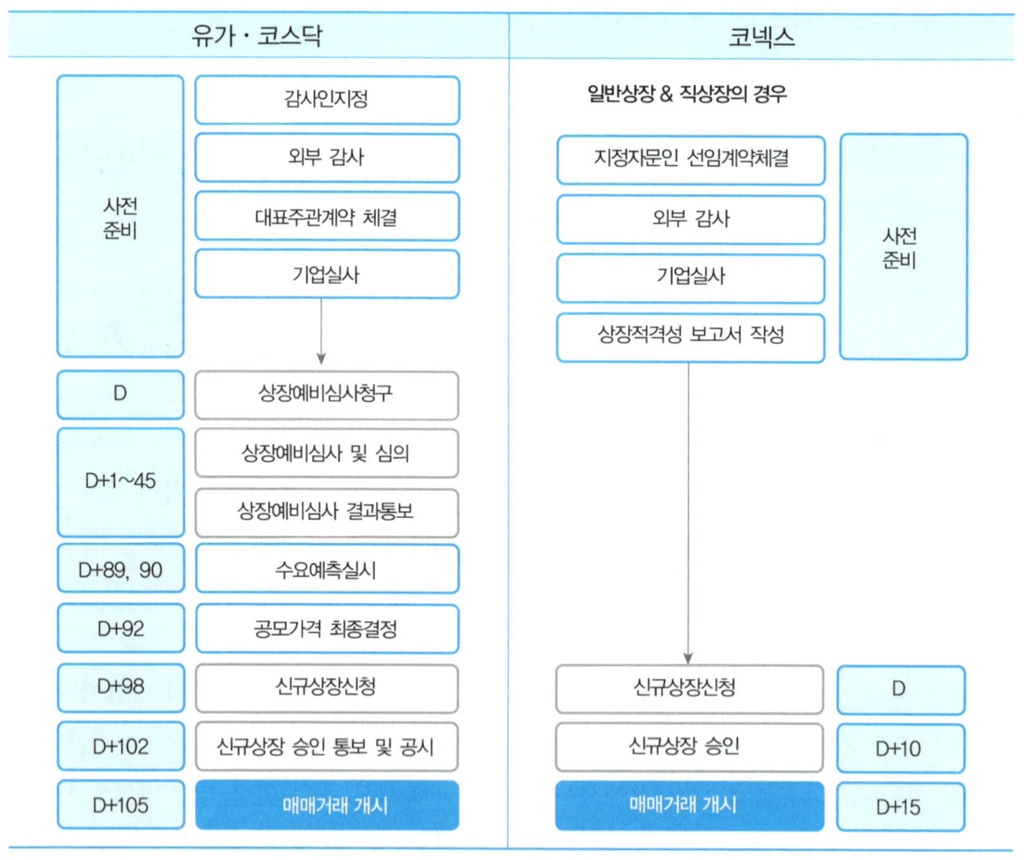

254) M&A 에센스, 중소벤처기업부, 2020 참고
255) 한국거래소 홈페이지 참조

15 회생기업 M&A

회생절차는 재정적 어려움으로 파탄에 직면해 있는 채무자인 기업에 대하여 채권자, 주주 · 지분권자 등 여러 이해관계인의 법률관계를 조정하여 채무기업 또는 그 사업의 효율적인 회생을 도모하는 제도입니다.[256] 이는 사업의 재건과 영업의 계속을 통한 채무 변제가 주된 목적으로서, 채무자 재산의 처분 · 환가와 채권자들에 대한 공평한 배당이 주된 목적인 파산과 구별됩니다. 물론 법원도 회계법인 등의 평가에 의해 사업을 계속적으로 영위할 때 가치가 더 큰지, 사업을 청산할 때 가치가 더 큰지를 비교하여 계속기업가치가 더 커서 채무 변제가 더 원활하게 될 수 있을 때 회생계획을 인가하게 됩니다.

회생계획에 따라 법률적으로 조정된 채무관계를 정리하는데에는 일반적으로 장기간이 소요됩니다. 만약 회생계획 인가전 또는 인가후에 자산양수도 또는 유상증자 등을 통해 신속하게 회사를 정상화할 수 있는 경우에는 M&A가 좋은 대안이 될 수 있습니다. 또한 인수자 입장에서도 회생절차에 들어간 기업은 비교적 채권-채무관계가 법률적 조사를 통해 명확하게 정리된 상태이므로[257] 사업적인 잠재력이 있으나 일시적인 재정악화 등으로 회생절차에 들어간 기업이라면 적극적으로 검토해볼 만한 투자대안이 될 수 있습니다.

회생기업은 이처럼 우발부채의 위험이 낮다는 점, 청산가치가 비교대상 가치의 출발점으로서 상대적으로 경영권 프리미엄의 지불 가능성이 높지 않다는 점 등이 장점으로 불리지만 회생 과정에서 거래관계가 위축되어 있을 가능성이 높아 이를 회복해야 하는 부분은 중요한 과제가 될 수 있습니다. 그러므로 회생기업에 대한 M&A를 진행할 때에는 회생 절차에 들어가게 된 배경과 회생 절차 이후의 영업환경을 반드시 파악할 필요가 있습니다.

NOTE 14

❑ 기업구조조정의 구분

재정적 어려움에 직면한 회사에 대해 채권자와의 이해관계 조정 등을 통해 대상회사의 효율적인 회생을 도모하는 것을 목적으로 하는 집단적 채무조정절차로서 대표적인 것은 채권금융기관 주도로 이루어지는 ⓐ **자율협약**(주로 주거래 은행 등을 통해 이루어짐), ⓑ 기업구조조정 촉진법 상 **워크아웃**(주로 금융채권자의 채권이 대상), 법원의 주도하에 이루어지는 ⓒ **회생절차**(모든 채권이 대상이 됨)가 있습니다.

256) 회생절차는 채무자(당해 기업), 자본의 1/10 이상에 해당하는 채권을 가진 채권자, 자본의 1/10 이상에 해당하는 주식 또는 지분을 가진 주주 · 지분권자가 신청할 수 있습니다.

257) 인가전 M&A의 경우에는 채무미확정 등으로 우발채무가 존재할 수도 있습니다.

이외에도 정책적으로 이루어지는 다양한 금융지원 프로그램, 구조조정 펀드 등 자본시장을 통해 이루어지는 구조조정이 있습니다.

[표 49] 워크아웃과 회생절차 비교

	워크아웃	회생절차
관련법률	기업구조조정촉진법	채무자회생및파산에관한법률
주관	채권자	법원
대상채무	주로 금융기관 채무(상거래채무 및 해외채무는 제외)	모든 채무(상거래채무 및 해외채무 포함)
결의요건	대상 채권액의 총 3/4 결의	담보채권자의 3/4, 무담보채권자는 2/3, 주주는 1/2의 결의
경영권	경영권 변동 절차가 별도 존재하지는 않으나, 채권단이 부실 책임 경영진을 신뢰하지 않을 경우 교체 요구 가능성 있음	법원이 관리인을 선임. 제3자로 관리인을 선임할 수도 있으며, 필요시에는 기존 경영자를 관리인으로 선임하는 경우도 있음(DIP)

1) 회생기업 M&A의 유형

① 인가전 M&A와 인가후 M&A

인가전 M&A는 회생 계획 인가를 위해 회생절차를 법원에 신청했을 때, 회생계획 인가전에 M&A를 진행하여 M&A에 의한 유상증자 또는 자산양수도 등의 대금으로 일시 변제를 하는 회생계획안을 관계인 집회에 상정하여 결의하게 됩니다.

일반적으로 채권단이 동의할 수 있는 회생계획안이 마련되기 어려운 경우이거나 잠재적인 투자자들이 다수 존재하는 경우에 회생절차 신청 이전이나 회생절차는 신청하였으나 회생계획에 대한 법원 인가가 나오기 이전에 M&A를 진행하게 됩니다.

인가후 M&A는 회생계획의 인가후에 M&A에 의한 투자자의 투자대금을 재원으로 한 일시 변제를 내용으로 하는 변경회생계획안의 결의로 회생절차가 종료되는 경우입니다.[258)]

회생계획안의 인가 이후에 회생계획안의 정상적인 이행이 불가능할 경우이거나 회생계획안보다 잠재적 투자자의 투자대금으로 채무를 상환하는 것이 더 나은 방안이 될 경우에 관리인에 의해 추진되며 통상적으로 약 6개월 정도가 소요됩니다.

258) 상황에 따라 다르지만 M&A의 신속성이 상대적으로 중요하지 않다면 인가 이후에는 채무 확정 및 조정이 이루어진 상태이므로 인가후에 M&A를 추진하는 것이 안정성 측면에서 더 높다고 보는 견해가 있습니다.

서울회생법원은 종전 서울중앙지방법원 파산부에서 시행하던 실무준칙을 토대로 서울회생법원 실무준칙을 새롭게 제정하였습니다. 이 준칙에는 조건부 공개매각방식의 M&A를 진행할 수 있도록 하였는데, 조건부 공개매각은 미리 잠재적 인수 후보자를 물색하여 수의계약에 의해 최저인수가액을 정한 후 공개경쟁 입찰을 진행함으로써 최고가 입찰가액으로 인수후보자에게 우선매수권을 부여하는 방식입니다.[259] 이 준칙의 내용에 따르면, M&A 공고가 있기 전에 인수희망자가 있는 경우, 인수희망자는 회생절차 중인 대상회사의 관리인과 조건부계약을 체결한 후, 관리인이 법원의 허가를 얻어 공개입찰을 다시 진행하게 됩니다.[260]

또한 조사위원의 조사 결과에서 청산가치가 계속기업가치를 상회하는 것으로 나오더라도 관리인은 법원의 허가를 받아 인가전 M&A를 진행할 수 있도록 하였습니다.

② M&A 유형

회생법인 M&A는 일반적으로 제3자 배정 유상증자와 자산 양수도 방식 등이 많이 활용됩니다.

회생법인 M&A에서 제3자 배정 유상증자 방식이 널리 활용되는 이유는 증자대금으로 회생채무를 상환하고, 투자자는 증자를 통해 경영권을 확보할 수 있기 때문입니다. 회생계획에 따라 기존주주의 지분은 감자를 하기 때문에 투자자는 제3자 배성 유상증자를 통해 상당한 지분율을 확보할 수 있습니다.

인가후 M&A의 경우에 투자자는 유상증자를 통해 투자시점의 자산전체와 회생계획 인가 이후의 정상적인 영업활동관련 채무만을 승계하게 되기 때문에 재무구조가 매우 건전한 회사를 인수하게 될 가능성이 있습니다.

민약, M&A를 통한 투자대금의 규모가 회생채무에 비해 적을 경우에는 부족분은 출자전환되거나 탕감되는 계획안이 마련되어 M&A가 아닌 자체적인 회생계획안과의 비교를 통해 더 나은 방안으로 관계인집회 결의와 법원인가가 이루어지게 됩니다.

259) 서울회생법원 실무준칙 제241호 제6절 제34조
260) 공개입찰이 개시되는 경우 공고 전 인수희망자에게 해약보상금을 지급하거나 인수자 선정절차에서 다시 인수제안서를 제출할 수 있도록 기회를 부여하여야 합니다.

[표 50] 회생기업 M&A와 일반기업 M&A의 차이

구분	회생기업 M&A	일반기업 M&A
M&A 방식	보유 주식 양수도	유상증자 및 회생채권 등 변제
관련 법규	상법, 자본시장법 등	채무자회생및파산에 관한법률, 회생실무준칙(특례에 따라 상법상 이사회결의, 주주총회, 채권자보호절차 등이 요구되지 않을 수 있음)
Deal 구조	다양한 구조가 논의될 수 있음	법원 관리하에서 법률과 준칙에 따른 절차 이행으로만 가능

[그림 29] 회생기업 M&A의 예시

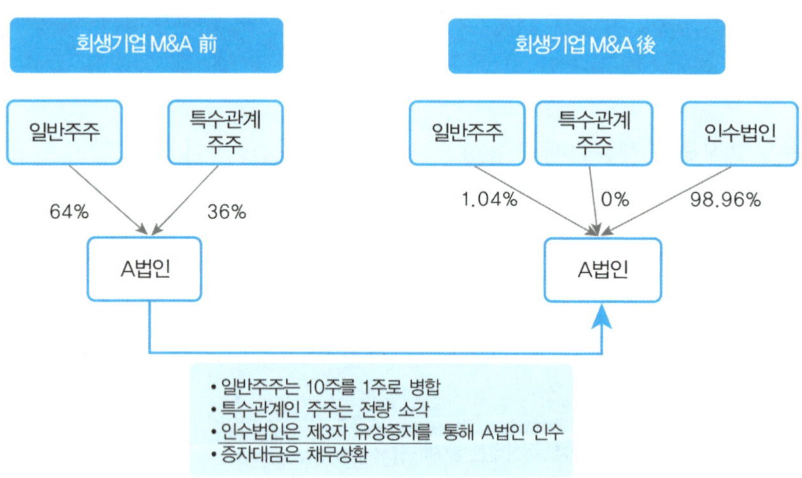

자산양수도 방식의 M&A는 유무형의 자산을 법원의 허가를 받아 매각하는 것입니다. 해당 자산이 담보 자산일 경우에는 매각대금은 담보권자에게 우선 변제되며, 매각자산의 범위에 따라 다르지만 자산양수도가 영업양수도의 성격으로 판단될 경우에는 근로관계승계, 경업금지 등 영업양수도와 동일한 절차 및 법률관계가 적용될 수도 있습니다. 단, 영업양수도의 경우 반대주주의 주식매수청구권이 적용되지 않는 등 채무자 회생 및 파산에 관한 법률 상의 절차적 특례도 이해해 둘 필요가 있습니다.[261)]

261) 채무자 회생 및 파산에 관한 법률 상 절차적 특례에서는 합병의 경우 합병계약서 공시/주식매수청구권/채권자보호절차 등의 규정이 적용되지 않도록 하고 있으며, 분할, 분할합병, 주식의 포괄적 교환 및 이전, 영업양수도의 경우에도 동일한 특례 규정을 두고 있습니다.

③ 회생기업 M&A의 절차적 특례

채무자 회생 및 파산에 관한 법률에서는 회생기업이 M&A를 할 경우 다양한 절차적 특례를 두고 있습니다. 대부분은 일반기업의 M&A에 있어서 주주권 행사와 관련한 건으로 회생기업의 경우 채무를 변제하여 기업을 회생시키는 데 주안점을 두는 법원의 관리체제하에 있기 때문입니다. 예를 들어 영업양수도나 합병, 분할합병, 주식교환 등을 이행할 경우에도 반대주주의 주식매수청구권 절차가 적용되지 않고, 상법상 절차에 의한 합병계약서공시나 주식교환계약서의 공시, 분할이나 분할합병시 분할대차대조표의 공시 등이 적용되지 않습니다. 또한 합병의 경우에 채권자보호절차가 적용되지 않고, 합병무효의 소나 주식교환무효의 소 등의 규정도 적용되지 않습니다.

2) 회생기업 M&A의 절차

회생기업의 M&A가 다른 M&A와 큰 차이점은 법원의 승인절차와 관계인집회(채권단)의 승인절차가 필요하다는 점입니다. M&A를 통해 기업을 회생시킬 것인지의 결정도 법원의 승인이 필요하고, 실사와 평가결과를 토대로 마련된 투자계약도 법원의 승인을 거쳐야 합니다. 또한 채권자들의 모임인 관계인집회는 일반기업의 주주총회와 같은 의사결정기구가 됩니다. 법원은 승인여부를 결정하기 전에 관계인집회의 의견을 조회하게 되며, 최종적으로 투자자의 투자를 받아들일지의 여부도 관계인들이 동의를 하여야 합니다.

[표 51] 회생기업 M&A 절차 예

2012.04.26	회생절차 개시결정 및 관리인 선임[262)]
2012.05.09	회생담보권자 및 회생채권자 주주목록 제출
2012.05.10~2012.06.07	회생담보권, 회생채권의 신고 및 조사위원의 조사
2012.06.07	관리인의 시부인표 제출(회생담보권 및 회생채권 조사)
2012.07.06	제1회 관계인집회 개최
2012.11.21	**인가 前 M&A 및 주간사 선정기준(안) 승인 허가 신청**
2012.11.22	**채권자협의회 의견 조회**
2012.11.23	**인가 前 M&A 법원 승인 및 주간사 선정기준 법원 허가**
2012.12.05	**M&A 주간사 선정 법원 허가 및 선정 통보**
2013.01.09	매각 공고
2013.01.09~2013.01.21	인수의향서 접수
2013.01.24~2013.01.30	예비실사

2013.02.05	입찰서류(인수제안서) 제출 마감
2013.02.08	우선협상대상자 선정 및 통보
2013.02.12	이행보증금 납입 후 양해각서 체결
2013.02.18~2013.02.22	정밀실사
2013.02.26~2013.02.28	실사결과에 따른 인수대금 조정
2013.03.06	**계약금 납입 후 투자계약 체결**
2013.03.11	**채권자 협의**
2013.03.18	**변경 회생계획안 법원 제출**
2013.04.12	**관계인 집회 및 회생계획 인가**
2013.04.22~2013.04.26	**채무 변제 및 회생 절차 종결**

[그림 30] 회생기업 M&A 절차 요약

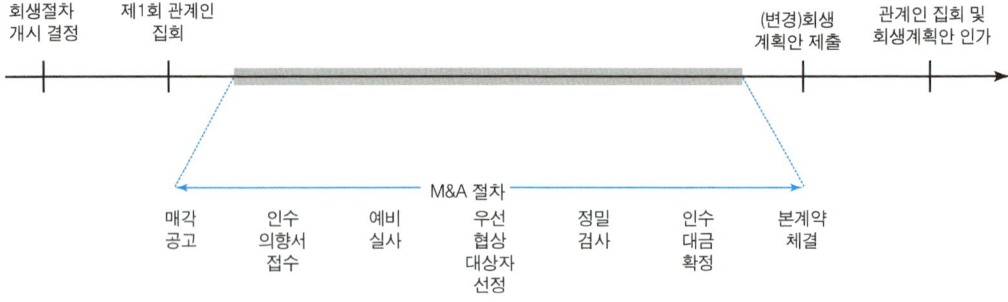

262) 회생절차에 들어가면 법원은 관리인을 선임하게 되는데, 회생절차의 원활하고 신속한 진행을 위해 기존 경영자를 관리인으로 선임하기도 하며, 이를 DIP(Debtor in Possession)이라고 합니다.

NOTE 15

❑ 회생절차 흐름도[263)]

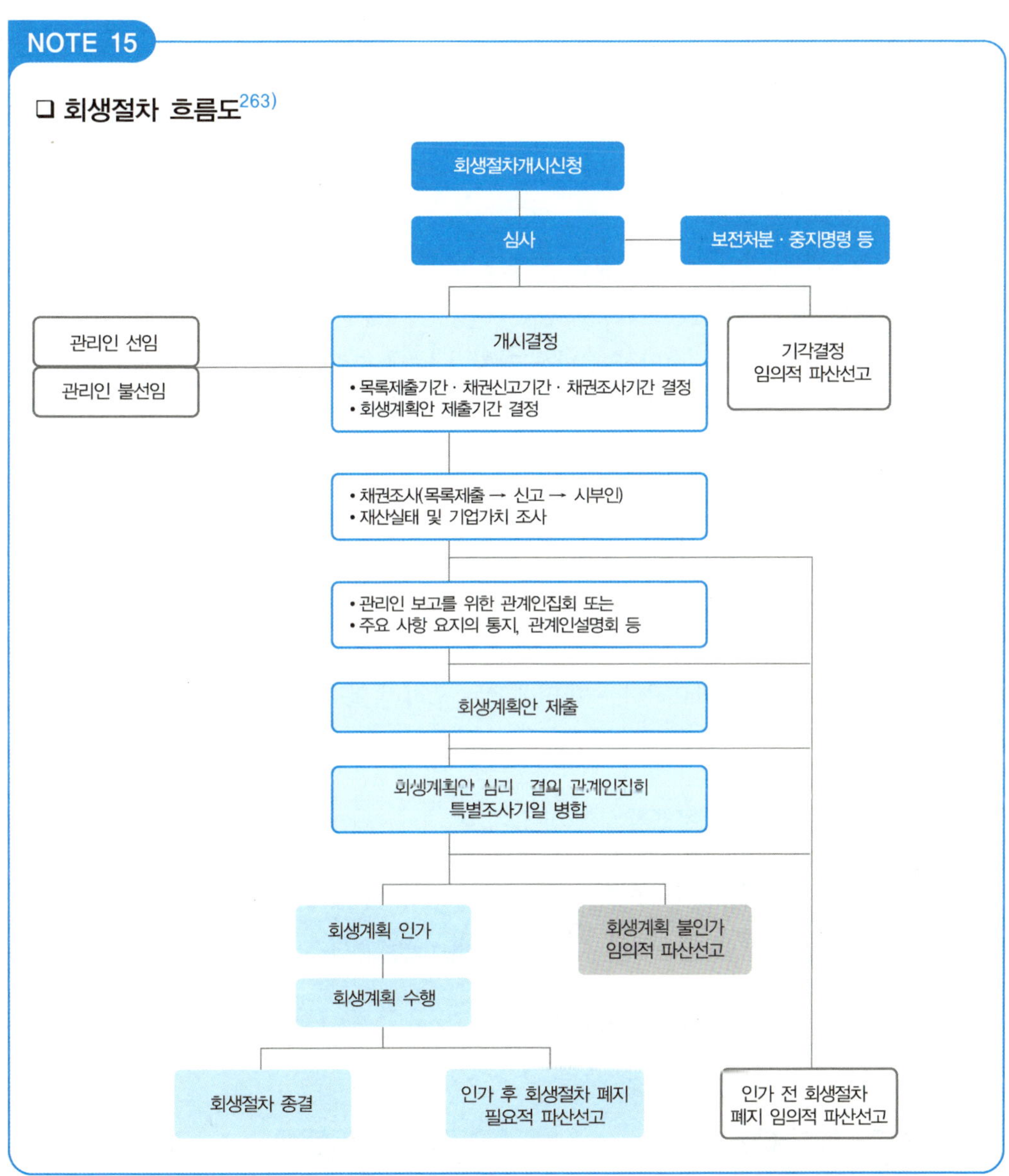

263) 서울회생법원 홈페이지 참조

16 비우호적 M&A

비우호적 M&A는 흔히 적대적 M&A[264)]라고 합니다. 이는 인수대상 기업의 기존 대주주나 경영진의 의사와는 무관하게 인수자 측에서 일방적으로 주식 취득 등을 통해 경영권을 확보하는 M&A를 말합니다.

적대적 M&A의 대상이 되는 기업은 주로 다음과 같습니다.

- 최대주주의 지분율이 높지 않은 기업
- 잠재적인 현금창출능력, 수익성에 비해 가치가 낮게 평가되는 기업(PER, PBR이 상대적으로 낮은 기업, 시가 대비 본질가치가 높은 기업)
- 경영진 또는 이해관계자간 분쟁이 있는 기업

1) 비우호적 M&A의 절차

비우호적 M&A는 협상이나 실사 등의 절차가 없기 때문에 절차적으로만 보면 일반적인 M&A에 비해 간단하다고 볼 수 있는 면도 있으나, 기존주주나 다른 주주의 대응, 법적규제나 분쟁 등의 이슈 해소가 필요하다는 측면에서는 오히려 복잡한 측면이 있다고 볼 수 있습니다.

[그림 31] 지분취득을 통한 비우호적 M&A의 절차 예

2) 비우호적 M&A 전략과 방어전략

[그림 32] 비우호적 M&A 전략 vs 방어전략

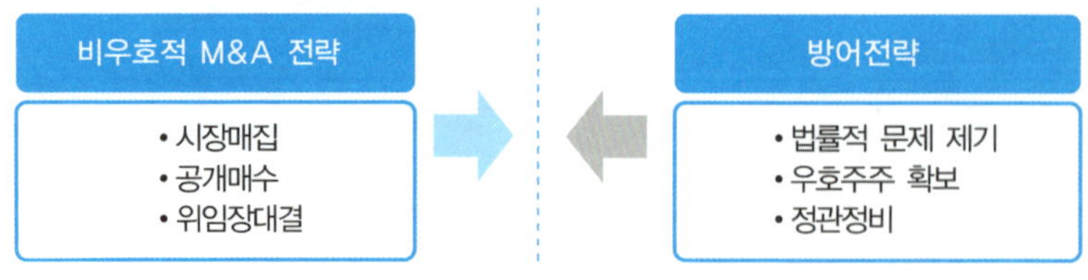

264) 적대적 M&A의 유형은 기업의 지배권 공격 목적이 경영권확보인가 아니면 투자차익 극대화인가에 따라 경영권찬탈과 Green Mail로 구분됩니다. 경영권찬탈은 지배권확보 후, 주주총회들을 통해 경영진을 교체하는 형태의 M&A이고, Green Mail은 대량의 지분 매입 후, M&A 포기 대가로 높은 가격을 요구하여 매각하는 형태의 전략입니다.

① 시장매집

인수대상 기업의 주식을 시장 등에서 지속적으로 매수해 가는 방법입니다. 단, 상장기업의 주식을 취득할 때에는 공동 목적 보유자를 포함하여 5% 이상의 지분을 취득하면 금융위원회에 보고하고, 그 후 1% 이상 변동될 때마다 보고하도록 하여 시장참여자들이 중요한 지분 변동사항을 파악할 수 있도록 공시하는 제도를 두고 있습니다.

② 공개매수

공개매수는 인수대상 기업의 주식을 장외에서 불특정 다수인을 상대로 공개적으로 매수하는 방법입니다. 상장주식을 공개매수할 경우에는 자본시장법상 규정된 절차를 취해야 하는 공개매수인지 살펴보아야 합니다. 자본시장법에서는 상장법인의 주식 등을 6개월간 10인 이상의 자로부터 매수 등을 하여 5% 이상 취득하는 경우에는 공고를 하고 공개매수 신고서를 작성하여 제출하는 등 규정된 절차를 취하도록 하고 있습니다.

③ 위임장 대결

주주는 정관에서 정하는 바에 따라 주주총회에 출석하지 아니하고 서면으로 의결권을 행사할 수 있습니다. 상법은 의결권의 대리행사를 인정하고 있는데, 주주총회에서 다수의 의결권 행사 위임장을 확보하여 이사 등을 임명함으로써 경영권을 확보하는 방법입니다. 단, 자본시장법에서는 의결권의 대리행사를 권유할 때에는 의결권 대리행사에 관한 일정 참고서류를 송부하고 이를 공시하도록 하고 있습니다.

④ 정관정비

정관상 다양한 규정을 통해 비우호적 M&A를 방어하거나 지연하는 방법들이 고려될 수 있습니다. 예를 들어 이사 및 감사수를 제한함으로써 추가적인 이사 선임을 어렵게 하는 방법입니다. 이사의 선임은 주주총회의 보통결의사항이나 해임은 주주총회의 특별결의사항[265]이므로 이사 해임을 위해서는 확보해야 하는 지분이 많아질 수밖에 없습니다. 시차임기제를 도입하여 이사의 임기를 분산함으로써 이사회의 장악을 어렵게 하는 방법이 있을 수 있습니다. 이사와 감사의 자격을 회사의 근무경력 있는 자 등으로 제한하는 방법도 고려해 볼 수 있을 것입니다. 집중투표제도도 고려될 수 있는 방법입니다. 집중투표제도는 이사를 선임할 때, 선임하고자 하는 이사의 수만큼의 의결권을 1주식의 주주에게 부여하여, 주주가 특정 이사에게 집중적으로 투표할 수 있도록 하는 제도입니다.

265) 특별결의를 위해서는 출석한 주주 의결권의 2/3 이상과 발행주식의 1/3 이상이 필요합니다.

그러나, 정관규정의 마련과 개정은 주주총회를 통해서 결정됩니다. 즉, 주주와 회사의 이익을 위해서 필요한 사항이 정관에 반영되는 것이므로, 특정인의 이해관계만을 위해서 정관이 변경되는 경우에는 다양한 이해관계자인이 동의하지 않을 것임을 충분히 이해하여야 할 것입니다. 또한 이러한 정관 변경이 상법 등 관련 법령에 위배되는 사항이 아닌지에 대한 검토도 반드시 필요할 것입니다.

⑤ 기타방법

유상증자 추진, 자사주 활용, 상환우선주 등 종류주식의 활용, 사모펀드 등 우호주주의 활용, 우리사주조합 및 Stock Option 제도의 활용, 여론 전략 등 다양한 방안들이 경영권 방어에 활용될 수 있지만, 이러한 제도를 직간접적으로 경영권 방어에 이용할 경우에는 여러가지 문제가 발생할 수 있다는 점을 인지하고 관련 위험을 반드시 검토하여야 합니다.

17 공개매수(Tender Offer; Takeover Bid)

공개매수는 불특정 다수인에게 주식 등의 매수를 권유하고 증권시장 밖에서 이를 매수하는 행위를 뜻합니다. 주식 등을 **6개**월 내에 **10명 이상**으로부터 **증권시장 밖**에서 **5% 이상** 취득하려면 의무적으로 공개매수의 방법에 의해 매입하여야 합니다.[266] "6개월", "10명 이상", "증권시장 밖", "5% 이상"의 조건은 모두 충족되어야 합니다. 이를 의무공개매수라고 부릅니다. 이 중 한 가지 조건이라도 충족하지 못한다면 공개매수의 방법을 취하지 않고 취득할 수 있습니다. 여기서 말하는 '증권시장 밖'이란 한국거래소의 시스템을 통한 경쟁매매 방식이 아닌 계약이나 합의를 통한 방법을 말하는 것입니다. 한국거래소를 통한 경쟁매매 방식은 거래소가 정한 체결 규칙에 따라 거래가 성사되는 것이므로 여기에 해당되지 않습니다.

공개매수는 적대적 M&A, 대주주의 경영권 방어, 지주회사의 전환이나 지주회사의 자회사 지분 취득 시 많이 활용되고 있으며, 상장폐지(Delisting, Going Private)를 위해 공개매수를 하기도 합니다.

의무적 공개매수의 요건[267]

장외에서 6개월간 10인 이상의 자로부터 주식을 매수하여 본인과 특수관계자가 합하여

266) 자본시장법 제133조 제3항
267) 단, 소각목적, 주식매수청구권 행사에 응하기 위한 매수, CB등의 권리행사에 의한 주식의 매수, 특수관계인으로부터 주식 매수 등은 의무적 공개매수에서 제외됩니다(자본시장법 시행령 제143조).

보유하게 되는 주식이 5% 이상이 될 경우에는 반드시 공개매수의 방법에 따라야 합니다. 여기서 10인 이상은 매수자가 아니라 청약의 권유를 받는 상대방의 수입니다.

공개매수 절차

상장회사의 중요한 지분 변동은 시장에 해당 정보가 적시에 공정한 정보가 공시되어야 합니다. 공개매수도 중요한 경영상의 정보이므로 자본시장법 및 관련 규정에서 필요한 절차를 다음과 같이 제시하고 있습니다.[268]

[그림 33] 공개매수의 절차

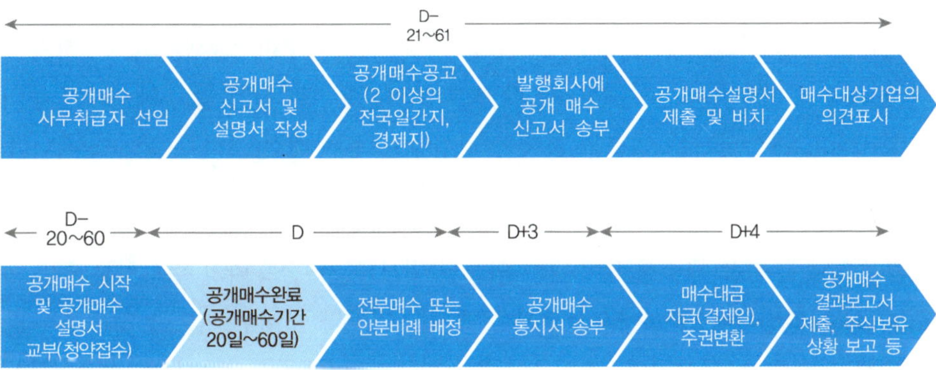

신고자

신고를 해야 하는 사람은 공개매수를 하는 본인과 특별관계자를 포함해 판단해야 합니다. 특별관계자는 특수관계인(배우자, 친인척 또는 회사 임원 등)과 공동보유자(계약 등을 맺고 공동으로 주식을 취득 등을 하는 자)를 합친 개념입니다. 공동보유자에서 '보유'라는 말에는 소유뿐만 아니라 사실상 소유분이 포함됩니다. 다른 사람의 이름으로 되어 있는 주식도 실질적으로 자신의 계산으로 취득했다면 사실상 소유분에 포함됩니다.

적용대상

공개매수 규제가 적용되는 증권은 의결권을 기준으로 정해집니다. 의결권이 있는 주식과 신주인수권부사채 등 의결권 관련 사채 그리고 이를 기초로 만든 파생증권 등이 포함됩니다.

적용대상 증권의 지분율은 발행주식 등의 총수에서 본인과 특별관계자의 주식 등 보유분이 차지하는 비율로 정해집니다.

268) 자본시장법 제133조~143조, 제147조 참고

공개매수 공고

공개매수자, 대상회사, 목적, 공개매수할 주식 등 종류와 수, 공개매수조건(공개매수기간, 가격, 결제일 등), 매수자금 내역, 공개매수 사무취급자, 공개매수 방법, 공개매수 대상회사의 임원 또는 최대주주와 사전협의내용, 공개매수 종료 후 장래계획, 공개매수신고서 및 사업설명서 열람 장소 등을 공고해야 합니다. 공고 방법은 전국을 보급지역으로 하는 2개 이상의 일간신문 또는 경제신문에 공고해야 합니다.

공개매수 응모 주식 취득 방법

공개매수시에는 균일한 가액으로 응모한 주식 전부를 매수하여야 합니다. 그러나 공고시에 '응모한 주식수가 매수예정주식 총수에 미달한 경우 전부 매수하지 않음'을 게재하거나, '응모주식 총수가 매수예정주식 총수를 초과할 경우 초과분은 매수하지 않고 매수예정 주식까지만 안분비례로 매수'한다는 내용을 기재한 경우에는 전부 매수를 하지 않아도 됩니다.

공개매수 규제 위반 시 제재

규정에 위반하여 주식을 매수한 경우에는 의결권 행사 금지, 금융위의 주식처분명령, 형사처벌을 받을 수 있습니다. 공개매수신고서 등에 허위기재나 기재누락을 한 경우에는 응모주주에 대한 손해배상, 형사처벌, 과징금이 가능합니다. 공개매수신고서 등 필요서류를 제출하지 않거나 공고를 하지 않을 경우에는 형사처벌과 과징금을 받게 됩니다.

공개매수의 철회

공개매수 철회를 자유롭게 허용할 경우에는 시장의 혼란을 야기할 수 있으므로 공개매수신고서를 제출한 날 이후에는 원칙적으로 철회할 수 없습니다. 그러나, 몇 가지 철회할 수 있는 예외를 두고 있는데 이는 다음과 같습니다.

a. 대항공개매수가 있는 경우
b. 공개매수자의 사망, 해산, 파산, 부도 및 은행과의 거래정지
c. 공개매수대상회사의 합병, 분할, 영업양수도, 상장폐지 등으로 자산총액의 10% 이상의 손해가 발생한 경우 등에는 철회할 수 있다는 조건을 공개매수신고서에 기재하고 이를 공고시 게재한 경우

공개매수자의 별도 매수 금지

공개매수자는 공개매수 공고일로부터 매수기간 종료일까지 공개매수 이외의 방법으로 매수 등을 할 수 없습니다. 이를 별도매수의 금지라고 합니다. 단, 공개매수 신고 전 체결한

계약에 의한 매수는 공고매수신고서에 기재하고 공고하였다면 예외가 될 수 있습니다.

공개매수의 세무

공개매수는 장외거래로 분류되므로 매도자는 증권거래세를 부담하여야 합니다. 장외거래로 분류되기 때문에 양도차익이 발생한 주주는 양도소득세 또는 법인세의 납부의무도 발생합니다.

18 전략적 제휴 및 합작투자(Joint Venture)

1) 전략적투자 및 합작투자의 개요

시장환경에 보다 효과적으로 적응하고자 많은 기업들이 전략적 제휴에 관심을 갖고 있습니다. 과거 전략적 제휴나 합작투자 등에 대한 논의가 대기업을 중심으로 이루어졌다면 최근에는 벤처기업과 같은 중소기업으로까지 활발하게 그 논의가 이루어지고 있다고 볼 수 있습니다. 특히, 과거에는 자본과 기술의 제휴가 주 목적이었다면, 최근에는 고객 공유, 마케팅 협업, 신시장 공동 진출, 공동 창업에 이르기까지 제휴 목적도 다양화되고 있습니다.

전략적 제휴는 이처럼 그 목적이 다양할 뿐만 아니라, 협업의 유형도 다양합니다. 약정을 통해 특정 업무 영역에서만 제휴하는 경우도 있고, 특정 시장에서만 제휴를 하는 경우도 있으며, 공동으로 출자한 법인을 통해 협업을 하는 경우도 있습니다.

합작투자(Joint Venture)가 이러한 유형 중의 하나라고 볼 수 있습니다.

합작투자는 둘 이상의 기업이 공동으로 자원을 투자하여 법인을 설립하고 공동으로 운영하며, 공동으로 소유권을 가지는 방식의 투자입니다. 공동투자이므로 위험부담이 상대적으로 줄어들고, 각 기업이 보유한 기술이나 노하우, 생산시설, 자금 등 경쟁력이 있는 자원이 투자되어 상호간 부족한 부분을 보완하게 된다면 시장진입 및 규모의 경제 달성이 용이해 질수도 있습니다.

이러한 합작투자는 신규시장 진출에 필요한 노하우나 자본이 부족한 경우, 시장의 규제 등으로 단독투자가 쉽지 않을 경우, 자원의 용이한 조달 등을 위해 파트너의 도움이 필요한 경우, 마케팅이나 채널 확보 등을 위한 파트너 협력이 필요한 경우, 기술은 보유하고 있으나 시장의 성공적인 진출을 위해 자금이나 신용의 확보가 필요한 경우 등에 이용될 수 있습니다.

[표 52] 단독투자와 합작투자의 비교

구분	단독출자	합작출자
경영권 및 의사결정 프로세스	• 기업의 완전 소유와 통제가 가능하여 융통성 있는 업무 수행이 가능	• 100% 미만의 지분(출자비율 또는 기술격차 등에 따라 달라질 수 있음) • 합작사의 경영진과 마찰 가능(경영주도권, 문화적차이, 경영방식, 이해상충 등) • 정책결정/집행/통제상의 제약으로 인한 경영의 비효율성 발생 가능(의사결정의 지연 등)
자금 부담	• 전액 독자적으로 부담(초기투자자본이 클 수 있으므로 사업에 대한 노하우가 충분히 축적되지 않은 경우 위험 부담이 클 수 있음)	• 부담을 나누면서 위험 또한 분담 가능
사업준비 기간	• 자사형편에 따라 자유로이 결정(신속한 진행 가능)하는 유연함이 있는 반면, 초기 독자적 법인 설립에 많은 시간 및 비용이 소요될 수 있음	• 초기 법인 설립시간 및 비용 절감 가능할 수 있지만, 상호간 협의가 원활하게 진행되지 않을 위험부담도 존재 • 신규시장 진출 목적의 경우, 기존 player와 합작으로 연착륙 가능
영업력, Marketing, 기술력 등 각 부문	• 내부자원에 의존, 또는 자사가 직접 연구/개발하므로 독점기술 유출 위험 없음	• 합작사가 강점을 갖는 부문과 협업 가능(조기 시장정착 가능)하지만, 동시에 자사의 기술, Know-how 등의 유출 위험 존재
기타	• 본사와 신규설립회사간 일관성 있는 협조 체계 구축이 가능하여 복합적 이윤추구가 가능	• 단점을 보완 할 수 있는 기회 • 계약상 권리/의무에 대한 법적 해석 차이로 분쟁 발생 가능 • 사업철수 시 어려울 수 있음 • 문화적 차이로 인한 갈등 발생 가능

만약 해외에 합작법인을 설립하게 된다면, 해당 국가의 투자환경과 시장환경에 대한 분석이 필요합니다. 일반 투자환경으로는 노동력, 외국인 투자 제한사항, 현지의 세무규정, 인프라(Infrastructure) 등에 대한 사항의 검토가 필요할 것입니다.

• 노동력: 인력수급 용이성, 인건비, 노동생산성, 노조관계, 종업원의 성향, Work ethics 등
• 외국인 투자제한: 외국인투자관련 지분제한 및 투자제한규정, 부지소유 제한, 해외송금제한여부 파악

- 세무관련 사항: 부품별 관세율, 법인세율, 부가가치세율, 기타 특수세제 및 이용 가능한 투자 인센티브 제도 파악
- Infrastructure 및 물류 Cost

이외의 기타사항으로는 환율변동위험, 정치적위험, 문화적 차이 등에 대한 고려가 필요합니다.

시장환경으로는 수요동향, 경쟁기업의 동향, 현지국의 소득수준 및 가격수준 등에 대한 검토가 필요할 것입니다.

- 수요동향: 고객층, 고객의 구매결정에 영향을 미치는 요소(문화적인 요소 고려), 수요동향 등을 파악
- 경쟁기업의 동향: 필요 시 현지 시장조사기관을 활용하여 객관적인 입장에서 경쟁 정도 및 강・약점을 분석
- 제품: Life Cycle상 현위치, 현지국 소비자의 니즈(Needs)를 충족시킬 수 있는 소구점(Selling point)의 파악
- 가격: 현지국의 국민소득수준, 소비성향, 가격협정 또는 정부지도가격 유무, 업계의 통상적인 판매가격 결정방법
- 유통경로: 유통 Channel별 구조 및 확보가능성, 유통단계별 마진, 물류비용 등

2) 합작투자계약서 및 주주간합의서

합작투자가 결정되면 합작파트너와 합작투자계약서(JVA: Joint venture Agreement) 혹은 합작투자당사자들간의 주주간합의서(SHA: Shareholder Agreement)를 작성하게 됩니다.

합작투자계약서(Joint venture Agreement) 또는 주주간합의서(Shareholder Agreement)는 합작투자법인 운영의 기본 방향을 정하기도 합니다. 그러므로 합작계약서 혹은 주주간합의서는 전략과 회사의 향후 운영방향 등을 종합적으로 고려하여 설계되어야 합니다. 다음은 합작계약서의 주요 항목별로 고려될 필요가 있는 사항을 예시적으로 보여주고 있습니다.

[표 53] 합작 계약서 작성 시 고려사항 예시

항목	세부내용
당사자	• 당사자의 등록된 명칭, 주사무소의 주소, 설립 근거법령 및 존립형태에 관하여 구체적으로 확정 • 합작사업 관련 세제효과 및 위험, 향후 지배구조 등을 고려하여 자회사 활용 등 검토 가능
회사명	• 각 당사자의 모기업 사명을 결합하여 사용하는 것이 이미지나 신뢰도 등을 활용할 수 있어 일반적임(단, 향후 합작관계의 청산·해소 시 회사명을 변경하게 되어 이로 인해 손해도 발생할 수 있으므로 모기업과는 다른 명칭도 고려필요) • 상호·상표 등을 상호간에 무단으로 사용하지 못하도록 합작투자계약서에 이를 명시할 필요가 있음
사업목적 조항	• 인허가 방침에 벗어나지 않도록 하기 위해 목적조항을 엄격하게 해석하므로 목적조항을 관련 부수사업 및 향후의 추가사업도 고려하여 구체적이고 탄력성 있게 규정
자금조달 및 추가 출자에 관한 조항	• 경영권, 신주인수권 배정 및 이사회 임원의 선임 등에 있어서 기준이 되는 출자액 및 출자비율 전략적 결정 • 국외 출자의 경우 자본금의 종류 및 성격, 출자의 수단 및 방법, 절차는 현지국의 설립준거법에 따라 검토 필요 • 추가자금 조달 시 내부유보에 의한 투자, 금융기관 차입과 합작파트너 추가 출자 형태가 있음 • 금융기관 차입의 경우 합작회사 자력으로 불가능할 때 모 기업인 합작파트너의 보증이 필요한 경우 보증의 비율 및 책임범위에 대한 규정 필요(합작비율 등) • 추가출자의 경우 당초의 합작비율에 따라 추가출자 하도록 하되, 추가출자에 응하지 않을 경우를 대비하여 추가출자 불참시의 지분조정 문제, 의결권 없는 우선주의 발행, 지분철수 옵션 등에 대한 원칙 필요
의사결정기구에 관한 사항	• 이사회 구성의 기본원칙 합의 • 이사회 구성원의 결원 시 그 보충방법 • 이사회 소집권자 및 횟수, 기간 규정 • 이사회 의사결정 원칙과 예외 규정 - 통상 지분비율에 따라 이사 수 배분 - 통상 대주주가 대표이사를 선임하고 소수주주가 감사/CFO 선임하여 견제 - 일반적으로 다수결 원칙. 소수지분의 경우 초기단계에서 다수지분자의 일방적의사결정을 방지하기 위해 주요 경영 의사결정 항목을 미리 나열하고 이는 협의하여(혹은 만장일치) 의결하도록 규정할지에 대한 논의 - 이사회의 일정권한에 대하여 주주총회의 승인을 얻도록 하여 이사회의 권한을 분산시킬 수 있음

항목	세부내용
경영 의사결정의 교착 상태	• 합작회사 설립 후 사업 수행 과정에서 의견대립으로 교착상태에 빠지면 경영위기 및 Risk에 직면할 수 있으므로 사전에 경영권 확보방안 및 교착상태 타개책을 마련하고 이에 따른 합작투자협상과 계약서 작성이 필요
지분양도 제한	• 주식 양도를 일부 제한하는 약정을 둘 수 있음(판례상 당사자간에는 유효) • 양도제한기간(Lock-up period) 외에도 계열회사에 대한 양도 가능성, 우선매수권 부여 여부를 결정 • 합작당사자의 노력으로 이룩한 성과가 당사자 합의 없이 제3자에게 이전되지 않도록 주식양도제한기간 경과 후에도 우선매수권/우선협상권, 동반매도참여권(Tag along)등의 제한을 둘 수 있음
확약사항	• 경업금지의무(계약기간 + 계약종료 후 5년 등), 출자의무, IPO의무, 공급계약이나 라이선스계약 등 사업관련 부수 계약이 필요한 경우도 있음
이익처분과 배당목표	• 수익금의 적정금액이 배당 등으로 환수 또는 적절한 재투자 원칙 등 규정 필요
합작투자 당사자간의 납입의무 불이행문제	• 합작투자계약에서의 납입의무 불이행 유형 – 합의된 지분출자의 지연 또는 거절 – 운영자금 조달에 관한 분배된 책임의 불이행 – 합작투자사업의 수행에 필요한 핵심적 자원의 공급 불이행 – 합작파트너의 신용악화(도산, 파산, 지급불능 등) – 합의된 기능 및 역할분담의 실패 • 납입의무불이행에 따른 추가절차의 규정 필요 – 당해 채무불이행과 관련하여 Penalty 규정 삽입 – 상대방이 불이행 당사자의 지분을 매수할 수 있도록 함
합작투자 관계의 해소와 지분의 평가 및 철수 문제 (Exit Plan)	• 합작투자 관계를 해소하는 방법(예시) – 일방이 상대방에게 자기 지분을 매각하거나 또는 상대방의 지분을 매수하는 방법 – 일방이 자기의 지분을 제3자에게 양도・매각하는 방법 – 합작투자회사가 일정 대가를 지불하는 조건으로 지분을 소각하는 방법 – 합작투자회사 자체를 청산하여 잔여재산을 지분별로 배분하는 방법 • 지분의 매수 및 매각이 합작투자 관계해소의 주요 수단이 된다면 그 가격의 평가에 관한 계약서 규정이 중요 • 지분 매수 및 매각 가격의 산정의 방법(예시) – 일정 기준 시점(기간)의 평균 주가 – 최근(2~3년)의 재무제표에 의한 평가방법 – 공정시장가격 등 특정의 기준을 설정하는 방법 – 외부의 제3자로 하여금 평가, 산정하도록 하는 방법
분쟁의 해결방법	• 분쟁 시 협의사항 및 중재기관 등에 대해 명시하는 것이 필요(국제합작의 경우에는 국제중재위원회의 처리 등)

3) 전략적 제휴를 위한 비상장 벤처기업 주식교환 및 현물출자 등에 대한 과세특례

비상장 또는 코넥스 상장 벤처기업 및 매출액 대비 R&D 비중 5% 이상 중소기업 등의 주주(그 법인의 발행주식 총수의 10% 이상을 보유한 주주)가 소유하는 벤처기업등의 주식을 2024년 12월 31일 이전에 제휴법인이 보유한 자기주식 또는 제휴법인의 주주(발행주식 총수의 10% 이상을 보유한 주주)의 주식과 교환하거나 제휴법인에 현물출자하고 그 제휴법인으로부터 출자가액에 상당하는 주식을 새로 받음으로써 발생하는 양도차익에 대해서는 그 주주가 주식교환 또는 현물출자로 인하여 취득한 제휴법인의 주식을 처분할 때까지 양도소득세의 과세를 이연받을 수 있습니다. 단, 주식교환이나 현물출자를 할 때에는 ① 벤처기업등과 제휴법인 간에 법소정의 전략적 제휴계획을 추진하고 그 계획에 따라 주식교환 등이 이루어져야 하며, ② 벤처기업등의 주주 1인과 특수관계인이 제휴법인의 최대주주와 특수관계에 있지 않아야 하고, ③ 벤처기업등의 주주가 주식교환등으로 인하여 취득한 주식과 제휴법인 또는 제휴법인의 주주가 주식교환등으로 취득한 주식을 각각 1년 이상 보유하도록 하는 계약을 벤처기업등과 제휴법인 간에 체결하여야 합니다.

19 Cross-border M&A

최근 국내 M&A 시장의 특징은 사모펀드의 역할이 증가하고 있고, 신생벤처기업에 대한 투자가 활발하게 이루어지고 있으며, 대기업의 핵심 사업 집중 및 사업재편이 자발적이고 선제적으로 이루어지고 있다는 점입니다. 이와 함께 국내기업의 해외투자 등과 같은 Cross-border M&A가 증가하고 있다는 것도 최근의 동향 중 하나라고 볼 수 있습니다.

신성장동력과 신시장진출이 기업이 지속적으로 성장하고 시장환경에 적응하는 중요한 요소로 인식되면서, 국내기업에만 한정하지 않고 해외 시장에서 적극적으로 M&A를 추진하려는 기업은 계속 증가할 것으로 전망됩니다.

1) Cross-border M&A시 고려할 사항

Cross-border M&A도 기본적인 프로세스는 일반적인 M&A와 동일합니다. 그러나, 해외시장과 사업환경, 법규제 등에 대한 제한적인 이해 및 커뮤니케이션 문제, PMI 업무가 국내 M&A 대비 많은 노력과 시간이 요구된다는 점에서 M&A 프로세스 각 단계별로 몇 가지 추가적으로 고려해야 할 사항이 있습니다.

첫째, 전략 수립 및 Deal Scouring 단계입니다. 지역이나 매출 등 재무적 요건과 고객 구성 등 전략 목표에 부합하는 투자기준(Investment criteria)를 정립하고 해외 현지법인이나 지사 및 Global 네트워크를 보유한 자문기관 등을 활용하여 전략에 부합하는 해외 대상 회사를 발굴해야 합니다.

둘째, M&A 기회 및 타당성 검토 단계입니다. 자문기관이나 현지 사업부 · 지사 등을 활용하여 매도인 및 대상회사를 접촉하여 매도 의사를 확인하고 필요한 자료(Information memorandum 등)를 수령하여 검토합니다. 이때 해외 Deal의 경우 국내와 비교하여 대상회사를 파악하고 평가하기 위해 다양한 자료가 필요한데, 기본적인 회사의 현황자료 이외에 추가적인 자료의 확보가 용이하지 않을 수 있으므로, 자료확보 방안과 일정 등이 길어질 수 있음을 고려하여야 합니다.

이 단계에서는 인수대상 기업이 현지국에서 외국 투자가 제한되는 산업인지의 여부뿐만 아니라 인수대상회사의 현지국에 대한 사회/문화적인 이해, 정치적/경제적인 상황에 대한 이해도 필요합니다. 해당 국가의 노동과 고용문제에 대한 이해도 필수적인데, 법률적인 접근 이외에도 관습이나 관행의 차이도 살펴볼 필요가 있습니다.

셋째, 실사 단계입니다. 해외의 경우 현실적으로 실사를 함에 있어 장소 및 시간적인 제약 등을 고려하여 실사 계획을 수립해야 합니다. 또한, 상대적으로 이해도가 낮을 수 있어 일반적인 재무실사에 한정하지 말고 전반적인 실사를 수행할 것을 고려해야 하며, 회계기준 등 법규와 관행의 차이를 이해하는 것도 필수적으로 요구됩니다. 현지에 동일한 업종을 영위하는 회사와 관련한 자료를 입수하는 것도 실사를 효과적으로 수행하는 데 도움이 될 수 있습니다.

실사단계에서는 사전단계에서 검토한 법률적인 제약사항을 구체적으로 살펴볼 필요가 있습니다. 예를 들어 해당국가에서의 인수전후 공시나 컴플라이언스 의무, 미국의 경우 SEC 규정/사베인-옥슬리법/증권시장법 등 다양한 법률에서 준수해야 할 사항, 경영권이 이전되는 거래에서 소수주주를 보호하기 위해 필요한 규정, 기업결합신고 관련하여 준수해야 할 법규 등에 대한 구체적인 요구사항을 확인할 필요가 있습니다.

조세 및 회계기준의 차이와 필요사항을 파악하는 것도 빼놓을 수 없을 것입니다. 조세문제는 M&A 구조에 중요한 영향을 미칠 수 있으며, 국가별로 회계기준 및 관행의 차이가 있을 수 있으므로 이에 대한 재무적 효과를 파악하는 것은 중요합니다.

넷째, 협상 및 계약 체결 단계입니다. 상호간의 이해를 명확히 하기 위해 가능한 협상 결과는 문서화하여 공유하는 것이 필요하며, 국가별 과세체계가 다르므로 Tax Structuring

및 관리의 용이성 등을 고려하여 인수주체(계약주체)를 결정하는 것이 필요할 수 있습니다. 또한 결제 방식 및 시기에 따라 환차손익이 발생할 수 있음을 유의해야 합니다.

마지막으로, 거래 종결 단계입니다. 국내 및 현지의 법규 및 관행에 따라 각종 관련 기관의 인허가와 신고를 해야 합니다. 예를 들어 EU의 경우 인수합병·공정거래 인허가는 EU Commission이며, 미국의 보안 관련 인허가는 CFIUS에 인허가를 득해야 합니다. 한국의 경우 해외 투자 신고에 대해 한국은행이나 금융감독원 등에 인허가를 득해야 합니다.

또한 인수대상회사의 사업이 여러 국가에서 이루어지는 경우에는 인수대상회사의 본사가 있는 국가뿐만 아니라 사업이 이루어지는 해당 국가별로 기업결합에 관한 심의 절차 등이 필요할 수 있으므로 이에 대한 법률자문은 필수적일 것입니다.

아래 표로 일반적인 M&A 프로세스 단계별로 Cross-border M&A 시 추가적으로 고려되어야 하는 사항을 정리해 보았습니다.

[표 54] Cross-border M&A시 고려사항

<table>
<tr><th colspan="2">단계</th><th>추가고려 사항</th></tr>
<tr><td rowspan="2">전략 수립 및 Deal sourcing</td><td>전략 수립</td><td>• 전략적 목표 달성에 부합하는 Investment criteria 정립
• 외부환경 분석(현지 법규, 정치상황, 경쟁자, 현지문화 등)</td></tr>
<tr><td>TFT 구성</td><td>• 현지 전문가 포함, 해외 network 적극 활용
• 외부 자문기관 선정 시 해외인수 경험 및 Global network 보유 자문기관 선정 고려</td></tr>
<tr><td rowspan="3">기회 및 타당성 검토</td><td>매도인/대상 회사 접촉 및 의사타진, 사전검토</td><td>• 문화적 차이, 임직원/종업원의 성향 등 파악 필요
• 국내에 비해 자료 입수가 용이하지 않을 수 있음을 고려
• 현지인을 통해 기업에 대한 평판 파악
• 현지 법규 및 관행 고려, 법규 등의 차이에 의해 현지 변호사 자문 여부 고려</td></tr>
<tr><td>인수전략 수립 시작</td><td>• M&A 초기 단계에서부터 국내 및 현지 Legal advisor를 통한 인허가 필요 사항 사전 파악 및 준비
• 현지 Financing 가능 여부 고려(외국환 거래규정 준수 필요)
• 환위험에 대한 사전 검토 및 Risk hedge 전략 구상 필요</td></tr>
<tr><td>LOI 제출 및 협상 시작</td><td>• Communication의 중요성이 더욱 강조됨
• 언어적 제약 극복(Native 또는 Bi-lingual 인적 자원 확보 필요)
• 현지 문화에 대한 이해가 협상에 도움</td></tr>
<tr><td>실사</td><td>실사 준비</td><td>• 상대적 이해도가 낮을 수 있어 일반적인 실사인 재무실사에 한정하지 말고 전방위적인 실사 실시 고려
• 회계기준 등 법규 및 관행의 차이를 이해하는 것이 필수</td></tr>
</table>

단계		추가고려 사항
	실사 준비	• 국가 Premium/discount 등의 반영 여부 또는 현지 시장환경 고려한 자본비용 반영 여부 고려 필요 • 현지의 동업종 회사와 관련한 자료 입수 필요
	실사 수행 및 가치평가	• 핵심 이슈 중심의 실사 진행 • 가능한 현지 실사 • 국내 M&A의 경우보다 PMI가 어려울 수 있으므로 조기에 PMI 전략을 수립하는 것이 필요
협상 및 본계약 체결	인수제안서 및 SPA 협상 인수주체의 결정	• 상호간의 이해를 명확히 하기 위해 가능한 협상 결과는 문서화 • 결제 방식 및 시기에 따라 환차손익이 발생할 수 있음을 고려 • 국가별 과세체계가 다르므로 Tax Structuring 및 관리의 용이성 등을 고려하여 인수주체(계약주체)를 결정 • 필요시 인수 목적 투자회사(SPV) 설립 고려
거래 종결	거래 종결 및 승인	• 외국환 관리규정 준수 • 인수 대금 송금을 위한 주거래 은행의 허가 • 해외직접투자 신고(또는 외국인 투자신고) • 국내 및 현지의 법규 및 관행에 따라 필요한 승인 및 신고 절차 파악(기업결합신고, 국가별 인허가, 현지국 법규에 따른 공시 등) • 국내 및 현지국 인허가 절차에 오랜 시간이 소요될 수 있음
	PMI(통합)	• PMI는 현지 채용인을 중시하고 현지 경영방식 및 현지문화를 존중하는 자세 필요

2) Inbound 및 Outbound 시 신고사항

Inbound는 해외기업이 국내기업에 투자하는 경우를 말하며, Outbound는 국내기업이 해외에 투자하는 경우를 말합니다. Cross-border M&A의 경우에는 각국의 법규에 따라 신고하거나 승인을 받아야 하는 사항들에 대한 고려가 필요하며, Inbound와 Outbound별로 대표적인 신고사항을 살펴보면 다음과 같습니다.

① Inbound M&A 시 신고사항

해외기업이 국내기업을 인수할 때에는 외국인 투자신고 및 증권취득 신고, 기업결합신고, 외국환 거래법에 따른 신고가 필요합니다.

- 외국인 투자신고: 외국인투자 촉진법에 따른 외국인 투자를 하려는 경우에는 미리 산업통상자원부 장관에게 신고를 해야 합니다. 주식 또는 지분의 취득에 의한 외국인 투자는 외국인이 한국기업이 발행한 의결권 있는 주식총수나 출자총액의 10% 이상을 소

유하는 경우 또는 외국인이 한국 기업 주식을 소유하면서 그 법인이나 기업에 임원(대표이사, 감사 등 경영상 중요의사 결정에 참여할 수 있는 권한을 가진 사람)을 파견하거나 선임하는 경우에 신고가 필요합니다.

- 외국인 증권취득신고: 외국인 투자신고에 해당하지 않는 경우에도 외국인이 한국 회사 주식인수시에는 외국환거래법에 따라 한국은행에 증권취득 신고를 해야 합니다. 외국환거래법에 따른 자본거래는 사전신고가 원칙으로 계약 체결 전에 신고하여야 하기 때문에 거래의 timeline 계획 수립 시 이를 반드시 확인하여야 합니다.
- 기업결합신고: 외국기업이 한국기업 주식 20%(상장법인 15%) 이상을 소유하게 될 경우, 주식취득자 및 당사회사의 자산총액 또는 매출액 규모가 3,000억원 또는 300억원 이상인 경우에는 공정거래위원회에 기업결합신고가 필요한 지 여부를 확인하여야 합니다.
- 외국인투자제한: 외국인투자 촉진법은 한국표준산업분류에 따른 업종 중에서 공공행정, 국방 등 공공적 성격을 갖는 일부 업종을 투자가 제한되는 업종으로 정하고 있으며, 일부 업종은 외국인투자는 가능하나 투자비율, 영위 가능한 사업 등에 제한을 두고 있으므로 이를 확인할 필요가 있습니다.

② Outbound M&A 시 신고사항

국내기업이 해외기업에 투자할 때에는 해외직접투자신고, 기업결합신고, 해당 투자국에서의 인허가 등의 절차가 필요합니다.

- 해외직접투자신고: 해외 기업의 주식 또는 출자지분의 10% 이상을 취득하는 경우에는 해외 직접투자신고를 하여야 합니다. 또한 취득하는 지분이 10% 미만이라고 하더라도 임원을 파견하거나, 장기계약을 체결하는 경우에는 외국환 거래법에 따라 한국은행에 신고해야 합니다. 외국환거래법에 따른 자본거래는 사전신고가 원칙으로 거래의 timeline 계획 수립 시 이를 반드시 확인하여야 합니다.
- 기업결합신고: 기업결합신고 대상회사가 국내 회사이고 상대회사가 외국회사인 경우에는 다른 회사 발행주식 총수 20%(상장법인은 15%) 이상을 소유하고 동시에 그 외국회사 각각의 국내 매출액이 300억원 이상인 경우에 기업결합 신고대상이 됩니다.
- 해외에서의 인허가 절차: Outbound M&A의 경우에는 해당국가의 법률 등에 따른 인허가 및 신고 절차가 필요합니다. 대부분의 국가는 Inbound M&A시 국내에서 필요한 절차에 상응하는 규제가 존재하므로 사전에 Inbound 시 국내 법규를 이해하는 것도 도움이 될 수 있습니다.

• 이외에 노동 및 고용 문제, 조세 및 회계정책, 투자구조 등을 고려할 필요가 있습니다. 더불어 M&A 과정에 참여하는 여러 자문사들의 평판도 고려해야 합니다. 국내기업의 해외기업 인수시 발생할 수 있는 현지의 정치적 또는 문화적 반감 요소 및 이를 해결하기 위한 방안에 대하여 사전에 파악하는 것도 필요할 수 있습니다.

NOTE 16

❑ 삼성전자의 하만 인수 사례

2016년 삼성전자가 역삼각 합병 인수구조를 통해 세계 최대 오디오 및 자동차용 전자장비 기업인 하만(Harman)을 80억달러(약 9조 4,000억원)에 인수한 거래도 Cross-border M&A 사례입니다.

삼성전자는 자율주행 자동차 및 커넥티드카로 대변되는 미래 자동차시장 및 전장부문 진출에 필요한 기술 및 고객 기반 확보 목적으로 본 인수를 진행하였습니다

인수구조는 현지에 인수목적 법인을 설립하고 "Harman"을 합병한 후 "Harman"의 주주에게 합병대가를 지급하는 구조입니다. 이 구조는 역합병과 삼각합병이 혼합된 형태의 구조인데, 역삼각합병 하에서는 피인수기업(Harman)의 정관, 규정, 인허가 등이 그대로 유지되며, 피인수기업의 고객사들과의 계약이 유지되고, 피인수기업의 기존 사업권 및 상표권 등도 지배구조 변화에 따른 영향을 받지 않습니다. 단, 지배구조 변경 등에 따른 승인과 인허가는 필요한데, 대상회사(Harman)의 주주총회 승인과 미국 반독점법, CFIUS(Committee on Foreign Investment in the US Condition)과 같은 각국 정부의 승인이 그 예입니다.

[그림 34] 인수 구조: 역삼각 합병(Reverse triangular merger)[269)]

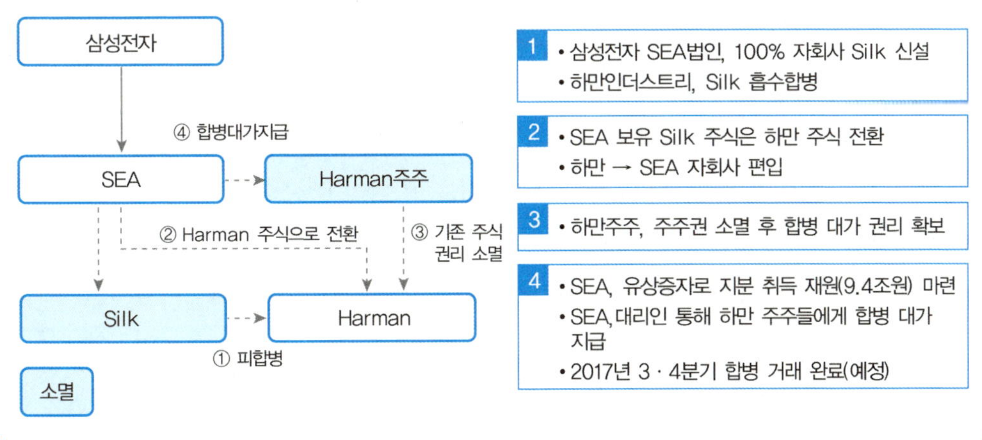

269) 역삼각 합병은 인수기업이 자회사를 설립한 뒤 피인수기업이 이 자회사를 흡수합병토록 하는 M&A 방식

20 개인기업의 법인전환

개인기업이 M&A를 준비하는 과정에서 법인으로 전환하는 경우가 있습니다. 물론 많은 개인사업자들이 법인전환을 할 것인지 개인사업자 형태로 사업을 계속할 것인지 고민하기도 합니다.

개인사업자가 M&A를 준비하는 과정에서 법인으로 전환하는 경우는 법인 형태가 자본조달과 지분의 이전이 용이하기 때문입니다. M&A와 무관하게 법인전환을 고려하는 다른 이유는 사업확장의 용이성과 세율차이일 것입니다.

1) 개인기업과 법인기업의 비교

개인기업을 법인으로 전환하기 위해서는 법인전환의 목적을 명확히 하여 법인전환이 해당 목적 달성에 부합하는지 확인하는 것이 필요합니다.

[표 55] 개인기업과 법인기업의 비교

	개인기업	법인기업
장점	• 설립 및 청산이 용이 • 경영/운영의 자유도가 상대적으로 높음	• 자본조달과 지분거래에 용이 • 대외신용도 확보 및 사업확장에 용이 • 가업승계에 대한 증여세 과세 특례[270)
단점	• 무한책임 • 자본조달 및 신용도 확보 용이성이 상대적으로 낮음	• 설립 및 청산이 상대적으로 복잡, 등기비용 등 설립/청산비용 발생 • 법인자금/회계는 개인과 명확한 구분 필요

개인사업자 중에서는 세율의 차이로 인해 법인전환을 고려하는 경우가 있습니다. 그러나 개인기업과 법인기업 중 어떤 형태가 적용세율이 유리한지는 단정하기 어렵습니다. 기업의 소득, 급여, 배당 수준에 따라 한계세율은 달라질 수 있기 때문입니다.

즉, 개인기업의 경우 종합소득세 세율이 과세소득에 따라 6%~45%를 적용받는 반면, 법인은 과세표준에 9%~24%를 적용하기 때문에 기업의 소득에 따라 어떤 형태가 유리한지 단정하는 경우가 있습니다. 그러나, 좀더 합리적인 비교를 위해서는 법인기업의 경우 법인세와 개인에게 지급하는 급여에 대한 소득세, 퇴직급여에 대한 소득세, 유보이익에 대한 배

입니다. 피인수기업이 인수기업의 자회사를 흡수하는 방식이므로 '역(reverse)'이라고 표현하며, 인수기업과 SPC 피인수기업간의 삼각 거래이므로 '삼각합병'이라고 부릅니다.

270) 가업상속공제는 개인기업도 대상이 되지만, 가업승계에 대한 증여세 과세특례는 법인기업만 해당이 됩니다.

당소득세 혹은 지분의 양도소득세가 모두 고려되어야 하며, 이렇게 비교하면 개인기업과 법인기업의 유불리 정도는 가정과 과세소득 규모에 따라 달라지게 됩니다.

[표 56] 개인기업과 법인기업 부담세액 약식 비교 예시 (단위: 원)

구분	개인기업	법인기업	비고
매출	3,000,000,000	3,000,000,000	
비용(대표자급여 제외)	2,400,000,000	2,400,000,000	
대표자급여		200,000,000	
대표자퇴직급여		20,000,000	
과세표준	600,000,000	380,000,000	
사업소득세/법인세	237,666,000	57,420,000	
세후이익	362,334,000	322,580,000	
종합소득세(근로 및 배당)		194,159,460	대표자급여에 대한 근로소득세와 세후이익을 배당할 경우의 배당소득세
퇴직소득세		2,000,000	대표자 퇴직급여 대한 소득세
개인 및 법인 세금합계	237,666,000	253,579,460	

위의 표에서는 개인기업이 법인기업에 비해 부담세액이 조금 낮게 나오는 사례입니다. 그러나, 가정을 조금만 바꾸면 법인기업의 세부담이 더 낮게 나올 수도 있습니다. 이와 같이 개인기업과 법인기업의 세부담 유불리는 기업의 소득규모 및 가정에 따라 달라지므로 각 상황에 따라 판단하여야 하며, 보다 근본적으로는 개인기업을 법인으로 전환하기 위해서는 개인기업과 법인기업의 장단점을 파악하고, 법인전환의 목적을 명확히 하여 법인 전환이 해당 목적 달성에 부합하는지 확인하는 것이 보다 합리적인 접근법일 것입니다.

2) 법인전환의 방법

개인기업이 법인으로 전환할 때 상법상 법인의 유형으로는 주식회사, 유한회사, 유한책임회사, 합자회사, 합명회사가 있습니다. 이 중에서 법인전환 시 가장 많이 고려되는 유형인 주식회사로의 법인전환 방법에 대해 살펴봅니다.

가장 일반적으로 고려되는 법인전환방법은 현물출자에 의한 법인전환, 사업양수도에 의한 법인전환, 중소기업간 통합에 의한 법인전환이 있습니다.

① 현물출자에 의한 법인전환

현물을 출자하여 법인으로 전환한다는 것은 개인기업으로 사업을 영위할 때의 자산을 출자하여 법인을 설립하는 것입니다.

법인을 설립할 때에는 일반적으로 현금을 출자합니다. 그러나 현금이 아닌 현물을 출자하여 법인을 설립할 수도 있습니다. 단, 현물출자를 할 경우에는 현물의 평가액에 대해 공신력있는 감정기관의 평가를 받아 법원의 승인을 얻어야 합니다.

현물을 법인에 출자하는 것은 양도로 보아 과세가 되는 것이 일반적입니다. 그러나, 소비성서비스업을 제외한 법인이 주택 등의 자산 이외에 당해 사업에 직접 사용하는 사업용자산을 현물출자하여 법인을 설립할 때에는 현물출자하는 개인에게 양도세가 부과되지 않고, 법인이 해당자산을 양도할 때 법인세를 납부하게 됩니다.[271] 단, 취득일로부터 5년 이내에 해당사업을 폐업하거나 주식을 50% 이상 처분하는 경우 등에는 이월과세 적용이 중단됩니다.

만약, 취득세 납부대상이 있을 경우에는 취득세를 납부하여야 하나, 현물출자에 대한 과세특례를 받을 경우에는 취득세의 75%가 경감됩니다. 법인이 취득세를 납부하기 때문에 과점주주 취득세 대상은 아닙니다.

법인설립시 자본등록세(자본금의 0.4%, 지방교육세 포함시 0.48%)[272] 및 등록 등과 관련된 비용의 납부도 필요합니다.

현물출자가 포괄적인 사업양수도에 해당될 경우에는 부가가치세가 비과세될 수 있습니다.

이월결손금은 법인에 승계되지 않으며, 과세특례를 받는 경우 공제/감면세액은 항목별로 승계될 수 있습니다.

② 사업양수도에 의한 법인전환

사업양수도에 의한 법인전환은 해당 사업을 영위하던 개인이 현금을 출자하여 법인을 설립한 후, 법인설립일로부터 3개월 이내에 사업관련 자산부채 및 권리의무를 설립된 법인에게 포괄적으로 양도하는 것을 말합니다. 앞서 설명한 현물출자방식과 유사하지만, 현금을 출자하여 법인을 설립한 후 사업을 양수도하기 때문에, 법인설립 시 자금이 필요하고, 현물을 출자하는 것이 아니므로 출자에 대한 법원검사를 받을 필요가 없습니다.

세제혜택도 현물출자를 통한 법인설립과 유사합니다. 소비성서비스업을 제외한 법인이 주택 등의 자산 이외에 당해 사업에 직접 사용하는 사업용자산을 포괄적으로 양수도하는

271) 조세특례제한법 제32조 1항
272) 신설법인이 대도시안에 설립되는 경우에는 자본등록세가 3배 중과되어 자본금의 1.44%를 부담할 수 있습니다.

경우에는 개인에게 양도세가 부과되지 않고, 법인이 해당자산을 양도할 때 법인세를 납부하게 됩니다.[273] 단, 취득일로부터 5년 이내에 해당사업을 폐업하거나 주식을 50% 이상 처분하는 경우 등에는 이월과세 적용이 중단됩니다.

만약, 취득세 납부대상이 있을 경우에는 취득세를 납부하여야 하나, 포괄적 사업양수도에 대한 과세특례를 받을 경우에는 취득세의 75%가 경감됩니다. 법인이 취득세를 납부하기 때문에 과점주주 취득세 대상은 아닙니다.

법인설립시 자본등록세(자본금의 0.4%, 지방교육세 포함시 0.48%)[274] 및 등록 등과 관련된 비용의 납부도 필요합니다.

사업양수도가 부가가치세법상 포괄적인 사업양수도에 해당될 경우에는 부가가치세가 비과세될 수 있습니다.

이월결손금은 법인에 승계되지 않으며, 과세특례를 받는 경우 공제/감면세액은 항목별로 승계될 수 있습니다.

③ 중소기업간 통합에 의한 법인전환

중소기업간 통합에 의한 법인전환은 중소기업을 영위하는 사업자가 다른 중소기업을 영위하는 사업자의 주된 자산을 모두 승계하는 것을 의미합니다.

이 경우에도 앞서 살펴본 바와 같이 양도에 따른 세금이 발생하는데 요건[275]을 충족하는 중소기업간 통합에 대해서는 이월과세를 적용받을 수 있습니다.

과세 규정과 혜택은 앞서 설명한 현물출자 법인전환 및 사업양수도를 통한 법인전환과 유사합니다.

273) 조세특례제한법 제32조 1항

274) 신설법인이 대도시안에 설립되는 경우에는 자본등록세가 3배 중과되어 자본금의 1.44%를 부담할 수 있습니다.

275) 조세특례제한법 제31조. 소비성서비스업을 영위하는 사업은 제외

[표 57] 법인전환 절차 참고(현물출자를 통한 법인전환의 경우[276])

구분	설명
법인설립 준비	정관 작성, 절차 및 일정 확인 등
현물출자 계약	개인사업자와 법인(발기인 대표)간 계약 체결
사업자등록	법인전환기일 이전에 사업자등록증 발급
개인기업의 결산	현물출자가액 산정의 기초자료 및 부가가치세 신고 참고 자료
감정평가	법인전환기준일 시점의 현물출자재산에 대한 감정평가
법인전환기준일	회계 및 과세 기준일
결산감사 및 현물출자가액 결정	법원에 제출할 현물출자재산에 대한 공인된 감정인의 조사보고서 작성을 위한 개인기업의 결산 재무제표 감사 및 감정가액을 반영한 현물출자가액 결정
현물출자재산 법원검사	법원의 검사인 조사 신청 또는 공인된 감정인의 조사
부가가치세 신고	법인전환기준일이 속하는 달의 말일부터 25일 이내
개인기업 폐업신고	폐업 후 지체없이
법인 설립등기	법원 검사 완료 후 2주간 이내
명의 변경 등	이전된 자산의 명의 변경, 과세특례신청서(이월과세,[277] 취득세 감면 등) 제출 등

276) 현물출자를 통한 법인전환절차에서 법원검사 절차를 제외하면 사업양수도를 통한 법인전환 절차로 볼 수 있습니다.

277) 현물출자 양도일이 속하는 달의 말일부터 2개월 이내에 이월과세 신청

Ⅱ ESG 투자와 M&A

1 한 식품회사 이야기

"A라는 식품회사가 있습니다. 이 회사는 경쟁사보다 저렴한 제품으로 좋은 품질을 제공하여 매출과 이익이 급격히 성장하였고, 가치도 상당히 높아졌습니다. 그런데, 이 회사가 오랜기간 폐기물을 제대로 처리하지 않고 무단 방출해 왔음이 밝혀졌습니다. 그리고, 근로자와 협력업체에 대금을 제때에 지급하지 않고 있었다는 사실도 밝혀졌습니다. 지역사회는 이 회사에 피해로 인한 소송 제기를 준비하고 있고, 소비자들은 불매운동을 시작하였습니다. 매출과 이익은 급격하게 하락하기 시작하였고, 회사의 가치도 폭락하여 투자자들도 경영진에 책임을 묻기 위해 주주총회 소집을 요청하고 있는 상황입니다."

이 이야기는 가상의 시나리오입니다. 그러나, 한 기업이 오직 이익만을 추구하고 사회적인 다른 책임을 간과할 경우에 어떤 일이 발생할 수 있을지를 보여주는 한 단편입니다.

최근 기업이 지속가능하게 성장할 수 있는 조건으로 사회적 책임에 대한 부분이 강조되고 있습니다. 위의 예시에서 알 수 있는 것처럼 기업이 사회적 책임을 간과할 경우에는 기업의 성장이 제한될 뿐만 아니라 존립 자체가 위협을 받을 수 있기 때문입니다.

2 기업의 사회적 책임과 국민연금의 ESG 투자 계획

기업들에게는 자신들의 뿌리인 사회 속에서 더불어 공존, 공생하면서 나아갈 수 있는 경영을 해야 할 책임이 있는 것입니다. 이것을 기업의 사회적 책임(Corporate Social Responsibility, 이하 CSR)이라고 합니다. 최근에는 책임 있는 사업 행동(Responsible Business Conduct, 이하 RBC)이란 말을 사용하기도 합니다.

그렇다면 무엇을 기준으로 기업들이 CSR 또는 RBC를 다하고 있는지 알 수 있을까요? 그 기준은 관점과 이해관계에 따라 다양하게 정의되고 나열될 수 있습니다. ESG는 그 기준을 세 가지로 요약한 말입니다. 바로 환경(Environmental), 사회(Social), 지배구조(Governance)가 그것입니다.

세계 3대 연기금이면서 국내 최대 기관투자자인 국민연금은 2022년부터 ESG 투자를 전체 자산의 절반으로 확대하겠다고 밝혔습니다. 2019년 말을 기준으로 국민연금이 국내 주식에 투자하고 있는 자산은 무려 132조원에 달합니다. 이런 국민연금이 ESG를 통해 봤을 때 CSR을 잘하고 있는 기업들에게 자기 자산의 절반을 투자하겠다는 의미입니다.

3 기업의 지속가능경영

과거에는 기업이 이익만을 많이 내면 되는 것으로 생각하였습니다. 그러나, 사회가 성장하면서 사회속에서 공존하기 힘든 기업들은 성장이 어렵고 나아가 퇴출되기가 쉽다는 것이 학습효과를 통해서 알려지고 있습니다.

ESG 투자의 활성화는 그동안 기업들이 어떻게 경영해왔는지를 돌아보게 하는 계기가 되고 있습니다.

기업의 이익창출 능력은 재무성과로 나타납니다. 재무성과를 정리해서 보고하는 것이 사업보고서입니다. 한편, 기업이 사회구성 조직으로서 부담해야 할 책임을 다하고 있는지에 해당하는 기업의 성과를 비재무성과라고 합니다. 비재무성과를 정리해서 보고하는 것을 보통 지속가능경영보고서라고 합니다. 그리고 재무성과와 비재무성과를 통합해서 보고하는 통합보고서도 있습니다. 재무성과와 비재무성과가 서로 연계되어 균형 잡힌 경영을 해야 그 기업이 오랫동안 사회로부터 사랑받을 수 있기 때문에 통합보고서는 앞으로도 계속 연구되고 개발될 것입니다.

그렇다면 국민연금 같은 투자자들이 왜 기업의 비재무성과에 주목하는 걸까요? 국민연금뿐만이 아닙니다. 2020년 말 기준으로 8조 6,800억달러(약 9,971조원)를 운용하고 있는 세계 최대 자산운용사 블랙록(BlackRock)도 기후변화 등에 긍정적인 영향을 미치는 기업들에게 적극적으로 투자하고 있습니다. 세계 최대 의결권 자문회사인 ISS(Institutional Shareholder Service)도 재무적 성과만 보지 않고, ESG 활동까지 고려해서 주주들에게 의결권을 행사하라고 자문하고 있습니다. 세계 도처에 있는 수많은 기업에 분산 투자하고 있는 기관투자자들은 각 기업의 주주총회에서 다뤄지는 의안을 모두 파악할 수 없습니다. 그래서 ISS와 같은 의결권 자문회사가 내놓는 권고의견을 참고하는 경우가 많습니다. 이 권고를 따르지 않고 투자했다가 큰 손해를 보기라도 한다면 그 책임은 더 커질 수 있기 때문입니다. 이것이 ISS의 영향력이 큰 이유입니다. 따라서 ISS가 ESG를 기업의 중요한 경쟁력으로 고려한다는 건 각 기업들에게 시사하는 바가 큽니다.

이들이 ESG 투자에 적극적인 이유는 환경, 사회, 지배구조를 무시하는 기업은 지속가능성이 낮기 때문입니다. 당장 폐업으로 이어지지는 않더라도 불미스러운 사건으로 인해 주가가 폭락하는 경우도 적지 않습니다. 과거 한 자동차 회사는 배기가스 배출 검사 결과를 조작한 것이 들통나 이틀만에 시가총액 240억 유로가 증발했던 경우도 있습니다. 가맹점과 직원들에 대한 부당한 거래와 대우 및 비도덕적 마케팅 등 다양한 사회적 문제를 수차례 일으켰던 한 회사는 8년째 주가가 하락해 시가총액 기준으로 4,600억원을 날렸습니다. 이런 이유 등으로 주가나 가치가 하락하게 된다면 투자자는 허탈할 수밖에 없을 것입니다. 따라서 그들에게 투자받는 기업들이 그 사회와 함께 오랫동안 성장할 수 있는가는 매우 중요한 문제입니다. 이것을 기업의 지속가능성이라고 합니다.

유럽은 ESG 이슈에 의회가 나서고 있습니다. 2021년 3월 10일, 유럽의회(European Parliament)는 '기업실사 및 기업 설명책임에 관한 지침(Corporate Due Diligence and Corporate Accountability Directive)' 초안에 대한 결의안을 채택했습니다. 이 초안은 기업들에게 환경과 인권에 관한 실사를 의무화하고 있으며, 실사 대상에는 고객뿐만 아니라 협력업체까지 포함됩니다.

위 지침안에 따르면, 인권 및 환경에 위험이 없다는 것을 증명하는 성명서(no risk statement) 또는 관련 위험의 예방·완화를 위해 실시한 기업실사 보고서를 온라인 플랫폼에 제출하도록 규정하고 있습니다. 즉, 기업의 약속과 이행 결과를 전자문서화하도록 하고 있습니다. 여기에는 '위험이 없다'라는 결론을 도출한 근거도 함께 담겨 있어야 합니다. 기업들은 신사업 진출, 신시장 개척 등에 의해 인권 및 환경 위험에 변화가 있을 경우 성명서를 재검토해야 하며, 여기에는 기업실사의 수립·이행·결과에 대한 내용과 관련 데이터, 정보, 방법론 등도 포함돼 있어야 합니다.

기업이 인권 및 환경 위험의 예방을 위한 기업 실사를 입증하지 못하는 경우, 기업의 사업활동으로 인해 발생한 환경 및 인권 침해에 대한 법적 책임을 면제받을 수 없습니다. 해당 내용을 준수하지 못한 기업들은 총매출액을 고려한 비례적 과징금 부과가 가능하며, 공공조달, 국가 지원, 은행 대출, 수출 신용기관 등의 공공 지원제도에서 제외될 수도 있습니다.

이미 우리 기업들도 선진국에 존재하는 다국적 기업들의 공급망 관리의 대상이 되고 있습니다. 많은 다국적 기업들은 산업별 공급망 관리 규약을 만들어 업계에 관행처럼 존재하는 환경 및 사회(인권 포함) 위험을 관리해 오고 있습니다.

이렇게 ESG를 둘러싸고 기관투자자와 유럽 의회까지 나서고 있는 상황에서 수출로 먹고사는 우리 기업들로서는 경영 활동에서 발생하는 ESG 영향을 구체적으로 파악해 경영시스템에 반영할 수밖에 없는 상황이라고 생각됩니다.

4 지속가능경영보고서

기업을 둘러싼 이러한 환경의 변화에 따라 기업 입장에선 ESG 영향을 구체적으로 파악해 이를 경영에 적극적으로 반영하고 있다는 것을 알릴 필요성이 생기게 됩니다. 즉, 재무적 성과만을 강조한 사업보고서로는 충분하지 않게 된 것입니다. 앞에서 말씀드린 바와 같이, ESG와 관련한 비재무성과를 정리해서 ESG경영보고서, 지속가능경영보고서, 사회책임보고서, 기업시민보고서 등에 잘 담아야 할 필요성이 점점 더 커지고 있는 것입니다.

기업이 자신들의 지속가능경영의 성과를 알리기 위해 만든 보고서를 특히 '지속가능경영보고서'라고 합니다. 지속가능경영보고서 작성시에는 어떤 기준에 따라 보고서를 작성했는지가 중요한데, 이미 이에 관해 수많은 ESG 정보공개 및 평가 표준이 있습니다. 그러나, ESG 정보공개 표준은 아직 통일된 기준이 정립되지 않은 상태입니다. 금융위원회가 서스틴애널리틱스(Sustainalytics)라는 기관의 조사를 인용해 발표한 것에 따르면, 2021년 1월 기준으로 약 374개의 ESG 정보공개 표준이 존재합니다. 비슷한 시기, ESG를 반영한 글로벌 투자 규모는 1조 달러를 넘어섰습니다.

5 ESG 정보공개 표준과 평가지표

ESG 정보공개 표준과 평가지표에 대한 통일된 기준은 없지만 많은 글로벌 기업들이 채택한 표준과 평가지표는 어떤 것인지를 참고하는 것은 ESG 평가를 이해하는 데 도움이 될 수 있습니다. ESG평가는 크게 두 가지로 구분해 볼 수 있습니다. 하나는 UN, EU, 미국 등에서 관련 위원회를 설립해 기업의 ESG 정보를 어떻게 세상에 알리는 것이 좋을지 고민해서 내놓은 가이드라인 형태의 표준지표들이 있습니다. 다른 하나는 ESG 평가를 통해 수익을 얻거나, ESG 투자정보를 제공하는 영리업체에서 만든 ESG평가지표가 있습니다. 전자를 ESG 정보공개 표준이라고 하고, 후자를 ESG 평가지표라고 할 수 있습니다.

우선 ESG 정보공개 표준에 대해 살펴보겠습니다. ESG 정보공개 표준을 만드는 국내기관으로는 한국기업지배구조원(KCGS)과 한국거래소(KRX)가 대표적입니다. 현재 산업자원부에서 K-ESG를, 환경부에서 한국형 녹색분류체계(K-Taxonomy)를 만들겠다고 보도자료를 낸 바 있는데, 이 역시 여기에 속합니다. 해외기관으로는 GRI(Global Reporting Initiative), 유럽위원회(EC)가 만든 EU-NFRD(EU-Non-Financial Reporting Directive, 유럽-비재무보고지침), EU-SFDR(EU- Sustainable Finance Disclosure Regulation, 유럽-지속가능금융공시규제), IIRC(International Integrated Reporting Council, 국제통합보고위원회), 미국의 SASB(Sustainability Accounting Standards Board, 지속가능회계표준위원회), 기후변화와 관련해서는 TCFD(Task Force on Climate-related Financial Disclosures, 기후변화 관련 재무정보공개) 등이 있습니다. 요약하면, 지속가능보고서 작성 자체에 대한 스탠다드는 GRI, ESG의 회계 처리에 대한 스탠다드는 SASB, 이 중 기후변화와 관련한 재무정보공개에 대한 스탠다드는 TCFD가 있습니다.

다음으로 ESG 평가지표에 대해 알아보겠습니다. ESG 평가지표를 만드는 국내기관으로는 한국기업지배구조원(KCGS), 서스틴베스트(SUSTINVEST), 대신경제연구소, 국민연금 등이 있습니다. 해외기관으로는 모건스탠리 캐피털인터내셔널(MSCI)과 국제 신용평가기관 스탠더드앤드푸어스(S&P), 지속가능경영 평가기관 서스틴애널리틱스(Sustainalytics) 등이 있습니다. 이들도 대부분 ESG 정보공개 표준을 참고해서 중립성과 객관성을 확보한 후, 자사의 목적에 맞게 수정·보안하는 방법으로 평가지표를 만들고 있습니다.

이런 분위기 속에서 많은 기업들은 ESG 정보공개를 위한 표준보고서 체계인 GRI(Global Reporting Initiative)에 맞춰 지속가능경영보고서를 작성하고 있습니다. GRI는 기타 다른 ESG 정보공시 표준지표뿐만 아니라, ESG 평가지표에도 가장 많이 참고되는 보고 체계이기 때문입니다.

6 GRI 및 SASB 그리고 국민연금의 ESG 평가지표

여기서는 ESG 정보공개 표준과 ESG 평가지표 중 대표적인 것을 간략하게 살펴봄으로써 ESG로 인하여 투자와 M&A에 어떤 영향을 미칠수 있는지 그 판단의 기초를 제공하고자 합니다. 우선 ESG 정보공개 표준으로는 GRI(Global Reporting Initiative) 보고서의 체계와 내용, 최근 금융위원회가 번역한 SASB의 관련 내용을 살펴보겠습니다. 그 다음 ESG 평가지표로 우리 기업들에게 직접적인 영향을 미칠 수 있는 국민연금의 ESG 평가지표를 살펴보겠습니다.

1) GRI(Global Reporting Initiative) 보고서의 체계와 내용

GRI는 1997년 미국 NGO인 CEREs(Coalition for Environmentally Responsible Economics, 환경책임경제연합)과 국제기구 UNEP(United Nations Environment Programme, 유엔환경계획) 등이 공동설립한 조직입니다. GRI는 모든 조직에 공통적으로 적용되는 지속가능경영보고의 가인드라인을 제시하고 있는 가장 널리 사용 중인 보고서 체계입니다.

GRI 가인드라인은 크게 Universal Standards, Sector Standards, Topic Standards로 구성되어 있습니다. Universal Standards는 모든 공통주제를 다루고 있으며, 여기에는 GRI 1~3이 있습니다. GRI 1은 GRI를 이용하기 위한 원칙과 핵심개념을 규정하고 있습니다. 원칙은 보고내용과 보고방법을 결정하는 원칙으로 정확성, 균형성, 명료성, 비교가능성, 검증가능성 등을 내용으로 합니다. 특히 검증가능성은 2021년 10월 개정 때 신설된 것으로, 지속가능정보의 품질을 보장하기 위해 검증 가능한 방법으로 관련 정보를 수집, 기록, 편집 및 분석해야 한다는 원칙입니다. 이에 따라 중요 주제가 어떻게 결정되었는지를 보여주는 절차 등이 문서형태로 있어야 하고, 보고된 정보의 원본 출처를 제공해야 합니다. 또한 보고된 정보에 가정이나 통계가 사용되었다면 이를 신뢰할 수 있는 증거를 제공할 수 있어야 합니다. 핵심 개념에는 영향(Impact), 중요주제(Material Topics), 실사(Due dilligence), 이해관계자(Stakeholder)가 있습니다.

GRI 2는 조직 정보와 보고 관행, 활동, 거버넌스 등이 포함됩니다. 특히 책임 있는 사업행동(responsible business conduct, RBC)을 위한 정책 관련 공시항목과 이것들이 조직에 어떻게 내재화되어 있는지에 대한 정보를 규정합니다.

GRI 3은 조직의 중요 주제에 대한 공개와 가이드를 규정합니다. 중요 주제는 어떻게 구성되었는지 등이 주요 내용입니다. 최근 개정에서 인권 및 실사 관련 사항을 반드시 고려하도록 바뀠습니다.

2021년 10월에 산업별 표준(Sector Standards)이 신설되었습니다. 여기서는 산업별로 특화된 주제를 다룹니다. 기업이 중대성(Materiality)을 평가할 때는 신설된 산업별 표준을 반드시 고려해야 합니다. 현재는 Oil & Gas 산업과 관련된 22개 표준이 공개되어 있습니다. 현재 석탄, 농업, 해양양식업, 어업, 광산업 관련 표준이 개발 중이며, 총 40개 산업별 표준이 마련될 예정입니다.

[그림 35] GRI Standards 체계

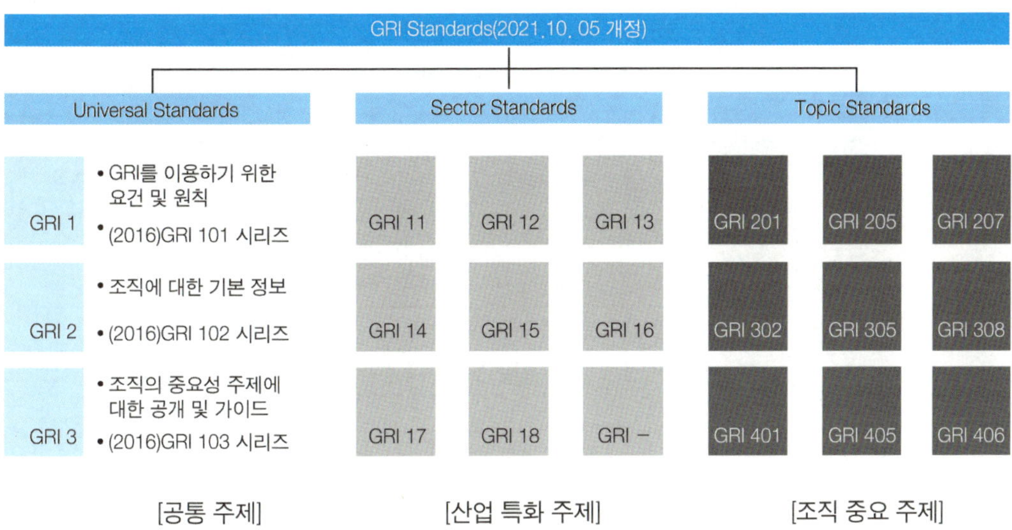

Topic Standards는 해당 조직의 중요 주제에 관한 것입니다. 여기서는 비재무정보를 공개하는 기업 등을 위해 경제, 환경, 사회로 구분해 지표를 아래와 같은 항목으로 구체화하고 있습니다. 각 항목을 살펴보면, 이에 따라 작성될 지속가능경영보고서에 어떤 내용이 담기게 될지 예상해 볼 수 있을 것입니다.

경제 분야 지표

GRI 200

Topic		Disclosure	내용
201	경제성과 (Economic performacce)	201-1	직접적인 경제적 가치의 창출과 배분
		201-2	기후변화의 재무적 영향과 사업활동에 대한 위험과 기회
		201-3	조직의 확정급여형 연금제도 채무 충당
		201-4	정부 지원 보조금 수혜 실적
202	시장지위 (Market presence)	202-1	주요 사업장이 위치한 국가별 법정최저임금 대비 임금 비율
		202-2	주요 사업장의 현지 출신 고위 관리자 비율
203	간접 경제 영향 (Indirect economic impacts)	203-1	공익을 위한 인프라 투자 및 서비스 지원활동
		203-2	중요한 간접적 경제 파급효과 및 영향
204	구매관행 (Procurement practices)	204-1	주요한 사업 지역에서의 현지 구매 비율

Topic		Disclosure	내용
205	반부패 (Anti-corruption)	205-1	사업장 부패 위험 평가
		205-2	반부패 정책 및 절차에 관한 공지와 훈련
		205-3	확인된 부패 사례와 이에 대한 조치
206	불공정행위 (Anti-competitive behavior)	206-1	경쟁저해행위, 독과점 등 불공정한 거래행위에 대한 법적 조치
207	조세 (Tax)	207-1	조세 접근법
		207-2	조세 전략을 책임지는 지배기구, 통제 및 리스크 관리
		207-3	세금 관련 이해관계자 참여 및 관리
		207-4	조세 정보 보고(조세 관할 구역, 조세 관할권, 정보 휴효 기간 등)

환경 분야 지표

GRI 300

Topic		Disclosure	내용
301	원재료 (Materials)	301-1	사용된 원료의 중량과 부피
		301-2	사용된 원료 중 재생 원료의 투입
		301-3	제품 및 포장재 재생 원료
302	에너지 (Energy)	302-1	조직 내부 에너지 사용량
		302-2	조직 외부 에너지 사용량
		302-3	에너지 사용 집약도
		302-4	에너지 사용 절감량
		302-5	제품 및 서비스의 에너지의 에너지 소비량/감축량
303	용수 (Water and effluents)	303-1	공유자원으로서 용수 관리
		303-2	용수배출로 인한 영향 관리
		303-3	용수 취수량
		303-4	용수 배출량
		303-5	용수 사용량
304	생물다양성 (Biodiversity)	304-1	생물다양성 가치가 높은 구역 또는 주변지역의 사업장 위치 현황
		304-2	사업운영, 제품 및 서비스가 생물다양성에 미치는 중대한 영향
		304-3	생물다양성 보호 또는 복원 활동을 추진하는 지역
		304-4	국제자연보존연맹(IUCN) 지정 멸종위기 종과 국가지정 멸종위기 종

	Topic	Disclosure	내용
305	배출 (Emissions)	305-1	직접 온실가스 배출량(scope 1)
		305-2	간접 온실가스 배출량(scope 2)
		305-3	기타 간접 온실가스 배출량(scope 3)
		305-4	온실가스 배출 집약도
		305-5	온실가스 배출 감축량
		305-6	오존층 파괴 물질 배출량
		305-7	질소산화물, 황산화물 그리고 다른 주요 대기오염물지 배출량
306	폐기물 (Waste)	306-1	폐기물 발생 및 중대한 폐기물 관련 영향
		306-2	중대한 폐기물 관련 영향 관리
		306-3	폐기물 발생량
		306-4	폐기물 재활용
		306-5	폐기물 배출량
307	환경 컴플라이언스 (Environmental compliance)	307-1	환경 법규 위반 건수
308	협력사 환경평가 (Supplier environmental assessment)	308-1	환경 기준 심사/평가를 거친 신규 공급업체 비율
		308-2	공급망 내 실질적/잠재적 중대한 부정적 환경영향 및 이에 대한 조치

사회 분야 지표

GRI 400

	Topic	Disclosure	내용
401	고용 (Employment)	401-1	신규채용과 이직 현황
		401-2	정규직 직원 대상에게 지원되는 복리후생 제도
		401-3	육아휴직 사용, 육아휴직 복귀, 육아휴직 복귀 후 12개월 이상 근무
402	노사관계 (Labor/management relations)	402-1	운영상의 변화와 관련한 최소 공지기간
403	산업안전보건 (Occupational health and safety)	403-1	산업보건안전관리시스템
		403-2	위험 식별, 위험 평가 및 사고 조사
		403-3	산업보건서비스
		403-4	작업자 참여, 상담, 직업 건강 및 안전에 대한 커뮤니케이션

Topic		Disclosure	내용
		403-5	산업안전보건교육
		403-6	임직원 건강 증진 활동
		403-7	비즈니스 관계와 직접 연계된 직업건강 및 안전 리스크 예방 및 완화
		403-8	직업 건강 및 안전 관리 시스템 적용 대상 임직원
		403-9	재해율
		403-10	직업과 관련된 질병
404	교육훈련 (Traning and education)	404-1	임직원 1인당 평균 교육 시간
		404-2	임직원 역량 강화 및 전환 지원을 위한 프로그램
		404-3	정기적 성과 및 경력 개발 리뷰를 받은 임직원 비율
405	다양성 및 평등한 기회 (Diversity and equal opportunity)	405-1	거버넌스 가구 및 임직원 다양성
		405-2	남성 대비 여성의 기본급 및 보상 비율
406	차별금지 (Non discrimination)	406-1	근로자 차별 사건 및 이에 대한 시정조치
407	결사의 자유 및 단체협약 (Freedom of association and collective bargaining)	407-1	단체교섭자유가 심각하에 침해될 소지가 있는 사업장 및 협력회사
408	아동노동(Child labor)	408-1	아동노동 발생 위험이 높은 사업장 및 협력회사
409	강제노동 (Forced or compulsory labor)	409-1	강제노동 발생 위험이 높은 사업장 및 협력회사
410	보안관행 (Security practices)	410-1	사업과 관련된 안권정책 및 절차에 관한 훈련을 받은 보안요원 비율
411	원주민 권리 (Rights of indigenous people)	411-1	원주민의 권리 침해사고 건수와 취해진 조치
412	인권평가 (Human rights assessment)	412-1	인권 영향평가 혹은 인권 검토 대상 사업장
		412-2	사업과 관련된 인권 정책 및 절차에 관한 임직원 교육
		412-3	인권 조항 또는 인권 심사 시행을 포함한 주요 투자 협약과 계약
413	지역사회 (Local communities)	413-1	지역사회 참여, 영향 평가 그리고 발전프로그램을 운영하는 사업장
		413-2	지역사회에 중대한 실질적/잠재적인 부정적 영향이 존재하는 사업장
414	협력사 사회 평가 (Supplier social assessment)	414-1	사회적 영향평가를 통해 스크리닝된 신규 협력회사
		414-2	공급망 내 주요한 부정적인 사회 영향과 이에 대한 시행 조치
415	공공정책(Public policy)	415-1	정치적 기부 금액 및 지출처
416	소비자 안전보건 (Customer health and safety)	416-1	제품 및 서비스군의 안전보건 영향 평가 현황
		416-2	제품 및 서비스의 안전보건 영향에 관한 규정 위반 사건

Topic		Disclosure	내용
417	마케팅 및 라벨링 (Marketing & Labelling)	417-1	제품 및 서비스 라벨링 적용 현황
		417-2	제품 및 서비스 라벨링에 관한 법규 및 자율규정을 위반한 사건
		417-3	마케팅 커뮤니케이션과 관련된 규정 위반 건수
418	고객정보보호 (Customer privacy)	418-1	고객개인정보보호 위반 및 고객정보 분실 사실이 입증된 불만 건 수
419	사회 컴플라이언스 (Socioeconomic-compliance)	419-1	사회적, 경제적 영역의 법률 및 규제 위반 건 수

2) SASB(Global Reporting Initiative) 기준의 체계와 내용

금융위원회는 ESG 책임투자 활성화를 위해 지속가능성 정보의 자율공시를 단계적으로 의무화하는 계획을 발표했습니다. 이 발표에 따르면, 지속가능성 보고서 공시는 2025년까지 자율공시사항이었다가, 2030년까지 일정 규모 이상의 기업은 의무적으로 이를 공시해야 하며, 2030년부터 전체 코스피 상장회사는 지속가능성 정보를 의무적으로 공시해야 합니다. 코스닥상장 기업에 대한 규정은 아직 확정되지 않았습니다.

금융위원회는 2021년 11월, 국제표준화 기준에 대비하고 기업들이 미리 준비할 수 있도록 SASB 기준을 번역해 제공했습니다. SASB는 미국 지속가능회계기준위원회가 제정한 기준으로 현재 미국의 다수 기업들이 이를 참고해 자율적으로 지속가능성 공시를 하고 있습니다. SASB는 재무적 성과와 연계된 ESG요소를 중심으로 구성되었다는 특징이 있습니다. 금융위원회는 SASB 기준을 기반으로 국제기준이 제정될 가능성이 높다고 보고 있습니다.

SASB는 10개의 산업을 선정해 기준별로 주요공시항목을 요구하고 있습니다. 10개 산업 기준별 주요 공시주제는 아래와 같습니다.

① 가정 및 개인용품: 물 관리, 제품 환경·보건·안전 성과, 포장재 수명주기 관리 등
② 산업용기계: 에너지 관리, 작업자 보건 및 안전, 연비 및 사용단계 배출량 등
③ 상업은행: 데이터 보안, 금융포용 및 역량구축, 시스템적 위험관리 등
④ 전력발전: 온실가스 배출 및 에너지 자원 계획, 대기질, 물관리 등
⑤ 주택건설: 토지이용 및 생태학적 영향, 작업자 보건 및 안전 등
⑥ 철강제조: 온실가스 배출량, 대기 배출량, 에너지 관리, 물 관리, 폐기물 관리 등
⑦ 전기 및 전자장비: 에너지 관리, 유해 폐기물 관리, 제품 안전, 제품수명주기 관리 등
⑧ 투자은행 및 중개: 기업윤리, 전문가적 진실성, 종업원 인센티브 및 위험 감수 등

⑨ 하드웨어: 제품 보안, 종업원 다양성 및 포용, 제품수명주기 관리 등
⑩ 화학: 온실가스 배출량, 에너지 관리, 물 관리, 유해 폐기물 관리 등

3) 국민연금의 ESG 평가기준

2019년 11월, 국민연금은 책임투자 활성화 방안을 발표했습니다. 책임투자는 재무적 요소와 함께 환경(E), 사회(S), 지배구조(G) 요소, 즉 ESG를 고려하는 투자방식을 말합니다. 이를 위해 국민연금은 책임투자 및 주주권 행사의 기준, 방법, 절차 등에 관한 사항을 규정한 「국민연금기금 수탁자 책임 활동에 관한 지침」을 제정했습니다.

국민연금은 위탁운영사를 선정할 때 ESG 고려하고, 위탁운용사의 책임투자 이행현황에 대해 모니터링을 수행하고 있으며, 상장회사에 대해서는 연 2회 ESG 평가를 하고 있습니다.

국민연금이 마련한 52가지 ESG 평가지표는 아래와 같습니다.

국민연금의 52가지 ESG 평가 세부지표

구분	이슈	평가지표
환경 E	기후변화	온실가스관리시스템, 탄소배출량, 에너지소비량
	청정생산	청정생산관리시스템, 용수・화학물질 사용량, 화학물질・대기오염・폐기물배출량
	친환경 제품개발	친환경제품 개발목표 및 프로세스, 친환경특허, 친환경(제품) 관련 인증, 제품환경성 개선
사회 S	인적자원관리 및 인권	급여, 복리후생비, 고용, 조직문화, 근속연수, 인권, 노동관행
	산업안전	보건안전시스템, 안전보건경영시스템 인증, 산재다발사업장
	하도급거래	거래대상 선정프로세스, 공정거래자율준수 프로그램, 협력업체 지원활동, 하도급 준수
	제품안전	제품안전시스템, 제품안전경영시스템 인증, 제품관련 안전사고 발생 여부
	공정경쟁 및 사회발전	내부거래(또는 CSR) 위원회 설치, 공정경쟁 저해행위, 소비자 보호, 사회발전

구분	이슈	평가지표
지배구조 G	주주의 권리	경영권 보호장치, 주주의견 수렴, 주주총회 공시
	이사회 구성 및 활동	CEO · 이사회의장 분리, 이사회 구조의 독립성, 이사회의 사외이사 구성, 이사회 활동, 보상위원회 설치 및 구성, 이사보수 정책
	감사제도	감사위원회 및 사외이사비율, 장기재직감사 비중, 비감사 용역 비중
	관계사 위험	관계사 우발채무 비중, 관계사 매출 거래비중
	배당	중간 · 분기배당근거 마련, 총주주수익률(TSR), 최근 3년간 배당지급여부, 과소배당 여부

자료: 국민연금

지금까지 우리는 ESG가 등장하게 된 배경, ESG의 개념과 동향 그리고 ESG를 누가 평가하고, 어떤 기준으로 판단하는지 살펴보았으며, 세계적인 기관투자자와 EU, 미국 등 막강한 국가까지 ESG에 적극 나서고 있는 것을 볼 수 있었습니다. 그렇다면 이러한 ESG 관련 움직임들을 투자와 M&A 관점에서 어떻게 봐야 할까요?

먼저 ESG 투자의 관점에서 살펴보겠습니다.

7 ESG 투자

1) ESG 투자의 개념과 구분해야 할 개념들

ESG 투자를 수많은 투자전략 중 하나쯤으로 여기면 그에 담긴 뜻을 모두 담기 어렵습니다. ESG 투자는 포괄적인 개념입니다. 즉, ESG 투자의 바구니를 종합적으로 이해하기 위해서는 좀 더 넓은 관점이 필요합니다.

ESG 투자란 투자자 입장에서 기업을 평가하는 새로운 위험관리 체계를 말합니다. 여기서 중요한 것은 '투자자 입장'이라는 것과 '위험관리 체계'라는 것입니다. 투자자 입장이란 결국 최종적인 목표가 재무적 수익에 있다는 것입니다. 이 점에서 ESG 투자는 임팩트 투자와 차이가 있습니다. 임팩트 투자(impact investing)는 사회, 환경 등에 긍정적인 영향을 미칠 수 있는 사업이나 기업에 투자하는 것을 말합니다. 따라서 임팩트 투자(impact investing)는 단순한 기부나 자선활동이 아닙니다. 기후변화 대응, 빈곤 퇴치, 빈민지역에 대한 교육이나 의료서비스 제공 등을 사업으로 삼고 있는 기업에게 투자자금을 제공해 그 기업들의 지속가능성을 높이는 것입니다. 요컨대, 투자자가 재무적인 수익보다는 사회적으로 긍정적인 영향을 줄 수 있는 사업에 투자하는 것이 임팩트 투자의 특징입니다.

사회책임투자(Socially Responsible Investment, SRI)란 개념도 있습니다. 초기 SRI는 투자자의 철학이나 신념에 기반해 군수물자, 담배, 주류 등을 생산하는 기업에 투자하지 않는 데서 출발했습니다. ESG의 관점보다는 윤리적이고 종교적인 강한 동기가 투자여부를 결정하였습니다. 최근에는 SRI를 할 때 유엔지속가능개발목표(SDGs)를 많이 고려하고 있습니다.

ESG 투자에서 말하는 '위험관리체계'란 투자자가 어떤 기업을 제대로 평가하기 위해서 고려해야 하는 투자 리스크 관리 방식을 의미합니다. 투자 리스크란 투자자가 볼 때 불리한 일, 일어나지 않았으면 하는 일을 말합니다. 즉, ESG 투자는 환경, 사회, 지배구조의 관점에서 볼 때 투자 리스크가 없지는 않은지, 있다면 그 영향은 어느 정도일지를 가늠하고, 이에 따라 투자 방향을 결정해서 재무적 수익을 얻고자 하는 투자의사결정 방식인 셈입니다. 따라서 ESG 투자를 하는 글로벌 ESG 펀드들의 최종목표가 재무적 수익에 있다는 것은 놀라운 일이 아닙니다.

2) ESG 투자 방식

그렇다면 ESG 관점에서 투자의사결정은 구체적으로 어떤 방식으로 내려질까요? 이를 이해하기 위해서는 먼저 일반적인 투자전략을 살펴볼 필요가 있습니다. 전통적인 투자전략에 크게 두 가지가 있습니다. 패시브(passive) 전략과 액티브(active) 전략이 그것입니다.

패시브(passive) 전략은 안정적인 투자수익을 목표로 합니다. 여기서 말하는 안정적이란 말은, 시장상황을 종합적으로 반영하는 종합주가지수나 시가총액 등과 연동해 수동적으로 투자전략을 마련한다는 의미입니다.

반면, 액티브(active) 전략은 투자자의 직관과 경험에 의존하는 공격형 투자전략을 말합니다. 투자자의 직관과 경험이 시장 상황과 잘 맞으면 높은 수익을 올릴 수 있습니다. 물론 그 반대의 결과도 얼마든지 가능합니다. 그래서 액티브 전략을 사용할 때에도 상대적 수익률 하락을 최소화하기 위해 시가총액을 고려하는 경우가 상당히 많습니다.

최근에는 미국 등을 중심으로 스마트 베타 전략이라는 투자방식을 사용하기도 합니다. 이 전략은 다양한 관점의 지표에 가중치를 부여해 투자함으로써 위험 대비 수익률을 높이는 것입니다. 스마트 베타 전략 중 하나로 오버레이(overlay) 투자전략을 들 수 있습니다. 일반적인 오버레이(overlay) 투자전략은 환율, 주요국의 국채이자율, 석유 가격 등을 따로 떼어내서 각각의 변동성을 계산한 후, 그 결과를 전체 투자전략에 반영하는 전략을 말합니다.

위에서 말한 일반적인 투자전략을 이제 ESG 투자에 적용해 보겠습니다. 어떤 펀드가 ESG 투자를 한다고 선언했다고 가정합니다. 이 펀드가 투자하는 종목들을 살펴보니, 종합주가지수나 시가총액과 연동해서 계속 바뀌고 있다면, 이 펀드는 패시브 전략을 사용하고 있는 겁니다. ESG 관점에서 기업을 평가해 투자하지만, 그 재무적 성과가 적어도 종합주가지수 정도는 되어야 한다고 판단해 펀드를 운용하는 것입니다.

이제 어떤 펀드가 액티브한 ESG 투자를 한다고 가정해 봅니다. 이 펀드는 크게 두 가지 전략을 사용할 수 있습니다. 일반적으로는 술, 무기, 담배 등 소위 'sin stocks'에는 투자하지 않는 것입니다. 이것을 배제적 심사(Exclusionary screening)라고 합니다. 투자자가 용납할 수 없거나 비윤리적이거나 논란의 여지가 있는 활동에 참여하는 특정 회사 또는 산업부문을 단순하게 투자대상에서 제외하는 것입니다. 이와 반대되는 전략도 가능합니다. 투자자가 생각하는 ESG 우수기업을 투자대상 기업으로 반드시 포함하는 것입니다. 이것을 포괄적 심사(inclusionary screening)라고 합니다.

마지막으로 어떤 펀드가 오버레이(overlay) ESG 투자를 한다고 가정해 봅니다. 이 펀드는 ESG 관련 지표를 별도로 고려해, 이를 기초로 투자 전략을 수정해 나갈 것입니다. ESG 관련 지표를 별도로 고려하는 방법으로는 ESG 개별이슈별 중요도 또는 ESG 등급을 기준으로 포트폴리오를 구성하고 있는 기업에게 가중치를 부여하는 방법을 일반적으로 사용합니다. 물론 위에서 말한 배제적 심사, 포괄적 심사, 가중치 부여 방식을 적절하게 섞어 사용할 수도 있습니다.

3) 투자관점에서 가장 중요한 ESG 요소

많은 전문가들은 ESG 요소 중 지배구조가 가장 중요하다고 말합니다. 그 이유는 간단합니다. 산업 특성상 환경 또는 사회가 중요하다 하더라도 지배구조가 그런 결정을 하지 않거나 실행할 의지가 없다면 아무 소용이 없기 때문입니다. 반대로, 지배구조가 좋다면 이미 환경 또는 사회적 이슈를 해결하기 위해 노력을 하고 있을 가능성이 높기 때문입니다.

그렇다면 좋은 지배구조란 무엇일까요? 전문가들은 주주를 포함한 이해관계자들의 적극적인 경영 참여 가능성, 이사회 구성원들의 높은 다양성과 전문성, 감사조직의 독립성과 전문성, 임직원들에 대한 합리적인 보상 시스템, 지역사회나 전문가 등의 의견에 대한 수용 가능성 등을 제시합니다. 쉽게 말해서 현재 지배구조를 장악하고 있는 사람들이 마음대로 하지 못하도록 하는 적절한 견제장치가 있고, 개선되지 않을 경우 지배구조를 변경할 수도 있는 열린 구조가 좋은 지배구조입니다.

지배구조로 번역되는 영어 'governance'는 어원상으로 '(배의) 키를 잡다'라는 뜻의 그리스어 키베르나오(κυβερνάω)에서 온 것입니다. 배가 안전하게 목적지에 도달할 수 있도록 하는 역할이 주어진 것입니다. 이런 이유 때문에 많은 투자자들이 지배구조를 ESG의 핵심 요소로 보고 실제 기업을 평가할 때도 가중치를 높이는 것입니다. 미국의 주요 기관투자자들은 기업의 목적과 사회 기여도를 명확히 해달라고 이사회에 지속적으로 요청하고 있습니다. 이사회의 구성이나 감사위원회의 구조는 앞서 말씀드린 GRI에서도 강조하고 있는 정보입니다.

그러나 ESG 중 G가 가장 중요한 요소이지만 동시에 외부 측정도 가장 어렵습니다. 연구에 따르면, 외부에서 평가하는 ESG 등급에 환경 및 사회적 영향은 최대 80%까지 반영될 수 있지만, 지배구조는 20% 정도 반영되는 데 불과하다고 합니다. 따라서 투자를 결정하기 전에 지배구조 관련 ESG 평가등급뿐만 아니라, 동종업계의 평판이나 내부신고 내용 등 정성적 평가도 고려하는 것이 중요합니다.

4) 그린워싱(Greenwashing) 주의

ESG 투자를 할 때 조심해야 할 것 중 하나로 그린워싱(Greenwashing)이라는 것이 있습니다. 그린워싱은 실제로는 친환경 경영이나 사회적 책임 경영을 하고 있지 않지만, 마치 그렇게 하고 있는 것처럼 보이기 위해 과대광고 등을 하는 경영 행태를 일컫는 말입니다.

일부 ESG 투자자나 평가자들은 그린워싱하는 회사를 가려내기 위해서 회사를 직접 방문해 인터뷰하는 절차를 거치고 있습니다. 여기서 주로 확인하는 사항은 최고경영진을 만나 관련 이슈를 논의할 수 있는지, ESG 팀이 존재하고 이들이 외부 전문가들을 적극적으로 활용하고 있는지 등입니다. 이런 절차를 통해 그 회사가 밖에 알려진 것처럼 ESG를 내부통제시스템에 반영하고 있는지 직접적으로 확인할 수 있을 것입니다.

8 M&A 또는 사업재편 관점에서의 ESG

블랙록의 회장인 래리 핑크는 2020년 고객서한에서 TCFD 및 SASB 기준에 맞추어 기후 관련 정보공개를 촉구했습니다. 2020년 블랙록은 포트폴리오의 약 60%에 해당하는 440개 탄소집약적 기업을 관리 대상으로 선정했고, 기후 리스크 등을 이유로 64명의 경영자와 69개 기업에 반대 의결권을 행사했습니다. 2018년에는 여성 이사가 2명 미만인 기업에 투자를 중단하는 계획을 발표했고, 2021년에는 기후변화 관련 주요 관리 대상 기업을 1,000개 이상으로 확대했습니다. 또 다른 글로벌 자산운용사인 아문디(Amundi)는 2016년부터 매출액의 50% 이상이 석탄 생산에 의한 기업에 대해서는 투자를 철회하고 있으며, 2018년에는 그 매출액 기준(비율)을 25%로 상향 적용했습니다. 아문디는 석탄 화력발전에서 총 매출의 50% 이상 발생하는 기업에 대해서도 투자를 하지 않습니다. 운용자산 1조 달러로 세계 최대 규모를 자랑하는 노르웨이 연기금(GPFG)은 술, 도박 등 사회적 논란이 되는 기업에는 투자하지 않는다는 원칙을 세웠고, 2013년부터 2015년에 걸쳐 매출액의 30% 이상이 석탄 분야에서 만들어지는 기업에 대한 투자를 중단하고 있습니다.

글로벌 최대 투자자들이 이렇게 움직이고 있기 때문에 ESG을 적극적으로 도입하는 기업과 ESG에 소극적인 기업은 전혀 다른 투자가치를 가지게 될 수밖에 없는 상황입니다. 따라서 해당 기업들은 ESG를 고려한 M&A와 사업재편을 적극적으로 추진하고 있습니다.

1) ESG에 의한 기존 사업재편

포스코는 세계적인 철강업체입니다. 철강생산은 대표적인 탄소배출 산업입니다. 유럽연합(EU)은 '탄소국경조정제도 시행법안'에서 2026년부터 철강・시멘트・비료・알루미늄・전기 등 5개 분야에 이를 우선 적용하겠다고 2021년 7월 발표했습니다. 따라서 포스코는 영업이익 중 일부를 탄소세로 내야 할 상황입니다.

문제는 탄소세가 무시할 수 없을 정도로 높아질 수 있습니다. 전국경제인연합회가 조사(2021.3.31.)한 자료에 따르면, 2019년 포스코의 온실가스 배출량을 기준으로 봤을 때 기준 톤(t)당 탄소세 예상액에 따른 시나리오별 차이는 있지만, 영업이익 대비 탄소세 비중이 상당히 높을 수 있는 것으로 조사되고 있습니다. 즉, 탄소세에 적극적으로 대응하지 않는다면 탄소세가 있기 전의 포스코와 탄소세가 생긴 이후의 포스코는 완전히 다른 가치를 가진 회사가 될 수 있는 것입니다

그렇기 때문에 포스코와 같은 회사가 사업재편을 하거나 M&A를 하려고 할 때, 탄소세 등 환경변화에 따른 영향을 고려하지 않을 수 없을 것입니다. ESG가 약점인 회사의 경우에는 이를 해소하는 차원에서 관련 사업을 팔고, 새로운 사업에 진출하는 사업재편을 추진할 가능성이 높아진 것입니다. 포스코는 2020년 기업시민보고서에서 이산화탄소 발생을 줄이는 기술 개발과 저탄소 친환경 제품을 확대하면서, 장기적으로 수소환원제철을 구현하기 위해 수소사용자이자 생산자로서 그린수소에 기반한 사업모델을 구축하는 데 역량을 집중한다고 밝히고 있습니다. 주력 제품군을 바꾸면서 자연스럽게 친환경 기업으로의 사업재편을 준비하고 있는 것입니다.

2020년 한화는 ESG책임을 다하기 위해 방산부문의 기존 분산탄 사업을 그룹에서 분리해 모두 매각하였습니다. 분산탄 무기는 불발률이 높습니다. 이 때문에 민간인 피해가 많아 비인도적 무기로 분류되어 왔습니다. 한화는 언론을 통해 "이번에 분산탄 사업을 완전히 분리 매각함으로써 국제사회와 비영리기구들이 제기해온 환경·사회책임 문제를 해소하게 됐다"고 매각 이유를 발표했습니다.

시멘트업계는 폐기물을 재활용해 시멘트 제조 연료를 대체하는 투자를 계속하고 있습니다. 쌍용C&E는 2021년 1월부터 8월까지 유연탄 등 시멘트 제조 연료를 대체하기 위해 폐플라스틱 등을 51만 5000t 재활용했습니다. 이것은 2021년의 두 배 이상 규모로, 쌍용C&E가 2018년부터 2021년까지 환경 설비에 1000억원 정도를 투자한 결과입니다. 한일시멘트와 한일현대시멘트는 2025년까지 유연탄 대체를 위한 친환경 설비 구축에 2700억원을 투자하기로 했고, 삼표는 2025년까지 500억원을 친환경 설비 구축에 사용할 예정이라고 투자계획을 발표했습니다.

ESG에 의한 사업재편은 해외 기업들도 하고 있습니다. 브리티시페트롤리엄(BP)은 석유화학사업부를 이네오스에 50억 달러에 매각한 후 해상풍력 및 태양광 발전 사업을 추진하고 있습니다. 태양광 발전 사업을 위해 BP는 7X Energy로부터 미국 태양광 발전 프로젝트(9GW)를 매입했습니다. 로열 더치 쉘(Royal Dutch Shell)도 석유회사에서 에너지 전기회사로의 탈바꿈을 추진하고 있습니다. 이를 위해 쉘은 영국 전기가스 공급사인 First Utility와 전기차 충전업체인 New Motion을 2017년에 인수한 바 있습니다. 쉘은 최근에 연간 20~30억 달러를 전력 부문에 집중해서 투자하는 계약을 발표했습니다.

제너럴모터스(GM) 2035년부터 내연기관차 생산을 중단하기로 결정하고, 2025년까지 전기차 글로벌 투자를 350억 달러(약 39조)까지 확대했습니다. 현재 GM은 미국 내 전기차 배터리 공장을 신규로 2개 추가 건설할 예정입니다. 르노(RENAULT)는 투자자들의 강력한 ESG 경영 요구로 환경을 위한 중기 전략을 2018년 3월 발표했습니다. 전기 자동차, 새로운 모빌리티, 순환경제라는 3가지 핵심개념을 필두로 연비개선, 전기로의 주요 동력원 전환, 'Off-cycle' 기술 등을 개발해 온실가스 배출량을 약 80%까지 줄일 계획입니다.

독일의 전기·천연가스 공급회사인 RWE는 독일 정부의 탈석탄 선언(2020년)에 따라, 2040년까지 탄소중립을 선언하고 경영전략을 신재생에너지만을 사용한 전력생산으로 변경했습니다. 이에 따라 풍력 발전 단지(44개), 태양열 시스템(4개) 및 에너지 저장 솔루션에 집중투자할 계획입니다. RWE는 2021년 4월, 호주의 수소 프로젝트 법인인 The Hydrogen Utility(H2U)와 독일-호주 간 수소 거래를 개발하기 위한 양해각서를 체결하기도 했습니다.

2) ESG 역량 있는 기업의 인수

SK건설은 EMC홀딩스라는 환경관리업체를 인수했습니다. EMC홀딩스는 약 1조원 규모로 인수 경쟁이 치열했던 것으로 알려졌습니다. SK건설의 EMC홀딩스 인수는 SK그룹 전체적으로 볼 때 큰 의미가 있다는 평가입니다. 왜냐하면 EMC홀딩스 인수는 SK그룹의 환경관리업 진출 전략의 첫 작품이기 때문입니다. 향후 SK그룹은 EMC홀딩스를 중심으로 환경관리업 확장을 위한 다양한 경영전략을 추진할 것이라고 시장은 예상하고 있습니다.

2016년 프랑스 석유회사인 토탈(TOTAL)은 프랑스의 신재생에너지 배터리 기업인 사프트(Saft)를 인수한 후, 2018년 또다른 프랑스 신재생에너지 회사인 다이렉트 에너지(Direct Enerige)를 인수했으며, 2019년에는 룩셈부르크의 풍력발전 업체인 노브에너지아(Novenergia)를 인수했습니다. 3M은 안전산업 관련 사업을 확장하기 위해 개인안전장비 업체 토탈세이프티와 소방안전장비회사 스코트세이프티를 인수했습니다.

3) ESG를 활용한 M&A 전략

대신지배구조연구소는 적대적 M&A를 방어하는 수단으로서 ESG가 활용되는 경우를 연구하면서, 프랑스 식음료 기업 다논(Danone)의 경우를 분석했습니다. 다논(Danone)에 대해 적대적 M&A 시도가 있자 프랑스 대통령까지 인수 지지에 나섰는데, 그 이유가 다논의 적극적인 사회적 책임 활동이라는 것이 동 연구소의 분석 결과입니다. 한편, 프랑스 수자원·폐기물회사인 비올리아는 경쟁사인 수에즈의 인수를 추진한 적이 있습니다. 당시 언론은 이러한 비올리아의 의사결정에 비판적이었습니다. 왜냐하면 친환경 기업간 인수가 재무적 성과만을 노린 적대적 M&A 방식이었기 때문입니다. 이러한 여론의 지원을 등에 업은 수에즈는 적대적 M&A를 성공적으로 방어할 수 있었습니다.

일본의 세븐&아이 홀딩스는 우리에게도 잘 알려진 세븐일레븐 등 편의점 체인을 운영하는 회사입니다. 세븐&아이 홀딩스가 미국 편의점 체인인 '스피드 웨이'를 인수할 당시 투자자들은 '탈탄소' 흐름에 역행하는 의사결정이라며 비판했습니다. 그 이유는 스피드 웨이가 주유시설을 포함한 편의점 체인이었기 때문입니다. 이에 대응하고자 세븐&아이는 2050년 일본 내 편의점 운영 등에서 이산화탄소 배출량 제로를 목표로 정하고, 2021년 2분기부터 임원 급여에 이산화탄소 배출량을 반영하고 있습니다.

4) ESG를 활용한 바이아웃 전략

인수한 기업을 ESG를 활용해 가치를 상승시킨 후 되팔아 막대한 시세차익을 올린 바이아웃(buy-out) 사례도 있습니다. 이러한 사례로 자주 거론되는 것이 칼라일의 야시리 지분 인수 사례입니다. 글로벌 사모펀드인 칼라일(Carlyle)은 중국의 최대 분유 생산회사 중 하나인 야시리(Yashili)의 지분 29.2%를 인수했습니다. 야시리는 당시 멜라민 분유 스캔들로 엄청난 어려움을 겪고 있어 비교적 낮은 가격에 인수할 수 있었습니다. 인수 이후 칼라일은 야시리의 원료를 100% 고품질 수입분유로 바꿨습니다. 뿐만 아니라, 업계 최초로 식품품질 및 안전자문위원회를 신설해 국제품질표준(ISO9001, HACCP)을 충족시켰습니다. 칼라일은 2013년에 야시리의 지분을 매각하였는데, 그 매각금액은 3억 8,800만 달러였습니다. 이 금액은 원 투자금의 2.3배에 해당하는 것입니다.

앞서 말씀드린 EMC홀딩스도 비슷한 사례입니다. EMC홀딩스를 SK건설에 매각한 사모펀드는 영국계 펀드였던 어퍼마캐피탈이었습니다. 어퍼마캐피탈은 EMC홀딩스의 지분 35%를 450억원에 취득했습니다. 그 후 나머지 65% 지분까지 사들이면서 바이아웃 투자로 전략을 바꿨습니다. 이 과정에서 어퍼마캐피탈은 환경사업의 잠재 가치에 주목했습니다. 이들은 EMC홀딩스 경쟁력의 핵심인 수처리 역량을 강화하면서 폐기물 소각과 매립 그리고 폐유 정제 부문을 연결해 환경관리업체로서의 종합적인 면모를 갖춰 그 가치를 높였던 것입니다. 이러한 가치를 인정받아 어퍼마캐피탈은 SK건설에 EMC홀딩스를 1조 500억원에 매각할 수 있었습니다.

5) 글로벌 IT 기업들의 재생에너지 산업 투자

구글, 애플, 페이스북 등은 재생에너지 산업에 많은 투자를 하고 있습니다. 이들은 자체 데이터센터를 가지고 있고, 데이터센터를 유지하는 데는 막대한 양의 전기가 필요합니다. 그러나 환경 이슈로 말미암아 이들 IT 기업들은 기존 화석연료를 이용한 발전소나 위험성이 큰 원자력 발전에 의지하기 어려운 상황에 직면했습니다. 이들의 선택은 재생에너지 산업에 투자하는 것이었습니다. 이를 통해 이들은 친환경 기업 이미지를 구축하는 한편, 자신들의 핵심 사업에도 안정적으로 전기를 공급할 수 있게 되었습니다. 구글과 애플은 자회사로 구글 에너지(Goolge Energy)와 애플 에너지(Apple Energy)를 가지고 있으며, 이들은 재생에너지를 생산하고 잉여전력을 판매하고 있습니다.

구글은 2010년부터 2018년까지 재생에너지 관련 프로젝트에 총 25억 달러를 투자해 이미 2017년에 RE100(재생에너지로 자사의 사용 에너지 100%를 충당하는 프로젝트)를 달성했고, 2019년 9월에는 18개국 태양광 및 풍력 프로젝트에 20억 달러를 투자하기도 했습니다. 애플은 2016년 9월 RE100에 가입해 2018년 4월 RE100을 달성했습니다. 애플은 중국 클린 에너지 펀드를 조성해 풍력 발전소에 투자하기도 했습니다. 페이스북은 2019년 Apex Clean Energy의 발전설비 인수를 위한 논의를 시작했고, 마이크로소프트는 2019년 9월 프랑스 종합 유틸리티 회사인 ENGIE와 재생에너지 PPA(Power Purchase Agreement)를 체결했습니다.

6) 금융계의 ESG 전략

금융권에서는 기업고객을 대상으로 ESG 경영을 할 경우 우대금리를 적용하는 등 혜택을 주고 있습니다.

LLOYDS Bank는 그린 프로젝트용 대출 시 우대금리를 적용하고 있으며, HSBC USA는 지속가능성 연계 대출프로그램을 실시하고 있습니다. 이 프로젝트는 온실가스 대출량, 신재생에너지 사용량, 종업원 다양성 등 목표를 정하고 이를 달성할 경우 우대금리는 적용하는 프로젝트입니다. BNP Paribas는 ESG 평가에 따라 대출 및 투자를 확대하거나 금지하고 있습니다. 신재생에너지 기업 등에게는 대출 및 투자를 추가적으로 더하지만, 무기생산, 팜오일 생산, 광산채굴, 펄프 생산 등을 하는 기업들은 대출 심사를 엄격하게 하고 있는 것입니다.

7) 글로벌 신용평가사들의 ESG 전문기업 M&A 확대

수익성 높은 ESG 투자를 위해 세계적인 신용평가사 등이 ESG 전문기업을 인수하고 있습니다. 이들이 가지고 있는 ESG 평가역량을 활용해서 그 평가결과를 신용등급에 반영하겠다는 의지를 보여주고 있는 것입니다. ESG 평가역량은 이제 신용평가사들의 핵심 역량이 되었습니다. 그들의 고객인 자산운용사나 연기금들이 신용등급에 투자대상 기업들의 ESG 실적이 얼마나 잘 반영되고 있느냐를 지켜보고 있기 때문입니다.

세계적인 독립 투자 리서치 회사인 모닝스타(MORNINGSTAR)는 ESG 평가기관인 Sustainalytics를 2017년 7월 인수했습니다. 2019년 4월 무디스는 유럽 ESG 평가회사 Vigeo Eiris의 다수 지분 획득했고, 7월에는 기후 데이터회사 포투엔티세븐(Four Twenty Seven)의 다수 지분을 얻는 데 성공했습니다. 같은 해 8월 모건스탠리 캐피탈 인터내셔널은 기후 핀테크 및 데이터 애널리틱스회사인 카본델타(Carbon Delta)를 인수했고, 10월에는 톰슨로이터가 에티컬 코퍼레이션(Ethical Corporation)의 모회사인 FC Business Intelligence

(FCBI)를 인수했습니다. 12월에는 스탠더드 앤 푸어스가 로베코샘(RobecoSAM)의 ESG 평가 및 벤치마킹 툴을 인수하기도 했습니다.

이처럼 ESG를 활용해 재무적 수익을 창출할 수도 있고, 현재 사업을 매각하거나 새로운 회사를 인수해 기업의 미래가치를 올리려는 움직임이 증가하고 있습니다. 이런 추세에 맞추어 합리적인 의사결정을 하려면, 앞서 설명한 ESG 정보공시 표준지표와 평가지표를 이해하고 대상 회사들이 작성하는 지속가능경영보고서를 검토할 수 있어야 할 것입니다. 또한 이러한 자료들을 기초로 ESG 등급이 어떻게 결정되는지, ESG 투자 흐름은 또 어떻게 변화하고 있는지도 주의깊게 살펴봐야 할 것입니다.

8) M&A와 IPO 시장에서 ESG의 고려

M&A시장과 IPO시장은 기업의 과거실적이 미래성과를 보장하지 않는다는 것을 이해하고, 미래의 지속가능한 성과와 성장을 위한 기업의 경영전략을 요구하고 있습니다. 이 중의 하나가 지속가능경영, 즉 ESG경영입니다.

탄소배출이 이슈가 되는 특정산업뿐만 아니라 다양한 산업에 걸쳐서 가치창출에 ESG의 역할이 부각되면서 ESG에 대한 중요성이 높아지고 있는 것입니다. 탄소 중립이나 지속 가능성 등의 환경적 이슈, 임금 불평등, 다양성과 포용성, 공공 안전과 개인정보 보호 등의 사회적 이슈들이 사업에 결정적인 요인이 되고 있으며, ESG 선언과 함께 많은 기업들은 ESG활동을 강화하는 쪽으로 전략적 방향을 수정하고 있습니다. M&A시장에서도 M&A에 영향을 미치는 수많은 ESG 사항들을 검토하고, 이러한 사항들이 어떻게 가치에 영향을 미치는지를 고려하기 시작한 것입니다.

과거에는 기업의 재무적인 성과만으로 기업의 가치를 바라보았다면, 이제는 기업이 환경 및 사회에 미치는 영향을 이해하고 투명하고 윤리적인 지배구조를 갖추고 실행하는 기업이 좋은 재무적 성과를 달성하고 이러한 재무적 성과가 지속될 가능성이 높을 것이라고 보는 것입니다.

그러므로 M&A와 IPO에서 ESG는 중요한 고려요소로 자리잡아가고 있습니다.

과거 미국의 한 공유오피스 플랫폼 기업은 경영진의 도덕적 해이가 이슈가 되어 IPO를 포기하게 되었던 적이 있습니다.

IPO를 준비중이었던 국내의 한 회사도 전통적인 탄소배출 산업이라는 인식으로 인해 기업가치가 낮게 평가되자 상장을 철회하고 사업포트폴리오를 친환경 비즈니스로 재편하여 기업가치를 높이는 프로젝트를 진행중에 있습니다.

M&A나 IPO를 준비하는 국내의 많은 기업들도 협력업체와의 동반성장이나 지역발전을 위한 상생 등을 내세우면 ESG 경영체제를 구축하고 있습니다.

이처럼 M&A 당사자들이 IPO나 M&A 전략과 실행 단계에서 ESG 문제를 적극 고려하고 있기 때문에, 매각이나 인수 과정 중에 ESG 실사를 통해 ESG와 관련된 가치와 리스크를 평가하고 검토하는 것의 중요성이 커져가고 있습니다. ESG에 친화적이지 않은 기업들은 인수자금 확보에 어려움을 겪을 수 있고 더 많은 조달 비용이 발생할 수도 있습니다.

9) ESG는 어떻게 기업가치를 증대시키는가?

많은 시장참여자들이 ESG를 고려하여 경영계획을 수립하고 이를 실천하는 기업은 중장기적으로 가치가 높아질 것으로 기대합니다. ESG 실천을 통해 좋은 평판을 유지하고, 우수한 직원들을 유치하고, 사회와 우호적인 관계를 유지하여 경영효율성 및 생산성 향상을 통해 매출 성장과 비용절감을 얻게 될 것이기 때문입니다.

ESG는 규제 위험 등을 줄이고 의사결정과정을 투명하게 하여 경영효율성을 높일 수 있으며, 우수한 직원들을 유치하여 회사의 비전을 함께하는 동기부여를 강화하여 임직원들의 생산성을 향상시킬수 있습니다. 이를 통해 향후 성장성 높고 지속가능한 투자 기회를 확보할 수 있고, 영위하는 사업의 시장을 확대하거나 신시장을 개척하는데 도움이 됩니다.

그리고 이렇게 성장한 매출의 지속가능성은 상대적으로 높아집니다. 동기가 부여된 임직원의 생산성 향상은 비용 절감의 기회를 가져다 줄 수 있으며, ESG가 효과적으로 정착되면 탄소비용 절감 등과 함께 원자재 조달의 다양성과 융통성이 높아질 수 있습니다.

III M&A와 법규

1 M&A 관련 법규

우리나라는 M&A를 관할하는 단일법을 가지고 있지 않습니다. M&A와 관련 내용은 다양한 법규에 흩어져 있습니다. 대표적인 법규로는 상법, 자본시장과 금융투자업에 관한 법률, 독점규제 및 공정거래에 관한 법률, 세법, 노동관계법 및 기타 산업별 특별법 등이 있습니다. 물론 회사의 **정관** 규정에 대한 확인에서부터 해당 산업의 영위를 위해 필수적으로 적용되는 법률이 있다면 해당 법률의 검토도 필요합니다.[278)]

아래에서는 M&A 관련 법률들의 해당 내용을 주로 고려되는 법규 중심으로 살펴보도록 하겠습니다.

[표 58] M&A 관련 주요 법률의 예

구분	주요 내용
상법	합병/분할/영업양수도/포괄적 주식교환 및 이전 등과 관련한 주요 절차 및 필요사항, 주주권 행사와 관련한 사항, 공고 제도, 내부거래 제한, 자본감소 또는 신주발행 사항 등
자본시장법	공시 및 공고 제도, 공개매수제도, 내부거래 제한, 상장회사의 특례 규정 등
공정거래법	기업결합 제한 및 신고 제도, 상호출자 등 주식 소유 제한, 채무보증 제한 등
세법	각종 거래 행위에서 발생할 수 있는 각 주체별 과세 문제
기타법률	해당 산업 관련 법률, 외국인투자촉진법, 채무자회생 및 파산에 관한 법률, 기업 활력 제고를 위한 특별법 등
각 기관별 규칙 또는 고시	-
정관	상법에서 위임한 사항들

1) 상법

상법은 M&A의 다양한 유형 그리고 그 유형별 절차와 제한을 규정하고 있습니다. M&A 과정 중에 상법상 하자가 생긴 경우에는 M&A 자체가 무효가 되기 때문에 각별히 주의해야 합니다.

278) 예를 들어 건설업이라면 건설산업기본법 등 관련 법률, 금융업이라면 해당 금융업 관련 법률의 검토가 필요합니다.

상법 회사편에 등장하는 M&A 유형에는 합병, 분할, 영업양수도, 자산양수도(주식양수도), 포괄적 주식교환(이전), 현물출자 등이 있습니다.[279)]

또한 상법에서는 각 유형별로 합병 등의 계약서나 분할 등의 계획서 작성에 관한 사항, 의결을 위해 필요한 사항(주주총회 특별결의 등), 공고와 관련된 사항(주주총회 소집, 구주권제출, 채권자보호 등), 주식매수청구권과 관련된 사항, 채권자보호절차와 관련된 사항, 근로관계의 승계, 경업금지, 상호주 제한 등 주식 보유 제한에 관한 사항 등에 관련된 내용을 다루고 있습니다. 이와 관련 주요 내용은 각 항목별로 본장에서 설명하도록 하겠습니다.

2) 자본시장과 금융투자업에 관한 법률(자본시장법)

자본시장과 금융투자업에 관한 법률(이하 "자본시장법")은 자본시장의 상품과 거래를 규제하는 법입니다. 그렇게 규제하는 이유는 자본시장의 공정성과 투명성을 확보하고 투자자를 보호하기 위함입니다.

M&A와 관련해서 자본시장법에서 규제하고 있는 부분은 주식 등 대량보유 보고(이하 "5% 보고")와 같은 공시규정, 주요사항보고서, 투자설명서, 증권신고서 등과 같은 신고규정, 합병비율 등의 산정, 외부기관의 평가등과 같은 평가와 관련된 규정, 영업양수도 및 자산양수도의 중요성 기준, 공개매수,[280)] 의결권대리행사권유 등의 규정이 있습니다. 이러한 보고, 공시 등의 규제 역시 자본시장의 건전성과 투자자를 보호하기 위한 것입니다.

① 주요사항보고서

사업보고서 제출대상법인은 주요사항보고서를 제출하여야 합니다. 합병, 분할 등 회사의 중요한 의사결정이 결의될 경우에는 소액주주에게 정보가 적시에 공정하게 제공될 수 있도록 이사회 결의일 익일(합병, 분할, 분할합병, 주식의 포괄적 교환・이전의 경우는 3일 이내)까지 주요사항보고서를 금융위원회와 거래소에 제출하여야 합니다.

② 증권신고서

증권신고서는 증권을 모집하거나 매출하기 전에 금융위에 제출하며, 증권신고서가 수리되어야 증권을 모집 또는 매출할 수 있습니다. 증권신고서 제출 대상[281)]은 포괄주의이기

---

279) 상법상 다양한 M&A 유형에 대한 설명은 "Deal Structuring & Financing"을 참고하시기 바랍니다.
280) 공개매수에 대한 자세한 사항은 "⑦ 공개매수" 부분을 참고하시기 바랍니다.
281) 증권신고서의 제출대상은 증권을 모집 또는 매출하는 경우 공모금액이 10억원 이상인 경우가 되며, 10억원 미만인 경우에는 소액 공모 공시 서류를 제출하여야 합니다. 모집은 신규로 발행되는 증권의 취득청약을 권유하는 것이고, 매출은 이미 발행된 증권의 매도청약이나 매수청약을 권유하는 것입니다.

때문에 투자자 보호의 필요성이 있는 모든 증권이 신고서 제출 대상이고, 합병, 분할, 분할합병, 주식의 포괄적 교환 및 이전, 영업양수도, 자산양수도 등의 경우에도 증권의 발행이 이루어진다면 증권신고서를 제출하여야 합니다.

③ 투자설명서

투자설명서는 청약을 권유하는 문서로 증권신고서의 내용을 바탕으로 작성하게 되며, 투자자에게 교부하기 전에는 증권을 취득하거나 매도할 수 없습니다. 투자설명서는 증권신고서가 수리되기 전에 사용되는 예비투자설명서와 증권신고서가 수리된 후에 사용되는 투자설명서가 있습니다. 증권신고서를 제출한 회사는 증권신고의 효력이 발생하는 날에 투자설명서를 금융위에 제출하여야 하고, 일반인이 열람할 수 있도록 본점 등에 비치하여야 합니다.

④ 주식 등 대량보유 보고(5% 보고)

주식 등 대량보유상황 보고의무는 보통 '5%룰'이라고 줄여서 부릅니다. 그 이유는 상장회사의 의결권 있는 주식 등을 5% 이상 보유한 자들에게 적용되는 보고의무이기 때문입니다. 이들이 가진 주식 등이 5% 이상 되거나, 5% 이상 보유상황에서 1% 이상 지분이 변동될 때 그 내용을 5일 이내에 금융위원회와 한국거래소에 보고해야 한다는 것이 주식 등 대량보유 보고의무입니다.

5%룰을 도입한 이유는 주식 등 대량 보유 상황 공시를 통해 대상기업과 투자자들에게 중요한 지분변동에 대한 정보를 제공하기 위한 것입니다.

의결권 공동 행사 합의 시 5% 보고 의무

5%를 판단함에 있어서 그 범위는 주주 1인의 지분만을 의미하지 않을 수 있다는 점에 주의하여야 합니다. 예를 들어 특정 회사 지분을 보유하면서 의결권을 공동 행사하기로 합의한 결과 5% 이상 확보되었다면, 이때도 5% 보고 의무가 있는지 확인해 보아야 합니다. 법원은 5%룰이 적용되는 주식에는 본인뿐만 아니라 의결권을 공동으로 행사하기로 합의한 공동보유자도 포함된다고 해석하면서, 나아가 여기서의 합의에는 묵시적인 합의까지 포함된다고 판단했습니다.

보고내용

5% 보고에는 신규취득보고, 변동보고, 변경보고가 있습니다. 신규보고는 대상 증권의 5%를 최초 보유하게 된 때에 보유상황과 보유목적, 보유자 및 그 특별관계자, 보유 주식 등의 발행회사, 취득 또는 처분 일자와 가격 및 처분방법 등을 내용으로 합니다.

가장 주의해야 할 부분은 보유목적입니다. 왜냐하면 보유목적에 따라 보고 내용과 양식이 달라지기 때문입니다. '경영권 영향 목적'인 경우에는 추가적으로 구체적인 보유목적과 보유한 주식 관련 계약 내용, 보유형태 등도 함께 보고하여야 합니다.

2020년 2월 금융위원회는 자본시장법 시행령(제154조)을 개정해 국민연금 등 기관투자자가 보다 적극적으로 상장회사의 경영에 참여할 수 있도록 했습니다. M&A를 보다 효과적으로 추진하기 위해서는 대상회사의 지분구조뿐만 아니라, 그 보유목적까지 정확히 파악하고 있어야만 합니다.

위반시 제재

5% 보고 의무를 위반한 경우에는 위반한 분량만큼의 의결권 행사 금지, 금융위원회가 내리는 주식처분명령, 형사처벌 등이 있습니다.

법원은 과거 KCC가 현대엘리베이터의 주식을 매집하고 주식 등 대량보유 3차 보고를 하는 과정에서, 2차 취득분에 관해 아무런 보고도 하지 않은 것을 '중요한 사항에 관한 기재 누락'으로 판단하였습니다. 따라서 KCC가 보유한 현대엘리베이터 지분 7.5%에 대한 의결권행사금지 가처분 신청을 인용한 바 있습니다.

⑤ 의결권대리행사 권유(Proxy Solicitation; Proxy Contest; Proxy Fighting)

주주총회에서 의결권을 확보하고자 하는 회사 또는 제3자[282]는 자기에게 의결권을 위임하여 행사할 수 있도록 주주에게 권유할 수 있는데, 이러한 제도가 의결권 대리 행사 권유제도입니다.

의결권대리행사 권유제도는 자본시장법[283]에서 규정하고 있습니다. 의결권대리행사 권유란 상장주식의 의결권 행사를 자기 또는 제3자에게 대리하게 해 줄 것을 10명 이상 주주들에게 권유하는 행위입니다. 의결권대리행사를 권유하는 사람이 권유를 받는 사람에게 제공하는 위임장용지는 주주총회의 목적사항 각 항목에 대하여 명확하게 기재되어 있어야 하며, 권유대상자에게 정확하고 충분한 정보가 제공될 수 있도록 금융위원회가 정한 참고서류를 함께 보내야 합니다. 권유를 하는 사람은 위임장용지에 표현된 피권유자의 의사에 따라 의결권을 행사하여야 합니다.

권유자는 위임장용지 및 참고서류를 피권유자에게 제공하는 날의 2일전까지 금융위원회

282) 회사는 자기 회사의 주주가 누구인지 쉽게 알 수 있어 의결권대리행사를 권유하기에 편리합니다. 그러나 다른 사람이 회사의 도움 없이 주주를 파악하기란 쉽지 않습니다. 그래서 자본시장법은 제3자가 의결권대리행사를 권유하고자 할 때, 해당 회사에게 주주명부의 열람이나 복사를 허용하고 있습니다.

283) 자본시장법 제152조

와 한국거래소에 제출하여야 하고, 일정한 장소에 비치하여 일반인이 열람할 수 있도록 하여야 합니다. 금융위는 참고서류 또는 위임장용지에 허위기재/기재누락이 있다고 인정하는 경우에는 정정을 명할 수 있습니다. 의결권대리행사 권유와 관련해서 위반사항이 있을 때는 형사처벌이 가능합니다.

⑥ 시장질서 교란행위 금지

자본시장법에서는 시장참여자가 공정하게 시장에 참여할 수 있도록 다양한 장치를 두고 있는데, 그 중에서 불공정한 거래를 제재하는 규정이 있습니다. 예를 들어 회사의 내부 정보를 알 수 있는 임직원 또는 주요주주가 해당 주식 등을 매수 또는 매도한 후 6개월 이내에 재매도(매수)하여 이익을 얻는 거래로 차익이 발생하는 경우에는 그 매매차익을 회사에 반환할 책임이 있습니다. 이는 내부자거래 혹은 내부자의 단기매매차익거래 제한으로 자본시장법 제172조~제175조에서 규정하고 있습니다.

주식 등의 가격을 인위적으로 변동시키는 시세조정 행위도 엄격하게 금지되어 있습니다. 시세조조정행위로는 위장거래, 허위표시, 불법 안정조작/시장조성 등에 의한 시세조종 등이 있는데, 이를 위반할 경우에는 민사상 손해배상책임 및 형사책임을 부담하게 됩니다(자본시장법 제176조).

금융상품을 매매하면서 중요 사항에 관하여 거짓의 기재 또는 표시를 하는 등의 방법으로 금전, 그 밖의 재산상의 이익을 얻는 경우 등도 부정거래행위로 금지됩니다(자본시장법 제178조).

또한 자본시장법은 회사 내부자 등이 M&A 등 미공개 중요정보를 이용하여 시세에 부당한 영향을 주는 시장질서 교란 행위를 금지하는 조항을 두고 있습니다. 특히 투자자 보호 및 건전한 시장질서를 정립하기 위하여, 기존의 규제 대상인 1차 정보 수령자 이외에도 2차 이상의 간접정보수령자의 미공개정보 이용 등 부정한 방법으로 확보한 정보를 이용하여 시장질서를 교란 행위의 범위도 확대 및 강화되었습니다(자본시장법 제178조의2).

⑦ 외부평가기관의 평가

자본시장법에서는 투자자보호 등을 목적으로 합병, 주식의 포괄적 교환, 영업양수도 등의 경우에는 일정 요건에 해당하는 경우 외부평가기관의 평가를 받도록 하는 규정[284)]을 두고 있습니다. 다음의 표는 외부평가의무가 있는 경우와 외부평가 시 자본시장법상의 규정

284) 자본시장법 제165조의4, 지본시장법 시행령 제176조의5. 자본시장법에서 규정하고 있기 때문에 거래 주체 또는 대상이 상장회사인 경우가 주로 해당이 됩니다.

에 따른 평가를 하여야 하는 경우를 정리한 것입니다.

[표 59] 외부평가의무 및 본질가치적용 여부

구분	본질가치법[285] 적용	외부평가 의무
합병, 분할합병, 주식의 포괄적 교환 및 이전	○	○
분할	×	×
영업(자산)양수도	×	○

합병의 경우에는 합병비율 산정을 위한 외부평가의견서이지만, 상장법인은 시가가 있기 때문에 주권상장법인과 주권비상장법인 간의 합병시에 주권비상장법인 평가에 대한 외부평가의무가 있다는 의미로 볼 수 있습니다.[286]

주권상장법인간 합병의 경우에는 기준주가로 평가하기 때문에 원칙적으로 외부평가의무가 없습니다. 그러나, 합병가액이 기준주가와 10% 초과하여 차이가 나면 외부평가를 받아야 합니다.[287]

3) 독점규제 및 공정거래에 관한 법률(공정거래법)

독점규제 및 공정거래에 관한 법률(이하 "공정거래법")상 M&A와 관련해 고려되어야 하는 부분은 기업결합의 제한 및 신고의무 규정과 지주회사에 관한 규정이 있습니다. 추가적으로 상호출자제한기업집단, 공시대상기업집단 및 주식소유현황에 대한 신고, 상호출자 및 순환출자의 금지, 불공정거래나 부당거래 내용 등도 공정거래법에서 살펴보아야 할 내용입니다.

① 경쟁제한적 기업결합 제한

공정거래법 제12조는 일정규모 이상의 합병, 영업(영업용 고정자산) 양수, 주식취득・보유, 임원겸임 등 기업결합을 하는 경우 공정거래위원회에 기업결합신고를 의무적으로 하도록 규정하고 있습니다. 자산총액 또는 매출액이 3,000억원 이상인 회사가 자산총액 또는 매출액이 300억원 이상인 회사에 대하여 기업결합 등을 하는 경우에는 합병등기일 등 기업결

285) 본질가치법은 자본시장법상 규정된 평가방법으로 수익가치(0.6)와 자산가치(0.4)를 가중평균하여 가치를 산정합니다.

286) 유가증권 상장법인이 코넥스에 상장된 법인과 합병할 때, 또는 유가증권 상장법인이 완전자회사를 합병하면서 신주를 발행하지 않는 경우에는 외부평가의무가 없습니다.

287) 이외에도 합병가액을 본질가치로 산정할 때, 또는 합병 후 비상장법인이 되고자 하는 경우에는 외부평가의무가 있습니다.

합일로부터 30일 이내에 신고해야 합니다(사후신고). 자산 또는 매출액이 2조원 이상인 회사가 기업결합 당사회사에 포함된 경우에는 합병계약 등 기업결합을 위한 계약을 체결한 날로부터 30일 이내에 사전 신고를 해야 합니다. 사전신고의 경우에는 공정위 심사결과를 통지받기 전까지는 합병등기 등 기업결합을 하여서는 안됩니다.

공정거래법 제7조와 공정거래위원회가 만든 '기업결합심사기준'에 의하면, 다른 회사의 주식 취득 등을 통한 기업결합을 함으로써 일정한 거래분야에서 경쟁을 실질적으로 제한하는 행위를 금지한다고 정하고 있습니다. 즉, 이러한 기업결합신고를 통해 공정한 경쟁을 제한할 수 있는 기업결합이라고 판단되는 경우에는 공정위는 그 결합을 허용하지 않을 수 있습니다.

공정한 경쟁을 제한하는지를 판단함에 있어서, 공정위는 합병 또는 영업양수의 경우에는 당해 행위 자체만으로 시장을 지배할 수 있는 지배관계가 형성되었다면 그 기업결합을 허용하지 않습니다. 주식취득의 경우에는 취득회사의 주식소유비율이 50% 이상인 경우, 주식소유비율이 50% 미만이더라도 각 주주의 주식소유비율, 주식분산도, 임원겸임, 거래, 자금, 제휴 관계 등을 고려해 경영전반에 실질적인 영향력을 행사할 수 있는 경우에 결합을 제한합니다. 한편, 일정 분야에서는 거래대상이나, 거래지역 등을 구분해 경쟁관계 성립 여부를 판단합니다.

[표 60] 기업결합신고 관련 규정

구분	설명	공정거래법 조항	조문의 주요 내용
경쟁 제한적 합병 금지	경쟁을 실질적으로 제한하는 효과를 가져오는 기업 간의 합병 금지	제7조 제1항 제3호	누구든지 직접 또는 특수관계인을 통하여 [합병 등]에 해당하는 행위로서 일정한 거래분야에서 경쟁을 실질적으로 제한하는 행위를 하여서는 아니된다.
사전신고	대규모기업집단(자산 또는 매출액 2조 이상)의 합병 시 합병계약일부터 결합완료 이전까지 신고	제12조 제1항	기업결합의 당사회사 중 1 이상의 회사가 대규모회사인 경우에는 합병계약을 체결한 날 등부터 기업결합일 전까지의 기간 내에 이를 신고하여야 한다.
사후신고	자산 또는 매출액 3천억 이상 회사의 합병일 경우, 합병등기일부터 30일 내에 신고		기업결합의 신고는 당해 기업결합일부터 30일 이내에 이를 하여야 한다.

참고로 공정거래법 제7조 제4항에서 규정하고 있는 실질적 경쟁제한으로 보는 경우는 다음과 같습니다.

> 1. 기업결합의 당사회사의 시장점유율(계열사 점유율 합계)의 합계 요건
>   가. 시장점유율의 합계가 시장지배적사업자의 추정요건에 해당할 것(단독으로 50% 이상, 3사 이하가 75% 이상. 단 10% 미만은 제외)
>   나. 시장점유율의 합계가 당해 거래분야에서 제1위일 것
>   다. 시장점유율의 합계와 시장점유율이 제2위인 회사의 시장점유율과의 차이가 그 시장점유율의 합계의 100분의 25 이상일 것
> 2. 대규모회사가 직접 또는 특수관계인을 통하여 행한 기업결합이 다음의 요건을 갖춘 경우
>   가. 「중소기업기본법」에 의한 중소기업의 시장점유율이 3분의 2 이상인 거래분야에서의 기업결합일 것
>   나. 당해 기업결합으로 100분의 5 이상의 시장점유율을 가지게 될 것

[표 61] 기업결합에 대한 이해

구분	설명
기업결합이란?	개별기업의 경제적 독립성이 소멸됨으로써 사업활동에 관한 의사결정권이 통합되는 기업간의 자본적 · 인적 · 조직적 결합을 말함
기업결합의 유형 (공정거래법 제7조 1항에서 기업결합으로 정의하고 있는 유형)	1. 주식취득: 다른 회사의 주식의 취득 또는 소유 2. 임원 겸임: 임원 또는 종업원에 의한 다른 회사의 임원지위의 겸임 3. 합병: 다른 회사와의 합병 4. 영업양수: 다른 회사의 영업의 전부 또는 주요부분의 양수 · 임차 또는 경영의 수임이나 다른 회사의 영업용고정자산의 전부 또는 주요부분의 양수 5. 회사 설립 참여: 새로운 회사설립에의 참여. 다만, 특수관계인외의 자는 참여하지 않거나, 「상법」 제530조의2의 규정에 의하여 분할에 의한 회사설립에 참여하는 경우는 제외
기업결합 신고대상	경쟁을 제한하는 기업결합이 모두 신고대상이 될 수 있으나, 기업부담을 줄이고 행정효율을 높이는 일정규모 이상의 기업결합에 대해 공정거래위원회가 신고를 받아 진행 - 일정규모[288]: 자산 또는 매출 3,000억원 이상인 회사가 자산 또는 매출 300억원 이상인 회사에 대해 기업결합을 하거나 혹은 반대의 경우

288) 기업결합 전후로 계열회사 지위를 유지하는 회사의 자산 또는 매출액을 합산하여 산정

구분	설명
기업결합 신고기한	기업결합일로부터 30일이내에 신고. 단, 자산 또는 매출 2조원 이상인 기업집단의 회사가 기업결합 당사회사에 포함된 경우에는 계약체결일로부터 30일 이내에 사전 신고
기업집단 제외	〈독립경영으로 인한 제외〉 • 출자사간의 계약・합의 등에 의하여 동일인측이 사실상 경영을 하지 않고 있다고 인정되는 회사 • 다음의 요건을 갖춘 독립경영회사 - 지분율 요건(비상장): 동일인측이 친족측 주식 10% 미만 보유, 친족측이 동일인측 주식 15% 미만 보유 - 지분율 요건(상장): 동일인측이 친족측 주식 3% 미만 보유, 친족측이 동일인측 주식 3% 미만 보유 - 임원겸임이 없을 것 - 채무보증, 자금대차가 없을 것 〈법정제외요건 충족회사〉 • 파산, 회생, SOC법인, 기업구조조정투자회사법에 따른 약정 체결 기업 등(공정거래법 시행령 제3조의2)

② 지주회사 관련 규정

지주회사는 주식 등의 소유를 통하여 국내회사의 사업내용을 지배하는 것을 주된 사업으로 하는 회사로서 공정거래법상으로는 대차대조표상 자산총액 5천억원 이상이면서 자산총액 중 자회사 비중이 50% 이상을 지주회사로 정의하고 있습니다.[289)]

지주회사는 이렇듯 자회사의 발행주식을 일정비율 이상 가지고 있어야 합니다. 자회사가 상장회사인 경우에는 20%, 비상장회사인 경우에는 40% 이상을 소유해야 합니다. 지주회사의 부채비율은 200% 이하를 유지하여야 합니다.

상호출자제한기업집단이 지주회사를 설립하려면 지주회사와 자회사・다른 국내계열회사의 채무보증을 해소해야 합니다. 또한 자회사 상호간, 자회사와 다른 국내 계열회사 간 맺은 채무보증도 해결해야 합니다. 상호출자제한기업집단이란 공정위가 법인 상호간에 출자를 할 수 없도록 지정한 기업 집단으로 기업 집단에 소속된 국내 회사들의 자산 총액 합

289) 공정거래법 제18조. 단, PEF 등에 대해서는 지주회사 적용을 10년간 유예해 주고 있습니다[자본시장법 제249조의19(지주회사 규제의 특례) ① 「독점규제 및 공정거래에 관한 법률」에 따른 지주회사에 관한 규정은 경영참여형 사모집합투자기구 또는 투자목적회사가 제249조의12 제1항 제1호 또는 제2호의 요건을 충족하는 경우 그 요건을 충족한 날부터 10년이 되는 날까지는 적용하지 아니한다].

계액이 10조원을 넘는 기업 집단을 말합니다.

③ 상호출자 및 순환출자의 금지

상호출자제한기업집단이란 공정위가 법인 상호간에 출자를 할 수 없도록 지정한 기업 집단으로 기업 집단에 소속된 국내 회사들의 자산 총액 합계액이 10조원을 넘는 기업 집단을 말합니다. 상호출자제한기업집단은 법인 상호간 출자가 금지될 뿐만 아니라, 채무보증도 금지되고, 지주회사 설립도 제한됩니다. 뿐만 아니라, 신규 순환출자도 원칙적으로 금지됩니다. 다만, 합병・분할, 주식의 포괄적 교환(이전), 영업전부의 양수 등을 통해 진행된 사업구조개편, 정당한 권리행사, 기업구조조정 등의 과정에서 형성된 새로운 순환출자는 예외적으로 허용되나 취득 사유에 따라 6개월~3년 이내에 해소하여야 합니다.[290)]

이러한 규제를 위반한 경우 공정거래위원회는 시정조치나 과징금을 부과할 수 있습니다.

④ 공시대상기업집단

상호출자제한기업집단(자산총액 10조원 이상)이 아니더라도 자산총액 5조원 이상의 기업집단은 공시대상기업집단으로 지정됩니다. 공시대상기업집단으로 지정되면, 공시・신고의무 및 사익편취 규제 등과 같은 경제력 집중 억제책의 적용을 받게 됩니다. 그러므로 지분 및 사업의 양수도 시에 필요한 공시 및 신고의무를 반드시 확인할 필요가 있습니다.

또한, 상호출자 제한기업집단이나 공시대상 기업집단에 편입되는 회사는 중소기업법상 중소기업의 대상에서 제외되므로 M&A시 이에 해당되는 법인은 중소기업법 상 중소기업에서 제외됨에 따른 효과도 살펴볼 필요가 있습니다.

4) 기업 활력 제고를 위한 특별법

기업 활력 제고를 위한 특별법(기활법, 일명 원샷법. 이하 "원샷법")은 기업이 자발적인 사업재편을 신속하게 추진할 수 있도록 관련 절차 및 규제 등을 개선하기 위한 법입니다. 중국, 베트남 등 신흥국의 추격, 중소기업들의 과다경쟁 등으로 경제 성장세가 둔화되자 이를 해결하고자 2016년 제정되었습니다.[291)]

원샷법의 적용대상은 과잉공급을 해소하기 위해 사업재편과 신사업이나 신기술을 도입하려고 하는 국내기업입니다. 사업재편계획을 추진하거나 신기술을 도입하려는 기업이 원샷법에 따른 지원을 받으려면 이 법에서 정한 절차를 지켜야 합니다. 우선, 사업재편의 필

290) 공정거래법 제9조의2
291) 기업활력 제고를 위한 특별법은 한시법으로서 2021년 10월 현재 유효한 법률 기준으로 2024년 8월 12일까지 효력을 갖게 됩니다(부칙 제2조).

요성, 사업재편의 추진 내용, 공급과잉상황에 대한 입증자료나 신사업임을 입증하는 자료, 사업재편에 필요한 자금의 규모와 조달방법, 사업재편에 따른 고용 관련계획 등에 관한 사항을 포함한 사업재편계획을 주무부처의 장에게 제출해야 합니다. 주무부처의 장은 사업재편계획이 접수되면 해당 사업재편계획을 검토하고 심의위원회에 심의를 요청합니다. 심의위원회에서 최종적으로 심의를 완료하게 됩니다.

원샷법은 과잉공급 업종 또는 신사업진출이나 신기술 도입시에 대해서만 적용되기 때문에 이에 대한 판단이 중요합니다. 사업재편관련 판단을 위한 기초조사에는 매출액영업이익률, 가동률등 과잉공급 판단기준을 위한 통계나, 신사업 판정 기준을 위한 통계 등이 고려됩니다. 주무부처의 장은 신규 고용 및 투자의 창출가능성, 해당 사업재편계획을 통한 산업구조 고도화 가능성, 해당 사업재편계획이 근로자의 이익을 부당하게 침해하는지 여부, 그 밖에 해당 사업재편계획이 국민경제에 미치는 기여도 등을 고려해 사업재편계획을 승인하게 됩니다. 이때, 사업재편계획이 사실상 경영권의 승계나 특수관계인의 지배구조 강화 등에 도움이 되는 것이라면 해당 사업재편계획을 승인하지 않을 수 있습니다.

원샷법이 적용 기업에게 주는 혜택은 크게 두 가지입니다. 첫째는 상법, 자본시장법, 공정거래법에 규정된 관련 절차와 규제를 완화한 것이고, 둘째는 세제 지원 등을 받을 수 있다는 것입니다.

상법에 따르면 간이합병을 할 경우 이를 이사회 승인으로 갈음하려면 합병 후 존속하는 회사는 합병으로 소멸하는 회사의 발행주식 총수의 90% 이상을 소유해야 합니다. 그러나 원샷법에 따르면 발행주식 총수의 80%로 완화됩니다.[292)]

소규모합병, 소규모주식교환 등의 경우에도 일반적인 경우에는 합병으로 발행하는 주식 총수의 10%를 초과하지 아니한때 주주총회 승인 없이 이사회 승인으로 할 수 있는데, 원샷법에 따르면 20%로 완화됩니다.[293)]

또한, 승인기업이 사업재편계획에 따라 「상법」에 따른 물적 분할을 하는 경우, 분할에 의하여 설립되는 회사의 총자산액이 승인기업 총자산액의 100분의 10에 미달하는 때에는 승인기업 주주총회의 승인은 이를 이사회의 승인으로 갈음할 수 있습니다.[294)]

또한 주주총회 소집을 위한 절차 기간, 관련 서류의 비치 공시 기간, 주주명부 폐쇄 기준일 공고 기간 등이 단축될 수 있고, 채권자보호절차 기간, 주식매수청구기간 등도 단축될

292) 기업활력제고를 위한 특별법 제17조
293) 기업활력제고를 위한 특별법 제16조
294) 기업활력제고를 위한 특별법 제15조

수 있습니다.[295)]

[표 62] 상법규정에 대한 기간단축 및 연장 특례의 예

구분	상법	기업활력제고를 위한 특별법 특례
채권자이의제출기간	30일	10일
주총 소집통지 기간	2주	7일
주식병합 공고기간	1월	10일
반대주주 주식매수청구 가능 기간	20일	10일
반대주주 주식매수 기간	1개월(비상장 2개월)	3개월(비상장 6개월)

원샷법은 공정거래법상 지주회사, 자회사, 상호출자제한기업집단, 채무보증제한기업집단에 대한 규제 적용을 3년 동안 유예해 주고 있습니다.

[표 63] 공정거래법 규정에 대한 기간연장 특례의 예

구분	공정거래법	기업활력제고를 위한 특별법 특례
상호·순환출자가 가능한 유예기간	6개월	1년
승인기업 간 채무보증이 가능한 유예기간	2년	3년
지주회사의 지분미달 자회사 보유 유예기간	1~2년	3년
자회사 간 공동출자로 하나의 손자회사를 지배할 수 있는 유예기간	1년	3년
손자회사가 증손회사 지분을 100% 보유하지 않아도 되는 유예기간	1년	3년
지주회사 전환시 부채비율 200% 한도 해소 유예기간	2년	3년

또한 원샷법에 의하면, 사업재편계획을 이행하는 경우 자산양도차익 분할익금산입, 채무인수·변제 금액 손금산입, 무상으로 받은 자산가액의 분할익금산입, 채무면제이익 분할익금산입, 주식 등 양도차익 과세이연 및 합병 후 중복자산 양도차익 분할익금산입 등의 과세특례를 받을 수 있습니다.

295) 기업활력제고를 위한 특별법 제19조~제20조

5) 벤처기업육성에 관한 특별조치법

벤처기업육성에 관한 특별조치법(이하 "벤처기업특별법")은 기존 기업의 벤처기업으로의 전환과 벤처기업의 창업을 촉진하여 우리 산업의 구조조정을 원활히 하고 경쟁력을 높이고자 만들어졌습니다.

이 법에서 말하는 '벤처기업'이란 중소기업법에 의한 중소기업외에도, 중소기업창업지원법에 의한 중소기업투자회사와 투자조합, 여신전문금융업법에 의한 신기술사업금융업자와 투자조합 그리고 투자실적, 경력, 자격요건 등 일정기준을 충족하는 개인 등을 포함합니다.[296)]

벤처기업특별법에 따르면 창업, 세제, 금융 등 다양한 혜택을 받을 수 있습니다. 연구원이나 교육공무원등도 벤처기업을 창업하거나 임원으로 근무하기 위한 휴직(5년 이내)이 가능합니다. 창업벤처중소기업은 벤처기업으로 확인받은 이후 최초로 소득이 발행한 과세연도와 그 다음 과세연도로부터 4년간 50% 세액을 감면받을 수 있습니다.[297)] 창업벤처중소기업이 벤처기업확인일로부터 4년 이내에 취득하는 사업용부동산에 대한 취득세는 75% 감면받습니다. 벤처기업이 코스닥 시장에 상장할 때는 경영성과 및 시장평가 기준 등에 있어 우대를 받습니다. 벤처기업이 특허권 및 실용신안권 등록출원시 우선 심사대상이 됩니다. 벤처기업의 경우 전략적 제휴 및 신주발행을 통한 주식교환이 가능합니다. 벤처기업의 다양한 세제혜택은 "Ⅲ. M&A 회계와 세무"에서 자세하게 다루고 있습니다.

또한 벤처기업은 다양한 절차적인 특례혜택을 받을 수 있습니다. 소규모 영업양수도 제도, 합병 시 주식매수청구권 행사절차 간소화 제도, 전략적 제휴 목적의 주식교환 시 특례제도 등이 그 예입니다. 해당 특례의 자세한 사항은 "부록"의 각 "실무가이드"편을 참조하시기 바랍니다.

6) 분할 및 분할합병 시 연대책임

분할 또는 분할합병으로 인하여 신설되는 회사와 존속하는 회사는 분할로 인하여 설립되는 회사(분할합병의 경우 분할합병에 따른 출자 재산을 받은 회사)가 분할 결의시 그 출자재산에 관한 채무만 부담하도록 정하지 않는 한(연대채무의 단절), 분할 또는 분할합병 전의 회사 채무에 관하여 연대하여 변제할 책임이 있습니다.[298)] 분할의 경우 연대책임을 부담

296) 벤처기업육성에 관한 특별조치법 제2조의2
297) 수도권과밀억제권역 외의 지역에서 창업한 청년창업중소기업은 5년간 100%의 세액 감면을, 수도권과밀억제권역에서 창업한 청년창업중소기업 및 수도권과밀억제권역 외의 지역에서 창업한 창업중소기업은 5년간 50%의 세액 감면을 받을 수 있습니다(조세특례제한법 제6조).
298) 상법 제530조의9

하게 되면 채권자보호절차가 필요하지 않으나, 연대채무를 부담하지 않기로 한다면 채권자 보호절차를 진행하여야 합니다. 그러나 분할합병의 경우에는 합병절차가 동시에 진행되기 때문에 반드시 채권자보호절차가 필요합니다.

세법[299]에도 연대납세의무가 있는데, 법인이 분할되거나 분할합병된 후 분할되는 법인이 존속하는 경우 분할법인, 분할 또는 분할합병으로 설립되는 법인이나 분할합병으로 다른 법인과 합병하는 경우 그 다른 법인인 분할합병의 상대방 법인은 분할등기일 이전에 분할법인에 부과되거나 납세의무가 성립한 국세 및 강제징수비에 대하여 분할로 승계된 재산가액을 한도로 연대하여 납부할 의무가 있습니다. 세법상 연대납세의무는 주주총회 결의시 연대채무의 단절과 무관하게 부담하게 되는 의무입니다.

7) 소수주주권 및 단독주주권

소수주주권은 일정 비율 이상의 지분을 보유하고 있는 주주 또는 다수의 소수주주들이 모여 행사할 수 있는 권리로서, 기업 경영시 경영권을 보유한 지배주주가 기업 전체가 아닌 일부의 이익을 위한 경영 의사결정을 하여 소수 주주들의 이익을 침해하는 경우 이를 방어하기 위한 주주의 권리입니다. 소수주주권은 단독주주권보다는 권리남용을 방지하기 위해 권리행사요건이 강화되어 있는 특징이 있습니다. 현재 소수주주권에 대한 규정은 상법에서 정하고 있으며, 현행 상법상 소수주주권 관련 규정은 상장회사에 대한 특례규정과 일반규정으로 나뉘어집니다. 상장회사에 대한 특례규정은 일정 비율의 주식을 일정 기간 동안 보유하고 있을 것을 권리행사 조건으로 요구하고 있고, 일반규정은 특례규정이 정한 비율보다 높은 지분율이 필요하지만 보유 기간 조건을 요구하지 않습니다. 상장회사는 소유구조가 분산된 특징이 있기 때문에 소수주주권 행사의 용이성을 고려하여 그 행사의 지분율 요건을 완하시켰지만 6개월이라는 보유 기간을 요구하여 권리남용을 방지하고자 하였습니다.

단독주주권은 개인주주의 지위를 강화하기 위한 것으로 주주가 소유한 주식수와 상관없이 주주라면 누구나 행사할 수 있는 권리입니다. 단독주주권에는 의결권, 주주총회결의의 취소·무효 및 부존재확인의 소제기권, 회사설립 무효의 소제기권, 정관 등의 서류열람 등사청구권, 재무제표 등의 서류열람, 등·초본 교부청구권 및 신주발행유지청구권 등이 있습니다.

299) 국세기본법 제25조

[표 64] 상법상 단독주주권 및 소수주주권

구분	주주권	상법 규정
단독주주권	총회결의 취소의 소	제376조
	총회결의 무효 부존재 확인의 소	제380조
	설립무효의 소, 합병무효의 소, 분할무효의 소, 주식교환무효의 소, 주식이전무효의 소, 신주발행무효의 소, 감자무효의 소	제429조, 제445조 등
	신주발행유지청구권	제424조
	재무제표/주주총회의사록/의사회의록/주주명부 열람청구권 등	제396조, 제391조의3, 제448조

비상장요건	상장요건	주주권	상법 규정
소수주주권 (1%)	6개월 전부터 계속하여 상장회사 발행주식총수의 0.5%	다중대표소송권(모회사의 주주가 자회사의 이사책임 소송)	제406조의2, 제542조의6
	6개월 전부터 계속하여 상장회사 발행주식총수의 0.01%	대표소송권	제403조, 제542조의6
	6개월 전부터 계속하여 상장회사 발행주식총수의 0.05% 이상 (대기업은 0.025%)	이사의 위법행위에 대한 유지청구권	제402조, 제542조의6
	-	주주총회 적법절차 검사를 위한 검사인의 선임청구권	제367조
소수주주권 (3%)	의결지분 3% 이상(자산총액 2조원 이상은 1%), 주주총회일(정기주주총회의 경우에는 직전 연도의 정기주주총회일에 해당하는 그 해의 해당일)의 6주 전까지 서면 또는 전자문서로 회사에 청구	집중투표청구권	제382조의2, 제542조의7

비상장요건	상장요건	주주권	상법 규정
소수주주권 (3%)	6개월 전부터 계속하여 상장회사 발행주식총수의 1.5% 이상 보유	회사의 업무와 재산상태검사를 위한 검사인 선임청구권	제467조, 제542조의6
		주주총회소집청구권	제366조, 제542조의6
	6개월 전부터 계속하여 상장회사의 의결권 없는 주식을 제외한 발행주식총수의 1% 이상 보유(대기업은 0.5%)	주주제안권	제363조의2, 제542조의6
	6개월 전부터 계속하여 상장회사 발행주식총수의 0.5% 이상 보유(대기업은 0.25%)	이사/감사/청산인의 해임청구권	제385조, 제542조의6
	6개월 전부터 계속하여 상장회사 발행주식총수의 0.1% 이상 보유(대기업은 0.05%)	회계장부 열람청구권	제466조, 제542조의6
소수주주권(10%)		해산판결청구권	제520조

8) 개인정보법

최근 데이터를 활용한 사업의 중요성이 커져 가면서 기업이 보유한 고객 개인정보도 중요한 자산으로 인식되고 있습니다. M&A를 할 때에도 이러한 개인정보가 이전되는 경우가 있는데, 이러한 개인정보를 이전하려고 하는 양도자, 즉, 개인정보처리자는 영업의 전부 또는 일부의 양도·합병 등으로 개인정보를 다른 사람에게 이전하는 경우에는 미리 법규상 정하는 방법에 따라 해당 정보주체에게 알려야 합니다.

정보주체에게 알려야 하는 사항(개인정보보호법 제27조)

1. 개인정보를 이전하려는 사실
2. 개인정보를 이전받는 자("영업양수자등")의 성명(법인의 경우에는 법인의 명칭), 주소, 전화번호 및 그 밖의 연락처
3. 정보주체가 개인정보의 이전을 원하지 아니하는 경우 조치할 수 있는 방법 및 절차

정보주체에게 알리는 방법(개인정보보호법 제27조, 시행령 제29조)

1. 서면 등의 방법
2. 영업양도자가 과실 없이 서면등의 방법으로 정보주체에게 알릴 수 없는 경우에는 해당 사항을 인터넷 홈페이지에 30일 이상 게재
3. 다만, 인터넷 홈페이지에 게재할 수 없는 정당한 사유가 있는 경우에는 (가) 영업양도자등의 사업장등의 보기 쉬운 장소에 30일 이상 게시하는 방법, (나) 영업양도자등의 사업장등이 있는 시·도 이상의 지역을 주된 보급지역으로 하는 일반일간신문·일반주간신문 또는 인터넷신문에 싣는 방법

영업양수자 등은 개인정보를 이전받았을 때에는 지체 없이 그 사실을 대통령령으로 정하는 방법에 따라 정보주체에게 알려야 합니다. 다만, 개인정보처리자(영업양도자)가 그 이전 사실을 이미 알린 경우에는 추가적으로 정보주체에게 알릴 의무는 없습니다.

영업양수자 등은 영업의 양도·합병 등으로 개인정보를 이전받은 경우에는 이전 당시의 본래 목적으로만 개인정보를 이용하거나 제3자에게 제공할 수 있습니다.

또한, 영업 양도·분할·합병 등을 통해 권리·의무의 전부 또는 일부를 이전하면서 그와 관련된 개인신용정보를 양수자에게 제공하는 경우에는 신용정보의 이용 및 보호에 관한 법률 제32조 6항 3호에 따라 신용정보주체로부터 미리 개별적으로 동의를 받아야 합니다.

2 이사회 구성

M&A에서 경영진 구성 시에는 인수의 전략적 측면을 고려하여야 합니다. 시너지 창출의 궁극적인 목적 달성을 위해 필요한 핵심업무를 정의하고, 이를 통해 적합한 인력을 구성할 필요가 있습니다. 이러한 인력은 인수법인과 피인수법인을 대상으로 모두 검토하여야 하나, 일반적으로 재무적 지배력의 경우는 인수법인에서 확보하고자 인수법인의 인력으로 구성되는 경우가 많습니다.

경영진을 구성할 때에는 이사회의 구성도 중요한 부분입니다. 이사회를 구성할 때에는 상법에서 정하고 있는 규정을 참고하여야 할 것입니다.

[표 65] 상법에 따른 이사회 구성 가이드라인

구분	비상장	상장회사		관련 규정
		자산 2조 미만	자산 2조 이상	
이사	3인 이상(소규모회사는 1인 가능)[300]	3인 이상 (사외이사 포함)	3인 이상 (사외이사 포함)	상법 제383조 ①
사외이사	-	이사 총수의 1/4 이상	3인 이상 & 이사 총수의 과반수	상법 제542조의8 ①, 동법 시행령 제34조 ②
감사	1인 이상(소규모회사는 미선임 가능)[301]	1인 이상 (자산총액 1,000억원 이상 상장사: 상근감사)	감사위원회 설치	상법 제409조, 제542조의10 ①, 동법 시행령 제36조 ① 상법 제542조의11 ①, 동법 시행령 제37조 ①
감사위원회	감사에 갈음하여 설치 가능(설치시에는 3인 이상의 이사로 구성, 사외이사가 2/3 이상)	설치의무 없으나, 감사에 갈음하여 설치 가능	3인 이상의 이사로 구성, 사외이사가 2/3 이상	상법 제415조의2, 제542조의11 ①, 동법 시행령 제37조 ① 상법 제415조의2 ②

이사와 감사는 여러 회사를 겸직하는 경우도 있는데, 겸직 시에는 몇 가지 제약사항을 고려하여야 합니다.[302]

이사는 다른 회사의 이사가 되기 위해서는 이사회의 승인이 필요합니다.

해당 회사 및 계열사의 상무이사, 감사, 피용자는 사외이사 겸직이 금지됩니다.

해당 회사 이외의 2개 이상의 상장회사 이사를 겸직할 수 없습니다.

해당회사의 이사는 상근감사를 겸직할 수 없으며, 계열사 이사는 상근감사 겸직을 할 수 없습니다.

300) 자본금 총액이 10억원 미만인 회사는 1명 또는 2명으로 할 수 있습니다(상법 제383조). 이사의 임기는 3년을 초과하지 못합니다. 단, 임기는 정관으로 그 임기 중의 최종의 결산기에 관한 정기주주총회의 종결에 이르기까지 연장할 수 있습니다.

301) 자본금의 총액이 10억원 미만인 회사의 경우에는 감사를 선임하지 아니할 수 있습니다. 또한 의결권없는 주식을 제외한 발행주식의 총수의 100분의 3을 초과하는 수의 주식을 가진 주주는 그 초과하는 주식에 관하여 제1항의 감사의 선임에 있어서는 의결권을 행사하지 못합니다(상법 제409조).

302) 상법 제397조, 제382조, 제542조의10, 제411조

3 주주총회

주주총회는 회사의 소유자들로 구성된 기관이라는 점에서 회사의 최고기관이라고 볼 수 있습니다. 상법은 주주의 손익에 중요한 영향을 미칠수 있는 사항들을 주주총회에서 의사결정하도록 정하고 있습니다. 그러나, 법률에서 정한 사항 이외에도 회사 정관으로 주주총회에서 결정해야 하는 사항을 추가할 수 있습니다. 정기총회는 매 결산기에 1회, 일정한 시기에 소집하여야 하고, 임시주주총회는 필요한 경우 수시로 소집할 수 있습니다.

주주총회의 결의 방법은 보통결의와 특별결의, 특수결의가 있습니다.

[표 66] 주주총회 결의방법[303)]

결의종류	결의방법	주요 사항
보통결의	출석한 주주 의결권의 과반수와 발행주식총수의 4분의 1 이상의 수로써 결의[304)]	일반적인 결의
특별결의	출석한 주주 의결권의 3분의 2 이상의 수와 발행주식총수의 3분의 1 이상의 수로써 결의	회사의 중요한 영향을 미치는 사항에 대한 결의(예: 정관변경, 합병, 분할, 유상감자, 중요한 영업양수도 등)
특수결의	총주주의 동의(의결권 없는 주식 포함)	회사에 대한 이사의 책임면제, 주식회사의 유한회사로 조직 변경 등

[표 67] 주주총회 특별결의 사항 예시

주주총회 특별결의 사항 예	상법 규정
주식의 분할	제329조의2
합병 및 분할·분할합병의 승인결의	제522조, 제530조의3
주식의 포괄적교환·이전의 승인	제360조의3, 제360조의16
중요한 영업양수도	제374조
주식매수선택권의 부여	제340조의2
이사의 해임	제385조
정관변경	제434조

303) 종류주주(우선주 등)에게 손해를 미치게 되는 경우에는 종류주주총회의 승인이 추가로 필요합니다.
304) 회사가 보유한 자기주식은 의결권이 없으며, 회사, 모회사 및 자회사 또는 자회사가 다른 회사의 발행주식의 총수의 10분의 1을 초과하는 주식을 가지고 있는 경우 그 다른 회사가 가지고 있는 회사 또는 모회사의 주식은 의결권이 없습니다(상법 제369조).

주주총회 특별결의 사항 예	상법 규정
자본금감소의 결의	제438조
전환사채 · 신주인수권부사채의 제3자 발행	제513조, 제516조의2
해산 및 계속의 결의	제518조

주주총회는 일반적으로 이사회에서 소집합니다. 소집결정이 이루어지면 의결권을 행사할 수 있는 주주를 확정하여야 합니다. 주주확정을 위해서는 기준일이 필요합니다. 그렇기 때문에 주주총회를 개최하기로 결정한 이사회는 주주총회 의결권 행사 가능 주주 확정을 위한 기준일을 정하여 공고해야 합니다. 주주명부 확정 기준일에 주주명부를 폐쇄하여 주주를 확정하고 주주에게 해당 내용의 통지문 발송을 준비합니다. 이 기간은 주주구성이 복잡하지 않은 비상장회사는 며칠내에 완료될 것이나, 주주구성이 복잡한 상장회사는 약10여일 정도 소요될 수 있습니다. 그리고 주주총회를 위한 소집공고 및 각 주주에게 통지하는 것은 주주총회 2주전에 이루어져야 합니다.

[표 68] 주주총회의 절차

주주총회 절차	일정	설명
주주총회소집	D-32	일반적으로 이사회 결의[305]
주주명부 폐쇄 및 기준일 공고	D-31	주주명부 확정 기준일 2주전
주주명부 확정 기준일	D-16	주주총회를 위한 주주 확정일
주주명부 폐쇄기간[306]	D-15~D-15	1일 가정[307]
주주총회 소집공고 및 통지	D-15	주주총회 2주전[308]
주주총회	D-day	주주총회 결의

305) 발행주식총수의 100분의 3 이상에 해당하는 주식을 가진 주주는 회의의 목적사항과 소집의 이유를 적은 서면 또는 전자문서를 이사회에 제출하여 임시총회의 소집을 청구할 수 있다(상법 제366조). 감사는 회의의 목적사항과 소집의 이유를 기재한 서면을 이사회에 제출하여 임시총회의 소집을 청구할 수 있다(상법 제412조의3).

306) 주주명부가 폐쇄되는 기간중에 다른 목적의 주주총회의 의결권을 행사할 주주를 확정하기 위해 또 다시 주주명부를 폐쇄하는 것은 법률적인 이슈가 있을 수 있습니다. 그러므로 주주명부를 폐쇄기간 중에 다른 목적으로 주주명부를 폐쇄할 경우가 발생한다면 기존 폐쇄기간이 종료된 후에 다시 주주명부를 폐쇄하는 절차를 진행하거나, 기존 주주명부 폐쇄기간에 맞춰 다른 목적의 주주총회 일정 계획을 수립하는 것이 필요합니다.

307) 주주확정 및 통지를 위한 준비에 소요되는 기간에 따라 확정기준일과 공고 및 통지 일정의 간격은 더 필요할 수 있습니다.

308) 자본금 총액이 10억원 미만인 회사가 주주총회를 소집하는 경우에는 주주총회일의 10일 전에 각 주주에게 서면으로 통지를 발송하거나 각 주주의 동의를 받아 전자문서로 통지를 발송할 수 있다(상법 제363조 제3

4 상호주 금지 등 지분 보유 및 의결권 제한

상법은 주식을 상호간에 보유하는 것에 대한 제한 규정을 두고 있습니다. 다른 회사의 발행주식의 총수의 100분의 50을 초과하는 주식을 가진 회사("母會社")의 주식 그 다른 회사("子會社")가 이를 취득할 수 없습니다. 단, 합병 등으로 불가피하게 취득하는 경우에는 6개월 이내에 모회사 지분을 처분하여야 합니다.[309)]

모자회사 관계가 아닌 경우에는 취득 자체는 유효하지만 의결권이 제한되는 경우가 있습니다. 즉 회사, 모회사 및 자회사 또는 자회사가 다른 회사의 발행주식 총수의 10분의 1을 초과하는 주식을 가지고 있는 경우 그 다른 회사가 가지고 있는 회사 또는 모회사의 주식은 의결권이 없습니다.[310)]

상장회사의 감사 또는 사외이사인 감사위원회 위원을 선임할 때에는 특수관계자와 합하여 3%를 초과하여 보유하는 지분은 의결권을 행사하지 못합니다.[311)]

이 외에도 지분보유 규모(지분율)에 따라 신고해야 하는 사항이나 의무사항이 달라질 수 있습니다. 이에 대한 자세한 사항은 "Ⅰ. Deal Structuring & Financing"의 "주식(지분)양수도" 부분의 "2) 지분인수 규모(지분율)에 따른 고려사항"을 참고하시기 바랍니다.

[표 69] 의결권 및 의결권 제한

구분	주요 내용 및 상법상 규정
기본원칙	의결권은 1주마다 1개로 한다(제369조).
자기주식 의결권 제한	회사가 가진 자기주식은 의결권이 없다(제369조).
지분 10% 초과 보유시 상호주 의결권 제한	다른 회사의 발행주식의 총수의 10분의 1을 초과하는 주식을 가지고 있는 경우 그 다른 회사가 가지고 있는 회사 또는 모회사의 주식은 의결권이 없다(제369조).
지분 50% 초과 보유시 상호주 보유 제한	다른 회사의 발행주식의 총수의 100분의 50을 초과하는 주식을 가진 회사("母會社")의 주식은 그 다른 회사(이하 "子會社"라 한다)가 이를 취득할 수 없다(제342조의2).

항). 자본금 총액이 10억원 미만인 회사는 주주 전원의 동의가 있을 경우에는 소집절차 없이 주주총회를 개최할 수 있고, 서면에 의한 결의로써 주주총회의 결의를 갈음할 수 있다. 결의의 목적사항에 대하여 주주 전원이 서면으로 동의를 한 때에는 서면에 의한 결의가 있는 것으로 본다(상법 제363조 제4항).

309) 상법 제342조의2

310) 상법 제369조

311) 상법 제542조의12. 이 경우 3%를 초과하여 의결권에 제한되는 주식은 비율을 산정할 때 발행주식 총수에서도 제외하여 계산하는 것으로 해석하고 있습니다(상법 제371조).

312) 정관에서 더 낮은 주식 보유비율을 정할 수 있으며, 정관에서 더 낮은 주식 보유비율을 정한 경우에는 그

구분	주요 내용 및 상법상 규정
감사 선임시 3% 초과 보유 주주 초과분 의결권 제한	의결권없는 주식을 제외한 발행주식의 총수의 100분의 3[312])을 초과하는 수의 주식을 가진 주주는 그 초과하는 주식에 관하여 제1항의 감사의 선임에 있어서는 의결권을 행사하지 못한다(제409조).
의결권 제한 주식 발행 한도	회사가 의결권이 없는 종류주식이나 의결권이 제한되는 종류주식을 발행하는 경우에는 정관에 의결권을 행사할 수 없는 사항과 의결권행사 또는 부활의 조건을 정한 경우에는 그 조건 등을 정하여야 한다. 이에 따른 종류주식의 총수는 발행주식 총수의 4분의 1을 초과하지 못한다(제344조의3).

5 노무관계

합병 등의 경우에 합병법인은 기존 회사의 권리, 의무를 포괄적으로 승계하게 됩니다.[313]) 따라서 근로관계 역시 원칙적으로 승계됩니다. 물론 거래유형에 따라 승계여부는 달라질 수 있습니다. 합병이나 분할, 영업양수도의 경우에는 원칙적으로 승계된다고 보고 있으나, 자산양수도는 특정 자산만을 거래하는 것이므로 근로관계가 승계되지 않을 수 있습니다. 또한 주식양수도나 주식의 포괄적교환과 같은 거래는 근로자의 법적 지위에 변화가 없다고 볼 수 있습니다.

구체적인 승계내역에 대해서는 근로관계, 취업규칙, 단체협약으로 나눠 살펴보겠습니다.

① 근로관계 승계

합병은 회사와 회사가 하나로 합쳐지는 것이므로 근로관계가 승계된다는 데 큰 이견은 없습니다. 그러나, 영업의 양수도와 관련하여 영업에 속한 근로자와의 근로관계도 승계되느냐가 법률적인 문제가 되기도 합니다. 판례는 영업이 포괄적으로 양도되면 양도인과 근로자 간에 체결된 근로계약도 양수인에게 승계되는 것으로 보고 있습니다.[314])

합병과 같이 피합병법인의 모든 근로관계가 승계된다면 근로자가 승계를 위한 동의 절차 없이 자연 승계되는 것으로 보고, 주식의 양도로 경영권이 이전하는 경우에는 기존 고용관

비율로 할 수 있습니다(상법 제409조). 또한 상장회사의 감사위원회위원 선임·해임 시 적용되던 3% 의결권 제한 규정은 사외이사가 아닌 감사위원회위원의 경우 최대주주는 특수관계인 등의 소유 주식을 합산하여 3%, 그 외의 주주는 3%를 초과하는 주식에 대하여 의결권이 제한되도록 하고, 사외이사인 감사위원회위원의 경우 모든 주주는 3%를 초과하는 주식에 대하여 의결권이 제한되도록 하고 있습니다(상법 제542조의12 제4항·제7항).

313) 상법 제235조

314) 대법원 1991.8.9. 선고 91다15225 판결 참조

계에 영향을 미치지 않아 근로자의 동의가 필요하지 않을 것이지만, 영업양수도의 경우에 근로자 승계를 위한 동의절차가 필요한지에 대한 이견이 있을 수 있습니다. 실무상으로 영업양수도의 경우에는 근로자의 승계거부권이 존재한다고 보고 사후적인 문제를 최소화하기 위해 근로자 동의를 받고 진행하는 사례들이 많이 있습니다.

계속근로기간은 퇴직금이나 연차휴가를 산정할 때 필요한 중요한 기준입니다. 이전 사업장부터 합병 후 신설 회사까지 줄곧 일한 근로자의 계속근로기간을 판단할 때는 이전 사업장에서의 근로기간도 합산됩니다.[315)]

법원은 퇴직금 산정 시 합병과 영업양도 과정에서 입사와 퇴직의 형식을 취하여 퇴직금까지 수령하였더라도 최종 퇴직금 산정기간은 전 회사에서 근무한 기간까지 포함시켜 지급하여야 한다고 판단하고 있습니다.[316)] 연차휴가와 관련한 판례도 마찬가지입니다. 계속근로연수에 따른 연차유급휴가 가산일수 산정에서 합병에 관계없이 피합병회사의 근속기간을 합산하여 계산하여야 한다는 것입니다.[317)]

② 취업규칙 승계

합병 등의 경우에는 흡수된 회사(피합병법인)에서 적용 받던 종전 취업규칙이 합병 등의 이후에도 그대로 유지되는 것이 원칙입니다. 따라서 취업규칙이 하나로 될 때까지는 하나의 회사에 두 개의 취업규칙이 적용되는 경우가 생길 수도 있습니다. 합병 등으로 하나의 회사에 두 개의 유효한 취업규칙이 있는 경우, 이에 따라 정년 등 근로조건이 근로자들 사이에서 달라지더라도 일반적으로 이를 차별로 보지 않습니다.

합병 등 이후 통합된 취업규칙이 이전의 기존 두 회사의 취업규칙에 비하여 근로자에게 불리한 경우에는 그 불리한 내용이 기존 두 회사 모두에게 해당하면, 두 회사 모두 전체 근로자 과반수의 동의를 각각 얻어야 합니다. 어느 한 회사의 근로자에게만 불리한 경우에는 해당 회사만 소속 근로자 과반수의 동의를 얻으면 됩니다. 만일 이때 과반수의 동의를 얻지 못한 경우에는 합병 전 취업규칙을 적용하여야 합니다.

③ 단체협약 승계(노동조합 존속)

합병 등에 따라 승계되는 것은 취업규칙 등 개별적 노사관계뿐만 아니라, 단체협약과 같은 집단적 노사관계도 포함됩니다.

---

315) 다만, 기업의 양도, 양수 또는 흡수 합병 시 직원이 본인의 뜻에 따라 사직서를 제출하고 새로이 입사한 경우에는 기존 근로관계가 단절됩니다.
316) 91다12806, 1991.11.12.
317) 93다1589, 1994.3.8.

각각 노조가 있었던 회사끼리 합병 등을 한 이후에도 각 노동조합이 명확히 구분되고 합병 등을 하기전 조직을 독립적으로 유지 · 운영하고 있다면 이를 위법하다고 할 수 없습니다. 그러나 합병등을 한 이후 기업 조직의 통합을 통해 노조의 대상이 중복되는 경우에는 노동조합 및 노동관계조정법의 입법취지에 따라 합병결의 및 통합대회 등을 거쳐 단일노동조합으로 설립 · 운영하는 것을 고려해 볼 수 있습니다.

6 채권자보호절차

회사가 상법상 정한 법적절차를 진행함에 따라 책임재산의 감소, 책임주체의 변경, 책임의 증가 등 채권자의 이해관계에 중요한 영향을 미치는 경우에는 채권자를 보호하기 위한 절차를 취해야 합니다. 이를 채권자보호절차 또는 채권자이의절차라고 합니다.

채권자보호절차가 필요한 것으로 상법이 정해 놓은 대표적인 경우는 합병, 자본의 감소, 연대채무를 부담하지 않은 회사분할, 분할합병, 청산 등이 있습니다.[318] 영업양수도와 자산양수도의 경우에는 중요한 양수도라고 하더라도 채권자보호절차가 필수적인 절차가 아닙니다.[319]

[표 70] 채권자보호절차가 필요한 경우

구분	필요한 경우	상법 규정
합병	일반합병, 간이합병, 소규모합병	제527조의5
분할	인적분할, 물적분할(분할전 채무에 대해 연대하여 책임을 질 경우 불필요)	제530조의9
분할합병	일반분할합병, 소규모분할합병, 간이분할합병	제530조의11
기타	청산, 자본감소(유무상 감자)	

*) 주식의 포괄적교환 및 이전, 중요한 영업양수도 및 자산양수도 등의 경우에는 채권자보호절차가 불필요합니다. 단, 중요한 영업양수도의 경우 이전되는 채무가 있다면 해당 채권자의 동의는 필요합니다.

318) 합병 등 채권자 보호절차가 필요하다고 규정한 사항을 진행함에 있어서 채권자보호절차를 거치지 않았거나 또는 거쳤더라도 이의제출을 한 채권자에 대하여 변제, 상당한 담보제공 또는 상당한 재산의 신탁을 하지 아니한 때에는 합병무효 등 당해 행위의 무효사유가 될 수 있다는 것이 판례 및 통설인 것으로 보입니다(서울중앙지방법원 2017.10.19. 선고 2016가합510827 판결; 정동윤 외, 앞의 책, 410면; 권기범, 현대회사법론, 172면 외).

319) 순자산 등 회사의 채권자에 대한 변제능력이 양수도로 인하여 변하지 않는다고 보아 채권자보호절차는 필수적 절차로 규정하고 있지 않습니다.

① 이의제출의 공고 및 통지

위와 같은 이해관계로 인해 채권자는 합병 등에 이의가 있음을 회사에 전달할 권리가 있습니다. 그러기 위해서는 회사 합병 등의 결의 내용을 알아야 하기 때문에 상법은 회사가 합병 등의 결의 후 2주 내에 채권자에 대해 합병에 이의가 있으면 1월 이상의 기간 내[320]에 이를 제출할 것을 공고하고, 회사가 알고 있는 채권자에 대해서는 각각 통지하여야 한다고 규정하고 있습니다.[321]

② 채권자의 범위

이의제출공고가 있기 전의 채권자는 물론이고 이의제출기간 중에 발생한 채권의 채권자도 이의를 제기할 수 있습니다. 그러나 공고기간이 지난 후에 발생한 채권의 채권자는 통상적으로 이의를 제기할 수 없다고 보고 있습니다. 또한 이의를 제출할 수 있는 채권자의 범위에 대해서는 상법은 명시적으로 규정하고 있지 아니하나, 일반적으로는 금융채권뿐만 아니라 상사채권도 포함되고, 금전채권뿐만 아니라 채무불이행으로 인해 손해배상청구권으로 변환될 수 있는 비금전채권도 포함된다고 해석하고 있습니다.

③ 이의를 제출한 경우

회사는 이의를 제출한 채권자에게 그 채무를 변제해야 합니다. 그렇지 않으면 상당한 담보를 제공하거나 신탁해야 합니다.[322]

합병, 자본감소 등의 경우에는 사채권자가 합병 등에 이의를 제기할 수 있고, 이 경우에는 사채권자집회의 결의가 필요합니다. 발행회사나 사채총액의 10분이 1 이상에 해당하는 사채권자가 사채권자집회를 청구할 수 있으며, 법원은 이해관계인의 청구에 의해 이의기간을 연장할 수 있습니다.[323]

④ 이의를 제출하지 않았을 경우

채권자가 정해진 기간 내에 이의를 제출하지 아니한 때에는 채권자가 합병 등을 승인한 것으로 봅니다.[324]

---

320) 청산이 경우에는 2개월(상법 제535조)
321) 상법 제232조 제1항, 제269조, 제287조의41, 제527조의5 제1항, 제603조
322) 상법 제232조 제3항, 제269조, 제287조의41, 제527조의5 제3항, 제603조
323) 상법 제530조 제2항, 제439조 제3항
324) 상법 제232조 제2항, 제269조, 제287조의41, 제527조의5 제3항, 제603조

7 주식매수청구권

주식회사는 주주총회에서 중요한 의사결정을 하게 됩니다. 주주총회의 의사결정은 주식수에 따라 결정되기 때문에 주식을 많이 보유하지 못한 주주입장에서는 안건에 반대하더라도 다수의 지분을 보유한 주주들의 의사결정에 따를 수밖에 없습니다. 이러한 경우에 결의에 반대하는 소수주주가 할 수 있는 권리 중의 하나가 주식매수청구권입니다. 상법과 자본시장법에서는 주식매수청구권을 행사할 수 있는 의사결정 사항에 대해 규정하고 있습니다.

[표 71] 의사결정 사안별 주식매수청구권 행사 가능 여부

구분		설명	규정
주식매수 청구권 행사 가능한 경우	합병, 분할합병	일반합병, 간이합병 분할합병, 간이분할합병	상법 제522조의3, 상법 제530조의11 제2항
	상장법인 인적분할	분할신설법인이 재상장되지 않고 비상장법인이 되는 경우	자본시장법 제165조의5 제1항, 시행령 제176조의7 제1항
	포괄적 주식교환 및 이전	포괄적주식교환, 간이주식교환, 포괄적주식이전	상법 제360조의5, 상법 제360조의22
	영업양수도	중요한 영업양수도(영업전부의 임대, 경영위임, 이에 준하는 계약 포함)	상법 제374조의2, 제374조
	자산양수도	영업의 폐지 또는 중단을 초래할 정도의 중요한 자산양수도	-
주식매수 청구권 행사 가능하지 않은 경우	• 소규모합병,[325)] 소규모주식교환 • 일반적인 분할 • 중요하지 않은 영업 양수도 • 자산양수도 • 유상감자		

① 주식매수청구권의 기본 요건 및 주요 내용

주식매수청구권은 해당 의사결정을 위한 기준일의 주주로서, 주주총회 전까지 서면으로

325) 상법 제527조의3(소규모합병) ① 합병 후 존속하는 회사가 합병으로 인하여 발행하는 신주 및 이전하는 자기주식의 총수가 그 회사의 발행주식총수의 100분의 10을 초과하지 아니하는 경우에는 그 존속하는 회사의 주주총회의 승인은 이를 이사회의 승인으로 갈음할 수 있다. 다만, 합병으로 인하여 소멸하는 회사의 주주에게 제공할 금전이나 그 밖의 재산을 정한 경우에 그 금액 및 그 밖의 재산의 가액이 존속하는 회사의 최종 대차대조표상으로 현존하는 순자산액의 100분의 5를 초과하는 경우에는 그러하지 아니하다.

반대의사를 통지하고, 주주총회에 해당 안건이 통과되면 주주총회일로부터 20일 이내에 매수청구를 하고, 매수청구가 종료되면 회사와 주주간에 협의된 가격으로 상장법인은 1개월 이내에, 비상장법인은 2개월 이내에 주식의 매수가 이루어져야 합니다. 하지만 상장법인의 경우 실무상으로는 구주권제출 만료 전일까지 결제가 이루어지고 있습니다.

[표 72] 주식매수청구권 주요 내용 Summary

구분	내용
기본요건	• 의결권이 있는 주주뿐만 아니라 의결권이 없거나 제한된 주주도 주식매수청구권을 행사할 수 있음[326] • 주주명부확정 기준일 현재 **주주명부에 등재**되어 있어야 하고, 주식매수청구권 행사일까지 **주식을 계속 보유**하고 있어야 함 • 소유주식 중 일부에 대하여도 인정되며, 반대의사통지 주주도 주총에서 찬성할 수 있으나, 반대의사 철회로 간주하여, 주식매수청구권은 행사할 수 없음 • 서면으로 반대의사 통지로 충분하며, 주주총회에 참석하여 반대의사가 필수요건은 아님
반대의사통지	• **주주총회 전까지 서면으로** 반대의사통지[327] • 주주명부에 기재된 주주는 당해 통지서를 회사로 발송하고 실질주주(증권회사 위탁주주)는 거래증권회사로 발송
주식매수청구	• **주총일로부터 20일 내**에 주식의 종류와 수를 기재한 서면으로 매수청구[328] • 주주명부에 기재된 주주는 서면으로 회사에 청구하고 실질주주는 거래증권회사로 발송 • 주주명부에 기재된 주주는 주권을 제출
주식의 매수	• 상장법인은 주식매수청구기간 종료일부터 **1월내에 주식매수**[329] • 비상장법인은 주식매수청구기간 종료일부터 **2월내에 주식매수**
매수주식처분	• 상장법인은 매수일로부터 5년 내 처분 • 비상장법인은 처분 규정이 별도로 있지 않음

326) 상법 제374조의2, 제360조의5, 제522조의3

327) 이사회 결의로 주주총회를 갈음하는 간이합병의 경우에는 공고 또는 통지일로부터 2주 이내에 서면으로 반대의사를 통지하여야 합니다.

328) 이사회결의로 주주총회를 갈음하는 간이합병은 반대의사 통지기간 경과일로부터 20일 이내에 주식의 종류와 수를 기재한 서면으로 매수청구를 합니다.

329) 주식매수청구대금 결제는 상장법인은 1개월, 비상장법인은 2개월 이내에 이루어져야 하지만, 실무상 구주권제출 만료 전일까지 결제가 이루어지고 있습니다.

<table>
<tr><th>구분</th><th colspan="2">내용</th></tr>
<tr><td rowspan="2">주식 매수가격 결정[330]</td><td>비상장법인</td><td>• 원칙적으로는 회사와 주주간의 <u>협의</u>에 의하여 결정(협의가격은 일반적으로 합병가액을 적용)
• 매수청구종료일로부터 30일 이내에 협의가 되지 않을 경우에는 법원에 매수가액 결정을 청구할 수 있음[331]</td></tr>
<tr><td>상장법인</td><td>• 원칙적으로 회사와 주주간의 <u>협의</u>에 의하여 결정(협의가격으로 회사는 통상 기준매수가격을 적용)
• 기준매수가격은 이사회 결의일의 전일을 기산일로 한 다음의 산식에 따라 산정
• 기준매수가격=(2개월간 거래량 가중평균종가+1개월간 거래량 가중평균종가+1주일간 거래량 가중평균종가)/3
• 기준매수가격에 반대하는 당사자는 법원에 매수가격 결정을 청구할 수 있음</td></tr>
<tr><td>양도세</td><td colspan="2">• 주식매수청구권 행사로 인한 주식 양도는 장외거래로 간주되어 양도소득세[332]와 증권거래세를 부담해야 함</td></tr>
</table>

② 주식매수청구권 행사 주요 절차

합병 등 중요한 의사결정 사항에 대해 주주총회를 하기 위해서는 주주를 확정하고 확정된 주주에게 주주총회 일정과 안건 등을 공고하고 개별적으로 통지하게 됩니다. 이 안건에 반대하는 주주는 주주총회 전일까지 서면으로 반대의사를 통지하여야 합니다. 그리고 주주총회에서 해당 안건이 통과되면 주주총회일로부터 20일 이내에 주식매수청구를 하여야 합니다. 이러한 절차를 합병을 예로 들어 다음의 그림으로 정리해 보았습니다.[333]

[그림 36] 주식매수청구권 주요 절차 흐름도

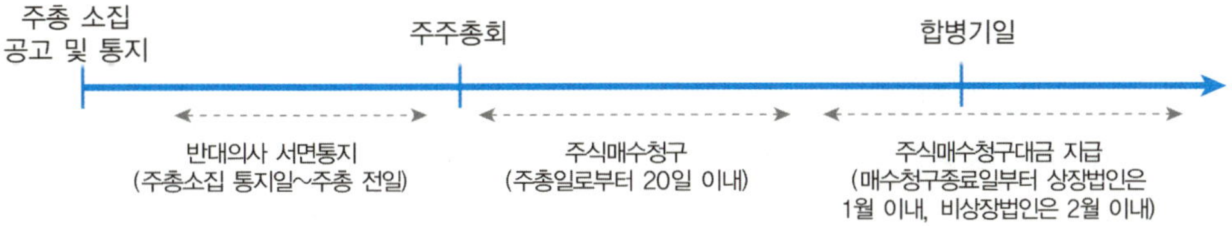

330) 상법 제374조의2, 자본시장법 제165조의5, 자본시장법 시행령 제176조의7

331) 법원은 회사의 상황을 고려하여 자산가치, 수익가치, 상대가치, 상속세및증여세법상 보충적 평가방법 등 다양한 방법을 종합적으로 고려하여 공정한 가액을 산정하도록 하고 있습니다.

332) 법인주주의 경우 11%~27.5%(사업연도 소득규모에 따른 구분), 개인주주의 경우 11%~33%(대주주, 보유기간, 중소기업여부, 양도소득 규모에 따른 구분)

333) 위의 절차 흐름도에서 볼 수 있는 바와 같이 합병의 절차는 주식매수청구대금 지급 절차와는 무관하게 진행됩니다. 단, 청구대금의 지급이 늦어지면 지연이자를 지급하여야 합니다.

NOTE 17

❑ 주식매수청구액의 한도 설정이란?

주식매수청구결과가 상황에 따라서는 합병 등의 당사 법인에게 부담이 될 수 있습니다. 이는 많은 주주가 합병등에 반대한다는 의미이기도 하며, 주식을 매수하기 위해 일시적으로 자금 부담이 생기기 때문이기도 합니다. 그렇기 때문에 합병 등의 전제조건으로 주식매수청구권 행사액의 한도를 설정하여, 일정 금액 이상으로 청구권이 행사되면 합병 등의 계약을 해제할 수 있도록 하는 경우도 있습니다.

❑ 주식매수청구권 한도 설정 예시

각 사의 주주들이 본 건 합병에 반대하여 주식매수청구권을 행사하게 되는 경우, 그 행사규모가 합병회사 매수청구권 기준금액 9,500억원(본 증권신고서제출일 현재 AA 주식회사 총 발행 보통주식수의 15.1%에 해당), 또는 피합병회사 매수청구권 기준금액 4,100억원(본 증권신고서 제출일 현재 BB주식회사 총 발행 보통주식수의 16.0%에 해당)을 초과하는 경우, 합병의 일방 당사회사는 본 계약을 해제할 수 있습니다.

❑ 주식매수청구의 철회

주식매수청구권은 청구권자가 그 요건을 갖추어 매수를 청구하는 일방적인 의사표시를 통해 주식양도계약을 성립시키는 형성권의 성격으로서 주식매수청구가 이루어지면 이를 철회할 수 없는 것이 원칙이지만 주식매수청구권을 행사한 해당 주주와 회사와의 합의를 통해 주식양도계약을 해제하는 것은 가능한 것으로 해석하고 있습니다. 그러나 주주총회 이전까지 서면으로 반대의사를 통지한 후 주주총회에 참석하여 찬성 의결권을 행사한 경우에는 주식매수청구권 행사전 반대의사를 철회한 것으로 보아 주식매수청구권이 인정되지 않는 것으로 보고 있습니다.[334)]

③ 주식매수청구권 행사로 취득한 자기주식

주식매수청구권을 보유한 주주가 회사를 대상으로 주식매수청구권을 행사하게 되면 대상법인은 청구를 한 주주의 지분을 매수하여야 하는데, 이는 자기주식이 됩니다. 비상장회사는 이렇게 보유한 자기주식 처분에 대한 명확한 규정은 없으나, 상장회사는 자본시장법의 규정에 따라 주식매수청구권 행사에 따라 매수한 자기주식을 매수일로부터 5년 이내에 처분하여야 합니다.

334) 2022년 기업공시 실무 안내, 금융감독원

④ 주식매수청구권 세무 이슈

주식매수청구권은 상장회사의 주식이라도 장외거래로 간주되어 증권거래세를 납부하여야 하며, 양도차익이 발생할 경우에는 양도소득세 또는 법인세를 납부하여야 합니다. 주식양도와 관련한 세무의 자세한 사항은 "Deal Structuring & Financing"의 "주식양수도"편 및 "M&A 회계와 세무"편에서 보다 상세한 내용을 다루고 있습니다.

⑤ 벤처기업의 특례[335)]

벤처기업이 주식교환을 하는 주주총회결의를 하게 되면 주주총회 승인 결의 전에 그 벤처기업에 서면으로 주식교환을 반대하는 의사를 알린 주주는 주주총회 승인 결의일부터 10**일 이내**에 자기가 보유한 주식의 매수를 서면으로 청구할 수 있습니다. 매수청구를 받은 벤처기업은 청구를 받은 날부터 2개월 이내에 그 주식을 매수하여야 하고, 이 경우 그 주식은 6개월 이내에 처분하여야 합니다.

벤처기업의 합병에 관하여 이사회가 결의한 때에는 그 결의에 반대하는 벤처기업의 주주는 「상법」 제522조의3 제1항에도 불구하고 **주주총회 전**에 벤처기업에 대하여 서면으로 합병에 반대하는 의사를 알리고 자기가 소유하고 있는 주식의 종류와 수를 적어 **주식의 매수를 청구**하여야 합니다.

8 Stock Option(주식매수선택권)

회사는 정관으로 정하는 바에 따라 주주총회의 특별결의로 회사의 설립·경영 및 기술혁신 등에 기여하거나 기여할 수 있는 회사의 이사, 집행임원, 감사 또는 피용자(被用者)에게 미리 정한 가액("주식매수선택권의 행사가액")으로 신주를 인수하거나 자기의 주식을 매수할 수 있는 권리("주식매수선택권")를 부여할 수 있습니다.[336)]

그러나, 의결권 없는 주식을 제외한 발행주식총수의 100분의 10 이상의 주식을 가진 주주나, 이사·집행임원·감사의 선임과 해임 등 회사의 주요 경영사항에 대하여 사실상 영향력을 행사하는 자(배우자 및 직계존비속 포함)에게는 주식매수선택권을 부여할 수 없습니다.

주식매수선택권으로 부여할 수 있는 주식은 회사 발행주식총수의 100분의 10의 한도내에서 이루어져야 합니다.

335) 벤처기업육성에 관한 특별조치법 제15조의2
336) 상법 제340조의2

주식매수선택권은 정관 규정과 주주총회 결의가 있어야 하는데, 주주총회결의일부터 2년 이상 재임 또는 재직하여야 주식매수선택권을 행사할 수 있습니다.[337)]

① 스톡옵션(Stock Option) 행사가격

주식매수선택권(Stock Option)의 경우에는 법인의 성격에 따라 행사가격 제약조건에 차이가 있을 수 있습니다.

[표 73] 법인 유형별 스톡옵션 행사가격

구분	일반법인	상장기업	벤처기업
관련규정	상법 제340조의2	상법 제340조의2, 자본시장과 금융투자업에 관한 법률 시행령 제176조의7 준용	벤처기업육성에 관한 특별조치법 시행령 제11조의3
신주발행 시	실질가액과 주식의 권면액(券面額) 중 높은 금액[338)]	일반기업과 동일하나, 실무적으로 실질거래가액을 주주총회 또는 이사회 전일을 기준으로 1주일, 1개월, 2개월간의 가중산술평균가액을 적용	상속세 및 증여세법 상 비상장주식 평가방법[339)]에 의한 가액과 해당 주식 권면액 중 높은 금액 이상[340)] 이상
자기주식 교부 시	주식의 실질가액[341)]	실질가액으로 상기 평가액으로 적용	부여 당시 시가[342)]

② 벤처기업 주식매수선택권

벤처기업은 주식매수선택권에 대한 법 적용시 「상법」보다 「벤처기업법」이 우선하므로 비상장 벤처기업은 벤처기업법에 따라 주식매수선택권을 부여해야 합니다. 이에 따라 벤처

337) 주식매수선택권은 이를 양도할 수 없습니다. 다만, 주식매수선택권을 행사할 수 있는 자가 사망한 경우에는 그 상속인이 이를 행사할 수 있습니다.

338) 상법 제340조의2(주식매수선택권) 제4항 제1호: 신주를 발행하는 경우에는 주식매수선택권의 부여일을 기준으로 한 주식의 실질가액과 주식의 권면액(券面額) 중 높은 금액. 다만, 무액면주식을 발행한 경우에는 자본으로 계상되는 금액 중 1주에 해당하는 금액을 권면액으로 본다.

339) 주식매수선택권을 부여한 날을 기준으로 「상속세 및 증여세법」 제60조를 준용하여 평가한 해당 주식의 시가(벤처기업육성에 관한 특별조치법 시행령 제11조의3)

340) 행사가격이 주식의 권면액 이상이고, [(부여 당시 시가－행사 가격)×행사 대상 주식 수]가 1인당 5억원 이하인 경우에는 행사가격을 시가보다 낮은 가액으로 할 수 있다(벤처기업육성에 관한 특별조치법 시행령 제11조의3).

341) 상법 제340조의2(주식매수선택권) 제4항 제2호: 자기의 주식을 양도하는 경우에는 주식매수선택권의 부여일을 기준으로 한 주식의 실질가액

342) 부여 당시 시가는 주식매수선택권을 부여한 날을 기준으로 「상속세 및 증여세법 시행령」 제54조를 준용하여 평가한 해당 주식의 시가를 말한다(벤처기업육성에 관한 특별조치법 시행령 제11조의3).

기업법을 준수해 정관을 개정하고, 주주총회·이사회 등을 개최해야 합니다.[343)]

우선 벤처기업은 주식매수선택권의 부여대상이 상법보다 조금 더 넓습니다. 벤처기업의 임직원 뿐만 아니라, 회사에 기여하는 기술이나 경영능력을 갖춘 자(정부출연 연구기관의 연구원, 변호사, 공인회계사, 변리사 등), 대학 또는 국공립, 비영리법인으로서 과학 또는 산업기술 분야 연구기관, 벤처기업이 인수한 기업(발행주식 총수의 100분의 30 이상을 인수한 경우)의 임직원에도 주식매수선택권을 부여할 수 있습니다. 그러나, 주식매수선택권을 부여받은 자는 주식매수선택권 부여 결의가 있는 날 또는 이사회에서 정한 날부터 2년 이상 재임하거나 재직하여야 이를 행사할 수 있습니다.

주식매수선택권을 부여하려는 벤처기업은 주식매수선택권을 부여하기로 결의를 한 경우 중소벤처기업부장관에게 그 내용을 신고하여야 하고, 주식매수선택권을 부여할 수 있는 주식의 총한도는 해당 벤처기업이 발행한 주식총수의 100분의 50으로 하여야 합니다.

한편 2022년 12월 벤처기업육성에 관한 특별조치법 개정을 통해 임직원과 외부전문가에게 부여하는 주식매수선택권에 대해서는 요건을 차등화하였는데, 그 내용은 다음과 같습니다.

[표 74] 임직원과 외부전문가의 주식매수선택권 차등화

구분	현행	개정
발행한도	• 발행주식총수의 50%	• 임직원 : 현행과 동일 • **외부 전문가 : 발행주식총수의 10%**
행사가격	• 신주발행 : 시가와 권면액 중 높은 금액 이상(단, 일정요건하에 시가 미만 권면액 이상 부여 가능 특례) • 자기주식 등 : 시가 이상	• 임직원 : 현행과 동일 • **외부 전문가 : 특례 없음**
행사요건	• 2년 이상 재임 또는 재직	• 임직원 : 현행과 동일 • **외부 전문가 : 결의일 또는 이사회에서 정한 날부터 2년이 경과하고 벤처기업과의 계약 사항을 완료하는 등 요건 충족**

또한 벤처기업의 주식매수선택권의 행사와 관련해서는 조세특례제한법에서 몇 가지 혜택을 주고 있습니다.[344)]

343) 벤처기업육성에 관한 특별조치법 제16조의3
344) 조세특례제한법 제16조의2~제16조의4

주식매수선택권 행사이익 비과세 특례

벤처기업의 임직원 및 벤처기업이 지분을 30% 이상 보유한 자회사 임직원이 일정요건에 따라 부여 받은 주식매수선택권을 행사할 경우 행사이익 중 연간 2억원[345] 이내에서 비과세. 단, 소득세를 과세하지 아니하는 벤처기업 주식매수선택권 행사이익의 벤처기업별 총 누적 금액은 5억원을 초과하지 못함

벤처기업 주식매수선택권 행사이익 납부특례

벤처기업의 임원 또는 종업원이 벤처기업으로부터 부여받은 주식매수선택권을 행사함으로써 얻은 비과세액을 초과한 이익에 대한 소득세 분할납부 가능. 이전에는 비상장 벤처기업 및 코넥스 상장 벤처기업에 한정하여 분할납부특례를 적용하였으나, 23년부터는 주권상장 벤처기업 및 코스닥 상장 벤처기업도 분할 납부특례를 적용받을 수 있음

주식매수선택권 행사이익에 대한 과세특례

벤처기업의 임직원이 벤처기업으로부터 부여받은 적격주식매수선택권의 행사시 이익에 대해 근로소득 등으로 과세하지 않고 양도시 양도소득(금융투자소득)으로 과세.[346] 단, 벤처기업은 행사비용에 대한 경비는 손금불인정

③ 법인세법 상 주식매수선택권 행사차액 손금 인정

「상법」, 「벤처기업육성에 관한 특별조치법」 또는 「소재 · 부품 · 장비산업 경쟁력강화를 위한 특별조치법」, 「근로복지기본법」 따른 주식매수선택권 혹은 우리사주매수선택권의 행사차액 등에 대해서는 법인세법 상 비용 인정이 가능합니다. 단, 해당 법인의 발행주식총수의 100분의 10 범위에서 부여하거나 지급한 경우에 한하여 비용이 인정될 수 있습니다.

345) 2020년 1월 1일 주식매수선택권을 부여받은 분부터 적용하고, 그 이전에는 2천만원 한도가 적용됩니다. 또한 2021년 개정안에서는 한도가 5천만원으로 상향되고, '22.1.1. 이후 행사하는 분부터 적용하도록 개정되었습니다. 2023.1.1. 이후 행사하는 분부터는 한도가 2억원으로 개정되었습니다.

346) 2021년 개정안에서는 시가 이하의 발행도 가능하며, 단, 시가 이하 발행 스톡옵션의 경우 시가 이하 발행 차익은 근로소득으로 과세하되, 시가 초과분은 양도소득세 과세이연 선택 가능하도록 하였습니다. 또한 본 규정은 적용 기한이 있는 규정이므로, 해당 적용기한이 연장될지 여부는 법 개정사항을 매년 확인해 보아야 합니다.

9 내부거래 및 불공정 거래

내부거래, 불공정거래 혹은 특수관계자 거래에 대한 규제는 공정거래법, 상법, 세법, 회계기준 등에서 정하고 있는 사항을 참고할 수 있습니다.

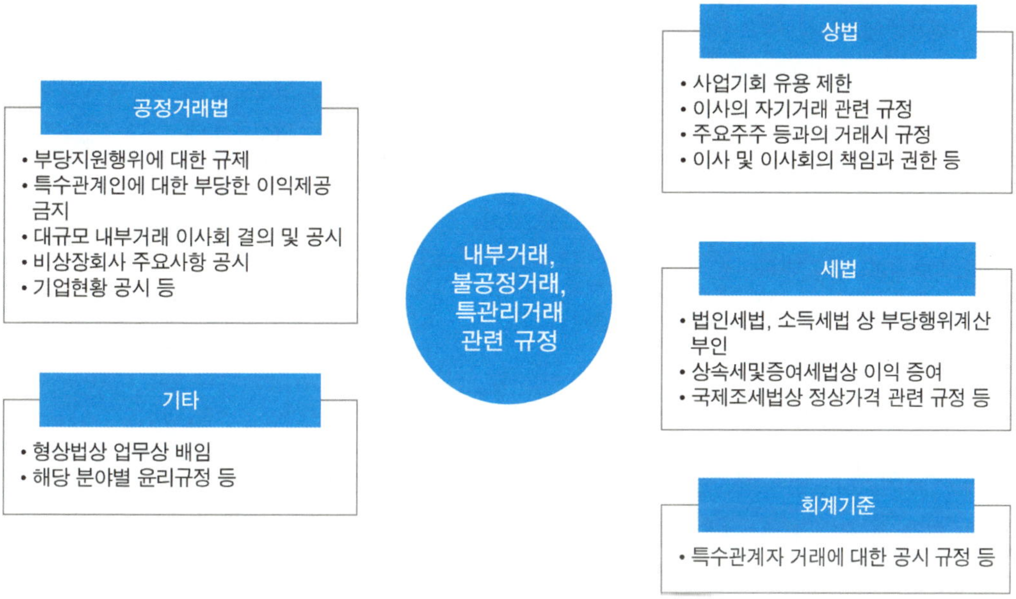

내부거래, 불공정거래, 특관리거래 관련 규정

공정거래법
- 부당지원행위에 대한 규제
- 특수관계인에 대한 부당한 이익제공 금지
- 대규모 내부거래 이사회 결의 및 공시
- 비상장회사 주요사항 공시
- 기업현황 공시 등

기타
- 형상법상 업무상 배임
- 해당 분야별 윤리규정 등

상법
- 사업기회 유용 제한
- 이사의 자기거래 관련 규정
- 주요주주 등과의 거래시 규정
- 이사 및 이사회의 책임과 권한 등

세법
- 법인세법, 소득세법 상 부당행위계산 부인
- 상속세및증여세법상 이익 증여
- 국제조세법상 정상가격 관련 규정 등

회계기준
- 특수관계자 거래에 대한 공시 규정 등

[표 75] 공정거래법 상 내부거래 등 관련 주요 규정

규정	내용	조항
부당한 공동행위의 금지	사업자는 계약·협정·결의 또는 그 밖의 어떠한 방법으로도 다른 사업자와 공동으로 부당하게 경쟁을 제한하는 행위를 할 것을 합의하거나 다른 사업자로 하여금 이를 하도록 하여서는 안됨	법 제40조
불공정거래행위의 금지	사업자는 공정한 거래를 해칠 우려가 있는 행위("불공정거래행위")를 하거나, 계열회사 또는 다른 사업자로 하여금 이를 하도록 하여서는 안됨	법 제45조
특수관계인에 대한 부당한 이익제공 등 금지	공시대상기업집단에 속하는 국내 회사는 특수관계인, 동일인이 단독으로 또는 다른 특수관계인과 합하여 발행주식총수의 100분의 20 이상의 주식을 소유한 국내 계열회사 또는 그 계열회사가 단독으로 발행주식총수의 100분의 50을 초과하는 주식을 소유한 국내 계열회사와 거래를 통하여 특수관계인에게 부당한 이익을 귀속시키는 행위를 하여서는 안됨	법 제47조

규정	내용	조항
채무보증금지	상호출자제한기업집단에 속하는 국내 회사(금융업 또는 보험업을 영위하는 회사는 제외)는 채무보증을 하여서는 안됨	법 제24조
내부거래 공시	공시대상기업집단에 속하는 국내 회사는 대규모 내부거래의 이사회 의결 및 공시 필요	법 제26조
비상장회사 등의 중요사항 공시	공시대상기업집단에 속하는 국내 회사 중 일정규모의 회사는 소유지배구조와 관련된 중요사항, 재무구조에 중요한 변동을 초래하는 사항, 경영활동과 관련된 중요한 사항 등을 공시	법 제27조
기업집단현황 등에 관한 공시	공시대상기업집단에 속하는 국내 회사 중 일정규모의 회사는 일반현황, 주식소유현황, 특수관계인과의 거래현황 등을 공시	법 제28조

[표 76] 상법 상 내부거래 등 관련 주요 규정

규정	내용	조항
회사의 기회 및 자산의 유용 금지	이사는 이사회의 승인 없이 현재 또는 장래에 회사의 이익이 될 수 있는 회사의 사업기회를 자기 또는 제3자의 이익을 위하여 이용하여서는 안됨	제397조의2
이사 등과 회사 간의 거래	이사 또는 주요주주가 자기 또는 제3자의 계산으로 회사와 거래를 하기 위하여는 미리 이사회에서 해당 거래에 관한 중요사실을 밝히고 이사회의 승인을 받아야 함	제398조
주요주주 등 이해관계자와의 거래	상장회사는 주요주주, 이사, 감사 등을 상대방으로 하거나 그를 위하여 신용공여를 하여서는 안됨	제542조의9 제1항
	자산총액 2조원 이상의 상장회사는 최대주주, 그의 특수관계인 및 그 상장회사의 특수관계인으로서 특수관계인을 상대방으로 하거나 그를 위하여 거래를 하려는 경우에는 이사회의 승인을 받아야 함	제542조의9 제3항
이사 기타의 임원등의 특별배임죄	회사의 발기인, 업무집행사원, 이사, 집행임원, 감사위원회 위원, 감사 등 기타 회사영업에 관한 어느 종류 또는 특정한 사항의 위임을 받은 사용인이 그 임무에 위배한 행위로써 재산상의 이익을 취하거나 제삼자로 하여금 이를 취득하게 하여 회사에 손해를 가하는 행위 금지	제622조

[표 77] 세법 상 특수관계거래 등 관련 주요 규정

규정	내용	조항
부당행위계산의 부인	내국법인의 행위 또는 소득금액의 계산이 특수관계인과의 거래로 인하여 그 법인의 소득에 대한 조세의 부담을 부당하게 감소시킨 것으로 인정되는 경우에는 그 법인의 행위 또는 소득금액의 계산과 관계없이 그 법인의 각 사업연도의 소득금액을 계산(부당행위를 부인하고 소득금액을 계산)	법인세법 제52조
	배당소득, 사업소득 또는 기타소득이 있는 거주자의 행위 또는 계산이 그 거주자와 특수관계인과의 거래로 인하여 그 소득에 대한 조세 부담을 부당하게 감소시킨 것으로 인정되는 경우에는 그 거주자의 행위 또는 계산과 관계없이 해당 과세기간의 소득금액을 계산	소득세법 제41조
	특수관계인에 대한 재화 또는 용역의 공급이 조세의 부담을 부당하게 감소시킬 것으로 인정되는 경우에는 공급한 재화 또는 용역의 시가를 공급가액으로 봄	부가가치세법 제29조 제4항
증여추정 및 증여의제	특수관계인과의 일정 거래에서 발생한 특수관계인의 이익을 증여로 의제하여 과세	상속세 및 증여세법 제44조~제45조의5

[표 78] 회계기준 상 특수관계거래 등 관련 주요 규정

규정	내용	조항
특수관계자 및 특수관계자거래 공시	특수관계자 현황, 거래내역, 채권채무 등에 대해 공시	K-IFRS 제1024호
		일반기업회계기준 제25장

10 우리사주조합

우리사주조합제도는 기업 또는 정부의 정책적 지원하에 근로자로 하여금 자기회사의 주식 또는 지배회사의 주식('우리사주')을 취득·보유하게 하는 제도입니다. 우리사주조합제도와 비교되는 스톡옵션제도는 자사주를 통해 성과를 보상한다는 점에서는 우리사주제도와 유사하지만, 특정 임직원을 대상으로 자사주를 취득할 수 있는 권리만을 부여하는 제도라는 점에서 전체 근로자들이 자사주를 취득·보유하는 우리사주제도와는 조금 차이가 있습니다.

1) 조합설립

상법상 주식회사의 근로자는 회사와 협의하여 자율적으로 설립할 수 있습니다. 원칙적으로 모든 근로자는 자유롭게 우리사주조합에 가입하거나 조합으로부터 탈퇴할 수 있습니다. 하지만 ① 주주총회에서 선임된 임원, ② 당해 기업의 주주(소액주주 제외), ③ 일용 근로자는 조합에 가입할 수 없습니다.

우리사주조합의 성격은 사단(비법인 사단)으로서 근로복지기본법의 규정을 적용 받으며, 근로복지기본법에 규정되지 않은 내용은 민법상 사단법인에 관한 규정을 준용합니다.

[표 79] 우리사주조합 설립절차[347)]

절차	설명
설립준비위원회 구성	우리사주조합을 설립하고자 하는 경우에는 전체 근로자 2인 이상의 동의를 얻어 설립준비위원회(대표 포함 2인 이상)를 구성하여야 합니다.
조합규약(안) 작성	조합규약은 조합의 조직 · 운영 및 활동에 관한 기본적 자치규약으로서 그 규정이 법령의 강행법규에 반하지 않는 한 조합원 및 조합의 기관을 구속합니다.
제도설명 및 조합원 모집	전체 근로자를 상대로 조합의 설립 목적 · 효용성 및 제도 운영 등에 관한 설명회를 갖고 조합 가입을 희망하는 근로자로부터 가입 신청을 받아 조합을 구성합니다.
회사와 협의	회사의 조합 설립에 대한 지원 및 지원 조건, 우리사주운영위원회의 설치 · 운영에 관한 사항, 기타 조합의 설립 · 운영에 필요한 사항 등을 협의합니다.
조합창립총회 개최	조합가입 자격이 있는 전체 근로자의 과반수 참석으로 조합규약을 확정하고, 투표에 의하여 조합장(이사 겸임), 이사 및 감사를 선임합니다
우리사주관리 위탁계약 체결	설립준비위원회는 창립총회 개최 후 3주 이내에 반드시 한국증권금융과 우리사주관리위탁계약을 체결하여야 합니다.
우리사주조합 설립신고	설립준비위원회는 우리사주관리위탁계약 체결 후 3주 이내에 별지 서식에 따라 지방고용노동관서의 장에게 설립에 관하여 신고하고, 조합장에게 사무를 인계합니다.
우리사주조합의 설립	설립준비위원회와 법인간의 협의 · 약정 사항 및 우리사주관리위탁계약 등의 효력은 조합 설립 후 조합을 구속하고 조합은 이를 준수하여야 합니다.

설립을 위한 준비가 되어 있는 상황에서는 위의 절차에 소요되는 기간은 약 1개월 정도 소요됩니다.

347) 한국증권금융 우리사주지원센터 웹페이지 참조

2) 조합운영

우리사주조합의 최고의사결정기구는 주식회사의 주주총회와 같은 조합원총회입니다. 매년 1회 이상 조합원총회(또는 대의원회)를 개최하고, 정기 조합원총회는 운영상황 보고 등을 고려하여 회계연도 종료 후 3월 이내에 개최하여야 합니다. 조합원총회에서 규정한 사항 이외의 사항에 대한 의사결정 기관으로서 이사회를 두고, 조합의 재산사항 및 이사의 업무집행사항을 감사하고, 부정행위 발견 시 시정요구와 이를 조합원총회 또는 감독관청에 보고하는 등의 업무를 수행하는 감사를 두어야 합니다. 조합은 사업장이 여러 곳이거나 전체 조합원수가 많아 총회 개최가 어려울 경우 조합원 총회에 갈음할 대의원회를 둘 수 있습니다. 단, 규약의 제정 및 변경은 반드시 조합원총회에서 결의하여야 합니다.

조합은 조합재산을 조합계정과 조합원계정으로 구분하여 관리하고 조합계정은 조합원을 위한 우리사주 취득과 배정을 목적으로 유지하여야 합니다.

3) 취득 및 배정

우리사주조합이 우리사주를 취득하는 방법은 유상증자시 우선배정, 우리사주매수선택권, 시장매입, 무상출연, 협력출연등이 있습니다.

우선배정은 기업공개, 유상증자시 주주에 우선하여 우리사주를 배정받아 취득하는 것입니다.

우리사주매수선택권은 미리 정한 가격으로 6개월~2년 이내에 우리사주를 취득할 수 있는 권리를 행사하여 취득하는 것입니다.

시장매입은 조합을 통해서 시장, 회사, 주주 등으로부터 매입하여 취득하는 것이고, 무상출연은 회사나 대주주로부터 회사 주식을 출연받아 취득하는 것이며, 협력출연은 회사에 조합원이 함께 출연하여 취득하는 것입니다.

조합은 규약의 정함 또는 이사회의 결의에 따라 취득한 우리사주를 저소득 근로자 및 장기근속 근로자가 우대될 수 있도록 배분하여야 합니다.

조합원이 출자한 금전으로 매입한 우리사주, 회사·주주 등의 출연으로 취득한 우리사주, 조합원이 상환 약정한 조합 차입금으로 취득한 우리사주, 조합원계정에 배정된 주식의 무상증자로 취득한 우리사주는 즉시 조합원 계정에 배정합니다.

그러나, 회사·주주 등 조합원 이외의 자의 상환 약정으로 조합이 금융기관 등에서 자금을 차입하여 매입한 우리사주는 조합계정으로 보유하고, 차입금 상환 시 동 상환액에 해당하는 우리사주를 조합원계정에 배정합니다.

4) 예탁 및 인출

조합은 취득한 우리사주를 취득일로부터 1월 이내에 조합계정과 조합원계정으로 구분하여 예탁하여야 합니다.

조합계정에 예탁한 우리사주는 조합이 해산하거나 조합원계정에 배정될 때까지 예탁하여야 합니다. 조합원계정에 예탁한 우리사주는 조합이 해산하거나 중도 인출의 경우를 제외하고는 조합원 출연금으로 취득한 주식은 1년, 회사・주주 등 조합원 이외의 자의 출연으로 취득한 주식은 4년 이상 8년 이내에서 출연자와 협의하여 정한 기간, 회사・주주 상환조건의 차입금으로 취득한 주식은 상환되어 조합원계정에 예탁된 날로부터 1년 동안 예탁하여야 합니다.

조합은 조합원계정에 배정되어 한국증권금융에 예탁된 우리사주를 의무예탁기간이 만료하거나 조합이 해산하는 경우에 모두 인출할 수 있습니다. 단, 조합원이 퇴직한 경우, 법령상의 주식매수청구권 행사를 위한 경우, 상장 폐지가 확정되거나 상장폐지를 신청한 경우, 관리종목으로 지정된 지 1월 이상이 경과된 경우 등에는 의무예탁기간 만료이전이라도 인출할 수 있습니다.

5) 세제혜택

우리사주조합과 관련된 혜택은 조합원, 조합, 회사, 주주 등으로 구분하여 볼 수 있습니다.

[표 80] 조합원 세제혜택

구분	내용	규정
소득공제	출연시 해당연도 출자금에 대한 소득공제(한도 400만원, 벤처기업은 1천 500만원)	조세특례제한법 제88조의4, 상속세 및 증여세법 제46조
비과세	인출시 일정 요건 충족할 경우 비과세	
	일정 요건 충족시 시가와 취득가액 차액에 대한 비과세	
	일정 요건 충족한 우리사주의 조합원 배정시 소득세 비과세	
	일정 요건 충족한 배당소득 비과세	

[표 81] 회사 세제혜택

구분	내용	규정
출연금 손비 인정	우리사주조합에 출연한 자사주 장부가액 또는 금액에 대한 손비 인정	법인세법 시행령 제19조
조합운영비 지원액 손비 인정	우리사주조합의 운영비 손비 인정	법인세법 시행령 제45조
조합원대여금 인정이자 익금 불산입	우리사주조합 또는 그 조합원에게 해당 우리사주조합이 설립된 회사의 주식취득에 소요되는 자금을 대여한 금액에 대한 인정이자에 대한 부당행위계산부인 규정 미적용	법인세법 시행령 제89조 및 시행규칙 제44조

[표 82] 조합 세제혜택

구분	내용	규정
소득세 비과세	우리사주조합기금에서 발생하거나 우리사주조합이 보유하고 있는 우리사주에서 발생하는 소득에 대해서는 소득세를 부과하지 않음	조세특례제한법 제88조의4
상속·증여세 비과세	우리사주조합이 증여받은 재산의 가액에 대한 증여세 비과세	상속세 및 증여세법 제46조 및 시행령 제35조

[표 83] 주주 등에 대한 세제혜택

구분	내용	규정
조합 기부금에 대한 세액공제	거주자가 우리사주조합에 지출하는 기부금은 한도내에서 필요경비에 산입하거나 세액공제를 받을 수 있고, 법인이 우리사주조합에 지출하는 기부금은 한도내에서 손금에 산입	조세특례제한법 제88조의4 제13항

11 M&A와 공시(신고)

상장회사는 많은 투자자들로부터 자금을 조달한 기업입니다. 따라서 기업의 경영성과나 전략과 관련한 중요한 정보들, 즉 투자자들이 꼭 알아야 할 정보들을 투명하고 공정하게 시장에 알려야 합니다. 이것을 공시(disclosure)라고 합니다. 투자자들에게 합리적인 판단을 위한 정보를 제공하기 위해서는 공시는 적시성, 적정성, 평이성의 요건을 갖추어야 합니다.

[그림 37] 공시의 요건[348)]

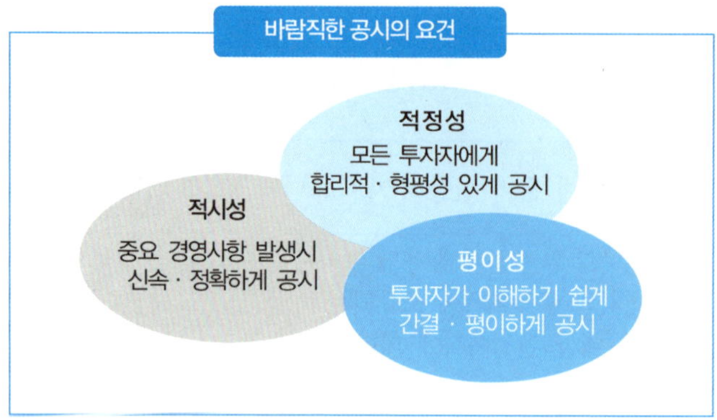

현행 공시제도는 자본시장법을 근간으로 동법 시행령 및 증권의 발행 및 공시에 관한 규정 등에서 정해 놓은 공적공시와 자본시장법을 근간으로 유가증권시장 및 코스닥시장 공시 규정 등에서 정해 놓은 자율공시로 구분할 수 있습니다.

현재 자본시장법에서 제도화한 기업내용공시제도의 체계는 아래 그림과 같습니다.

[그림 38] 공시체계 분류도

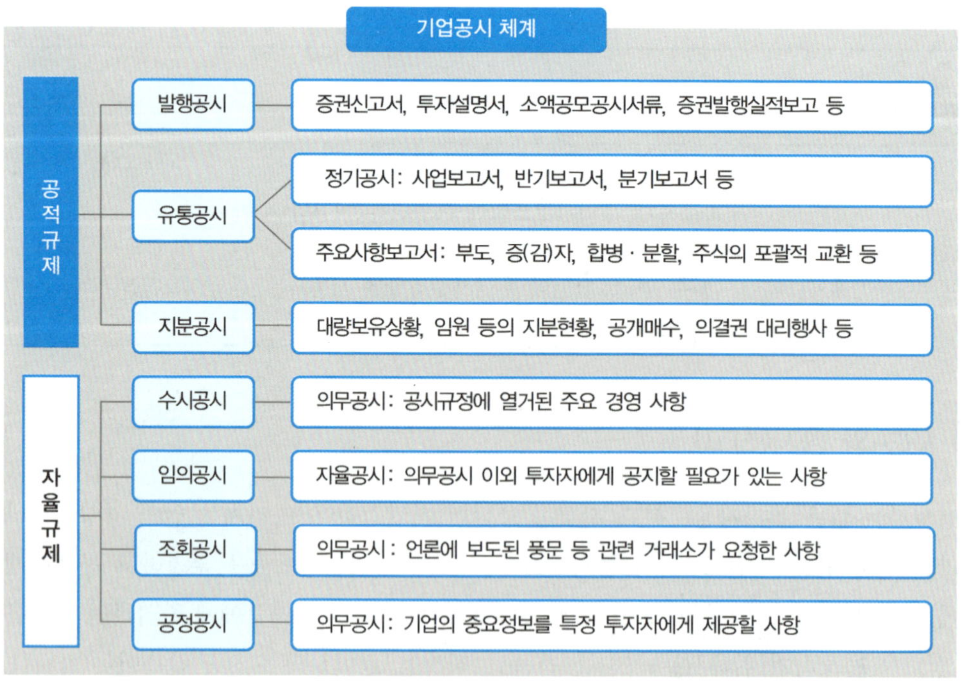

348) 합병 등 특수공시 관련 실무 안내서, 금융감독원 2017

공적공시는 크게 발행시장 공시와 유통시장공시, 지분공시로 구분할수 있습니다. 발행시장 공시는 주식 등을 발행하기 위해 최초 투자자들을 대상으로 하는 공시입니다. 여기에는 증권신고서, 투자설명서, 증권발행실적보고서 등이 있습니다. 유통시장공시는 일단 발행된 주식 등이 계속 거래되는 과정에서 투자자들에게 필요한 기업내용을 공시하는 것입니다. 여기에는 정기공시와 주요사항보고서 공시 등이 있습니다. 지분공시는 지분의 대량 보유 및 취득, 임원 등의 지분현황 공시 등이 있습니다.

M&A는 주식시장과 투자자에 큰 영향을 미치는 중요한 정보입니다. 따라서 자본시장법은 투자자 보호를 위해 M&A와 관련한 공시제도를 규정하고 있습니다.

M&A와 관련해서 가장 중요한 공시제도 중의 하나는 주요사항보고서[349] 제출입니다. 상장회사는 합병, 분할, 포괄적주식교환(이전), 영업양수도, 자산양수도를 할 때, 금융위원회에 주요사항보고서를 제출해야 합니다.[350] 주요사항보고서는 합병, 분할, 자기주식 취득, 해외증권시장 상장이나 상장폐지 등과 같이 투자자에게 영향을 줄 수 있는 경영상의 변화를 수시로 공시하도록 한 것입니다.

상장회사가 합병, 분할, 분할합병, 포괄적주식교환(이전)을 할 경우, 상장회사는 주요사항보고서와 합병 등에 관한 이사회 의사록 등 해당사실을 증명할 수 있는 서류를 첨부하여 이사회 결의일 등 제출사유가 발생한 날로부터 3일 내[351]에 주요사항보고서를 금융위원회에 제출해야 합니다.

영업양수도의 경우에는 거래 대상이 된 영업부문의 자산액[352]이 자산총액의 10% 이상인 경우, 양수도 영업부문의 매출액이 총 매출액의 10% 이상인 경우, 영업양수로 인해 함께 인수된 부채액이 부채총액의 10% 이상인 경우, 영업전부를 양수하는 경우에 주요사항보고서를 제출합니다.[353]

자산양수도의 경우에는 양수도 자산액[354]이 자산총액의 10% 이상인 경우[355]에 주요사항보고서를 제출합니다. 다만, 상품, 제품, 원재료 매매 등 일상적인 영업활동인 경우에는

349) 자본시장법의 시행과 함께 기존 금융위와 거래소로 혼재되어 있던 주요 경영사항 신고의 제출기관을 거래소로 일원화하였습니다.
350) 자본시장법 제161조 제1항 등
351) 주요사항보고서의 일반적인 제출일은 이사회 결의일의 다음날까지이나, 합병, 분할, 분할합병, 포괄적주식교환(이전)의 경우에는 3일이내에 하도록 규정하고 있습니다(자본시장법 제161조).
352) 장부가액과 거래금액 중 큰 금액을 말합니다.
353) 한국채택국제회계기준을 적용하는 연결재무제표 작성대상법인의 경우 연결재무제표를 기준으로 자산총액, 매출액, 부채총액의 10%여부를 판단합니다.
354) 장부가액과 거래금액중 큰 금액을 말합니다.
355) 한국채택국제회계기준을 적용하는 연결재무제표 작성대상법인의 경우 연결재무제표의 자산총액을 말합니다.

주요사항보고서를 제출하지 않아도 됩니다.

[표 84] 합병 등의 경우 고려가 필요한 주요 공시 및 신고사항 요약

주요 거래	주요 공시 및 신고 사항	관련 규정
합병, 분할, 분할합병, 중요한 영업양수도·자산양수도, 주식의 포괄적 교환 및 이전 등	주요사항보고서(사업보고서 제출 대상법인)[356)	자본시장법 제161조
	증권신고서(모집 매출 해당시 제출)	자본시장법 제119조
	투자설명서(증권신고서 제출시)	자본시장법 제123조
	증권발행실적보고서(증권신고서 제출 시) 또는 합병 등 종료보고서[357)	자본시장법 제128조
	이사회 결의사항 신고 및 공시(거래소)	유가증권시장공시규정 제7조 (코스닥공시규정 제6조)
	우회상장요건 확인서류 거래소 제출(합병, 주식 포괄교환, 영업양수도, 자산양수도, 현물출자 시)	유가증권시장상장규정 제33조 (코스닥상장규정 제19조)
	재상장예비심사 거래소에 신청(인적분할시)	유가증권시장상장규정 제39조 (코스닥상장규정 제4조)
	주식등의 대량보유상황보고 (5% 보고, 금융위/거래소)	자본시장법 제147조
	임원 등의 특정증권 등 소유상황 보고 (10% 보고, 증선위/거래소)	자본시장법 제173조
	최대주주 소유주식수 변동신고	유가증권시장상장규정 제83조
	계열회사 변경신고(자율공시, 분할)	유가증권시장공시규정 제28조 (코스닥공시규정 제26조)
	기업결합신고(공정위, 분할은 제외)	공정거래법 제7조, 제12조
기타	공개매수신고서제도	자본시장법 제133조
	의결권대리행사 권유제도	자본시장법 제152조
	외부평가기관의 평가의무	자본시장법 제165조의4

지분양수도 거래의 경우 매수자 측과 매도자 측에서 각각 신고 또는 공시해야 하는 사항을 확인하는 것도 중요합니다. 매수자측에서 확인해야 하는 신고사항의 예는 다음과 같습니다.

356) 제출사유가 발생한 날의 다음날까지 금융위원회에 제출하며, 합병, 분할, 분할합병, 주식의 포괄적 교환·이전은 3일 이내에 제출합니다.
357) 증권발행실적보고서 제출시 합병등 종료보고서 제출은 면제됩니다.

- **주식등의 대량보유상황보고**: 지분을 5% 이상 보유하게 된 날로부터 5일 이내에 금융위/거래소 보고(자본시장법 제147조)
- **임원 등의 특정증권 등 소유상황 보고**: 임원 또는 주요주주(10%)가 된 날로부터 10일 이내에 증선위/거래소 보고(자본시장법 제173조)
- **타법인 출자 신고**: 자기자본의 5% 이상 출자시 등의 경우 금융위/거래소에 신고(유가증권공시규정 제7조, 코스닥공시규정 제6조)
- **기업결합신고**: 발행주식 20% 이상(상장법인은 15%) 취득시 공정위에 기업결합 신고(공정거래법 제7조, 제12조)
- **상대회사에 통지**: 회사가 다른 회사의 발행주식총수의 10%를 초과하여 취득한 때에는 그 다른 회사에 대하여 지체없이 이를 통지(상법 제342조의3)

매도자 측에서도 신고가 필요한 사항이 있을 수 있습니다. 그 몇 가지 예는 다음과 같습니다.

- **주식등의 대량보유상황보고**: 지분을 5% 이상 보유한 주주가 1% 이상 주식소유비율이 변동된 날로부터 5일 이내에 금융위/거래소 보고(자본시장법 제147조)
- **임원 등의 특정증권 등 소유상황 보고**: 임원 또는 주요주주(10%)의 주식 소유비율이 변동한 날로부터 10일 이내에 증선위/거래소 보고(자본시장법 제173조)
- **타법인 출자 지분 처분 신고**: 자기자본의 5% 이상 출자 지분의 처분이 있을 경우 금융위/거래소에 신고(유가증권공시규정 제7조, 코스닥공시규정 제6조)
- 양도소득세, 증권거래세 등 세무 사항 신고

매수자와 매도자 측 이외에도 거래 대상이 된 회사도 신고하거나 공시할 사항이 있는 지 확인하는 것이 필요합니다. 예를 들어 대주주가 변경되거나, M&A 과정에서 CB 등의 발행이 있는 경우에는 대상회사도 금융위 및 거래소에 관련사항을 보고하여야 합니다.[358)]

12 M&A관련 기타 법률적 고려사항

1) 인허가 등

M&A 과정에서는 해당 기업활동에 영향을 미치는 여러 법률에 의해 인허가 사항들이 있을 수 있기 때문에 이에 대한 확인이 반드시 필요합니다. 예를 들어 공정거래법상 기업결

358) 유가증권시장 공시규정 제7조, 코스닥시장 공시규정 제6조

합신고가 있을 수 있습니다. 당사자의 시장 지위 및 점유율, 거래 규모 및 취득 지분율에 따라 경쟁제한성 여부가 결정되는데, 기업결합신고는 규모 등에 따라 사전신고와 사후신고로 구분되며, 본계약의 선행조건/확약사항 및 거래 종결시기에도 영향을 미치게 되고, 신고가 적절하게 이루어지지 않을 경우에는 M&A가 무산될 수도 있습니다. 또한 사업의 해외에서도 영위가 필요한 경우에는 해당 국가별로 기업결합신고, Global merger filing이나 anti-trust filing과 같은 심의를 통과하여야 거래가 종결될 수도 있습니다.

참고로 대기업집단의 경우에는 상호출자 및 순환출자와 같은 보유지분의 제한, 산업별 지분 보유 제한(신문, 방송업 보유 지분의 제한 등) 등이 있을 수 있다는 점도 확인할 사항입니다.

또한, 통신업, 금융업 등과 같은 규제 산업에서 인허가 규정도 확인이 필요하며, 외국인 보유 지분 한도와 같은 제약사항에 대한 검토도 필요합니다.

이 외에도 해외거래의 경우에는 해당 국가별로 인허가사항을 별도로 확인해야 하는데, 미국의 CIFIUS와 같은 국가안보 관련 인허가, FCPA, UK Bribery Act 등 해외부패방지 관련사항에 대한 검토, OFAC 등 미국 Sanctions Act와 같이 거래처별 현지국에서 요구하는 법률적 사항이 무엇인지 반드시 확인할 필요가 있습니다.

2) 보유 지분율에 따른 고려사항

"제3장 M&A 실행"의 "3.주식(지분)양수도" 지분율에 따른 고려사항 표에서 볼 수 있는 바와 같이 보유 지분에 따라 법률적인 의무가 달라질 수 있습니다.

자본시장법상 공시대상 기업에 대한 지분율이 5% 이상이면 대량 주식 보유 및 변동에 대한 신고를 하여야 하고, 10% 이상이면 주요주주로 소유상황에 대해 증권선물위원회와 거래소에 신고하여야 합니다. 신고 의무를 위반하면 거래가 무산될 수 있습니다.

기업결합신고대상법인의 경우에는 상장법인 의결권지분 15%, 비상장법인 의결권지분 20% 이상 취득할 경우에는 공정거래법상 기업결합신고를 하여야 합니다.

공정거래법상 지주회사의 경우에는 비상장법인 40%, 상장법인 20% 미만으로 지분을 보유하는 데 제한이 있습니다.

주주총회 특별결의 요건을 고려할 때, 지분율이 1/3을 초과하면 다른 대주주의 독자적인 특별결의를 견제할 수 있는 지분율이 되며, 50%를 초과하는 지분의 보유는 독자적으로 주주총회의 일반결의를 통과시킬 수 있는 지분율이 됩니다. 또한 지분율이 50%를 초과하게 되면 세법상 과점주주에 해당하여 간주취득세(과점주주취득세) 납부의무가 있고, 회계상 연결대상이 될 수 있습니다.

지분율이 2/3 이상이면 독자적으로 주주총회 특별결의를 통과할 수 있게 됩니다.

지분율이 80%~95%일 경우에는 관리종목 혹은 상장폐지 대상이 될 수 있으며,[359] 지분율이 95%가 되면 소액주주가 보유하고 있는 5% 미만 지분의 매수를 청구할 수 있습니다. 마찬가지로 5% 미만의 소액주주도 95% 이상의 대주주에게 지분 전부를 매수하여 줄 것을 청구할 수 있습니다.

359) 유가증권시장에서는 소액주주가 보유하고 있는 주식이 5% 미만인 경우에는 관리종목으로 지정되고 관리종목 지정후 1년간 지속될 경우에는 상장폐지가 될 수 있습니다(단, 일반소액주주 총수가 200만 주 이상인 경우는 제외. 유가증권상장규정 제47조). 코스닥시장에서는 소액주주가 보유하고 있는 주식이 20% 미만인 경우에는 관리종목으로 지정되고 관리종목 지정후 1년간 지속될 경우에는 상장폐지될 수 있습니다(단, 일반소액주주 300인 이상이고 유동주식가 10% 이상으로서 100만 주 이상인 경우에는 제외. 코스닥시장상장규정 제28조).

M&A와 세무

1 M&A시 고려가 필요한 주요 세무사항

거래가 발생하는 곳에는 세금문제가 항상 발생합니다. M&A도 거래의 일종이기 때문에 다양한 세금문제가 발생할 수 있습니다. 예를 들어 실제 거래되는 시가가 세무상 시가와 다르다고 판단되는 경우에는 거래가액과 시가와의 차이에 대해 추가적인 세부담이 발생할 수 있습니다. 또한 양도로 인한 세금이외에도 증권거래세, 취득세, 부가가치세, 그리고 실질적인 거래주체가 개인인 경우에는 증여세 문제도 고려되어야 합니다.

[표 85] M&A시 고려가 필요한 주요 세무사항

구분	주요 내용	관련 법규 등
시가	불특정 다수인간에 자유로운 거래가 이루어지는 경우에 통상 성립된다고 인정되는 가액(상증법, 소득세법) 혹은 건전한 사회 통념 및 상거래 관행과 특수관계인이 아닌 자 간의 정상적인 거래에서 적용되거나 적용될 것으로 판단되는 가격(법인세법)	법인세법 제52조, 소득세법 시행령 제167조, 상속세및증여세법 제60조
법인세/ 양도소득세 (금융투자소득세)	법인은 다른소득과 합산하여 과세[360)] 개인은 다른 소득과는 합산하지 않으나, 동일 구분의 양도소득은 합산하여 과세	법인세법 제15조, 소득세법 제87조의2, 제94조
증권거래세	증권의 양도에 대하여 과세	증권거래세법 제3조
과점주주 취득세	주식의 50%를 초과하여 취득하게 되는 경우 발생	지방세법 제7조 제5항
취득세	사업 또는 자산 양수자는 법률적 소유권 이전을 위해 부동산 등을 취득하는 경우 취득세를 납부	지방세법 제7조
부가가치세	과세대상 물건의 양도에 대하여 발생(단, 포괄적 사업양수도의 경우에는 제외되며, 증권의 양도는 부가가치세 대상이 아님)	부가가치세법 제4조~ 제12조
2차 납세의무	사업양도인이 양도일 이전에 확정된 국세, 지방세 등을 납부하지 못하는 경우, 사업양수인은 양수한 재산을 한도로 제2차 납세의무를 부담	국세기본법 제41조

360) 법인이 주택이나 비사업용토지 등을 양도할 경우에는 해당 양도소득에 10%(미등기 토지등의 양도소득에 대하여는 100분의 40)의 세율을 적용한 금액을 법인세에 가산하여 납부합니다(법인세법 제55조의2)

구분	주요 내용	관련 법규 등
부당행위계산 부인	특수관계자간의 거래를 부인하고 특수관계인이 아닌 자 간의 정상적인 거래에서 적용되거나 적용될 것으로 판단되는 가격으로 소득금액을 다시 계산[361)	법인세법 제52조, 소득세법 시행령 제167조
증여의제 예시[362)	저가 양수 또는 고가 양도에 따른 이익의 증여	상속세및증여세법 제35조~제45조의5
	채무면제, 부동산 무상사용, 금전 무상대출에 따른 이익의 증여	
	합병에 따른 이익의 증여	
	증자 및 감자에 따른 이익의 증여	
	현물출자에 따른 이익의 증여	
	전환사채 등의 주식전환 등에 따른 이익의 증여	
	초과배당에 따른 이익의 증여	
	주식등의 상장, 합병에 따른 상장 등에 따른 이익의 증여	
	재산사용 및 용역제공 등에 따른 이익의 증여	
	재산 취득 후 재산가치 증가에 따른 이익의 증여	
	배우자 등에게 양도한 재산의 증여 추정	
	재산 취득자금 등의 증여 추정	
	특수관계법인과의 거래, 사업기회제공 등을 통한 이익의 증여 의제	

대상소득의 귀속주체, 대상소득의 종류, 소득금액의 크기 등에 따라 세율은 차이가 발생합니다. 예를 들어 주식을 양도하는 주체가 개인인지, 개인이라면 대주주인지, 대주주가 아니라면 중소기업 주식인지, 대주주라면 주식 보유기간이 1년 이상인지 그리고 양도소득 과세표준이 3억원을 초과하는지 등에 따라 양도소득에 적용되는 세율은 다를 수 있습니다.

361) 자산을 시가보다 높은 가액으로 또는 자산을 무상 또는 시가보다 낮은 가액으로 양수도하는 경우 등에 있어서는 시가와 거래가액의 차액이 3억원 이상이거나 시가의 100분의 5에 상당하는 금액 이상인 경우에 한하여 부당행위계산부인이 적용됩니다(법인세법 시행령 제88조 제3항).

362) 포괄증여과세의 도입으로 거래의 명칭・형식・목적 등과 관계없이 직접 또는 간접적인 방법으로 개인이 타인으로부터 분여받은 이익에 대하여 과세가 이루어집니다.

[표 86] 세목별 세율 및 납부기한

<table>
<tr><th></th><th colspan="2">과세표준과 세율(지방소득세 제외)[363]</th><th>납부기한</th></tr>
<tr><td>법인세</td><td>2억원 이하
2억원 초과 ~ 200억원 이하
200억원 초과 ~ 3,000억원 이하
3,000억원 초과</td><td>9%
1천800만원+(2억원 초과액의 19%)
37억8천만원+(200억원 초과액의 21%)
625억8천만원+(3천억원 초과액의 24%)</td><td>사업연도 종료일이 속하는 달의 말일부터 3월 이내</td></tr>
<tr><td>양도소득세
(일반주식)</td><td>〈대주주〉
-3억원 이하: 20%
-3억원 초과시: 6천만원+(3억원 초과액 × 25%)
-1년미만(중소기업외): 30%</td><td>〈대주주 아닌 경우〉
-중소기업: 10%
-중소기업외: 20%</td><td rowspan="3">예정신고: 양도일이 속하는 달의 반기 말일부터 2월 이내
확정신고: 양도일이 속하는 익년 5월말
(단, 부동산법인의 과점주주 지분 등은 양도일이 속하는 달의 말일부터 2개월 이내)</td></tr>
<tr><td>금융투자소득세
(2025년 1월 1일부터)</td><td>3억원 이하
3억원 초과</td><td>20%
6천만원+3억원 초과액×25%</td></tr>
<tr><td>양도소득세
(부동산법인등의 주식)[364]</td><td>14백만원 이하
14백만 초과 ~ 50백만원 이하
50백만 초과 ~ 88백만원 이하
88백만원 초과 ~ 1.5억 이하
1.5억원 초과 ~ 3억원 이하
3억원 초과 ~ 5억원 이하
5억원 초과
10억원 초과</td><td>6%
84만원+(1,400만원 초과액×15%)
624만원+(5,000만원 초과액×24%)
1,536만원+(8,800만원 초과액×35%)
3,706만원+(1억5천만원 초과액×38%)
9,406만원+(3억원 초과액×40%)
1억7,406만원+(5억원 초과액×42%)
3억8,406만원+(10억원 초과액×45%)</td></tr>
<tr><td>증여세
(상속세 포함)</td><td>1억원 이하
1억원 초과~5억원 이하
5억원 초과~10억원 이하
10억원 초과~30억원 이하
30억원 초과</td><td>10%
1천만원+(1억원 초과액×20%)
9천만원+(5억원 초과액×30%)
2억4천만원+(10억원 초과액×40%)
10억4천만원+(30억원 초과액×50%)</td><td>증여일이 속하는 달의 말일부터 3월 이내</td></tr>
<tr><td>증권거래세</td><td>비상장주식(상장주식 장외거래 포함)
유가증권시장 거래

코스닥시장, K-OTC 거래
코넥스</td><td>0.35%(22년까지는 0.43%)
0.0%(22년까지는 0.08%, 23년은 0.05%, 24년은 0.03%, 농특세 0.15% 별도)
0.15%(22년까지는 0.23%, 23년은 0.2%, 24년은 0.18%)
0.1%</td><td>양도일이 속하는 달의 반기의 말일부터 2월 이내</td></tr>
<tr><td>과점주주취득세</td><td>과세대상 장부가액 × 지분율</td><td>2.2%(농특세 0.2% 포함)</td><td></td></tr>
</table>

363) 표의 법인세 및 소득세 세율에는 지방소득세(법인세 및 소득세 세율의 10%)가 추가적으로 부과됩니다.

364) ⓐ 부동산비율이 총자산의 50% 이상이면서 특수관계자포함하여 50% 이상을 보유한 보유한 과점주주인 지분을 3년내에서 양도주식의 비율이 50% 이상인 주식이나, ⓑ 골프장 등 전문 휴양시설업을 영위하면서

2 시가의 정의

세법상 시가의 개념은 법인세법, 소득세법 그리고 상증법에서 각각 정의하고 있는데, 각 세법별로 시가의 개념에 있어서는 큰 차이가 없으나, 세부적인 시가의 규정에 있어서는 조금 차이가 있습니다.

[표 87] 각 세법에서 시가의 개념[365)]

구분	상증법	법인세법	소득세법
시가의 개념	불특정 다수인간에 자유로운 거래가 이루어지는 경우에 통상 성립된다고 인정되는 가액	건전한 사회 통념 및 상거래 관행과 특수관계인이 아닌 자 간의 정상적인 거래에서 적용되거나 적용될 것으로 판단되는 가격[366)]	상증법 준용
상장주식의 시가[367)]	평가기준일 전후 2개월 종가평균	• 거래소 장내거래: 평가기준일의 종가[368)] • 그 외: 평가기준일 전후 2개월 종가평균	• 부당행위계산부인 적용 시 상증법상 시가 준용 • 양도소득계산 시 실지거래가액 원칙(실지거래가액 불분명 시에는 기준시가 적용)
비상장주식의 평가	• 거래가액원칙(시가) • 시가로 인정받는 경우(매매사례가액, 수용/공매 등) • 시가산정 어려운 경우 보충적 평가방법	• 시가원칙 • 상증법상 보충적 평가방법	

참고로 세법에서는 비상장주식의 거래되는 시가가 분명하지 않을 경우에는 이 비상장주식의 세법상 가치를 평가하는 방법을 규정하고 있습니다. 이는 상속세및증여세법 상 보충적평가방법이라고 하는데, 보충적평가방법으로 비상장주식을 산정하는 기본개념은 평가기준일 현재의 세무상으로 조정된 순자산가치와 과거 3개년 가중평균 세무상 손익으로 산정

부동산비율이 80% 이상인 주식을 양도하는 경우에는 누진세를 적용하여 과세하게 됩니다.

365) 기업가치평가와 재무실사(삼일인포마인) 참조

366) 또한 시가의 범위로 유사한 상황에서 당 법인이 특수관계자 외의 불특정다수인과 계속적으로 거래한 가격 또는 특수관계가 아닌 제3자간에 일반적으로 거래한 가격을 규정하고 있으며, 비상장주식의 평가에 있어 시가가 불분명한 경우에는 상증법을 준용하여 평가한다(법인세법 시행령 제89조).

367) 상장주식이라고 상증법에서 규정하고 있는 주식은 유가증권시장 및 코스닥시장에서 거래되는 주식을 말하며, 코넥스시장에서 거래되는 주식을 포함한 그 외의 주식은 비상장주식 평가방법에 따라 평가하여야 합니다.

368) 한국거래소에서 거래된 경우에 한하고, 장외거래의 경우에는 상증법상 주식평가방법에 준하여 평가기준일 전후 2개월 종가 평균으로 산정합니다.

한 순손익가치를 3:2로 가중평균하여 산정하는 것입니다.[369)]

[그림 39] 상증법 상 보충적 평가방법의 기본 개념[370)]

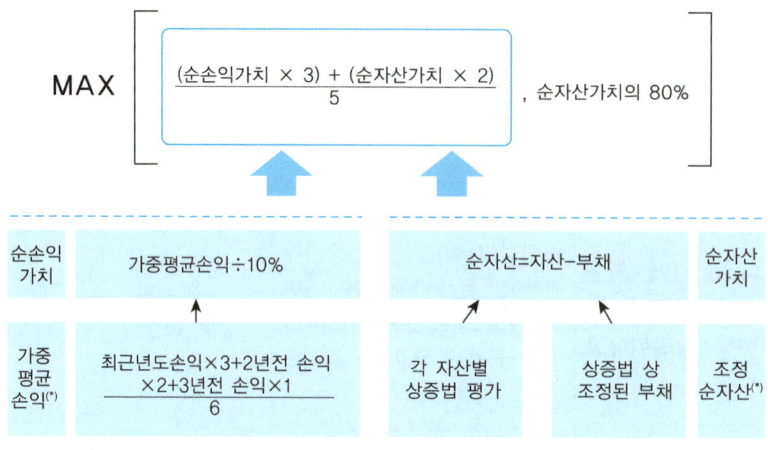

또한 특수관계자와 합하여 최대주주 등은 평가액의 20%를 할증하여 주식을 평가하게 됩니다. 단 중소기업 및 직전 3개년 매출액 평균이 5천억원 미만인 중견기업법상 중견기업은 할증평가 대상에서 제외됩니다.

3 대주주의 정의 및 특수관계자의 범위

대주주 여부에 따라 발생가능한 세금 문제가 달라질 수 있습니다. 예를 들어 상장주식의 소액주주 지분 양도시에는 양도세를 과세하지 않으나, 대주주의 경우에는 양도세를 과세하게 됩니다. 상증법에서는 증여의제에 따른 증여세의 부과 여부가 대주주 여부에 따라 달라질 수 있습니다. 또한 2025년 1월 1일부터는 주식등의 양도에 따른 소득이 금융투자소득세제로 개편됨에 따라 양도소득의 금액크기에 따라 과세여부가 달라질 수 있습니다.[371)] 즉, 기존 개념에서는 대주주가 아니더라도 양도소득(금융투자소득)이 일정 금액(5천만원) 이상이 되면 상장주식의 장내 거래의 경우에도 과세가 될 수 있습니다.

369) 부동산비율이나 주식보유비율이 자산의 80% 이상을 차지하는 경우, 3년 미만의 법인등은 자산가치만으로 평가하며, 자산총액 중 부동산비율이 50%~80%이면 순자산가치 3, 순손익가치 2로 가중평균하고, 평가결과는 순자산가치의 80% 이상이 되어야 하는 등 가중치는 상황에 따라 조금씩 달리 적용될 수 있습니다(상속세및증여세법 제63조).

370) 기업가치평가와 재무실사(삼일인포마인) 참조

371) 금융투자소득의 기본구조에 대해서는 다음장의 "금융투자소득 과세체계"를 참고하시기 바랍니다.

[표 100] 각 세목별 대주주 또는 소액주주 정의

세법	구분	정의
법인세법 (시행령 제50조)	소액주주	발행주식총수 또는 출자총액의 100분의 1에 미달하는 주식등을 소유한 주주 등
소득세법 (제94조)	대주주	시가가 10억원 이상이거나[372] 지분율이 1% 이상인 법인(코스닥은 2%, 코넥스 및 비상장은 4%)
상증법 (제38조)	대주주	특수관계인의 지분율을 합하여 해당 법인의 발행주식총수 등의 100분의 1 이상을 소유하고 있거나 주식 등의 액면가액의 합계액이 3억원 이상인 주주

* 소액주주 및 대주주의 요건은 각 세목의 조문별로 다르게 정의될 수 있으므로 반드시 해당 조문에서 말하는 대주주 등의 정의를 확인하여야 합니다.

대주주의 정의와 함께 특수관계인의 정의도 중요합니다. 특수관계자간의 거래일 경우에 고려해야 하는 다양한 세무사항이 존재하며, 과점주주 여부를 판단할 때와 같이 특수관계자 지분을 모두 합하여 과세 대상에 해당하는 지 판단하는 경우도 있기 때문입니다. 특수관계자의 정의는 국세기본법에서 기본적인 사항을 정의하고 있으며, 각 세법의 조문별로 특수관계자 혹은 최대주주 등의 범위를 별도로 정의하는 경우가 있기 때문에 세무 문제를 살펴볼 때에는 반드시 각 조문별 특수관계자 범위를 확인하여야 합니다.

[표 101] 특수관계자의 정의(국세기본법)

세법	구분	정의
국세기본법 (제2조)	혈족, 인척 등 친족관계	• 4촌 이내의 혈족 • 3촌 이내의 인척 • 배우자(사실상의 혼인관계에 있는 자를 포함) • 친생자로서 다른 사람에게 친양자 입양된 자 및 그 배우사·직계비속 • 본인이 「민법」에 따라 인지한 혼인 외 출생자의 생부나 생모(본인의 금전이나 그 밖의 재산으로 생계를 유지하는 사람 또는 생계를 함께하는 사람으로 한정한다)

372) 2020년 4월 1일부터 2024년 12월 31일까지의 기간 동안 주식등을 양도하는 경우에 해당하며, 2025년 1월 1일부터는 금융투자소득세제에 따라 과세됩니다.

373) 영리법인인 경우는 법인의 발행주식총수 또는 출자총액의 100분의 30 이상을 출자한 경우나, 임원의 임면권의 행사, 사업방침의 결정 등 법인의 경영에 대하여 사실상 영향력을 행사하고 있다고 인정되는 경우는 지배적인 영향력이 있다고 보며, 비영리법인인 경우에는 법인의 이사의 과반수를 차지하는 경우나 법인의 출연재산(설립을 위한 출연재산만 해당한다)의 100분의 30 이상을 출연하고 그 중 1인이 설립자인 경우에

세법	구분	정의
	임원, 사용인 등 경제적 연관관계	• 임원과 그 밖의 사용인(및 생계를 함께하는 친족) • 본인의 금전이나 그 밖의 재산으로 생계를 유지하는 자(및 생계를 함께하는 친족)
	주주, 출자자 등 경영지배관계	• 본인(친족, 경제적 연관관계를 통한 경우 포함)이 법인의 경영에 대하여 지배적인 영향력을 행사하고 있는 경우[373] 그 개인 또는 법인
		• 공정거래법 상 기업집단에 속하는 경우 그 기업집단에 속하는 다른 계열회사 및 그 임원

* 특수관계인의 정의는 각 세목의 조문별로 다르게 정의될 수 있으므로 반드시 해당 조문에서 말하는 특수관계인 등의 정의를 확인하여야 합니다.

[그림 40] 상속세 및 증여세법 상 특수관계자 범위[374]

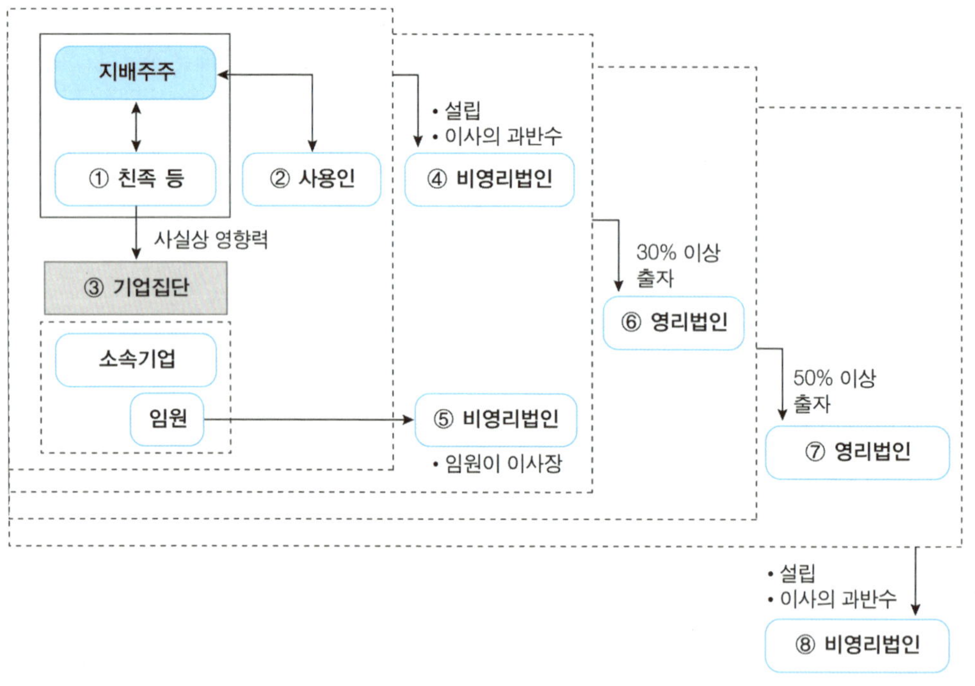

는 지배적인 영향력이 있다고 봅니다(국세기본법 시행령 제1조의2).
374) 상증령 §2의2 ①, "국세청 2022년 일감몰아주기 · 일감떼어주기 증여세 신고안내" 참고

4 법인세 개요

법인세는 개인사업자에게 부과되는 종합소득세와 같은 성질의 세금으로서 1 사업 연도(1회계기간)동안 법인의 사업에서 생긴 소득을 기준으로 내는 세금입니다.

내국법인(국내에 본점이나 주사무소 또는 사업의 실질적 관리장소를 둔 법인)은 국내·외에서 발생하는 모든 소득에 대하여 법인세 납세의무가 있습니다. 외국법인(외국에 본점 또는 주사무소를 둔 법인)은 국내에서 발생하는 소득 중 법에서 정한 것(국내원천소득)에 한하여 법인세 납세의무가 있으며, 비영리법인은 수익사업에 한하여 법인세 납세의무가 있습니다.

[표 88] 법인 구분별 납세의무[375)]

구분		각 사업연도 소득
내국법인	영리법인	• 국내 · 외 모든 소득
	비영리법인	• 국내 · 외 수익사업 소득
외국법인	영리법인	• 국내원천소득
	비영리법인**	• 국내원천소득 중 열거된 수익사업 소득

각사업연도소득에 대한 법인세 이외에 법령에서 정하는 국내에 소재하는 주택(부수토지 포함) 및 별장, 비사업용토지, 주택을 취득하기 위한 권리(조합원입주권, 분양권)를 양도하는 경우에는 「토지 등 양도소득에 대한 법인세」를 추가로 납부[376)]하여야 합니다

내국 영리법인 중 각 사업연도 종료일 현재 상호출자제한기업집단에 속하는 법인은 「조세특례제한법」상 "투자·상생 협력 촉진을 위한 과세특례제도"[377)]에 따라 투자, 임금등으로 사용되지 않은 미환류소득에 대해 추가적인 납세의무가 발생할 수 있습니다

납세의무가 있는 내국법인은 사업연도 종료일이 속하는 달의 말일부터 3개월 이내에 그 사업연도의 소득에 대한 법인세의 과세표준과 세액을 납세지(본점) 관할 세무서장에게 신고하여야 합니다.

법인의 소득에 따라 부담하게 되는 법인세율은 다음의 표와 같습니다.

375) "최고경영자가 알아야할 세무관리 2023, 국세청" 참고.
376) 양도차액에 대해 10%~20%(미등기자산은 40%)
377) 조세특례제한법 제100조의32

[표 89] 법인세율[378)]

과세표준	세율
2억원 이하	과세표준의 100분의 9
2억원 초과 200억원 이하	1천 800만원 + (2억원을 초과하는 금액의 100분의 19)
200억원 초과 3천억원 이하	37억8천만원 + (200억원을 초과하는 금액의 100분의 21)
3천억원 초과	625억8천만원 + (3천억원을 초과하는 금액의 100분의 24)

5 상속세 및 증여세 개요

1) 상속세 개요

한국의 상속세 제도에서 "상속재산"이란 피상속인에게 귀속되는 모든 재산을 말하는 것으로 피상속인(사망자)의 유산을 기준으로 누진세율을 적용하여 과세하는 유산과세형입니다. 상속세는 피상속인이 거주자일 경우에는 상속개시일 현재 피상속인 소유의 국내·국내에 있는 모든 상속재산이 과세대상이 되고, 비거주자일 경우에는 국내에 있는 모든 상속재산만 상속세 과세대상이 됩니다.

법정 상속 순위는 민법에서 정하고 있으며, 상속세의 납세의무자는 개인이나 비영리법인도 대상이 됩니다.

[표 90] 상속세 계산구조

구분		설명
총상속재산	상속재산	금전으로 환산할 수 있는 경제적 가치가 있는 모든 물건, 재산적 가치가 있는 법률상 또는 사실상의 모든 권리
	간주상속재산	보험금, 신탁재산, 퇴직금 등 피상속인이 납부하여 받게 되는 재산
	추정상속재산	상속개시이전 용도불분명 재산처분대가(1년 내 2억원, 금융재산은 2년내 5억원)
-)비과세 상속재산	국가, 지방자치단체 유증 등	

378) 법인세와 별도로 법인세의 10%를 지방자치단체에 지방소득세로 납부하여야 합니다.

구분		설명
-)상속재산 차감액	채무, 공과금, 장례비용, 과세가액 불산입	확정채무, 공익목적 출연재산 등
+)상속재산 가산액	사전증여재산	10년내 상속인에게 증여한 재산(5년 내 상속인외의 자에게 증여한 재산)
	과세특례증여재산	가업승계, 창업자금 특례 적용 증여 재산
=상속세 과세가액		
-)상속세 과세가액 차감	상속공제	기초공제 2억원 배우자공제 5억원(5억원 이상 상속시 30억원 한도) 자녀공제 1인 5천만원, 미성년공제 1인 1천만원×19세까지 잔여연수, 연로자 공제 1인 5천만원, 장애인 공제 1인 1천만원×기대여명 일괄공제 5억원 한도 가업상속공제, 영농상속공제 금융상속공제 2억원 한도 동거주택 상속공제 6억원 한도 등
	상속재산 감정평가 수수료	
=상속세 과세표준		
×세율		단계적 누진세율, 세대생략 할증세액 등 가산
=상속세 산출세액		
-)징수유예액		문화재, 박물관 등의 재산에 대한 징수유예
-)세액공제		증여세액공제, 외국납부세액공제, 신고세액공제 3% 등
+)가산세		신고불성실가산세, 납부지연가산세 등
=납부할 세액		
-)분납, 연부연납, 물납		
=신고납부세액		

[표 91] 상속세 세율

과세표준	세율
1억원 이하	과세표준의 100분의 10
1억원 초과 5억원 이하	1천만원 + (1억원을 초과하는 금액의 100분의 20)
5억원 초과 10억원 이하	9천만원 + (5억원을 초과하는 금액의 100분의 30)
10억원 초과 30억원 이하	2억4천만원 + (10천억원을 초과하는 금액의 100분의 40)
30억원 초과	10억4천만원 + (30천억원을 초과하는 금액의 100분의 50)

2) 증여세 개요

"증여"란 그 행위 또는 거래의 명칭·형식·목적 등과 관계없이 직접 또는 간접적인 방법으로 타인에게 무상으로 유형·무형의 재산 또는 이익을 이전(移轉)(현저히 낮은 대가를 받고 이전하는 경우를 포함한다)하거나 타인의 재산가치를 증가시키는 것을 말합니다.

"증여재산"이란 증여로 인하여 수증자에게 귀속되는 모든 재산 또는 이익을 말하며, 금전으로 환산할 수 있는 경제적 가치가 있는 모든 물건, 재산적 가치가 있는 법률상 또는 사실상의 모든 권리, 금전으로 환산할 수 있는 모든 경제적 이익을 포함합니다.

개인이나 법인인 타인으로부터 재산을 증여받은 경우 수증자(증여를 받는자)는 증여세를 납부하여야 합니다.

수증자가 거주자이거나 비영리내국법인인 경우에는 증여일 현재 증여받은 국내외에 있는 모든 증여재산에 대해 과세가 되고, 수증자가 비거주자이거나 비영리외국법인인 경우에는 증여일 현재 증여받은 국내에 있는 모든 증여재산이 과세대상이 됩니다.

[표 92] 증여세 계산구조

구분		설명
증여재산가액		수증자에게 귀속되는 모든 재산 또는 이익
-)비과세증여재산		국가, 지방자치단체로부터 받은 재산, 구호품, 우리사주조합을 통해 취득한 주식차액 등
-)증여재산차감	과세가액불산입	공익법인이 출연받은 공익신탁재산 등
	부담부증여 채무인수액	증여재산의 담보한 채무
+)증여재산 가산액		동일인으로부터 10년이내 증여받은 재산가액 1천만원 이상인 경우
=증여세 과세가액		

구분		설명
-)증여세 과세가액 차감	증여재산공제 (10년 이내)	배우자 6억원 직계존속(배우자 포함)으로부터 증여 5천만원(수증자 미성년인 경우 2천만원) 직계비속으로부터 증여 5천만원 6촌 이내 혈족, 4촌이내 인척 1천만원
	재해손실공제	
	증여재산 감정평가 수수료	
=증여세 과세표준		
×세율		단계적 누진세율, 세대생략 할증세액 가산 등
=산출세액		
-)징수유예액		문화재, 박물관자료 등의 재산에 대한 징수유예
-)세액공제		기납부세액공제, 외국납부세액공제, 신고세액공제 3% 등
+)가산세		신고불성실가산세, 납부지연가산세 등
=납부할 세액		
-)분납, 연부연납		
=신고납부세액		

[표 93] 증여세 세율

과세표준	세율
1억원 이하	과세표준의 100분의 10
1억원 초과 5억원 이하	1천만원 + (1억원을 초과하는 금액의 100분의 20)
5억원 초과 10억원 이하	9천만원 + (5억원을 초과하는 금액의 100분의 30)
10억원 초과 30억원 이하	2억4천만원 + (10천억원을 초과하는 금액의 100분의 40)
30억원 초과	10억4천만원 + (30천억원을 초과하는 금액의 100분의 50)

6 양도소득세 개요

양도소득세란 개인이 토지, 건물 등 부동산이나 주식등과 파생상품의 양도 또는 분양권과 같은 부동산에 관한 권리를 양도함으로 인하여 발생하는 이익(소득)을 과세대상으로 하여 부과하는 세금을 말합니다.

양도라 함은 자산의 소유권이전을 위한 등기 등록에 관계없이 매매, 교환, 법인에 현물출자 등으로 자산이 유상(대가성)으로 사실상 소유권 이전되는 경우를 말합니다. 그러므로 증여자의 부동산에 설정된 채무를 부담하면서 증여가 이루어지는 부담부증여에 있어서 수증자가 인수하는 채무상당액은 그 자산이 사실상 유상양도되는 결과와 동일하기 때문에 양도로 간주하게 됩니다. 그러나, 배우자 또는 직계존비속간 매매로 양도한 경우에는 증여한 것으로 추정되어 양도소득세가 과세되지 않고 증여세가 과세될 수 있습니다.

[표 94] 양도소득세 과세대상 자산의 범위[379)]

부동산	토지, 건물(무허가 건물도 과세대상 포함)
부동산에 관한 권리	부동산을 취득할 수 있는 권리, 지상권, 전세권, 등기된 부동산임차권
주식등	대주주가 양도하거나 소액주주가 증권시장 밖에서 양도하는 상장주식등 및 비상장주시등 * 주식등 : 주식 또는 출자지분, 신주인수권, 증권예탁증권
기타자산	사업용 고정자산과 함께 양도하는 영업권, 특정시설물 이용권·회원권, 특정주식, 부동산과다보유법원 주식등, 부동산과 함께 양도하는 이축권
파생상품	• 국내·외 주가지수를 기초자산으로 하는 파생상품 • 차액결제거래 파생상품(CFD) • 주식워런증권(ELW) • 국외 장내 파생상품 • 경제적 실질이 주가지수를 기초자산으로 하는 장내파생상품과 동일한 장외파생상품
신탁 수익권	신탁의 이익을 받을 권리(「자본시장과 금융투자업에 관한 법률」 제110조에 따른 수익증권 및 같은 법 제189조에 따른 투자신탁의 수익권 등 대통령령으로 정하는 수익권은 제외)의 양도로 발생하는 소득

양도소득세는 조세정책적 목적으로 비과세하거나 감면되는 경우가 있습니다. 1세대가 양도일 현재 국내에 1주택을 보유하고 있는 경우로서 2년 이상 보유한 경우에는 양도소득세가 과세되지 않은 경우가 대표적인 비과세 사례입니다.

양도소득세는 신고납부 제도입니다. 부동산을 양도한 경우에는 양도일이 속하는 달의 말일부터 2개월 이내에 주소지 관할세무서에 예정신고·납부를 하여야 합니다. 주식을 양도한 경우에는 양도일이 속하는 반기의 말일부터 2개월 이내에 예정신고·납부를 하여야 합니다. 만약 반기 중에 여러 건의 주식을 양도한 경우라면 반기별로 모아서 신고·납부하게

379) 국세청 홈페이지 자료 참조

됩니다. 파생상품을 양도한 경우에는 해당연도 양도소득에 대하여 예정신고 없이 다음해 5월에 연 1회 확정신고·납부하게 됩니다.

확정신고는 다음해 5월 1일부터 5월 31일까지입니다. 당해연도에 여러 건의 자산을 양도한 경우에는 그 다음해 5월 1일부터 5월 31일 사이에 주소지 관할세무서에 확정신고를 하여야 합니다. 그러나, 1건의 양도소득만 있는 자가 예정신고를 마친 경우 확정신고를 하지 않아도 됩니다.

[표 95] 양도소득세 납부기한

소득종류	구분	법정신고기한
토지 또는 건물, 부동산에 관한 권리, 기타자산, 신탁 수익권	예정	양도일이 속하는 달의 말일부터 2개월
	확정	양도일이 속하는 연도의 다음 연도 5.1~5.31일까지
토지거래계약 허가구역 안에 있는 토지를 양도함에 있어서 토지거래 계약허가를 받기전에 대금을 청산한 경우	예정	그 허가일이 속하는 달의 말일부터 2개월
	확정	그 허가일이 속하는 연도의 다음 연도 5.1~5.31일까지
주식 또는 출자지분 (신주인수권 포함)	예정	양도일이 속하는 반기의 말일부터 2개월(국외주식, 파생상품은 예정신고 면제)
	확정	양도일이 속하는 연도의 다음 연도 5.1~5.31일까지(국외주식, 파생상품 포함)

* 부담부증여시 예정신고 기한은 증여일이 속하는 달의 말일부터 3개월

양도소득세 분할납부가 가능합니다. 납부할 세액이 1천만원을 초과하는 경우 납부할 세액의 일부를 납부기한 경과 후 2개월 이내에 나누어 낼 수 있습니다.

[표 96] 양도세 분할납부

구분	분할납부할 수 있는 세액
납부할 세액이 2천만원 이하일 경우	1천만원을 초과하는 금액
납부할 세액이 2천만원을 초과하는 경우	납부할 세액의 1/2 이하의 금액

양도소득세는 실질거래가액을 기초로 계산하고, 취득과 양도시 증빙에 의해 확인된 부대비용을 필요경비로 차감하여 계산합니다.

[표 97] 양도소득세 계산구조

구분	설명
양도가액	양도당시 실지거래가액
-)취득가액	취득당시 실지거래가액 (부동산 등의 경우에는 실지거래가액을 확인할 수 없는 경우 매매사례가액, 감정가액, 환산취득가액 적용 가능)
-)필요경비	취득세 등 취득부대비용과 증권거래세 등 양도부대비용 부동산 등의 경우에는 설비비·개량비, 자본적지출액, 양도비 등 (단, 매매사례가액, 감정가액, 환산취득가액 적용시에는 기준시가의 3% 적용)
=양도차익	양도가액 - 취득가액 - 필요경비
-)장기보유특별공제	토지, 건물 등의 양도시 적용
=양도소득금액	양도차익 - 장기보유특별공제
-)감면대상소득금액	조세특례제한법에서 규정한 경우(미분양주택, 신축주택 등)
-)양도소득기본공제	250만원
=양도소득과세표준	양도소득금액 - (감면대상소득금액 + 양도소득기본공제)
×세율	양도자산별 세율 구분
=산출세액	양도소득과세표준×세율
-)세액감면 및 세액공제	전자신고세액공제, 외국납부세액공제와 조세특례제한법상 감면세액
=자진납부할 세액	산출세액 - (세액공제 + 감면세액)

양도소득세율은 양도자산의 성격, 보유자, 보유기간 등에 따라 구분됩니다. 기본적으로 양도소득세율은 종합소득세와 동일한 소득구간별 누진세율을 적용합니다. 그러나 비사업용토지에 대해서는 이보다 다소 높은 세율을 적용하고 있으며, 주식에 대해서는 대주주 여부, 중소기업여부, 보유기간 등에 따라 10%, 20%, 25% 또는 30%의 세율이 적용됩니다.

[표 98] 양도소득 기본세율

(토지, 건물, 부동산을 취득할 수 있는 권리, 영업권, 부동산비중이 높은 특정주식 등)

과세표준	세율
1,400만원 이하	과세표준의 6%
1,400만원 초과 5,000만원 이하	84만원 + (1,400만원을 초과하는 금액의 15%)
5,000만원 초과 8,800만원 이하	624만원 + (5,000만원을 초과하는 금액의 24%)
8,800만원 초과 1억5천만원 이하	1,536만원 + (8,800만원을 초과하는 금액의 35%)
1억5천만원 초과 3억원 이하	3,706만원 + (1억5천만원을 초과하는 금액의 38%)
3억원 초과 5억원 이하	9,406만원 + (3억원을 초과하는 금액의 40%)
5억원 초과 10억원 이하	1억7,406만원 + (5억원을 초과하는 금액의 42%)
10억원 초과	3억8,406만원 + (10억원을 초과하는 금액의 45%)

[표 99] 주식 양도소득세율

구분			세율
국내주식	대주주	1년 이상 보유	과세표준 3억원 이하: 20% 과세표준 3억원 초과: 6천만원 + (3억원 초과액 × 25%)
		1년 미만 보유	30%
	대주주 외	중소기업 외	20%
		중소기업	10%
국외주식	모든주주	중소기업	10%
		중소기업외	20%

7 주식의 양도

주식을 양수도할 경우 양도자는 기본적으로 양도차익에 대한 양도소득세와 증권거래세를 납부하게 되며, 양수자는 과점주주취득세가 발생하지는 않는지 확인하여야 합니다. 만약, 시가와 차이가 나는 금액으로 거래가 이루어지는 경우에는 증여세 문제가 발생하는지도 확인하여야 합니다.

[그림 41] 주식의 양도시 과세 문제 개요

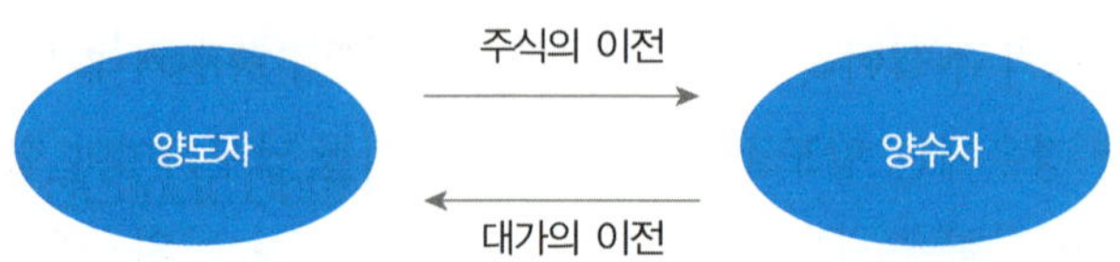

- 주식 양도로 인한 양도차익 과세 (법인은 법인세, 개인은 양도소득세)
- 증권거래세
- 증여의제(고가양도로 인한 증여세)

- 과점주주취득세
- 증여의제(저가양수로 인한 증여세)
  * 법인의 경우에도 특수관계인인 개인으로부터 유가증권을 시가보다 낮은 가액으로 매입하는 경우 시가와 그 매입가액의 차액에 상당하는 금액을 익금산입

[그림 42] 양도소득세 기본 계산 구조

양도소득세 = (양도가액 – 취득가액 – 필요경비) x 세율

구분	내용
양도가액	실지거래가액 * 부당행위계산부인의 경우 양도가액은 시가로 계산
(–) 취득가액	실지거래가액 * 개별법 원칙, 불분명한 경우 선입선출 가정
(–) 필요경비	취득부대비용: 취득세, 중개수수료, 자문수수료 등 양도부대비용: 증권거래세, 중개수수료, 자문수수료 등 * 증빙 보유 필수
= 양도차익	
– 장기보유특별공제	토지 및 건물의 양도시(양도차익에 일정 공제율)
= 양도소득금액	같은 카테고리에서만 양도차손익 통산
– 양도소득 기본공제	카테고리별 250만원(부동산등, 주식 파생상품 카테고리로 구분)
= 양도소득 과세표준	
x 세율	
= 산출세액	조특법상 감면혜택이 있는 경우 공제 후 자진납부

양도가액은 실지거래가액을 원칙으로 합니다. 단, 시가와 실지거래가액이 차이가 날 경우에는 부당행위계산부인이나 증여의제 등으로 시가와의 차이에 대해 과세가 이루어집니다.

취득가액은 소득세법에서는 동일한 주식을 여러 차례에 걸쳐 취득하였을 경우에 개별법이 원칙이지만 양도한 자산의 취득시기가 불분명한 경우에는 먼저 취득한 자산을 먼저 양도한 것으로 봅니다. 법인세법에서는 총평균법 또는 이동평균법 중 세무상 신고한 방법으로 평가합니다.

필요경비는 취득시에 발생하는 부대비용으로는 취득세, 취득 중개수수료, 취득에 대한 자문수수료 등이 있을 수 있으며, 양도시 발생하는 부대비용으로는 증권거래세, 양도 중개수수료, 양도에 대한 자문수수료 등이 발생할 수 있습니다.

[표 102] 양도소득세 과세대상 주식(금융투자소득 시행 이전까지)

상장주식	비상장주식[380)
대주주가 양도하는 거래[381)	모든 거래
장외거래[382)	

주식의 양도소득세 거래 대상을 판단할 때 대주주의 기준은 지분율요건이나 시가요건을 충족해야 합니다. 대주주 요건은 양도일의 직전사업연도말을 기준으로 판단하지만, 지분율요건의 경우에는 직전사업연도 종료일 현재 1%에 미달하였으나, 그 후 주식을 취득함으로써 소유주식의 비율이 1% 이상이 되는 경우에는 그 취득일 이후부터 당해 사업연도 종료일까지 대주주의 범위에 포함됩니다.

380) 2019년 12월 31일 법 개정시 국내주식과 국외주식간의 양도소득금액 통산이 가능하도록 국외주식을 양도소득세 과세대상 국내자산의 범위에 포함하였습니다(소득세법 제94조 제1항 제3호).

381) 특수관계자를 포함하여 판정합니다. 그러나, 최대주주가 아닌 경우 본인보유 주식만 계산합니다. 또한 대주주의 친족범위는 4촌이내의 혈족, 3촌이내의 인척, 배우자, 친생자로서 친양자 입양된자 및 그 배우자와 직계비속, 경영지배관계에 있는 법인으로 합니다(소득령 제157조, 제167조의8).

382) 단, 협회장외시장을 통해 소액주주가 양도하는 중소・중견기업 주식 등은 제외하며, 상법상 주식의 포괄적 교환・이전 또는 주식의 포괄적 교환・이전에 대한 주식매수청구권 행사로 양도하는 주식등은 양도세 과세대상에서 제외합니다.

[표 103] 대주주요건

구분	지분율 요건	시가요건
유가증권시장	1% 이상	10억원 (2020년 4월 1일부터 2024년 12월 31일까지의 기간 동안 주식등을 양도하는 경우에 해당)
코스닥	2% 이상	
코넥스	4% 이상	

[표 104] 주식 양도시 적용 세율

구분			세율
국내주식등	중소기업	소액주주	10%
		대주주*	20~25%
	중소기업 외	소액주주	20%
		대주주 1년 이상 보유*	20~25%
		대주주 1년 미만 보유*	30%
특정주식 등 기타자산(국외 기타자산 포함)			4~45%
자산총액 중 비사업용토지 50% 이상인 특정주식·부동산과다보유법인 주식			16~55%

* 연간 과세표준 3억원까지 20%, 3억원 초과시 25% 누진세율 적용
** 국외주식에 대해서는 20%를 적용하며, 외국에 상장되어 있는 중소기업 특별법에 의한 국내 중소기업 주식에 한하여 10% 세율을 적용

NOTE 18

□ 금융투자소득 과세체계

2025년 1월 1일부터는 신설된 금융투자소득세에 따라 자본시장법상 금융투자상품(증권·파생상품 등)으로부터 실현된 모든 소득이 금융투자소득으로 과세됩니다. 금융투자소득은 소득의 특성상 이익이 다년간 누적되어 발생하고, 손실의 가능성이 있으므로 종합소득과 별도로 분리하여 과세합니다. 다만, 금융소득 종합과세는 유지되므로 이자 및 배당에 해당되는 소득은 2천만원이하이면서 원천징수된 소득이 아닐 경우에는 종합소득으로 합산하여 과세됩니다.

[표 105] 금융투자상품별 소득의 구분

금융투자상품	소득의 구분
• 국내외 예금이자 • 채권, 증권의 이자와 할인액 • 보험차익 • 파생결합예금/사채 이익	이자소득(분리과세 또는 금융소득종합과세)
• 이익 또는 잉여금의 분배 • 집합투자기구 이익(이자/배당)	배당소득(분리과세 또는 금융소득종합과세)
• 주식 양도소득 • 채권 양도소득 • 주식형 ETF 양도, 파생결합증권(ELS, DLS) 양도소득 • 파생결합증권 이익(주가지수 ELW), 파생상품소득 • 개별주가종목/금리/통화/파생 등으로부터의 이익 • 집합투자기구 이익(주식/채권양도, 환매 등)	금융투자소득(분류과세, 종합소득에 포함시키지 않고 별도로 과세)

금융투자소득은 종합소득과 별도로 분류되어 과세되고, 금융투자상품에서 발생한 손익 전체를 통산하여 과세합니다. 만약 금융투자상품의 손익 합계액이 0보다 작은 경우에는 금융투자결손금이 발생하게 되고, 이 결손금은 5년간 금융투자상품의 소득에서 공제할 수 있습니다. 또한 주권상장법인의 주식을 장내에서 양도하여 발생한 소득금액 등에 대해서는 연간 5천만원까지 공제할 수 있고, 기타 금융투자소득에 대해서는 연간 250만원을 기본 공제합니다. 즉, 기본적인 과세체계는 종전의 주식 양도소득세 기본구조와 유사하나, 금융투자상품의 범위를 재정립하고, 투자결손의 공제를 5년간 허용하며, 상장주식의 장내거래에 따른 양도소득 기본공제를 5천만원으로 정함으로써 과세범위를 정하였다는 측면에서 차이가 있다고 볼 수 있습니다.

[표 106] 금융투자소득세 과세체계 요약

구분	내용
과세방법	• 종합소득과 별도로 구분하여 과세
과세대상	• 금융투자상품(주식, 채권, 투자계약증권, 집합투자증권, 파생결합증권, 파생상품 등 원본손실 가능성이 있는 금융상품)의 상환, 환매, 해지, 양도 등으로 인하여 발생한 소득에 대하여 금융투자소득세가 과세
과세표준	• 금융투자소득 – 금융투자이월결손금 – 기본공제
결손금의 이월공제	• 5년간 가능

구분	내용
기본공제	• 상장법인 주식을 장내에서 양도하여 발생한 소득(중소/중견기업 비상장주식을 K-OTC 거래로 양도하여 발생한 소득, 집합투자기구소득 중 공모 국내주식형 적격집합투자기구에서 발생한 소득 포함): 5천만원 • 이외의 소득: 250만원
세율(지방소득세 별도)	• 과세표준 3억원 이하: 20% • 과세표준 3억원 초과: 6천만원 + 3억원 초과액 × 25%
예정신고	• 금융회사를 통하여 지급받지 아니한 금융투자소득: 지급일이 속하는 반기의 말일부터 2개월 • 이외의 소득: 지급일/양도일이 속하는 달의 말일부터 2개월
확정신고[383)]	• 과세기간 다음 연도 5월1일~5월 31일

NOTE 19

❑ 주식 양수도 절차 예시

구분	주요 내용
주식 평가(필요한 경우 실사)	공정가치 평가 특수관계자 거래일 경우에는 세무상 시가에 대한 확인
이사회 결의 및 내부규정에 의한 승인 절차	내부 규정에 의한 승인 절차 후 계약 체결
주식양수도 계약서 작성 및 서명(날인)	양도자는 신분증, 인감도장(날인시), 인감증명서 등, 양수자는 신분증 인감도장(날인시) 등 * 공증: 내용을 명확히 하기 위해서 양수도 당사자가 공증을 받는 경우도 있으나, 반드시 필요한 절차는 아님
주식양수도 기준일	실질적인 주식 양수도일(권리 등이 이전되는 날, 실무적으로 잔금지급후 권리가 이전되는 경우가 많음)
대금지급	기준일 또는 계약이행 이후 지급

383) 단, 금융투자소득이 원천징수세액을 초과하지 않아 추가 납부세액이 없고, 환급세액이 없고, 금융투자결손금의 확정이 불필요하고, 비과세/감면의 적용을 받지 않는 경우에는 확정신고를 하지 않을 수 있습니다. 하지만 금융투자소득 원천징수시 투자소득금액별로 1개의 금융회사에게만 금융투자소득 기본공제를 신청하여 원천징수를 반영할 수 있기 때문에 1개의 금융사에 금융투자소득금액이 3억원 이하이면 원천징수로 납세의무가 종결되지만, 금융투자소득이 3억원 이하 발생하더라도 다수의 금융회사로부터 해당 소득이 발생한 경우에는 확정신고가 필요할 것입니다.

구분	주요 내용
주주명부 명의개서	양수인의 명의개서를 요청 → 회사(또는 대행사)는 주주명부 수정기재 * 공증(필요시): 양수도 사항을 명확히 하기 위해 회사에 의뢰하여 회사가 변경된 주주명부에 대한 공증을 받음
증권거래세 신고 납부	양도자가 거래대금에 증권거래세율을 적용하여 납부[384)] (비상장주식은 양도일이 속하는 반기의 말일부터 2개월 이내)[385)]
과점주주취득세 신고 납부	양수자가 납부. 취득세 대상 자산이 있을 경우 대상이 될 수 있음(주식을 취득한 날로부터 60일 이내에 취득 물건 소재지 시·군·구청에 신고납부)
양도소득세 신고 납부	양도자가 신고 납부(차익이 발생하지 않더라도 신고는 필요(양도일이 속하는 반기의 말일부터 2개월 이내, 특정주식[386)] 및 부동산과다법인 주식은 양도일이 속하는 달의 말일부터 2개월 이내)[387)]
주식등 변동상황명세서 제출	회사는 법인세 신고시 주주명부와 주식등 변동상황명세서를 제출

384) 비상장주식 증권거비상장주식(상장주식 장외거래 포함)은 0.35%(22년까지는 0.43%), 유가증권시장 거래는 0.0%(22년까지는 0.08%, 23년은 0.05%, 24년은 0.03%, 농특세 0.15%별도), 코스닥시장, K-OTC 거래는 0.15%(22년까지는 0.23%, 23년은 0.2%, 24년은 0.18%), 코넥스거래는 0.1%를 납부합니다.

385) 전자등록기관, 한국예탁결제원 및 금융투자업자인 경우(증거법 제10조 제1항 제1호)에는 당해 거래월의 다음달 10일까지 신고하여야 합니다.

386) 부동산 과다법인을 소유한 과점주주가 50% 이상의 지분을 처분하는 경우 등(소득세법 제105조)

387) 또한 위의 예정신고기한내에 신고하였더라도 양도한 과세기간의 다음 연도 5.1.~5.31.까지 확정신고 의무가 있는지 확인해 보아야 합니다. 보통 예정신고를 한 경우에는 확정신고의 의무가 없지만 누진세율 적용대상 주식등에 대한 예정신고를 2회 이상 한 자가 이미 신고한 양도소득금액과 합산하여 예정신고를 하지 아니한 경우와 주식 등을 2회 이상 양도한 경우로서 양도소득 기본공제의 적용순위로 인하여 당초 신고한 양도소득 산출세액이 달라지는 경우에는 확정신고를 하여야 합니다.

NOTE 20

❑ 해외주식의 양수도

해외주식을 매매함에 따라 발생되는 양도소득에 대하여는 소액주주 여부에 불구하고 양도소득세를 신고·납부하여야 합니다. 해외주식 양도소득에 대하여는 보유기간에 관계없이 20%의 세율이 적용됩니다. 단, 우리나라 중소기업이 해외에서 발행한 주식 등으로서 외국에 있는 시장에 상장된 주식에는 10%의 세율이 적용됩니다. 해외주식 양도소득은 예정신고의무가 없으며, 양도소득세 과세대상 국내주식 양도손익과 통산하여 확정신고합니다.

8 누진세율이 적용되는 지분의 양도

자산총액 중 부동산이 차지하는 비율이 50% 이상인 회사의 지분을 50% 초과하여 보유한 과점주주가 해당 회사 지분의 50% 이상을 양도하는 경우에는 부동산을 양도하는 것으로 간주하여 누진세율이 적용됩니다. 과점주주가 주식 등을 과점주주 외의 자에게 여러 번에 걸쳐 양도하는 경우로서 과점주주 중 1인이 주식 등을 양도하는 날부터 소급해 3년 내에 과점주주가 양도한 주식 등을 합산해 해당 법인 주식 등의 50% 이상을 양도하는 경우에도 적용되는 데, 이때 부동산가액 비율요건과 주식 등의 소유비율 요건이 동시에 충족되면 그 이후 양도한 주식 등을 합산하여 50% 이상이 되는 시점에서 누진세율을 적용하여 과세하게 되는 것입니다.

[그림 43] 누진세율이 적용되는 지분의 양도 case1

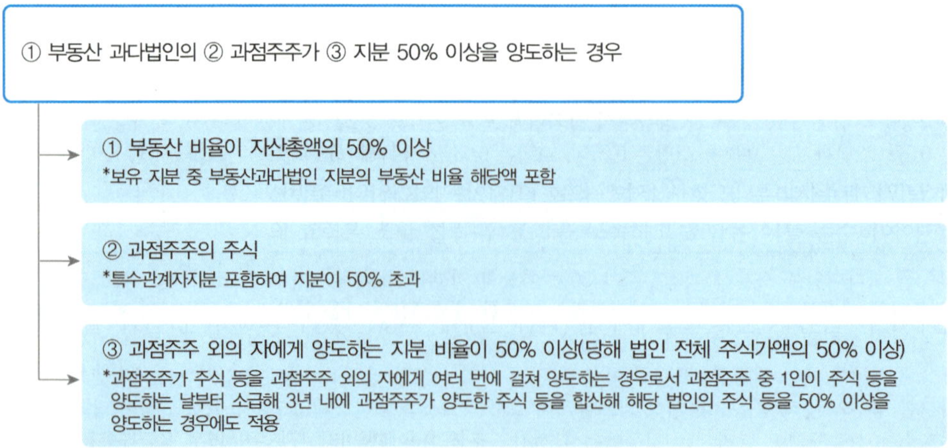

① 부동산 과다법인의 ② 과점주주가 ③ 지분 50% 이상을 양도하는 경우

→ ① 부동산 비율이 자산총액의 50% 이상
*보유 지분 중 부동산과다법인 지분의 부동산 비율 해당액 포함

→ ② 과점주주의 주식
*특수관계자지분 포함하여 지분이 50% 초과

→ ③ 과점주주 외의 자에게 양도하는 지분 비율이 50% 이상(당해 법인 전체 주식가액의 50% 이상)
*과점주주가 주식 등을 과점주주 외의 자에게 여러 번에 걸쳐 양도하는 경우로서 과점주주 중 1인이 주식 등을 양도하는 날부터 소급해 3년 내에 과점주주가 양도한 주식 등을 합산해 해당 법인의 주식 등을 50% 이상을 양도하는 경우에도 적용

누진세가 적용되는 두번째 case는 부동산비율이 자산총액의 80% 이상을 차지하는 특정 사업을 영위하는 법인의 주식으로써 양도비율에 상관없이 누진세율이 적용되며, 판정기준일이 「양도일」 또는 「양도일이 속하는 사업연도의 직전사업연도 종료일 현재」란 점이 과점주주 주식(case1)과 차이가 나는 부분입니다.

[그림 44] 누진세가 적용되는 지분의 양도 case2

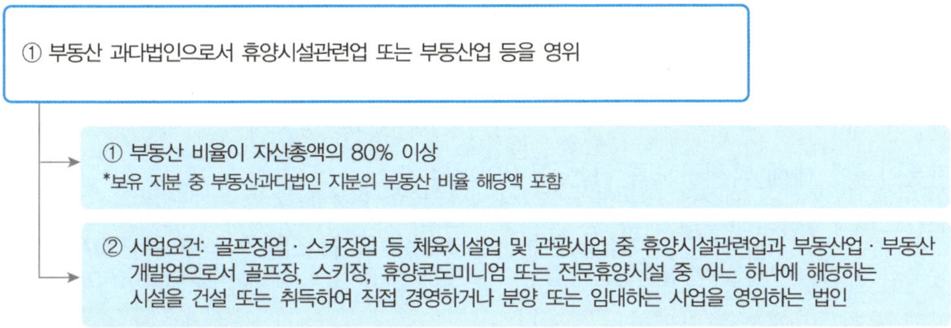

① 부동산 과다법인으로서 휴양시설관련업 또는 부동산업 등을 영위

→ ① 부동산 비율이 자산총액의 80% 이상
*보유 지분 중 부동산과다법인 지분의 부동산 비율 해당액 포함

→ ② 사업요건: 골프장업 · 스키장업 등 체육시설업 및 관광사업 중 휴양시설관련업과 부동산업 · 부동산개발업으로서 골프장, 스키장, 휴양콘도미니엄 또는 전문휴양시설 중 어느 하나에 해당하는 시설을 건설 또는 취득하여 직접 경영하거나 분양 또는 임대하는 사업을 영위하는 법인

9 양도소득세의 이월과세

이월과세는 특수관계자로부터 수증자가 증여받은 특정 자산을 일정기간 내에 양도하면 양도차익 계산 시 취득가액을 수증자의 취득가액이 아닌 증여자의 취득가액으로 계산하여 양도세를 계산하는 제도입니다. 양도세 이월과세는 배우자 또는 직계존비속으로부터 증여받은 자산에 대한 이월과세, 가업상속공제 자산에 대한 양도세 이월과세, 법인전환에 대한 양도세 이월과세가 있습니다.

1) 배우자 또는 직계존비속으로부터 증여받은 자산에 대한 양도세 이월과세[388)]

거주자가 양도일부터 소급하여 10년 이내에 그 배우자 또는 직계존비속으로부터 증여받은 토지, 건물, 부동산을 취득할 수 있는 권리, 특정시설이용권 · 회원권 등의 자산에 대한 양도차익을 계산할 때에는 양도가액에서 차감할 취득가액은 증여자인 그 배우자 또는 직계존비속의 취득 당시가액으로 하게 됩니다.

그리고 거주자가 증여받은 자산에 대하여 납부하였거나 납부할 증여세 상당액이 있는 경우에는 해당 금액을 필요경비에 반영하여 이중과세를 조정합니다.

또한 장기보유특별공제 및 세율적용을 위한 보유기간은 해당 자산을 증여한 배우자 또는

388) 소득세법 제97조의2 제1항

직계존비속이 해당 자산을 취득한 날부터 기산하게 됩니다.

그러나 이월과세를 적용할 경우의 양도세액이 이를 적용하지 않을 경우의 양도세액보다 적을 경우에는 양도세 이월과세 규정을 적용하지 않습니다.

2) 가업상속공제 자산에 대한 양도세 이월과세[389)]

가업상속공제 자산에 대한 양도세 이월과세는 상속인이 가업상속공제를 적용받은 재산을 추후 양도하는 경우 피상속인이 보유기간 중 발생한 재산가치 상승분(자본이득)에 대해서는 양도소득세가 과세되지 않을 수 있기 때문에 가업상속공제를 받아 상속세가 과세되지 않는 재산에 대해서는 피상속인의 당초 취득가액을 기준으로 양도차익을 계산하여 피상속인의 자본이득에 대해 과세하도록 하는 규정입니다.

그러므로 해당자산의 취득가액을 두 단계로 나누어 가업상속공제가 적용되는 비율만큼은 피상속인의 취득가액을 반영하고, 가업상속공제가 적용되지 않은 비율만큼은 상속개시일의 가액을 취득가액으로 반영하는 것입니다.

[표 107] 가업상속공제 자산에 대한 양도세 이월과세 적용시 취득가액

가업상속공제 자산에 대한 양도세 이월과세 적용시 취득가액 = ① + ②
① 피상속인의 취득가액 × 가업상속공제 적용률
② 상속개시일 현재 해당 자산가액 × (1 − 가업상속공제 적용률)*
  * 가업상속공제 적용률 = 가업상속공제 가업상속재산가액

3) 법인전환에 대한 양도세 이월과세[390)]

거주자가 사업용고정자산을 현물출자하거나 사업 양도·양수의 방법에 따라 법인[391)]으로 전환하는 경우 그 사업용고정자산에 대해서는 이월과세를 적용받을 수 있습니다. 다만, 해당 사업용고정자산이 주택 또는 주택을 취득할 수 있는 권리인 경우는 제외합니다.

사업을 영위하는 개인이 법인전환을 위해 사업용자산을 현물출자하고 양수도를 하는 경우에는 소득세법상 양도소득이 발생합니다. 그러나 일정 요건을 충족하는 법인전환은 법인전환시 자산의 양도에 대해 개인에게 양도소득세를 부과하지 않고, 그 대신 이를 양수한 법인이 당해 사업용고정자산 등을 양도하는 경우 개인이 종전사업용고정자산 등을 동법인

389) 소득세법 제97조의2 제4항
390) 조세특례제한법 제32조
391) 시행령으로 정하는 소비성서비스업을 경영하는 법인은 제외합니다.

에게 양도한 날이 속하는 과세기간에 다른 양도자산이 없다고 보아 계산한 소득세법 상 규정에 의한 양도소득산출세액 상당액을 법인세로 납부하게 되는 것입니다.

단, 법인전환에 대한 양도소득세의 이월과세를 적용받고 설립된 법인의 설립등기일부터 5년 이내에 ① 전환법인이 해당 거주자로부터 승계받은 사업을 폐지하는 경우, ② 해당 거주자가 법인전환으로 취득한 주식 또는 출자지분의 50% 이상을 처분하는 경우에 해당하는 사유가 발생하게 되면 법인전환에 대한 양도소득세의 이월과세를 적용받은 거주자가 사유발생일이 속하는 달의 말일부터 2개월 이내에 이월과세액을 양도소득세로 납부하여야 합니다.

10 부담부증여

부담부증여란 증여자가 재산과 함께 채무도 증여를 하는 경우, 수증자가 증여를 받으면서 동시에 일정한 부담, 즉 채무의 부담이나 인수 등을 하게 되는 증여를 말합니다.

특수관계자가 아닌 일반적인 부담부증여의 경우에는 수증자가 인수한 채무는 증여가액에서 공제되지만, 배우자 또는 직계존비속간에 부담부 증여를 하는 경우에는 증여가액 중 채무인수액을 제외한 부분만 증여로 간주하고 채무 인수부분은 유상양도로 보아 양도자에게 양도세를 과세합니다.

그러나 실제로 그 채무액을 수증자가 인수하여 반제하는 경우 등 증여일 현재 증여자의 채무로서 수증인이 부담하는 사실이 객관적으로 입증되는 경우에는 채무인수액을 증여세 과세가액에서 공제할 수 있습니다.

11 부당행위계산부인

부당행위계산의 부인제도는 법인이 특수관계인과 거래를 함에 있어서 경제적 합리성을 무시함으로써 해당 법인의 소득에 대한 조세의 부담을 부당히 감소시킨 것으로 인정되는 경우, 과세관청이 해당 법인의 행위나 소득금액의 계산에도 불구하고, 그 소득금액을 다시 계산하여 과세하는 제도입니다. 특수관계인과의 거래가 불가피한 경우가 발생할 수 있으므로, 이 경우에는 시가 및 거래조건 등을 건전한 사회 통념 및 상거래 관행과 특수관계인이 아닌 자 간의 정상적인 거래에서 적용되거나 적용될 것으로 판단되는 가격과 비교하여 조세 부담을 감소시키는 것으로 해석되지 않도록 주의하여야 합니다.[392] 또한 특수관계인과

392) 만약, 법인의 업무형편상 특수관계인뿐만 아니라 거래관계에 있는 모든 자에게 동일한 조건으로 거래하였다면, 이의 거래가격이 시가와 비교하여 조금 차이가 나는 것은 조세를 부당하게 감소시키는 부당행위로

직접거래한 경우뿐만 아니라 특수관계인 이외의 자를 통하여 이루어진 거래의 경우에도 부당행위계산부인 규정은 적용됩니다.

부당행위계산부인은 다음의 3가지 요건을 충족하여 과세할 수 있습니다.

[표 108] 부당행위계산부인 적용의 요건

① 당해 법인과 특수관계인과의 거래일 것
② 거래로 인하여 법인의 소득에 대한 조세의 부담을 부당히 감소시킨 것으로 인정되는 경우일 것
③ 특정한 거래는 일정 금액 이상의 이익분여가 있을 것

[표 109] 부당행위계산부인의 적용대상이 되는 거래유형의 예(법인세법 시행령 제88조 제1항)

1호 자산을 시가보다 높은 가액으로 매입 또는 현물출자 받았거나 그 자산을 과대상각한 경우
3호 자산을 무상 또는 시가보다 낮은 가액으로 양도 또는 현물출자한 경우
4호 특수관계인인 법인 간 합병(분할합병을 포함)·분할에 있어서 불공정한 비율로 합병·분할하여 합병·분할에 따른 양도손익을 감소시킨 경우
6호, 7호 금전 그 밖의 자산 또는 용역을 무상 또는 시가보다 낮거나 높은 이율·요율이나 임대차료로 대부·차용하거나 제공한 경우
1호~11호에 준하는 행위 또는 계산 및 그외에 법인의 이익을 분여하였다고 인정되는 경우

여러 부당행위 유형 가운데 위의 1호, 3호, 6호, 7호 및 이에 준하는 행위에 대해서는 시가와 거래가액의 차액이 3억원 이상이거나 시가의 100분의 5에 상당하는 금액 이상인 경우에 한하여 부당행위계산을 적용합니다.

만약, 특수관계가 없는 사업자 또는 법인과 거래를 하면서 거래가액과 정상가액(시가와 30% 이내의 범위)과 차이가 있다면 거래가액과 정상가액과의 차이를 기부금으로 의제하여 과세하게 됩니다.

볼 수 없다는 해석도 존재합니다.

12 취득세

영업양수도 등의 경우 양수하는 재산 중에 취득세 과세 대상 자산이 있다면 취득세를 납부하여야 합니다. 취득세의 과세표준은 취득당시의 가액으로 취득자가 신고한 가액입니다. 그러나, 신고한 가액이 시가표준액에 미달하는 경우에는 시가표준액으로 취득세를 납부하게 됩니다. 또한 수도권 등에 소재하는 부동산을 양수할 경우에는 취득세 중과문제 발생하는지 살펴보아야 합니다.

[표 110] 취득세 과세 대상의 예시[393)]

구분	내용
취득세 과세 대상 자산	부동산, 차량, 기계장비, 항공기, 선박, 입목, 광업권, 어업권, 양식업권, 골프회원권, 승마회원권, 콘도미니엄 회원권, 종합체육시설 이용회원권 또는 요트회원권 등
등기·등록 및 승계	등기·등록 등을 하지 아니한 경우라도 사실상 취득하면 각각 취득한 것으로 보고 해당 취득물건의 소유자 또는 양수인을 각각 취득자로 봄 다만, 차량, 기계장비, 항공기 및 주문을 받아 건조하는 선박은 승계취득[394)]
종류, 지목 변경	선박, 차량과 기계장비의 종류를 변경하거나 토지의 지목을 사실상 변경함으로써 그 가액이 증가한 경우에는 취득으로 봄
과점주주	법인의 주식 또는 지분을 취득함으로써 과점주주(지분율 50% 초과 최대주주등)가 되었을 때에는 그 과점주주가 해당 법인의 부동산등을 취득한 것으로 봄[395)]
외국인 소유 자산	외국인 소유의 취득세 과세대상 물건(차량, 기계장비, 항공기 및 선박만 해당)을 직접 사용하거나 국내의 대여시설 이용자에게 대여하기 위하여 임차하여 수입하는 경우에는 수입하는 자가 취득한 것으로 봄

취득세는 취득일부터 60일(상속 6월, 외국주소 9월) 이내 과세관청에 신고납부하여야 합니다.

취득세율은 부동산 취득은 일반적인 경우 2.3%~4%, 무상취득 2.3~3.5%, 원시취득 2.8%, 유상취득 4%(농지 3%) 등의 세율을 적용하고 있고, 주택 유상취득의 경우는

393) 지방세법 제7조
394) 소유권을 이전하는 취득
395) 법인설립 시에 발행하는 주식 또는 지분을 취득함으로써 과점주주가 된 경우에는 과점주주의 취득으로 보지 아니합니다.

1%~3%, 부동산 外 차량 · 콘도회원권 등의 경우는 2%~7%의 세율을 적용하고 있습니다. 사치성재산 및 대도시 내 법인이 취득하는 일정 부동산 취득, 법인 및 다주택자의 주택취득에 대해서는 중과세를 적용하고 있습니다.

또한 합병 등의 경우에는 특례세율이 적용되고 취득세에 추가하여 농어촌특별세와 지방교육세가 부가됩니다.

[표 111] 주택외 부동산 취득세율[396)]

구분		세율
주택외 유상매매(토지, 건축물)		4%
원시취득, 상속(농지외)		2.8%
무상취득(증여)	비영리사업자	2.8%
	그 외	3.5%
농지	매매	3.0%
	상속	2.3%
공유물 분할		2.3%

[표 112] 주택 유상, 무상 취득세율[397)]

취득원인	구분	조정지역	非조정지역
유상	1주택	• 6억원 이하 : 1% • 6억원 초과 9억원 이하 : 1~3% • 9억원 초과 : 3%	
	2주택	8% (일시적 2주택 제외)	1~3%
	3주택	12%	8%
	법인 · 4주택~	12%	12%
무상 (상속 제외)	3억원 이상	12%	3.5%
	3억원 미만	3.5%	3.5%

396) www.wetax.go.kr 참고
397) www.wetax.go.kr 참고

[표 113] 취득세 중과세율

구분	중과세율	관련 법규
과밀억제권역에서 법인이 본점 또는 주사무소의 사업용 부동산을 취득하는 경우와 공장을 신설하거나 증설하기 위하여 사업용 과세물건을 취득하는 경우	유상취득세율 + 중과기준세율(2%)의 2배	지방세법 제13조 제1항
대도시에서 법인을 설립하거나 지점 또는 분사무소를 설치하는 경우 및 법인의 본점·주사무소·지점 또는 분사무소를 대도시로 전입함에 따라 대도시의 부동산을 취득	유상취득세율 × 3 − 중과기준세율(2%)의 2배	지방세법 제13조 제2항
별장, 골프장, 고급주택, 고급오락장, 고급선박 등을 취득하는 경우	유상취득세율 + 중과기준세율(2%)의 4배	지방세법 제13조 제5항

[표 114] 취득세 중과세율 예시[398)]

중과세 대상		세율예시
대도시내 법인	①−1. 본점용 부동산 신·증축 위한 부동산의 취득	• 건축신축 : 2.8% + (2% × 2배) = 6.8% • 토지취득 : 4% + (2% × 2배) = 8%
	①−2. 공장 신·증설 위한 부동산의 취득	• 공장신축 : 2.8% + (2% × 2배) = 6.8% • 토지취득 : 4% + (2% × 2배) = 8%
	②−1. 법인설립, 지점설치, 전입 관련 부동산의 취득	• 건축신축 : 2.8% × 3배 − (2% × 2배) = 4.4% • 토지취득 : 4% × 3배 − (2% × 2배) = 8%
	②−2. 공장 신·증설하기 위한 부동산의 취득	• 공장신축 : 2.8% × 3배 − (2% × 2배) = 4.4% • 토지취득 : 4% × 3배 − (2% × 2배) = 8%
	① 및 ②이 동시 적용되는 경우 (예: 법인 설립 후 5년내 본점 신축)	• 건축신축 : 표준세율(2.8%) × 3배 = 8.4% • 토지취득 : 표준세율(4%) × 3배 = 12%
사치성 재산	③−1. 별장 ③−2. 골프장 ③−3. 고급주택 ③−4. 고급오락장 ③−5. 고급선박	• 공장신축 : 2.8% + (2% × 4배) = 10.8% • 토지취득 : 4% + (2% × 4배) = 12% • 고급주택취득 : 2−3% + (2% × 4배) = 10−11%
	②과 ③이 동시 적용되는 경우 (예: 법인이 대도시내 고급오락장 취득)	• 표준세율(4%) × 3배 + 중과기준세율(2%) × 2배 = 16%
	법인·다주택자의 주택 취득과 ③이 동시 적용되는 경우 (예: 법인이 고급주택을 취득하는 경우)	• 중과세율(8~12%) + 중과기준세율(2%) × 4배 = 16~20%

398) www.wetax.go.kr 참고

13 과점주주취득세

과점주주 취득세는 부동산을 보유한 법인의 지분을 취득할 때 특수관계자와 합하여 지분율이 50%를 초과하면 해당 부동산을 직접 취득한 것으로 간주하여 주주에게 취득세를 부과하는 것입니다. 그러므로 법인을 최초 설립할 때에는 대상이 되지 않습니다. 취득 후 지분율이 증가할 경우에는 증가된 지분비율에 대해서만 과세가 이루어지며, 특수관계자와 합하여 과점주주[399] 여부를 판단하므로 특수관계자간의 거래로 합계 지분율이 변동하지 않는다면 추가적인 취득세 납부의무는 없습니다.[400]

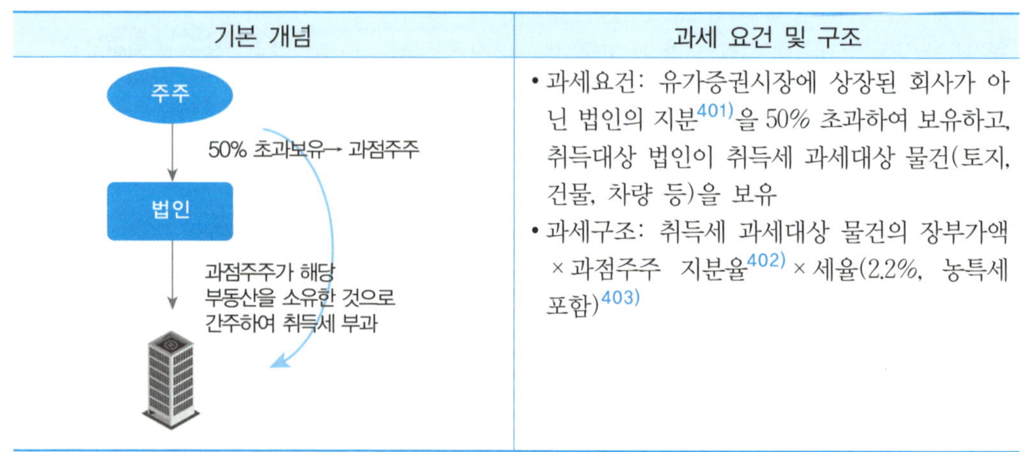

기본 개념	과세 요건 및 구조
	• 과세요건: 유가증권시장에 상장된 회사가 아닌 법인의 지분[401]을 50% 초과하여 보유하고, 취득대상 법인이 취득세 과세대상 물건(토지, 건물, 차량 등)을 보유 • 과세구조: 취득세 과세대상 물건의 장부가액 × 과점주주 지분율[402] × 세율(2.2%, 농특세 포함)[403]

과점주주취득세는 특수관계자와 합하여 과점주주가 되었을 때 납부하게 되며, 과점주주가 된 이후에는 주주 지위를 유지하는 한 특수관계자와 합하여 지분율이 증가한 부분에 한하여 납세의무가 발생합니다.

399) 과점주주취득세 부과대상인 과점주주의 범위는 주주(또는 유한책임사원) 1명과 해당 주주(또는 유한책임사원)의 특수관계인이 친족관계인 사람, 경제적 연관관계에 있는 사람 중에서 임원과 그 밖의 사용인, 경영지배관계에 있는 사람 중 법인의 경영에 대하여 직접적인 영향력을 행사하고 있는 자로 한정하고 있습니다(지방세법 시행령 제10조의2).

400) 기존에 주식을 보유하지 않았던 특수관계자가 지분을 취득하여 새로이 과점주주에 포함되었다고 하더라도 일단의 과점주주 전체가 보유한 총 주식 또는 지분의 비율에 변동이 없다면 과점주주 납세의무는 없습니다. 즉, 특수관계자와 합하여 과점주주 비율이 높아지는 경우에만 추가적인 납세의무가 발생하는 것입니다. 또는 대상 법인이 자기주식의 취득으로 과점주주의 비율이 높아질 경우에는 주주의 취득행위가 없었으므로 이 시점에서의 납세의무는 발생하지 않는다고 보고 있습니다(대법원 2010두8669, 2010.9.30.).

401) 코스닥상장법인의 경우와 주식의 포괄적 교환 및 이전으로 인한 지분은 2024년 12월 31일까지 과점주주취득세 부과가 면제됩니다(지방세특례제한법 제57조의2).

402) 과점주주 지분율 산정시 발행주식총수는 의결권없는 지분은 제외하고 산정합니다.

403) 과점주주에 대한 중과세 대상은 당해 법인이 소유하고 있는 부동산 중 별장 등 사치성 재산 등이 있는 경우에 중과세(5배, 10%)되나 본점사업용 부동산 등의 경우에는 중과세 대상으로 보지 않습니다.

[표 115] 과점주주 취득세 대상 지분 예시

구분	과세 대상 지분
70% 과점주주 → 20% 과점주주 상실 → 80% 과점주주	추가 증가분 10% 과세
70% 과점주주 → 0.1% 과점주주 상실(주주지위 유지) → 80% 과점주주	추가 증가분 10% 과세
70% 과점주주 → 0% 과점주주 상실 → 80% 과점주주	80% 과세

14 고가양도, 저가양수

특수관계 여부를 불문하고 시가[404]보다 높은 가액으로 재산을 양도하거나 또는 시가보다 낮은 가액으로 재산을 양수한 경우에 이로 인하여 이익을 받은 자는 그 대가와 시가와의 차액에 상당하는 금액을 증여재산으로 보아 증여세를 납부하여야 합니다. 단, 특수관계인이 아닌 자간의 거래에 있어서는 거래의 관행상 정당한 사유가 없는 경우에만 증여세가 과세됩니다.

특수관계자간의 거래인 경우에는 거래가액과 시가와의 차이가 기준금액 이상인 경우에만 과세가 되므로 차액이 3억원 미만이면서 시가의 30% 기준에 미달하는 경우에는 증여세가 과세되지 않습니다. 특수관계자간의 거래가 아닌 경우에는 정당한 사유가 없는 경우에만 과세가 이루어지며 차액의 금액적 기준은 없고, 시가의 30% 이상 차이가 나는 경우에만 과세가 이루어집니다.

특수관계	적용요건	구분	과세대상	증여이익
특수관계 거래	시가와 차이나는 경우	저가양수	시가－대가 ≥ 시가의 30% (또는 차액이 3억원)	차액－Min (시가의 30%, 3억원)
		고가양수	대가－시가 ≥ 시가의 30% (또는 차액이 3억원)	차액－Min (시가의 30%, 3억원)
특수관계가 아닌 거래	정당한 사유없이, 시가와 현저한 차이일 경우	저가양수	시가－대가 ≥ 시가의 30%	차액－3억원
		고가양수	대가－시가 ≥ 시가의 30%	차액－3억원

404) 개인과 법인 간에 거래하는 경우와 마찬가지로 개인과 개인 간에 상장주식을 해당 거래일의 거래소 최종시세가액 등 「법인세법」상 또는 「소득세법」상의 시가로 거래한 경우에는 상증법에 따른 시가 기준과 다르더라도 저가 양수 또는 고가 양도에 따른 증여세를 과세하지 아니합니다(21년 9월 상증법 개정안 제35조 제3항).

[표 116] 개인이 저가양도를 할 경우의 검토 대상 세목[405)]

구분	양수자	양도자 세목	양수자 세목	고려사항
특수관계자 거래	개인	양도소득세 (부당행위계산 부인)	증여세	• 양도자는 저가양도에 따른 부당행위계산부인으로 시가로 양도차익 계산 • 양수자는 시가와 양수가액의 차이에 대한 증여세 부담 • 법인은 특수관계자인 개인으로부터 유가증권 저가 매입 시 익금산입 • 저가 양수 법인 주주에 대한 증여의제
	법인		법인세 법인주주의 증여세	
특수관계가 아닌 거래	개인	양도소득세	증여세	• 정당한 사유없이 시가와 현저히 차이가 날 경우 저가양수에 따른 증여의제
	법인		–	

[표 117] 법인이 저가양도를 할 경우의 검토 대상 세목[406)]

구분	양수자	양도자 세목	양수자 세목	고려사항
특수관계자 거래	개인	법인세(부당행위계산 부인)	소득세	• 양도자인 법인은 저가양도에 따른 부당행위계산부인으로 시가로 양도차익 계산 • 양수자인 개인은 법인의 소득처분(배당, 상여 등)에 따른 소득세 과세 • 저가양수 법인 주주에 대한 증여의제
	법인		증여세	
특수관계가 아닌 거래	개인	법인세(비지정기부금)	증여세	• 저가양도에 따른 기부금 의제 • 정당한 사유없이 시가와 현저히 차이가 날 경우 저가양수에 따른 증여의제
	법인		–	• 저가양도에 따른 기부금 의제

15 증자의 이익 증여

법인이 증자를 할 때 시가에 의하지 않거나, 지분율에 따라 균등하게 증자를 하지 않는 경우에 증여세 과세 문제가 발생할 수 있습니다. 예를 들어 시가보다 저가로 증자를 할 경우에는 신주를 인수한 자는 신주 인수의 권리를 포기한 주주 등으로부터 이익을 분여받은 것으로 볼 수 있으며, 시가보다 고가로 증자를 한 경우에는 증자에 참여한 자가 증자에 참여하지 않은 기존 주주에게 이익을 분여한 것으로 볼 수 있습니다.

405) 관련규정: 법인세법 제15조, 소득세법 제101조, 상증세법 제35조 및 제45조의5
406) 관련규정: 법인세법 제52조, 법인세법 시행령 제35조 및 제106조, 상증세법 제35조 및 제45조의5

증자후 1주당 평가가액과 신주인수가액의 차액이 증자 후 1주당 평가가액의 30% 이상 차이가 있거나 1인별 증여재산가액이 3억원 이상인 경우에 증여세 과세요건이 성립됩니다.

증자형태 &이익증여 받은자[407]	배정방식	특수관계 여부	30%, 3억원 rule	증여재산계산
저가발행 (신주인수자)	실권처리	적용	적용	차액 × 실권주 × 지분율
	재배정	적용안함	적용안함	차액 × 실권주
	제3자배정	적용안함	적용안함	차액 × 실권주

증자형태 &이익증여 받은자[408]	배정방식	특수관계 여부	30%, 3억원 rule	증여재산계산
고가발행 (신주인수포기자)	실권처리	적용	적용	차액 × 실권주 × 지분율
	재배정	적용	적용안함	차액 × 실권주
	제3자배정	적용	적용안함	차액 × 실권주 × 지분율

* 차액은 증자후 1주당 평가가액과 증자로 발행한 신주 1주당 가액과의 차이를 말함.

16 감자 및 주식의 소각

[표 118] 감자에 따른 증여 의제

구분	수증자	증여자	특수관계 여부	30%, 3억원 rule
불균등감자	특수관계대주주	특수관계주주	적용	적용
고가감자	감자주주	기존주주	적용안함	적용

407) 대주주가 신주인수권을 포기한 경우에는 각 대주주가 포기한 지분비율과 이를 초과인수한 지분비율만큼 쌍방간에 증여 및 수증이 있는 것으로 보아 증여가액을 계산하되 2인 이상의 소액주주가 신주인수권을 포기한 경우에는 이를 합산한 지분비율을 기준으로 증여가액을 계산합니다. 여기서 "소액주주"라 함은 당해 법인의 발행주식총수 등의 100분의 1 미만을 소유하는 경우로서 주식 등의 액면가액의 합계액이 3억원 미만인 주주를 말합니다.

408) 대주주가 신주인수권을 포기한 경우에는 각 대주주가 포기한 지분비율과 이를 초과인수한 지분비율만큼 쌍방간에 증여 및 수증이 있는 것으로 보아 증여가액을 계산하되 2인 이상의 소액주주가 신주인수권을 포기한 경우에는 이를 합산한 지분비율을 기준으로 증여가액을 계산합니다. 여기서 "소액주주"라 함은 당해 법인의 발행주식총수 등의 100분의 1 미만을 소유하는 경우로서 주식 등의 액면가액의 합계액이 3억원 미만인 주주를 말합니다.

자기주식을 매입하거나 매도하여 발생한 손익은 세무상으로는 주식의 거래로 보아 익금 및 손금에 산입하게 됩니다. 그러나 매입한 자기주식을 소각하는 경우에는 자본거래로 보아 익금 또는 손금으로 보지 않습니다. 회사가 자기주식을 매입하는 경우 주식을 양도한 주주 입장에서는 소각목적으로 거래가 이루어지는 경우 양도소득이 아닌 의제배당소득으로 과세가 이루어지게 됩니다.

17 주식 등의 상장에 따른 이익의 증여

기업의 경영 등에 관하여 공개되지 아니한 정보를 이용할 수 있는 지위에 있다고 인정되는 최대주주 또는 지분 25% 이상의 주주가 그와 특수관계에 있는 자에게 비상장주식을 증여하거나 양도한 후 5년 이내에 상장을 하게 되면 상장일로부터 3개월이 되는 날을 정산일로 하여 증여세를 다시 계산하게 됩니다.

[그림 45] 상장차익에 대한 이익의 증여 개념

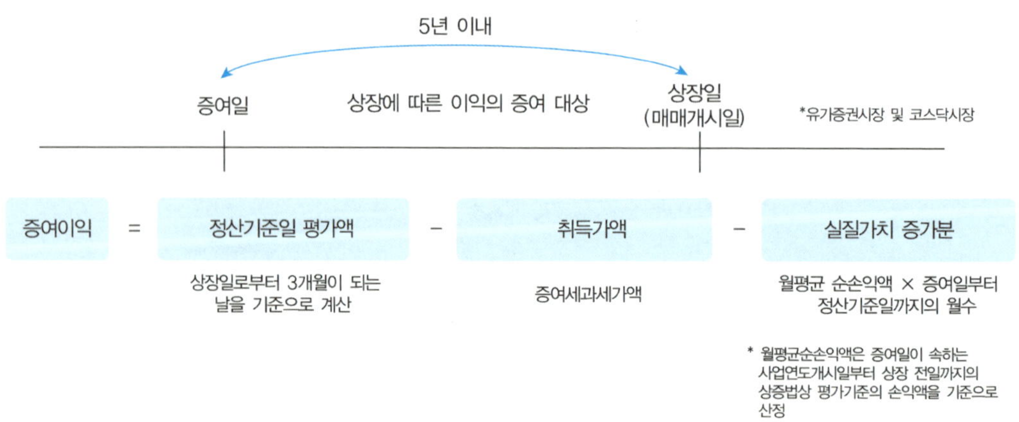

만약 주식을 20,000원에 증여를 한 후 2년이 지나서 상장이 이루어지고 상장일 종가가 25,000원이었으나, 증여이익 정산 시점인 상장후 3개월이 지난 시점의 주가가 200,000원일 경우에 200,000원과 20,000원의 차이에 대해 증여세를 납부하게 되는 것입니다. 그리고 만약 그 이후 250,000원에 주식을 양도하게 된다면 250,000원과 200,000원의 차이에 대해 양도세가 과세됩니다.

[그림 46] 상장차익에 대한 이익의 증여 계산 예시

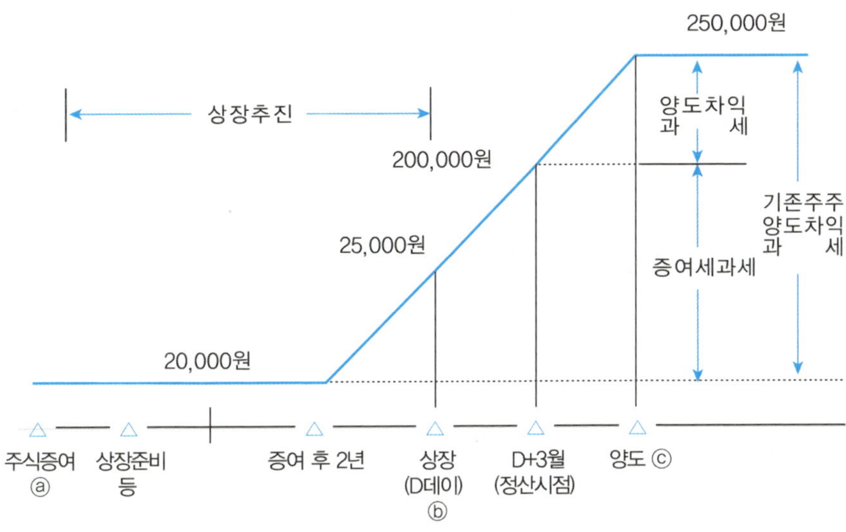

18 재산 취득 후 재산가치 증가에 따른 이익의 증여

상장차익에 대한 이익의 증여와 유사한 규정으로서 직업, 연령, 소득 및 재산상태로 보아 자력(自力)으로 해당 행위를 할 수 없다고 인정되는 자가 재산을 취득하고 그 재산을 취득한 날부터 5년 이내에 개발사업의 시행, 형질변경, 공유물(共有物) 분할, 사업의 인가·허가 등으로 인하여 이익을 얻은 경우에도 그 이익에 대해 증여세를 과세하게 됩니다.

[표 119] 재산 취득 후 재산가치 증가에 따른 이익 증여 내용

구분	재산 취득 후 재산가치 증가에 따른 이익의 증여 내역
과세 대상 재산 취득 유형	• 특수관계인으로부터 재산을 증여받은 경우 • 특수관계인으로부터 기업의 경영 등에 관하여 공표되지 아니한 내부 정보를 제공받아 그 정보와 관련된 재산을 유상으로 취득한 경우 • 특수관계인으로부터 차입한 자금 또는 특수관계인의 재산을 담보로 차입한 자금으로 재산을 취득한 경우
재산가치 증가 사유	• 개발사업의 시행, 형질변경, 공유물(共有物) 분할, 지하수개발·이용권 등의 인가·허가 및 그 밖에 사업의 인가·허가 • 비상장주식의 「자본시장과 금융투자업에 관한 법률」 제283조에 따라 설립된 한국금융투자협회에의 등록 • 그 밖에 위의 사유와 유사한 것으로서 재산가치를 증가시키는 사유

구분	재산 취득 후 재산가치 증가에 따른 이익의 증여 내역
증여이익 계산	증여이익 = 정산기준일 평가액 − 취득가액 − 실질가치 증가분 & 가치상승 기여분 정산기준일 평가액: 상장일로부터 3개월이 되는 날을 기준으로 계산 취득가액: 증여세 과세가액 실질가치 증가분 & 가치상승 기여분: 월평균 순손익액 x 증여일부터 정산기준일까지의 월수

19 특수관계법인과의 거래를 통한 이익의 증여(일감몰아주기 과세)

1) 일감몰아주기 증여세의 개요[409)]

일감몰아주기 증여세는 A와 B가 특수관계자일 경우 A가 소유한 법인(수혜법인)에게 B가 소유한 법인이 일감을 몰아주어 A가 얻게 된 간접적인 이익에 대해 증여세를 과세하는 제도입니다.

이는 법인의 영업이익은 주가상승을 통하여 주주의 이익으로 전환되므로 수혜법인의 영업이익과 주주의 이익은 장기적으로 높은 상관관계가 있다고 보아 수혜법인의 영업이익 중 일감몰아주기와 관련된 부분을 수혜법인의 지배주주 등이 증여받은 것으로 의제하여 과세하는 것입니다

[그림 47] 일감몰아주기 증여세 개요[410)]

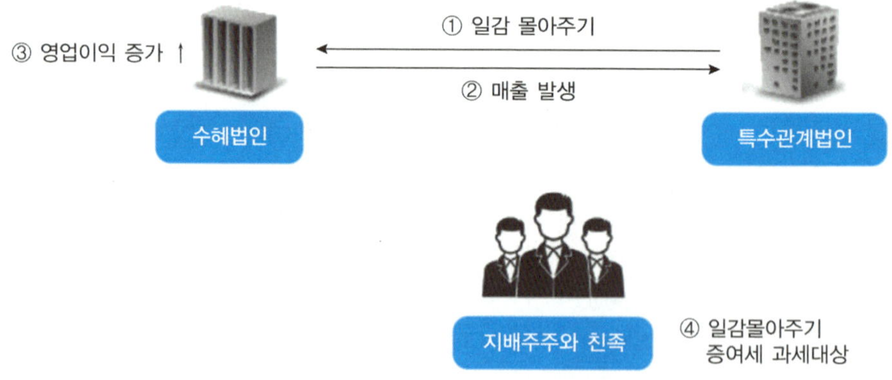

409) 상속세 및 증여세법 제45조의 3, 시행령 제34조의3
410) 국세청 2022년 일감몰아주기·일감떼어주기 증여세 신고안내 참조

2) 일감몰아주기 증여세의 계산

일감몰아주기의 과세는 수혜법인의 지배주주와 그 친족으로서 지분이 일반기업 3%, 중소·중견기업 10%를 초과하여 보유한 개인주주를 대상으로 합니다. 증여이익계산시 주식보유비율은 직접 및 간접출자비율을 포함하며, 이때 자기주식은 제외합니다.

과세요건은

ⓐ 수혜법인의 세후영업이익이 있어야 합니다. 세후영업이익은 세무상 영업이익입니다. 세무조정 후 영업이익에서 세무조정 후 영업이익에 대한 법인세 상당액을 차감한 금액입니다. 여기에 과세매출비율을 곱하면 과세대상 세후영업이익이 산출됩니다.

ⓑ 특수관계법인과의 거래비율이 중소기업은 50%, 중견기업은 40%, 대기업은 30%를 초과하여야 합니다. 단 매출액이 1%를 초과하는 경우에는 특수관계법인과의 거래비율이 20%를 초과하는 경우에도 과세됩니다. 그리고

ⓒ 지배주주와 그 친족의 주식보유비율이 일반기업 3%, 중소·중견기업 10%를 초과하여야 합니다. 증여이익계산시 주식보유비율은 직접 및 간접출자비율을 포함하며, 이때 자기주식은 제외합니다.

지배주주의 판정은 해당 사업년도 종료일이며, 이 시점이 증여시기입니다.

특수관계법인의 거래비율은 수혜법인 매출액에서 특수관계법인과의 매출이 차지하는 비율입니다. 이 때 수혜법인이 소유한 법인과의 거래나 중소기업인 수혜법인이 중소기업인 특수관계법인과 거래한 매출액 등 법규에 정한 과세제외매출 항목을 제외하고 거래비율을 계산합니다.

수혜법인별 수증자의 증여이익은 "세후영업이익 × 특수관계거래비율 × 주식보유비율"로 계산합니다.

특수관계거래비율과 주식보유비율을 반영할 때에는 일정 비율을 초과한 비율만 계산하게 됩니다.

증여세는 수혜법인의 법인세 과세표준 신고기한이 속하는 달의 말일부터 3개월이 되는 날까지 신고납부하여야 합니다.

이렇게 일감몰아주기 증여세를 납부하면 추후 지분을 양도하거나 배당이 발생할 경우 이중과세를 조정하는 제도를 두고 있습니다. 예를 들어 증여세가 과세된 지분을 양도할 때에는 증여의제이익은 취득가액에 반영하도록 하고 있고, 배당이 발생할 경우에는 일정 기준에 의한 배당소득을 증여의제이익에서 공제하도록 하는 것입니다.

다른 과세제도와 마찬가지로 일감몰아주기의 과세제도는 매년 세부요건들이 개정되고 있으므로 연도별 증여이익 계산시에는 반드시 최근 법조문을 확인하여야 합니다.

[그림 48] 일감몰아주기 증여세의 계산 흐름도[411)]

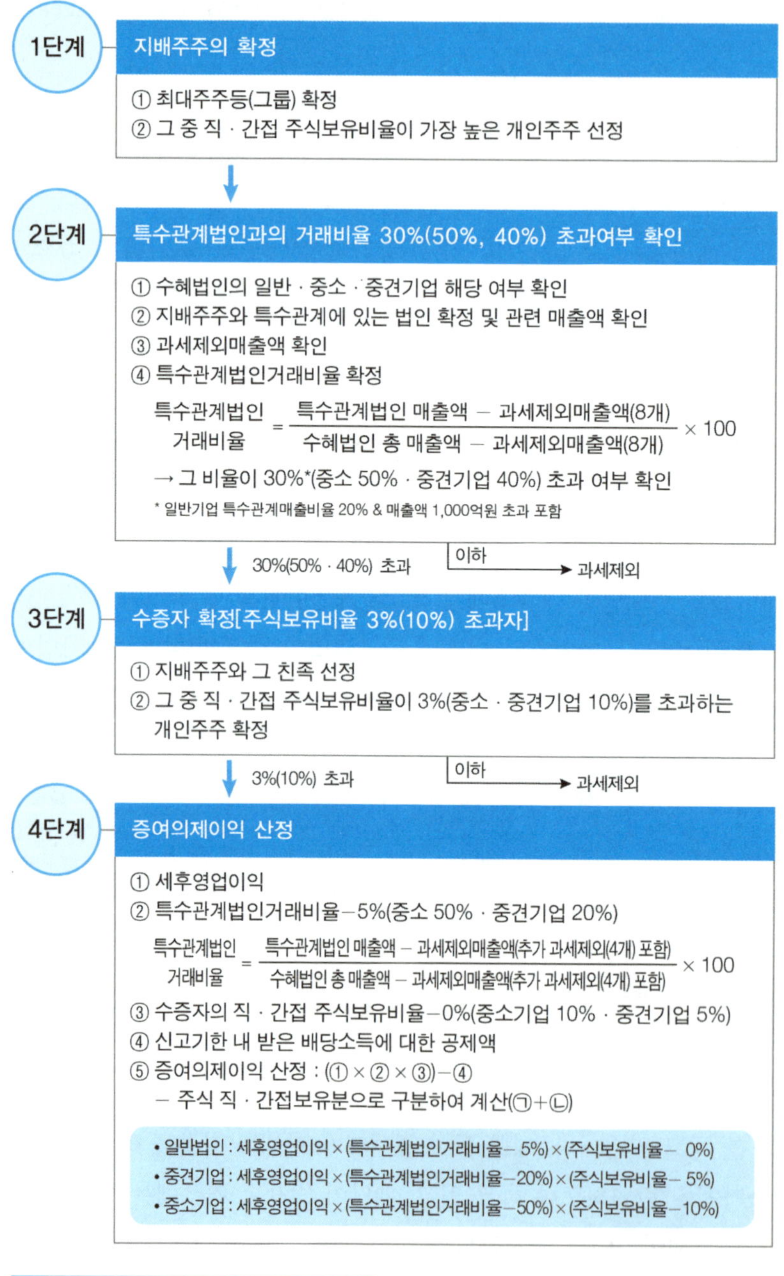

411) 국세청 2022년 일감몰아주기 · 일감떼어주기 증여세 신고안내 참조

[표 120] 일감몰아주기 증여세 Summary[412)]

수혜법인		과세요건	요건충족	증여의제이익 계산
중소기업	주식보유비율	〉 10%		세후영업이익 × [특수관계법인거래비율 − 50%] × [주식보유비율 − 10%]
	특수관계법인 거래비율	〉 50%		
중견기업	주식보유비율	〉 10%	→	세후영업이익 × [특수관계법인거래비율 − 20%] × [주식보유비율 − 5%]
	특수관계법인 거래비율	〉 40%		
일반기업 (공시대상기업 집단포함)	주식보유비율	〉 3%		세후영업이익 × [특수관계법인거래비율 − 5%] × [주식보유비율 − 0%]
	특수관계법인 거래비율	〉 30%		

* 요건판단시 특수관계법인거래비율

$$= \frac{\text{특수관계법인들에 대한 매출액} - \text{과세제외매출액(8개)}}{\text{수혜법인의 총 매출액} - \text{과세제외매출액(8개)}}$$

* 증여의제이익계산시 특수관계법인거래비율

$$= \frac{\text{특수관계법인들에 대한 매출액} - \text{과세제외매출액(8개)} - \text{추가 과세제외매출액(4개)}}{\text{수혜법인의 총 매출액} - \text{과세제외매출액(8개)} - \text{추가 과세제외매출액(4개)}}$$

20 특수관계법인으로부터 제공받은 사업기회로 발생한 이익의 증여(일감떼어주기 과세)

1) 일감떼어주기 증여세의 개요[413)]

기업집단의 최대주주 등이 계열회사에 대한 지배력을 이용하여 자녀 등이 지배주주로 있는 법인에 사업기회를 제공하는 등 편법적인 방법으로 부를 이전하는 경우에, 그 제공받은 사업기회로 인해 증가한 수혜법인 지배주주 등의 재산가치 증가이익을 증여로 의제하여 증여세를 과세하는 규정입니다.

412) 국세청 2022년 일감몰아주기 · 일감떼어주기 증여세 신고안내 참조
413) 상속세 및 증여세법 제45조의 4, 시행령 제34조의4, 국세청 2022년 일감몰아주기 · 일감떼어주기 증여세 신고안내 참조

[그림 49] 사업기회 제공의 예시[414)]

[시혜법인의 매출·매입 거래처를 수혜법인으로 대체]

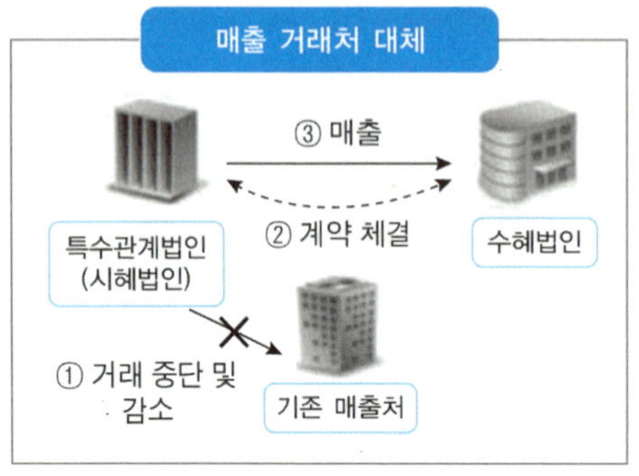

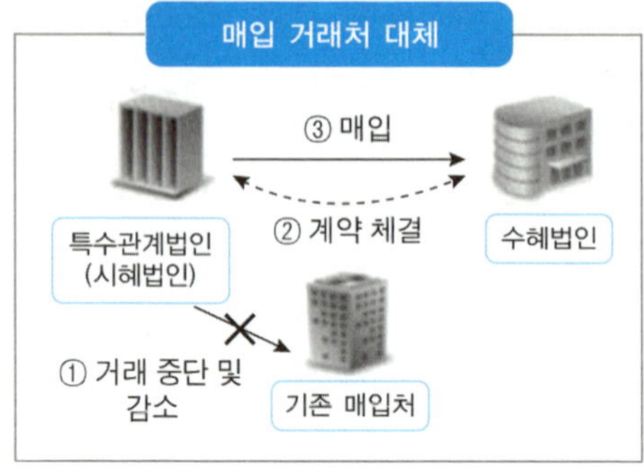

[시혜법인의 거래단계에 수혜법인을 끼워넣기]

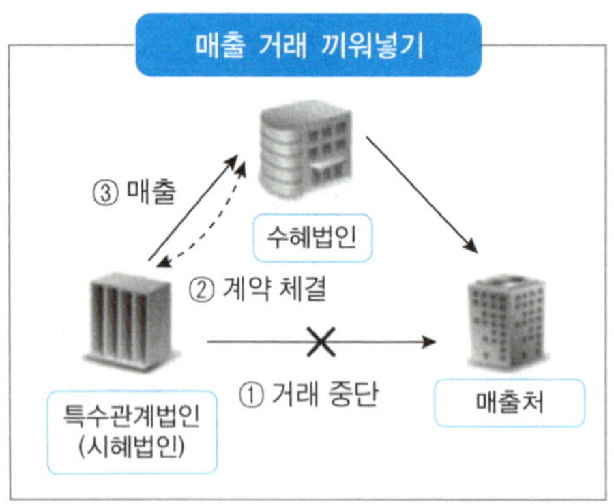

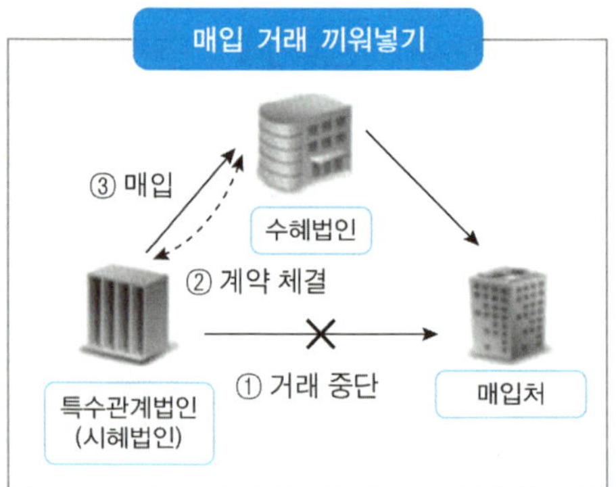

2) 일감떼어주기 증여세의 계산

과세요건은 ⓐ 수혜법인이 제공받은 사업기회로 인하여 부문별(사업기회를 제공받은 사업부문) 영업이익이 있고, ⓑ 지배주주 등의 수혜법인의 주식보유비율이 30% 이상이어야 합니다. 다만 중소기업과 수혜법인의 주식보유비율이 50% 이상인 경우에는 특수관계에 있는 법인으로 보지 않습니다

증여시기는 그 사업기회를 제공받은 날(“사업기회 제공일” 이라 한다)이 속하는 사업연도(“개시사업연도”라 한다)의 종료일입니다.

증여의제이익은 ⓐ 개시사업연도 종료일을 기준으로 3년간 부문별 영업이익을 추정하여 계산하되 ⓑ 3년 후 실제손익으로 정산하여 증여세를 재계산(추가납부 및 환급)합니다. 즉,

414) 국세청 2022년 일감몰아주기 · 일감떼어주기 증여세 신고안내 참조

사업기회를 최초로 제공받은 사업연도에 3년분을 일시에 신고・납부하고, 사업기회를 제공받은 사업연도를 포함한 3개 사업연도가 경과하면, 실제로 발생한 부문별 영업이익에 따라 증여의제이익을 다시 계산하여 최종적으로 증여세를 정산하는 것입니다.

이렇게 일감떼어주기 증여세와 관련된 이중과세 조정을 위해 개시사업연도 말일부터 정산사업연도에 따른 과세표준 신고기한까지 수혜법인으로부터 배당받은 소득이 있는 경우에는 정산증여이익에서 공제하게 됩니다.

[그림 50] 일감떼어주기 계산 흐름도[415)]

지배주주의 확정 및 지배주주 등의 주식보유비율이 30% 이상인 법인 확인

① 최대주주등(그룹) 확정
② 그 중 직・간접 주식보유비율이 가장 높은 지배(개인)주주 선정
③ 지배주주 등의 주식보유비율이 30% 이상인 수혜법인 확인

↓

사업기회를 제공받은 부문별 영업이익 "0" 초과

① 지배주주와 특수관계에 있는 법인 확인
② 특수관계법인으로부터 사업기회를 제공받아 부분별 영역이익 > 0
* 특수관계법인이 중소기업이거나 수혜법인으로부터 50% 이상 출자받은 경우는 제외

↓

개시사업연도의 증여의제이익 계산

- 증여의제이익 : [{(① × ②)−③} ÷ ④ × 12] × 3
  ① 제공받은 사업기회로 인하여 발생한 개시사업연도의 수혜법인의 이익
  ② 지배주주 등의 주식보유비율
  ③ 개시사업연도의 법인세 납부세액 중 상당액
  ④ 개시사업연도의 월수

↓

2년이 경과한 날이 속하는 사업연도의 증여의제이익 계산

- 증여의제이익 : [{(① × ②)−③]
  ① 제공받은 사업기회로 인하여 개시사업연도부터 정산사업연도까지 발생한 수혜법인의 이익의 합계액
  ② 지배주주 등의 주식보유 비율
  ③ 개시사업연도부터 정산사업연도분까지의 법인세 납부세액 중 상당액
- 신고기한내 배당소득에 대한 공제
  – 배당소득 × 법 제45조의4 제1항에 따라 계산한 증여의제이익 ÷ (수혜법인의 사업연도 말일의 「법인세법 시행령」 제86조의2 제1항에 따른 배당가능이익 × 지배주주 등의 수혜법인에 대한 주식보유 비율)

415) 국세청 2022년 일감몰아주기・일감떼어주기 증여세 신고안내 참조

21 가업승계

1) 가업승계 주식에 대한 증여세 과세특례 제도[416)]

10년 이상 사업을 영위한 중소기업 등 가업의 주식 및 출자지분(600억원 한도)을 증여받는 경우 10억원을 공제한 후 10%(과세표준이 60억원을 초과하는 경우 그 초과금액에 대해서는 20%)의 특례세율을 적용하여 증여세를 과세하고 이후 상속세 부과시 상속세 과세가액에 가산하여 정산 과세하는 제도입니다.

가업을 10년 이상 계속하여 영위한 60세 이상인 수증자의 부모로부터 18세 이상의 자녀가 증여받은 경우 적용되며, 증여일 이후 상속이 개시되는 경우 상속개시일 현재 가업상속 요건을 모두 갖춘 경우에는 가업상속공제도 받을 수 있습니다.

[표 121] 증여세 과세가액 한도

구분	내용
과세가액 한도	피상속인이 10년 이상 경영 : 300억원
	피상속인이 20년 이상 경영 : 400억원
	피상속인이 30년 이상 경영 : 600억원

[표 122] 가업승계 증여세 과세특례 적용 요건

요건	기준	내역
가업	계속 경영 기업	증여자가 10년 이상 계속하여 경영한 기업
	규모	중소기업 또는 중견기업
수증자	연령	18세 이상 거주자인 자녀
	가업종사	신고기한까지 가업 종사, 증여일로부터 3년 이내 대표이사 취임
증여자	연령	60세 이상인 수증자의 부모
	주식보유기준	증여자 포함한 최대주주 등 지분 50%(상장법인은 30%) 이상을 10년 이상 계속하여 보유
증여물건	주식	가업법인의 주식 또는 출자지분 증여

가업승계 증여세 과세특례를 적용받는 경우에는 5년 동안 사후의무 요건을 충족하여야 합니다. 사후의무요건은 증여세 과세표준 신고기한까지 가업에 종사하고 증여일부터 3년

416) 조세특례제한법 제30조의6

이내에 대표이사로 취임하고 5년까지 대표이사를 유지하여야 합니다. 또한 증여받은 지분이 줄어들어서는 안되며, 1년 이상 해당 가업을 휴업하거나 폐업하지 않고 주된 업종을 변경하지 않아야 합니다. 단, 중분류 내에서 업종을 변경하는 경우와 평가심의위원회 심의를 거쳐 중분류 외 변경하는 경우는 허용됩니다. 그리고 해당 수증자의 지분이 감소하지 않아야 합니다.

2) 가업상속공제 제도417)

가업상속공제제도는 거주자인 피상속인이 생전에 10년 이상 사업을 영위한 중소기업 등을 상속인에게 정상적으로 승계한 경우 최대 600억원까지 공제하여 가업승계에 따른 상속세 부담을 경감시켜주는 제도입니다.

[표 123] 공제한도 및 공제금액

구분	내용
공제금액	가업상속재산의 100%
공제한도	피상속인이 10년 이상 경영 : 300억원
	피상속인이 20년 이상 경영 : 400억원
	피상속인이 30년 이상 경영 : 600억원

중소 · 중견의 가업상속 재산가액의 100%을 과세가액에서 공제합니다.

중소 · 중견 기업은 상속개시일이 속하는 소득세 과세기간 또는 법인세 사업연도의 직전 소득세 과세기간 또는 법인세 사업연도 말 현재 다음의 요건을 모두 갖춘 기업을 말합니다.

[표 124] 중소 · 중견기업의 요건

구분	요건
중소기업의 요건	• 상속세 및 증여세법 시행령 별표에 따른 업종을 주된 사업으로 영위할 것 • 「조세특례제한법 시행령」 제2조 제1항 제1호 및 제3호의 요건을 충족할 것 • 자산총액이 5천억원 미만일 것
중견기업의 요건	• 상속세 및 증여세법 시행령 별표에 따른 업종을 주된 사업으로 영위할 것 • 「조세특례제한법 시행령」제9조 제4항 제1호 및 제3호의 요건을 충족할 것 • 상속개시일의 직전 3개 소득세 과세기간 또는 법인세 사업연도 매출액의 평균금액이 5천억원 미만인 기업일 것

417) 상속세및증여세법 제18조의2

가업상속공제를 적용받기 위해서는 다음의 요건을 충족하여야 합니다.

[표 125] 가업상속공제의 요건[418)]

요건	기준	내역
가업	계속 경영 기업	피상속인이 10년 이상 계속하여 경영한 기업
	규모	중소기업 또는 중견기업
피상속인	주식보유기준	피상속인을 포함한 최대주주 등 지분 50%(상장법인은 30%) 이상을 10년 이상 계속하여 보유
	대표이사 재직요건 (3가지 중 1가지 충족)	• 가업 영위기간의 50% 이상 재직 • 10년이상의 기간(상속인이 피상속인의 대표이사등의 직을 승계하여 승계한 날부터 상속개시일까지 계속 재직한 경우) • 상속개시일부터 소급하여 10년중 5년 이상의 기간
상속인	연령	18세 이상
	가업종사자	상속개시일 전 2년 이상 가업에 종사[419)]
	취임기준	신고기한까지 임원취임 및 신고기한부터 2년 이내 대표이사취임
	상속세 납부 재산	가업이 중견기업에 해당하는 경우, 가업상속재산 외에 상속재산의 가액이 해당 상속인이 상속세로 납부할 금액에 2배를 초과하지 않을 것
	배우자	상속인의 배우자가 요건 충족 시 상속인요건 충족으로 봄

가업상속공제를 받은 경우에는 5년 동안 사후의무 요건을 충족하여야 합니다. 사후의무 요건은 사후관리 기간동안 해당 상속인이 가업에 종사하여야 하고, 해당 상속인의 지분이 감소하지 않아야 하며, 상속 후 5년간 가업용 자산의 40% 이상 처분금지 및 1년 이상 해당 가업을 휴업하거나 폐업하지 않고 주된 업종을 변경하지 않아야 합니다. 단, 중분류 내에서 업종을 변경하는 경우와 평가심의위원회 심의를 거쳐 중분류 외 변경하는 것은 허용됩니다. 또한 고용확대 요건으로써 상속 후 5년간 정규직 근로자 평균이 상속 전 근로자 수의 90% 이상 또는 상속 후 5년간 총 급여액의 전체평균이 기준총급여액의 90% 이상이어야 합니다.

418) 국세청 홈페이지 참조
419) 피상속인이 65세 이전에 사망하는 등은 제외하며, 상속개시일 2년 전부터 가업에 종사한 경우로서 병역·질병 등의 사유로 가업에 종사하지 못한 기간은 가업에 종사한 기간으로 보게 됩니다.

22 창업자금 과세특례

창업자금 과세특례제도[420]는 창업 활성화를 통화여 투자와 고용을 창출하고 경제활력을 도모하기 위해 중소기업 창업자금에 대해서는 50억원(10명 이상 신규 고용하는 경우 100억원)을 한도로 5억원을 공제하고 10%의 저율로 증여세를 과세하는 제도입니다.

창업자금 과세특례 후 상속이 이루어지는 경우에는 증여시기에 관계없이 상속세 과세가액에 가산하여 상속세로 정산하게 됩니다.

[표 126] 창업자금 과세특례 적용 요건

요건	내용
수증자	18세 이상 거주자인 자녀
증여자	60세 이상인 수증자의 부모
증여물건	양도소득세 과세대상이 아닌 재산(현금과 예금, 소액주주 상장주식, 국공채나 회사채와 같은 채권 등)
중소기업 창업	2년 이내에 조세특례제한법 제6조 3항에 따른 중소기업을 창업

창업자금 증여세 과세특례를 적용받았다 하더라도 수증자가 증여일 이후에 정당한 사유없이 세법에서 정한 사후이무요건을 이행하지 아니한 경우에는 증여세가 부과될 수 있습니다. 예를 들어 2년 이내 창업하지 아니한 경우, 창업자금을 증여받은 후 4년 이내 해당목적에 미사용하는 경우, 증여받은 후 10년 이내 창업자금을 해당 사업용도 외 사용하는 경우 등이 증여세가 부과될 수 있는 사유에 해당됩니다.

23 창업 및 벤처기업 세제 지원[421]

창업 또는 벤처기업 확인을 받은 중소기업 등에 대해서는 다양한 세제혜택을 적용 받을 수 있습니다. 예를 들어 수도권과밀억제권역 외의 지역에서 창업한 청년창업중소기업은 5년간 100%의 세액 감면을, 수도권과밀억제권역에서 창업한 청년창업중소기업 및 수도권과밀억제권역 외의 지역에서 창업한 창업중소기업은 5년간 50%의 세액 감면을 받을 수 있습니다.

창투사 등이 벤처기업 등에 출자한 주식으로부터의 배당소득이나 양도소득에 대한 법인

420) 조세특례제한법 제30조의5
421) 2019년도 중소기업 조세지원(중소벤처기업부, 한국세무사회) 참조

세는 면제가 될 수 있습니다.

벤처기업 임직원이 주식매수선택권을 행사하면, 일정요건을 충족할 경우 연간 3천만원(5천만원)[422] 이내에서 비과세 혜택을 받을 수 있고, 행사이익에 대해 근로소득이 아닌 양도소득세 과세를 적용받을 수 있습니다.

비상장 벤처기업 등의 주주가 소유한 벤처기업등의 주식을 전략적제휴 계획에 따라 제휴법인의 주식과 교환 또는 제휴법인에 현물출자하는 경우 주식교환으로 인한 양도소득세는 제휴법인주식을 처분할 때까지 과세가 이연될 수 있습니다. 또한 벤처기업 또는 벤처기업이었던 기업이 벤처기업에 해당하지 아니하게 된 이후 7년 이내인 기업의 주식을 양도하고 양도가액의 50% 이상을 벤처기업 등에 재투자한 경우 당해 주식을 처분할 때까지 양도소득세의 과세를 이연받을 수 있습니다.

이와 같은 중소기업등에 대한 세제지원은 주로 조세특례제한법(조특법)과 지방세특례제한법(지특법)에서 열거하고 있는데, 그 내용은 다음의 표와 같습니다.

[표 127] 중소기업 등에 대한 세제 지원

구분	세제 지원 사항	관련규정
창업 및 벤처기업 지원	창업중소기업 등에 대한 세액감면	조특법 제6조, 지특법 제58조의3, 농특법 제4조
	중소기업창업투자회사 등의 주식양도차익 등에 대한 비과세	조특법 제13조
	중소기업창업투자회사 등의 벤처기업 등에의 출자에 대한 세액공제	조특법 제13조의2
	창투사 등에의 출자에 대한 과세특례	조특법 제14조 제1항
	배당소득 과세특례	조특법 제14조 제4항
	주식매수선택권 행사이익 비과세 특례	조특법 제16조의2
	벤처기업 주식매수선택권 행사이익 납부특례	조특법 제16조의3
	주식매수선택권에 행사이익에 대한 과세특례	조특법 제16조의4
	산업재산권 현물출자 이익에 대한 과세특례	조특법 제16조의5
	엔젤투자 등에 대한 소득공제	조특법 제16조
	증권거래세 면제	조특법 제117조
	창업자금에 대한 증여세 과세특례	조특법 제30조의5

422) 2020년 1월 1일 주식매수선택권을 부여받은 분부터 적용하고, 그 이전에는 2천만원 한도가 적용됩니다. 또한 2021년 개정안에서는 한도가 5천만원으로 상향되고 '22.1.1. 이후 행사하는 분부터 적용하도록 하는 개정안이 상정되었습니다.

구분	세제 지원 사항	관련규정
	벤처기업&창업보육센터에 대한 지방세 과세특례	지특법 제58조, 제60조, 제180조, 제183조
	벤처기업의 전략적 제휴를 위한 주식교환 등에 대한 과세특례	조특법 제46조의2
	전략적 제휴를 위한 비상장주식 교환 등에 대한 과세특례	조특법 제46조의7
	주식매각 후 벤처기업 등 재투자에 대한 과세특례	조특법 제46조의8
	재기중소기업인의 체납액 등에 대한 과세특례	조특법 제99조의6
중소기업 경영안정 지원	중소기업에 대한 특별세액감면	조특법 제7조, 제128조
	소기업·소상공인 공제부금(노란우산공제)에 대한 소득공제	조특법 제86조의3
	상생결제 지급금액에 대한 세액공제	조특법 제7조의4
	성실사업자 등에 대한 의료비, 교육비 및 월세액 세액공제	조특법 제95조의2, 제122조의3
	성실신고 확인비용에 대한 세액공제	조특법 제126조의6
	접대비의 손금산입	조특법 제136조, 법인세법 제25조, 소득세법 제35조
	결손금 소급공제에 대한 환급	법인세법 제72조, 소득세법 제85조의2
	사회적기업에 대한 법인세(소득세)감면	조특법 제85조의6
	장애인 표준사업장에 대한 법인세(소득세)감면	조특법 제85조의6
	신용카드 등의 사용에 따른 세액공제	부가가치세법 제46조
	면세농산물 등 의제매입세액	부가가치세법 제42조
중소기업 투자촉진 지원	중소기업투자세액공제	조특법 제5조
	특정시설투자 등에 대한 세액공제	조특법 제25조
	신성장기술 사업화를 위한 시설투자에 대한 세액공제	조특법 제25조의5
	영상콘텐츠 제작비용에 대한 세액공제	조특법 제25조의6
	초연결 네트워크 구축을 위한 시설투자에 대한 세액공제	조특법 제25조의7
	해외진출기업의 국내복귀에 대한 세액감면	조특법 제104조의24, 제118조의2
	중소/중견 기업 설비투자자산의 감가상각비 손금산입 특례	조특법 제28조의3
중소기업 연구·인력개발 지원	연구 및 인력개발비에 대한 세액공제	조특법 제10조
	연구개발 관련 출연금 등의 과세특례	조특법 제10조의2
	기술이전 및 기술취득 등에 대한 과세특례	조특법 제12조
	연구개발 특구에 입주하는 첨단기술기업 등에 대한 법인세(소득세)감면	조특법 제12조의2

구분	세제 지원 사항	관련규정
	기술혁신형 합병에 대한 세액공제	조특법 제12조의3
	기술혁신형 주식취득에 대한 세액공제	조특법 제12조의4
	외국인 기술자에 대한 소득세 면제	조특법 제18조
	연구개발 지원을 위한 지방세 감면	지특법 제46조, 제184조
	내국법인의 소재·부품·장비 전문기업에의 출자·인수에 대한 과세특례	조특법 제13조의3
중소기업 재무개선 및 구조조정 지원	중소기업의 통합에 대한 양도세 등의 이월과세	조특법 제31조, 지특법 제57조의2, 제58조의3, 제183조, 제184조
	법인전환에 대한 양도소득세 이월과세	조특법 제32조, 지특법 제57조의2, 제58조의3, 제183조, 제184조
	사업전환 무역조정지원 기업에 대한 과세특례	조특법 제33조
	사업전환 중소기업과 무역조정지원기업에 대한 세액감면	조특법 제33조의2
중소기업 지방이전 지원	수도권 과밀억제권역 밖으로 이전하는 중소기업에 대한 세액감면	조특법 제63조
	법인의 공장 및 본사를 수도권 밖으로 이전하는 경우 법인세 등 감면	조특법 제63조의2
	공장의 대도시 밖 이전에 대한 법인세 과세특례	조특법 제60조
	법인 본사 이전 양도차익에 대한 법인세 과세특례	조특법 제61조
	중소기업의 공장이전에 대한 과세특례	조특법 제85조의8
	농공단지입주기업 등에 대한 세액감면	조특법 제64조
	농업회사법인에 대한 세제혜택	조특법 제68조
	법인의 지방 이전에 대한 지방세 감면	지특법 제79조
	공장의 지방 이전에 대한 지방세 감면	지특법 제80조
	위기지역 내 중소기업 등에 대한 지방세 감면	지특법 제75조의3
중소기업 고용촉진 지원	중소기업 취업자에 대한 소득세 감면	조특법 제30조
	고용유지 중소기업 등에 대한 과세특례	조특법 제30조의3
	중소기업 사회보험료 세액공제	조특법 제30조의4
	산업수요 맞춤형 고등학교 졸업자를 복직시킨 기업에 대한 세액공제	조특법 제29조의2
	정규직 근로자의 전환에 따른 세액공제	조특법 제30조의2
	중소기업 핵심인력 성과보상기금 납입금의 손비 인정	조특법 제29조의6
	경력단절 여성 재고용 기업에 대한 세액공제	조특법 제29조의3

구분	세제 지원 사항	관련규정
	근로소득을 증대시킨 기업에 대한 세액공제	조특법 제29조의4
	고용을 증대시킨 기업에 대한 세액공제	조특법 제29조의7, 제127조 제4항
중소기업 가업상속 지원	가업상속공제	상증법 제18조, 조특법 제2조
	가업상속에 대한 연부연납특례	상증법 제71조
	가업의 승계에 대한 증여세 과세특례	조특법 제30조의6
조세특례의 제한 등	최저한세에 따른 감면 배제	조특법 제132조
	중복지원의 배제	조특법 제127조
	수도권과밀억제권역 투자 등에 대한 조세감면 배제	조특법 제130조

NOTE 21

❑ 조세지원을 위한 중소기업의 범위

구분	기준
규모 기준	매출액 등이 중소기업 규모기준[423] 이내이고 자산총액이 5천억원 미만일 것
독립성 기준	소유 및 경영의 실질적인 독립성의 기준을 충족할 것[424]
주된 사업 기준	주된 사업이 호텔업, 오락/유흥 등을 목적으로 하는 소비성서비스업이 아닐 것

NOTE 22

❑ 벤처기업이란

벤처기업은 일반적으로 혁신성과 성장성을 보유한 기업을 의미하며, 법적으로는 벤처기업육성에 관한 특별조치법 제2조의2 요건을 갖춘 기업을 벤처기업으로 정의하고 있습니다. 중소기업 중에서 다음의 3가지 유형에 해당하는 경우 벤처기업 확인을 받을 수 있습니다.

423) 「중소기업기본법 시행령」 [별표1] 주된 업종별 평균매출액등의 중소기업 규모기준을 따릅니다. 업종별로 평균매출액이 400억원~1,500억원 이하입니다.

424) 실질적 독립성 기준은 「독점규제 및 공정거래에 관한 법률」에 따른 상호출자제한기업집단 혹은 공시대상기업집단 등에 속하지 않거나, 자산총액 5,000억원 이상인 법인이 주식의 30% 이상을 직·간접적으로 소유한 경우로서 최다출자자인 기업에 해당하지 아니하는 기업 등을 의미합니다.

425) 상세 요건은 부록을 참고하시기 바랍니다.

구분	확인기관	확인요건의 예[425]
벤처투자	한국벤처캐피탈협회	창투자 등이 5천만원 이상 투자, 자본금 대비 투자금액이 10%(문화콘텐츠 7%) 이상
연구개발	기술보증기금, 중소기업진흥공단	기업부설연구소 보유, 연구개발비 5천만원 이상 및 총매출액의 5~10% 이상, 사업성 평가 우수 기업
보증 및 대출		보증・대출(가능)금액 8천만원 이상, 총자산 대비 보증・대출(가능)금액 5% 이상, 기술성 평가 우수 기업

24 증권거래세

증권거래세는 주권 또는 지분을 유상양도하는 경우 납부하여야 합니다. 상장주식은 자본시장 활성화를 위해 비상장주식보다 낮은 세율이 적용되고 있습니다. 그러나 상장주식을 장외에서 거래하는 경우는 비상장주식과 같은 세율이 적용되므로 이에 유의할 필요가 있습니다.

[표 128] 증권거래세 세율

구분	2022년	2023년	2024년	2025년 1월 1일 이후
비상장주식 (상장주식 장외거래 포함)	0.43%	0.35%	0.35%	0.35%
유가증권시장 (장내거래)	0.08% (농특세 0.15% 별도)	0.05% (농특세 0.15% 별도)	0.03% (농특세 0.15% 별도)	0.0% (농특세 0.15% 별도)
코스닥 및 K-OTC (장내거래)	0.23%	0.20%	0.18%	0.15%
코넥스(장내거래)	0.1%	0.1%	0.1%	0.1%

[표 129] 납세의무자 및 신고・납부기한

납세의무자	신고・납부기한	비고
한국예탁결제원	다음달 10일	장내거래
금융투자업자	다음달 10일	증권사 결제거래
양도자	양도일이 속하는 반기의 말일부터 2개월	

증권거래세의 납세의무자는 주식을 양도하는 자이지만 국내사업장이 없는 비거주자 또는 외국법인이 양도하는 경우에는 양수인이 납세의무자입니다.

25 공익법인의 세법 상 의무

공익법인은 법령 또는 정관에 규정된 설립목적을 직접 수행하는 사업으로서 법인세법에 따른 수익사업외의 사업인 고유목적사업을 영위하는 비영리법인으로 불특정 다수의 이익에 해당하는 공익사업을 목적으로 하는 법인입니다. 따라서 공익법인은 법인세법에 따른 비영리법인으로 상속세 및 증여세법에서 규정하는 공익사업을 영위하여야 합니다.

공익법인은 종종 지분을 증여받는 경우가 있는데, 지분을 보유하면서 배당을 받거나 지분을 처분하여 고유목적 사업에 사용하게 됩니다.

공익법인은 주식을 출연받을 때 몇 가지 제약사항이 있습니다.

내국법인의 의결권 있는 주식등을 출연받은 경우 동일한 내국법인의 의결권 있는 발행주식총수등을 5% 초과하여 보유할 경우에는 초과 가액에 대해 증여세가 부과됩니다. 단, 성실공익법인으로서 상호출자제한기업집단의 특수관계가 있지 않는 경우에는 20% 또는 10%까지 증여세 없이 증여를 받을 수 있습니다.[426] 출연받은 재산으로 내국법인의 의결권 있는 주식등을 취득하는 데 사용하는 경우에도 동일한 내국법인의 의결권 있는 발행주식 총수 등의 5%(또는 10%, 20%)를 초과 취득하는 데 사용되는 재산에 대해서는 증여세를 부과하게 됩니다.

총재산가액 중 특수관계에 있는 내국법인 주식 등의 가액이 30%[427]를 초과할 경우에는 30%(50%) 초과보유 주식의 매사업연도말 현재의 시가 × 5%에 해당하는 가산세를 납부하여야 하고 성실공익법인에서 제외됩니다.

26 M&A시 알아야 할 기타조세

1) 특수관계인간 거래시 증여 추정

① 배우자 또는 직계존비속에게 양도시 증여 추정[428]

배우자 또는 직계존비속에게 양도한 재산은 양도자가 그 재산을 양도한 때에 그 재산의

426) 출연받은 주식등의 의결권을 행사하지 아니하면서 자선·장학 또는 사회복지를 목적으로 하는 경우에는 20%, 그렇지 않은 경우에는 10%(상증법 제48조 제1항, 상증령 제37조)

427) 외부감사, 전용계좌개설·사용, 결산서류공시 이행하는 경우에는 50%까지 보유 가능합니다(상증법 제48조 제9항, 상증법 제78조 제7항).

428) 상속세및증여세법 제44조

가액을 배우자등이 증여받은 것으로 추정하여 이를 배우자등의 증여재산가액으로 하게 됩니다. 또한 특수관계인에게 양도한 재산을 그 특수관계인("양수자")이 양수일부터 3년 이내에 당초 양도자의 배우자 또는 직계존비속에게 다시 양도한 경우에는 양수자가 그 재산을 양도한 당시의 재산가액을 그 배우자 또는 직계존비속이 증여받은 것으로 추정하여 이를 배우자 또는 직계존비속의 증여재산가액으로 보게 됩니다.

자산을 양도하면 개인의 경우에는 양도소득세, 법인의 경우에는 법인세를 과세하게 됩니다. 그러나 증여에 의한 세액과 양도로 인한 세액을 비교하여 양도로 인한 세액이 증여에 의한 세액보다 적은 경우 사실상의 증여이지만 이를 정상적인 양수·도로 보이도록 거래하여 증여세의 부담을 회피할 가능성이 있습니다. 이를 방지하기 위하여 배우자 등에게 재산을 양도하는 경우와 특수관계인에게 양도 후 다시 배우자 등에게 양도하는 경우에는 당초 양도자가 배우자 등에게 증여한 것으로 추정하게 됩니다.

다만, 특수관계인에게 양도 후 다시 배우자 등에게 양도하는 경우의 당초 양도자 및 양수자(특수관계인)가 부담한 소득세법에 따른 결정세액을 합친 금액이 양수자가 그 재산을 양도한 당시의 재산가액을 당초 그 배우자 등이 증여받은 것으로 추정할 경우의 증여세액보다 큰 경우에는 증여로 추정하지 않습니다.

그리고, 경매절차에 따라 처분된 경우, 증권시장을 통하여 유가증권이 처분된 경우(시간외대량매매의 경우와 같이 통정매매가 가능한 경우에는 제외), 당해 재산의 취득을 위하여 이미 과세(비과세 또는 감면받은 경우를 포함한다)받았거나 신고한 소득금액 또는 상속 및 수증재산의 가액으로 그 대가를 지급한 사실이 입증되는 경우, 당해 재산의 취득을 위하여 소유재산을 처분한 금액으로 그 대가를 지급한 사실이 입증되는 경우 등에는 증여로 추정하지 않게 됩니다.

② 증여 후 양도시 증여자 직접 양도의제

거주자가 특수관계인[429]에게 자산을 증여한 후 그 자산을 증여받은 자가 그 증여일부터 10년 이내에 다시 타인에게 양도한 경우로서 증여세와 양도세를 합한 세액이 직접양도로 보아 계산한 양도세액보다 적은 경우에는 증여자가 그 자산을 직접 양도한 것으로 보게 됩니다. 다만, 양도소득이 해당 수증자에게 실질적으로 귀속된 경우에는 그러하지 아니합니다.

429) 이월과세를 적용받는 배우자 및 직계존비속의 경우는 제외

2) 종합부동산세

종합부동산세는 과세기준일(매년 6월 1일) 현재 주택 및 토지분 재산세의 납세의무자로서 국내에 소재한 재산세 과세대상인 주택 및 토지의 공시가격을 합산한 결과, 그 합계액이 각 유형별 과세기준 금액을 초과하는 경우 그 초과분에 대하여 부과되는 세금입니다. 이는 재산세와 같은 보유세의 일종으로서 1차로 지방자치단체인 시군구에서 해당지역의 재산에 대해 재산세를 과세하고, 2차로 국가에서 각 납세자가 보유한 전국의 소유부동산을 과세유형별, 납세의무자별로 합산하여 과세기준금액 초과분에 대하여 종합부동산세를 부과합니다.

[표 130] 종합부동산세 과세 대상 및 과세기준

과세대상	합산방법	과세기준금액(공시가격)
주택	인별합산	9억원*(1세대 1주택자 12억원)
종합합산토지(나대지 등)		5억원
별도합산토지(건축물 부속토지 등)		80억원

* 법인 보유 주택분 종합부동산세 공제는 폐지됨.

1세대 1주택의 경우에는 연령별로 그리고 장기보유자에 대해 세액공제를 해주고 있습니다. 연령별 세액공제는 60세 이상 20%, 65세 이상 30%, 70세 이상 40%이고, 장기보유자 세액공제는 5년 이상 20%, 10년 이상 40%, 15년 이상 50%입니다. 단, 중복적용 가능한도는 80%입니다.

과세기준일(6월 1일)현재 보유중인 주택 및 토지를 기준으로 주소지 관할 세무서에 매년 12. 1.부터 12. 15.까지 납부합니다.

3) 명의신탁 실소유자 확인제도

명의신탁주식 실제소유자 확인제도란 명의신탁한 주식을 실제소유자에게 환원하는 경우 관련 증빙을 제대로 갖추지 못해 이를 입증하는 데 많은 불편과 어려움을 겪는 사정을 고려하여 일정한 요건을 갖추면 세무조사 등 종전의 복잡하고 까다로운 확인절차 없이 간소화한 통일된 절차에 따라 실제소유자를 확인해 줌으로써 납세자의 입증부담을 덜어 주고 원활한 가업승계와 안정적인 기업경영 및 성장을 지원하기 위해 마련한 제도입니다.

명의신탁주식 실제소유자 확인신청을 위한 대상자는 일정 요건을 필요로 합니다. 첫째, 주식발행법인이 2001년 7월 23일 이전에 설립되었고, 실명전환일 현재 「조세특례제한법 시행령」 제2조에서 정하는 중소기업에 해당하여야 하며, 둘째, 실제소유자와 명의수탁자 모두 법인설립 당시 발기인으로서 법인설립 당시 명의신탁한 주식이어야 합니다.

[그림 51] 명의신탁주식 실소유자 확인절차도430)

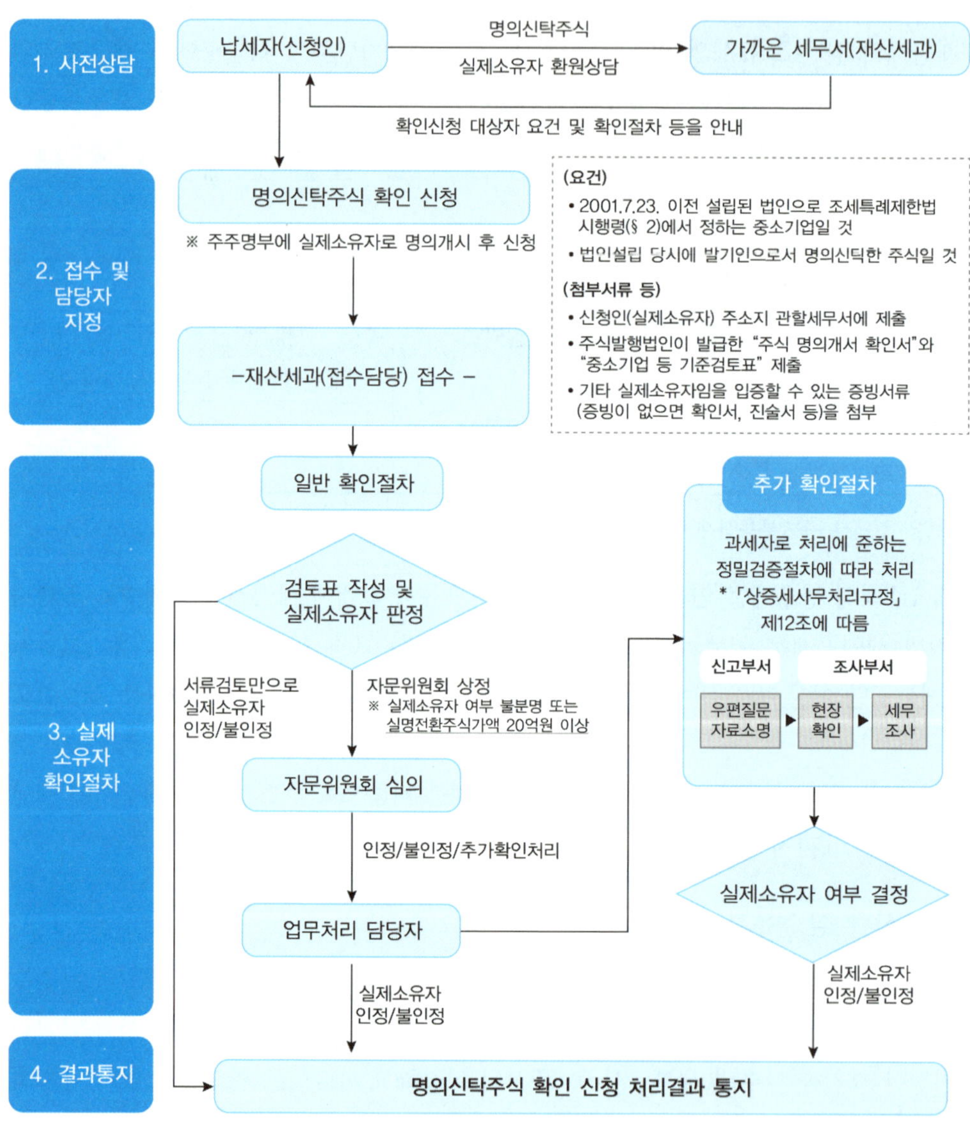

※ 확인처리 결과에 따라 당초 명의신탁에 따른 증여세, 배당에 따른 종합소득세, 유상거래인 경우에는 양도소득세 및 증권거래세 등 납세의무가 발생할 수 있습니다.

430) 2023 최고경영자가 알아야할 세무관리, 국세청 참조

M&A와 회계

1 지분율에 따른 회계처리의 구분

회사에 대한 영향력에 따라 회계처리는 달라집니다. 피투자에 대한 지배력[431)]을 확보하고 있다면 종속기업으로서 연결회계처리를 합니다. 피투자회사를 지배하고 있지는 않지만 재무정책과 영업정책에 관한 의사결정에 참여할 수 있는 능력을 가지고 있다면 유의적인 영향력이 있다고 보고 관계기업으로서 지분법 회계처리를 적용합니다. 일반적으로 지분율 50%를 종속기업의 기준으로, 지분율 20%를 지분법의 기준으로 보고 있지만 지배력과 유의적 영향력은 반드시 절대적 지분율로만 판단하는 것이 아니라, 상대적 의결권, 의사결정 기구의 구성 등을 종합적으로 고려하여야 합니다.

[그림 52] 지분율 및 영향력에 따른 회계처리 구분

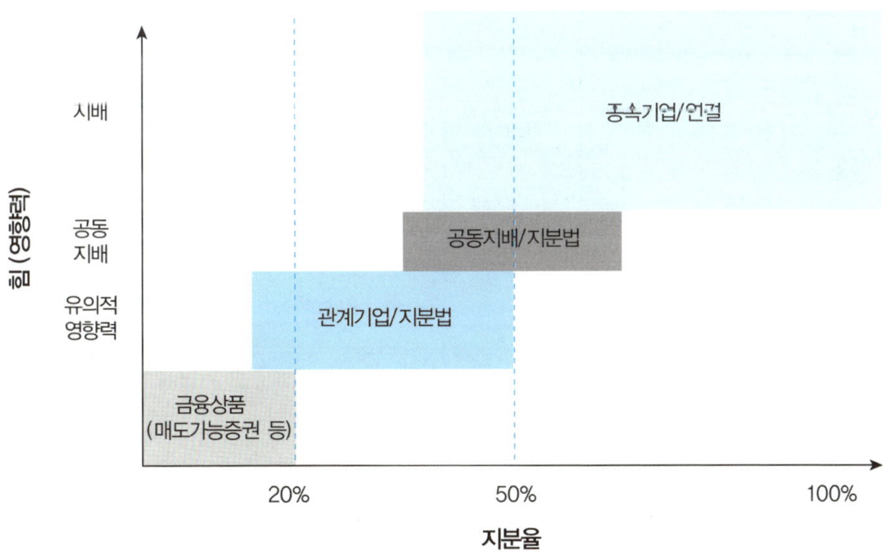

431) "투자자는 피투자자에 대한 관여로 변동이익에 노출되거나 변동이익에 대한 권리가 있고 피투자자에 대하여 자산의 힘으로 그러한 이익에 영향을 미치는 능력이 있을 때 피투자자를 지배한다"고 봅니다(K-IFRS 제1110호). 일반기업회계기준에서는 지배력을 "경제활동에서 효익을 얻기 위하여 재무정책과 영업정책을 결정할 수 있는 능력"으로 정의하고 있고, 통상적으로 지배기업이 직접으로 또는 종속기업을 통하여 간접으로 기업 의결권의 과반수를 소유하는 경우에는 지배기업이 그 기업을 지배한다고 보고 있습니다(일반기업회계기준 제4장).

위의 내용을 표로 정리하면 다음과 같습니다. 기본적인 분류는 유의적인 영향력이 있는지, 공동지배력인지, 실질지배력이 있는지를 기준으로 구분하였습니다.

[표 131] 영향력에 따른 구분[432)]

<table>
<tr><th rowspan="2">영향력
(참고 지분율)</th><th rowspan="2">분류</th><th colspan="2">일반기업회계기준</th><th colspan="2">K-IFRS</th></tr>
<tr><th>개별
재무제표</th><th>연결
재무제표</th><th>별도
재무제표</th><th>연결
재무제표</th></tr>
<tr><td>유의적 영향력 없음
(예: 20% 미만)</td><td>금융자산
(기준서: 단기매매증권 또는 매도가능증권)
(IFRS: 당기손익-공정가치측정 금융자산 또는 당기손익-기타포괄손익 측정 금융자산)</td><td>공정가치법</td><td>공정가치법</td><td>공정가치법</td><td>공정가치법</td></tr>
<tr><td>유의적인 영향력
(예: 20% 이상 ~ 50%)</td><td>관계기업 주식</td><td rowspan="3">지분법</td><td rowspan="2">지분법</td><td rowspan="3">원가법, 공정가치법, 지분법 중 선택</td><td rowspan="2">지분법</td></tr>
<tr><td>공동지배력
(공동투자, 공동약정:지분율과 무관)</td><td>공동기업 주식</td></tr>
<tr><td>실질지배력
(예: 50% 초과)</td><td>종속기업 주식</td><td>연결(자산·부채, 수익·비용 인식)</td><td>연결(자산·부채, 수익·비용 인식)</td></tr>
</table>

2 지분법(관계기업 주식)

지분법은 취득회사가 피투자기업에 대해 유의적인 영향력이 있을 때 적용하는 것으로, 취득회사의 피투자기업에 대한 지분율이 20% 이상이라면 명백한 반증이 있는 경우를 제외하고는 유의적인 영향력이 있다고 보게 됩니다. 명백한 반증의 예로는 투자기업이 의결권을 20% 이상 소유하더라도 법규, 계약 또는 소송 등으로 의결권 행사가 제한되어 영향력을

432) 사례 중심의 재무제표 작성실무(삼일인포마인, 박길동 저) 참고

행사할 수 없는 경우 등이 있을 수 있습니다. 반면 지분율이 20%에 미달하더라도 의사결정 기구에서 의결권을 행사할 수 있는 등 유의적인 영향력이 있다는 사실을 명백하게 제시할 수 있는 경우에는 지분법의 적용을 검토해 보아야 합니다.[433)]

투자자산이 K-IFRS 제1105호 '매각예정비유동자산과 중단영업'에 따라 매각예정으로 분류되는 경우나, 12개월 이내에 매각할 목적으로 투자주식을 취득하여 적극적으로 매수자를 찾고 있는 경우(일반기업회계기준) 등에 있어서는 지분법을 적용하지 않습니다.

지분법은 지분법적용투자주식을 취득할 때는 원가로 인식하고, 취득시점 이후 발생한 지분법피투자기업의 순자산변동액 중 투자기업의 지분율에 해당하는 금액을 해당 지분법적용투자주식에 반영하여 회계처리하는 방법입니다.

연결회계에서는 연결실체의 경영상태와 재무상태를 지배·종속기업의 개별재무제표를 합산하여 나타내게 됩니다. 반면 개별회계에서는 지분법을 통하여 피투자기업의 영업활동 등의 결과로 인한 순자산 증감의 결과만을 취득회사의 투자계정에 반영하며, 따라서 개별회계에서 지분법을 적용하는 경우에는 연결회계와 순자산 측면 등에서 동일한 효과를 나타내게 됩니다.

회계기간 중에 지분법적용투자주식을 취득·처분한 경우에는 해당 투자주식의 취득·처분일 현재의 재무제표를 사용하여 지분법을 적용하여야 하지만, 취득·처분일에 관계기업의 재무제표를 확정시킬 수 없는 경우에는 취득·처분일과 가장 가까운 날에 작성된 관계기업의 재무제표(중간재무제표 포함)를 사용하여 지분법을 적용할 수 있습니다.

[표 132] K-IFRS와 일반기업회계기준의 주요 항목에 대한 지분법 적용 비교

항목	일반기업회계기준 제8장	K-IFRS 제1028호
종속기업 및 관계기업 투자주식의 평가방법	• 개별재무제표상 지분법	• 연결재무제표 상 지분법, 별도재무제표상 원가법, 공정가치법, 지분법 중 선택
투자차액(영업권)	• 영업권을 상각하고 손상검사함	• 영업권은 상각하지 않고 손상검사만 함

433) 투자기업은 피투자기업에 대한 지분율 계산 시 피투자기업의 의사결정에 영향력을 행사할 수 없는 의결권 없는 주식이나 전환증권은 고려하지 않는 것을 원칙으로 합니다. 그러나, 투자기업이 전환권이나 신주인수권 등을 행사할 수 있고, 동 전환권이나 신주인수권 등의 행사가 효익이 있어서 전환이나 신주인수권의 행사를 합리적으로 기대할 수 있는 경우에는, 당해 전환증권은 유의적인 영향력을 판단하기 위한 지분율 계산에 포함합니다. 하지만 전환권이나 신주인수권의 행사를 합리적으로 기대할 수 있는 경우라 하더라도, 지분법평가를 위한 지분변동액의 산정에 있어서는 반영하지 않습니다. 즉 잠재적 의결권은 지분율 판단 기준 시에만 고려하게 됩니다(사례 중심의 재무제표 작성실무(박길동 저) 참고).

항목	일반기업회계기준 제8장	K-IFRS 제1028호
손상차손 우선 배부	• 손상차손 인식시 미상각된 투자차액이 있는 경우 투자차액을 우선 차감함 • 투자차액에 대한 손상차손의 회복은 인정되지 않음	• 지분법주식에 대한 손상차손 인식시 투자차액에 우선 배부되지 않고, 주식 전체에 대한 손상으로 처리하고, 향후 회복된 경우 환입가능
의결권 있는 주식의 20% 산정시 합산 대상	유의적인 영향력을 판단함에 있어 피투자기업에 대한 지분율은 투자기업의 지분율과 종속기업이 보유하고 있는 지분율의 단순합계로 계산	

또한 중소기업기본법에 의한 중소기업[434]은 관계기업 및 공동지배기업에 대하여 지분법을 적용하지 아니할 수 있습니다. 그러나 종속기업에 대해서는 연결재무제표를 작성하지 않는다면 지분법을 적용하여야 합니다.

3 사업결합

사업결합은 취득자가 하나 이상의 사업에 대한 지배력을 획득하는 거래를 말합니다. 일반적으로 회사가 다른 회사를 인수하거나 다른 사업을 양수하여 지배력을 획득하였을 때 적용하는 회계처리입니다.

사업결합은 취득법에 따라 이전대가 및 취득 자산부채를 공정가치로 평가합니다.[435]

[그림 53] 사업결합 시 취득법 회계처리 절차

취득법은 취득자 관점에서의 회계처리이므로, 먼저 거래 당사자 중 하나를 취득자로 식별하여야 한다. 취득자는 일반적으로 현금이나 지분 등으로 대가를 지급한 기업입니다.[436]

434) 상장법인 · 증권신고서 제출법인 · 사업보고서 제출대상법인, 금융회사 및 연결실체에 중소기업이 아닌 기업이 포함된 경우의 지배기업은 중소기업이더라도 지분법을 적용하여야 합니다.

435) 단, 지배 · 종속간의 거래 등 동일지배하의 사업결합은 연결장부금액으로 인식하여 회계처리합니다.

436) 그러나, 합병 등의 거래에서 합병후 상대적 의결권이나, 의사결정기구의 구성 등을 고려하여 대가를 지급한 법인이 취득자가 아닌 피취득자로 식별되는 경우도 있습니다. 이러한 경우를 역취득이라고 합니다. 역취득은 법률적 취득자와 무관하게 회계상 취득자 기준에서 취득법에 의한 회계처리가 이루어집니다.

사업결합은 취득일 기준으로 회계처리되므로, 취득일을 결정하여야 합니다. 취득일은 '취득자가 피취득자에 대한 지배력을 획득한 날'이며, 취득자가 피취득자에 대한 지배력을 획득한 날은 일반적으로 취득자가 법적으로 대가를 이전하여, 피취득자의 자산을 취득하고 부채를 인수한 사업결합 종료일이 됩니다.[437)]

취득자는 피취득자의 자산과 부채를 공정가치로 인식하게 됩니다. 이때 피취득자의 이전 재무제표에서 자산과 부채를 인식하지 않았더라도 취득자의 입장에서 식별가능하고, 신뢰성있게 측정할 수 있으며, 경제적효익의 유입 또는 유출 가능성이 높은 경우에는 해당 자산과 부채를 공정가치로 측정하여 인식하여야 합니다. 대표적으로 무형의 자산들이 이러한 과정에서 인식되는 경우가 많으며, 이러한 절차를 사업결합원가배분(PPA: Purchase Price Allocation)이라고 합니다.

이전대가가 피취득자의 취득일 현재 식별가능한 취득자산·인수부채의 순액을 초과하는 경우가 발생할 수 있는데, 이 금액은 영업권이 됩니다. 반대의 경우는 염가매수차익이 됩니다.

NOTE 23

❑ 사업결합회계처리의 일반기업회계기준과 한국채택국제회계기준의 비교

구분	일반기업회계기준 제12장	한국채택국제회계기준 제1103호
영업권 상각 (비한정무형자산 포함)	영업권을 미래에 경제적 효익이 유입될 것으로 기대되는 기간(20년 이내) 동안 정액법으로 상각하고, 잔액에 대해서는 손상검사도 수행(문단 12.32)	영업권은 손상검사만 수행 (문단 1103.B63)
비지배지분 영업권	비지배지분 영업권 인식 불가능	비지배지분도 공정가치로 측정하여 영업권 계상(단, 일정요건 충족 시 비지배지분에 대한 영업권을 인식하지 않을 수 있음)
동일지배범위	최상위가 기업인 경우만을 대상으로 동일지배 범위를 결정	최상위가 개인주주인 경우도 포함하여 동일지배 범위를 결정
동일지배 합병시 피합병회사 측정	연결장부금액으로 자산·부채를 인식	취득법 또는 장부가액법 적용

437) 그러나, 취득자는 종료일보다 이른 날 또는 늦은 날에 지배력을 획득하는 경우도 있기 때문에, 취득자는 모든 관련된 사실과 상황을 고려하여 취득일을 결정하여야 합니다. 또한, 사업결합이 단계적으로 이루어지는 경우에도 모든 사업결합 회계처리는 취득일 기준으로 이루어집니다.

1) 동일지배하의 사업결합

동일지배하에 있는 기업이란 동일기업이 당해 기업을 궁극적으로 지배하고 이러한 지배가 일시적이지 않은 경우를 말하는데, 흔히 지배-종속 관계에 있는 기업을 의미합니다. 이러한 동일지배하의 합병에서는 일반기업회계기준 적용시에는 "[제32장]동일지배기업" 기준서를 적용하여 피합병법인의 연결장부가액을 그대로 승계하고, 이전대가와 순자산의 차이를 자본항목으로 처리합니다. 그러나, 한국채택국제회계기준(K-IFRS)는 동일지배기업의 사업결합에 대한 기준서가 존재하지 않아 연결장부가액을 그대로 승계하거나 사업결합회계처리에 따른 취득법을 적용하는 방법을 상황에 맞게 선택하여 적용하고 있습니다. 실무적으로는 장부가액법을 적용하는 사례가 많습니다.

2) 단계적으로 이루어지는 사업결합

사업결합은 취득자가 피취득자의 대한 지배력을 획득하는 것입니다. 사업결합회계처리는 지배력을 취득하는 시점에 취득하는 자산부채를 공정가치로 측정하여 인식합니다. 만약 지배력을 획득하기 이전에 취득자가 피취득자의 지분을 일부 보유하고 있다면, 해당 지분 역시 취득일에 새롭게 일괄하여 지분을 취득하는 것처럼 회계처리합니다. 즉, 단계적으로 이루어지는 사업결합에서 취득자가 피취득자에 대한 지분을 지배력 취득시점 이전에 일부 보유하고 있었다면, 이 지분을 처분하고, 지배력획득시점에 지배력을 확보하기 위해 취득한 지분과 일괄적으로 새롭게 취득하는 것으로 처리하는 것입니다. 이에 따라 취득자의 기존 보유지분은 지배력을 취득한 시점의 공정가치로 재측정되고, 공정가치 재측정에 따른 손익은 당기손익으로 인식합니다. 또한 영업권 또는 염가매수차익도 취득자가 지배력을 획득하는 취득일에만 한번 계산합니다.

[표 133] 단계적으로 이루어지는 사업결합에서의 회계처리

구분	K-IFRS
투자주식에서 관계기업으로 지분 확대	기준 불분명하며, 투자주식을 공정가치로 재측정하고, 재측정에 따른 손익을 손익계산서에 인식하는 것으로 실무상 해석하고 있음
관계기업에서 관계기업으로 지분 확대	기존 지분 공정가치평가 없으며, 각 단계에서 영업권 결정
관계기업에서 종속기업으로 지분 확대	관계기업 지분을 공정가치로 재측정, 재측정에 따른 손익을 손익계산서에 인식. 일괄 취득을 가정하여 영업권 측정
투자주식에서 종속기업으로 지분 확대	투자주식 지분을 공정가치로 재측정, 재측정에 따른 손익을 손익계산서에 인식. 일괄 취득을 가정하여 영업권 측정

구분	K-IFRS
종속기업에서 종속기업으로 지분 확대	공정가치로 평가하지 않고, 지배지분과 비지배지분으로 조정한 후, 조정금액의 차이는 자본항목으로 처리

4 사업결합원가배분(PPA: Purchase Price Allocation)

사업결합원가배분은 취득자가 피취득자산을 회계처리할 때 사업을 취득한 대가를 취득한 자산의 각 자산 및 부채별로 배분하여 회계처리하는 것을 의미합니다. 이때 각 자산과 부채는 공정가액으로 평가되어야 합니다. 만약 취득한 자산과 부채의 공정가치의 합이 취득대가와 차이가 발생한다면 이 차이는 취득대가가 더 큰 경우에는 영업권, 반대의 경우에는 염가매수차익이 됩니다.

[그림 54] 사업결합원가배분(PPA)의 개념도

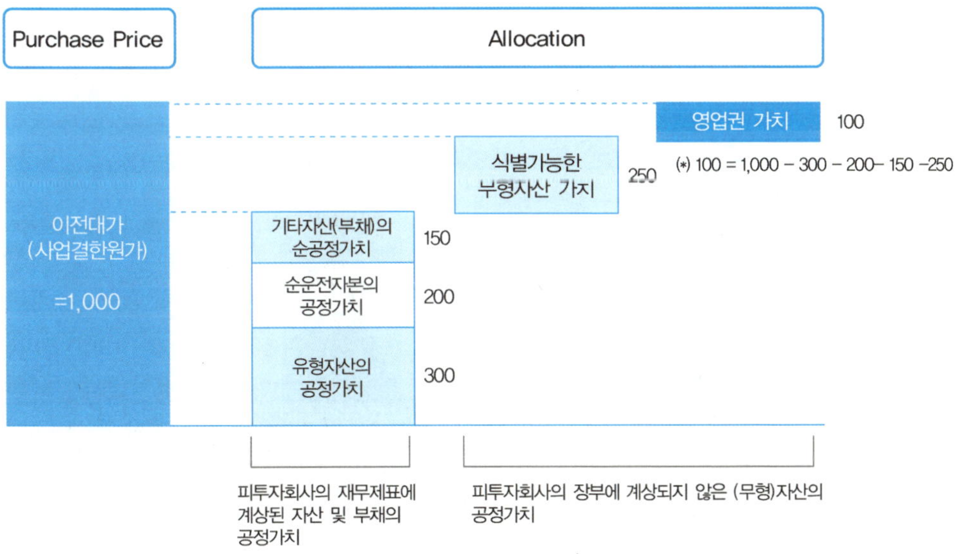

예를 들어 다음의 표와 같이 인수자가 특정사업을 1,000에 인수하였다고 가정합니다. 인수자산의 순자산 장부가액이 500일 때, 각 자산 및 부채별로 공정가치를 평가한 후 순자산이 900이 되었다면 인수대가와 순자산 공정가치는 100만큼 차이가 발생합니다. 인수자는 각 자산별 공정가치의 합인 900보다 100이 더 큰 가격으로 인수하였는데, 이 차이 100을 무형자산인 영업권으로 인식하는 것입니다.

[표 134] 사업결합원가배분(PPA)의 예시[438]

구분	PPA 前 장부가	공정가치 조정	PPA 後 장부가
운전자본	200	-	200
유형자산	200	(+)100	300
무형자산	-	(+)250	250
기타자산	150	(+)50	200
부채	(50)	-	(50)
자본(순자산)	500	(+)400	900
사업결합원가	1,000	-	1,000
순자산(영업권 제외)	500		900
영업권	500		100

[표 135] 영업권과 염가매수차익의 비교

구분	영업권	염가매수차익
정의	이전대가(취득대가) 〉 피취득자 순자산 공정가액	이전대가(취득대가) 〈 피취득자 순자산 공정가액
개념도	Purchase Price / 피합병법인 순자산 공정가치 / 취득대가 (이전대가) / 영업권 / 순자산 공정가치 / 취득대가 〉 순자산 공정가치	Purchase Price / 피합병법인 순자산 공정가치 / 염가매수차익 / 취득대가 (이전대가) / 순자산 공정가치 / 취득대가 〈 순자산 공정가치
발생원인의 예	경영권프리미엄(시너지효과 및 무형의 자산에 대한 대가 등)	법률 등에 의해 정해진 가격으로 진행된 거래, 잠재적 할인요소 또는 잠재적 손실의 선차감 등
회계처리	• K-IFRS: 매년 손상검사 • 일반기업회계기준: 20년 이내의 기간 동안 정액법으로 상각(손상징후 시 손상검사)	• K-IFRS 및 일반기업회계기준: 당기손익으로 인식[439]

438) 기업가치평가와 재무실사(삼일인포마인) 참조
439) 염가매수차익은 순자산공정가치에 미치지 못하는 가격으로 매각한다는 것이므로 일반적인 거래에서는 발생하지 않을 것으로 봅니다. 그러므로, 염가매수차익이 발생할 경우에는 모든 취득자산과 인수부채를 정확

NOTE 24

❑ 이연법인세부채의 인식과 영업권

합병시 사업결합원가배분을 통해 식별가능한 공정가액으로 인식한 후, 취득가액과 순자산공정가액의 차이는 영업권으로 인식됩니다. 이때 세무상으로는 피합병회사의 장부가액이 세무기준액이 되어 회계상 인식된 공정가액과 차이가 발생할 경우에는 이연법인세부채가 인식될 수도 있습니다. 이 경우에는 다음의 그림과 같이 영업권이 잔여가치로 조정될 수 있습니다.[440)]

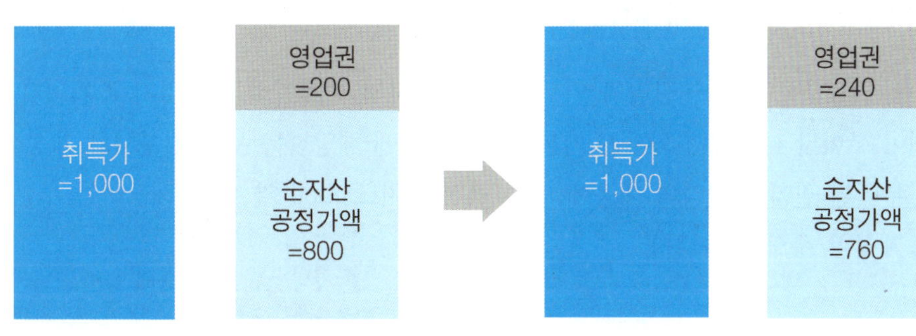

- 순자산에 대한 세무상기준액은 600, 법인세율이 20%일 경우, 인식할 이연법인세부채는
- 가산할 일시적 차이: 800 − 600 = 200
- 이연법인세부채: 200 × 20% = 40
- 이연법인세 반영 후 순자산공정가액: 800 − 40 = 760
- 이연법인세 반영 후 영업권: 1,000 − 760 = 240

* 가산할 일시적 차이는 향후 해당 자산을 매각할 때나 감가상각을 할 때 세무상이익이 회계상이익보다 더 커서 회계상 이익대비 부담할 법인세가 증가함으로 인해 발행하게 되는 회계상 조정사항

하게 식별하였는지 재검토해 볼 필요가 있습니다.

440) 합병으로 인해 영업권을 최초로 인식할 때에는 영업권자체에 대한 이연법인세부채는 인식하지 않습니다. 취득가액에서 순자산공정가치를 차감한 잔여가치로서의 영업권에 대해 이연법인세부채를 인식하게 되면, 이연법인세부채 인식에 따른 영업권 조정과정이 반복되는 순환효과가 발생하기 때문입니다. 이는 K-IFRS와 일반기업회계기준이 동일합니다.

5 분할 및 합병 회계처리

분할, 합병 등 구조재편과 관련한 회계처리도 기본적으로는 사업결합회계기준에 따라 회계처리가 이루어집니다. 그러나, 아직은 분할과 합병 등의 다양한 형태별로 회계기준이 제시되어 있다고 보기는 어려운 부분이 있으므로, 구조재편의 각 케이스별로 기준의 해석과 적용 방식이 달라질 수도 있습니다. 이에 대한 자세한 내용은 "부록"의 "분할실무가이드"와 "합병실무가이드" 부분을 참고하시기 바랍니다.

6 다양한 투자방식에 따른 회계처리

다양한 투자방식에 따른 권리와 의무에 따라 회사의 회계처리는 달라지게 됩니다. 다양한 옵션이 부여된 사채 발행회사는 기본적으로 사채에 해당하는 부분은 부채로 계상하지만 사채에 부여된 권리는 권리의 내용에 따라 일정 가치(Option 가치)에 해당하는 부분은 자본으로 계상할 수도 있습니다.

[표 136] 전환사채 vs 신주인수권부사채 vs 교환사채의 회계처리 비교

<table>
<tr><th colspan="2">구분</th><th>전환사채</th><th>신주인수권부사채</th><th>교환사채</th></tr>
<tr><td rowspan="2">K-IFRS</td><td>발행자</td><td>• 주계약은 금융부채
• 전환옵션은 지분상품이나 금융부채
• 상환옵션은 금융부채</td><td>• 주계약은 금융부채
• 신주인수옵션은 지분상품이나 금융부채
• 상환옵션은 금융부채</td><td>• 금융부채</td></tr>
<tr><td>투자자</td><td colspan="3">• 복합금융상품</td></tr>
<tr><td rowspan="2">일반기업 회계기준</td><td>발행자</td><td>• 일반사채에 해당하는 부분(부채부문) + 전환권대가(자본부문)</td><td>• 일반사채에 해당하는 부분(부채부문) + 신주인수권대가(자본부문)</td><td>• 일반사채에 해당하는 부분(부채부문) + 교환권대가(자본부문)</td></tr>
<tr><td>투자자</td><td colspan="3">• 요건에 따라 내재파생상품을 주된 계약과 분리하여 회계처리하거나, 전체를 당기손익인식항목 등으로 분류</td></tr>
</table>

상환우선주를 발행한 회사는 해당 지분의 성격상 사채와 유사하다고 보고 대부분 부채로 계상하게 됩니다. 전환우선주는 전환권리의 약정사항에 따라 자본으로 분류할 것인지 부채로 분류할 것인지가 결정되는데, 통상적으로 전환비율이 변동되지 않고 확정되어 있는 경우에는 자본으로 분류되지만, 가치변동에 따라 전환가액이 조정되거나, 투자회사에 Put

Option(전환우선주를 발행회사에 매각할 수 있는 권리) 등이 부여되는 경우에는 부채로 인식하게 됩니다.

[표 137] 상환우선주 vs 전환우선주 vs 전환상환우선주 회계처리 비교

구분		상환우선주 (Redeemable PS)	전환우선주 (Convertible PS)	전환상환우선주 (RCPS)
K-IFRS	발행자	• 대부분 부채	• 자본 or 부채 전환비율이 변동하는 경우 부채로 인식(단순한 액면가 분할, 무상증자 등에 따른 전환비율 조정은 자본으로 인식 가능) 발행회사가 Put Option 부담 시 부채로 인식. 발행회사 대신 제3자가 부담 시 자본으로 분류 가능	• 대부분 부채 보유자가 아닌 발행회사가 상환권을 보유 시(Callable), 자본으로 분류 가능
	투자자	• 복합금융상품	• 복합금융상품(공정가치 평가). 단, 풋가능 우선주는 일반적으로 지분상품으로 보지 않음	• 복합금융상품
일반기업회계기준	발행자	• 자본	• 자본	• 자본
	투자자	• 지분증권의 성격에 맞게 당기손익인식항목 등 투자자산 등으로 분류		

VI PMI(Post Merger Integration, 통합)

1 PMI는 M&A의 핵심 성공 요인

M&A라고 하면 대부분 Deal의 성사에만 집중합니다. 그러다 보니 Deal이 성사되면 마치 성공적인 M&A가 완성된 것으로 생각하고, M&A 계약 종료 이후 경영진의 관심이나 중요도가 감소하게 되는 경우가 많습니다. 하지만 M&A 성공의 상당부분은 PMI에 있습니다. PMI는 기업 인수 후, 두 기업이 하나의 조직으로 원활하게 기능할 수 있도록 비전, 리더십, 조직 및 인력, 프로세스, 시스템, 조직문화 등을 통합하는 작업입니다. PMI를 통해 M&A의 최종단계를 완성하고 기업간의 시너지를 창출하는 것이 중요합니다. 회사의 인수만으로 가치를 만들어 내는 것이 아닌 효과적인 통합을 통해 기업 가치를 창출하는 것이 더욱 중요합니다.

인수 후 기업을 하나의 조직으로 운영하기 위해서 필요한 업무는 다양하지만, 그 중에서도 중요하게 고려되어야 하는 부분이 있다면 비전과 리더십을 재정립하여 인수 목적을 분명히 하고, 통합기업의 새로운 전략을 수립하는 것입니다. 또한, 조직 및 인력을 재배치하여 업무 프로세스와 시스템 운영의 효율성을 상승시키며, 문화적 차이를 비롯한 여러 차이를 이해하고, 두 기업문화를 융합하거나 재구성하여 하나의 기업으로 만들어야 합니다.

[그림 55] M&A 이후 기업들의 가치창출 성공률[441)]

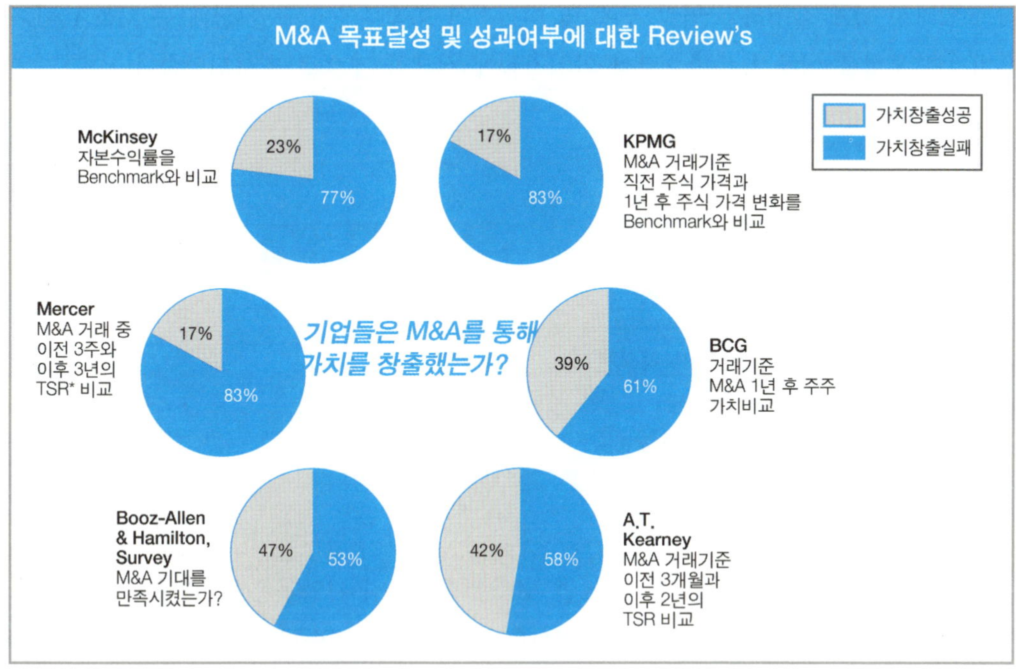

* TSR: Total Shareholder Return

위의 그림에서 보는 바와 같이 여러 다국적 컨설팅회사들이 기업들에게 'M&A를 통해서 기업가치창출에 성공을 했는가'라는 질문에 상당히 많은 응답자가 M&A를 통해 가치를 창출하지 못했다고 하는 답변은 참으로 놀라운 일입니다. 이러한 사실을 볼 때 M&A가 가치창출을 보장한다고 할 수는 없을 것 같습니다. M&A를 통한 가치창출을 위해서는 적합한 대상을 선정하여 효율적이고 효과적인 통합을 이루어 내도록 하는 것이 반드시 필요합니다.

1) M&A의 성공과 실패

많은 기업들이 기업의 성장수단으로 또는 변화하는 환경에 신속하게 적응하고자 하는 방법으로 M&A를 선택하지만, M&A는 반드시 성공을 보장하지는 않습니다. 그렇다면 어떤 이유로 인하여 기업의 M&A는 실패로 귀결되는지를 살펴보아야 할 것입니다. 한 연구기관의 조사에 의하면, 실패한 이유 중 20%는 기업이 명확한 전략목표 부족, M&A의 전략적 적합성 부족 등과 같은 전략상 실패에 기인하며, 14%는 높은 가격, 불리한 조건, 재무 구조

441) Source: Paul Pautler, The Effect of Mergers and Post-Merger Integration, 2003

악화 등이 그 원인으로 파악되었습니다. 그리고 실패 사례의 66%는 체계적인 통합 계획과 이를 일관성 있게 실행하는 역량 부족 및 이질적인 조직문화의 통합 실패 등 M&A 이후 유기적인 통합을 이루지 못함으로써 가치창출에 실패한 것으로 조사되었습니다.

[그림 56] M&A 후 실패의 주요 원인[442]

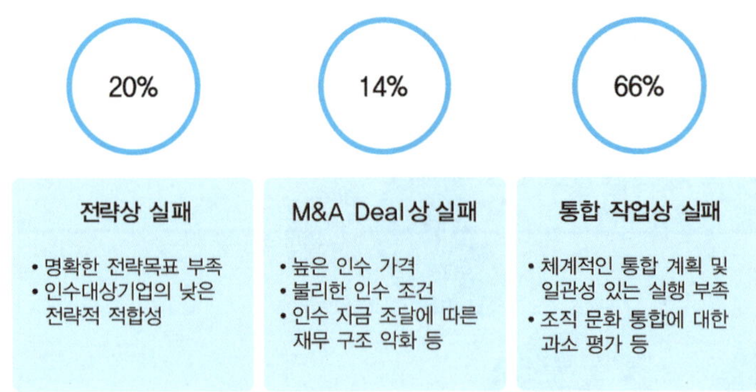

Paul A. Pautler 2003년 연구에 따르면, M&A에 성공한 기업들은 7가지 특징을 가지고 있으며, 이 중 5개는 통합과 관련된 것이라는 것을 알 수 있습니다.

- 주력 업종과 동일하거나 관련된 M&A
- 비슷한 규모의 M&A 수행
- 빠른 통합 계획과 빠른 통합 실행
- 통합 관리자의 임명 및 동기부여
- 조직의 문화적 차이 인지 및 미연에 갈등 방지
- 핵심인재의 유지 및 이탈 방지
- 고객과 영업인력의 M&A 영향 최소화

2) 시너지의 실현을 위한 통합

통합은 M&A의 성공과 실패에 있어서 가장 결정적인 요인 중의 하나입니다. 그렇다면 통합은 정확히 무엇이고 M&A 과정에서 어떤 중요한 의미를 가지고 있는지 살펴볼 필요가 있습니다. M&A를 성사시키기 위해 이루어지는 모든 활동, 즉, 최초에 M&A를 결정하기까지의 전략적 결정, 목표 수립, 대상기업 선정, 실사(Due Diligence), 가격 협상 및 계약은 딜(Deal)을 효과적으로 하기 위한 과정이고, 딜(Deal)이 종료(closing)되면 두 기업을

442) Business Week(95년~2001년 미국 상장기업 M&A 300개 사례 분석 결과)

하나의 기업으로 만들기 위한 통합이라는 활동이 M&A의 주요한 활동으로 자리잡게 됩니다. M&A를 통하여 이루고자 하는 전략 및 사업적 목표는 시너지를 통해서 이루어지게 되는데 이러한 시너지 효과는 두 조직이 실제로 하나의 조직으로 통합되어 원활하게 기능을 다할 때에 비로소 달성할 수 있습니다. 이를 위해 새로운 통합 비전과 리더십을 세우고 개별 조직의 업무 프로세스를 유기적으로 연결 및 통합하고 조직과 인력, 문화 등을 새로운 조직에 가장 적합하도록 구성하는 것이 매우 중요합니다. 이러한 M&A 종료 후 비전, 리더십, 프로세스, 인력, 문화의 통합 작업이 바로 인수 후 통합(PMI: Post Merger Integration)이며, 시너지 실현은 통합의 성공으로 가능합니다.

3) M&A에서 통합이 어려운 이유

① 제한된 시간 내에 이루어지는 업무의 방대함

기업이 통합의 중요성을 충분히 인식하여 체계적으로 통합 프로세스를 처리하고자 하더라도 짧은 시간에 방대한 업무를 처리해야 하는 통합과정의 특성으로 인해 많은 어려움을 겪는 경우가 있습니다. 업무 프로세스 및 정보시스템 통합을 비롯하여 조직문화 통합, 인력 통합, 그리고 고객과 공급사 등과 같은 다양한 이해관계자와의 커뮤니케이션까지 통합 업무의 규모는 실로 엄청난 수준입니다. 더구나 이러한 업무를 통합사(M&A 후 통합기업) 출범 전까지 모두 마쳐야 하는 시간적인 제한조건이 있습니다. 또한, 인수 및 통합과정은 동시 다발적으로 다양한 이슈가 발생하는 작업이나 이를 전문적으로 실행할 전문인력이 부족합니다. 실제 회사를 다니는 기간 동안 M&A를 경험하는 것은 특별한 경험이라고 할 수 있습니다. 특히 Cross-border의 경우는 전문 인력을 보유하는 것이 더욱 어렵습니다.

② 통합의 중요성에 대한 인식 부족

통합은 M&A가 활성화된 이후 경험적으로 그 중요성이 부각되어 최근에 비로소 관심을 받게 되었습니다. 그렇기 때문에 M&A의 실행 자체만을 중요하게 여기고 거래 자체에 관련된 의사결정에만 중점을 두었기 때문에, M&A 실행 이후 통합은 M&A 거래 종결 이후에 이어지는 부수적인 활동으로만 간주되어 왔었던 것입니다. 그리고 최고 경영진 및 조직은 M&A 자체의 성사에 초점을 맞추어 왔기 때문에, M&A가 종료되고 난 이후에는 새로운 조직내의 비전이나 목표를 세우거나 문화를 통합하고, 질서를 잡기가 현실적으로 불가능했거나 여력이 없었다고 볼 수 있습니다. 최근에 들어서야 통합의 중요성을 지적하는 연구와 실질 사례가 증가하게 되었고, 잘 계획되고 실행된 통합 프로세스만이 계획한 시너지를 실현시키고 투자 가치를 창출할 수 있다는 내용이 일반적으로 받아들여지기 시작하면서 점차 관심을 받게 된 것입니다.

③ 이질적인 환경에서의 통합의 어려움

이질적인 문화환경에서의 통합은 그렇지 않은 경우의 통합보다 훨씬 많은 어려운 문제에 당면하게 됩니다. 그 중 대표적인 경우가 바로 서로 다른 문화를 가진 국가의 기업간에 이루어지는 M&A에서의 통합일 것입니다. 일반적인 M&A에서 통합의 경우에도 조직문화의 통합이 가장 중요한 부분 중의 하나인데, 사고방식과 언어, 생활수준 등 다양한 부분에서 차이가 나는 상황을 원활한 통합으로 극복해 가는 과정은 상호간의 이해와 체계적인 준비가 없이는 불가능할 것입니다.

4) 통합의 성공 요소

① Early Planning & Timely Execution

통합을 성공적으로 이루어내기 위한 핵심 요소는 바로 계획은 가능한 일찍 시작하고, 수립된 계획을 토대로 조기에 그리고 적시에 실행하는 것입니다.

PwC는 M&A를 경험한 125개의 미국 기업의 CEO, President, COO, CFO 등 고위 경영진과의 인터뷰를 바탕으로 M&A Integration Survey Report를 발표하여 성공적인 통합을 위한 가장 중요한 변수로 '통합의 속도'를 제시하였습니다.[443] 다수의 통합 활동 중에서 핵심적이고 큰 가치를 가져올 수 있는 활동에 대해 가능한 한 빨리 계획하고 적시에 실행하는 것이 M&A를 통해 달성하고자 하는 Deal Value를 극대화시키는 것과 직접적으로 상관관계가 있다는 것입니다. 여기서 말하는 '적시'는 구체적으로 합병 후 100일 동안을 의미하며 이 기간 동안 핵심 통합 활동을 끝내는 것이 수익성, 현금흐름, 생산성 등 M&A의 성공을 나타내는 지표를 향상시킵니다.

② 통합의 성공을 결정하는 기간은 합병 후 100일!

통합의 성공을 결정하는 기간은 합병 후 100일 동안을 어떻게 보내느냐에 달려 있습니다. 합병 후 100일이 이처럼 중요한 이유는 구성원들이 M&A 이후에 변화를 받아들일 준비가 되어 있어서 새로운 사고방식과 업무 방식에 호의적인 반응을 보이는 기간이 이 기간이기 때문입니다. 그러므로 M&A 이후 앞으로의 변화가 어떻게 진행될 것인지 방향성을 명확히 설정하고, 이를 언제 어떤 방식으로 커뮤니케이션 할 것인지에 대한 계획까지 수립되어 있어야 합니다.

443) PwC M&A Integration Survey Report 2008

통합의 속도는 수익성과 현금흐름에 영향을 미친다는 리서치 결과도 있습니다.

2008년 PwC 리서치에 의하면, 통합 후 3개월 이내에 운영 정책을 통합한 경우 48%가 수익성과 현금 흐름이 향상되었고, 4개월~6개월 이내에 운영 정책을 통합한 경우 수익성에서 33%, 현금 흐름에서 37%의 향상 효과를 보였습니다. 통합이 적절한 방식으로 빠르게 이루어진다면 구성원들은 M&A 후 회사가 나아갈 방향에 대하여 명확하게 인식할 수 있고, 업무에 집중할 수 있는 여건이 조성되어 성공적인 통합 방향으로 이어지는 것입니다.

[그림 57] 통합의 속도에 따른 성과 차이[444)]

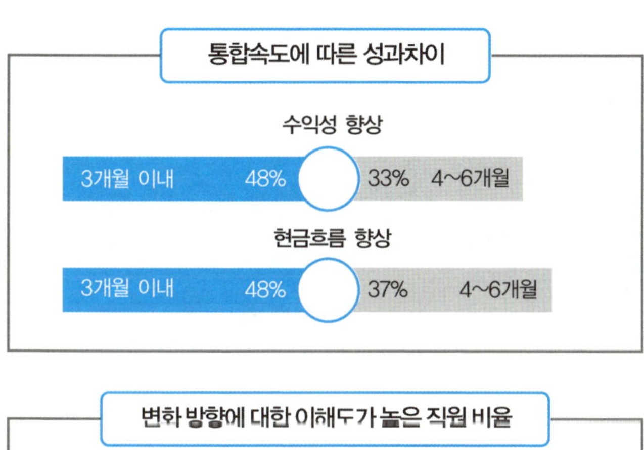

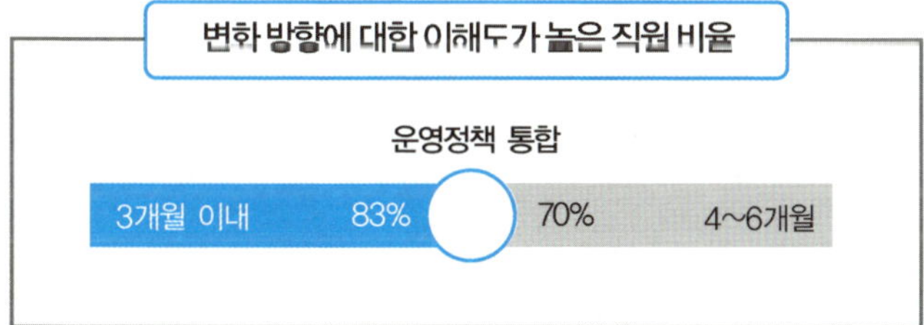

444) PwC M&A Integration Survey Report 2008

[그림 58] PMI 주요 이슈별 통합의 난이도

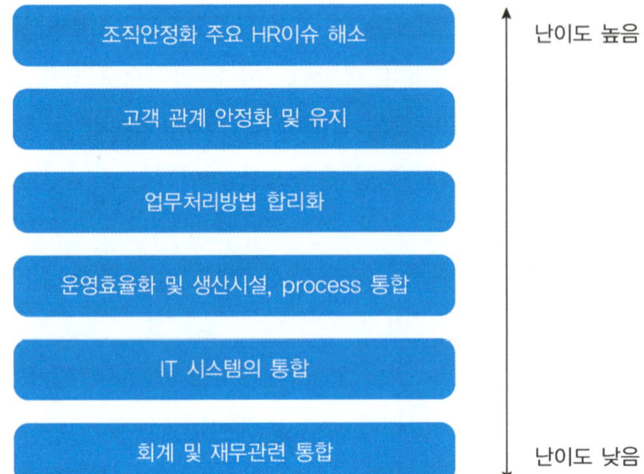

[표 138] PMI과정에서 기업들이 어려움을 겪는 분야

- 서로간의 소통(M&A 영향이 나에게 미치는 영향, 조직개편의 영향 등에 불안 및 경계의 해소 부족)
- 재무적 추정 및 시너지 효과의 명료하고 구체적이며 현실적인 전망
- 통합의 마스터플랜(Master plan)
- M&A 후 동기부여
- 최고경영진의 확약
- 명확한 전략과 비전의 공유

2 M&A와 통합 방법론(M&A Integration Methodology)

통합은 M&A 진행 단계에 맞춰 거래전단계, 실행단계, 거래후 단계로 나누어 이루어지게 됩니다. 즉, 통합(Integration)은 거래가 종료된 후에 시작되는 작업이 아니라, M&A 전 단계를 통해 계획되고, 준비되며, 실행되어야 하는 것입니다.

[그림 59] PMI 단계

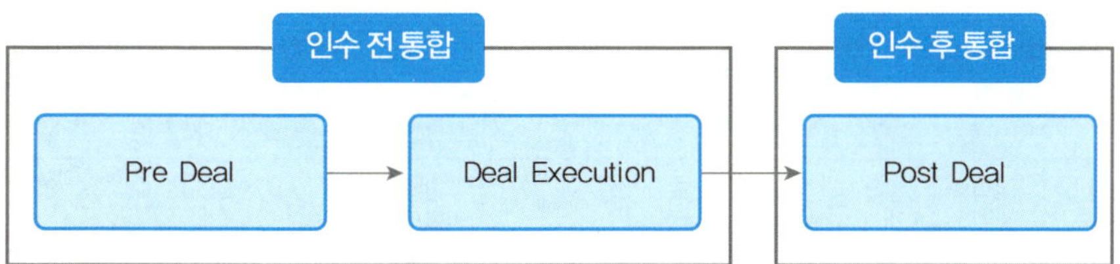

일반적으로 PMI에서 중요한 것은 크게 8가지가 있다고 합니다. 이중 2가지는 딜 이전에 준비를 해야 하는 부분이고 나머지 6가지는 통합 중에 고려해야 할 사항입니다.

[그림 60] PMI의 단계별 주요 원칙

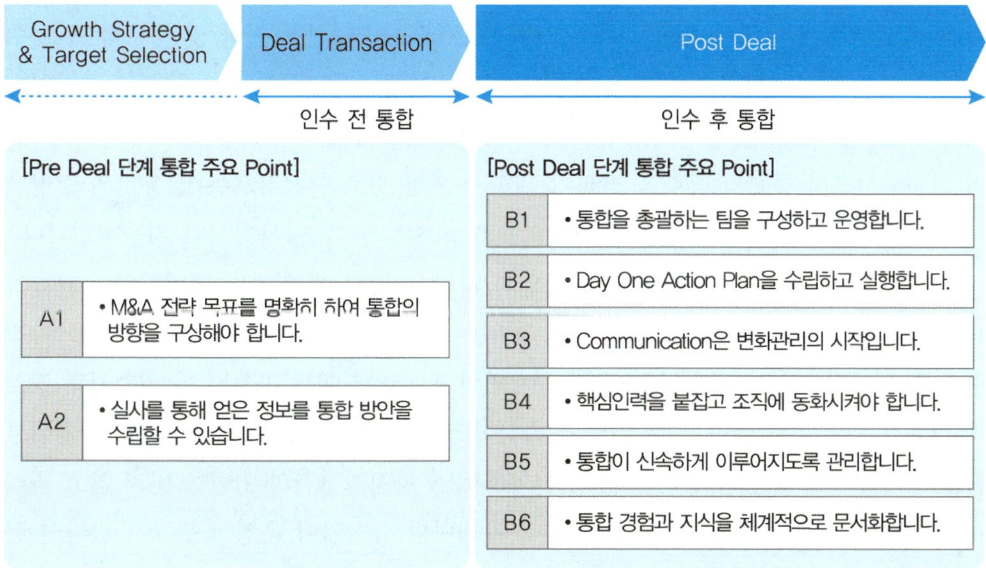

1) Pre Deal(거래 전 거래)

수차례의 M&A에 성공한 글로벌 기업들은 통합을 위한 준비는 이르면 이를수록 좋다고 말합니다. GE Capital은 100회가 넘는 M&A경험을 통해 통합에 대한 계획과 준비는 일찍 할수록 M&A가 목표로 하는 시너지 창출 가능성을 더욱 높인다는 것을 알게 되었고, 거래 전 단계부터 통합을 위한 준비과정을 충실히 밟아 가는 대표적인 기업이 되었습니다.

[그림 61] GE PMI Process[445)]

GE Capital's Acquisition Integration Process (Pathfinder Model)											
상위 단계	거래 단계			거래 후 통합 단계(통합 계획)			통합실행 단계(빠른 통합)		통합평가 단계		
하위 단계	실사	협상 및 발표	계약 체결	통합 개시	인수통합 워크아웃	전략 수립	실행	진행과정 검토 및 조정	장기계획 평가 및 조정	가시적 성과를 토대로 계속 추진	
세부 활동	• 문화적 통합준비 • 통합관리 매니저 선택 • 사업 또는 기능별 부서 관리자들의 강점/약점 파악 • 커뮤니케이션 전략 개발 통합에 저해가 되는 장애 요인			• 공식적으로 통합관리 매니저 임명 • 중역들에게 GE의 경영방식 소개 • 통합계획의 공동개발 • 최고경영자들의 참여 • 충분한 자원을 제공하고 책임을 부여			• 통합의 속도를 높이기 위한 여러가지 프로세스 도입 • 관리자들의 단기 순환 근무 도입 • 피드백을 받아 통합계획 수정 • 프로세스 감사		• 교육프로그램 활용 • 통합 프로세스 감사 • 장기적인 관리자 순환보직 • 계속적으로 프로세스, 도구, 용어를 개발		

거래 전 단계에서 수행해야 할 과제는 크게 ⓐ M&A의 명확한 전략 및 재무적 목표 수립, ⓑ 목표 달성에 적합하고 통합에 용이한 피인수기업의 선정, 그리고 ⓒ 피인수기업에 대해 중요한 정보를 가능한 많이 파악하는 것으로 나누어 볼 수 있습니다.

이 과정에서부터 통합의 방향을 정하기 위한 논의와 검토가 시작되는데, 통합의 방향을 결정하는 중요한 요소는 M&A 당사회사의 상호의존성과 각 당사회사의 자율성입니다.

여기서 상호의존성이란 MA&의 인수기업과 피인수기업간에 얼마나 핵심역량의 교류가 필요한지 혹은 자원의 공유가 필요한지를 의미합니다. 두 기업이 높은 상호의존성을 가진다면 보유 역량의 교류가 많아지고, 협업과 자원의 공동 활용이 많아져서 두 기업간의 경계는 희미해질 것입니다. 따라서 두 기업의 속성이 상호의존적이라면 빠른 속도로 광범위한 통합을 준비할 필요가 있습니다. 그러나, 만약 M&A 당사회사간의 영향을 받지 않고 최대한 독립적으로 그들의 역량과 자원과 문화를 유지하면서 기업이 운영될 필요가 있다면 완전 통합보다는 각 법인간 자율성을 부여하여 독자적으로 운영될 수 있는 방법으로 통합을 준비하여야 할 것입니다. 이를 도표로 정리하면 다음의 그림과 같습니다. 높은 상호의존성과 낮은 자율성이 필요한 경우는 '흡수 통합'(absorption acquisition)으로, 상호의존성에 대한 필요성은 낮고 각 법인간의 자율성부여가 필요한 경우는 '보존 통합'(preservation acquisition)으로, 그리고 높은 상호의존성과 높은 자율성이 모두 필요한 경우는 '진화적 통합'(symbiosis acquisition)을 고려해 보아야 할 것입니다.

445) Ronald Ashkenas, Lawrence DeMonaco, and Suzanne Francis, "Making the Deal Real: How GE Capital Integrates Acquisitions", Harvard Business Review, January 1998.

[그림 62] 통합의 유형[446)]

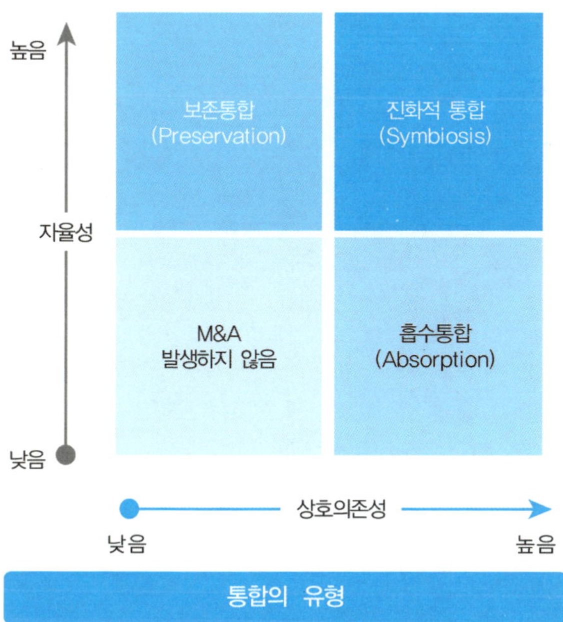

통합의 유형은 이렇게 자율성과 상호의존성에 따라 결정되는 경향이 있으며, 이에 따라 독자적인 경영체제를 유지하는 투자형모델과 합병등과 같은 방법으로 통합하여 운영하는 일치형모델이 있습니다.

투자형모델에서는 독자적인 경영체제를 유지하면서 협업을 통한 시너지를 추구하게 됩니다. 시장 및 회사의 성장잠재력이 높아 독자적으로 운영함으로써 성장을 추구하는 것이 효과적일 경우 혹은 전혀 다른 이질적인 문화와 사업을 영위하고 있을 경우에 적용될 수 있으며, 조직・인사 및 제도와 문화적 차이를 인정하고 경영진은 대부분 잔류하며, 시스템과 프로세스를 기존 경영진에게 맡기게 됩니다.

일치형모델은 인수기업과 피인수기업을 완전히 통합하는 것으로 효율성의 추구가 목표일 경우에 적용됩니다. 이 모델에서는 조직・인사・문화 및 제도의 차이가 없거나, 차이가 있더라도 시스템, 규정, 프로세스를 통합하는 것이 더 효율적이라고 판단될 경우에 적용될 수 있습니다.

446) Davis B. Jemison, Philippe C. Haspeslagh, Managing Acquisitions

[그림 63] 통합의 용이성과 효율성추구가 기업구조에 미치는 영향

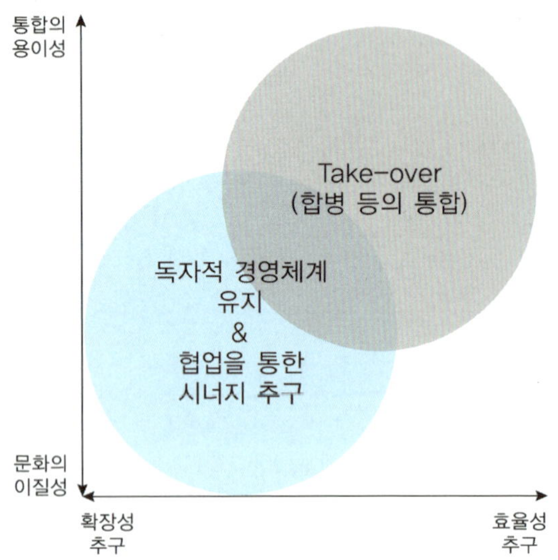

[표 139] 거래전단계 HR 실사 포인트

- 문화적 주체가 누가 될 것인지 결정합니다. 이때, 꼭 인수자가 문화적 주체가 되어야 할 필요는 없습니다. 각각의 기존 조직을 유지할 수도 있고, 한쪽의 문화와 조직으로 통합할 수도 있으며, 전혀 다른 새로운 조직문화를 지향점으로 가져갈 수도 있습니다.
- 조직구조의 실체를 파악합니다. R&R과 같이 하드웨어적 측면도 있지만 보고체계, 의사결정 과정, 의사결정 방식 및 소통 창구와 같이 소프트웨어적 측면까지 실사를 통해 파악하여, 인수 이후에 조직구조의 차이점들을 어떻게 극복할지 계획안을 마련합니다.
- 실사를 하는 과정에서 핵심 인력을 파악합니다. 핵심인력은 업무적, 기술적인 부분에서의 핵심인력뿐만 아니라 리더십 등 조직문화적인 핵심인력을 파악하는 것을 포함합니다.
- 조직의 문화적 차이 및 통합과 시너지의 장애요인을 초반에 인식해야 통합에 성공할 수 있습니다.

2) Deal Execution(실행단계)

실행단계에서는 반드시 검토해야 할 항목들에 대해 직접적으로 확인을 함으로써 거래 후에 발생하게 될 리스크 요인이 무엇인지를 파악하는 실사(Due Diligence)라는 절차가 수행됩니다. 이 실사 계획 수립시 통합의 장애요인과 시너지 창출 요소 등 통합과 통합이후 필요한 사항에 대한 검토가 포함되어야 합니다. 즉, 재무상태만 파악하는 활동이 아닌 경영 전반에 대한 실사가 이루어져야 하는 것입니다. 예를 들어 대상회사의 운영 능력, 제품, 기술, 마케팅, 운영설비 등에 관한 사항, 대상기업의 고객 현황, 시스템의 안정적 통합가능성 및 장애요인, 인력구성과 조직문화 등 경영 전반의 다양한 분야에 대해서 실사를 수행하는 것이 성공적인 M&A와 성공적인 통합을 위해 필요합니다.

경영전반에 걸쳐 실사가 수행되어야 하는 이유는 M&A의 목적달성이 시너지 창출이라면 시너지 창출은 어느 한 가지 요소에 의해 달성되는 것이 아니며, 기업의 다양한 Function의 복합적인 활동을 통해 이룰 수 있는 것이기 때문입니다. 예를 들어 M&A 이후 시너지 창출을 위해서 각 기업간 핵심역량의 교류가 필요하고 자원의 효과적인 활용을 위한 공유가 필요하다면, 조직문화를 어떻게 통합할지는 핵심과제 중의 하나가 될 것입니다. 그렇다면 실사과정에서 구성원과 조직문화의 통합상 장애요인은 무엇이고, 어느쪽이 주체가 되어 통합이 이루어지는 것이 필요한지, 어떤 속도와 절차로 통합을 이루는 것이 현 상황에서 용이한 것인지 등을 파악해야 하는 것입니다.

NOTE 25

❑ PMI 실행시 주요 고려사항

- 조직문화의 파악 및 통합 혹은 유지
- 경영진 구성
- 업무 프로세스의 파악 및 재구성
- 핵심인력의 파악 및 조직 재편
- 인사관리 및 보상체계
- IT시스템의 통합
- 재무 및 회계기준의 통합
- 브랜드의 통합 혹은 유지
- 고객관계, 판매, 구매 채널의 통합 혹은 유지
- 업무 공간, 생산시설 등의 구분 혹은 통합

3) Post Deal(거래 후 단계)

① Integration Planning(통합계획단계)

M&A 계약이 종료되면 본격적으로 통합이 실행됩니다. 통합이 실행되기 전에는 거래 전단계에서부터 준비해 왔던 통합계획을 점검하고 실행의 용이성을 고려하여 재정립하는 것이 필요합니다. 통합의 짧은 시간 내에 조직에 급격한 변화가 일어나고 다양한 이슈가

동시다발적으로 발생하기 때문에 정해진 기간(Day1)내에 완료되어야 하는 과제는 순차적으로 해결되어야 할 수도 있지만 동시에 진행되도록 추진하는 계획이 필요하다는 점도 인지하여야 합니다.

이러한 통합에 대한 계획은 거래 전 단계에서부터 준비하고 실사단계에서 이슈를 파악하는 업무와 동시에 추진되는데, 크게는 5가지 관점에서 마스터플랜을 세울 필요가 있습니다. ⓐ 통합을 총괄할 수 있는 팀을 구성하는 것, ⓑ 통합 후 회사의 비전을 명확하게 공유하는 것, ⓒ 시너지 창출 기회의 우선 순위를 부여하여 이를 구체적으로 실현하기 위한 시너지 실현 계획을 수립하는 것, ⓓ 통합이 성공적으로 이루어지기 위해 필수적인 이해관계자들의 협조를 이끌어 내기 위해 커뮤니케이션 전략을 수립하는 것, ⓔ M&A(양수도)가 실질적으로 이루어진 날인 Day1에 법규상 필요한 절차와 Function별 프로세스 및 준비사항에 대한 체크리스트 등을 담은 Day1 Action plan의 수립이 그것입니다.

특히, 커뮤니케이션은 통합의 윤활유 같은 역할을 해 주어야 하며, 이를 위해서는 몇 가지 원칙이 필요합니다.

[표 140] 통합을 위한 효과적인 커뮤니케이션 전략 수립 원칙[447)]

구분	원칙
커뮤니케이션 메시지와 통합작업의 전략목표간 연계	통합작업의 목표에 가장 민감하게 영향을 받을 수 있는 대상과 이들에 대한 설득 및 이해를 위한 메시지가 무엇인지 고려해야 합니다.
정직한 커뮤니케이션	통합과정을 투명하게 모든 구성원들과 공유함으로써 불필요한 오해를 방지하고, 구성원들이 성급하게 결론짓는 것을 방지하여야 합니다.
중요한 이해관계자 식별	중요 이해관계자는 통합에 의해 큰 영향을 받거나 인수기업과 피인수기업의 통합 후 기업의 성공에 직접적으로 관련된 사람들입니다. 전통적인 이해관계자는 고객, 주주, 노동조합, 참여 파트너 등이 있습니다.
다양한 채널을 활용하되 일관된 메시지 전달	가장 효과적인 채널은 1대1 만남일 것이나 현실적으로는 시간적 제약으로 인해 모든 커뮤니케이션에서 대면 채널을 활용할 수 없으므로 커뮤니케이션 대상 별로 효과적인 채널을 개발하되 여러 차례에 걸친 반복적 메시지의 전달을 통해 부족한 부분을 메우는 방안을 마련해야 합니다.

447) M&A 성공을 위한 통합전략, 삼일PwC컨설팅

[표 141] 단계별 커뮤니케이션 계획의 예시

	Deal 발표	Deal closing단계	Day1 및 통합단계
주제	M&A의 필요성, 타당성 및 향후 계획	통합 준비현황 및 향후 방향성과 비전	통합 계획에 대한 공유 Me-Issue 해소를 위한 소통 커뮤니케이션 창구 단일화
내부	• 임직원대상 커뮤니케이션(이메일 등) • 임직원 소통자리 마련(on&off line)		
외부	• 외부커뮤니케이션(보도 자료 등) • 고객커뮤니케이션(이메일 및 고객 소통창구 마련)		

② Integration Transition(통합실행단계)

통합계획에 따라 실행을 효과적으로 하기 위해서는 ⓐ 개방적인 리더십이 필요하고, ⓑ 인력통합은 시너지 창출의 핵심요소인 점을 이해하여야 하며, ⓒ 커뮤니케이션이 변화관리의 시작이라는 점을 공유하고, ⓓ 때로는 조직을 재설계하거나 인력을 재배치하는 것이 필요할 수 있고, ⓔ 통합의 속도를 관리하는 것이 중요하며, ⓕ IT 통합을 조기에 실행하는 것이 필요하다는 점을 인지하여야 합니다.

특히, 인력 통합은 시너지 창출의 핵심요소가 될 수도 있습니다. 핵심인력의 유지를 위해서는 동기부여 등을 통해 이들을 기업에 남아있도록 하는 유지 방안을 마련해야 할 것입니다. 동기 부여는 이들이 M&A 이후에도 핵심적인 역할을 맡게 될 것임을 명확히 하는 심리적인 인센티브와 경제적인 인센티브 등을 포함합니다. M&A 이후 통합 과정에서 일정부분에 대한 의사결정 권한을 부여하고 통합과정에 참여토록 하는 것도 고려해 보아야 합니다.

이를 위해서는 피인수기업들의 구성원을 새로운 조직에 동화시키는 것이 필요한데, 이는 커뮤니케이션을 어떻게 수행하는지에 많은 부분이 달려 있습니다.

다음은 커뮤니케이션 전략의 부재가 어떤 결과로 이어질 수 있는지를 짐작할 수 있게 하는 예시입니다.

[표 142] 성공적인 동화의 중요성에 대한 Comment의 예[448)]

- "나는 회사가 제공하는 복리후생, 직무 기회(open job opportunities), 컴퓨터 및 업무를 수행하기 위해 필요한 기록과 파일에의 접근 등과 관련한 설명을 듣지 못했고, 그들의 시스템이 어떻게 작동되는지 알지 못했다."
- "트레이닝이 부족했다. 업무 첫날에 컴퓨터에 접근할 수가 없었다. 하드웨어 시스템이 작동하지 않는 경우가 있었고, 도움을 요청하면 핑계만 들을 뿐이었다. 참고자료는 업데이트 되어있지 않았다."
- "직원 오리엔테이션이 없었다. 내가 어디서, 언제, 무엇에 관한 업무를 시작하게 될 지에 관련해서 어떤 정보도 얻지 못했다. 나는 어디서 정보를 얻거나 어디에 도움을 요청해야 할지 알 수 없었다."
- "인수기업이 너무 많은 약어를 사용하고 있었지만, 그 누구도 그 단어의 의미에 대하여 설명해 주지 않았다."
- "인사부는 우리에게 어느 것도 안내해 주지 않았다. 우리는 어느 서류를 작성해야 하는지도 몰랐다. 우리는 안내가 필요했지만 어떤 도움도 받을 수 없었고, 고생스러운 방법을 통해 스스로를 훈련시켜야 했다."

커뮤니케이션 실행과정에서 추가적으로 중요한 부분은 사람들은 'Me-Issue'에 대해 알고 싶어한다는 점입니다. 대부분의 구성은 M&A와 같은 기업환경에 중요한 변화가 발생하면 나의 업무, 나의 상사, 나의 보수 등 자신에 관련된 문제에 관심을 갖게 됩니다. 'Me-Issue'가 장기화되면 기업의 생산성에 영향을 끼칠 수 있으므로 가능한 조기에 개방적인 커뮤니케이션과 과감한 의사결정을 통하여 'Me-Issue'를 해소해 주어야 합니다.

그리고, 이해관계자들에게 각기 다른 정보가 다른 채널을 통해 전달될 때에는 커뮤니케이션의 효과성이 떨어지기 때문에 커뮤니케이션 창구를 단일화하여 적절한 정보를 적절한 시점에 제공함으로써 이해관계자들의 혼란을 방지하도록 힘써야 합니다.

448) M&A 성공을 위한 통합전략, 삼일PwC컨설팅

[그림 64] 조직문화 통합의 유형

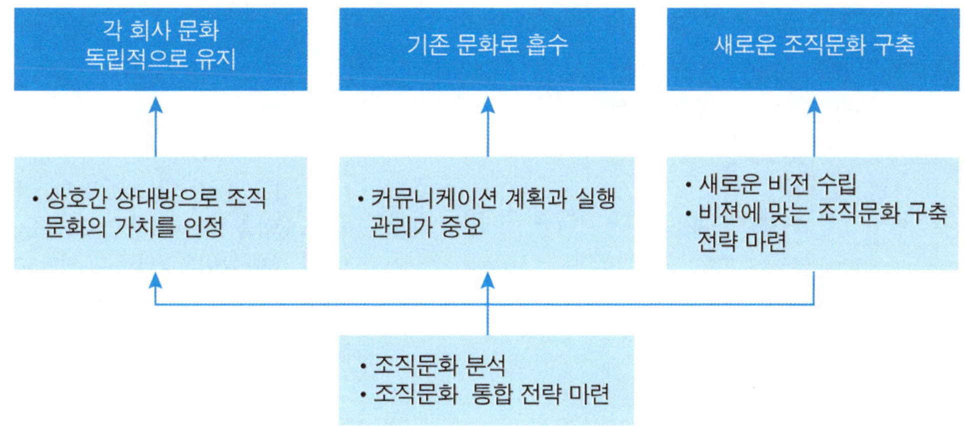

③ Integration Evaluation(통합평가단계)

통합과정을 지속적으로 모니터링하고 평가하는 것은 통합이 계획대로 진행되는지를 확인하고 나아가 M&A의 목표를 달성해가는지를 점검하는 중요한 절차입니다.

통합의 평가는 ⓐ 통합의 목적인 시너지 실현이 이루어지고 있는지, ⓑ 인력의 유지와 조직문화의 통합이 효율적으로 진행되었는지, ⓒ 예상치 못한 장애요인은 무엇이고 이를 어떻게 해소하였는지 등을 점검하고 평가하는 것입니다. 이러한 경험과 지식의 축적은 향후 또다른 M&A 진행시 혹은 기업의 전략수립에 중요한 정보를 제공해 줄 것입니다.

4) M&A 유형별 PMI 과제

M&A는 동종기업을 인수하는 경우도 있고 전혀 다른 회사를 인수하는 경우도 있습니다. 그리고 국내회사를 인수하는 경우도 있고, 해외회사를 인수하는 경우도 있습니다. 각각의 유형별로 PMI과정에서 강조되는 부분은 조금 다를 수 있습니다.

동종 기업의 경우, 비즈니스 지속성(Business as Usual)이 중요합니다. 그래서 조직 인력이나 업무 중복 효율화하는 과제들이 중요합니다. 유사 자재를 통합 조달하거나 판매채널을 통합하는 등의 과제도 중요하게 다루어집니다.

이종 기업의 경우 시너지 전략이 중요합니다. 업종이 다르기 때문에 Value-chain 분석을 통해 시너지를 확보하기 위한 전략과제 도출이 중요합니다.

Cross Border 딜에서는 문화적 차이, 법규정의 차이 등에 대한 이해가 필수적입니다.

[표 143] M&A 유형별 PMI 주요 포인트

M&A 유형	주요 과제 영역							주요 과제 내용
	경영전략	경영관리	인사·조직	영업·마케팅	생산	구매	IT	
동종 기업	◔	●	●	◔	◑	◕	◕	• Business as Usual을 위한 과제가 중요 • 조직/인력, 업무간 중복 조정 및 인사/평가 제도 통합을 위한 과제의 중요도 높음 • 유사 자재/원료의 통합 구매 방안 수립 필요
이종 기업	●	●	◕	◑	◑	◔	◑	• M&A를 통해 시너지 달성을 위한 전략과제 도출 필요 • 재무/연결결산/경영성과관리 체계 및 시스템 구축 • 인사 및 성과평가, 교육제도 등에 대한 비교/검토를 통해 새로운 제도 마련이 필요함
Cross Botder (Out Bound)	◔	◕	●		◔	◑	◔	• 진출국가/기업에 대한 충분한 문화적 이해가 필수적임 • 핵심인력의 Retention 방안 마련 필요 • 본사와의 정보공유 및 관리 방안 통일이 주요 과제임 • 현지 내에서의 효율적 영업/마케팅 전략 수립 필요
Cross Botder (In Bound)	◔	◕	●	◑	◔	◔	◔	• 조직적 거부감 해소 방안 마련이 필수적임 • 국내 규제대응을 위한 영업 및 마케팅 전략 수립 필요

우선순위 낮음 ○ ←→ ● 우선순위 높음

부록

실무가이드 및 참고자료

I 실무가이드

1 영업양수도 및 자산양수도 실무 가이드

1) 양수도 시 고려사항

- 영업양수도 시에는 영업양도인과 양수인이 상법상 갖게 되는 책임에 대해 인지할 필요가 있습니다. 영업양도인은 다른 약정이 없으면 10년간 동일한 특별시 · 광역시 · 시 · 군과 인접 특별시 · 광역시 · 시 · 군에서 동종영업을 영위할 수 없습니다.[1] 그리고, 영업양수인은 양도인의 상호를 계속 사용하는 경우에는 양도인의 영업으로 인한 제3자의 채권에 대하여 양수인도 변제할 책임이 있습니다.[2]
- 영업양수도 또는 자산양수도의 거래당사자가 상장법인이라면 자본시장법상 고려하여야 하는 사항이 있는지 살펴보아야 합니다. 거래당사자가 상장법인인 경우 중요한 영업 또는 자산양수도 시에는 외부평가기관의 평가의견서를 제출하여야 합니다.[3] 사업보고서 제출 대상법인은 중요한 영업 또는 자산 양수도 결의를 한 경우에는 주요사항보고서를 제출하여야 하고, 완료시에는 합병등 종료보고서를 제출하여야 합니다.[4] 영업 또는 자산양수도가 우회상장에 해당하는지 살펴보아야 하고, 우회상장에 해당할 경우 요건을 충족하는지, 최대출자자의 매각제한과 제한 기간에 대해 확인이 필요합니다.[5] 또한 상장법인이 영업양도로 인하여 주된 영업의 정지 사유에 해당된다면 상장폐지가 될 수 있다는 점도 유의하여야 합니다.[6]
- 공정거래위원회는 기업의 집중 또는 경쟁제한을 방지하기 위해 일정 규모 이상인 회사의 결합을 제한하고 있습니다. 거래를 하는 회사 규모에 따라 사전신고 및 사후신고로 구분되므로 당해 거래가 어디에 해당되는지도 살펴보아야 합니다.[7]

---

1) 상법 제41조
2) 이러한 변제 책임이 있는 경우에는 양도인의 제3자에 대한 채무는 영업양도 또는 광고후 2년이 경과하면 소멸합니다(상법 제42조, 제45조).
3) 자본시장법 시행령 제176조의6. 한편, 코넥스시장상장법인과 주권비상장법인 간의 중요한 영업 또는 자산의 양수 양도, 주식의 포괄적 교환 이전, 분할 분할합병의 경우에는 외부평가기관의 평가를 받지 않을 수 있습니다.
4) 자본시장법 제161조, 시행령 제171조, 증권의 발행 및 공시 등에 관한 규정 제5-15조
5) 유가증권시장 상장규정 제35조 및 제48조, 코스닥시장 상장규정 제19조의3, 제22조의3 및 제38조
6) 유가증권시장 상장규정 제48조, 코스닥시장 상장규정 제38조
7) 사전신고는 자산총액 또는 매출액이 2조원 이상인 회사가 거래당사자일 경우에는 기업결합일 이전에 신고를

2) 중요성에 따른 필요절차의 차이

양수도에서 중요성 기준을 언급하는 이유는 중요성에 따라 이행하여야 하는 절차가 달라지기 때문입니다. 만약 양수도 부문이 자산총액 또는 매출총액이 전체 자산 또는 매출의 10% 이상인 경우 등 법규상 정의된 중요한 영업양수도에 해당하는 경우에는 주주총회 절차를 진행하여야 하며 주식매수청구권도 인정됩니다. 그러나, 중요하지 않은 영업양수도나 자산양수도의 경우에는 주주총회 절차가 필수 요건이 아니어서 상대적으로 간단한 절차로 진행이 가능합니다.

또한 상장법인은 중요한 영업양수도 및 중요한 자산양수도의 경우에는 양수도 대상에 대해 외부평가기관의 평가를 받아야 합니다.

[표 1] 중요성에 따른 필요절차의 차이

필요절차	중요한 영업양수도	중요한 자산양수도	경상적인 양수도
주주총회	특별결의 필요	불필요	불필요
주식매수청구권 절차	필요	불필요	불필요
채권자보호절차	불필요	불필요	불필요
외부평가기관 의견서(자본시장법)	필요	필요	불필요
주요사항보고서 제출(자본시장법)	필요	필요	불필요

한편, 위의 표에서 보는 바와 같이 자산양수도의 경우에는 원칙적으로 주주총회의 승인이 요구되지 않지만 대법원 판례[8]는 '회사영업의 전부 또는 중요한 일부를 양도하거나 폐지하는 것과 같은 결과를 가져오는 영업용재산의 양도'는 주총특별결의를 거쳐야 한다고 판시하고 있으므로 자산양수도라고 하더라도 실질적으로 영업을 양수도하는 성격인지에 대한 판단이 필요합니다.

양수도는 이처럼 중요성 여부에 따라서 이행하여야 하는 절차가 달라지지만 상법상 중요성에 대한 명확한 규정은 존재하지 않습니다. 그렇기 때문에 비상장법인도 자본시장법상에

하여야 하는데, 신고 후 30일 경과전까지는 양수도 계약의 이행이 불가하므로 이를 유의하여야 합니다. 사후신고는 자산총액 또는 매출액이 3,000억원 이상인 회사가 자산총액 또는 매출액이 300억원 이상인 다른 회사의 영업을 양수하는 경우에는 기업결합일로부터 30일 이내에 신고하여야 합니다(공정거래법 제12조, 시행령 제18조).

8) 대법원 1999.4.23 선고 98다45546 판결

규정되어 있는 중요성의 기준을 참고하여 중요성 여부를 판단하는 경우가 많습니다.[9)]

[표 2] 중요성의 기준(상법, 자본시장법, 공정거래법)

구분	기준	대상법인 및 관련규정
상법	- 영업의 전부 또는 중요한 일부의 양도 - 영업 전부의 임대 또는 경영위임, 이와 유사한 계약 - 회사 영업에 중대한 영향을 미치는 다른 회사의 영업 전부 또는 일부의 양수	제374조
자본시장법	양수·도 영업부분의 자산액*1)이 최근사업연도말 자산 총액*2)의 10% 이상인 경우 양수·도 영업부분의 매출액이 최근사업연도말 매출액*2)의 10% 이상인 경우 영업의 양수로 인수할 부채액이 최근사업연도말 부채총액*2)의 10% 이상인 경우	상장법인 (시행령 제171조 제2항 제1호~제4호, 시행령 제171조 제2항 제5호)
	양수·양도하려는 자산액*1)이 최근사업연도말 현재 자산총액*2)의 10% 이상인 양수·양도*3)	
	*1) 장부가액과 거래금액 중 큰 금액 *2) 한국채택국제회계기준을 적용하는 연결재무제표 작성대상법인인 경우에는 연결재무제표의 금액기준 *3) 일상적인 영업활동으로서 상품·제품·원재료를 매매하는 행위는 제외	
공정거래법	다른회사의 영업전부 주요부분: 영업양수 신고양수금액이 양도회사 직전사업연도 종료일의 대차대조표상 자산총액의 10% 이상이거나, 50억원 이상인 경우	기업결합신고 대상 법인 (기업결합신고 요령 Ⅲ.4.가, 기업결합신고 요령 Ⅲ.4.다)
	다른회사 발행주식총수의 20% 이상(유가증권 및 코스닥 상장법인은 15% 이상) 소유하게 되는 경우	제12조
	* 공정거래법상의 기준은 기업결합신고대상 기준임 * 주요부분: 양수 또는 임차부분이 독립된 사업단위로서 영위될 수 있는 형태를 갖추고 있거나 양수 또는 임차됨으로써 양도회사의 매출의 상당한 감소를 초래하는 경우	

9) 명확히 규정되어 있지 않다는 의미는 자본시장법상 기준에 미달하더라도 실질적이고도 명백하게 중요하다고 판단되는 양수도의 경우에는 중요한 영업양수도 절차를 취할 필요가 있을 수 있다는 의미이기도 합니다. 상장법인의 경우에도 일부 사례의 경우에는 자본시장법상 기준에 근접한 수준으로 미달하여 영업양수도와 관련한 신고서 등은 제출하지 않더라도 주주총회와 주식매수청구권 부여 절차는 이행하는 사례들을 볼 수 있습니다.

중요성 기준에 미달하는 유사한 거래를 수회에 걸쳐 진행할 경우에도 이를 실질상 동일한 거래로 합산하여 중요성을 판단할 필요가 있습니다. 단, 일상적인 영업활동으로서의 거래는 이러한 판단에서 제외됩니다.

3) 양수도 이행절차

양수도 이행절차는 경상적인 양수도인지 중요한 양수도인지 여부, 양수도대가가 현금인지 현물출자로 인한 지분인지의 여부 등에 따라 차이가 발생하게 됩니다.

중요한 양수도의 경우에는 주주총회 특별결의와 주식매수청구권 부여 절차가 필요하고, 현물출자라면 출자가액에 대한 법원의 인가절차도 필요할 것입니다. 다음은 각 양수도의 종류별로 중요한 이행절차 고려사항을 구분하여 설명하였습니다.

[그림 1] 중요한 양수도 & 현물출자 이행절차 예시

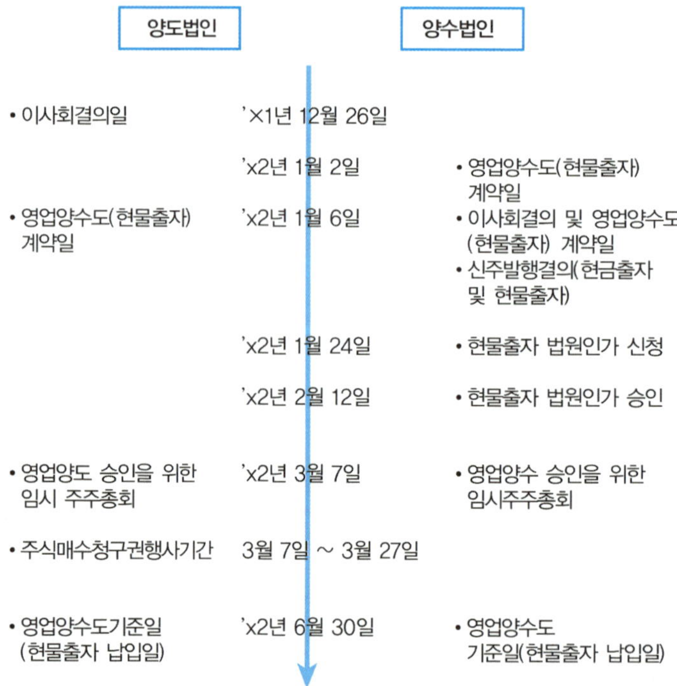

① 중요한 영업양수도 일정 및 절차

[표 3] 중요한 영업양수도 일정 및 절차 예시

절차	비상장	상장	간이	설명	관련 규정
사전준비				계약서 작성, 외부평가기관 평가 등	
이사회 결의	D-32	D-41	D-31		
계약체결	D-32	D-41			
이사회 결의 신고 및 공시		D-41			유가공시 제7조, 코스닥공시 제6조
주총소집 이사회 결의	D-32	D-41			상법 제362조
주요사항보고서 제출		D-41			자본시장법 제161조
공시후 매매거래 정지		D-41			유가공시 제40조, 코스닥공시 제37조
우회상장 여부 확인서 제출		D-41			유가상장 제33조, 코스닥상장 제29조
주주명부 폐쇄 및 기준일 공고	D-31	D-40	D-30	주주명부 기준일 2주전 공고	상법 제354조
계약체결(간이)[10]			D-28		상법 제374조의3
주주명부 확정 기준일	D-16	D-25	D-15	주주총회소집 대상 주주 확정일	상법 제354조
주총소집 공고 및 통지[11]	D-15	D-15			상법 제363조, 제374조, 상법 제542조의4
간이 영업양수도 공고			D-15		상법 제374조의3
반대주주 반대의사 통지 시작(간이)			D-15		
반대주주 의사 접수 마감	D-1	D-1	D-1	주총소집 통지일~주총 전일(간이는 공고일로부터 2주 이내 서면통지)	상법 제374조의2, 자본시장법 제165조의5 (간이: 상법 제374조의3)
주주총회일	D	D		특별결의	상법 제374조
주주총회 갈음 이사회			D		상법 제374조의3
주주총회 결과 보고 및 공시		D		금융위 및 거래소	

10) 간이 영업양수시에는 양수도 계약 체결 후 2주 이내에 공고가 이루어져야 합니다(상법 제374조의3).

절차	비상장	상장	간이	설명	관련 규정
주식매수청구권 행사 시작	D	D	D	주총일부터 시작(간이는 공고일로부터 2주 이내 서면신청)	상법 제374조의2, 제374조의3
주식매수청구권 행사 완료	D+20	D+20	D+20	주총일로부터 20일 이내	상법 제374조의2, 제374조의3, 자본시장법 제165조의5
주식매수청구서류제출		D+20		거래소	유가상장 제80조
영업양수도일	계약상 정한 날	계약상 정한 날	계약상 정한 날	계약이행, 권리의무 이전 절차 이행	
합병등 종료보고서 제출		양수도일		영업양수도 종료 시 금융위 제출	증권발행공시 규정 제5-15조
대가 지급	계약상 정한 날	계약상 정한 날	계약상 정한 날		
주식매수청구권 대금 지급	D+81	D+51	D+81	매수청구기간 종료일부터 2개월 이내(상장은 1개월 이내)	상법 제374조의2, 자본시장법 제165조의5

* 상장: 상장법인 절차, 비상장: 비상장법인 절차, 간이: 간이영업양수도 절차
* 유가공시: 유가증권시장공시규정, 유가상장: 유가증권시장상장규정, 코스닥공시: 코스닥시장공시규정, 코스닥상장: 코스닥시장상장규정
* 증권발행공시: 증권의 발행 및 공시등에 관한 규정

② 경상적인 영업양수도 및 자산양수도 – 비상장법인

비상장법인의 경상적인 영업양수도 또는 자산양수도의 경우에는 ⓐ 대상자산을 평가하고 ⓑ 이사회결의 및 ⓒ 계약체결, ⓓ 양수도일에 권리의무 이전, ⓔ 대가 지급이라는 일반적인 절차에 따라 진행하면 됩니다. 중요한 자산양수도의 경우에도 마찬가지입니다.[12)]

③ 중요한 영업양수도 – 비상장법인

중요한 영업양수도의 경우에는 주주총회 특별결의를 통과하여야 하고, 반대주주에게 주식매수청구권을 부여하여야 하기 때문에 이에 따른 이행절차가 필요합니다. 다음의 그림은

11) 상장회사가 주주총회를 소집하는 경우 1% 이하의 소액 주주에게는 정관으로 정하는 바에 따라 주주총회일의 2주 전에 주주총회를 소집하는 뜻과 회의의 목적사항을 둘 이상의 일간신문에 각각 2회 이상 공고하거나 전자공시시스템 공고함으로써 소집통지를 갈음할 수 있습니다. 그러나, 소액주주에게도 개별적으로 통지를 하는 것이 통상적인 사례로 볼 수 있습니다.
12) 단, 상장법인은 중요한 자산양수도의 경우에는 외부평가기관의 평가를 받고, 주요사항보고서를 제출하는 등 자본시장법상의 이행규정을 따라야 할 것입니다.

비상장법인의 경우 예시이며, 상장법인의 경우에는 신고·공시 및 주주명부 확정기간에 소요되는 기간이 상대적으로 10여일 더 소요될 수 있으며, 주식매수청구대금의 지급이 비상장법인보다는 1개월 더 빠른 기간에 완료되어야 합니다.[13)]

[그림 2] 중요한 영업양수도(비상장법인) 절차 예시

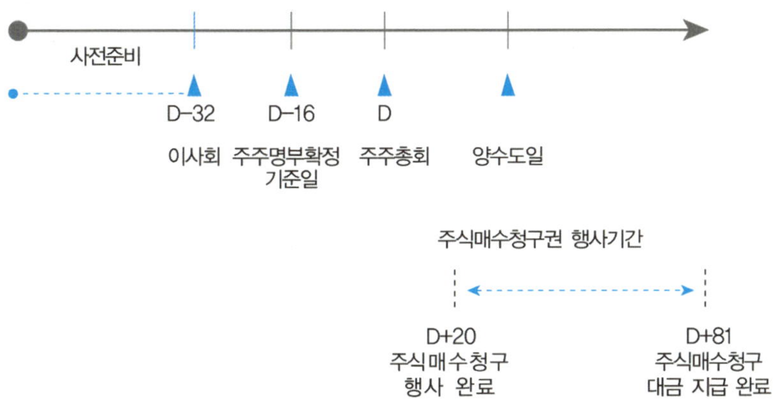

중요한 영업양수도의 의사결정을 위한 주주총회를 위해 필요한 절차는 약 1개월이 소요되며, 주식매수청구권 행사를 위한 절차도 상당한 기간이 소요됩니다. 주주총회 개최 및 주식매수청구권 행사를 위한 절차는 다음장에서 설명하는 "합병실무가이드"편 및 본편의 'Ⅱ. M&A와 법규'에서 자세히 설명하도록 하겠습니다.

④ 중요한 자산양수도 – 상장법인

상장법인의 중요한 자산양수도는 대상자산을 평가하고 이사회결의 및 계약체결, 양수도일에 권리의무 이전, 대가 지급이라는 일반적인 절차 이외에 자본시장법 상 추가적으로 고려해야 할 사항이 있습니다.

대상자산의 평가는 외부평가기관의 평가를 받아야 합니다.

이사회결의시에는 거래소에 관련 내용을 신고[14)]하고 공시하여야 하며, 주요사항보고서[15)]를 제출하고, 사실상 자산양수도가 완료되면(자산양수도 기일) '합병등 종료보고서'[16)]를 제출하여야 합니다.

13) 주식매수청구대금의 지급은 비상장법인은 상법 제374조의2에 따라 매수청구 종료일로부터 2월 이내, 상장법인은 자본시장법 제165조의5에 따라 매수청구종료일로부터 1월 이내에 완료하여야 합니다.
14) 유가증권시장 공시규정 제7조, 코스닥시장 공시규정 제6조
15) 자본시장법 제161조
16) 증권의 발행 및 공시 등에 관한 규정 제5-15조

⑤ 중요한 영업양수도 – 상장법인

중요한 영업양수도는 대상자산을 평가하고 이사회결의 및 계약체결, 양수도일에 권리의무 이전, 대가 지급이라는 일반적인 절차 이외에 주주총회 특별결의를 통과하여야 하고, 반대주주에게 주식매수청구권을 부여하는 상법상 절차를 이행하여야 합니다. 그리고, 거래당사자가 상장법인이라면 여기에 추가로 자본시장법상 절차를 이행하는 것이 필요합니다.

우선 거래 대상 영업부문에 대한 평가는 외부평가기관의 평가를 받아야 합니다.

이사회결의시에는 거래소에 신고하고 공시하여야 합니다.

이사회 결의 후에는 주요사항보고서[17]를 제출하여야 합니다.

중요한 영업양수도 공시가 이루어지면, 주식시장의 충격완화를 위해 약 30분 동안 매매거래가 정지됩니다. 만약 우회상장 확인서를 공시시점에 제출하지 않았다면 제출일까지 매매거래가 정지될 수 있고, 우회상장에 해당된다면 우회상장 예비심사청구서 제출일까지 매매거래가 정지될 수 있습니다.[18]

주주구성이 비교적 간단한 비상장법인에 비해 주주총회를 위한 주주명부를 확정하고 통지를 준비하는 시간이 오래 소요될 수 있습니다.[19]

영업양수도가 완료되는 영업양수도 기일에는 "합병등 종료보고서"[20]를 금융위에 제출하여야 합니다.

주식매수청구권의 대금 지급기간은 비상장법인의 경우에는 매수청구기간 종료일부터 2개월 이내에 지급하여야 하나, 상장법인은 1개월 이내에 지급하여야 합니다.

⑥ 간이 영업양수도[21]

중요한 영업양수도의 경우, 회사의 총주주 동의가 있거나 양수도 거래 상대방이 90% 이상의 지분을 소유하고 있다면, 해당 회사는 주주총회 결의를 이사회 승인으로 갈음하여 진행할 수 있습니다.

간이 영업양수도로 진행하기 위해서는 계약일로부터 2주 이내에 주주총회 승인을 받지 아니하고 영업양수도를 한다는 뜻을 공고하거나 주주에게 통지하여야 합니다.[22] 공고 또는

17) 자본시장법 제161조
18) 유가증권시장 공시규정 제40조, 유가증권시장 상장규정 제153조, 코스닥시장 공시규정 제37조, 코스닥시장 상장규정 제29조
19) 주주총회를 위해 필요한 절차 및 일정에 대한 자세한 사항은 다음장의 "합병" 부문 및 본편의 "M&A와 법규"를 참고하시기 바랍니다.
20) 증권의 발행 및 공시등에 관한 규정 제5-15조
21) 상법 제374조의3
22) 다만, 총주주의 동의가 있는 경우에는 그러하지 아니합니다.

통지한 날로부터 2주 이내에 회사에 서면으로 영업양수도에 반대하는 의사를 통지한 주주는 주식매수청구권을 행사할 수 있습니다.

⑦ M&A 절차를 고려한 중요한 영업양도 일정 예시

영업양수도는 양수도 결정을 위한 이사회 및 주주총회 이전에 매각 또는 매수를 위한 여러 일정들이 필요할 수 있습니다. 예를 들어 매각을 위한 사전 준비와 거래상대방과의 협의, 실사 및 평가, 그리고 계약내용에 대한 협상까지 상당한 시간이 소요될 수 있습니다. 또한 주주총회로 의사결정이 이루어졌다고 하여도 영업양수도가 완료되기 위하여 해소되어야 하는 조건들이 있다면 이러한 조건의 해소를 위한 시간이 추가적으로 필요할 수 있습니다.

[그림 3] M&A 절차를 고려한 중요한 영업양도 일정 예시

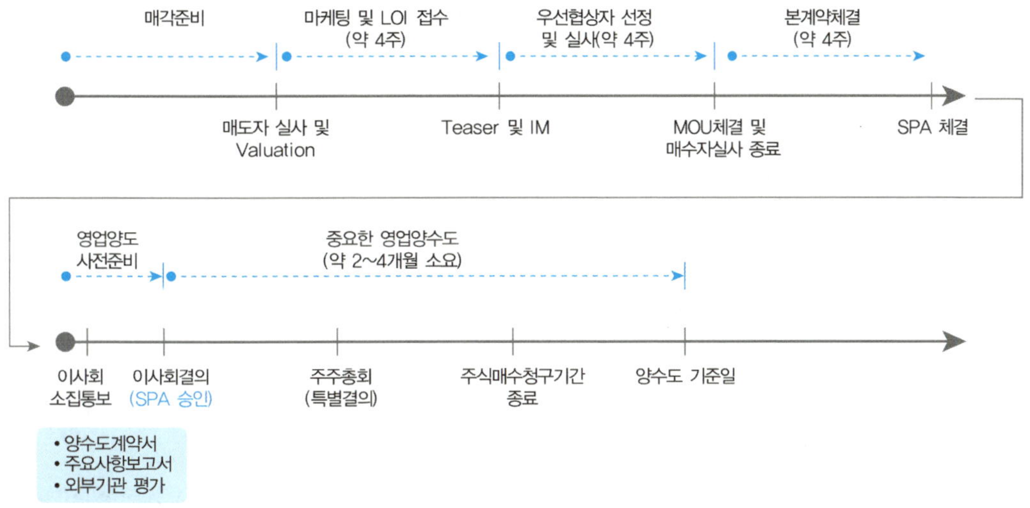

> **NOTE 1**
>
> **❑ 주주총회일과 영업양수도일**
>
> 주주총회일부터 영업양수도일까지는 분할이나 합병과는 달리 특정하기 어려운 경우가 많이 있습니다. 주주총회로 영업양수도 의사결정이 이루어졌지만 거래당사간의 계약에 의해 영업양수도가 완료되기 이전에 특정사항을 해소하여야 한다는 전제 조건이 있을 수 있기 때문입니다. 이러한 사항의 예로는 채권자·주요 거래처(계약자)등 이해관계자의 동의, 관계기관의 인허가 등과 같은 문제의 해소·해결이 있을 수 있습니다.

4) 벤처기업 영업양수도 특례[23)]

벤처기업이 영업의 전부 또는 일부를 다른 주식회사(상장된 법인은 제외)에 양도하는 경우 그 양도가액이 다른 주식회사의 최종 대차대조표상으로 현존하는 순자산액의 100분의 10을 초과하지 아니하면 다른 주식회사의 주주총회의 승인은 정관으로 정하는 바에 따라 이사회의 승인으로 갈음할 수 있도록 하고 있습니다(소규모 영업양수도).

단, 영업양도·양수계약서에 다른 주식회사에 관하여는 주주총회의 승인을 받지 아니하고 벤처기업의 영업의 전부 또는 일부를 양수할 수 있다는 뜻을 기재하여야 하고, 벤처기업의 영업 전부 또는 일부를 양수하려는 다른 주식회사는 영업양도·양수계약서를 작성한 날부터 2주 이내에 계약의 주요 내용, 주주총회의 승인을 받지 아니하고 영업을 양수한다는 뜻을 공고하거나 주주에게 알려야 합니다. 그러나, 다른 주식회사의 발행주식 총수의 100분의 20 이상에 해당하는 주식을 소유한 주주가 위의 공고나 통지가 있었던 날부터 2주 이내에 서면으로 영업양수를 반대하는 의사를 알린 경우에는 벤처기업 특례 방식에 따른 영업양수 절차를 진행할 수는 없습니다.

벤처기업이 영업의 전부 또는 일부를 다른 주식회사에 양도하는 경우 「상법」 제374조에도 불구하고 영업을 양도하는 회사의 총주주의 동의가 있거나 영업을 양도하는 회사의 발행주식총수 중 의결권 있는 주식의 100분의 90 이상을 다른 주식회사가 보유하는 경우에는 영업을 양도하는 회사의 주주총회의 승인은 이사회의 승인으로 갈음할 수 있도록 하고 있습니다(간이 영업양수도). 단, 이 경우에도 계약서 기재, 공고 등의 사항은 필요합니다.

5) 영업양수도 회계

영업양수도가 회계기준에서 정의하는 사업결합에 해당된다면 양도자는 매각대가를 공정가치로 인식하여 처분손익을 인식하고, 양수자는 인수자산을 공정가치로 식별하여 인식하고 양수대가와 차액을 영업권 또는 염가매수차익으로 인식합니다. 만약 지배-종속간의 영업양수도라면 연결재무제표상 장부가액으로 승계하고 영업권 또는 염가매수차익은 발생하지 않을 것입니다. 사업결합회계처리에 대해서는 다음장의 "합병"편을 참고하시기 바랍니다.

6) 영업양수도 세무

양수도는 기본적으로 개별 자산의 매각과 동일한 관점에서 이해할 수 있습니다. 여기에 추가적으로 고려할 사항은 영업관련 자산 및 부채를 포괄적으로 승계함에 따라 고려해야

23) 벤처기업육성에 관한 특별조치법 제15조의8

할 사항이 무엇인지에 대한 부분입니다.

다음의 표는 각 거래당사자가 살펴보아야 할 주요 과세 항목의 예시입니다.

[표 4] 영업양수도 거래 당사자별 과세 항목 예시

거래 당사자	세목	관련 규정
양도법인	양도에 따른 법인세	법인세법 제3조
	양도에 따른 부가가치세	부가가치세법 제10조
	부당행위계산 부인	법인세법 제52조
양수법인	취득세 및 농어촌특별세	지방세법 제7조, 농어촌특별세법 제3조
	사업양수인의 2차 납세의무	국세기본법 제41조, 지방세기본법 제49조
	부당행위계산 부인	법인세법 제52조
	증권거래세	증권거래세법 제2조[24)
	영업권의 자산 인정 여부	-
	사업 양수 시 이월결손금 공제	법인세법 제50조의2

양도법인은 양도하는 자산 및 부채의 장부가액과 양도로 인하여 받게 되는 대가의 차이로 인한 손익을 각 사업연도소득에 포함하여 법인세를 계산하게 됩니다.

양도법인은 재화를 공급한 것으로 보아 세금계산서를 발행하고 부가가치세를 납부하여야 합니다. 그러나, 사업양도가 부가가치세법상 포괄적으로 이루어진 경우에는 재화의 공급으로 보지 않기 때문에 부가가치세가 부과되지 않습니다. 부가가치세법 상 재화의 양도로 보지 않은 사업의 양도는 "사업장별로 그 사업에 관한 모든 권리와 의무를 포괄적으로 승계시키는 것"을 말합니다.[25)]

양수법인은 양수 자산 중 취득세 대상 자산이 있을 경우에는 취득세를 납부하여야 합니다. 취득세의 과세표준은 취득당시의 가액으로 취득자가 신고한 가액입니다. 그러나, 신고한 가액이 시가표준액에 미달하는 경우에는 시가표준액으로 취득세를 납부하게 됩니다. 취득세에는 농어촌특별세와 지방교육세가 부가됩니다. 또한 수도권에 있는 자산을 양수하는 경우에는 취득세 중과세가 발생하는지를 살펴보아야 합니다.[26)]

24) 영업양수도 대상 자산에 주권 혹은 지분증권이 포함될 경우에는 증권거래세 납세의무가 발생할 수 있습니다.
25) 부가가치세법 시행령 제23조. 단, 미수금, 미지급금, 해당 사업과 직접 관련이 없는 토지·건물 등은 승계하지 않아도 포괄승계 요건에 위배되지 않습니다.
26) 취득세 중과문제는 제3장 M&A의 실행의 "M&A 회계와 세무"를 참고하시기 바랍니다.

양수법인은 당해 사업의 정상적인 활동과 관련하여 발생한 양도일 이전에 확정된 양도법인의 조세채무에 대해 양도인이 납부하지 못할 경우에는 양도인이 납부하지 못한 부분에 대해 양수한 재산 가액을 한도로 제2차 납세의무가 있습니다. 이는 양수도 계약서를 통해 회피할 수 있는 부분이 아니므로 실사를 할 때, 양도인이 납부하여야 국세 및 지방세를 확인할 필요가 있습니다.

단, 현재 규정에서는 제2차 납세의무를 부담하는 범위는 "양도인과 특수관계인인 자" 및 "양도인의 조세회피를 목적으로 사업을 양수한 자"로 부담범위를 제한하고 있습니다.

만약 사업양수도가 특수관계인 법인간에 이루어진다면 법인세법에 따른 시가를 확인해 볼 필요가 있습니다. 만약 시가와 차이가 3억원 이상이거나 5% 이상 차이가 날 경우에는 해당 시가를 양수도가액으로 간주하여 세액 등을 계산하게 됩니다.[27)]

양수법인 입장에서는 영업권을 세무상 자산을 인정받을 수 있는지에 대한 부분도 중요합니다. 세무상 자산이라면, 영업권 금액의 상각액이 손금 인정될 수 있기 때문입니다.

사업의 양수도 과정에서 양수도 자산과는 별도로 양도사업에 관한 허가·인가등 법률상의 지위, 사업상 편리한 지리적 여건, 영업상의 비법, 신용·명성·거래선 등 영업상의 이점 등을 감안하여 적절한 평가방법에 따라 유상으로 취득한 금액은 영업권에 포함되어 세무상 자산으로 인정받을 수 있습니다. 이러한 이유로 영업권에 대한 별도의 평가가 이루어지는 경우가 있습니다.[28)]

영업양수도는 포괄적으로 승계가 이루어진다고 하여도 양도법인의 세무조정사항을 승계하지는 않습니다. 그러나, 양수인인 사업을 포괄적으로 승계하면서 양도인의 퇴직급여충당금도 승계하는 경우에는 해당 금액을 양수인의 기초 잔액으로 인식할 수는 있습니다.

① 개인사업의 법인전환

개인사업을 법인으로 전환하면서 개인사업시에 사용하던 부동산이나 기계장치 등 사업용자산을 법인명의로 이전하고, 그 대가로 개인은 새로 설립되는 법인이 발행하는 주식을 취득할 수 있습니다. 이 경우 개인사업자는 양도세가 과세됩니다. 그러나, 양도소득세 이월과세 요건을 충족한 적격 사업양도의 경우에는 개인사업자산의 양도당시에는 양도소득세

27) 특수관계가 아닌 법인간의 거래라고 하더라도 정당한 사유 없이 법인세법상 시가와 30% 이상 차이가 날 경우에는 시가와의 차이가 손금으로 인정받지 못하는 비지정기부금으로 간주될 수 있습니다.

28) 사업상 가치가 있는 것으로 세무상 가치를 인정받기 위해 영업권을 반드시 별도로 분리하여 평가하여야 한다는 해석이 있어 왔으나, 취득대가에서 취득대상의 순자산가액의 차이를 모두 영업권으로 보는 것도 적절한 평가방법일 수 있다는 판례 또한 존재하고 있습니다(대법원 2007.10.16. 선고, 2007두12316 판결; 조심 2016중1693, 2017.8.10.).

를 과세하지 아니하고, 이를 양수한 법인이 그 사업용 고정자산 등을 양도하는 경우 개인이 종전 사업용 고정자산 등을 그 법인에 양도한 날이 속하는 과세기간에 다른 양도자산이 없다고 보아 계산한 양도소득 산출세액 상당액을 법인세로 납부하게 됩니다. 이에 대한 자세한 내용은 "실무가이드"의 "현물출자"편을 참고해 주시기 바랍니다.

② 법인의 현물출자에 따른 사업양도

사업의 자산을 포괄적으로 현물출자를 하는 것은 영업양수도에 해당합니다. 영업을 양도하고 그 대가로 양수한 법인의 신주를 받는 것이 기본 구조입니다. 그러므로 현물출자도 양수도에 따른 과세가 부과되는 것이 기본입니다. 다만, 현물출자시 법에서 정한 일정 요건을 충족하는 경우 과세가 이연될 수 있는 것입니다.

현물출자를 하는 법인이 법인세법상 현물출자의 과세특례의 요건[29)]을 충족하지 못한 경우에는 출자법인의 자산양도차익에 상당하는 금액에 대해서는 법인세가 과세됩니다. 또한 적격현물출자의 요건을 충족하지 못한 출자법인이 현물출자로 인하여 피출자법인을 새로 설립하면서 그 대가로 주식을 취득하는 현물출자의 경우에는 출자법인이 취득한 주식의 취득가액은 현물출자한 순자산의 시가가 됩니다.[30)]

법인세법상 적격현물출자의 요건을 갖춘 현물출자의 경우에는 출자법인의 취득한 주식의 취득가액은 현물출자한 순자산의 시가이지만, 현물출자로 발생한 자산의 양도차익에 상당하는 금액은 현물출자일이 속하는 사업연도의 소득금액을 계산할 때 손금에 산입할 수 있습니다.[31)] 이 경우 피출자법인은 양도받은 출자법인의 자산, 부채의 가액을 현물출자일 현재의 시가로 계상하되, 시가에서 출자법인의 장부가액을 뺀 금액을 자산조정계정으로 계상하게 됩니다.

이에 대한 자세한 내용은 "실무가이드"의 "현물출자"편을 참고해 주시기 바랍니다.

③ 사업양수 시 이월결손금 공제 제한

ⓐ 특수관계인 간 양수도로서 ⓑ 양수자산이 사업양수일 현재 양도법인의 자산총액의 100분의 70 이상이고, 양도법인의 자산총액에서 부채총액을 뺀 금액의 100분의 90 이상인 경우에는 승계한 사업 부문에서 발생한 소득에서 양수한 법인이 가지고 있던 종전의 이월결손금을 공제하지 않도록 하고 있습니다.

29) 법인세법 제47조의2
30) 법인세법 시행령 제72조 제2항
31) 법인세법 제47의2 제1항

이에 따라 위의 제한사항에 해당하는 양수법인은 사업의 양도・양수시 구분경리규정(법 §117 ⑦)에 따라 그 이월결손금을 공제받는 기간 동안 자산・부채 및 손익을 양도법인으로부터 양수한 사업에 속하는 것과 그 밖의 사업에 속하는 것을 각각 다른 회계로 구분하여 기록하여야 합니다. 다만, 중소기업 간 또는 동일사업을 하는 법인 간에 사업을 양수하는 경우에는 회계를 구분하여 기록하지 아니할 수 있으며, 이 경우 양수한 사업부문에서 발생한 소득금액은 그 소득금액을 사업양수일 현재 양수법인의 사업용 자산가액과 양수한 사업부문의 사업용 자산가액의 비율로 안분계산한 금액으로 하게 됩니다.

④ 부가가치세

부가가치세가 비과세되는 사업의 양도는 사업장별로 그 사업에 관한 모든 권리와 의무를 포괄적으로 승계시키는 것을 말합니다. 이 경우 그 사업에 관한 권리와 의무 중 다음의 자산부채를 포함하지 아니하고 승계시킨 경우에도 해당사업을 포괄적으로 승계시킨 것으로 보게 됩니다. 따라서 고정자산만 사업양수도 하는 경우에는 부가가치세가 비과세되는 사업의 양도가 아닙니다.

[표 5] 포괄적 사업양수도시 승계예외가 되는 자산부채

1. 미수금에 관한 것
2. 미지급금에 관한 것
3. 당해 사업과 직접 관련이 없는 토지・건물 등에 관한 것으로서 기획재정부령이 정하는 것

또한 사업포괄양도는 면세 원칙은 유지하면서도, 포괄양수도를 하면서 양수자가 양도자를 대리하여 부가가치세를 신고・납부를 선택한 경우 양수자에게 매입세액공제를 허용하는 포괄양수도 양수자 대리납부도 허용되고 있습니다.[32)]

32) 부가가치세법 제52조

7) 영업양수도 계약서 예시

OOO 영업양수도 계약서

다음의 당사자들 간에 OOO년OO월OO일 영업양수도 계약(이하 "본 계약"이라 함)을 체결한다.

1. 대한민국의 법률에 따라 적법하게 설립되어 유효하게 존속하며, 대한민국 OOO에 본점을 둔 OOO(이하 "양도인"이라고 함)
2. 대한민국의 법률에 따라 적법하게 설립되어 유효하게 존속하며, 대한민국 OOO에 본점을 둔 재단법인 OOO(이하 "양수인"이라고 함)
3. 양도인과 양수인을 각각 "당사자"라 하며 양도인과 양수인을 모두 일컬어 "양당사자"라 한다.

전문

1. 양도인은 OOO과 OO년OO월OO일자로 OOO 사업과 이를 이행하기 위해 체결한 계약, 이행에 필요한 조직과 인력, 유・무형자산 일체(상세한 내역은 [별지1] 사업 영업양수도 대상 내역에 따르고, 이하 "대상영업"이라 한다)를 경영상의 이유로 양수인에게 양도하고자 한다.
2. 본 계약에서 정한 조건에 따라, 양도인은 대상영업을 양수인에게 양도하고자 하며, 양수인은 대상영업을 양수하고자 한다.
3. 이에 당사자들은 상호 신의와 성실의 원칙에 입각하여 다음과 같이 계약을 체결한다.

제1조 (영업양수도 목적물)

영업양수도의 목적물은 대상영업으로 한다. 단, 계약체결일 현재 [별지1]에 기재되지 아니한 양도인의 우발채무(대상영업 관련 계약이 종결일 이후 해지, 종료, 그 밖의 사유로 중단됨으로써 발생하는 우발채무를 포함함)에 대하여 양도인은 OO한다.

제2조 (양수도 대금)

① 양수도대상 목적물의 가액은 양 당사자가 지정한 회계법인에서 산정한 평가 금액을 기준으로 하여 양 당사자가 합의한 금OOOOOOOO원(부가가치세 제외, 이하 "양수도대금")으로 한다.

② 제1항의 양수도 대금 산정과 관련한 회계법인의 사업 가치 평가 보고서는 본 계약서 말미에 [별지2]로 첨부한다.

③ 양수도 대금은 OOO년 OO월 OO일자 기준으로 평가된 평가보고서를 바탕으로 책정

되었으나, 평가기준일부터 실제 양수도일기준(OOO년 OO월 OO월)까지 대상영업의 순자산 변동액에 대하여는 상호 협의하여 정산한다.

제3조 (양수도 대금의 지급방법)

양수인은 본 계약 체결일에 양도인에게 양수인 명의의 은행계좌("지급계좌"라 한다)와 관련된 정보를 통지하고, 양도인은 본 계약체결일로부터 90일 이내에 양수도 대금(및 부가가치세액)을 양수인에게 지급한다.

제4조 (자산 및 부채의 이전)

① 양도인은 OOO년 OO월 OO일부로 영업양수도 목적물을 양수인에게 인도하기로 한다.
② OOO년 OO월 OO일까지 대상영업과 관련하여 발생한 모든 채권 및 채무에 대한 권리와 의무는 양도인에게 있다.

제5조 (종결)

대상영업의 양수도와 관련된 거래의 완결(이하 "종결"이라 함)은 다음 각 호의 규정이 모두 충족되거나 관련 당사자에 의하여 그 충족이 면제된 것을 조건으로 하여 양수인이 대상영업의 완전한 소유권을 취득한 때(당사자간 달리 서면상 합의가 이루어지지 않으면 OOO년 O월 O일을 지칭함)로 한다(이하 종결이 이루어지는 일자를 "종결일"이라 함).

1. 양도인의 의무이행을 위한 선행조건
   가. 본 계약의 이행을 중지, 제한 또는 금지하는 내용의 정부기관의 명령 및 소송이 없을 것
   나. 본 계약에서 정한 양수인의 진술 및 보장사항이 중요한 점에 있어서 진실하고 정확할 것
   다. 양수인이 본 계약에 따라 종결일 이전에 부담하는 양수인의 의무사항을 중요한 면에서 이행하고 준수할 것(다만, 양도인의 양수도 대금 지급의무는 제3조에 따름)
2. 양수인의 의무이행을 위한 선행조건
   가. 본 계약의 이행을 중지, 제한 또는 금지하는 내용의 정부기관의 명령 및 소송이 없을 것
   나. 본 계약에서 정한 양도인의 진술 및 보장사항이 중요한 점에 있어서 진실하고 정확할 것
   다. 양도인이 본 계약에 따라 종결이 이전에 부담하는 양도인의 확약 및 기타 의무사항을 중요한 면에서 이행하고 준수할 것

제6조 (양수인의 진술 및 보장)

양수인은 양도인에 대하여 본 계약 체결일 및 종결일을 기준으로 다음 각 항에 규정된

사항이 중요한 면에서 진실하고 정확함을 진술 및 보장한다.

① 양수인은 대한민국 법률에 따라 적법하게 설립되어 유효하게 존속하고 있으며, 본 계약을 체결하고 그에 따른 의무를 이행하는 데에 필요한 능력과 권한을 가지고 있다.

② 양수인은 본 계약의 체결을 위하여 대한민국 법률에 따라 양수인에게 요구되는 일체의 내부적인 승인절차가 완료된 이후 본 계약을 체결하였고, 본 계약은 그 조건에 따라 양수인에 대하여 강제될 수 있는 법적으로 유효하며 구속력 있는 의무를 구성한다.

③ 본 계약의 체결 및 이행은 (a) 양수인에게 적용되는 법령, 정부인허가의 조건, 또는 정부기관의 규정에 위반되지 않고, (b) 양수인의 정관 및 기타 내부규정에 위반되지 않으며, (c) 양수인이 당사자로 되어있는 모든 계약에 위반되지 아니한다.

④ 양수인은 본 계약의 체결 및 이행과 관련하여 (a) 필요한 정부인허가를 취득하였거나, 취득할 필요가 있는 경우 최선의 노력을 다하며, (b) 양수인이 본 계약을 체결함에 있어 제3자의 동의 또는 승인이 필요하거나, 제3자에 대한 통지가 필요한 경우 그러한 동의·승인을 받거나, 제3자에게 대한 통지를 이행하였다.

⑤ 사업보고서, 감사보고서 기타 공시된 소송을 제외하고 양수인이 알고 있는 한, 양수인에 대하여 또는 양수인과 관련하여 계속 중이거나 제기될 우려가 있는 소송중 양수인에게 불리하게 결정되는 경우 양수인이 본 계약에 따른 의무를 이행하는데 필요한 양수인의 권한 및 자격에 지장을 초래할 수 있는 어떠한 정부기관의 명령 및 소송도 존재하지 아니한다.

제7조 (양도인의 진술 및 보장)

양도인은 양수인에 대하여 본 계약 체결일 및 종결일을 기준으로 다음 각 항에 규정된 사항이 중요한 면에서 진실하고 정확함을 진술 및 보장한다.

① 양도인은 대한민국 법률에 따라 적법하게 설립되어 유효하게 존속하고 있으며, 본 계약을 체결하고 그에 따른 의무를 이행하는 데에 필요한 능력과 권한을 가지고 있다.

② 양도인은 본 계약의 체결을 위하여 대한민국 법률에 따라 양도인에게 요구되는 일체의 내부적인 승인절차가 완료된 이후 본 계약을 체결하였고, 본 계약은 그 조건에 따라 양도인에 대하여 강제될 수 있는 법적으로 유효하며 구속력있는 의무를 구성한다.

③ 본 계약의 체결 및 이행은 (a) 양도인에게 적용되는 법령, 정부인허가의 조건, 또는 정부기관의 규정에 위반되지 않고, (b) 양도인의 정관 및 기타 내부규정에 위반되지 않으며, (c) 양도인이 당사자로 되어있는 모든 계약에 위반되지 아니한다.

④ 양도인은 본 계약의 체결 및 이행과 관련하여 (a) 필요한 정부인허가를 취득하였거나, 취득할 필요가 있는 경우 최선의 노력을 다하며, (b) 양도인이 본 계약을 체결함에 있어 제3자의 동의 또는 승인이 필요하거나, 제3자에 대한 통지가 필요한 경우 그러한 동의·승인을 받거나, 제3자에게 대한 통지를 이행하였다.

⑤ 사업보고서, 감사보고서 기타 공시된 소송을 제외하고 양도인이 알고 있는 한, 양도인에 대하여 또는 양수인과 관련하여 계속 중이거나 제기될 우려가 있는 소송 중 양수인에게 불리하게 결정되는 경우 양수인이 본 계약에 따른 의무를 이행하는데 필요한 양수인의 권한 및 자격에 지장을 초래할 수 있는 어떠한 정부기관의 명령 및 소송도 존재하지 아니한다.

⑥ 양도인이 양수인에게 양도하는 대상영업의 유・무형자산은 양도인이 적법하고 유효하게 취득하여 어떠한 부담도 없이 소유하고 있고, 양수인이 대상영업의 자산에 대한 소유권을 행사하는 것이 제한되거나 상실될 위험이 없다.

제8조 (종결일 이후의 경영책임 및 손실보전)

종결일 이후의 양도인의 대상영업에서 발생하는 경영책임은 모두 양수인에게 귀속한다. 다만, 종결일 이후 1년 이내에 양수인의 귀책 없이 대상영업에 관하여 중대하게 부정적인 영향을 미치는 사실이 발생할 경우, 양도인은 제2조 기재 양수도대금의 OO% 상당액을 최고한도액으로 하여 양수인에게 위 사실의 발생으로 인한 순손실을 보전하기로 한다.

제9조 (불가항력)

① 양도인과 양수인 중 어느 일방이 본 계약을 위반하여 이행 지체 중에 있다 하더라도 그 원인이 천재지변, 전쟁, 폭동, 화재, 기타 불가항력적인 사유로 인한 것이 명백할 경우에는 계약불이행에 따른 책임을 지지 아니한다.

② 불가항력적 사유로 인하여 계약의 정상적인 이행이 곤란한 당사자는 당해 사유가 발생하는 즉시 이를 상대방에게 통지하는 한편 당해 불가항력 사유의 해소를 위하여 노력을 기울여야 하며, 그 사유가 해소되는 즉시 본 계약을 정상적으로 이행하여야 한다.

제10조 (손해배상)

① 양도인과 양수인은 본 계약 또는 본 계약과 관련하여 체결한 개별약정 등의 이행과정에서 계약사항 및 개별약정사항을 위반하여 상대방에게 손해를 입힌 경우 이를 배상하여야 한다.

② 상기 1항의 손해배상과 관련하여 관할법원은 서울중앙지방법원으로 한다.

제11조 (계약의 해제)

① 계약 체결 후 거래의 종결 전에 하여 다음 각 호 중 어느 하나에 해당하는 사유가 발생하는 경우, 당사자는 상대방 당사자에 대한 서면통지로써 본 계약을 해제할 수 있다. 단, 아래 사유의 발생에 책임이 있는 당사자는 동 사유를 이유로 본 계약을 해제할 수 없다. 본 계약의 해제의 효력은 해제의 통지가 상대방 당사자에게 도달한 때 발생한다.

1. 일방 당사자가 본 계약상의 진술 및 보장을 포함한 기타 의무사항을 중대하게 위반하고 상대방 당사자로부터 서면에 의한 이행 또는 시정의 최고를 받은 날로부터 10영업일 이내에 위반사항이 시정되지 아니한 경우
2. 천재지변, 법령, 정부기관의 조치 기타 불가항력적인 사유로 인하여 본 계약에 따른 거래의 이행이 불가능해지거나 불법화되는 경우
3. 거래의 종결의 선행조건이 충족되지 아니할 것이 객관적으로 명백해진 경우
4. 일방 당사자에게 회생, 파산 등 도산절차의 신청이 있는 경우

② 전항에도 불구하고, 계약 체결 후 양수인이 제3조 상의 지급기한 내에 양수도 대금을 지급하지 않을 경우, 양도인은 10영업일 이내의 최고기간을 정하여 최고한 이후, 본 계약을 해제할 수 있다.

③ 본 조에 따라 본 계약이 해제되더라도, 본 계약 제10조, 제12조, 제14조, 제16조, 제17조 등 그 성격 상 효력 유지가 필요한 조항은 계속 효력을 가진다.

④ 본 조의 해제는 손해배상의 청구에 영향을 미치지 아니한다.

제12조 (비밀유지)

당사자들은 본 계약의 체결 및/또는 이행과 관련하여 얻은 정보를 본건 거래와 관련하여서만 사용하여야 하며, 그 이외의 목적이나 용도로 사용하여서는 아니 된다.

또한 당사자들은 다음 어느 하나의 사유에 해당하는 경우를 제외하고는, 본 계약의 체결 및/또는 이행, 본 계약의 조건 등에 관한 내용을 공개, 누설하거나 또는 공개되도록 하여서는 아니 된다.

1. 본 계약의 조건을 이행하고 효력을 발생시키는데 필요한 합리적인 범위 내에서 공개하는 경우(단, 다른 당사자에게 사전에 통지하여야 함)
2. 법령의 규정 또는 정부기관의 요구에 의하여 답변하여야 하는 경우(단, 다른 당사자에게 사전에 통지하여야 함)
3. 어느 당사자의 귀책사유도 없이 대중에게 알려진 정보인 경우
4. 기타, 다른 당사자로부터 사전, 서면에 의한 동의를 얻은 경우

제13조 (권리, 의무의 양도 제한)

당사자들은 다른 당사자의 사전 서면에 의한 동의 없이 본 계약의 전부 또는 일부의 권리나 의무를 제3자에게 양도할 수 없다.

제14조 (비용부담)

본 계약의 체결 및 이행과 관련하여 발생하는 세금 및 기타비용은 납세 및 지급의무있는 당사자 각자의 부담으로 한다.

제15조 (통지)

본 계약에 달리 규정되지 않는 한, 본 계약과 관련한 모든 통지와 연락은 서면으로 하여야 하며, (i) 등기우편 또는 수령확인증이 송부되는 배달증명우편에 의하여 송부된 것은 수령한 때나, (ii) 인편 또는 인지도가 있는 상업서류 송달회사에 의해 전달된 경우, 또는 (iii) 팩시밀리에 의하여 전달되는 경우에는 전송확인에 의하여 전송이 확인된 경우에 통지가 이루어진 것으로 간주되고, 각각의 경우 다음에 기재된 주소(혹은 통지 등에 의해 지정되는 기타주소)의 적합한 수신인에게 보내야 한다.

양도인
주소: OOOOO
전화번호:
팩스번호:
담당자:

양수인
주소: OOOOO
전화번호:
팩스번호:
담당자:

제16조 (책임면제)

본 계약서에서 명시적으로 달리 규정하고 있는 경우를 제외하고는, 당사자들은 본건 영업양수도 거래와 관련하여 발생하였거나 발생하는 어떠한 손실 또는 손해에 대해서도 상대방 당사자 및 그의 모든 관계자, 승계인 등에 대하여 영구적으로 책임을 묻지 않기로 한다.

제17조 (기타)

① 양도인은 양수인이 대상 영업의 소유권을 취득하는 동시에 대상영업을 통상적으로 사용, 수익할 수 있도록 합리적인 범위 내에서, 필요한 자료 및 정보를 제공하고 관련 교육을 하여야 한다.
② 본 계약은 본 계약 체결 이전에 이루어진 당사자들의 사이의 합의 또는 교섭(구두 또는 서면을 불문함)등을 대체하는 최종적인 합의이다.
③ 본 계약의 각 조항은 가분된다. 어떠한 원인에서든지 본 계약의 일부 용어, 약정, 조건 또는 규정이 불법이거나 무효이거나 집행 불가능하더라도, 특단의 사정이 없는 한 본 계약의 나머지 조항은 유효하고 집행가능하며 완전한 효력을 갖는다.

④ 본 계약을 수정하고자 하는 경우에는, 당사자들의 사전, 서면에 의한 합의가 있어야 한다.
⑤ 본 계약과 관련하여 당사자 간에 분쟁이 발생한 경우 당사자들은 신의성실의 원칙에 따라 이를 우호적으로 해결하기 위해 최대한 노력하여야 한다. 그럼에도 불구하고 당해 분쟁이 우호적으로 해결되지 아니하는 경우 당사자들은 대한민국 서울중앙지방법원에 소송을 제기할 수 있다. 이 경우 서울중앙지방법원은 당해 분쟁에 대하여 전속적, 배타적 관할권을 갖는다.
⑥ 본 계약의 해석 및 적용과 관련하여서는 대한민국의 법에 따른다.
⑦ 본 계약은 당사자들이 기명날인(서명)함과 동시에 그 효력을 갖는다.

상기 계약사항을 준수하기 위하여 본 계약서 2통을 작성하여 양도인과 양수인은 서명날인하고 각각 1통씩 보관한다.

OOOO년 OO월 OO일

양도인
주소: OOOOO
상호: OOOOO
대표이사:

양수인
주소: OOOOO
상호: OOOOO
대표이사:

2 합병 실무 가이드[33)]

1) 합병시 고려하여야 할 사항

합병시에는 합병으로 인한 효과, 합병으로 인해 발생할 수 있는 비용이나 위험요인, 합병 과정에서 준수해야할 법규나 기존 계약서 등에서 합병 시 필요로 하는 절차 혹은 조건이 있는지 여부, 그리고 회사의 이해관계자들이 합병의 필요성에 대해 충분히 공감할 수 있는지 등이 고려되어야 합니다. 이러한 고려사항을 기초로 합병 절차 등 필요한 사항을 검토하여 합병 계획을 수립하여야 합니다.

33) 합병의 기본 개념 등 일반사항에 대해서는 "제3장 M&A의 실행" 중 "합병"편을 참조하기 바랍니다.

[그림 4] 합병 시 고려사항 및 검토사항

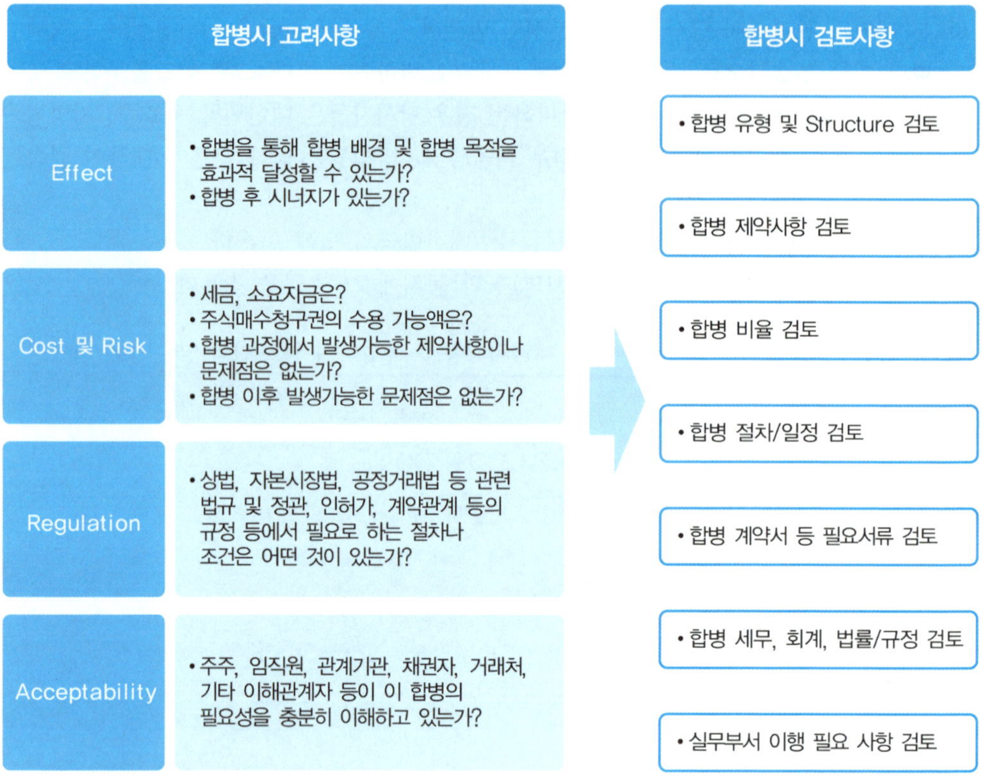

합병시 고려사항		합병시 검토사항
Effect	• 합병을 통해 합병 배경 및 합병 목적을 효과적 달성할 수 있는가? • 합병 후 시너지가 있는가?	• 합병 유형 및 Structure 검토 • 합병 제약사항 검토
Cost 및 Risk	• 세금, 소요자금은? • 주식매수청구권의 수용 가능액은? • 합병 과정에서 발생가능한 제약사항이나 문제점은 없는가? • 합병 이후 발생가능한 문제점은 없는가?	• 합병 비율 검토 • 합병 절차/일정 검토
Regulation	• 상법, 자본시장법, 공정거래법 등 관련 법규 및 정관, 인허가, 계약관계 등의 규정 등에서 필요로 하는 절차나 조건은 어떤 것이 있는가?	• 합병 계약서 등 필요서류 검토
Acceptability	• 주주, 임직원, 관계기관, 채권자, 거래처, 기타 이해관계자 등이 이 합병의 필요성을 충분히 이해하고 있는가?	• 합병 세무, 회계, 법률/규정 검토 • 실무부서 이행 필요 사항 검토

2) 합병 주요 절차 및 일정

회사의 합병은 일반적으로 상법상의 합병을 의미하기 때문에 합병을 하기 위해서는 상법상의 절차를 따르는 것이 필요합니다. 물론 대상회사가 자본시장법이나 공정거래법의 적용대상이 되는 경우에는 해당 법규에서 규정하는 절차도 준수하여야 합니다.

- 상법상 절차로는 이사회 결의, 합병계약체결, 주주총회결의, 주식매수청구권, 주주 및 채권자보호절차, 합병등기 등의 절차를 거치게 됩니다.
- 공정거래법상 절차로는 경쟁제한적 합병 금지 대상에 해당할 수 있는지,[34] 기업결합의 신고 대상[35]인지를 확인하여야 합니다.
- 자본시장법 상 절차로는 주요사항보고서 및 증권신고서의 제출, 상장법인과 비상장법인 합병시 합병비율에 대한 외부평가기관의 평가, 우회상장해당 여부,[36] 비상장대법인과

34) 2016년 공정거래위원회는 SK텔레콤과 CJ헬로비전의 인수합병을 불허한 경우가 있습니다.
35) 사전신고 대상은 합병등기일 이전에 신고 및 심사가 완료되어야 하며, 사후신고대상은 합병등기일로부터 30일 이내에 기업결합신고를 하여야 합니다(공정거래법 제12조).

합병 여부,[37] 합병 후 단기분할 제한에 해당하는 지 여부,[38] 합병신주의 상장, 지분변동보고, 이 외의 공시 및 신고 절차가 필요합니다.

- 이외에도 합병당사회사가 속한 산업의 특성에 따라 해당 산업 관련 법규에서 합병에 필요한 절차를 규정하고 있는 경우에는 해당 법규 절차도 고려하여야 합니다.[39]
- 「채무자 회생 및 파산에 관한 법률」상 회생계획에 의한 합병은 해당 법에서 정하는 특례 규정에 따라 합병절차를 진행하여야 합니다.[40]

[표 6] 합병 주요 절차 및 주요 공시 사항 요약

주요 절차	주요 내용
합병계약서 작성	• 합병의 제반 조건을 담은 합병 계약서 작성
이사회 결의 및 합병계약 체결	• 합병 당사회사 이사회 승인 및 합병 당사회사간 합병계약 체결(이후 주주총회에서 최종 확정)
주요사항보고서 제출	• 상장법인 및 사업보고서 제출대상 법인은 주요사항보고서(계약체결일로부터 3일이내) 제출 • 주요사항보고서 제출 시, 합병비율에 대한 외부기관 평가의견서 첨부 필요
증권신고서 제출	• 합병으로 인해 발행하는 신주가 모집매출에 해당하는 경우, 합병법인은 증권신고서, 투자설명서, 증권발행실적 보고서를 제출하여야 함 • 사업보고서 제출대상이 아닌 경우에도, 모집매출에 해당하는 경우 신고의무 존재
주주명부 폐쇄(기준일) 공고	• 주주명부 폐쇄 기준일 2주전에 정관에 정한 방법에 따라 공고
증권신고서 효력 발생	• 공모에 해당하는 경우에는 주주총회 소집통지/공고 이전까지 증권신고서의 효력이 발생하여야 함. 다만 주총 공고 이후 사업보고서등 공시할 경우에는 정정신고서 제출하고 정정신고서는 주총일 전까지 효력이 발생하여야 함
주주총회 소집 통지 및 공고	• 주주총회 2주전까지 회의 목적 사항 등을 기재하여 소집 통지 및 공고

36) 우회상장 요건 미충족 시 상장 폐지, 우회상장으로 인한 경영권 변동 시 비상장법인 최대주주 등의 지분매각 제한
37) 상장법인과 합병하는 비상장대법인의 합병 요건 강화 및 매각 제한
38) 유가증권시장 상장규정은 상장법인과 비상장법인이 합병 후 합병기일로부터 3년내 분할재상장시, 분할신설법인의 주된 영업부문에 합병 당시 비상장법인의 주된 영업부문 포함시 재상장 요건 강화하고 있으나, 코스닥시장상장규정은 상장법인과 비상장법인이 합병 후 합병기일로부터 3년내 분할재상장시, 분할신설법인에 비상장법인의 주된 영업부문이 포함되었는지와 무관하게 분할신설법인 재상장 요건을 강화하고 있습니다.
39) 은행법상 금융기관, 자본시장법상 금융투자업자, 보험회사 등은 주무관청의 허가를 받지 않으면 합병할 수 없도록 하고 있고(은행법 제55조, 자본시장법 제417조, 보험업법 제116조, 상호저축은행법 제10조), 건설산업기본법에서는 합병시에는 건설업 양도 공고 절차를 이행하도록 규정하고 있는 것이 한 예가 될 수 있습니다.
40) 「채무자 회생 및 파산에 관한 법률」 제210조, 제211조

주요 절차	주요 내용
합병 반대의사 접수	• 합병에 반대하는 주주는 보유한 주식의 매수를 회사에 청구할 수 있으며 이를 위해 주주총회 전까지 서면으로 반대의사 통지
주주총회 개최	• 합병당사회사 모두 주주총회 특별결의 필요(발행주식 총수의 1/3 이상 및 참석주주 의결권의 2/3 이상 찬성) • 다만, 상법상 일정요건을 충족하는 소규모합병(합병회사), 간이합병(피합병회사)의 경우 주주총회 특별결의 대신 이사회결의만으로 합병승인 가능
구주권 제출 공고	• 주주총회 승인 후 2주 이내 공고 및 최소 1개월 이상 기간 부여
채권자 이의제출 공고	• 주주총회 특별결의 후, 회사는 2주 내에 채권자에 대하여 합병에 이의가 있는 경우 1월 이상의 기간 내에 이의를 제출할 것을 공고하고, 알고 있는 채권자에 대해서는 따로 최고하여야 함 • 이의신청기간 내 이의를 제출하지 아니한 경우, 이의가 없는 것으로 간주하나, 이의를 제출한 경우 채권자에 대한 변제, 담보제공, 재산신탁 등의 절차 필요
주식매수청구권 행사	• 합병에 반대하는 주주는 보유한 주식의 매수를 회사에 청구할 수 있으며, 주총 결의일로부터 20일 이내에 주식매수를 청구하고, 회사는 청구기간 종료일로 부터 2개월 이내(상장법인 1개월 이내)에 매수를 완료하여야 함
합병기일	• 합병이 되는 기준일 • 채권자 이의제출 및 구주권 제출 기간 만료 이후로 정해야 함
증권발행실적보고서	• 증권신고서 제출 대상에 해당하는 경우 합병 기일 후 지체없이 제출
합병종료보고 총회	• 합병기일 이후 합병 결과를 주주총회에 보고. 단, 이사회 결의공고로 대체 가능
합병등기	• 합병보고총회일 또는 이사회결의 공고일로부터 2주 이내 등기(지점은 3주 이내)
합병 등 종료보고서 제출	• 합병등기를 한 때 지체없이 제출(증권발행실적보고서 제출시에는 면제)
지분변동보고	• 흡수합병으로 상장법인의 지분율 구성에 변동이 생긴 경우, 해당 주주는 '주식등의 대량상황보고' 및 '임원등의 특정증권 등 소유상항 보고'를 공시하여야 함
주식매수청구대금 지급	• 주식매수청구기간 종료일로부터 1개월 이내에 지급(비상장법인은 2개월 이내)
기업결합신고	• 특수관계인을 포함하여 자산 또는 매출총액이 2천 억원 이상인 회사가 합병당사회사에 포함된 경우, 합병등기일 이후 30일 이내 기업결합신고 필요하며, 합병당사회사의 자산 또는 매출총액이 2조원 이상인 경우 합병등기일 전까지 사전신고 및 승인 필요

[그림 5] 합병 유형별 합병 주요 절차 및 일정 예시[41)]

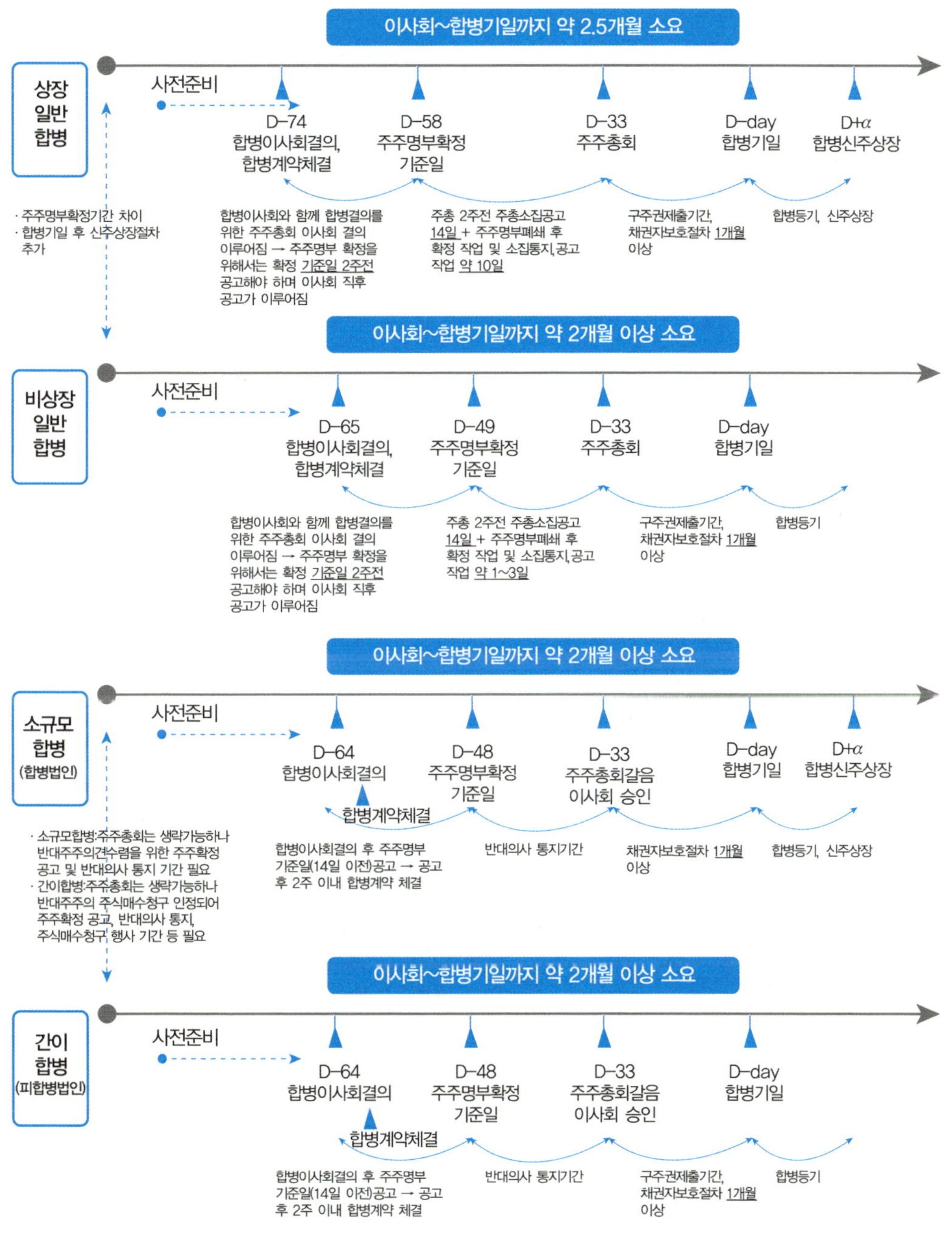

41) 합병절차의 상법상 규정은 상법 제522조~제530조에 규정되어 있습니다.

3) 합병 절차 및 일정 예시

[표 7] 합병 절차 및 일정 예시

절차	설명	상장	비상장	소규모	간이	규정
합병이사회결의	이사회 승인 후 합병계약 체결	D-41	D-32	D-31	D-31	
합병계약 체결 주주총회 소집 이사회결의						상법 제362조
(상)합병관련확인서 제출	우회상장요건 확인서류 거래소 제출	D-41		D-31		유가상장 제33조 (코스닥 제19조)
(상)이사회결의사항 신고 및 공시	거래소	D-41		D-31		유사공시 제7조 (코스닥 제6조)
(상)주요사항보고서 제출	사유발생 3일 이내 금융위에 제출	D-41		D-31		자본시장 제161조
(상)증권신고서 제출	금융위, 효력발생기간 7영업일	D-41				자본시장 제119조
(상)공시관련 매매거래 정지		D-41				유가공시 제40조 (코스닥 제37조)
주주명부 폐쇄 및 기준일 공고	명부확정 기준일 2주전 공고	D-40	D-31	D-30	D-30	상법 제354조
(소,간)합병계약체결	소규모합병 공고 전 2주 이내			D-28	D-28	상법 제527조의3
(상)투자설명서 제출	신고서 효력발생 시 금융위 제출	D-30		D-24		자본시장 제123조
주주명부 확정 기준일	주주총회를 위한 권리주주 확정일	D-25	D-16	D-15	D-15	상법 제354조
합병주주총회 소집공고, 통지, (비치)	주주총회 2주전 공고 및 통지	D-15	D-15			상법 제363조, 제522조 (상법 제542조의4)
(소,간)소규모합병 공고, 반대주주 반대의사 통지 시작	합병 계약 체결일부터 2주 이내			D-15	D-15	상법 제527조의3
합병계약서, 합병재무제표 등 비치 및 공시	주주총회 2주전 ~ 합병일부터 6개월	D-15	D-15	D-15	D-15	상법 제522조의2
(소,간)주주명부 폐쇄				D-14		
합병반대의사 서면통지 접수마감	주주총회통지일 ~ 주주총회 전일	D-1	D-1			상법 제522조의3
(소,간)반대주주 반대의사 통지 완료				D-1	D-1	상법 제527조의3
합병승인 주주총회 개최	주주총회 특별결의	D	D			상법 제522조
(소,간)주주총회 갈음 이사회				D	D	상법 제527조의3

절차	설명	상장	비상장	소규모	간이	규정
반대주주 주식매수청구권 시작	주주총회일부터 20일 이내 청구	D	D		D	상법 제522조의3
(상)합병주주총회 결과 보고	주주총회 결의 공시 및 결과 보고	D		D		유가공시 제7조
채권자이의제출 공고 및 최고	주주총회일부터 2주 이내 공고	D+1	D+1	D+1	D+1	상법 제527조의5
주식의 병합 및 구주권 제출 공고	주주총회일부터 2주 이내 공고	D+1	D+1		D+1	상법 제440조
주식매수청구권 행사 만료	주주총회일부터 20일 이내	D+20	D+20		D+20	상법 제522조의3
(상)주식매수청구 서류제출	매수청구관련 서류 거래소 제출	D+20				유가상장 제80조
채권자 이의제출기간 만료	공고기간 1월 이상	D+32	D+32	D+32	D+32	상법 제527조의5
구주권 제출기간 만료	공고기간 1월 이상	D+32	D+32		D+32	상법 제440조
합병기일	합병 기준일	D+33	D+33	D+33	D+33	
합병보고주주총회 갈음 이사회	합병보고	D+34	D+34	D+34		상법 제526조
이사회결의 공고	합병보고총회는 이사회결의에 의한 공고로 갈음함	D+35	D+35	D+35		상법 제526조
합병등기(소멸등기, 변경등기)	본점은 공고일부터 2주 이내, 지점은 공고일부터 3주 이내	D+35	D+35	D+35	D+35	상법 제528조, 상업등기법 제62조~제64조
(상)합병종료보고 또는 증권발행실적보고서 제출	합병등기 후 지체없이 제출	D+35		D+35		발행공시규정 제2-19조, 제5-15조
(상)주식등의 대량보유상황보고	5%보고, 합병등기일 익일부터 5영업일 이내에 복	D+40		D+40		자본시장 제147조
(상)임원등 소유상황보고	10%보고, 신주상장/합병등기일부터 5영업일	D+40		D+40		자본시장 제173조
(상)합병신주상장		-		-		유가상장 제43조 (코스닥 제18조)

절차	설명	상장	비상장	소규모	간이	규정
(상)주식매수청구대금 지급[42)]	매수청구종료일부터 1월 이내	D+50				자본시장 제165조의5
기업결합신고[43)]	합병등기일부터 30일 이내	D+65	D+65			공정거래법 제12조
주식매수청구대금 지급	매수청구종료일부터 2월 이내		D+81			상법 제374조의2

* (상): 상장법인, (소): 소규모합병, (간): 간이합병, (유가공시): 유가증권시장공시규정, (유가상장): 유가증권시장상장규정, (발행공시규정): 증권의 발행 및 공시에 관한 규정

이사회에서 합병계약서가 체결되면, 이를 승인하기 위한 주주총회를 개최하여야 합니다. 주주총회의 승인은 특별결의 요건에 의해 이루어지는데, 특별결의 요건은 출석주주 2/3 이상의 승인을 받아야 하며, 이 비율은 최소한 발행주식총수의 1/3 이상이어야 합니다. 합병에 반대하는 주주는 주식을 회사가 매수하여 줄 것을 청구할 수 있습니다. 주식매수청구권은 합병 당사법인에 일시적인 자금 부담을 줄 수 있기 때문에 합병 검토시에는 이에 대한 고려가 필요합니다.[44)] 합병에서 중요한 절차 중의 하나는 합병으로 인한 회사 담보력의 변화로부터 채권자를 보호하기 위한 채권자보호절차[45)]입니다. 피합병법인의 주주는 기존 주주를 반납하고 합병법인의 신주를 받아야 하기 때문에 구주권을 제출하는 절차가 필요합니다. 이후 합병기일에 회사는 실질적으로 합병이 이루어지며, 합병등기도 필요합니다.

다음의 합병절차 및 일정은 **비상장법인의 일반적인 합병일 경우**를 가정하여 설명하고, 상장법인 합병 시, 소규모나 간이합병시 고려사항은 차이점 위주로 추가적으로 설명하였습니다.

① 이사회 결의 및 합병계약체결

합병을 하기 위해서는 상법에 규정된 사항[46)]이 포함된 합병계약서를 작성하여야 합니다. 이 합병계약서를 이사회에서 승인하여 합병계약을 체결하게 되고, 이러한 의사결정을 최종적으로 주주총회[47)]에서 승인하여야 합병이 이루어질 수 있습니다. 그렇기 때문에 일반적으

42) 실무상으로 합병기일 이전에 지급하는 경우가 많습니다.
43) 사전신고대상법인(공정거래법 제12조)은 합병등기일 전에 신고 및 심사를 완료하여야 합니다.
44) 합병비율을 합리적으로 산정하는 것이 필요하며, 합병계약서에 주식매수청구금액이 일정금액 이상일 경우에는 합병계약이 해지될 수 있다는 조항을 삽입하는 경우도 있습니다. 주식매수청구권에 대해서는 본편 제3장의 "Ⅱ. M&A와 법규"에서 자세히 다루기로 합니다.
45) 공고 및 알고 있는 채권자에게 개별적으로 알려야 하며, 차입금과 같은 금융채권뿐만 아니라 상거래 채권자도 모두 포함하는 것이 원칙입니다.
46) 상법 제523조, 제524조
47) 간이합병, 소규모 합병은 제외

로 합병계약서 승인을 위한 이사회를 개최하면 주주총회를 개최하는 안건도 함께 다루어지는 경우가 많습니다.

NOTE 2

❑ 사업보고서 제출 대상[48] 비상장법인

비상장법인이라도 사업보고서 제출대상법인은 자본시장법상 주요 보고서 제출에 있어서 상장법인에 준하는 의무가 있습니다. 즉, 합병결의시 a) 주요사항보고서를 제출하여야 하고, b)합병종료보고서를 제출하여야 합니다(증권발행실적보고서 제출시 미제출). 만약 모집매출[49]에 해당하는 경우에는 c)증권신고서를 제출하여야 하고(모집매출 미해당시 미제출), 증권신고서를 제출할 경우에는 d)투자설명서와 e)증권발행실적보고서를 제출하여야 합니다.

사업보고서 제출대상법인이 아니더라도 합병을 통해 모집매출에 해당할 경우에는 투자설명서, 증권신고서, 증권발행실적보고서 제출의무가 있습니다.

② 합병계약서 및 각 회사의 재무제표의 비치

합병주주총회일의 2주전부터 합병을 한 날 이후 6개월이 경과하는 날까지 합병계약서, 합병을 위하여 신주를 발행하거나 자기주식을 이전하는 경우에는 합병으로 인하여 소멸하는 회사의 주주에 대한 신주의 배정 또는 자기주식의 이전에 관하여 그 이유를 기재한 서면, 각 회사의 최종의 대차대조표와 손익계산서를 본점에 비치하고 주주 및 채권자가 언제든지 열람하거나 등본 또는 초본의 교부를 청구할 수 있도록 하여야 합니다.

③ 주주총회

주주총회 절차	일정	설명
주주총회소집 이사회 결의	D-32	합병이사회 결의 시
주주명부 폐쇄 및 기준일 공고	D-31	주주명부 확정 기준일 2주전
주주명부 확정 기준일	D-16	주주총회를 위한 주주 확정일

48) 사업보고서 제출대상법인은 주권 및 증권을 상장한 법인, 주권 및 증권의 소유자 수가 500인 이상인 외감대상법인을 말합니다(자본시장법 시행령 제167조 1항).

49) 모집 또는 매출은 50명 이상의 자에게 증권의 취득권유 또는 매도권유를 하는 것으로(6개월 이내 권유대상자 합산), 기존 상장법인과 모집매출 실적이 있는 법인의 신주발행은 간주모집으로 보고, 50인 미만이라고 하더라도 한국예탁결제원에 예탁하여 1년간 증권을 인출하거나 매각하지 않기로 하는 전매제한 조치를 취하지 않으면 간주모집으로 의제될 수 있습니다(자본시장법 제9조, 증권의발행 및 공시에 관한 규정 제2-2조).

주주총회 절차	일정	설명
주주명부 폐쇄기간	D-15~D-15	1일 가정[50)]
주주총회 소집공고 및 통지	D-15	주주총회 2주전
주주총회	D-day	주주총회 특별결의

합병은 간이합병이나, 소규모합병과 같은 경우를 제외하고는 반드시 주주총회의 승인을 받아야 합니다. 주주총회를 개최하기 위해서는 의결권을 행사할 수 있는 주주를 확정하여야 합니다. 주주확정을 위해서는 기준일이 필요합니다. 그렇기 때문에 합병을 위한 주주총회를 개최하기로 결정한 이사회는 주주총회 의결권 행사 가능 주주 확정을 위한 기준일을 정하여 공고하는 것이 필요합니다. 주주명부 확정 기준일에 주주명부를 폐쇄하여 주주를 확정하고 주주에게 해당 내용의 통지문 발송을 준비합니다. 이 준비 기간은 주주구성이 복잡하지 않은 비상장회사는 2~3일이면 충분할 수 있지만, 주주 구성이 복잡한 상장회사는 약 10여일 정도 소요될 수 있습니다.

주주총회의 결의는 특별결의 요건 충족이 필요합니다. 특별결의 요건은 출석주주 2/3 이상의 승인이 필요하며, 이는 발행주식총수 1/3 이상이어야 합니다.[51)] 만약 합병으로 인하여 어느 종류주주(우선주 등)에게 손해를 미치게 되는 경우에는 종류주주총회의 승인이 추가로 필요합니다.

일정계획은 주주총회 2주 전에 합병주주총회 소집공고 및 통지를 하여야 하고, 이러한 주주확정을 위해서는 2~10여일의 기간이 필요하다는 점이 고려되어야 합니다. 그리고 주주확정 기준일 2주 전에 주주명부 폐쇄 및 기준일 공고를 하여야 한다는 것을 고려하여 일정 계획이 수립되어야 합니다.

④ 주식매수청구권

주식매수청구권 절차	일정	설명
합병반대의사 서면통지 마감	D-1	주주총회 전까지 서면으로 반대의사통지
반대주주 주식매수청구 시작	D(주주총회일)	주주총회일로부터 20일 이내 청구

50) 주주확정 및 통지를 위한 준비에 소요되는 기간에 따라 확정기준일과 공고 및 통지 일정의 간격은 더 필요할 수 있습니다. 실무적으로 주주구성이 복잡하지 않은 비상장회사는 2~3일이면 충분할 수 있지만, 주주구성이 복잡한 상장회사는 약 10여일정도 소요될 수 있습니다.

51) 분할승인 주주총회는 의결권이 없는 주주도 의결권이 있으나, 합병은 이러한 규정이 없습니다(상법 제530조의3).

주식매수청구권 절차	일정	설명
주식매수청구권 행사 만료	D+20	
주식매수청구대금 지급	D+81	매수청구 종료일로부터 2개월 이내[52]

합병에 반대하는 주주는 서면으로 반대의사를 표명하고 회사에 주식을 매수하여 줄 것을 요청할 수 있습니다.

의결권이 없거나 의결권이 제한된 주식의 경우도 주식매수청구권이 인정됩니다.[53]

회사는 주식매수청구권의 행사로 일시적인 자금유출이 부담이 될 수 있을 것으로 예상한다면 합병계약체결시에 주식매수청구금액이 일정 금액 이하일 경우에만 합병할 수 있다는 조건부 계약을 하는 경우도 있습니다.

주식매수청구권에 대해서는 본편 제3장의 "Ⅱ. M&A와 법규"편에서 구체적으로 다루기로 하겠습니다.

⑤ 채권자보호

합병으로 인해 회사 재무구조는 달라질 수 있습니다. 이는 채권자 입장에서는 회사의 채무 상환능력에 영향을 미치는 상황으로 볼 수 있기 때문에 합병시에는 채권자보호절차를 거쳐야 합니다. 채권자보호절차는 합병법인과 피합병법인이 모두 이행하여야 합니다.

채권자보호절차는 주주총회에서 합병을 결의하면, 결의일로부터 2주 이내에 합병에 이의가 있으면 1개월 이상의 기간을 정하여 이 기간내에 이의를 제출할 것으로 공고하고, 알고 있는 채권자에 대하여는 따로따로 이를 최고하여야 합니다. 공고는 정관에 정한 일간신문 또는 홈페이지에 하여야 합니다.

이 기간내에 이의를 제출하지 않으면 합병을 승인한 것으로 보며, 이의를 제출한 채권자가 있는 때에는 회사는 그 채권자에 대하여 변제 또는 상당한 담보를 제공하거나 상당한 자산을 신탁하여야 합니다.[54]

채권자보호절차에 대한 보다 자세한 내용은 기본편 제3장 "M&A와 실행"의 "Ⅱ.M&A와 법규"편을 참고해 주시기 바랍니다.

52) 상장회사는 매수청구종료일로부터 1개월 이내이지만, 실무상 구주권제출 만료일 전일인 합병기일 이전까지 결제가 이루어지고 있습니다.

53) 상법 제360조의5, 제374조의2, 제522조의3

54) 상법 제527조의5. 사채권자가 이의를 제기하려면 사채권자집회의 결의가 있어야 한다. 이 경우에는 법원은 이해관계인의 청구에 의하여 사채권자를 위하여 이의 제기 기간을 연장할 수 있다(상법 제439조).

⑥ 구주권제출

합병법인은 피합병법인의 주주에게 합병신주를 교부하게 됩니다. 피합병법인의 주주는 기존 피합병법인의 주식을 제출하고 합병법인의 주식을 교부받게 됩니다. 이를 위해 피합병법인 주주에게 기존 피합병법인 주식을 제출할 것을 공고하고 주주에게 개별통지하여야 합니다. 공고의 방법은 채권자보호절차와 마찬가지로 정관에 정한 일간신문 또는 홈페이지에 공고를 올려야 합니다.

⑦ 합병기일 및 합병보고총회

합병기일은 합병법인과 피합병법인이 실질적으로 하나의 회사로 통합되는 기준이 되는 날입니다.

합병기일 이후 합병회사는 주주총회를 소집하여 합병에 관한 사항을 보고하여야 합니다. 이는 결의사항이 아니고 경과보고의 목적으로 필요한 것입니다. 그렇기 때문에 합병보고주주총회를 개최하지 않고, 이사회에서 결의와 이를 공고하는 것으로 대체할 수 있도록 하고 있습니다.

합병기일은 합병계약에 의해 합병을 하는 날로 정하는 실체적으로 합병이 이루어진 날이며, 실체적, 경제적 관점에서 합병이 이루어진 기준이 되는 날입니다. 그러므로 회계처리 등에 있어서는 합병기일을 기준으로 합병회계처리가 이루어집니다. 그러나 법률상의 효력이 발생하는 날은 합병등기일이기 때문에 세무상 처리 등에 있어서는 합병등기일을 기준으로 합병세무 처리가 이루어집니다. 따라서 실무상 복잡성을 최소화하기 위해서는 합병기일과 합병등기일의 차이를 줄이도록 하는 것이 필요합니다.

⑧ 합병등기

합병이 이루어지면 이를 등기하여야 법률적 효력이 발생합니다. 합병보고주주총회(합병기일)로부터 본점은 2주간 내에, 지점은 3주간 내에, 합병회사는 변경등기를, 피합병회사는 소멸등기를 완료하여야 하는데, 실무적으로는 합병기일과 합병등기일의 기간 차이를 줄이기 위해 등기신청을 지체하지 않고 하는 편입니다.[55)]

합병은 영업양도와는 달리 자산과 부채가 포괄적으로 승계되어 개별적인 자산부채의 이전절차는 합병의 효력 발생과는 무관합니다. 즉, 합병 후 존속하는 회사 또는 합병으로 인하여 설립되는 회사가 그 소재지에서 합병등기를 함으로써 합병의 효력이 발생하는 것입니다.[56)]

---

55) 합병기일과 합병등기일의 간격이 멀어지면 그 기간동안 발생하는 거래의 귀속에 대한 세무 처리의 복잡함(법인세법상 손익귀속과 부가가치세법상 거래법인의 차이 등) 등이 발생할 수 있습니다.

[표 8] 합병등기시 필요서류[57)]

구분	필요서류
일반 합병시	• 합병회사의 변경등기신청서 • 합병계약서 • 합병회사의 주총의사록, 합병보고총회의사록 및 공고서면 • 피합병회사의 주주총회 및 이사회의사록 • 종류주주에게 손해를 미치게 될 경우, 그 회사의 종류주주총회 의사록 • 합병종료보고 공고 • 채권자 이의제출 공고 및 최고 증명서, 변제영수증 또는 이의없음을 진술한 서면(진술서) • 피합병회사의 주권제출 공고증명서
소규모합병 및 간의합병 시 추가 필요서류	• 소규모합병 공고 증명서 또는 간이합병 공고증명서 • 소규모합병시 피합병회사 주주에 지급할 금액을 정한 때 합병회사의 최종 재무상태표 • 소규모합병시 반대의사를 통지한 주주가 있을 경우 주식총수 증명서

⑨ 합병신주 및 단주대금 지급

합병비율에 따라 합병기일 현재 주주명부에 기재된 주주에게 합병신주를 교부합니다. 만약 합병비율에 따라 합병신주를 교부할 때, 비율 상 1주가 되지 못한 경우를 단주라고 하는데, 단주에 대해서는 단주대금이라 하여 현금으로 지급합니다.[58)]

⑩ 기업결합신고대상 법인 추가 고려 사항

공정거래법상 기업결합신고대상 법인은 공정위의 승인이 이루어져야 합병을 할 수 있습니다. 사전신고대상법인[59)](공정거래법 제12조)은 신고 후, 공정위 심사결과를 통지받기 전까지 합병등기를 하여서는 안되기 때문에, 공정위 심사기간 약 30여일을 고려하여 기업결합신고를 하여야 합니다.[60)] 만약 사후신고대상[61)]인 경우에는 합병등기일로부터 30일 이내

56) 상법 제234조
57) 상업등기법 제62조, 상업등기규칙 제148조, 상업등기신청서의 양식에 관한 예규 82-1호, 상업등기법 제63조 및 상업등기규칙 제149조
58) 상법 제443조의 단주처리: 그 병합에 적당하지 아니한 부분에 대하여 발행한 신주를 경매하여 각 주수에 따라 그 대금을 종전의 주주에게 지급하여야 합니다. 그러나 거래소의 시세있는 주식은 거래소를 통하여 매각하고, 거래소의 시세없는 주식은 법원의 허가를 받아 경매외의 방법으로 매각할 수 있습니다.
59) 특수관계인을 포함하여 자산 또는 매출액 2조원 이상인 회사가 합병 당사회사에 포함된 경우
60) 통상적으로 사전신고대상법인은 합병이사회 이후, 혹은 주주총회 결의 직후 기업결합신고가 이루어집니다.
61) 특수관계인을 포함하여 자산 또는 매출액이 3천억원 이상인 회사가 합병 당사회사에 포함되어, 자산 또는 매출액 300억원 이상인 회사에 대하여 기업결합하는 경우

에 기업결합신고를 하면 됩니다.

4) 상장법인 추가 고려사항

- 비상장대법인과 합병 또는 우회상장 요건 해당 여부를 파악해야 합니다. 비상장대법인은 상장법인보다 자산총계, 자본금, 매출액 중 두 가지 이상이 상장법인보다 더 큰 경우입니다. 비상장대법인과 합병으로 경영권변동이 없는 경우에는 유가증권 상장법인은 일정 요건 충족여부만 확인하면 되지만, 코스닥 상장법인은 거래소 실질심사 대상이 되고, 우회상장과 마찬가지로 매각제한 대상이 될 수 있습니다. 우회상장은 상장법인이 비상장법인과 합병하여 경영권의 변동이 발생하는 경우입니다. 이 경우에는 일정한 상장요건을 갖추어야 합병이 이루어질 수 있도록 거래소에서 상장심사가 이루어지며, 비상장법인의 최대주주가 보유하는 상장법인의 주식은 일정기간 매각이 제한됩니다. 또한 피합병법인이 우회상장 요건을 충족하지 못하게 되면 합병법인의 상장이 폐지될 수도 있습니다.

  우회상장 및 비상장대법인과의 합병에 대해서는 "제3장 M&A의 실행" 중 "우회상장" 편을 참고하시기 바랍니다.
- 상장법인은 이사회에서 합병을 결의하면, 그 결의 사항을 지체없이 거래소에 신고하고 공시하여야 합니다.
- 상장법인의 합병 공시는 주가에 영향을 줄 수 있으므로, 그 충격을 완화하기 위해 공시시점부터 일정시간 동안[62] 매매거래를 정지하도록 하고 있습니다.
- 상장법인은 합병이사회 결의일로부터 3일 이내에 주요사항보고서를 제출하여야 합니다.
- 합병으로 주식을 모집 또는 매출을 통해 발행하게 되는 경우 증권신고서를 제출하여야 합니다. 증권신고서는 효력발생기간을 고려하여 주주총회 소집통지 및 공고일 7영업일 전까지 제출하여야 합니다. 실무적으로 증권신고서는 2~3회 정정하는 경우가 빈번하므로 정정에 소요되는 기간 등을 고려하여 증권신고서를 제출하여야 합니다.
- 증권신고서를 제출한 법인은 증권신고서의 효력이 발생하는 날에 투자설명서를 금융위에 제출하고 합병회사 본점, 금융위, 거래소, 청약사무취급법인에 비치하여 열람할 수 있도록 하고, 피합병회사 주주에게는 주주총회일 이전까지 투자설명서를 교부하여

---

62) 통상 공시시점부터 30분동안이나(공시가 장종료 60분 이전에 이루어진 경우에는 그 다음날부터 매매재개), 만약 합병이사회 결의 공시일에 합병관련 확인서 및 예비심사신청서 등의 제출을 하지 않은 경우에는 합병공시 시점부터 합병관련 확인서와 첨부서류 제출일까지 거래가 정지되고, 우회상장에 해당되면 우회상장 예비심사청구서 제출일까지 거래가 정지됩니다.

야 합니다.

- 상장법인은 1% 이하의 주식을 소유한 주주에게는 주주총회 소집 공고 및 통지를 함에 있어서 주주총회일 2주전에 2개 이상의 일간신문에 2회 이상 회의 목적사항 등을 공고하거나 전자공시 시스템에 공고하는 방법으로 갈음할 수 있습니다. 그러나 실무적으로는 1% 이하의 주주라고 하더라도 대부분 개별통지를 공고와 더불어 병행하고 있습니다.
- 상장법인은 비상장법인보다는 주주총회를 위한 주주명부를 확정하고 개별적인 통지를 준비하는데 소요되는 기간이 더 필요할 수 있습니다. 비상장법인이 통상적으로 2~3일의 기간이 소요된다면, 상장법인은 실무적으로 약 10여일의 기간이 소요됩니다.[63)]
- 전자증권법에 따라 전자등록된 주식을 병합하는 경우에는 「상법」 제440조에도 불구하고 회사가 정한 일정한 날에 주식이 병합된다는 뜻을 그 날부터 2주 전까지 공고하고 주주명부에 기재된 주주와 질권자에게는 개별적으로 그 통지를 할 수 있습니다(전자증권법 제65조). 그러나, 실무상으로는 여전히 채권자보호절차 기간을 고려하여 상법 제440조에 따라 실행이 이루어지고 있다고 볼 수 있습니다.
- 합병등기가 완료되면 합병종료보고서 또는 증권발행실적보고서를 제출하여야 합니다. 증권발행실적보고서를 제출하는 경우 합병종료보고서 제출은 면제됩니다.
- 상장법인이 합병 후 3년 이내 합병 당시 비상장법인을 분할하는 경우에는 상장심사를 받지 않고 상장되는 결과를 초래할 수 있으므로 일정기준의 상장요건을 갖추어야 분할 및 재상장이 가능합니다.[64)]
- 유가증권상장법인의 경우에는 a) 비상장법인이 유가증권상장법인과 합병을 한 후 합병등기일로부터 3년 이내에 분할 결의를 하고, b) 분할신설법인의 주된 영업부문이 합병 당시 비상장법인인 피합병법인의 영업부문에 속하는 경우에는 일반상장에 준하는 요건을 충족하여야 분할신설법인이 재상장될 수 있습니다(유가증권시장상장규정 제42조, 제29조, 제30조). 단, 합병당시 우회상장심사를 받고 합병을 한 경우에는 합병후 단기분할시 재상장 요건 충족 대상에서 제외됩니다.
- 코스닥상장법인의 경우에는 a) 비상장법인이 코스닥상장법인과 합병을 한 후 합병등기일로부터 3년 내에 분할한 경우에는 일반상장에 준하는 요건을 충족하여야 분할신설법인이 재상장될 수 있습니다(코스닥시장상장규정 제17조, 제6조). 또한 분할기일이

63) 실무적인 소요기간의 차이라고 볼 수 있습니다.
64) 유가증권시장 상장규정 제42조, 코스닥시장 상장규정 제17조

속한 사업연도(분할기일부터 당해 사업연도까지의 기간이 3월 미만인 경우에는 다음 사업연도)의 결산재무제표가 확정되어야 하기 때문에 분할일정에 미치는 영향도 체크해보아야 합니다. 다만, 비상장법인과의 합병이 소규모합병이었거나, 합병 당시 우회상장심사를 받은 경우에는 합병후 단기분할시 재상장 요건 충족 대상에서 제외됩니다.

- 상장법인은 지분변동에 따른 공시가 필요합니다. 합병으로 상장법인의 지분을 5% 이상 보유하게 되는 경우 또는 5% 이상 보유한 후 1% 이상 보유비율이 변동되는 경우에는 변동 내역을 5영업일 이내(합병등기일 기준)에 금융위와 거래소에 보고하여야 합니다(주식 등의 대량보유상황 보고). 상장법인의 임원 및 주요주주는 보고기준일의 다음날부터 5영업일 이내에 주식의 소유상황을 증선위와 거래소에 보고하여야 합니다(임원 등의 특정증권 등 소유상황 보고).[65]
- 상장법인이 합병으로 인해 합병신주를 발행하는 경우에는 추가상장 신청을 하여야 합니다. 일반적으로 합병등기일 이후 신주상장신청서와 관련 첨부서류를 제출하면 되지만, 최대주주의 경영권 변동이 있는 경우에는 최대주주 등이 보유하는 주식에 대한 계속보유확약서, 보호예수증명서 등의 서류가 추가적으로 필요할 수 있습니다.[66]

NOTE 3

❑ 우회상장과 비상장대법인과의 합병 기준

우회상장은 합병을 통해 경영권이 비상장법인의 최대주주로 변경되는 것이고, 비상장대법인과의 합병은 비상장대법인이 상장법인보다 자산총계, 자본금, 매출액 중 두 가지 이상이 상장법인보다 더 큰 경우를 말합니다. 다음커뮤니케이션과 카카오의 합병 사례를 보면 당시 카카오 평가액이 다음커뮤니케이션보다 커서 경영권이 카카오 최대주주로 변경되어 우회상장에 해당하지만, 비상장대법인의 판단 기준인 자산총계, 자본금, 매출액 중 한 가지를 제외하고는 모두 다음커뮤니케이션이 커서 카카오가 비상장대법인에는 해당하지 않은 것으로 확인되었습니다.

우회상장	• 합병, 주식의 포괄적 교환, 영업 또는 자산의 양수, 현물출자 등과 관련하여 주권상장법인의 경영권이 변동되고 주권비상장법인의 지분증권이 상장되는 효과가 있는 것(유가증

구분	해당여부	해당할 경우 합병법인의 최대주주명		
		변경전	변경후	관계
합병의 주요사항보고서 제출일 이전 1년 이내에 주권비상장법	아니오	-	-	-

65) 자본시장법 제147조, 제173조, 동법 시행령 제153조, 제200조
66) 유가증권 시장상장규정 제43조, 제44조

<table>
<tr>
<td></td>
<td>권시장상장규정 제2조)
• 코스닥시장 상장법인이 주권비상장법인(주권이 아닌 지분증권을 발행하는 법인을 포함한다)을 대상으로 합병, 주식교환, 영업·자산양수, 현물출자 등의 기업결합을 하는 경우로서 경영권의 변동이 있고 주권비상장법인의 지분증권이 코스닥시장에 상장되는 효과가 있는 경우(코스닥시장상장규정 제2조)</td>
<td>
<table>
<tr><th rowspan="2">구분</th><th rowspan="2">해당여부</th><th colspan="3">해당할 경우 합병법인의 최대주주명</th></tr>
<tr><th>변경전</th><th>변경후</th><th>관계</th></tr>
<tr><td>인의 최대주주등 또는 5% 이상 주주가 주권상장법인의 최대주주가 되는지의 여부</td><td></td><td></td><td></td><td></td></tr>
<tr><td>합병으로 인하여 주권비상장법인의 최대주주등 또는 5% 이상 주주가 주권상장법인의 최대주주가 되는지의 여부(합병의 주요사항보고서상 합병비율에 따라 최대주주가 되는 경우를 말함)</td><td>예</td><td>이재웅</td><td>김범수</td><td>합병대상 주권비상장 법인의 최대주주</td></tr>
</table>
본건 합병은 코스닥시장 상장규정 제19조에 따른 우회상장에 해당합니다. 이에 따라 합병법인인 주식회사 다음커뮤니케이션은 2014년 5월 26일 상장주선인인 삼성증권 주식회사를 통하여 우회상장 심사서류를 제출하였으며, 2014년 6월 26일 한국거래소로부터 우회상장 요건을 충족하는 것으로 결정하였음을 통보받았습니다. 〈[정정]증권신고서, 2014.7.30〉
</td>
</tr>
<tr>
<td>비상장 대법인과의 합병</td>
<td>• 상장법인이 비상장법인과 합병 시, 비상장법인이 자산총액, 자본금, 매출액 중 두가지 이상이 상장법인보다 더 큰 경우 비상장법인은 일정 요건을 갖추어야 합병이 가능함(자본시장법 제176조의5 제4항)</td>
<td>
<table>
<tr><th>주권비상장법인의 규모가 주권상장법인보다 더 큰지 여부</th><th colspan="3">아니오</th></tr>
<tr><th>구분</th><th>자산총계</th><th>자본금</th><th>매출액</th></tr>
<tr><td>주권상장법인(합병법인)</td><td>601,547,609,637</td><td>6,830,114,500</td><td>502,063,480,623</td></tr>
<tr><td>주권비상장법인(피합병법인)</td><td>218,293,226,724</td><td>13,498,290,000</td><td>210,775,881,783</td></tr>
</table>
</td>
</tr>
</table>

5) 소규모 합병 시 추가 고려 사항[67)]

소규모 합병은 흡수합병 시 합병회사가 소규모 회사를 합병할 경우 주주총회의 반대주주 주식매수청구권을 생략하고 이사회 결의로서 합병할 수 있도록 하는 제도입니다.

소규모의 요건은 합병 후 존속하는 회사가 합병으로 인하여 발행하는 신주 및 이전하는 자기주식의 총수가 그 회사의 발행주식총수의 100분의 10을 초과하지 아니하여야 합니다.[68)]

67) 상법 제527조의3
68) 만약 합병으로 인하여 소멸하는 회사의 주주에게 제공할 금전이나 그 밖의 재산을 정한 경우에 그 금액 및 그 밖의 재산의 가액이 존속하는 회사의 최종 대차대조표상으로 현존하는 순자산액의 100분의 5를 초과하는 경우에는 소규모 합병을 할 수 없습니다.

그러나, 합병후 존속하는 회사의 발행주식총수의 100분의 20 이상에 해당하는 주식을 소유한 주주가 합병반대를 할 경우에는 소규모 합병은 인정되지 않습니다.

- 소규모 합병의 경우에도 반대주주의 의견을 수렴할 필요가 있기 때문에 주주확정을 위한 절차 및 공고 절차는 필요합니다.
- 일반합병의 경우에는 합병이사회 결의 시에 합병계약이 체결되나, 소규모 합병은 합병계약서를 작성한 날부터 2주내에 공고하거나 주주에게 통지하도록 되어 있기 때문에 계약체결일이 합병이사회 이후가 될 수 있습니다.
- 소규모 합병은 반대주주의 주식매수청구권이 인정되지 않습니다. 이는 합병법인에만 해당되는 것으로 피합병법인이 일반합병 절차로 진행한다면 피합병법인은 주주총회와 반대주주의 주식매수청구권 절차를 거쳐야 합니다. 즉, 합병법인은 소규모 합병, 피합병법인은 일반합병이라면 합병기일까지의 일정은 동일하여야 하기 때문에, 합병법인의 절차가 간소화될 뿐, 일정상 소요기간이 줄어들지는 않습니다.
- 합병법인의 주주총회는 이사회결의로 갈음합니다.[69]
- 피합병회사가 상장회사가 아닌 소규모합병의 경우에는 증권신고서 제출시 기재사항 중 일부의 기재가 면제되며,[70] 첨부서류 중에서도 일부 서류가 면제됩니다.[71] 단, 피합병회사의 최근 사업연도말 재무제표상 부채총계가 자본총계보다 크거나 피합병회사의 자산총계가 합병회사 자산총계의 5% 이상인 경우에는 면제대상에 해당하지 않습니다.[72]

6) 간이 합병 시 추가 고려 사항[73]

간이합병은 피합병회사에 대해서 인정되는 규정으로, 합병으로 인하여 소멸하는 회사의 총주주의 동의가 있거나 그 회사의 발행주식총수의 100분의 90 이상을 합병 후 존속하는 회사가 소유하고 있을 때에 합병주주총회는 이사회 승인으로 갈음할 수 있습니다.

69) 이 이사회는 합병계약체결 이전 합병이사회와는 다른 것으로 일반합병의 경우 주주총회를 하는 시점에 이루어지는 이사회입니다.
70) 면제되는 기재사항: ① 제1부 합병등의 개요 중 주식매수청구권 관련사항, ② 제2부 합병당사회사에 관한 사항 전부
71) 면제되는 첨부서류: ① 합병당사회사 정관 및 주총소집 이사회의사록 사본, ② 행정관청 인허가 또는 승인서류, ③ 합병계약서 사본, ④ 합병당사회사 최근 3개 사업연도 감사보고서 및 연결감사보고서, ⑤ 합병당사회사의 반기 또는 분기 검토보고서
72) 증권의발행및공시등에 관한 규정 제2-9조 3항, 기업공시작성기준 별지서식 제9호
73) 상법 제527조의2

• 간이합병은 반대주주의 주식매수청구권이 인정됩니다.
• 합병계약서를 작성한 날부터 2주내에 주주총회의 승인을 얻지 아니하고 합병을 한다는 뜻을 공고하거나 주주에게 통지하여야 합니다.

[표 9] 소규모 합병과 간이합병 비교[74)]

구분	소규모 합병	간이합병
① 적용대상	존속회사	소멸회사
② 적용요건	소멸회사의 규모가 극히 소규모여서 존속회사 주주에 미치는 영향이 매우 적은 경우 (예) 합병신주가 존속회사 발행주식 총수의 10% 이하인 경우	존속회사가 소멸회사 주식의 90% 이상을 소유하여 합병여부가 존속회사의 의사 만으로 결정되거나 소멸회사 총주주의 동의가 이미 존재하는 경우
③ 주총여부	존속회사의 주총 불필요	소멸회사의 주총 불필요
④ 견제장치	존속회사 주식의 20% 이상이 소규모 합병에 반대하는 경우에는 합병승인 주총 필요	
⑤ 주식매수 청구권	• 존속회사 : 불인정 • 소멸회사 : 인정	• 존속회사 : 인정 • 소멸회사 : 인정(총주주의 동의에 의한 간이합병인 경우는 인정될 여지가 없음)

7) 삼각합병

일반적인 합병은 합병법인이 피합병법인의 주주에게 합병대가로서 합병법인의 주식을 발행하여 줍니다. 그러나, 삼각합병은 합병법인의 주식 대신 합병법인이 보유한 모회사 주식으로 합병대가를 지급하는 제도입니다.

74) 2021.12월 기업공시 실무안내 참고

[그림 6] 삼각합병 개념도[75)]

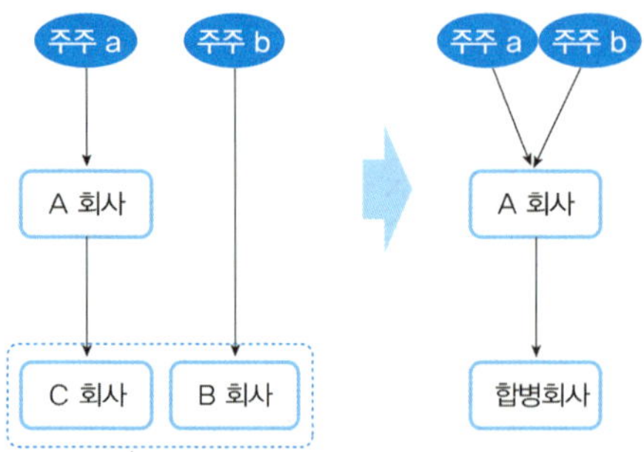

[표 10] 삼각합병 당사 법인별 주요 절차

구분	모회사(A)	자회사(B)	피합병회사(C)
주주총회	일반적으로 불필요	특별결의 필요 (소규모합병 제외)	특별결의 필요 (간이합병 제외)
주식매수청구권	일반적으로 불필요	있음 (소규모합병 제외)	있음 (총주주 동의 간이합병은 제외)
채권자보호절차	일반적으로 불필요	필요	필요

삼각합병에서 합병당사법인이 이행하여야 하는 절차는 일반적인 합병과 동일하며, 합병법인이 모회사 주식을 취득하기 위한 절차가 추가적으로 필요할 수 있습니다. 또한 삼각합병에 이해관계법인으로 추가된 모회사(위의 그림에서 A법인)는 합병대가로 교부되기 위한 주식의 발행 절차(증자)와 이 주식을 합병법인에 처분하는 절차[76)]가 필요하게 됩니다.

삼각 합병은 합병 대가로 합병법인의 모회사 주식이나 현금을 지급할 수 있어 다양한 방식의 합병이 가능하며, 기존의 구조라면 모회사와 합병을 하였을 피합병법인이 모회사의 일부 사업부와 합병하는 구조가 가능하게 되는 등, 사업부별 합병구조의 설계도 가능하게 되었습니다.

삼각합병은 합병 대가를 지급하는 모회사는 주주총회를 진행하지 않아도 되고, 주식매수청구권 부여절차나 채권자보호절차도 없기 때문에 합병 절차 이행이 용이할 수 있습니다.

75) 사례로는 2012년 네오위즈게임즈의 자회사인 엔엔에이와 네오위즈I&S의 삼각합병이 있고, 2018년 CJ제일제당의 자회사인 영우식품냉동과 KXH간의 삼각합병이 있으며, 삼성전자가 "Harman"을 인수할 때에는 (역)삼각합병 구조가 활용되었습니다.

76) 자기주식 처분의 경우에는 증자절차가 불필요할 수 있으며, 주식의 처분은 현물출자(합병법인은 유상증자하고, 증자에 모회사가 참여하는데, 증자대가는 모회사의 주식으로 납입)방식으로 이행할 수 있습니다.

[그림 7] 삼각합병 사례

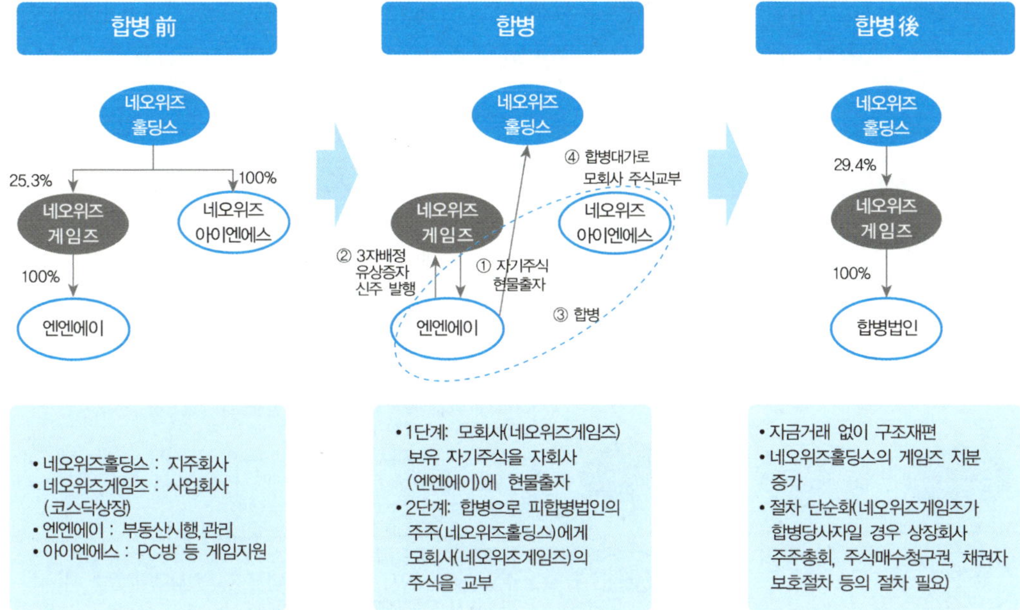

위의 사례에서 삼각합병을 통해 얻게 된 효과를 몇 가지로 요약할 수 있습니다.

- 자금거래 없는 M&A: 삼각합병은 그룹내에서의 매수주체를 자금거래 없이 다양화 할 수 있다는 것을 보여주고 있습니다.
- 사업구조 재편 용이성: 모회사의 재무건전성 유지는 필요하고, 재무상태가 양호하지 않으나 사업시너지가 나는 회사의 인수에 적합할 수 있으며, 외국회사와 합병의 대안으로 활용가능할 수 있습니다(국내회사 + 외국의 국내자회사 합병 → 외국회사 주식 합병대가로 교부).
- 절차 간소화: 모회사가 경제적으로 피합병회사를 인수하는 효과를 얻으면서 법률적으로는 주주총회, 주식매수청구권, 채권자보호절차 등의 절차가 없어 모회사 측면에서는 실행절차가 간소화될 수 있습니다.
- 그룹 내 조직재편 용이성: 특정사업부간의 합병 등의 구조화에 용이하여 조직재편을 하는데 방안중의 하나로 활용될 수 있습니다. 단, 지주회사체제 내에서는 자회사가 모회사 주식을 일시적으로 보유하는 경우가 발생할 수 있게 되고, 이로 인하여 공정거래법 상 행위제한 규정을 위배하는 사례가 생길 수 있습니다.

참고로 삼각합병의 결과와 유사한 효과를 얻을 수 있는 거래구조를 그려보았습니다. 아래 그림에서 보는 바와 같이 결과는 유사하지만 거래과정과 절차는 차이가 나기 때문에, 이행방안을 수립할 때에는 이러한 절차적인 제약조건 등을 살펴보는 것도 필요할 수 있습니다.

[그림 8] 삼각합병과 유사한 거래구조

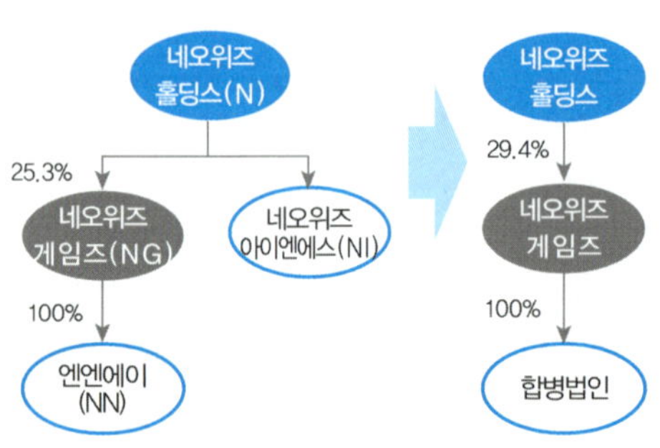

대안1. 주식포괄교환 후 합병

- 단계 : ① NI지분을 NG의 신주와 주식포괄교환 → ② NN과 NI의 합병
- NG의 필요절차 : 주식교환비율산정, 증권신고서, 주식매수청구권 등의 절차 필요 (소규모 주식교환의 경우 주식매수청구권 없으나, 20% 이상 반대시 소규모절차 불가능)

대안2. 합병 후 지분 정리

- 단계 : ① NN과 NI의 합병 → ② 지주회사 행위제한 지분 해소
- 주요 이슈 : N사는 공정거래법상 지주회사로서 합병 시 지주회사 행위제한에 해당됨

대안3. 합병 후 현물출자

- 단계 : ① NG와 NI의 합병 → ② NI사업부 NN에 현물출자
- NG의 주요절차 : 합병비율산정, 증권신고서, 채권자보호절차, 주식매수청구권 등의 절차 필요 (소규모 합병의 경우 주식매수 청구권 없으나, 20% 이상 반대시 소규모절차 불가능), 현물출자 시 법원검사 필요

8) 무증자합병

기존의 상법상 규정에서는 합병계약서에 "합병으로 인하여 증가할 자본금과 준비금을 기재"하도록 함으로써 합병시에 자본이 증가하는 것을 원칙으로 하였습니다. 그리고, 합병회사가 피합병회사 지분을 100% 보유한 완전모회사-완전자회사간이 합병의 경우에만 예외적으로 무증자합병이 허용되었습니다. 그러나, 2015년 개정상법에서는 "존속하는 회사의 자본금 또는 준비금이 증가하는 경우에는 증가할 자본금 또는 준비금에 관한 사항"이라고 하여, 자본금이 증가하는 경우에 해당 사항을 기재하도록 함으로써 합병으로 인해 자본금이 증가하지 않는 무증자 합병도 상법상 가능함을 명문화하였습니다.[77)]

77) 상법 제523조

9) 벤처기업 합병절차의 특례[78)]

벤처기업이 합병을 할 때에는 상법 규정에도 불구하고 벤처기업육성에 관한 특별조치법에서 몇 가지 절차에 대한 소요 기간 등을 간소하게 진행할 수 있도록 하는 규정을 두고 있습니다.

주식회사인 벤처기업이 다른 주식회사와 합병결의(소규모합병, 간이합병의 경우에는 이사회의 승인결의)를 한 경우에는 「상법」 제527조의5 제1항에도 불구하고 채권자에게 그 합병결의를 한 날부터 1주 내에 합병에 이의가 있으면 10일 이상의 기간 내에 이를 제출할 것을 공고하고, 알고 있는 채권자에게는 공고사항을 최고(催告)하여야 함으로써 채권자 이의제출 기간을 단축하고 있습니다.

주식회사인 벤처기업이 합병 결의를 위한 주주총회 소집을 알릴 때는 「상법」 제363조 제1항에도 불구하고 그 통지일을 주주총회일 7일 전으로 할 수 있도록 주주 통지 기간을 단축하고 있습니다.

주식회사인 벤처기업이 다른 주식회사와 합병하기 위하여 합병계약서 등을 공시할 때는 「상법」 제522조의2 제1항에도 불구하고 그 공시 기간을 합병승인을 위한 주주총회일 7일 전부터 합병한 날 이후 1개월이 지나는 날까지로 할 수 있도록 공시 및 비치기간을 단축하고 있습니다.

벤처기업의 합병에 관하여 이사회가 결의한 때에 그 결의에 반대하는 벤처기업의 주주는 「상법」 제522조의3 제1항에도 불구하고 주주총회 전에 벤처기업에 대하여 서면으로 합병에 반대하는 의사를 알리고 자기가 소유하고 있는 주식의 종류와 수를 적어 주식의 매수를 청구하도록 청구 기간을 단축하고 있습니다.

벤처기업이 다른 주식회사와 합병을 하는 경우 「상법」 제527조의3 제1항에도 불구하고 합병 후 존속하는 회사가 합병으로 인하여 발행하는 신주의 총수가 그 주식회사의 발행주식총수의 100분의 20 이하인 때에는 그 존속하는 회사의 주주총회의 승인은 이사회의 승인으로 갈음할 수 있도록 소규모 합병 요건을 완화하고 있습니다(소규모합병특례). 다만, 합병으로 인하여 소멸하는 회사의 주주에게 지급할 금액을 정한 경우에 그 금액이 존속하는 회사의 최종 대차대조표상으로 현존하는 순자산액의 100분의 5를 초과하는 때에는 소규모합병특례 규정으로 합병을 진행할 수 없습니다.

78) 벤처기업육성에 관한 특별조치법 제15조의3

벤처기업이 다른 주식회사와 합병을 하는 경우 「상법」 제527조의2 제1항에도 불구하고 합병 후 존속하는 회사가 소멸회사의 발행주식총수 중 의결권 있는 주식의 100분의 80 이상을 보유하는 경우에는 그 소멸하는 회사의 주주총회의 승인은 이사회의 승인으로 갈음할 수 있도록 간이합병 요건을 완화하고 있습니다(간이합병특례).

10) 합병비율 산정

합병비율은 각 법인에 대한 가치를 합리적으로 평가하여 합병당사법인의 주주의 승인을 받아야 합니다. 그러나, 자본시장법의 적용을 받는 상장법인이 합병당사법인에 포함될 경우에는 합병비율 산정시 자본시장법의 기준을 적용하여야 합니다. 합병당사법인이 모두 비상장법인인 경우에는 합리적인 평가방법을 선택하여 공정하게 평가하면 됩니다.[79)]

[표 11] 합병비율 산정 방법

<table>
<tr><th colspan="2">구분</th><th>산정방법</th></tr>
<tr><td colspan="2">상장법인간 합병</td><td>기준시가: 기산일을 기준으로 ① 1개월 가중평균 종가, ② 1주일 가중평균 종가, ③ 최근일 종가를 평균한 가액(거래량 가중산술평균 종가)</td></tr>
<tr><td rowspan="2">상장법인과 비상장법인과의 합병[80)]</td><td>상장법인</td><td>기준시가[81)](기준주가가 자산가치에 미달하는 경우에는 자산가치로 할 수 있음)</td></tr>
<tr><td>비상장법인</td><td>본질가치 = 자산가치 × 0.4 + 수익가치 × 0.6</td></tr>
<tr><td colspan="2">비상장법인간 합병</td><td>합병당사자가 정하는 합리적인 방법을 적용하여 주주의 승인을 받음</td></tr>
</table>

자본시장법에서 말하는 본질가치는 자산가치와 수익가치를 가중평균하여 산정하는 회사의 가치입니다. 자산가치는 직전연도말 재무상태표의 순자산을 기초하여 분석기준일까지의 중요한 순자산 변동으로 규정된 조정사항을 반영하여 산정되며, 수익가치는 현금흐름할인법(DCF)등 합리적인 방법으로 산정하도록 하고 있습니다.[82)]

79) 자본시장법과 같은 규정의 적용을 받지 않기 때문에 합리적인 방법을 적용하여 주주총회의 승인(특별결의)을 받으면 됩니다. 다른 이해관계자가 없는 특수관계자간 합병에서는 세무상 평가방법을 적용하는 경우가 많이 있습니다.

80) 자본시장법 제165조의4, 시행령 제176조의5, 증권의 발행 및 공시에 관한 규정 시행세칙 제4조~제8조

81) 기준시가는 30% 이내로 할인 또는 할증할 수 있으며, 계열사간 합병의 경우에는 10% 이내로 할인 또는 할증이 제한됩니다.

82) 유사기업이 있을 경우에는 유사기업의 비교가치를 산정하여 본질가치와 비교하여 공시하도록 하고 있습니다.

[표 12] 합병비율에 대한 외부평가기관의 평가 의무[83)]

구분	원칙	예외
상장법인+상장법인 합병	외부평가의무 없음	〈외부평가가 있는 경우〉 • 기준시가의 100분의 10을 초과하여 할인 또는 할증된 가액으로 산정하는 경우 • 본질가치법으로 합병가액을 산정한 경우 • 합병 후 비상장법인이 되고자 하는 경우
상장법인+비상장법인 합병	외부평가의무 있음	〈외부평가가 없는 경우〉 • 상장법인이 코넥스시장 상장법인인 경우 • 완전자회사를 합병 후 신주를 발행하지 않는 경우

합병비율 산정시(분할합병, 주식의 포괄적 교환 및 이전 포함) 비상장법인 등 기준시가를 산정할 수 없는 경우에는 본질가치에 따른 평가가 필요하고, 기준시가에 따라 평가가 이루어지지 않은 경우에는 외부평가기관의 평가가 필요한지 여부에 대한 확인이 필요합니다.

일반적으로 특수관계법인인 비상장법인 간의 합병은 상속세 및 증여세법상 보충적 평가방법(순자산가치 및 순손익 가치의 가중평균) 등을 준용하여 평가합니다(상증법 제63조, 상증령 제54조). 합병비율 산정시 합병대상법인의 공정가치를 다양한 관점에서 고려하게 되는데, 다른 이해관계자가 없는 비상장법인 특수관계법인간의 합병에서는 세무상 시가가 우선적으로 고려되는 경우가 많기 때문입니다.

11) 합병대가

합병을 하게 되면 피합병법인의 주주는 기존에 보유하고 있던 피합병법인 지분의 이전대가로서 새로운 사산을 합병법인으로부터 받게 됩니다. 가장 일반적인 합병대가는 합병법인이 발행하는 신주를 교부 받는 것입니다. 이는 과거 상법에서의 합병대가가 합병법인의 신주 이외의 대가 지급을 제한하고 있었기 때문입니다. 그러나 2012년 상법의 개정으로 합병을 지급할 수 있는 대가가 유연해졌습니다. 소멸회사의 주주에게 합병대가의 일부를 합병법인이 발행하는 신주 이외에도 금전이나 그 밖의 재산으로 제공할 수 있도록 허용하였고, 삼각합병에서 볼 수 있는 바와 같이 소멸회사의 주주에게 제공하는 재산이 합병법인인 존속하는 회사의 모회사 주식인 경우에는 그 지급을 위하여 모회사 주식 취득을 허용하여 합병대가로서 합병법인의 주식이 아닌 합병법인의 모회사 주식으로 지급할 수 있는 것을 명

83) 기업가치평가와 재무실사, 삼일인포마인, 2021

문화하였습니다. 또한 삼각합병과 마찬가지로 분할합병 및 주식의 포괄적 교환의 경우에도 모회사 주식의 교부를 허용하고 있습니다.

NOTE 4

❑ 우선주의 합병비율은 어떻게 산정하는가?

우선주는 각각의 우선주마다 다양한 속성을 가지고 있기 때문에 우선주가 가지는 권리 및 성격을 파악한 후, 이를 고려한 평가가 이루어져야 합니다. 자본시장법에서도 우선주의 평가방법에 대해서는 명확한 규정이 없어 합병회사마다 우선주의 성격을 고려한 다양한 평가방법을 적용하고 있습니다. 그 중 한 가지 예는 "괴리율"이라는 개념을 적용한 평가입니다. 괴리율은 유사한 회사의 보통주의 가격과 우선주의 가격 차이율을 적용하여 합병당사회사의 보통주 가치에 이 차이율을 적용하여 우선주 가치를 평가하는 것입니다.[84)]

12) 합병과 자기주식

합병으로 인한 신주배정 시 자기주식의 소유 경우는 다음의 표와 같이 분류할 수 있습니다.

Case1: 존속회사가 자기주식을 보유한 경우	Case2: 소멸회사가 자기주식을 보유한 경우
Case3: 존속회사가 소멸회사의 주식을 보유한 경우	Case4: 소멸회사가 존속회사의 주식을 보유한 경우

우선 Case1의 경우에는 신주배정과 무관하기 때문에 이슈가 되지 않습니다.

Case2(소멸회사가 자기주식을 보유한 경우)의 경우에는 자기주식이 합병에 의하여 소멸하여 합병신주를 배정하지 않는다고 보는 것이 일반적인 견해입니다. 회사가 소멸하므로 신주를 배정받을 주체가 없다고 보는 것입니다.

Case3(존속회사가 소멸회사의 주식을 보유한 경우)의 경우에는 다양한 견해가 존재합니다. 신주를 배정할 수 있다는 견해는 합병으로 인한 자기주식의 취득(상법 제342조)에 해당하는 것으로 해석하는 것입니다. 다만 이 경우에는 자기주식을 취득한 경우가 되므로 상당한 시기에 처분하거나 합병과 동시에 소각하여야 하고, 소각할 경우에는 합병계약서에 이에 대한 내용도 기재되어야 합니다. 신주를 배정할 수 없다는 견해는 자본시장법상 합병신주의 발행이 모집행위에 해당되는 경우에는 증권신고서를 제출하도록 하고 있는데, 존속법

84) 합병비율 산정시 우선주 평가방법에 대해서는 "기업가치평가와 재무실사, 삼일인포마인"를 참고하시기 바랍니다.

인이 취득하고 있는 소멸법인의 주식에 대해 합병신주를 배정하는 것은 "자기모집/자기청약"이 되기 때문에 논리적으로 모순된다고 보는 것입니다. 또한 상법은 원칙적으로 자기주식을 취득할 수 없다는 입장에서 제한적으로 자기주식 취득을 허용하고 있는데, 합병의 경우에 있어서도 소멸회사가 존속회사 주식을 보유한 경우나 주식매수청구권 행사로 인하여 경우 등에 한하여 자기주식취득이 가능하다고 해석하는 것이 타당하는 주장입니다. 어느 견해가 타당한지에 대한 판례나 유권해석이 없는 상황에서 실무상으로는 자기주식에 신주를 배정하는 경우와 배정하지 않는 경우가 모두 존재하고 있습니다. 단, 금융감독원의 2022 기업공시 실무안내에서는 존속회사가 소유하고 있는 소멸회사의 주식(포합주식)에 대해서는 합병신주 배정이 가능한 것으로 해석하고 있다는 점을 참고할 수 있습니다.

Case4(소멸회사가 존속회사의 주식을 보유한 경우)는 해당 주식은 존속회사의 주식이므로 신주배정대상이 아니고, 존속회사에서 합병에 의해 소멸회사의 자산을 승계하므로 존속회사의 자기주식이 되는 것으로 해석합니다. 이렇게 취득한 자기주식은 상당한 시기에 그 주식을 처분하거나 합병과 동시에 소각하여야 하고, 자기주식을 소각할 때에는 합병계약서에 해당 내용을 기재하여야 합니다.

13) 합병세무

① 합병과세체계

법인세법상 합병은 피합병법인이 자산·부채를 합병법인에 양도하고 합병법인으로부터 합병대가(신주 등)를 받아 피합병법인의 주주에게 교부하는 절차로 해석하고 있습니다. 그렇기 때문에 피합병법인은 자산양도차손익에 대한 법인세를 납부하고, 합병법인은 합병매수차손익에 대해 법인세를 납부하며, 피합병법인의 주주는 합병대가에 따른 의제배당의 과세가 발생하게 되는 것이 기본 과세체계입니다. 그러나 기업구조조정에 대한 부담을 완화하고자 일정요건(적격합병요건)을 충족하는 합병의 경우에는 합병시점에는 과세를 하지 않는 과세이연 규정을 두고 있습니다.

[그림 9] 합병 과세 체계도

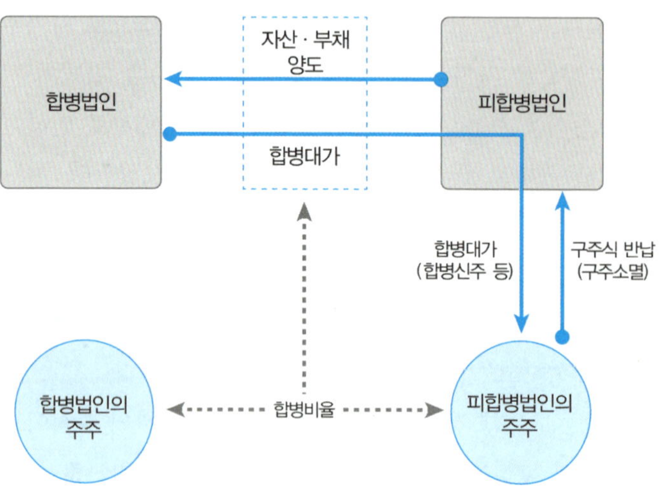

이러한 합병 과세체계하에서 각 주체별로 합병단계에서의 세무사항이 고려되어야 합니다. 각 주체별로 고려되어야 하는 주요 세무사항을 과세체계도를 기초로 정리해보면 다음의 그림과 같습니다. 아래의 사항은 필수적으로 고려되어야 하는 사항이고, 이외에도 추가적으로 고려되어야 하는 사항이 있는지는 개별 합병 건별로 검토되어야 합니다.

[그림 10] 합병주체별 세무사항

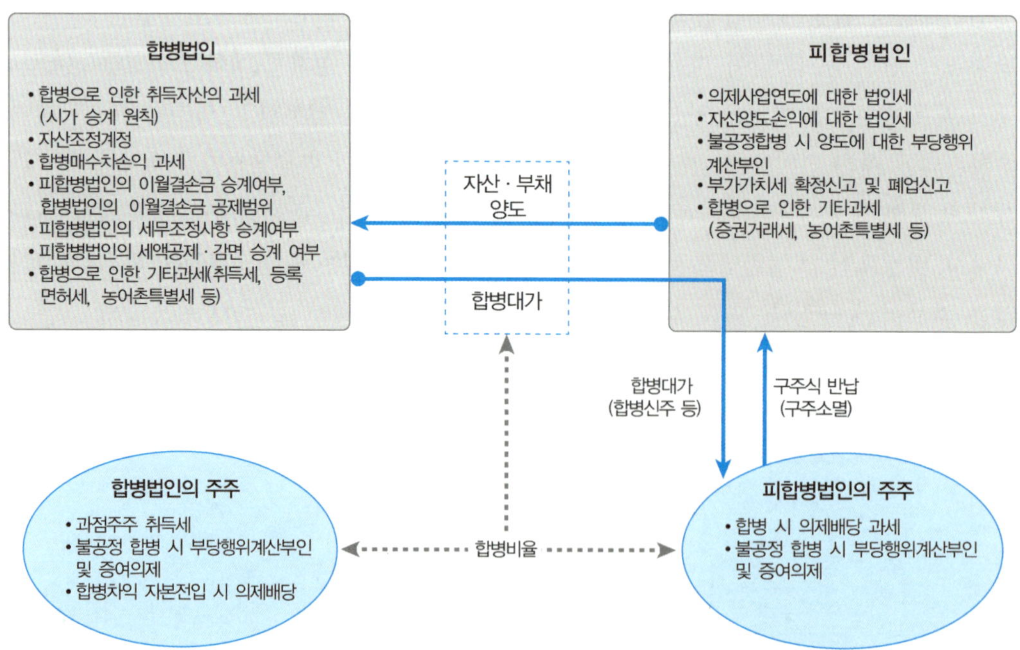

위의 그림에서 볼 수 있는 바와 같이 우선 ① 합병비율이 공정하게 산정[85]되어야 합니다. 그렇지 않을 경우 증여세나 법인세 또는 소득세 등의 추가적인 부담이 발생할 수 있습니다.

과세이연을 적용받기 위해서는 ② 적격합병요건을 충족하는지 살펴보아야 합니다. 그리고, 적격합병 요건 충족으로 과세이연을 적용받았다면, 과세이연을 유지하기 위해 ③ 사후관리 요건을 충족할 수 있도록 하는 것이 필요합니다.

적격합병 요건을 설명하기에 앞서 합병세무에서 양도손익의 과세체계를 먼저 살펴보면, 아래 그림과 같이 피합병법인의 순자산가액과 양도가액의 차이에 대해 양도손익으로 과세하는 것이 기본 구조입니다. 합병법인은 피합병법인의 순자산을 시가로 계상하게 되는데, 만약 양도가액과 시가가 차이가 발생하게 되면 이는 회계상 영업권 또는 염가매수차익과 유사한 개념인 합병매수차손익으로 보아 익금 또는 손금에 산입하게 됩니다.[86] 그러나, 적격합병의 경우에는 피합병법인의 자산을 장부가액으로 승계하여 양도손익이 발생하지 않도록 하고 있습니다.[87]

85) 세무상으로는 합병 당사회사가 상장사일 경우에는 자본시장법에 의한 평가를 인정하며, 비상장회사간 합병일 경우에는 세무상 시가에 따라 평가합니다. 그러나, 만약 상증법상 평가하여 산정한 합병비율이 통상 시장에서 일반적으로 인정될 수 있는 가액과 차이가 날 경우에는 상법 등 다른 법률에 의한 이슈가 발생할 수 있으므로 합병의 이해관계자를 파악하여 발생가능한 위험요인이 무엇인지 확인하는 것이 필요할 수 있습니다.

86) 합병매수차익은 회계상 염가매수차익으로 합병등기일부터 5년간 월할로 균등하게 익금에 산입하고, 합병매수차손은 회계상 영업권으로 세무상 사업상 가치를 인정받는 경우에 한하여 자산으로 계상한 후 5년간 월할로 균등하게 손금에 산입하게 됩니다.

87) 적격합병시 시가와 장부가액의 차액으로 자산조정계정으로 조정하여 감가상각자산은 감가상각비 발생시 균등하게 조정하고, 조정 후 감가상각자산의 잔액 및 기타자산은 해당 자산의 처분 시 전액 상계되어 익금 및 손금으로 조정됩니다.

[그림 11] 적격합병과 비적격합병의 양도손익 과세체계 비교

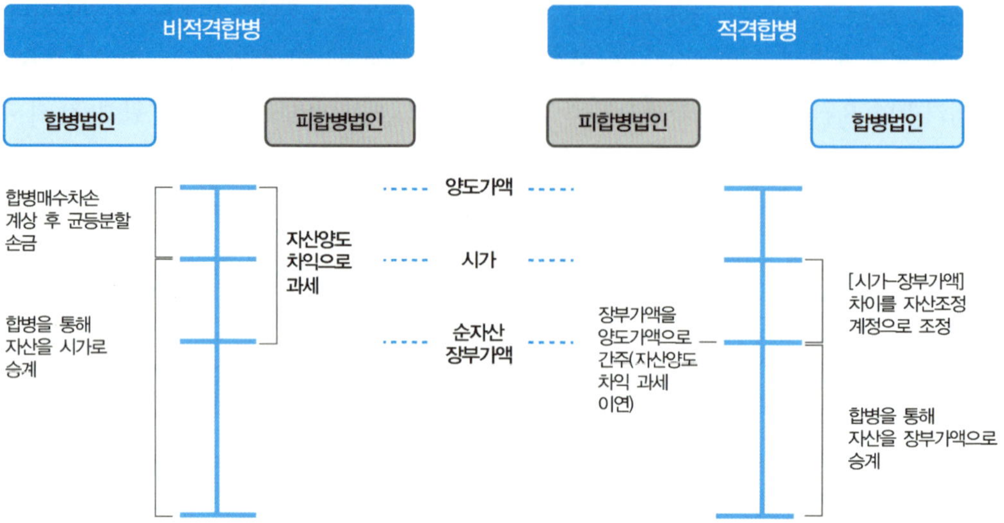

*) 위의 예시는 양도가액이 시가보다 큰 경우를 가정하였으므로 합병매수차손익이 발생합니다. 만약 양도가액이 시가 보다 낮을 때는 합병매수차익 계상후 균등분할 익금되므로 결국엔 시가와 순자산 장부가액 차이만큼만 과세되는 구조입니다.

② 적격합병의 요건

적격합병 요건은 합병시 과세이연을 적용 받고자 할 경우에 필요합니다. 적격합병 요건을 충족하면 합병시 발생하는 양도차익에 대해 합병시점에는 과세하지 않고, 합병으로 받게 되는 주식을 처분하는 등 실현 시점에 과세하게 됩니다.

[표 13] 적격합병의 요건

적격 합병 요건	구체적 사항(법인세법 제44조 제2항)	
사업목적	1년 이상 사업(합병등기일 시점)을 영위한 내국법인간의 합병[88]	
지분의 연속성	주식교부비율 요건	합병대가의 총합계액 중 주식등의 가액[89]이 80% 이상[90]
	주식배정 요건	그 주식 등이 지분비율에 따라 배정

88) 합병등기일 현재 1년 이상 사업을 계속하던 내국법인이란 "합병등기일로부터 소급하여 1년 이상 휴업 등 사업을 중단한 바 없이 법인등기부상의 목적사업을 영위한 경우"를 말하는 것으로, 실질적으로 목적사업을 1년 이상 계속하여 영위하지 아니한 경우 위 요건을 충족하지 아니한 것으로 보게 됩니다.

89) 주식 등의 가액은 보통주는 물론 우선주의 가액을 포함하는 개념입니다(서면법인-2756, 2016.4.8.). 또한, 「상법」 제522조의3에 따라 주식매수청구권을 행사하는 주주들에게 주식매수대금을 지급하는 경우, 해당 주

적격 합병 요건	구체적 사항(법인세법 제44조 제2항)	
	주식보유 요건	주요 지배주주 등[91]이 합병등기일이 속하는 사업연도의 종료일까지 그 주식등을 보유할 것[92]
사업의 계속성	합병등기일이 속하는 사업연도 종료일까지 승계받은 사업 영위[93]	
고용승계	피합병법인의 근로자를 80% 이상 승계하고,[94] 합병등기일이 속하는 사업연도 종료일까지 그 비율을 유지할 것	

NOTE 5

❑ 스팩(SPAC) 합병시 적격합병 과세이연 요건[95]

비상장 중소 혁신기업의 자금조달 지원을 위해 다른 법인과 합병하는 것을 유일한 목적으로 하는 법인인 스팩(SPAC)의 존속합병 및 소멸합병시 시 완화된 과세이연 특례규정을 두고 있습니다.

먼저 스팩 존속합병 시 스팩은 1년 이상 사업영위 요건을 적용받지 않습니다. 단, 스팩과 합병하는 법인은 1년 이상 사업영위 요건을 필요로 합니다. 그리고 스팩과 합병한 피합병법인의 주주는 합병대가로 받은 합병법인의 주식을 해당 사업연도 종료일까지 50%

식매수대금은 "피합병법인의 주주 등이 합병으로 인하여 받는 합병대가"에 포함되지 않습니다(서면-2020-법령해석법인-2936, 2020.9.25.).

90) 합병법인이 피합병법인 지배주주인 경우, 합병법인이 2년 내 취득한 피합병주식에 대한 합병신주는 금전교부로 간주합니다(법인세집행기준 44-0-3의2). 또한, 불공정한 비율로 합병하는 경우에는 정상적으로 받아야 할 합병대가를 기준으로 주식교부비율 요건인 80% 이상 충족여부를 판단하여야 하며, 합병대가로 주식가치가 없는 합병법인의 주식으로 100% 교부했다면 불공정비율이라도 주식교부비율 요건인 80% 이상을 충족하였다고 보고, 반대로 피합병법인의 주식가치가 영("0")에 미달하여 신주를 발행하지 않는 경우에는 교부한 주식이 없으므로 주식교부비율 요건인 80% 이상을 충족하지 않는 것으로 볼 수 있습니다(법규법인 2013 7, 2013.5.24., 재법인 56, 2016.1.21., 서면법인 3144, 2016.5.18.).

91) 지배주주 등이란 법인의 발행주식총수의 1/100 이상의 주식을 소유한 주주등으로서 그와 특수관계에 있는 자와의 소유주식의 합계가 해당 법인의 주주 등 가장 많은 경우로서 개인주주의 경우에는 친족 등을 포함하고, 법인주주의 경우에는 경영에 사실상 영향력을 행사하는 자와 그 친족 및 임원, 해당법인이 지배적인 영향력을 행사하는 법인등을 포함합니다(법인세법 시행령 제43조 7항, 8항).

92) 적격합병, 적격분할 등의 경우와 지배주주 등이 주식을 1/2 미만으로 처분하는 등의 경우에는 주식 보유의무의 예외로 하는 규정이 있습니다. 또한 지배주주(특수관계자 포함)가 아니거나, 지배주주와 4촌 이상의 혈족 및 인척 관계, 소액주주(1% 미만이면서 시가 10억원 미만) 등의 경우에는 지분 보유의 연속성 요건의 적용을 받지 않습니다.

93) 적격합병, 적격분할 등의 경우에는 승계받은 사업의 폐지로 보지 않는 예외 규정이 있습니다.

94) 회생계획을 이행 중인 경우, 파산함에 따라 근로자의 비율을 유지하지 못한 경우, 적격합병, 적격분할, 적격물적분할 또는 적격현물출자에 따라 근로자의 비율을 유지하지 못한 경우, 합병등기일 1개월 전 당시 피합병법인에 종사하는 「근로기준법」에 따라 근로계약을 체결한 내국인 근로자가 5명 미만인 경우에는 근로자 승계요건의 예외가 적용됩니다.

이상 보유해야 한다는 요건을 적용받지 않습니다. 단, 합병법인이 피합병법인으로부터 승계한 사업을 계속 영위해야한다는 요건은 충족하여야 합니다.

스팩 소멸합병시에도 마찬가지로 스팩은 1년 이상 사업영위 요건을 적용받지 않습니다. 이 경우 피합병법인인 스팩의 주주도 주식 보유 요건을 적용받지 않으며, 스팩과 합병한 합병법인은 스팩으로부터 승계한 사업의 지속 요건이 배제됩니다.

위의 적격합병 요건과는 무관하게 100% 지분을 보유한 모자회사간의 합병이나, 100% 자회사간의 합병은 실질의 변화가 없는 것으로 보고 상기 표상의 적격합병요건을 충족하지 않은 경우에도 적격합병으로 봅니다. 이 경우(완전모자회사간의 합병 또는 완전자회사간의 합병)에는 합병으로 승계받은 사업을 계속하여야 하거나, 합병으로 받은 주식을 계속 보유하여야 한다는 사후관리 요건의 적용도 받지 않습니다.

[표 14] 적격합병과 비적격합병의 차이

주체	적격합병	비적격합병
피합병법인	양도차익 없음(과세이연)	양도차익에 대한 법인세
	증권거래세 비과세	증권거래세 과세
	부가가치세 비과세	포괄승계인 경우 비과세
합병법인	자산취득을 장부가액으로 승계	자산을 시가로 승계
	합병매수차손익 미인식	합병매수차손익 익금 및 손금
	이월결손금 승계	이월결손금 승계 불가
	세액공제 등 승계	세액공제 등 승계 불가
	취득세 일부 면제[96](감면에 따른 농어촌 특별세 포함)	취득세 과세
	자본등록세(자본금의 0.48%)	자본등록세(자본금의 0.48%)[97]

95) 법인세법 제44조

96) 2024년말까지 합병하는 경우에는 취득세(1.5%)의 50%를 경감합니다(중소기업간 합병시에는 60%를 경감합니다). 취득세 납부의무자가 부담하는 지방교육세(취득세의 20%)도 경감후 취득세액을 기준으로 납부합니다.

97) 대도시 안(중과대상 지역)에서 설립후 5년 이상 법인간의 합병에서는 등록세를 중과하지 않으나, 5년 미만의 법인이 합병대상에 포함되는 경우에는 해당 법인의 자산비율 만큼 중과세가 이루어집니다. 이는 적격합병의 경우에도 동일합니다(행자부 세정-1268, 2005.6.21).

주체	적격합병	비적격합병
피합병법인 주주	의제배당액 미발생[98]	의제배당액 발생[99]
	불공정 합병 시 부당행위계산부인 및 증여의제	불공정 합병 시 부당행위계산부인 및 증여의제
합병법인의 주주	과점주주 취득세	과점주주 취득세
	불공정 합병 시 부당행위계산부인 및 증여의제	불공정 합병 시 부당행위계산부인 및 증여의제

[표 15] 적격합병 요건 충족시 과세혜택 요약

구분	주체	과세 혜택
양도차익	피합병법인	피합병법인 자산·부채를 장부금액으로 양도한 것으로 보아 양도차익은 '0'으로 함
의제배당	피합병법인 주주	피합병법인 주주가 합병대가로 취득한 주식가액을 종전의 취득가액으로 함
취득세	합병법인	합병으로 인해 취득한 자산에 대한 취득세 50% 면제
자산·부채 평가		피합병법인의 자산·부채를 장부가액으로 승계
이월결손금/세액감면·공제/세무조정 승계		모두 승계 가능. 이월결손금 및 세액감면·공제는 승계 받은 사업의 소득한도 내에서 공제 가능

위의 표에서 보는 바와 같이 적격합병시에는 자산양도차익을 비롯한 세액에 대해 과세가 이연되거나 면제될 수 있습니다. 그리고 이월결손금이나 세액감면 및 공제등의 경우에는 승계할 수 있도록 하고 있습니다. 단, 이월결손금의 경우 적격합병일 경우에는 승계가 가능하지만, 이월결손금을 공제하는 데 있어서는 일정한 제약사항이 존재합니다

98) 피합병법인주주의 의제배당을 계산할 때 적격합병의 경우에는 합병으로 취득한 주식에 대해 기존의 주식 장부가액으로 평가하도록 함으로써 합병대가를 주식으로만 받을 경우에는 대부분 의제배당이 발생하지 않도록 하고 있습니다. 다만, 적격합병의 경우에도 합병대가 중 합병교부금을 받은 부분이 있다면 현금으로 교부받은 부분에 대해서는 의제배당으로 과세가 됩니다.

99) 의제배당은 법인세법 44조 2항 1호 및 2호(주식보유요건은 제외)의 요건만 충족하면 되는 것으로 해석됩니다. 즉, 사업의 계속요건과 주식의 계속보유요건은 충족하지 않더라도 1년 이상 사업영위 및 주식비율에 따른 배정 그리고 80% 이상 주식이 대가로 지급되면 합병교부주식가액을 장부가액으로 간주하여 의제배당이 발생하지 않을 수 있습니다(법인세법 시행령 제14조 1항 1호 나목, 법인 46012-861, 2001.8.6.).

[표 16] 합병전후 결손금 및 이월결손금 공제 가능 범위[100)]

구분	공제 가능 범위
① 합병전 발생한 합병법인의 이월결손금	피합병법인으로부터 승계받은 사업에서 발생한 소득금액에서 공제할 수 없음. 즉, 합병법인의 기존사업에서 발생한 소득으로만 공제 가능
② 합병전 발생한 피합병법인의 이월결손금	적격합병의 경우 합병 시 승계한 이월결손금은 피합병법인으로부터 승계받은 사업에서 발생한 소득금액의 범위에서만 공제할 수 있음(비적격합병은 이월결손금 승계 불가)
③ 합병후 결손금	합병후에 발생한 결손금은 전체사업에서 발생한 소득으로 공제 가능

또한 합병 후 5년내에 합병을 통해 인수한 자산을 처분하여 손실이 발생하는 경우에는 이월결손금을 우회적으로 인수하는 것과 동일하게 간주하여 결손금의 처리원칙을 그대로 적용하게 됩니다.

③ 적격합병 사후관리(합병법인 및 피합병법인 주주)

적격합병 요건의 혜택이 지속되기 위해서는 승계받은 사업을 폐지하지 않고 계속적으로 하여야 하며, 지배주주 등은 합병법인으로부터 받은 주식을 계속적으로 보유하여야 하고, 고용 근로자수도 합병시점과 비교하여 일정 수준으로 유지가 되어야 합니다.

사후관리 요건	• 합병법인이 피합병법인으로부터 승계받은 사업을 폐지하는 경우[101)](고정자산 50% 이상 처분하거나 폐기하면 사업을 폐지하는 것으로 간주) • 피합병법인의 주요 지배주주등이 합병법인으로부터 받은 주식을 처분하는 경우[102)] • 근로자의 수[103)]가 80% 미만으로 하락하는 경우
예외	• 적격합병, 적격분할 등으로 사업폐지 또는 주식을 처분하는 경우 • 피합병법인의 주요 지배주주 등이 합병으로 받은 주식을 1/2 미만으로 처분하는 경우 등[104)]
사후관리 적용기간	• 합병등기일이 속하는 사업연도의 다음사업연도 개시일로부터 2년(고용승계 요건은 3년, 지방세감면 요건도 3년[105)])

100) 구분경리의 필요성: 합병등기일 현재 이월결손금이 있는 합병법인은 해당 이월결손금을 공제받는 기간 동안 자산·부채 및 손익을 피합병법인으로부터 승계받은 사업에서 발생한 것과 그 밖의 사업에서 발생한 것으로 구분경리 하여야 합니다(단, 중소기업, 동일사업(세분류)을 영위하는 법인 간 합병 시에는 고정자산가액 비율로 안분계산할 수 있습니다).

101) 장기금융상품, 보증금 및 장기미수금은 「법인세법 시행령」 제80조의4 제8항의 '피합병법인으로부터 승계한 고정자산'에 해당하지 않는 것이며, '피합병법인으로부터 승계한 고정자산가액'은 합병등기일 현재의 세무상 장부가액을 기준으로 합니다. 또한 임대용 부동산이 공실인 경우에도 계속하여 임대를 위한 활동을 영위하고 일시적으로 직접 사업에 사용하지 못하는 것으로 인정될 경우에는 사업을 계속하는 것으로 보게 됩니다

만약 사후관리 요건을 위배하게 되면, 승계시 과세되지 않았던 시가와 장부가액과의 차액에 대해 과세를 하게 되는 등 적격합병의 혜택이 없어지게 됩니다.[106)]

완전모자회사간 합병 및 완전자회사간의 합병인 경우에는 앞서 언급한 적격합병 요건 충족과 무관하게 적격합병으로 볼 수 있으며, 이 경우에는 사후관리의 적용도 받지 않습니다.[107)]

④ 합병 세무회계

적격합병의 경우

적격합병의 요건을 충족시키는 합병은 피합병법인의 자산을 장부가액으로 승계한 것으로 보아 합병매수차익(승계한 순자산의 시가와 양도가액의 차이)에 대해 과세를 이연하며, 피합병법인의 이월결손금, 세무조정사항, 세액공제와 감면등을 승계하여 향후에 사용할 수 있습니다.

적격합병에 따라 취득한 자산의 취득가액은 해당자산의 피합병법인의 장부가액(세무조정사항 중 익금불산입액은 더하고 손금불산입액은 뺀 가액)입니다. 내국법인이 적격합병의 요건을 만족하거나 완전모자회사 간의 합병에 따라 양도손익이 없는 것으로 한 경우 합병법인은 피합병법인의 자산을 장부가액으로 양도받은 것으로 합니다. 이 경우 장부가액과 시가와의 차액을 자산별로 계상하고 자산조정계정명세서를 작성하여야 합니나.

비적격합병의 경우에는 합병매수차손익(양도가액과 순자산시가의 차이)을 5년간에 걸

(법규과-1463, 2012.12.11.; 법인-800, 2012.12.24.). 피합병법인이 보유하던 합병법인의 주식을 승계 받아 자기주식을 소각하는 경우에는 해당 합병법인의 주식을 제외하고 피합병법인으로부터 승계 받은 고정자산을 기준으로 사업을 계속하는지 여부를 판정하며, 승계 받은 고정자산이 합병법인의 주식만 있는 경우에는 사업을 계속하는 것으로 봅니다(법인세시행령 제80의2). 또한, 합병으로 피합병법인으로부터 승계받은 자기주식을 피합병법인의 주주에게 합병대가로 주는 경우에도 동 주식을 제외하고 사업의 계속성 여부를 판단합니다(서면법령법인-21057, 2015.6.18., 서면-2019-법령해석법인-0250, 2019.8.29.).

102) 지배주주 등에 포함되는 특수관계자간 지분이동으로 지배주주등의 전체 지분을 보았을 때 변동이 없는 경우에는 사후관리 요건을 충족하는 것으로 보게 됩니다.

103) 합병등기일 1개월 전 합병법인과 피합병법인에 각각 종사하는 근로자 수의 합을 의미합니다(법인세법 제44조의3 제3항).

104) 지배주주간 처분은 지배주주의 전체 지분이 동일하면 처분으로 보지 않으며, 합병과 무관하게 취득한 지분이 있다면 해당 주식부터 처분한 것으로 보게 됩니다.

105) 지방세특례제한법 제57조의2 제1항(지방세 감면 요건은 합병등기일로부터 3년)

106) 적격합병 양도손익 과세체계 그림에서 보는 바와 같이 ① 자산조정계정 잔액을 통해 과세(자산양도차익 과세)가 이루어집니다. 그리고 ② 승계받은 이월결손금 중 공제한 금액을 익금으로 과세하며, 부적격합병과 같이 ③ 합병매수차익에 대해 익금으로 과세하게 됩니다. ④ 승계한 세무조정사항, 승계받은 세액감면, 세액공제도 배제됩니다. 또한 ⑤ 취득세에 대해서도 특례혜택을 적용받을 수가 없습니다.

107) 단, 취득세의 경우에는 사후관리 요건을 충족해야 한다는 견해가 있으므로 실행 시 관련 해석/예규 등을 확인할 필요가 있습니다.

쳐 익금 또는 손금으로 분할하여 산입합니다. 그러나 적격합병의 경우에는 자산의 시가를 장부가액으로 조정하여 자산조정계정으로 계상함으로써 합병매수차손익이 바로 과세되지 않고 향후 감가상각비와 상계하여 과세되거나 비상각자산의 경우 매각 시까지 과세를 이연시킬 수 있습니다. 피합병법인의 자산을 장부가액으로 계상한 후 시가와의 차이를 조정하는 순서는 다음과 같습니다.

가) 양도받은 자산 및 부채의 가액을 합병등기일 현재의 시가로 계상[108)]

나) 피합병법인의 회계상 장부가액을 구함. 피합병법인의 장부가액에서 승계받은 세무조정사항이 있는 경우에 세무상 장부가액에 그 세무조정사항 중 익금불산입액은 더하고 손금불산입액은 뺀 가액으로 계산

다) 시가에서 피합병법인의 회계상 장부가액을 뺀 금액을 자산조정계정으로 계상. 동 자산조정계정 금액을 해당 자산에 손금산입(-) 유보처리하고 같은 금액을 익금산입 기타 처리

라) 자산조정계정은 향후 감가상각 시 또는 해당 자산 처분 시에 0보다 큰 경우에는 익금에, 0보다 작은 경우에는 손금에 각각 산입

적격합병으로 양도차익이 이연되는 경우에는 합병법인은 피합병법인과 함께 합병과세특례신청서(별지 제42호 서식)를 작성하여 제출하고 자산조정명세서(별지 제46호 서식(갑), (을))도 작성 제출하여야 합니다.[109)]

비적격합병의 경우

합병시(비적격합병)에는 원칙적으로 피합병법인의 자산을 합병법인에 시가로 양도한 것으로 보아 양도손익을 각 사업연도 손익으로 인식하여야 합니다. 그러므로 비적격합병에 따라 취득한 자산의 취득가액은 해당자산의 시가이며, 합병법인이 합병으로 피합병법인의 자산을 승계한 경우에는 그 자산을 피합병법인으로부터 합병등기일 현재의 '시가'로 양도받은 것으로 봅니다. 여기서 '시가'란 건전한 사회 통념 및 상거래 관행과 특수관계인이 아닌 자간의 정상적인 거래에서 적용되거나 적용될 것으로 판단되는 가격을 기준으로 합니다.

108) 합병법인이 완전자회사를 기업회계상 장부가액으로 합병한 경우에도 적격합병으로 과세특례를 적용받는 경우에는 양도받은 자산 및 부채의 가액을 합병등기일 현재의 시가로 계상하되, 시가에서 피합병법인의 장부가액을 뺀 금액을 자산조정계정으로 계상하며(법규법인2012-311, 2012. 9.4.), 피합병법인으로부터 승계받는 자기주식에 대하여도 자산조정계정을 계상할 수 있습니다(법규법인2013-471, 2014.4.1.).

109) 다만, 합병과세특례신청서를 기한 내에 제출하지 아니한 경우에도 특례적용에 문제가 있는 것은 아닙니다(서면-2017-법령해석법인-0910, 2018.2.21.).

합병법인이 피합병법인의 자산을 시가로 양도받은 것으로 보는 경우로서 피합병법인에 지급한 양도가액이 피합병법인의 합병등기일 현재의 자산총액에서 부채총액을 뺀 금액("순자산시가")보다 적은 경우에는 합병매수차익(부의 영업권 성격)이 발생한 것으로, 그 차액을 세무조정계산서에 계상하고 합병등기일부터 5년간 균등하게 나누어 익금에 산입합니다. 이는 다음에 설명할 합병매수차익의 익금산입에 해당합니다.

만약 합병법인이 피합병법인의 자산을 시가로 양도받은 것으로 보는 경우로서 피합병법인에 지급한 양도가액이 합병등기일 현재의 순자산시가를 초과하는 경우에는 합병매수차손(영업권 성격)이 발생한 것으로, 그 차액을 세무조정계산서에 계상하고 합병등기일부터 5년간 균등하게 나누어 손금에 산입합니다. 단, 이 경우에는 합병법인이 피합병법인의 상호·거래관계, 그 밖의 영업상의 비밀 등에 대하여 사업상 가치가 있다고 보아 대가를 지급한 경우로서 통상적으로 외부평가기관의 평가에 의하여 영업권의 가치[110)]가 인정받을 때에 한하여 손금산입이 가능하다고 보고 있습니다. 이는 다음에 설명할 합병매수차손의 손금산입에 해당합니다.

⑤ 자산의 취득가액(합병법인)

적격합병의 요건을 만족하거나 완전모자회사 간의 합병에 따라 양도손익이 없는 것으로 한 경우 합병법인은 피합병법인의 자산을 장부가액으로 양도받은 것으로 인식합니다. 이 경우 장부가액과 시가와의 차액을 자산별로 계상하고 자산조정계정명세서를 작성하여야 합니다.

적격합병에 의하여 취득한 자산은 일종의 중고자산으로 볼 수 있으며, 해당 자산의 상각범위액을 정할 때 취득가액은 적격합병에 의하여 자산을 양도한 법인의 취득가액으로 하며, 미상각잔액은 양도법인의 양도 당시의 장부가액(양도 당시의 시가에서 자산조정계정을 뺀 금액을 말한다)에서 적격합병에 의하여 자산을 양수한 법인이 이미 감가상각비로 손금에 산입한 금액을 공제한 잔액으로 합니다.[111)]

110) 영업권의 가치는 피합병법인의 영업권을 별도로 분리하여 평가하지는 않았더라도 피합병법인 주주에게 지급한 금액에서 피합병법인의 순자산가액(순자산공정가액, 순자산시가)을 공제한 금액을 모두 영업권으로 보더라도 영업권에 대한 적절한 평가방법이라고 볼 수 있다고 대법원 판례와 조세심판원 심판례는 판단하고 있습니다(대법원 2007.10.16. 선고, 2007두12316 판결; 조심 2016중1693, 2017.8.10.). 그러나 과세당국은 단순히 취득가액과 회계상 장부가액의 차이를 영업권으로 인정하지는 않고 있으므로, 영업권이 사업적 가치에 대한 대가임을 명확하게 설명할 수는 있어야 할 것입니다.

111) 합병으로 취득한 자산의 상각범위액은 양도법인의 상각범위액을 승계하는 방법(상각범위액은 양도법인이 적용하던 상각방법 및 내용연수에 의하여 계산한 금액), 양수법인의 상각범위액을 적용하는 방법(상각범위액은 양수법인이 적용하던 상각방법 및 내용연수에 의하여 계산한 금액)을 선택적으로 적용할 수 있으

⑥ 자산조정계정(합병법인)

비적격합병의 경우에는 합병매수차익 및 차손을 5년간에 걸쳐 익금 및 손금으로 분할하여 산입하도록 하고 있습니다. 그러나, 적격합병의 경우에는 자산의 시가를 장부가액으로 조정하여 자산조정계정으로 계상함으로써 합병매수차익 또는 합병매수차손이 합병시점에 바로 과세되지 않고, 향후 감가상각비와 상계하여 과세되거나 비상각자산의 경우 매각 시까지 과세를 이연시킬 수 있도록 하고 있습니다.

즉, 적격합병의 경우에 자산을 장부가액으로 승계하지만 시가와 차이를 자산조정계정으로 세무상 관리하면서 사후에 해당 자산의 처분 등 실현시점에 익금산입하도록 한 것입니다.

예를 들어 승계한 자산의 시가가 300이고, 해당 자산의 장부가액이 100일 때 시가와 장부가액의 차이 200에 대해 바로 과세하지 않고 자산조정 계정으로 관리한 후, 감가상각비 발생시나 처분 시에 과세하게 됩니다.

자산조정계정 계산 예: 300(승계한 자산시가)－100(승계한 자산 장부가)
=200(자산조정계정)

위의 예시에서 자산조정계정 200은 합병시점에는 익금과 손금으로 동액이 조정(손금산입/(－)유보, 익금산입/기타)되어 과세하지 않으나, 사후관리 위배나 해당 자산의 양도시점에 과세하기 위한 해당 자산의 평가계정(관리계정)으로 볼 수 있습니다.

⑦ 합병 매수차손익(합병법인)

합병매수차익은 회계상 개념으로는 부의 영업권과 유사한 개념입니다. 피합병법인의 순자산시가〉양도가액일 때 발생하며 5년간(60개월) 균등 상각으로 익금산입합니다.

합병매수차익 예: 300(순자산시가)－200(양도가액)=100(합병매수차익)

이러한 합병매수차익은 비적격합병일 경우 합병등기일로부터 5년간(60개월간) 월수에 따라 분할하여 익금산입합니다.

만약 양도가액이 순자산가액보다 더 큰 경우에는 회계상 개념으로는 영업권과 유사한 합병매수차손이 발생합니다. 세무상 사업상 가치가 있다고 보아 대가를 지급한 경우에 한하

며, 선택한 방법은 그 후 사업연도에도 계속 적용하여야 합니다.

여 손금으로 인정합니다. 적격합병의 경우에는 순자산을 장부가액으로 승계하면서 양도손익이 없는 것으로 보기 때문에 합병매수차손익(영업권)이 발생하지 않습니다.

사업상 가치가 있는 것으로 세무상 가치를 인정받기 위해 영업권을 반드시 별도로 분리하여 평가하여야 한다는 해석이 있어왔으나, 취득대가에서 취득대상의 순자산가액의 차이를 모두 영업권으로 보는 것도 적절한 평가방법일 수 있다는 판례 또한 존재하고 있습니다.[112]

합병매수차손에 대한 손금이 세무상으로 인정되는 경우라면 합병매수차손 발생 시에는 양도가액과 시가와의 차이에 대해 5년간 균등 월할로 손금하고, 합병매수차익이 발생 시에는 시가와 양도가액의 차이에 대해 5년간 균등 월할로 익금하므로 결국에는 시가와 순자산 장부가액의 차이에 대해 과세되는 구조입니다.

[그림 12] 합병매수차손익 기본 구조

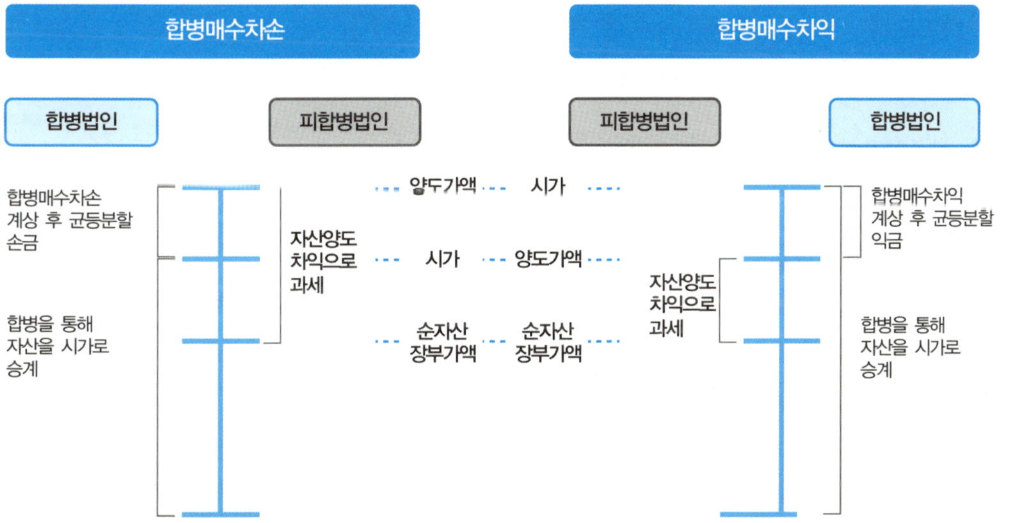

합병매수차손
합병매수차익
합병법인
피합병법인
피합병법인
합병법인
합병매수차손 계상 후 균등분할 손금
합병을 통해 자산을 시가로 승계
자산양도 차익으로 과세
양도가액 --- 시가
시가 --- 양도가액
순자산 장부가액 --- 순자산 장부가액
자산양도 차익으로 과세
합병매수차익 계상 후 균등분할 익금
합병을 통해 자산을 시가로 승계

⑧ 비적격 합병 양도 손익(피합병법인)

비적격합병 시 양도 손익

비적격합병의 경우에는 피합병법인의 자산을 합병법인에 양도하는 것으로 보아 양도손익에 대한 법인세를 납부하여야 합니다. 양도손익은 피합병법인이 합병등기일이 속하는 사업연도의 소득금액을 계산할 때 익금 또는 손금에 산입합니다.

112) 대법원 2007.10.16. 선고, 2007두12316 판결; 조심2016중1693, 2017.8.10.

양도손익 = 피합병법인이 합병법인으로부터 받은 양도가액 − 피합병법인의 합병등기일 현재의 순자산 장부가액(자산의 장부가액 총액−부채의 장부가액 총액)

양도가액은 합병으로 인하여 피합병법인의 주주 등이 지급받는 합병법인의 주식 등의 가액 및 금전이나 그 밖의 재산가액의 합계액을 말하나, 합병법인이 합병등기일 전 취득한 피합병법인의 주식 등(합병포합주식등)이 있는 경우에는 그 합병포합주식 등에 대하여 합병교부주식 등을 교부하지 아니하더라도 그 지분비율에 따라 합병교부주식 등을 교부한 것으로 보아 합병교부주식 등의 가액을 계산합니다.

순자산 장부가액은 세무상 장부가액을 의미하는 것으로 합병등기일 현재 재무상태표에 계상된 미지급 법인세는 순자산 장부가액에 포함하지 않습니다.[113] 양도손익의 납부는 피합병법인의 부담이지만 법인이 합병으로 인하여 소멸한 경우 합병법인은 피합병법인이 납부하지 아니한 각 사업연도의 소득에 대한 법인세를 납부하면서 합병에 따른 양도손익에 대한 법인세를 포함하여 납부할 책임을 지게 됩니다.[114]

적격합병 시 양도손익

적격합병의 요건을 모두 갖춘 합병의 경우에는 양도가액을 피합병법인의 합병등기일 현재의 순자산 장부가액으로 보아 양도손익이 없는 것으로 할 수 있습니다.[115]

여기서 양도손익은 피합병법인 단계에서는 과세되지 않지만 합병법인이 나중에 승계받은 사업을 처분하거나 폐지할 경우 등에는 양도손익을 피합병법인의 장부가액 기준으로 계산하게 되어 합병법인에 과세이연이 되는 것입니다.

적격합병으로 양도손익의 비과세를 적용받으려는 피합병법인은 과세표준 신고를 할 때 합병법인과 함께 합병과세특례신청서를 납세지 관할 세무서장에게 제출하여야 합니다. 이 경우 합병법인은 자산조정계정에 관한 명세서를 피합병법인의 납세지 관할 세무서장에게 함께 제출하여야 합니다.[116]

⑨ 세무조정사항, 세액공제 · 감면, 이월결손금의 승계(합병법인)

퇴직급여충당금 및 대손충당금은 적격합병의 여부에 관계없이 관련된 세무조정사항을

113) 합병법인에 승계하는 퇴직급여충당금 관련 세무조정사항(손금불산입, 유보)은 부채의 장부가액 총액에 가산합니다(사전법령법인-264, 2015. 10.5.).

114) 법인세법 시행령 제85의2

115) 법인세법 제44조 제2항

116) 법인세법 시행령 제80조 제3항

법인세법상 합병법인에 승계할 수 있습니다. 즉, 퇴직급여충당금을 손금에 산입한 내국법인이 합병하는 경우 그 법인의 합병등기일 현재의 해당 퇴직급여충당금 중 합병법인이 승계 받은 금액은 그 합병법인이 합병등기일에 가지고 있는 퇴직급여충당금으로 보며, 또한, 대손충당금을 손금에 산입한 내국법인이 합병하는 경우 그 법인의 합병등기일 현재의 해당 대손충당금 중 합병법인이 승계(해당 대손충당금에 대응하는 채권이 함께 승계되는 경우만 해당) 받은 금액은 그 합병법인이 합병등기일에 가지고 있는 대손충당금으로 보는 것입니다.

그러나, 비적격합병의 경우에는 퇴직급여충당금 또는 대손충당금 외에 그 밖의 세무조정사항은 합병법인에 승계하지 못합니다. 즉, 비적격합병의 경우 퇴직급여충당금 또는 대손충당금을 제외하고 피합병법인에서 손금 부인되어 먼저 과세된 부분인 (+)유보금액은 합병법인으로 승계되지 못하고 소멸하게 되는 것입니다.

또한 적격합병이 아닌 경우 합병법인은 피합병법인의 세액공제나 세액감면을 승계 받을 수 없습니다. 즉, 비적격합병의 경우 피합병법인에서 공제받지 못하고 이월된 세액공제나 세액감면은 합병법인으로 승계되지 못하고 소멸하게 되는 것입니다. 합병법인이 승계한 피합병법인의 감면 또는 세액공제는 피합병법인으로부터 승계받은 사업에서 발생한 소득금액 또는 이에 해당하는 법인세액의 범위에서 이를 적용합니다.

그리고 이월결손금의 경우에는 앞에서 설명하였던 바와 같이 적격합병이 아닌 경우 합병법인은 피합병법인의 이월결손금을 승계 받을 수 없으며, 적격합병시 이월결손금을 승계받더라도 합병법인과 피합병법인은 합병 전 각 법인의 사업에서 발생한 소득으로만 공제가 가능합니다. 단, 합병후 발생한 결손금은 전체사업에서 발생한 소득으로 공제 가능합니다. 또한 합병 후 5년내에 합병을 통해 인수한 자산을 처분하여 손실이 발생하는 경우에는 이월결손금을 우회적으로 인수하는 것과 동일하게 간주하여 처리하게 됩니다.

⑩ 합병 시 의제배당(피합병법인 주주)

피합병법인의 주주가 합병법인으로부터 신주 등의 대가를 받을 때 기존 피합병법인 주식의 취득가액을 초과하는 대가에 대해 배당금으로 의제하여 과세하게 됩니다.

의제배당소득금액 = 합병교부주식의 가액 + 합병 교부금 − 피합병법인 주식의 취득가액

합병교부주식의 가액은 원칙적으로 시가로 계산하기 때문에 시가가 취득가액보다 큰 경

우에는 배당소득이 발생하게 됩니다. 그러나, 적격합병시에는 합병교부주식가액은 장부가액(피합병법인 주식의 취득가액)으로 보아 합병교부금이 없을 경우 의제배당소득이 발생하지 않는 것이 일반적입니다. 합병시 의제배당을 산정함에 있어서 합병교부주식가액을 장부가액으로 하는 요건은 적격합병의 요건 중에서 사업연도 종료일까지 승계받은 사업을 계속하고 주요 지배주주가 지분을 보유하여야 한다는 요건은 적용되지 않습니다.

또한 합병대가(교부주식가액 등) 산정시 불공정합병으로 특수관계인으로부터 분여받은 이익이 있다면, 해당 금액은 합병대가에서 차감하여 계산합니다. 분여이익에 대해서는 증여세 등으로 과세될 것이기 때문에 이중과세를 방지하기 위해서입니다.

⑪ 합병 시 취득세 과세표준 및 세율(합병법인)

피합병법인에 취득세 과세대상 자산이 있을 경우에는 취득세 과세 대상 자산에 대한 취득세 납부가 필요합니다. 합병 및 인적분할의 경우에는 무상취득(대법원 98두19193, 2000.10.13.)으로 3.5%의 표준세율이 적용되고, 물적분할은 유상취득으로 보아 4.0%의 표준세율이 적용됩니다.[117)]

단, 적격요건을 충족한 합병[118)]의 경우에는 특례세율을 적용한 가액의 50%를 감면받을 수 있습니다. 특례세율 1.5%가 적용되면, 이에 부가되는 지방교육세가 20%가 더해지므로 합산세율은 1.8%인데, 50% 감면을 받게 되면 최종적으로는 0.9% 세율이 적용되는 것입니다.

[표 17] 합병 시 취득세 과세표준 및 특례세율[119)]

구분	취득구분	과세표준	표준세율	특례세율
합병	무상취득 (단, 지자체 해석 다를 수 있음)	시가인정액(단, 시가인정액을 산정하기 어려운 경우 취득당시가액은 시가표준액)[120)]	3.5% (지자체 해석에 따라 4.0% 적용 가능)	1.5%

117) 합병 및 분할을 무상취득으로 보는지, 유상취득으로 보는지에 대해서는 지자체별로 다르게 해석하는 경우도 있기 때문에 실제 납부시에는 해당 지자체의 해석을 문의해 볼 필요가 있습니다.

118) 합병일 현재 소비성서비스업을 제외한 사업을 1년 이상 계속하여 영위한 법인 간의 적격합병 시에 취득세 감면되며, 적격합병은 「법인세법」 제44조 제2항 또는 제3항에 해당하는 합병을 말합니다.

119) 「지방세법」 제15조 제1항에 의하여 같은 법 제6조 제19호의 세율인 1,000분의 35에서 중과기준세율인 1,000분의 20을 뺀 1,000분의 15의 세율이 적용되어 특례세율은 1.5%가 됩니다. 다만, 사후관리요건을 위반하게 될 경우에는 특례세율이 아닌 표준세율을 적용하여 납부하여야 합니다.

120) 시가인정액은 불특정 다수인 사이에 자유롭게 거래가 이루어지는 경우 통상적으로 성립된다고 인정되는 가액(매매사례가액, 감정가액, 공매가액 등)을 말하며 감정가액의 경우 둘 이상의 감정기관의 결과를 제출

위의 표준세율은 취득세에 부과되는 농어촌특별세와 지방교육세가 포함되지 않은 금액입니다. 즉, 일반적으로 부동산 취득세를 3.5% 세율로 납부할 경우, 지방교육세 0.3%[121]와 농어촌특별세 0.2%[122]를 적용하여 총 4.0%를 취득세(부가세 포함) 관련하여 납부하여야 합니다.

NOTE 6

❑ 합병시 과점주주 취득세 납세 의무[123]

합병에 따른 과점주주 취득세 여부에 대해서는 규정상 명확하지 않은 부분이 있습니다.

그러므로 합병검토시에는 개정법규, 예규, 판례 등의 최신 의견을 살펴볼 필요가 있습니다.

a. 합병법인 주주의 과점주주 지분이 증가한 경우

2021년 현재의 판례 및 예규상으로는 법인이 합병되어 흡수합병한 법인의 과점주주 지분 등이 증가된 경우에는, 비록 그 과점주주가 합병 전 각 법인의 과점주주였다고 하더라도 별도의 감면규정 등이 없는 한 지분 등의 증가분에 대해서 취득세 납세의무가 발생된다고 해석하고 있습니다(지방세운영과-1096,2012.4.1, 조심 2015지0616,2015.9.9).

참고로 이전 예규상으로는 「지방세법」 제110조 제4호에서 법인의 합병으로 인한 취득에 대하여는 취득세를 부과하지 아니한다고 규정하고 있으므로 피합병법인(갑)이 합병법인(을)에 흡수합병됨에 따라 피합병법인(갑)의 과점주주였던 A법인이 합병법인(을)의 과점주주가 되었다 하더라도 A법인은 과점주주로 인한 취득세납세의무가 없다고 해석하였습니다(지방세정팀-1157, 2005.6.14.).

b. 합병법인이 합병으로 피합병법인의 보유주식을 취득하여 과점주주가 되는 경우

합병으로 인한 과점주주의 간주취득세 납세의무의 성립여부에 관해서 과세관청은 별도의 감면규정 등이 없는 한 지분 등의 증가분에 대해서 납세의무가 발생한다고 해석하고 있기 때문에(지방세운영과-1096, 2012.4.10.), 합병법인이 합병으로 피합병법인의 보유주식을 취득하여 과점주주가 되는 경우나, 합병으로 인하여 자회사 주식을 추가 취득하여 과점주주가 되는 경우 등의 경우에도 과점주주 취득세 납세의무가 있는 것으로 볼 수 있습니다.

하여야 함(시가표준액 10억원 이하의 부동산 및 법인 합병・분할 및 조직 변경을 원인으로 취득하는 부동산은 1개의 감정기관 평가결과만 제출 가능).

121) 3.5%에서 2.0% 뺀 세율을 적용하여 산출한 금액의 20%(지방세법 제151조)

122) 「지방세법」 제11조 및 제12조의 표준세율을 100분의 2로 적용하여 산출한 취득세액의 10%(농어촌특별세법 제5조)

123) 과점주주에 대한 취득세율은 취득세 2%와 농어촌특별세 0.2%로 합계 2.2%가 됩니다(지방세 제10조 4항,

⑫ 취득세 감면 시 농어촌특별세 과세 여부(합병법인)

「법인세법」 제44조 제2항 각 호의 요건을 충족한 적격합병의 경우나 완전모자회사간의 합병 또는 완전자회사간의 합병으로 양도손익이 없는 것으로 한 경우에는 취득세 경감분(면제분)에 대한 농어촌특별세는 비과세됩니다.[124] 또한 「지방세법」 제15조에 따른 세율특례에 의한 취득세 세율특례분에 대해서도 농어촌특별세가 비과세됩니다.[125]

⑬ 합병 시 자본등록세(합병법인)

합병을 하게 되면 합병법인은 피합병법인의 주주에게 합병법인의 주식을 발행하여 교부하게 됩니다. 합병법인은 이로 인하여 자본금이 증가하게 되고, 일반적인 경우에는 증가된 자본금에 대해 0.48%의 자본등록세(교육세 포함)를 납부하게 됩니다. 그러나, 대도시안에서 설립된지 5년이 경과되지 아니한 법인이 합병법인이 되는 경우에는 자본등록세가 중과세될 수 있습니다.

[표 18] 합병구분에 따른 자본등록세 중과 여부

합병 구분	흡수합병		신설합병
	기존법인 존속	신설법인 존속	
기존법인-기존법인 합병	중과제외	-	중과제외
기존법인-신설법인 합병	중과제외	중과세(신설법인자산비율)	중과세(신설법인자산비율)

NOTE 7

❑ 합병기일과 합병등기일 사이의 손익 귀속

합병기일은 합병계약에 의해 합병할 시기를 정한 날이며, 이 날을 기준으로 자산부채 및 권리의무가 이전되고 주주에게 합병 신주가 배정됩니다.

그러나 합병이 공부상에 등재되는 날은 합병등기일입니다. 합병등기일은 합병기일 이후에 이루어지면 이 날의 차이는 통상 1~5일 정도가 됩니다.

문제는 이 기간 동안 발생한 손익을 피합병되기 전 법인에 귀속할 것인지, 합병법인에

제15조 2항). 중과기준세율은 1천분의 20(2%)입니다(지방세법 제6조). 또한 지방세기본법 제46조의 2항에 따라 유가증권시장에 상장된 법인의 지분취득은 과점주주취득세 납부대상이 아닙니다.

124) 농어촌특별세법 시행령 제4조 제6항 제1호

125) 농어촌특별세법 시행령 제4조 제3항

126) 법인세법 기본통칙 4-0…9【합병등기일전 실제 합병한 경우의 손익의 귀속】

귀속할 것인지에 대한 것입니다.

법인세법에서는 실질과세원칙에 따라 실질상 손익이 귀속되는 법인에게 과세하도록 하고 있습니다.[126] 즉, 합병법인의 손익으로 보는 것입니다. 그러나, 이 경우에도 피합병법인의 의제사업연도는 합병등기일까지로 하여야 합니다.

부가가치세법에서는 합병등기일 전 실제 합병한 경우 실제 합병기일로부터 합병등기일까지 피합병법인의 사업장에서 거래된 재화의 공급 및 매입분에 대하여는 피합병법인 명의로 세금계산서를 발급하거나 발급받고 부가가치세를 신고·납부하도록 하고 있습니다.[127]

즉, 합병기일부터 합병등기일까지의 손익은 법인세법에서는 합병법인에 귀속되고, 부가가치세법에서는 피합병법인의 부담이 되는 것입니다.

⑭ 증권거래세(합병법인, 피합병법인)

조세특례제한법 제117조에서는 「법인세법」 제47조의 2에 따른 신설법인의 설립(현물출자), 같은 법 제44조 제2항 각 호 또는 제3항에 따른 합병(적격합병), 같은 법 제46조 제2항 각 호 또는 같은 법 제47조 제1항의 요건을 갖춘 분할(적격분할 및 적격물적분할), 및 조세특례제한법상 적격요건을 갖춘 주식의 포괄적 교환·이전을 위하여 주식을 양도하는 경우에는 증권거래세를 면제하고 있습니다.[128]

또한 합병법인이 피합병법인으로부터 승계받은 자기주식을 피합병법인의 주주에게 합병대가로 교부하는 것은 주권 또는 지분의 양도가 아닌 자본거래에 해당하므로 증권거래세 과세대상에 해당하지 않는 것으로 해석하고 있습니다.

피합병법인의 주주도 합병과정에서 구주를 반납하고 합병법인의 신주를 받게 되는데, 이 과정에서 발생한 차익은 의제배당으로 과세되기 때문에 양도로 보지 않아 증권거래세 과세대상이 아닌 것으로 보고 있습니다.

⑮ 합병 관련 기타 세무

의제사업연도에 대한 법인

사업연도 중에 합병으로 인하여 소멸하는 경우 소멸하는 피합병법인은 사업연도 개시일부터 합병등기일까지를 의제사업연도로 하여 법인세를 신고납부하여야 합니다. 합병등기일이 속하는 사업연도부터 3개월 이내에 신고납부하여야 하고, 신고납부시점에는 피합병법

127) 부가가치세법 기본통칙 3-0-7【합병등기일전 실제 합병한 경우의 납세의무】
128) 조세특례제한법 제117조, 법인법 제44조 제2항, 제3항

인은 소멸하였을 것이므로 합병법인이 피합병법인을 납세의무자로 하여 신고납부하게 됩니다. 납세지는 피합병법인의 본점소재지에 신고납부하여야 합니다. 단, 납세지 변경신고를 한 경우에는 합병법인의 납세지에서 신고납부가 가능합니다.

부가가치세

부가가치세법은 포괄적 사업양수도를 재화의 공급으로 보지 않기 때문에 합병을 통한 사업양수도는 부가가치세 과세대상이 아닙니다. 그러나, 사업연도 중에 합병으로 인하여 소멸하는 경우에는 소멸하는 피합병법인은 부가가치세 과세기간 개시일로부터 합병등기일까지를 1과세기간으로 하여 부가가치세를 신고납부하여야 합니다. 이 경우에도 합병법인이 피합병법인을 납세의무자로 하여 신고납부합니다. 또한 피합병법인은 기존 사업장에서의 폐업신고도 하여야 하는데, 법인합병신고서에 사업자등록증을 첨부하여 폐업신고를 하면 됩니다.

부당행위계산부인[129)]

특수관계인인 법인 간의 합병에 있어서 주식 등을 시가보다 높거나 낮게 평가하여 불공정한 비율로 합병하여 자산의 양도손익을 감소시킨 경우에는 부당행위로 보아 법인세를 과세합니다. 다만, 「자본시장과 금융투자업에 관한 법률」 제165조의 4에 따라 주권상장법인이 외부평가기관의 평가를 받아 합병하는 경우는 제외됩니다.

또한 자본거래로 인하여 주주 등인 법인이 특수관계인인 다른 주주 등에게 이익을 분여한 경우에는 부당행위로 보아 과세합니다. 특수관계인인 법인 간의 합병에 있어서 주식 등을 시가보다 높거나 낮게 평가하여 불공정한 비율로 합병한 경우나 합병(분할합병을 포함한다)에 의한 주식의 전환·인수·교환 등 법인의 자본을 증가시키거나 감소시키는 거래를 통하여 피합병법인의 주주에게 법인의 이익을 분여하였다고 인정되는 경우에는 「법인세법」상 부당행위 부인의규정이 적용되는 것입니다. 이 경우 피합병법인의 주주가 법인이면 법인세, 개인이면 증여세가 과세됩니다. 다만, 특수관계인 간에 불공정 비율로 합병했다고 하더라도 동일한 주주 1인이 보유한 자회사 간의 합병과 같은 경우에는 본인이 본인에게 이익을 분여하는 경우가 되므로 과세되지 않는 것으로 해석됩니다.[130)]

이에 대한 자세한 내역은 "M&A의 실행"편의 "M&A 회계와 세무"편을 참고하시기 바랍니다.

129) 법인세법 시행령 제88조 제1항

130) 특수관계자인 비상장법인간에 불공정한 비율로 합병한 경우로서 합병법인의 주주와 피합병법인의 주주가 동일한 법인으로 1인 주주인 경우 외에는 「법인세법시행령」 제88조 제1항 제8호 가목의 규정이 적용되는 것임(서면법인-4217, 2016.9.12.).

불공정합병에 따른 이익

합병법인과 피합병법인 혹은 주주간에 특수관계에 해당한다면, 합병비율이 세무상 관점에서 시가가 아닌 불공정한 비율로 이루어질 경우에는 주주간에 부의 이전으로 인한 이익증여의 문제가 발생할 수 있습니다. 다만, 특수관계가 성립한다고 하여도 상장법인이 자본시장법의 규정에 따른 합병비율 산정을 통해 합병이 이루어진 경우에는 세무상 시가와의 차이에 따른 이익증여 문제나 부당행위계산부인 문제는 발생하지 않습니다.

이에 대한 자세한 내역은 "M&A의 실행"편의 "M&A 회계와 세무"편을 참고하시기 바랍니다.

합병에 따른 상장 등의 이익 증여[131)]

최대주주등의 특수관계인이 그 주식등을 증여받거나 취득한 날부터 5년 이내에 그 주식등을 발행한 법인이 특수관계에 있는 주권상장법인과 합병되어 그 주식등의 가액이 증가함으로써 그 주식등을 증여받거나 취득한 자가 당초 증여세 과세가액(증여받은 재산으로 주식등을 취득한 경우는 제외) 또는 취득가액을 초과하여 이익을 얻은 경우에는 그 이익에 상당하는 금액을 그 이익을 얻은 자의 증여재산가액으로 하여 과세하게 됩니다. 이에 대한 자세한 내역은 "M&A의 실행"편의 "M&A 회계와 세무"편을 참고하시기 바랍니다.

비사업용 토지 등 양도소득에 대한 법인세

내국법인이 특정주택이나 비사업용 토지를 양도한 경우에는 투기지역 여부에 관계없이 토지 등의 양도소득에 10~20%(미등기인 경우 40%)를 곱한 금액을 법인세로 추가로 납부하여야 합니다. 그러나 토지를 취득한 날부터 3년 이내에 법인의 합병으로 인하여 양도되는 토지는 비사업용토지로 보지 않으므로 법인세를 추가로 납부할 필요가 없습니다.[132)]

조세특례제한법상 세제혜택

조세특례제한법에서는 일정 요건을 충족하는 합병의 경우에는 세제혜택을 주고 있습니다. 단, 조세특례제한법상의 세제혜택은 한시규정인 경우가 많기 때문에 이러한 규정을 적용받기 위해서는 해당 혜택의 일몰기한을 반드시 살펴볼 필요가 있습니다.

---

131) 상증법 제41조의5
132) 법인세법 시행령 제92의11

[표 19] 조세특례제한법상 세제혜택 등

구분	주요 내용
기술혁신형 중소기업 합병 세액공제	기술혁신형 중소기업을 일정요건을 갖추어 합병하는 경우, 합병법인이 피합병법인에게 지급한 양도가액 중 대통령령으로 정하는 기술가치 금액의 100분의 10에 상당하는 금액을 해당 사업연도의 법인세에서 공제(조세특례제한법 제12조의3 제1항, 제3항)
합병에 따른 중복자산 양도 과세특례	공급과잉 산업의 구조조정을 원활하게 지원하기 위해 제약업 등 시행령으로 정하는 업종을 경영하는 내국법인 간에 합병함으로써 중복자산이 발생한 경우로서 합병법인이 합병등기일부터 1년 이내에 그 중복자산을 양도하는 경우 그 중복자산을 양도함에 따라 발생하는 양도차익에 대해서는 익금하지 않을 수 있음(조세특례제한법 제47조의4 제1항)
사업재편계획에 따른 합병 시 중복자산 양도 과세특례	기업활력제고법에 따라 주무부처의 승인을 받은 계획에 따라 내국법인 간에 합병(같은 업종 간의 합병으로 한정)함에 따라 중복자산이 발생한 경우로서 합병법인이 합병등기일부터 1년 이내에 그 중복자산을 양도하는 경우 그 중복자산을 양도함에 따라 발생하는 양도차익을 익금하지 않을 수 있음(조세특례제한법 제121의31조 제1항, 조세특례제한법 시행령 제116의35조)

14) 합병회계[133)]

① 일반적인 경우

합병은 사업결합회계처리에 따라 취득법을 적용하여 회계처리합니다.[134)] 취득법은 합병법인이 피합병법인으로부터 취득한 자산과 부채를 공정가치로 측정하고 이전대가와의 차이를 영업권 또는 염가매수차익으로 인식하는 것입니다.[135)]

취득법에 따른 회계처리를 위해서는

ⓐ 취득자[136)]를 식별하고,

133) 합병회계에 대한 추가적인 설명은 "제3장 M&A 실행"의 "M&A 회계와 세무"편을 참고하시기 바랍니다.

134) 동일지배하의 합병(지배-종속기업의 합병 등)에서는 K-IFRS 적용시에는 장부가액을 그대로 승계하거나 사업결합회계처리에 따른 취득법을 적용하는 방법을 상황에 맞게 선택하여 적용할 수 있으며, 일반기업회계기준 적용시에는 연결장부가액을 그대로 승계합니다.

135) 중소기업회계기준 역시 합병, 영업양수도 등과 같은 사업결합을 하는 경우, 취득일에 별도로 식별되는 취득 자산과 인수 부채는 취득일의 공정가치로 측정합니다. 그러나, 취득일의 공정가치가 피취득자의 장부금액과 중요한 차이가 없거나, 공정가치를 측정하기 어려운 경우에는 해당 자산이나 부채를 피취득자의 장부금액으로 측정할 수 있습니다(중소기업회계기준 제51조).

136) 회계상 취득자는 상법상 절차에 따른 합병법인과 일반적으로 동일하나, 반드시 일치하지는 않습니다. 만약 회계상 취득자와 상법상 합병법인이 다를 경우에는 역취득(역합병)이라고 합니다. 역취득의 경우에도 피취득자가 마치 취득을 한 것으로 가정하여 회계처리하는 것만 차이가 있을 뿐 기본적으로 일반적인 사업결합회계처리와 동일합니다. 피취득자가 취득한 것으로 가정을 한 경우에는 합병후 실제 지분율이 동일하게 유지되도록 피합병법인이 합병대가(합병신주)를 지급한다는 가정이 필요합니다.

ⓑ 취득일[137]을 결정하며,

ⓒ 식별가능한 자산과 부채를 인식하여 측정하며,[138]

ⓓ 피취득자에 이전된 대가를 측정하여,

ⓔ 이전대가와 취득한 자산부채의 차이를 영업권 또는 염가매수차익으로 인식하는 절차가 필요합니다.

[그림 13] 영업권과 염가매수차익

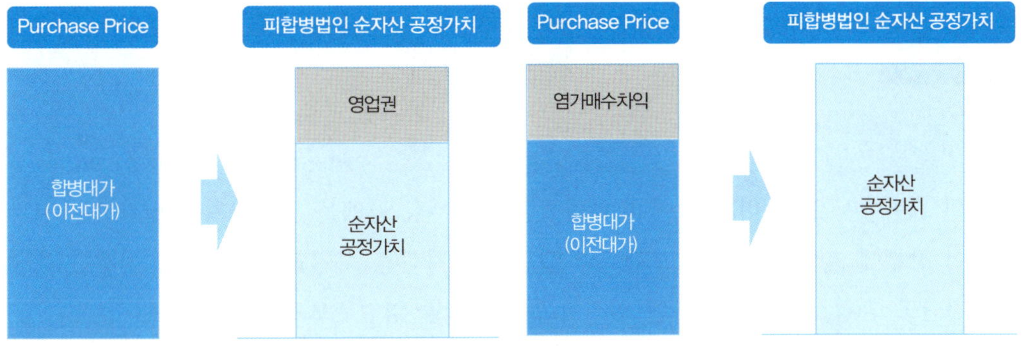

합병법인은 '이전대가'와 '순자산의 공정가치'의 차이를 영업권 또는 염가매수차익으로 인식하며, 영업권은 자산으로 인식하고 매년 손상평가를 수행(K-IFRS)하며, 염가매수차익은 당기손익으로 인식합니다. 일반회계기준은 K-IFRS와 회계처리가 유사하나, 합병 시 발생한 영업권을 '20년' 기간 내에 정액법으로 상각하도록 하고 있습니다.

합병과 같은 사업결합에서는 식별가능한 자산과 부채를 공정가치로 인식하여야 하는데, 이때에는 피합병회사의 장부에 계상된 자산 및 부채 이외에도 식별할 수 있는 자산과 부채가 있는지 파악하여 공정가치로 인식하여야 합니다. 이 과정을 사업결합원가배분(PPA: Purchase Price Allocation)이라고 합니다.

137) 지배력을 획득한 날을 의미합니다.

138) 지분을 100% 취득하는 것이 아닌 경우에는 "비지배지분"이 발생할 수 있으며, 이 경우에는 비지배지분에 대한 인식과 측정도 필요합니다.

[그림 14] 사업결합원가 개념도[139)]

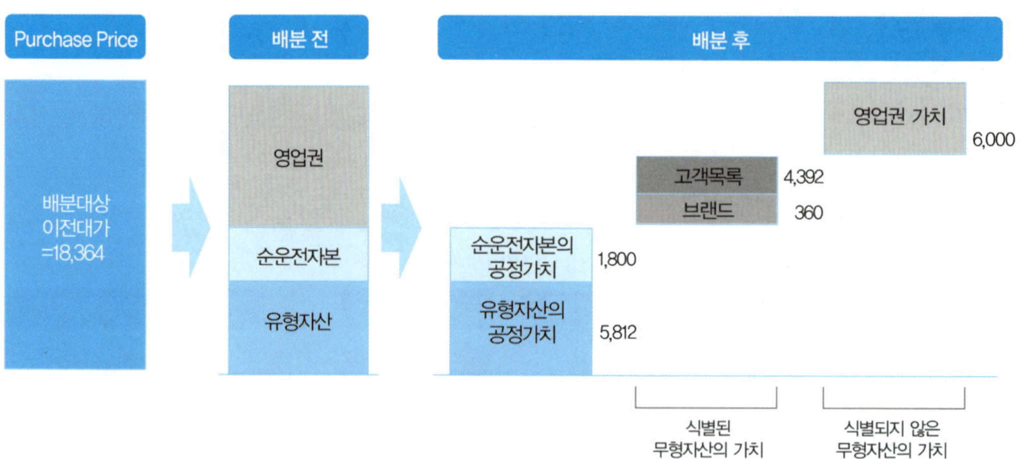

위의 그림에서 보는 바와 같이 피합병법인의 장부상 금액을 공정가치로 평가하는 것과 더불어 장부에 계상되지 않은 브랜드와 같은 무형자산을 식별할 수 있다면, 식별된 해당 무형자산도 공정가치로 평가하여 인식하고 나머지를 영업권으로 보는 것입니다.

취득시점에 자산으로 인식된 영업권에 대하여 매결산기에 회수가능가액을 평가하여야 합니다. 이 경우 영업권의 회수가능가액이 장부가액에 미달하고 그 미달액이 중요한 경우에는 손상차손으로 당기비용을 인식하게 됩니다.

NOTE 8

□ 이연법인세부채의 인식과 영업권

합병시 사업결합원가배분을 통해 식별가능한 공정가액으로 인식한 후, 취득가액과 순자산공정가액의 차이는 영업권으로 인식됩니다. 이때 세무상으로는 피합병회사의 장부가액이 세무기준액이 되어 회계상 인식된 공정가액과 차이가 발생할 경우에는 이연법인세부채가 인식될 수도 있습니다. 이 경우에는 다음의 그림과 같이 영업권이 잔여가치로 조정될 수 있습니다.[140)]

139) 기업가치평가와 재무실사, 삼일인포마인 참조

140) 합병으로 인해 영업권을 최초로 인식할 때에는 영업권자체에 대한 이연법인세부채는 인식하지 않습니다. 취득가액에서 순자산공정가치를 차감한 잔여가치로서의 영업권에 대해 이연법인세부채를 인식하게 되면, 이연법인세부채 인식에 따른 영업권 조정과정이 반복되는 순환효과가 발생하기 때문입니다. 이는 K-IFRS와 일반기업회계기준이 동일합니다.

[이연법인세부채 반영 전 영업권]

[이연법인세부채 반영 후 영업권]

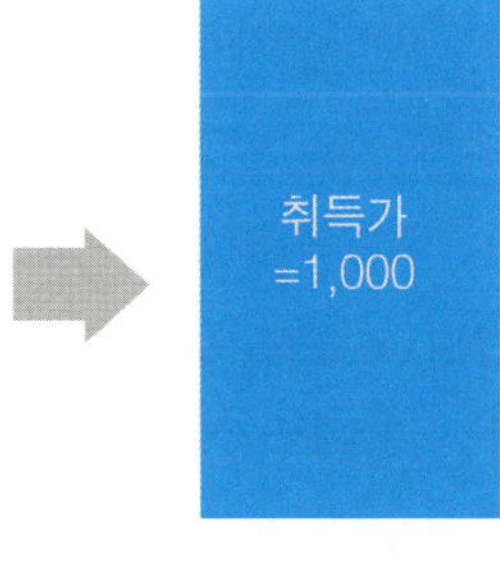

영업권
=240
순자산
공정가액
=760

- 순자산에 대한 세무상기준액은 600, 법인세율이 20%일 경우, 인식할 이연법인세부채는
- 가산할 일시적 차이: 800－600＝200
- 이연법인세부채: 200 × 20%＝40
- 이연법인세 반영 후 순자산공정가액: 800－40＝760
- 이연법인세 반영 후 영업권: 1,000－760＝240

* 가산할 일시적 차이는 향후 해당 자산을 매각할 때나 감가상각을 할 때 세무상이익이 회계상이익보다 더 커서 회계상 이익대비 부담할 법인세가 증가함으로 인해 발행하는 회계상 조정사항

NOTE 9

❑ 일반기업회계기준과 K-IFRS 비교

항목	K-IFRS	일반기업회계기준	법인세법
영업권	취득자가 피취득자에게 제공하는 이전대가가 피취득자의 취득일 현재 식별가능한 취득자산·인수부채의 순액을 초과하는 금액		합병으로 인해 발생하는 회계상 영업권은 감가상각대상이 아니나, 합병매수차손의 정의 충족 시 손금산입 가능
감가상각	감가상각하지 않음.	정액법 상각(20년 이내)	5년 균등 상각
손상차손	손상사유 발생시 인정		
비지배지분 영업권	비지배지분도 공정가치로 측정하여 영업권 계상(단, 일정요건 충족 시 비지배지분에 대한 영업권을 인식하지 않을 수 있음)	비지배지분 영업권 인식 불가능	

② 동일지배하의 사업결합

동일지배하에 있는 기업이란 동일기업이 당해 기업을 궁극적으로 지배하고 이러한 지배가 일시적이지 않은 경우를 말하는데, 흔히 지배-종속 관계에 있는 기업을 의미합니다. 이러한 동일지배하의 합병에서는 일반기업회계기준 적용시에는 "[제32장]동일지배기업" 기준서를 적용하여 피합병법인의 연결장부가액을 그대로 승계하고, 이전대가와 순자산의 차이를 자본항목으로 처리합니다. 또한 종속기업 간 합병의 경우에는 피합병기업의 연결장부금액과 그 대가로 지급하는 금액의 차이는 자본잉여금으로 반영하는 회계처리를 합니다. 그러나, 한국채택국제회계기준(K-IFRS)은 동일지배기업의 사업결합에 대한 기준서가 존재하지 않아 연결장부가액을 그대로 승계하거나 사업결합회계처리에 따른 취득법을 적용하는 방법을 상황에 맞게 선택하여 적용하고 있습니다. 실무적으로는 장부가액법을 적용하는 사례가 많습니다.

[표 20] 동일지배범위의 일반기업회계기준과 한국채택국제회계기준 비교

구분	일반기업회계기준 제12장	한국채택국제회계기준 제1103호
동일지배범위	최상위가 기업인 경우만을 대상으로 동일지배 범위를 결정	최상위가 개인주주인 경우도 포함하여 동일지배 범위를 결정
동일지배 합병시 피합병회사 측정	연결장부금액으로 자산·부채를 인식	취득법 또는 장부가액법 적용

③ 단계적으로 이루어지는 사업결합

사업결합은 취득자가 피취득자의 대한 지배력을 획득하는 것입니다. 사업결합회계처리는 지배력을 취득하는 시점에 취득하는 자산부채를 공정가치로 측정하여 인식합니다. 만약 지배력을 획득하기 이전에 취득자가 피취득자의 지분을 일부 보유하고 있다면, 해당 지분 역시 취득일에 새롭게 일괄하여 지분을 취득하는 것처럼 회계처리합니다. 즉, 단계적으로 이루어지는 사업결합에서 취득자가 피취득자에 대한 지분을 지배력 취득시점 이전에 일부 보유하고 있었다면, 이 지분을 처분하고, 지배력획득시점에 지배력을 확보하기 위해 취득한 지분과 일괄적으로 새롭게 취득하는 것으로 처리하는 것입니다. 이에 따라 취득자의 기존 보유지분은 지배력을 취득한 시점의 공정가치로 재측정되고, 공정가치 재측정에 따른 손익은 당기손익으로 인식합니다. 또한 영업권 또는 염가매수차익도 취득자가 지배력을 획득하는 취득일에만 한번 계산합니다.

④ 역합병(역취득)

일반적으로 합병시 지분을 발행하는 기업이 취득자로서 회계처리를 하지만, 일부 경우에 있어서는 법적으로 합병법인으로서 지분을 발행하였다고 하더라도, 회계상 피취득자로서 회계처리되는 경우가 발생할 수 있습니다. 이러한 경우를 역취득 또는 역합병이라고 하는데, 영업력이나 수익력이 큰 피합병법인이 상대적으로 작은 규모의 합병법인과 결합하는 경우에 발생할 수 있습니다. 또한 종속기업이 지배기업을 합병하는 경우 법적으로 종속기업이 합병기업이라 하더라도 실질적으로는 지배기업이 종속기업을 합병한 것으로 보게 됩니다. 따라서, 지배기업이 합병기업이 되어 역합병의 회계처리를 합니다. 즉, 지배기업이 종속기업으로부터 받은 자산과 부채를 연결재무제표상의 장부금액으로 승계하는 것입니다.

NOTE 10

❑ 역합병인 경우 이전대가

구분	합병비율	법적 합병법인	회계상 합병법인
A법인	1		○
B법인	1.5	○	

위의 표와 같이 법적 합병법인은 B법인이지만, 규모 등의 차이로 회계상 A법인을 취득자로서 회계처리하는 경우입니다.

아래 "1. 일반적 case"가 법적인 합병법인 B가 A법인의 주주에게 신주를 발행한 경우입니다. 그러나, 만약 회계상 취득자인 A법인이 합병법인으로서 B법인의 주주에게 합병신주를 발행한다면 합병 후 지분율과 동일한 비율이 되도록 신주를 발행했어야 하므로 "2. 역합병 case"에서처럼 15,000주를 B법인의 주주에게 신주로 발행하는 구조가 됩니다.

역취득이므로 회계목적상 취득자인 A법인의 공정가치를 기준으로 사업결합 대가를 계산하여야 합니다. 결론적으로 사업결합의 대가는 150,000,000원(발행되었을 신주 15,000주 × A법인 주당 공정가치 10,000원)이 됩니다.

구분	합병전 주당가치 평가액 (A)	합병전 주식수 (B)	합병전 기업가치 (A) × (B) = (C)	합병후 주식수	합병후 지분율 (D)	합병후 기업가치 (C) × (D)
1. 일반적 case						
B법인	15,000	10,000	150,000,000	10,000	42.86%	150,000,000
A법인	10,000	20,000	200,000,000	13,333	57.14%	200,000,000
합계			350,000,000	23,333	100.00%	350,000,000
2. 역합병 case						
B법인	15,000	10,000	150,000,000	15,000	42.86%	150,000,000
A법인	10,000	20,000	200,000,000	20,000	57.14%	200,000,000
합계			350,000,000	35,000	100.00%	350,000,000

15) 합병계약서 필요기재사항

흡수합병(상법 제523조)	신설합병(상법 제524조)
	1-1. 설립되는 회사의 목적, 상호, 발행할 주식의 총수, 액면주식을 발행하는 경우 1주의 금액 1-2. 종류주식을 발행할 때에는 그 종류, 수 1-3. 본점소재지
1. 존속하는 회사가 합병으로 인하여 그 발행할 주식의 총수를 증가하는 때에는 그 증가할 주식의 총수, 종류와 수	2-1. 설립되는 회사가 합병당시에 발행하는 주식의 총수와 종류, 수
2. 존속하는 회사의 자본금 또는 준비금이 증가하는 경우에는 증가할 자본금 또는 준비금에 관한 사항	3. 설립되는 회사의 자본금과 준비금의 총액
3. 존속하는 회사가 합병을 하면서 신주를 발행하거나 자기주식을 이전하는 경우에는 발행하는 신주 또는 이전하는 자기주식의 총수, 종류와 수 및 합병으로 인하여 소멸하는 회사의 주주에 대한 신주의 배정 또는 자기주식의 이전에 관한 사항	2-2. 각 회사의 주주에 대한 주식의 배정에 관한 사항
4. 존속하는 회사가 합병으로 소멸하는 회사의 주주에게 제3호에도 불구하고 그 대가의 전부 또는 일부로서 금전이나 그 밖의 재산을 제공하는 경우에는 그 내용 및 배정에 관한 사항	4. 각 회사의 주주에게 제2호에도 불구하고 금전이나 그 밖의 재산을 제공하는 경우에는 그 내용 및 배정에 관한 사항

흡수합병(상법 제523조)	신설합병(상법 제524조)
5. 각 회사에서 합병의 승인결의를 할 사원 또는 주주의 총회의 기일	5-1. 각 회사에서 합병의 승인결의를 할 사원 또는 주주의 총회의 기일
6. 합병을 할 날	5-2. 합병을 할 날
7. 존속하는 회사가 합병으로 인하여 정관을 변경하기로 정한 때에는 그 규정	
8. 각 회사가 합병으로 이익배당을 할 때에는 그 한도액	
9. 합병으로 인하여 존속하는 회사에 취임할 이사와 감사 또는 감사위원회의 위원을 정한 때에는 그 성명 및 주민등록번호	6. 합병으로 인하여 설립되는 회사의 이사와 감사 또는 감사위원회의 위원을 정한 때에는 그 성명 및 주민등록번호

16) 합병계약서 작성 예시

합 병 계 약 서

주식회사 00(이하 "갑"이라 한다)과 00주식회사(이하 "을"이라 한다)는 국내외 경영환경 변화에 적극 대처하고 경영효율성 증대 및 시너지 효과의 극대화를 통하여 세계 최고 수준의 □□□전문기업으로 성장하기 위하여 합병하기로 하고 다음과 같이 계약을 체결한다.

제1조 (합병의 방법)

"갑"이 "을"을 흡수합병하며 이에 따라 "갑"은 존속하고 "을"은 해산한다.

제2조 (발행할 주식의 총수)

"갑"의 정관상 발행할 주식의 총수는 합병으로 인하여 변동하지 아니한다.

제3조 (증가할 자본금과 준비금총액)

① 합병으로 인하여 "갑"의 자본금은 XXX,XXX,XXX,XXX원 증가하여 XXX,XXX,XXX,XXX원으로 한다.

② "갑"이 합병으로 인해 증가할 준비금은 제7조에서 정한 합병기일 현재 "을"의 대차대조표상 자본상태를 기준으로 하여 관계법령 및 기업회계기준에 따라 결정된 금액으로 한다.

제4조 (합병 시 신주발행 및 배정)

① "갑"은 합병 시 기명식 보통주식(1주의 액면가액 X,XXX원) X,XXX,XXX주를 신규로 발행하여 제7조에서 정한 합병기일 현재 "을"의 주주명부에 기재된 주주에게 본

조 제2항의 규정에 따라 배정 및 교부한다

② "갑"은 본조 제1항의 신주(이하 "합병신주"라 한다)를 발행함에 있어 "을"의 기명식 보통주식을 보유한 주주들에 대하여 그 주식 1주당 "갑"의 기명식 보통주식 X.XXXXXXXX주의 비율로 배정하여 교부하되, 1주 미만의 단주에 대해서는 합병신주가 한국거래소에 상장되어 거래되는 초일의 종가를 기준으로 계산된 금액을 단주가 귀속될 주주에게 현금으로 지급한다.

제5조 (합병 교부금)

"갑"이 합병으로 인하여 "을"의 주주에게 제4조에 의한 합병신주 외에 별도의 합병교부금을 지급하지 아니한다.

제6조 (합병승인 주주총회/이사회 등)

① "갑"과 "을"은 2XXX년 0월 00일에 주주총회를 개최하여 본 합병계약의 승인 및 합병에 따른 필요한 사항에 대하여 주주총회의 승인을 받는다.

② "갑"과 "을"은 합병절차의 진행에 따라 필요한 경우에는 양 당사자의 합의에 의하여 제1항 소정의 기일을 변경할 수 있다.

③ "갑"과 "을"은 이사회 결의에 의한 공고로써 상법 제526조 제1항에 따른 주주총회에 대한 합병보고에 갈음한다.

제7조 (합병기일)

"갑"과 "을"이 합병을 할 날(이하 "합병기일"이라 한다)은 2XXX년 0월 0일로 한다. 다만, 합병절차의 진행상 필요한 경우에는 "갑"과 "을"이 협의하여 합병기일을 변경할 수 있다.

제8조 (이사 및 감사의 임기)

① 본건 합병으로 인한 합병기일 이전에 취임한 "갑"의 이사 및 감사위원의 임기는 달리 임기 종료사유가 발생하지 않는 한 본건 합병 이후에도 상법 제527조의4 제1항에도 불구하고 합병 전에 정해진 임기까지 그 지위를 유지한다.

② 본건 합병으로 인한 "을"의 해산등기일 이전에 "을"의 이사 및 감사로 재직하는 자의 지위는 "을"의 해산등기와 동시에 소멸한다.

제9조 (자산, 부채 및 권리·의무 등의 승계)

"갑"은 합병기일에 "을"의 자산, 부채, 권리 · 의무 및 영위하는 사업의 일체를 승계한다.

제10조 (선량한 관리자의 주의의무)

① "갑"과 "을"은 본 계약 체결 이후부터 합병기일까지 선량한 관리자의 주의의무를 다하여 신의와 성실로써 각기 업무집행 및 재산의 관리운영을 하여야 한다.

② "갑"과 "을"이 업무집행 및 그 재산의 관리운영을 함에 있어서 그 자본·재산·경영 또는 권리·의무에 중대한 영향을 미치는 행위를 하고자 하는 경우에는 사전에 상대방과 협의하여 실행하기로 한다.

제11조 (합병신주의 이익배당 기산일)

합병신주에 대한 이익배당의 기산일은 2XXX년 1월 1일로 한다.

제12조 (계약의 해제 등)

① "갑"과 "을"은 본 계약 체결 이후 합병기일까지 언제든지 서면으로 상호 합의하여 본 계약을 해제할 수 있다.

② 다음 각호의 1의 사정이 발생하는 경우 본 계약의 어느 일방 당사자가 상대방 당사자에게 합병기일 이전에 서면으로 본 계약의 해제를 통지함으로써 본 계약을 해제할 수 있다.

1. 합병비율 기타 합병 조건에 대하여 정부기관이 이의를 제기하고, 이러한 이의제기에 대하여 "갑"과 "을"이 정부기관이 만족할 수 있는 합병조건의 변경에 대하여 합의에 이르지 못하는 경우
2. 일방 당사자의 합병승인주주총회에서 본건 합병에 관한 결의가 부결된 경우(다만, 본건 합병이 조건부로 가결된 경우 동 조건이 성취되는 때에는 본건 합병이 가결된 것으로 본다)

③ 본 계약 체결일로부터 합병기일에 이르기까지 천재지변 기타의 사유로 "갑" 또는 "을"의 재산 또는 경영상태에 중대한 변동이 발생하거나 예측할 수 없는 중대한 하자가 발생한 경우에는, "갑"과 "을"은 서면합의에 의해 본 계약에서 정한 합병조건을 변경하거나 또는 본 계약을 해제할 수 있다.

제13조 (계약의 효력상실)

① 본 계약은 "갑" 및 "을"이 제6조 제1항 및 제2항에 규정된 주주총회 및 이사회의 승인을 모두 얻지 못한 때에는 그 효력을 상실한다.

② 본건 합병에 대해 관계법령에 따라 정부기관의 승인, 인가, 신고수리 등이 필요한 경우, 그 승인, 인가, 신고수리 등을 합병기일의 전일 또는 제7조 단서에 따라 합병기일을 변경한 경우에는 동 변경일의 전일까지 받지 못하는 경우, 본 계약은 합병기일 또는 동 변경일로부터 그 효력을 상실한다.

제14조 (비용부담)

① "을"의 해산에 관한 비용은 "갑"과 "을"이 공동부담하기로 한다.

② 제12조에 따라 계약이 해제되거나 제13조에 의해 계약의 효력이 상실될 경우, 각 당

사자가 본건 합병의 추진을 위하여 지급한 일체의 비용(외부전문가 자문 비용 포함)은 양 당사자의 별도 합의가 없는 한 공동 부담하기로 한다.

제15조 ("을"의 종업원에 대한 고용 등 승계)

"갑"은 합병기일 현재 "을"에 재직하는 모든 종업원의 고용 및 관련 법률관계(단체협약, 취업규칙, 근로계약, 퇴직금 등 포함)를 그대로 승계한다.

제16조 (본 계약에 정하지 않은 사항)

본 계약에 규정된 내용 이외의 본건 합병에 필요한 사항은 본 계약의 취지에 따라 "갑"과 "을"이 상호 합의하여 이를 결정하기로 한다.

제17조 (관할법원)

본 계약과 관련하여 당사자들 간에 발생하는 법적 분쟁은 "서울중앙지방법원"을 제1심 합의관할법원으로 한다.

상기 본 계약의 성립을 증명하기 위하여 계약서 2부를 작성하여 "갑"과 "을"이 기명 날인한 후 각 1부씩 보관한다.

2XXX년 X월 XX일

"갑" 서울특별시 XXX구 XXX로 XX
주식회사 000
대표이사 □ □ □ (인)

"을" 서울특별시 XXX구 XXX로 XX
주식회사 000
대표이사 □ □ □ (인)

3 분할 실무 가이드

1) 분할시 고려하여야 할 사항

분할시에는 분할로 인한 효과, 분할로 인해 발생할 수 있는 비용이나 위험요인, 분할 과정에서 준수해야할 법규나 기존 계약서 등에서 분할시 필요로 하는 절차 혹은 조건이 있는지 여부, 그리고 회사의 이해관계자들이 분할의 필요성에 대해 충분히 이해할 수 있는지 등이 고려되어야 합니다. 이러한 고려사항을 기초로 분할 절차 등 필요한 사항을 검토하여 분할 계획을 수립하여야 합니다.

[그림 15] 분할시 고려되어야 할 사항 및 검토 사항

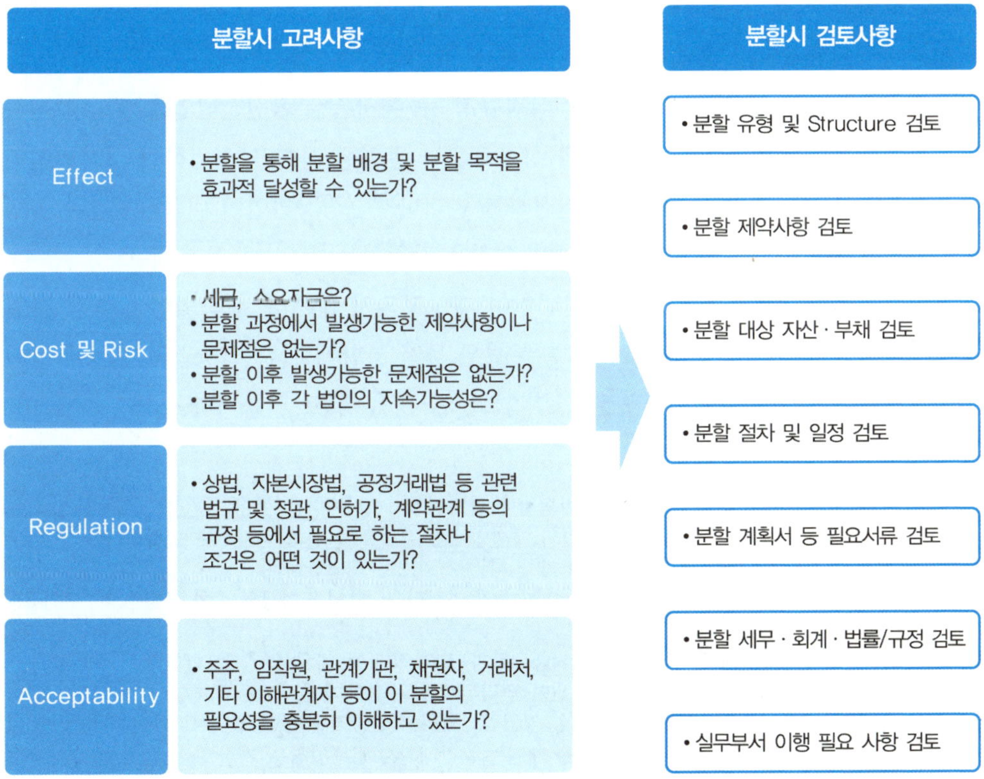

분할시 고려사항

구분	내용
Effect	• 분할을 통해 분할 배경 및 분할 목적을 효과적 달성할 수 있는가?
Cost 및 Risk	• 세금, 소요자금은? • 분할 과정에서 발생가능한 제약사항이나 문제점은 없는가? • 분할 이후 발생가능한 문제점은 없는가? • 분할 이후 각 법인의 지속가능성은?
Regulation	• 상법, 자본시장법, 공정거래법 등 관련 법규 및 정관, 인허가, 계약관계 등의 규정 등에서 필요로 하는 절차나 조건은 어떤 것이 있는가?
Acceptability	• 주주, 임직원, 관계기관, 채권자, 거래처, 기타 이해관계자 등이 이 분할의 필요성을 충분히 이해하고 있는가?

분할시 검토사항

- 분할 유형 및 Structure 검토
- 분할 제약사항 검토
- 분할 대상 자산 · 부채 검토
- 분할 절차 및 일정 검토
- 분할 계획서 등 필요서류 검토
- 분할 세무 · 회계 · 법률/규정 검토
- 실무부서 이행 필요 사항 검토

2) 분할 제약사항[141)]

분할은 상법상의 절차이기 때문에 상법의 규정을 고려하여야 합니다. 또한 회사가 적용받고 있는 자본시장법이나 공정거래법과 같은 다른 법률이나 내외부 규정, 타인과의 계약 등도 분할시 고려되어야 합니다.

- 상법상 고려되는 제약사항[142)]으로는 ⓐ 분할은 주식회사만 가능하다는 점, ⓑ 분할은 일반결의와 달리 주주총회의 특별결의[143)] 사항이라는 점, ⓒ 분할전 채무에 대해 분할존속회사 및 신설회사가 연대하여 채무를 부담하여야 한다는 점(연대채무를 부담하지 않을 경우에는 채권자보호절차[144)]가 필요), ⓓ 의결권이 제한된 종류주주도 의결권을 행사할 수 있다는 점,[145)] ⓔ 분할계획서에 구체적인 내용이 없다면 영업양도인의 경업금지 조항을 적용 받을 수 있다는 점,[146)] ⓕ 이외 상법상 규정된 절차 등을 준수해야 한다는 점이 있을 수 있습니다.
- 자본시장법 관련 규정(유가증권시장 상장규정 등)에서는 분할신설법인은 재상장 심사를 받게되고, 존속법인과 신설법인의 상장요건과 관련된 사항을 점검하여 상장법인의 주된 사업이 분할되면 상장폐지 실질심사를 받거나,[147)] 상장법인이 비상장법인과 합병 후 3년 이내에 분할할 경우에는 재상장 요건을 강화하는 규정[148)] 등을 두고 있습니다. 그리고 상장법인이 인적분할시 신설법인이 재상장되지 않거나, 상장법인이 핵심 사업부문을 물적 분할(분할합병은 제외)하는 경우 물적 분할에 관한 이사회의 결의에 반대하는 주주에게는 주식매수청구권을 부여하는 규정을 두고 있습니다.

---

141) 분할은 주식회사만 가능합니다. 합병이 유한회사나 합명회사와 같은 다른 형태의 회사도 가능한 것과는 차이가 있습니다. 단, 상법이 아닌 관련산업의 특별법에서 분할을 인정하는 경우도 있습니다.

142) 상법상 분할과 관련된 기본 규정은 제530조의2~제530조의12에 해당합니다.

143) 특별결의 요건은 상법 제434조에 따라 "출석한 주주의 의결권의 3분의 2 이상의 수와 발행주식총수의 3분의 1 이상의 수"로 합니다.

144) 채권자보호절차는 금융채무뿐만 아니라 상거래채무과 같은 채무에 대해서도 필요합니다.

145) 합병은 분할과 달리 무의결권 주주의 의결권이 인정된다는 규정이 없습니다.

146) 분할을 영업양수도와 동일하게 본다면 상법상 영업양도인의 경업금지 규정(상법 제41조)이 적용될 수 있습니다. 그러므로 이를 분명히 할 필요가 있을 때에는 분할계획서에 경업허용, 제한 또는 금지 등의 내용을 명확히 기재하여야 합니다.

147) 유가증권시장 상장규정 제42조, 제48조, 제49조, 코스닥시장 상장규정 제38조, 제38조의2

148) 유가증권시장 상장규정은 상장법인과 비상장법인이 합병 후 합병기일로부터 3년내 분할재상장시, 분할신설법인의 주된 영업부문에 합병 당시 비상장법인의 주된 영업부문 포함시 재상장 요건 강화하고 있으나, 코스닥시장상장규정은 상장법인과 비상장법인이 합병 후 합병기일로부터 3년내 분할재상장시, 분할신설법인에 비상장법인의 주된 영업부문이 포함되었는지와 무관하게 분할신설법인 재상장 요건을 강화하고 있습니다. 단, 합병시 우회상장심사 대상이 된 경우에는 제외됩니다(유가증권시장 상장규정 제34조, 제42조, 코스닥시장 상장규정 제17조, 제19조).

• 공정거래법에서는 경쟁제한과 관련된 규정으로 기업결합신고 등의 규정을 두고 있는데, 단순분할의 경우에는 이로 인한 경쟁제한 가능성은 낮아 기업결합신고의무를 면제하고 있습니다.[149)]
• 이외에도 해당 산업 관련 법규에서 면허 등의 인허가를 위한 절차, 실적 등의 승계 여부를 규정하기도 하며, 분할에 대해 관계기관의 인가 또는 등기 · 등록이 필요할 수 있고,[150)] 회사가 맺고 있는 다양한 거래처와의 계약조건에도 상대방의 동의, 협의, 통지 등을 담는 내용이 포함되어 있을 수 있습니다. 또한 금융기관과의 계약 관계에서는 부채비율 등에 따라 상환을 요구하는 조항이 있을 수 있으므로 분할방안을 마련할 때 이러한 사항들을 사전에 파악하여야 합니다.
• 그리고, 가장 중요한 이해관계자 중의 하나는 임직원이므로 분할 고려 시 임직원에 대한 배려가 필요하며, 분할 목적에 대해 충분히 이해 가능하도록 다각적인 소통이 필요합니다.

3) 분할 대상 자산 · 부채 및 분할비율의 결정

분할을 고려할 때에는 분할신설법인에 귀속될 자산부채, 권리의무를 결정하여야 합니다. 기본적으로는 신설법인으로 이전될 사업과 관련된 자산부채가 포괄적으로 이전되는 것이 일반적입니다. 그러므로 "사업관련성"이 고려됩니다. 또한 자산부채 등의 "분리가능성"이 고려됩니다. 분리가능성은 분할의 실행가능성과도 연결됩니다. 여기에 추가로 "법규상 요건" 등에 대한 고려가 필요할 수 있습니다. 세법상 적격분할의 요건을 충족하는지, 자산부채의 이전에 따른 인허가 문제 등으로 인한 제약사항은 없는지, 상장법인의 경우에는 존속법인의 상장유지와 신설법인(인적분할)의 재상장 요건은 충족하는지 등을 확인하는 것이 예가 될 수 있습니다. 추가적으로 각 분할법인의 역할과 수익모델, 추정 현금흐름 등을 검토함으로써 "중장기적인 성장과 지속가능성"에 문제는 없는지 등의 사항도 살펴볼 필요가 있습니다.

분할비율은 자본금의 분할비율을 의미합니다. 그러므로 분할되는 순자산비율과 다를 수도 있으나, 각 분할법인의 순자산비율을 토대로 결정하는 것이 일반적입니다.[151)]

149) 합병의 경우에는 공정거래법상 기업결합신고의무가 있습니다.
150) 상법상의 분할기일 또는 분할등기일 이후 관련 법규상 인허가절차가 완료되는 시기까지 일정기간이 소요된다면, 해당 기간동안 입찰 등 대외적 영업활동의 제한 여부 등과 같은 사항도 사전에 확인이 필요합니다.
151) 분할비율을 반드시 순자산비율로 결정하여야 하는 것은 아니지만, 이러한 방법이 이해가능성이 높고, 합리적으로 보인다는 관점에서 대부분의 실무에서는 재무제표의 순자산분할비율로(자본금)분할비율을 결정하고 있습니다. 또한 공시기업의 경우에는 대부분 분할비율을 소수점 7째짜리까지 기재하고 있습니다. 이는

분할 자산부채를 결정하기 위해서는 기준이 되는 재무제표가 확정되어야 합니다. 기준이 되는 재무제표는 이사회 시점에서 가장 최근 공시된 재무제표를 기준으로 하는 것이 최근의 일반적인 사례입니다. 여기서 기준 재무제표는 이사회, 주주총회 등의 승인을 위한 분할계획서에 포함되는 분할비율과 분할 대상 자산부채를 결정하기 위한 재무제표를 말합니다. 그러므로 실제 분할기일 재무제표는 분할비율 산정의 기준이 되는 분할계획서 상의 재무제표와는 다를 수 있습니다.

분할계획서상 기준 재무제표가 확정되었다면 이를 바탕으로 신설법인에 귀속될 자산・부채를 결정하여야 합니다. 우선 신설법인에 이전되는 사업과 직접적으로 관련된 자산・부채를 구분합니다. 이때 재무제표에 계상되지 않은 권리・의무도 구분해 놓는 것이 좋습니다.[152] 각 사업부가 공동으로 사용한다고 볼 수 있는 자산・부채는 세법상 요건, 상장요건 등 법규상 제한사항과 각 사업부의 향후 예상 재무구조, 분할의 목적 등이 종합적으로 고려되어야 합니다. 공통자산부채의 배부까지 완료되면 분할재무제표가 작성되고, 이를 바탕으로 각 법인의 순자산비율에 따라 분할비율이 결정됩니다.[153]

4) 분할 절차 및 일정

상장법인의 인적분할과 물적분할, 그리고 비상장법인의 인적분할과 물적분할의 절차를 중요한 절차위주로 전반적인 일정을 요약하여 정리하면 아래의 표와 같습니다.

[표 21] 분할 유형별 주요 절차

구분		주요 절차
상장법인	인적분할	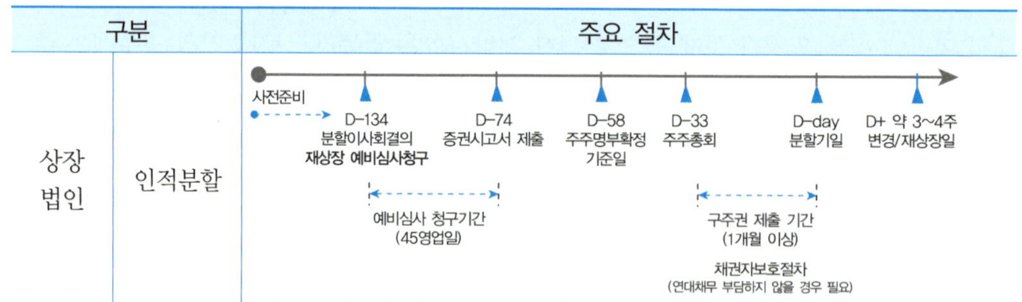

기업공시서식 작성기준의 작성지침에서 합병, 분할합병 등의 신주배정비율을 소수점 7째자리까지 표시하도록 하고 있기 때문입니다.

152) 이러한 항목은 대표적으로 상표권 등의 무형자산이 있습니다. 재무제표에 계상되지 않은 이렇한 무형자산은 분할계획서에 분할로 이전되는 자산으로서 명확히 할 필요가 있으며, 승계재산목록에도 기재해 놓는 것이 필요할 수 있습니다.

153) 일반적으로 분할비율은 자본금분할비율을 말합니다. 분할비율을 순자산비율로 결정하여야 한다는 규정은 없으나, 대부분의 사례에서 순자산비율로 분할비율을 결정하고 있습니다.

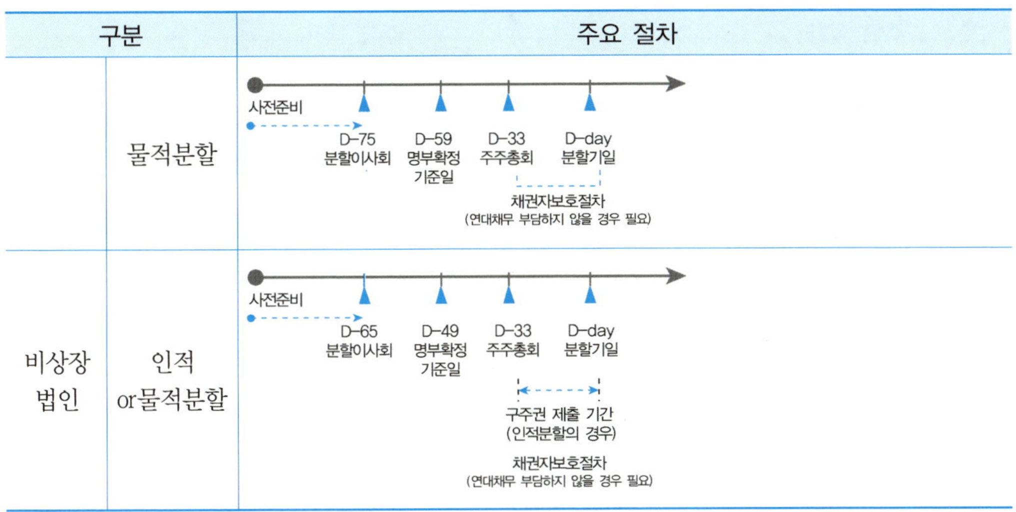

구분		주요 절차
	물적분할	사전준비 / D-75 분할이사회 / D-59 명부확정 기준일 / D-33 주주총회 / D-day 분할기일 / 채권자보호절차 (연대채무 부담하지 않을 경우 필요)
비상장 법인	인적 or물적분할	사전준비 / D-65 분할이사회 / D-49 명부확정 기준일 / D-33 주주총회 / D-day 분할기일 / 구주권 제출 기간 (인적분할의 경우) / 채권자보호절차 (연대채무 부담하지 않을 경우 필요)

*) 전자증권법에 따라 회사는 전자등록된 주식을 병합하는 경우에는 「상법」 제440조에도 불구하고 회사가 정한 일정한 날에 주식이 병합된다는 뜻을 그 날부터 2주 전까지 공고하고 주주명부에 기재된 주주와 질권자에게는 개별적으로 그 통지를 할 수 있습니다(전자증권법 제65조). 그러므로 상장회사 인적분할의 경우에는 채권자보호절차가 없다면 주주총회에서 분할기일까지의 기간은 2주간으로 단축될 수 있습니다.

[표 22] 분할 주요 절차 및 주요 공시 사항 요약

주요 절차	주요 내용
분할계획서 작성	• 분할의 제반 조건을 담은 분할계획서 작성
이사회 결의	• 이사회에서 분할계획서 승인(이후 주주총회에서 최종 확정)
인적분할시 상장법인 변경상장 · 재상장절차	• 상장법인이 인적분할을 하는 경우 존속법인의 경우 변경상장 신청 신설법인의 경우 재상장예비심사 절차를 거쳐야 함(인적분할에만 해당)
주요사항보고서 제출	• 상장법인 및 사업보고서 제출대상 법인은 주요사항보고서를 이사회 결의 후 3일 내에 제출하여야 함
증권신고서 등 제출	• 인적분할시 분할신설법인의 신주발행, 분할합병으로 인해 발행하는 신주가 모집매출에 해당하는 경우 증권신고서, 투자설명서, 증권발행실적 보고서를 제출하여야 함(인적분할에만 해당)
주주명부 폐쇄 기준일 공고	• 주주명부 폐쇄기준일 2주 전까지 정관에서 정한 방법에 따라 공고
증권신고서 효력 발생	• 주주총회 소집통지일 전 효력 발생 필요
주주총회 소집통지 및 공고	• 주주총회일 2주전까지 분할의 목적, 방법, 요령에 관한 사항 등을 포함한 회의 목적사항을 기재하여 주주총회 소집통지 및 공고 • 분할의 경우에는 무의결권 이익배당 우선주 주주도 의결권이 있으므로 주총 소집 통지 공고시 포함하여야 함

주요 절차	주요 내용
주주총회특별결의	• 분할회사는 분할을 하기 위해서는 주주총회 특별결의를 득하여야 함(발행주식 총수의 1/3 및 참석주주 의결권 2/3 이상의 찬성) • 분할의 경우 반대주주의 주식매수청구권이 발생하지 않음
구주권 제출 공고	• 주주총회 승인 후 2주 이내 공고 및 최소 1개월 이상 기간 부여(인적분할에만 해당)
채권자 이의제출 공고	• 주주총회 승인 후 2주 이내 공고 및 최소 1개월 이상 기간 부여 • 단순 분할시 존속법인과 신설법인이 분할 전 채무를 연대하여 부담하기로 한 경우 채권자 보호절차 불필요 • 분할신설법인이 승계하는 채무에 대해서만 부담하는 경우 채권자 보호 절차 필요(연대 책임 단절)
분할기일	• 분할이 되는 기준일 • 채권자 이의제출 및 구주권 제출 기간 만료 이후로 정해야 함
증권발행실적보고서	• 증권신고서 제출 대상에 해당하는 경우 분할기일 이후 지체없이 제출
분할종료보고 총회	• 분할기일 후 분할의 내용 및 분할결과를 주주총회에 보고, 단, 이사회 결의 공고로 대체 가능
분할등기	• 분할보고총회일 또는 이사회결의공고일로부터 2주 이내에 등기(지점은 3주 이내)
분할등 종료보고서 제출	• 분할등기를 한 때 지체없이 제출. 단, 증권발행실적보고서 제출 시 면제
지분변동보고	• 상장법인 인적분할시 해당 주주는 '주식등의 대량상황보고' 및 '임원등의 특정증권 등 소유상황 보고'를 공시
기업결합신고	• 단순분할의 경우 기업결합신고가 면제

5) 분할 일정 및 절차 예시

[표 23] 상장-비상장, 인적-물적 구분에 따른 분할 절차

절차	설명	상장 (인적)	비상장 (인적)	상장 (물적)	비상장 (물적)	규정
분할 검토						
이사회 소집 통보						
분할이사회결의	이사회에서 분할계획서 승인	D-105	D-32	D-41	D-32	상법 제530조의3

절차	설명	상장 (인적)	비상장 (인적)	상장 (물적)	비상장 (물적)	규정
(상장)분할이사회결의사항 신고 및 공시	거래소	D-105		D-41		유사공시 제7조 (코스닥 제6조)
재상장심사서류 제출	거래소	D-105				유가상장 제39조
(상장)주요사항보고서 제출	사유발생 3일 이내에 금융위에 제출	D-105		D-41		자본시장 제161조
(상장)공시관련 매매거래 정지		D-105				유가공시 제40조 (코스닥 제37조)
(상장)거래소 승인	45일 영업일 이내 승인 결과 통지	D-45				유가상장 제22조 (코스닥 제8조)
(상장)증권신고서 제출	금융위, 효력발생기간 7 영업일	D-41				자본시장 제119조
주주총회 소집 이사회결의		D-41	D-32	D-41	D-32	상법 제362조
(상장)주총소집 이사회결의 신고 · 공시		D-41		D-41		유가공시 제7조 (코스닥 제6조)
주주명부 폐쇄 및 기준일 공고	명부확정 기준일 2주전 공고	D-41	D-31	D-41	D-31	상법 제354조
(상장)투자설명서 제출	신고서 효력발생 시 금융위 제출	D-30				자본시장 제123조
주주명부 확정 기준일	주주총회를 위한 권리주주 확정일	D-25	D-16	D-25	D-16	상법 제354조
주주총회 소집공고, 통지	주주총회 2주전 공고 및 통지(분할계획의 요령 기재)	D-15	D-15	D-15	D-15	상법 제363조, 제522조 (상법 제542조의4)
분할재무제표 등 비치 및 공시	주주총회 2주전 ~ 분할등기후 6개월	D-15	D-15	D-15	D-15	상법 제530조의7
분할승인 주주총회 개최	주주총회 특별결의	D	D	D	D	상법 제530조의3
(상장)분할주주총회 결과 보고	주주총회 결의 공시 및 결과 보고	D		D		유가공시 제7조 (코스닥 제6조)
채권자이의제출 공고 및 최고	주주총회일부터 2주 이내 공고	D+1	D+1	D+1	D+1	상법 제530조의11
주식의 병합 및 구주권 제출 공고	주주총회일부터 2주 이내 공고	D+1	D+1			상법 제530조의11

절차	설명	상장 (인적)	비상장 (인적)	상장 (물적)	비상장 (물적)	규정
매매거래 정지	구주권 제출 종료일의 전일 ~ 변경상장 전일	D+31				유가상장 제153조 (코스닥업무 제25조)
채권자 이의제출기간 만료	공고기간 1월 이상	D+32	D+32	D+32	D+32	상법 제530조의11
구주권 제축기간 만료	공고기간 1월 이상	D+32	D+32			상법 제530조의11
분할기일	분할 기준일	D+33	D+33	D+33	D+33	
분할보고주주총회 갈음 이사회	분할보고 주주총회 대체	D+34	D+34	D+34	D+34	상법 제530조의11
이사회결의 공고	분할보고총회 및 창립총회 이사회결의에 의한 공고로 갈음함	D+35	D+35	D+35	D+35	상법 제530조의11
분할등기 및 신설등기	본점은 공고일부터 2주 이내, 지점은 공고일부터 3주 이내	D+35	D+35	D+35	D+35	상법 제530조의11, 상업등기법 제70조~제72조
사업자등록신청	사업개시일부터 20일 이내에 사업장 관할세무서장에게 등록	D+35	D+35	D+35	D+35	
(상장)분할종료보고 또는 증권발행 실적보고서 제출	분할등기 후 지체없이 제출	D+35		D+35		발행공시규정 제2-19조, 제5-15조
(상장)최대주주 소유주식수 변동신고	분할등기 확인 후 지체 없이 신고	D+36				유가상장 제83조
(상장)계열회사 변경 신고	분할등기 후	D+36		D+35		유가상장 제28조 (코스닥 제26조)
(상장)임원등 소유상황보고	10% 보고, 구주권 제출 종료일 기준일부터 5영업일	D+40				자본시장 제173조
(상장)변경상장 및 재상장		-				

분할은 기본적으로 상법상의 절차인 이사회 결의, 주주총회, 채권자보호절차, 분할기일 및 분할등기 등의 절차가 필요합니다. 인적분할은 구주권제출 절차가 추가적으로 필요하고, 상장법인은 공시·신고 절차 및 변경상장과 재상장을 위한 절차가 추가됩니다.

다음의 분할절차 및 일정은 **비상장법인의 인적분할 경우**를 가정하여 설명하고, 상장법인 인적분할시, 물적분할시 고려사항은 차이점 위주로 추가적으로 설명하였습니다.

① 이사회 및 분할계획서 승인

분할을 위해서는 분할계획서를 작성하여야 합니다. 분할계획서에 반드시 기재되어야 하는 사항은 상법 제530조의5에 규정[154)]되어 있습니다. 분할계획서에는 분할비율, 분할되는 재산, 분할기일 등의 내용이 기재됩니다. 분할계획서를 이사회 및 주주총회에서 승인하기 때문에 분할계획서에 따라 분할이 진행되어야 합니다.[155)]

분할계획서를 이사회에서 결의할 때 분할 주주총회 소집을 위한 이사회 결의도 기간단축을 위해 함께 이루어지는 것이 일반적입니다.

② 분할계획서 및 각 회사의 재무제표의 비치

분할주주총회일의 2주전부터 분할등기를 한 날 이후 6개월이 경과하는 날까지 분할계획서, 분할되는 부분의 대차대조표,[156)] 분할하면서 신주가 발행되거나 자기주식이 이전되는 경우에는 분할회사의 주주에 대한 신주의 배정 또는 자기주식의 이전에 관하여 그 이유를 기재한 서면을 본점에 비치하고 주주 및 채권자가 언제든지 열람하거나 등본 또는 초본의 교부를 청구할 수 있도록 하여야 합니다.

③ 주주총회

주주총회 절차	일정	설명
주주총회소집 이사회 결의	D-32	분할이사회 결의 시
주주명부 폐쇄 및 기준일 공고	D-31	주주명부 확정 기준일 2주전
주주명부 확정 기준일	D-16	주주총회를 위한 주주 확정일
주주명부 폐쇄기간	D-15~D-15	1일 가정[157)]
주주총회 소집공고 및 통지	D-15	주주총회 2주전
주주총회	D-day	주주총회 특별결의

분할은 주주총회의 승인을 받아야 합니다. 주주총회를 위해서는 의결권을 행사할 수 있는 주주를 확정하여야 합니다. 주주확정을 위해서는 기준일이 필요합니다. 그렇기 때문에

154) 이에 대해서는 부록의 "분할계획서 필요 기재사항"과 "분할계획서 작성 예시" 부분을 참고하시기 바랍니다.
155) 분할계획서 작성 시와 실제 분할기일의 재무제표는 다를 수 있습니다. 그렇기 때문에 분할되는 재산의 금액은 다소 변동될 수 있습니다. 그러나, 분할계획서에 기재된 이전되는 재산의 항목은 차이가 나서는 안될 것입니다.
156) 상법상 용어가 대차대조표이므로 이를 그대로 사용하였습니다.
157) 주주확정 및 통지를 위한 준비에 소요되는 기간에 따라 확정기준일과 공고 및 통지 일정의 간격은 더 필요할 수 있습니다.

분할을 위한 주주총회를 개최하기로 결정한 이사회는 주주총회 의결권 행사 가능 주주 확정을 위한 기준일을 정하여 공고하는 것이 필요합니다. 주주명부 확정 기준일에 주주명부를 폐쇄하여 주주를 확정하고 주주에게 해당 내용의 통지문 발송을 준비합니다. 이 기간은 주주구성이 복잡하지 않은 비상장회사는 2~3내에 완료될 수 있지만, 주주구성이 복잡한 상장회사는 약10여일 정도 소요될 수 있습니다.

주주총회의는 특별결의를 통해 이루어집니다. 특별결의 요건은 출석주주 2/3 이상의 승인이 필요하며, 이는 발행주식총수 1/3 이상이어야 합니다. 분할은 합병과 달리 의결권 없는 주식을 보유한 주주도 의결권이 인정되며, 분할로 인하여 어느 종류주주(우선주 등)에게 손해를 미치게 되는 경우에는 종류주주총회의 승인이 추가로 필요합니다.

일정계획은 주주총회 2주전에 분할주주총회 소집공고 및 통지를 하여야 하고, 이러한 주주확정을 위해서는 2~10여일의 기간이 필요하다는 점이 고려되어야 합니다. 그리고, 주주확정 기준일 2주전에 주주명부 폐쇄 및 기준일 공고를 하여야 한다는 점이 일정계획 수립시 고려되어야 합니다.

④ 채권자보호

분할로 인해 회사 재무구조는 달라질 수 있습니다. 이는 채권자 입장에서는 회사의 채무상환능력에 영향을 미치는 상황으로 볼 수 있기 때문에 분할시에는 채권자보호절차를 거쳐야 합니다.

그러나 분할전 채무에 대하여 분할회사와 분할신설회사가 연대하여 책임을 지기로 한 경우에는(분할계획서에 이러한 사항을 기재) 채권자에 대한 회사의 담보재산이 변하지 않기 때문에 채권자보호절차를 이행하지 않아도 됩니다.

채권자보호절차는 주주총회에서 분할을 결의하게 되면 이행하게 됩니다. 주주총회 결의일로부터 2주 이내에, 분할에 이의가 있으면 1개월 이상의 기간을 정하여, 이 기간내에 이의를 제출할 것을 공고하고, 알고 있는 채권자에 대하여는 따로따로 이를 최고하여야 합니다. 공고는 정관에 정한 일간신문 또는 홈페이지에 하여야 합니다.

이 기간내에 이의를 제출하지 않으면 분할을 승인한 것으로 보며, 이의를 제출한 채권자가 있는 때에는 회사는 그 채권자에 대하여 변제 또는 상당한 담보를 제공하거나 상당한 자산을 신탁하여야 합니다.

⑤ 구주권제출

인적분할은 기존의 주주가 분할신설회사의 주식과 자본감소로 인해 주식이 병합되어 발행되는 분할회사의 주식을 교부받기 때문에 구주권의 제출절차가 필요합니다.[158] 이를 위해 분할법인 주주에게 기존 주식을 제출할 것을 공고하고 주주에게 개별 통지하여야 합니다. 공고의 방법은 채권자보호절차와 마찬가지로 정관에 정한 일간신문 또는 홈페이지에 하여야 합니다.

⑥ 분할기일 및 분할보고총회

분할기일은 분할이 실질적으로 이루어지는 기준이 되는 날입니다.

분할기일 이후 분할회사 및 분할신설회사는 주주총회를 소집하여 분할에 관한 사항(자산부채 이전에 관한 사항, 신주발행 사항 등)을 보고하여야 합니다. 이는 결의사항이 아니고 경과보고의 목적으로 필요한 것입니다. 그렇기 때문에 분할보고 주주총회를 개최하지 않고, 이사회에서 결의와 이를 공고하는 것으로 대체할 수 있도록 하고 있습니다.

분할기일은 분할계획에 의해 분할을 하는 날로 정하는 실체적으로 분할이 이루어진 날이며, 실체적, 경제적 관점에서 분할이 이루어진 기준이 되는 날입니다. 그러므로 회계처리 등에 있어서는 분할기일을 기준으로 분할회계처리가 이루어집니다. 그러나 법률상의 효력이 발생하는 날은 분할등기일이기 때문에 세무상 처리 등에 있어서는 분할등기일을 기준으로 분할세무 처리가 이루어집니다. 따라서 실무상 복잡성을 최소화하기 위해서는 분할기일과 분할등기일의 차이를 줄이도록 하는 것이 필요합니다.

NOTE 11

□ 분할 자산 및 부채는 어떻게 확정되는가?

분할계획서에서 분할 대상 자산 및 부채에 대해 기재합니다. 그리고, 승계대상 재산목록과 분할대차대조표도 첨부합니다. 분할계획서에 기재된 재무제표는 통상적으로 직전 사업연도말이나, 분반기 검토를 받은 회사의 경우에는 가장 최근의 분기 또는 반기 재무제표를 기준으로 합니다. 그러므로 분할기일의 대차대조표와는 차이가 발생하게 됩니다. 이때 흔히 하게 되는 고민은 ① 금액이 변동되면 분할비율이 바뀌어야 하는건가? 아니면 ② 분할계획서상 금액과 어떻게하든 똑같은 금액으로 분할하여야 하는가? 하는 문제입니다.

① 분할비율은 일반적으로 주주총회에서 승인된 분할비율이 그대로 유지됩니다. 단, 이전되는 자산부채의 승계목록이 바뀌어서는 안됩니다.

② 분할계획서상 금액과 반드시 동일할 필요는 없습니다. 대여금A를 이전하기로 하였다면 해당 자산이 이전되면 되는 것이고, 대여금A가 분할계획서 작성시 금액과 분

158) 기존 주식에 변화가 없는 물적분할은 구주권제출 절차가 필요하지 않습니다.

할기일에 이전할 때의 금액이 다소 차이가 난다고 하여 분할계획서대로 분할하지 않았다고 보지는 않습니다. 단, 이 경우에도 분할계획서상의 승계목록(이전대상 자산 및 부채의 항목)은 분할계획서대로 이전되어야 합니다.

⑦ 분할등기

분할이 이루어지면 이를 등기하여야 법률적 효력이 발생합니다. 분할보고주주총회(분할기일)로부터 본점은 2주간 내에, 지점은 3주간 내에, 분할회사는 분할등기를, 분할신설회사는 설립등기를 완료하여야 하는데, 실무적으로는 분할기일과 분할등기일의 기간 차이를 줄이기 위해 등기신청을 지체하지 않고 하는 편입니다.

[표 24] 분할등기시 필요서류

변경등기(존속법인) 및 설립등기(신설법인) 시 필요서류[159)]

- 변경등기 및 설립등기신청서
- 분할계획서
- 정관
- 이사회의사록(창립총회의사록의 경우 공증 필요)
- 주주총회의사록(공증필요, 종류주주총회개최시 종류주주총회 의사록 포함)
- 이사, 감사의 취임 증명 서면
- 채권자 이의제출 공고 및 최고서, 변제영수증(또는 이의없음 표시 진술서)
- 주권제출 공고증명서
- 명의개서대리인 계약서(해당사항 있을 경우)

⑧ 신주 교부 및 단주 대금 지급

분할비율에 따라 분할기일 현재 주주명부에 기재된 주주에게 분할로 병합된 주식과 분할신설법인의 신주를 교부합니다. 만약 분할비율에 따라 병합된 주식과 신주를 교부할 때, 비율 상 1주가 되지 못한 경우를 단주라고 하는데, 단주에 대해서는 단주대금이라 하여 현금으로 지급합니다.[160)]

159) 상업등기법 제70조, 상업등기규칙 제150조, 상업등기신청서의 양식에 관한 예규 83-1, 83-2

160) 상법 제443조의 단주처리: 그 병합에 적당하지 아니한 부분에 대하여 발행한 신주를 경매하여 각 주수에 따라 그 대금을 종전의 주주에게 지급하여야 한다. 그러나 거래소의 시세있는 주식은 거래소를 통하여 매각하고, 거래소의 시세없는 주식은 법원의 허가를 받아 경매외의 방법으로 매각할 수 있다.

6) 상장법인-인적분할 추가고려사항

상장법인은 인적분할을 할 경우 이사회 및 주주총회와 같은 상법상 절차 이외에도 재상장 예비심사절차, 증권신고서 제출 등 자본시장법 및 관련 규정의 절차 이행이 필요합니다. 이러한 절차 등으로 인해 이사회에서 재상장일까지 약 5~6개월의 기간이 소요됩니다.

- 상장법인의 인적분할은 분할 후 신설법인도 재상장하는 것을 기본으로 이루어지기 때문에 상장법인이 인적분할을 준비할 때에는 상장주선인의 선임이 필요합니다. 단, 코스닥 상장법인의 경우 상장주선인을 반드시 선임하여야 하지만, 유가증권상장법인의 경우에는 의무사항은 아닙니다. 그러나 대부분의 상장회사가 상장주선인을 선임하여 재상장 신청을 하고 있습니다.
- 상장법인은 분할에 대한 이사회 결의가 있으면 그 결의 사항을 지체없이 거래소에 신고하고 공시하여야 합니다.
- 상장법인의 분할 공시는 주가에 영향을 줄 수 있으므로, 그 충격을 완화하기 위해 공시시점부터 일정시간동안[161] 매매거래를 정지하도록 하고 있습니다.
- 상장법인이 인적분할하면서 분할신설법인이 상장될 때에는 재상장예비심사를 거쳐야 합니다. 재상장예비심사에 대한 거래소의 승인이 이루어져야 증권신고서 제출을 포함한 이후의 일정 진행이 가능합니다.

재상장예비심사 절차	일정	설명
재상장 심사 자료 준비		분할부문의 최근 3개년 구분 재무사항 등
상장주선인 선임	D-61	증권회사(유가상장 제12조, 코스닥상장 제4조)
사전협의		절차, 시기 등 필요사항 거래소와 협의(유가상장 제20조, 코스닥상장 제4조)
분할이사회 결의	D-day	
재상장 예비심사 신청		이사회결의 후 지체없이(유가상장 제39조, 코스닥상장 제4조)
재상장 예비심사 결과 통지	D+65	예비심사 신청서 접수일로부터 45영업일 내[162](유가상장 제22조, 코스닥상장 제8조) * 유가상장: 유가증권시장 상장규정, 코스닥상장: 코스닥시장 상장규정

161) 통상 공시시점부터 30분동안이나, 만약 분할이사회 결의 공시일에 분할신설법인의 재상장 예비심사신청서 및 첨부서류 등의 제출을 하지 않은 경우에는 분할공시 시점부터 관련서류 제출일까지 거래가 정지될 수 있습니다(단, 코스닥상장규정은 분할재상장관련 매매정지 조항이 없습니다).
162) 신청서 등의 정정 및 보완 등의 사유 발생시 연장될 수 있습니다.

- 상장법인은 분할이사회 결의일로부터 3일 이내에 주요사항보고서를 제출하여야 합니다(자본시장법 제161조).
- 인적분할로 분할신설법인의 주식을 발행하게 되는 경우 증권신고서를 제출하여야 합니다. 증권신고서는 효력발생기간을 고려하여 주주총회 소집통지 및 공고일 7영업일 전까지 제출하여야 합니다(자본시장법 제119조).
- 증권신고서의 효력이 발생하는 날에 투자설명서를 금융위에 제출하고 분할존속회사 본점, 금융위, 거래소, 청약사무취급법인에 비치하여 열람할 수 있도록 하며, 주주에게는 주주총회일 이전까지 투자설명서를 교부하여야 합니다(자본시장법 제123조).
- 상장법인은 1% 이하의 주식을 소유한 주주에게는 주주총회 소집 공고 및 통지를 함에 있어서 주주총회일 2주전에 2 이상의 일간신문에 2회 이상 회의 목적사항 등을 공고하거나 전자공시 시스템에 공고하는 방법으로 갈음할 수 있습니다. 그러나 실무적으로는 1% 이하의 주주라고 하더라도 대부분 개별통지를 공고와 더불어 병행하고 있습니다(상법 제542조의4).
- 상장법인은 비상장법인보다는 주주총회를 위한 주주명부를 확정하고 개별적인 통지를 준비하는데 소요되는 기간이 더 필요할 수 있습니다. 비상장법인이 통상적으로 1~2일의 기간이 소요된다면, 상장법인은 실무적으로 약 10여일의 기간이 소요됩니다.[163]
- 전자증권법에 따라 전자등록된 주식을 병합하는 경우에는 「상법」 제440조에도 불구하고 회사가 정한 일정한 날에 주식이 병합된다는 뜻을 그 날부터 2주 전까지 공고하고 주주명부에 기재된 주주와 질권자에게는 개별적으로 그 통지를 할 수 있습니다(전자증권법 제65조). 그러므로 상장법인 인적분할의 경우에는 채권자보호절차가 없다면 주주총회에서 분할기일까지의 기간은 2주간으로 단축될 수 있습니다.
- 분할등기가 완료되면 분할종료보고서 또는 증권발행실적보고서를 제출하여야 합니다. 증권발행실적보고서를 제출하는 경우 분할종료보고서 제출은 면제됩니다.
- 상장법인이 합병 후 3년 이내 합병 당시 비상장법인을 분할하는 경우에는 상장심사를 받지 않고 상장되는 결과를 초래할 수 있으므로 일정기준의 상장요건을 갖추어야 분할 및 재상장이 가능합니다.[164]
- 유가증권상장법인의 경우에는 a)비상장법인이 유가증권상장법인과 합병을 한 후 합병등기일로부터 3년 이내에 분할 결의를 하고, b)분할신설법인의 주된 영업부문이 합병

163) 실무적인 소요기간의 차이로 볼 수 있습니다.
164) 유가증권시장 상장규정 제42조, 코스닥시장 상장규정 제17조

당시 비상장법인인 피합병법인의 영업부문에 속하는 경우에는 일반상장에 준하는 요건을 충족하여야 분할신설법인이 재상장될 수 있습니다(유가증권시장상장규정 제42조, 제29조, 제30조). 단, 합병당시 우회상장심사를 받고 합병을 한 경우에는 합병후 단기분할시 재상장 요건 충족 대상에서 제외됩니다.

- 코스닥상장법인의 경우에는 a)비상장법인이 코스닥상장법인과 합병을 한 후 합병등기일로부터 3년내에 분할한 경우에는 일반상장에 준하는 요건을 충족하여야 분할신설법인이 재상장될 수 있습니다(코스닥시장상장규정 제17조, 제6조) 또한 분할기일이 속한 사업연도(분할기일부터 당해 사업연도까지의 기간이 3월 미만인 경우에는 다음 사업연도)의 결산재무제표가 확정되어야 하기 때문에 분할일정에 미치는 영향도 체크해보아야 합니다. 다만, 비상장법인과의 합병이 소규모합병이었거나, 합병 당시 우회상장심사를 받은 경우에는 합병후 단기분할시 재상장 요건 충족 대상에서 제외됩니다.
- 구주권제출기간 만료일 전일부터 변경상장 전일까지 매매거래가 정지됩니다(유가증권시장 상장규정 제153조, 코스닥시장 업무규정 제25조).
- 분할신설회사는 재상장신청을 하고, 분할존속회사는 분할등기이후 자본금 및 상장주식 수량의 변동으로 인해 변경상장 신청을 합니다[165](유가증권시장 상장규정 제46조, 제158조, 코스닥시장 상장규정 제18조, 제50조).
- 분할신설회사는 거래소의 재상장 예비심사 결과 통지일로부터 6개월 이내에 재상장 신청을 하여야 합니다. 일반적으로 분할기일 이후 분할개시재무제표가 확정되면 이를 포함한 자료 들을 제출하면서 재상장 신청을 하게 됩니다(유가증권시장 상장규정 제42조, 코스닥시장 상장규정 제17조).
- 주식이 분할이 되면 분할이후 최초 거래되기 전 기준가격은 시가총액을 분할결정시 순자산비율[166]로 안분하여 산정합니다. 안분된 금액을 분할존속회사와 분할신설회사의 주식수로 나누어 1주당 기초가격이 평가되고, 이 가격에서 호가[167]를 받아 거래 기준가격이 결정됩니다.

---

165) 분할신설회사는 재상장일정과 분할존속회사의 변경상장 일정은 다르기 때문에 상장시점이 각각 다를 수 있습니다. 그러나, 대부분 투자자의 혼란을 방지하기 위해 분할존속법인의 변경상장과 분할신설법인의 재상장을 동일한 날에 이루어지도록 일정 계획을 세우고 있습니다.

166) 분할주주총회 당시 결의된 분할비율을 의미합니다(유가증권시장 공시규정 시행세칙 별표1). 단, 코스닥시장 규정은 분할기일의 순자산비율로 다소 차이가 있어 실행시 이를 확인할 필요가 있습니다.

167) 최저호가가격은 1주당 평가액의 50%, 최고호가가격은 1주당 평가액의 200%

• 상장법인은 지분변동에 따른 공시가 필요합니다. 분할로 상장법인의 지분을 5% 이상 보유하게 되는 경우 또는 5% 이상 보유한 후 1% 이상 보유비율이 변동되는 경우에는 변동 내역을 5영업일 이내(분할등기일 기준)에 금융위와 거래소에 보고하여야 합니다(주식 등의 대량보유상황 보고). 상장법인의 임원 및 주요주주는 보고기준일의 다음날부터 5영업일 이내에 주식의 소유상황을 증선위와 거래소에 보고하여야 합니다(임원 등의 특정증권 등 소유상황 보고).[168)]

7) 비상장법인-물적분할 추가고려사항

비상장법인의 인적분할과 물적분할의 주요한 차이는 인적분할은 구주권 제출 절차가 있고, 물적분할은 구주권 제출 절차가 없다는 점입니다. 기존주주의 지분은 그대로 있고, 분할법인이 보유한 재산 일부를 분할하여 자회사로 만드는 분할이기 때문입니다. 그러므로 채권자보호절차[169)]가 없다면 인적분할과 물적분할은 구주권 제출기간에 해당하는 기간만큼 소요기간이 차이가 날 수 있습니다. 만약 채권자 보호절차를 이행하고 인적분할시 구주권 제출 기간이 채권자보호절차 기간과 동일하다면 비상장법인의 인적분할과 물적분할의 소요기간 차이는 없다고 볼 수 있습니다.

8) 상장법인-물적분할 추가고려사항

물적분할은 기존 주주가 구주권을 제출하여 신주를 교부받는 절차가 필요없습니다. 그러므로, 연대채무[170)]를 부담하는 경우 채권자보호절차가 불필요하여 주주총회 이후 일정이 1개월 정도 앞당겨질 수 있습니다.

상장물적분할과 상장인적분할의 중요한 차이 중의 하나는, 물적분할은 기존주주의 주식에는 변화가 없어서 재상장심사가 불필요하므로 재상장 심사와 관련된 기간이 없다는 점입니다. 구주권 제출절차가 필요 없기 때문에 변경상장과 이로 인한 매매거래 정지[171)]도 불필요합니다. 그리고 상장법인이 핵심 사업부문을 물적분할(분할합병은 제외)하는 경우 물적분할에 관한 이사회의 결의에 반대하는 주주에게는 주식매수청구권을 부여하여야 합니다.

168) 자본시장법 제147조, 제173조, 동법 시행령 제153조, 제200조
169) 분할전 채무에 대해 분할법인과 분할신설법인이 연대하여 책임을 부담하는 경우에는 채권자보호절차가 불필요하고 분할법인과 분할신설법인이 각각 보유하게 되는 채무에 대해서만 책임을 부담하는 경우에는 채권자보호절차가 필요합니다.
170) 연대채무는 분할회사와 분할신설회사가 분할전 채무에 대해 연대하여 책임을 부담하는 것을 의미합니다.
171) 상장법인의 인적분할시에는 구주권제출기간 만료일 전일부터 변경상장 전일까지 매매거래가 정지됩니다.

9) 분할 & 양수도 시 추가고려사항

분할이 양수도를 위한 절차로서 활용될 경우에는 양수도 절차와 분할절차를 연속성 상에서 살펴볼 필요가 있습니다. 다음의 그림은 물적분할 후 지분을 양수도하는 절차의 예시입니다. M&A구조가 일부 사업부를 분할하여 매각하는 것으로 설계되었다면 Deal closing의 선행조건으로 분할이 이행될 필요가 있고, 이러한 경우 통상적으로 각 분할법인의 채무는 단절하기 때문에 채권자보호절차가 필요하여 비상장법인의 경우 deal 완결을 위한 분할을 위해 2.5~3개월의 시간이 소요될 수 있음을 고려하여야 합니다.

[그림 16] 물적분할 후 지분 양도 일정 예시

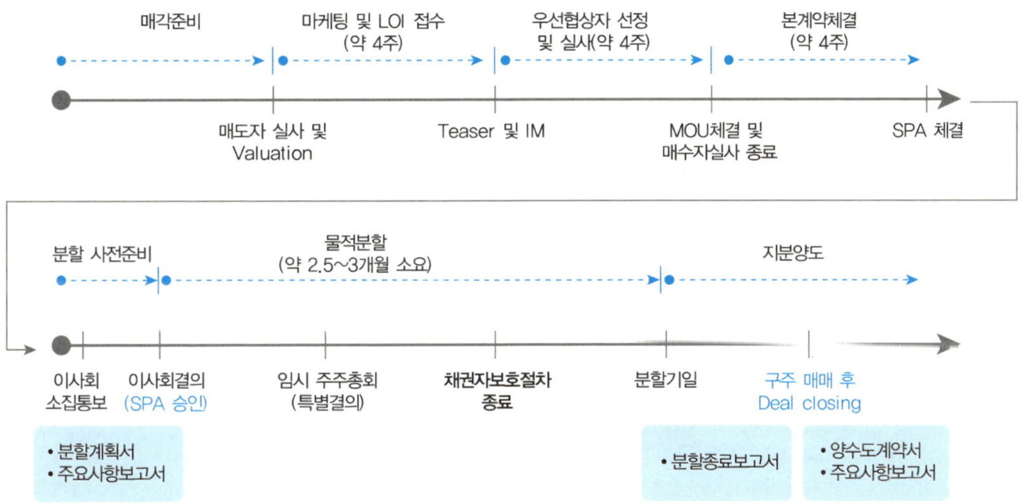

10) 실행 시 추가 고려사항

① 의사결정 사항

분할은 회사가 2개 이상으로 나누어지므로 다양한 의사결정 사항이 필요합니다. 우선적으로는 상호, 목적, 본점 소재지, 발행할 주식의 총수, 정관 등 상법에 기술된 분할계획서 기재사항에 대한 의사결정이 필요할 것입니다.

② 이해관계자

분할시에는 이해관계자에 대한 고려가 필요합니다.

주주총회는 주식회사의 최고 의사결정기관으로서 분할은 주주총회의 특별결의 사항입니다. 특별결의는 출석한 주주의 의결권의 3분의 2 이상의 수와 발행주식총수의 3분의 1 이상의 수로 의사결정을 하게 됩니다.

임직원은 분할의 직접적인 이해관계자로서 분할의 목적과 구도에 대해 충분한 이해가 가능하도록 소통되고 설계되는 것이 필요합니다. 또한 분할신설법인의 임직원에 대한 구성도 계획되어야 합니다.

분할전의 채무에 대해서는 분할존속회사와 분할신설회사가 연대하여 채무를 부담합니다. 그러나, 연대하여 부담하지 않는 것으로 분할계획서에 기재할 경우에는 채권자보호절차[172)]가 필요합니다. 이때 금융채무뿐만 아니라 상거래채무 등도 채권자보호절차의 대상이 됩니다.

거래처와 계약은 성격에 따라 분할전후로 통보, 정보제공, 협의, 사전 동의 등을 요구하는 경우가 있으므로 이에 대한 사항을 사전에 파악할 필요가 있습니다.

법원(등기 등), 금융감독원, 거래소, 국세청, 인허가 기관, 관련 협회 등과 같은 기관과의 관계에서도 분할과 관련하여 필요한 사항이 무엇인지 사전에 파악할 필요가 있습니다.

③ 인적분할시 존속법인과 신설법인의 결정

인적분할로 인해 법인이 2개 이상으로 분리될 경우에는 어떤 법인을 존속법인으로 하고, 어떤 법인을 신설법인으로 할 것인지를 결정하여야 합니다. 이를 위해서는 이전되는 사업과 자산·부채의 성격 및 제약사항을 검토하여 이행의 용이성을 비교해 보아야 합니다.

[표 25] 존속법인과 신설법인의 비교

구분	존속법인	신설법인
자본	감자	자본금 납입
등기	변경등기	설립등기
권리의무 및 자산부채의 이전	변동없음	• 신설법인 이전 절차 필요(실무적 절차의 복잡성 등 고려 필요) • 계약 이전 및 인허가 절차 필요
상장	• 변경상장 - 상장유지요건(상장적격성실질심사 해당여부)	• 재상장심사 - 재상장요건: 기업규모, 경영성과 등 형식적 요건 및 기업의 계속성 및 경영투명성 등 질적요건
세법	양도차익	• 자산부채 포괄승계(적격분할의 요건 충족 필요 여부) • 주주 의제배당

172) 채권자보호절차에 대해서는 다음 장을 참고하시기 바랍니다.

④ 상장법인의 경우 추가 고려사항: 신설법인 재상장 요건(인적분할)

상장법인이 인적분할 후 재상장되지 않거나, 분할된 법인의 재무상황 등이 악화될 경우에는 소액주주들에게 피해가 갈 수 있기 때문에 감독기관으로부터 재상장 요건에 대한 심사가 이루어지고 있습니다.[173] 재상장과 관련하여서는 상장주선인을 선임하여 재상장 신청과 관련된 전반적인 사항을 협의할 필요가 있습니다.[174] 신설법인 재상장 요건은 "부록"의 "상장요건"부분을 참고하시기 바랍니다.

⑤ 상장법인의 경우 추가 고려사항: 존속법인 상장 유지

존속법인은 분할이 주된 영업의 양도 등으로 간주될 경우에는 상장의 유지가 적절한지에 대한 심사를 받아야 합니다. 그러므로 존속법인도 사업적 측면과 재무적 측면에서 지속 가능하도록 분할 검토 시 고려될 필요가 있습니다.[175]

[표 26] 존속법인의 상장유지 요건

구분		주요 고려사항	기준
상장유지 요건	관리종목기준 중 일부	• 시가총액 미달: 보통주권의 상장시가총액이 50억원 미달인 상태가 30일 동안 계속되는 경우	유가증권 시장상장 규정 제47조
	상장폐지기준 중 일부	• 시가총액 미달: 시가총액 미달로 관리종목으로 지정된 후 90일 동안 보통주권의 상장시가총액이 50억원 이상 10일 이상 지속되지 못하거나, 50억원 이상인 일수가 30일 이상이 되지 못할 경우	유가증권 시장상장 규정 제48조
상장적격성 실질검사	심사대상 중 분할 관련 사항	• 유상증자, 분할 등이 상장폐지를 회피하기 위한 것으로 인정되는 경우 • 주된 영업이 정지된 경우	유가증권 시장상장 규정 제49조
	주된 영업의 정지	• 주된 영업의 정지 - 다음 어느 하나에 해당하여 실질적으로 영업을 영위하기 어려운 경우*) ① 주된 영업의 생산 및 판매활동이 중단되는 경우	유가증권 시장상장 규정 시행세칙

173) 인적분할 후 신설법인이 재상장되지 않을 경우에는 소액주주등을 보호하기 위해 주식매수청구권 제도를 통해 주식을 매입해 주어야 합니다.
174) 유가증권시장상장규정 제39조, 제42조 등 참고
175) 유가증권시장상장규정 제47조, 제48조, 제49조, 유가증권시장상장규정 시행세칙 제50조, 상장적격성 실질심사지침 제6조 등 참고

구분		주요 고려사항	기준
상장적격성 실질검사	주된 영업의 정지	② 주된 영업과 관련한 면허가 취소 또는 반납되는 경우 ③ 주된 영업이 양도되거나 분할 또는 분할합병 등에 따라 이전되는 경우 ④ 분기별 매출액이 5억원 미만인 경우 ⑤ 그 밖에 주된 영업활동이 사실상 중단된 것으로 거래소가 인정하는 경우 *) 이 경우 전체 사업부문 또는 잔여 사업부문의 연간 매출액, 분기 매출액 등을 고려하여 해당 여부를 판단하고, 지주회사 및 외국주권등 상장법인은 연결재무제표상 매출액을 기준으로 한다.	제50조
	주된 영업의 정지의 예	① 잔여 사업부문의 최근 사업보고서상 매출액이 50억원 미만인 경우 ② 잔여 사업부문의 최근 사업보고서상 매출액이 75억원 미만이고 최근 사업보고서상 전체 매출액의 100분의 25 미만일 경우 ③ 잔여 사업부문의 최근 사업보고서상 매출액이 100억원 미만이고 최근 3사업연도 사업보고서상 매출액이 지속적으로 감소한 경우	상장 적격성 실질 심사지침 제6조

⑥ 인허가, 계약관계 등 제약사항 여부 검토

분할 신설 회사로 이전해야 하는 인허가 등이 있을 경우에는 절차 및 기한에 대해 확인해야 합니다.

인허가는 해당 인허가의 근거법령에서 분할에 따른 포괄승계를 명문으로 규정해 놓지 않은 이상, 원칙적으로 분할에 따라 분할신설회사로 자동 승계되지 않는다고 보는 것이 일반적입니다. 따라서, 분할신설회사가 그 사업을 영위하기 위해 필요한 인허가는 (i) 분할의 효력발생과 동시에 그 인허가의 근거가 되는 법령에 따른 신규신청 등의 절차를 거쳐야 하며 (ii) 신규 신청 후 인허가가 나올 때까지의 시간을 최대한 단축하기 위하여 분할의 효력발생 이전에 관할관청에 (a) 해당 인허가의 기초가 되는 인적·물적 설비에는 차이가 없고 (b) 분할을 통해 인허가의 기초가 되는 인적·물적 설비가 분할신설회사로 포괄승계되는 것은 합병이나 영업양수도와 다르지 않다는 점 등을 기초로 근거 법령에 따른 인허가의 승계(즉, 지위승계, 명의변경 내지 신규 인허가등록)절차의 이행을 신속하게 진행해 달라는 취지의 사전 협의가 필요할 수도 있습니다.[176]

176) 상황에 따라 인허가 관련 기관과의 사전협의는 분할의 효력발생 전에 이루어질 필요가 있으며, 인허가 문

회사가 맺고 있는 계약관계와 관련된 내용의 검토도 필요합니다. 일반적으로는 분할신설회사로 이전되는 계약 중 한국법을 준거법으로 하는 계약은 분할의 법률적 효력에 따라 분할신설회사에 승계된다고 보고 있습니다. 그러나, 계약에 따라서는 분할(또는 상당한 자산의 매각, 승계, 영업의 중단, 폐지 등)이 계약상 상대방에게 동의를 구하거나 통지하도록 정해진 경우가 있습니다.

또한 외국법에 준거한 계약은 계약서에 명백한 내용이 없는 한 국내법에 의한 분할의 법률적 효력이 당연하게 적용된다고 보지 않는 것이 일반적입니다. 그러므로 외국법에 준거한 계약에 대해서는 동의나 통지 절차 없이 해당 계약이 분할신설회사에 승계되는지 여부에 관해 이견이 존재할 수 있으므로 각 거래 계약서를 확인하여 분할시 필요한 조치에 대해 확인하고, 이를 이행 하여야 합니다.

특히, 일부 계약건은 분할 등으로 인한 재무적 상황등의 변동에 대한 규정을 정하고 있는 항목이 있을 수 있으므로, 계약건과 관련된 검토는 분할 신설로 이전된 사업부와 관련된 건 이외의 계약에 대해서도 분할로 인해 취하여야 할 조치가 있는지 확인할 필요가 있습니다.

최근 데이터를 활용한 사업의 중요성이 커져가면서 기업이 보유한 고객 개인정보도 중요한 자산으로 인식되고 있습니다. M&A를 할 때에도 이러한 개인정보가 이전되는 경우가 있는데, 이러한 개인정보를 이전하려고 하는 양도자, 즉, 개인정보처리자는 영업의 전부 또는 일부의 양도・합병 등으로 개인정보를 다른 사람에게 이전하는 경우에는 직접 서면으로 정보주체에게 해당 사실을 알리거나 인터넷 홈페이지에 30일 이상 게재 등의 방법에 따라 해당 정보주체에게 알리는 절차가 필요합니다.[177] 또한, 영업 양도・분할・합병 등을 통해 권리・의무의 전부 또는 일부를 이전하면서 그와 관련된 개인신용정보를 양수자에게 제공하는 경우에는 신용정보주체로부터 미리 개별적으로 동의를 받아야 합니다.[178]

⑦ 분할 사산무재 결정 Flow 예시

분할 자산부채를 결정하기 위해서는 기준이 되는 재무제표가 확정되어야 합니다. 기준이 되는 재무제표는 이사회 시점에서 가장 최근 공시된 재무제표를 기준으로 하는 것이 최근의 일반적인 사례입니다. 여기서 기준 재무제표는 이사회, 주주총회 등의 승인을 위한 분할계획서에 포함되는 분할비율과 분할 대상 자산부채를 결정하기 위한 재무제표를 말합니다.

제가 이슈가 될 수 있다면 신설법인과 존속법인을 결정할 때의 의사결정에 이러한 사항이 고려되어야 할 것입니다.

177) 개인정보보호법 제27조

178) 신용정보의 이용 및 보호에 관한 법률 제32조 6항 3호

그러므로 실제 분할기일 재무제표는 분할비율 산정의 기준이 되는 분할계획서 상의 재무제표와는 다를 수 있습니다.

분할계획서상 기준 재무제표가 확정되었다면 이를 바탕으로 신설법인에 귀속될 자산·부채를 결정하여야 합니다. 우선 신설법인에 이전되는 사업과 직접적으로 관련된 자산·부채를 구분합니다. 이때 재무제표에 계상되지 않은 권리·의무도 구분해 놓는 것이 좋습니다.[179] 각 사업부가 공동으로 사용한다고 볼 수 있는 자산·부채는 세법상 요건, 상장요건 등 법규상 제한사항과 각 사업부의 향후 예상 재무구조, 분할의 목적 등이 종합적으로 고려되어야 합니다. 공통자산부채의 배부까지 완료되면 분할재무제표가 작성되고, 이를 바탕으로 각 법인의 순자산비율에 따라 분할비율이 결정됩니다.[180]

[그림 17] 분할자산부채 결정 및 분할비율 결정 FLOW 예시

기준 BS 결정 → 직접귀속자산 · 부채구분 → 공통 1차 배부 → 공통 2차 배부 → 배부 후 분할 BS

계정과목	분할전 금액	Step1					Step2			Step3		Step4	
		존속		신설		공통1	존속	신설	공통2	존속	신설	존속	신설
		사업1	사업2	사업3	사업4								
현금성자산													
매출채권													
미수수익													
선급금													
유형자산													
기타자산													
자산총계													
매입채무													
차입금													
미지급금													
기타부채													
부채총계													
순자산													

만약 위의 그림에서 공통자산부채 배부시 고려되는 여러 사항 중 세법상 적격분할 요건을 고려한다고 보면, 공통자산부채 1차 배부인 STEP2에서는 각 공통자산부채를 사용비율

179) 이러한 항목은 대표적으로 상표권 등의 무형자산이 있습니다. 재무제표에 계상되지 않은 이러한 무형자산은 분할계획서에 분할로 이전되는 자산으로서 명확히 할 필요가 있으며, 승계재산목록에도 기재해 놓는 것이 필요할 수 있습니다.

180) 일반적으로 분할비율은 자본금분할비율을 말합니다. 분할비율을 순자산비율로 결정하여야 한다는 규정은 없으나, 대부분의 사례에서 순자산비율로 분할비율을 결정하고 있습니다.

로 안분하여 배부합니다. 그리고 공통 2차 배부인 STEP3에서는 사용비율이 명확하지 않은 자산부채에 대해 STEP2까지 배부된 금액비율을 기준으로 안분하여 배부합니다. 이렇게 공통자산부채까지 배부가 완료되면 STEP4와 같이 존속법인과 신설법인의 분할재무제표가 작성되게 되며, 해당 순자산의 비율을 분할비율로 결정하게 됩니다.[181)]

자본항목은 순자산의 배부에 따라 종속적으로 결정된다고 보면 됩니다. 자본금과 주식발행초과금은 분할비율에 따라 나누어지고, 매도가능증권평가이익과 같은 항목은 관련 자산의 귀속에 따릅니다. 이익잉여금은 기본적으로 존속법인에 남게 되며, 신설법인에 이전하는 순자산과 분할비율에 따라 감소하는 자본금과 주식발행초과금, 신설법인에 귀속되는 기타포괄손익등 자본항목과의 차이는 감자차손이 됩니다. 신설법인의 경우에는 신설법인으로 이전되는 순자산과 자본금 및 신설법인에 귀속되는 기타포괄손익등 자본항목과의 차이는 주식발행초과금이 됩니다.[182)]

이렇게 분할자산부채와 분할비율을 결정하여 분할계획서를 작성하고 이사회와 주주총회 등의 승인을 받지만, 분할기일의 재무제표는 이와는 달라질 수 있기 때문에 분할기일의 순자산비율은 승인받은 분할비율과는 일치하지 않을 수 있습니다.

NOTE 12

❏ 공통 자산부채 배부 이슈

가) 현금 및 차입금은 어떻게 배부하여야 하는가?

분할 자산·부채를 결정할 때, 현금 및 차입금의 배부를 어떻게 할 것인지에 대해 논의하는 경우가 많이 있습니다. 현금 및 차입금은 일부 특정차입금을 제외하고는 특정사업부에 속하기보다는 공통으로 관리되는 경우가 많기 때문입니다. 현금 및 차입금은 세법상 요건, 상장요건 등 법규상 제한사항과 각 사업부의 향후 예상 재무구조 및 지속적 생존가능성, 분할의 목적 등이 종합적으로 고려되어야 합니다. 특히 세법상 적격분할요건의 충족이 필요한 경우라면 차입금의 경우에는 채무자의 변경이 불가능한 부채등에 해당할 경우 포괄승계의 예외에 해당할 수 있으나, 현금은 세법상 명확히 포괄승계의 예외에 해당

181) 자기주식을 보유한 경우의 분할비율 산정방식은 다양한 견해가 존재하나 최근 대부분의 사례는 "분할대상부문의 순자산 ÷(분할전 순자산 + 분할전 자기주식 장부가)"의 방식으로 분할비율을 산정하고 있습니다. 즉, 자기주식은 회계상 자본의 차감항목이지만 분할비율 산정 목적의 순자산비율 계산을 위해서는 자산으로 간주하고 있는 것입니다.

182) 분할 존속법인 및 신설법인 자본금 규모의 결정은 통상적으로 분할전과 분할후 존속·신설법인 자본금 합계는 일치하도록 결정합니다. 즉, 대부분의 경우에 분할순자산을 기준으로 분할전 자본금을 나누어, 분할후 각 분할법인의 자본금 합계가 분할전 자본금과 동일하게 되도록 하는 것입니다. 그러나, 증가(무상증자) 또는 감소(자본감소)도 가능한 것으로 해석하고 있습니다.

한다는 규정이 없으므로 현금 이전의 규모가 적격분할 요건으로서 허용하는 한도내의 수준인지에 대한 고려가 필요합니다.[183)]

나) 미지급법인세는 어떻게 배부할 것인가?

분할기일 이전에 발생한 소득에 대한 법인세 납세의무는 존속법인에게 있습니다. 신설법인은 분할기일 이후부터 납세의무를 부담합니다. 그러나, 포괄승계 개념에 의하면 납세의무자는 존속법인일지라도 부담자는 분할 양사의 승계사업에 따라 나뉜다고 해석할 수도 있습니다. 하지만 대부분의 분할사례는 분할 당사회사간 계약(분할계획서)에 따라 납세의무자인 존속법인에 해당 의무와 납세재원을 함께 배부함으로써 분할과 동시에 미지급법인세 관련 채권-채무관계를 종결하는 방법을 택하고 있습니다.[184)] 미지급법인세는 12개월 단위로 납세의무가 성립되고 존속법인이 납세의무자이므로 존속에 귀속되는 채무로 해석하기 때문일 것입니다.

[표 27] 분할이사회 승인 분할비율과 분할기일의 실제 순자산비율 비교

분할전법인	만도		대한항공		한솔제지	
존속	한라홀딩스		대한항공		한솔홀딩스	
신설	만도		한진칼		한솔제지	
분할이사회/주요사항보고서	'14-4-7	'13년말 기준 BS (신주배정비율: 0.5217606)	'13-3-22	'12년말 기준 BS (신주배정비율: 0.3891936)	'14-8-7	'14년 반기말 기준 BS (신주배정비율: 0.3790650)
증권신고서최초제출	'14-6-16		'13-5-21		'14-10-16	
증권신고서정정제출	'14-7-3		'13-6-11		-	
주주총회	'14-7-28		'13-6-28		'14-11-28	
분할기일	'14-9-1		'13-8-1		'15-1-1	
증권발행실적보고서(최초)	'14-9-2		'13-8-1		'15-1-2	
증권발행실적보고서(정정)	'14-9-30	분할기일 기준 BS (순자산비율:0.5573)	'13-9-10	분할기일 기준 BS (순자산비율:0.2166)	'15-1-19	분할기일 기준 BS (순자산비율: 0.3675)

183) 법인세법 시행령 제82조의2 참조. 적격분할의 요건, 포괄승계의 요건에 대해서는 "분할 세무" 부분을 참고하시기 바랍니다.

184) 물론 승계사업에 따라 미지급법인세 채무를 분할 양사에 나누어 귀속하는 사례도 있습니다.

NOTE 13

❑ 분할시 재상장 종목 및 변경상장종목 시초가 결정

분할결정 후 분할존속회사와 분할신설회사가 다시 상장될 때 시초가는 다음의 산식에 의해 평가된 가액을 기준가격으로 하여 최저호가 50%에서 최고호가 200% 범위에서 결정됩니다.

분할시 평가가격 = 분할전 회사의 최종매매거래일의 시가총액 × 주주총회결의 분할 비율 ÷ 분할 후 종류별 주식 수

이때 분할비율은 주주총회 당시 결의된 분할비율의 산출근거가 되는 재무상태표를 기준으로 [자산총액－부채총액+자기주식가액－비지배지분]으로 계산된 순자산가액을 기초로 산정되며, 재무상태표는 반드시 연결재무제표일 것을 요구하지 않습니다

11) 분할 세무

① 분할 세무 체계

분할은 분할법인이 분할신설법인에 자산 및 부채를 양도한 것으로 보는 것이 세법의 입장입니다. 인적분할의 경우 주주는 분할 과정에서 기존 주식이 분할되어 신설법인의 주식을 새로 교부 받는데, 세법은 이를 배당으로 간주합니다. 이렇게 분할이라는 거래로 인해 세금문제가 발생할 수 있다는 것이 세법의 기본 입장이지만 “적격분할”이라는 일정 요건을 충족하는 분할에 있어서는 분할시점에 발생하는 과세를 이연하거나 면제하는 규정을 두고 있습니다.

[그림 18] 분할 세무 체계의 개념(인적분할을 기본으로 한 구조)

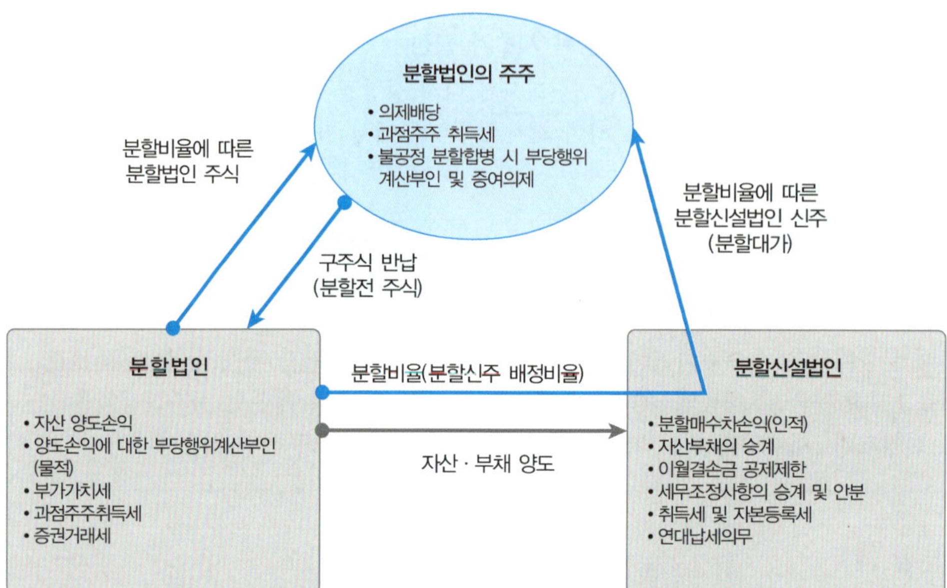

적격분할을 위한 일정 요건에서의 핵심적인 개념은 "독립된 사업부"의 분할이며, 해당 사업부의 자산부채가 "포괄적으로 승계"되어야 한다는 것입니다. 또한 분할시점에 이루어진 적격분할의 요건은 일정 기간 동안 유지되어야 합니다.[185)]

먼저 분할시 고려하여야 할 세무 사항을 살펴보면 분할법인 측면, 분할신설법인 측면, 분할법인의 주주 측면에서 어떤 세금이 발생할 수 있는 지 확인해 보아야 합니다. 아래 표는 분할의 주체별로 구분하여 일반적으로 발생가능한 세무문제를 정리하였습니다. 위에서 언급한 바와 같이 분할법인은 양도와 관련한 세무사항, 분할신설법인은 취득과 관련한 세무사항, 그리고, 분할법인의 주주는 주식배당으로 간주되는 새로운 주식의 취득(인적분할)과 관련된 세무사항이 기본사항입니다.

185) 이를 사후관리 요건이라고 하며, 사후관리 요건은 분할등기일이 속하는 사업연도말의 다음날부터 2년(고용 승계 요건은 3년) 동안으로 규정하고 있습니다.

[표 28] 분할 주체별 주요 세무 검토 사항[186)]

주체	세목	적격분할(물적분할포함)	비적격분할
분할법인	자산양도차익에 대한 법인세[187)]	과세이연	과세
	부가가치세[188)]	면제	포괄적 승계가 아닐 경우 과세
	증권거래세(및 농어촌특별세)	면제	과세
분할신설법인	분할매수차손익[189)](인적분할에 한함)	과세이연	5년간 균등 월할 환입
	자산·부채의 승계	세무상 장부가 승계[190)] (물적분할은 시가 승계)	시가승계
	유보사항 승계[191)]	승계 (물적분할은 일부 승계)	일부 승계
	세액공제, 세액감면 승계	승계	미승계
	이월결손금 승계[192)]	미승계	미승계
	취득세(및 농어촌특별세)	75% 감면	과세
	자본등록세(및 지방교육세)[193)]	과세	과세
분할법인의 주주	주주 의제배당(인적분할에 한함)	미발생[194)]	과세
	과점주주 취득세[195)]	설립 시 과점주주는 과세 대상이 아님	

186) 분할세무 관련 참고할 주요 조항은 법인세법 제16조, 제46조~제47조, 제52조, 소득세법 제17조, 부가가치세법 제10조, 시행령 제17조, 지방세법 제7조, 제28조, 시행령 제45조, 지방세특례제한법 제57조의2, 조세특례제한법 제117조, 제120조, 농어촌특별세법 제47조의2, 시행령 제4조 등입니다.

187) 물적분할의 경우에는 분할법인이 취득하는 주식의 취득가액을 "물적분할한 순자산 시가"로 합니다(법인세법 시행령 제72조 제2항).

188) 재화의 공급은 부가가치세법상 과세대상이지만, 사업의 포괄적 양도는 재화의 공급으로 보지 않아 부가가치세 과세 대상이 아닙니다. 그러므로 비적격분할의 경우에도 포괄적 양도가 이루어지는 경우에는 부가가치세 과세 대상이 아닐 수 있습니다.

189) 분할매수차손익은 "합병세무"에서 설명한 합병매수차손익의 내용과 유사하다고 볼 수 있습니다.

190) 시가와 장부가액의 차액을 자산조정계정으로 계상합니다. 자산조정계정에 대한 내용은 "합병세무"의 각주에 설명한 내용과 유사하다고 볼 수 있습니다.

191) 적격합병과 적격분할의 경우에는 모두 승계이고, 그 이외에는 퇴직급여충당금과 대손충당금 관련 세무조정사항만 승계할 수 있습니다(단, 적격분할에는 적격물적분할이 포함되지 않은 것으로 해석하고 있습니다).

192) 적격소멸분할시 이월결손금은 분할신설법인이 승계하여 이전 받은 사업에서 발생한 소득의 범위에서 공제 가능하지만, 실무상 대부분의 분할은 존속분할인데 존속분할은 적격여부와 상관없이 미승계됩니다.

193) 분할등기일 현재 5년 이상 계속하여 사업을 경영한 대도시 내의 내국법인이 적격분할 요건을 갖춘 분할로 인하여 법인을 설립하는 경우에는 중과세 대상으로 보지 아니합니다. 그러나 대도시외의 법인이 분할을 하면서 대도시내로 이전하는 경우에는 중과대상이 될 수 있습니다.

194) 의제배당 발생여부를 판단할 때 적용되는 적격분할의 요건은 사업목적분할과 지분의 연속성 요건만(법인세법 제46조 제2항 제1호 및 제2호) 충족하면 되는 것으로 해석되고 있습니다(법인 46012-861, 2001.8.6).

분할에 대한 세법의 기본 개념은 양도입니다. 그러나 세법상 일정 요건을 충족하는 경우에는 과세를 면제 또는 이연해주는 제도를 두고 있습니다. 이러한 과세체계는 다음과 같은 그림으로 설명할 수 있습니다.

[그림 19] 인적분할 과세체계

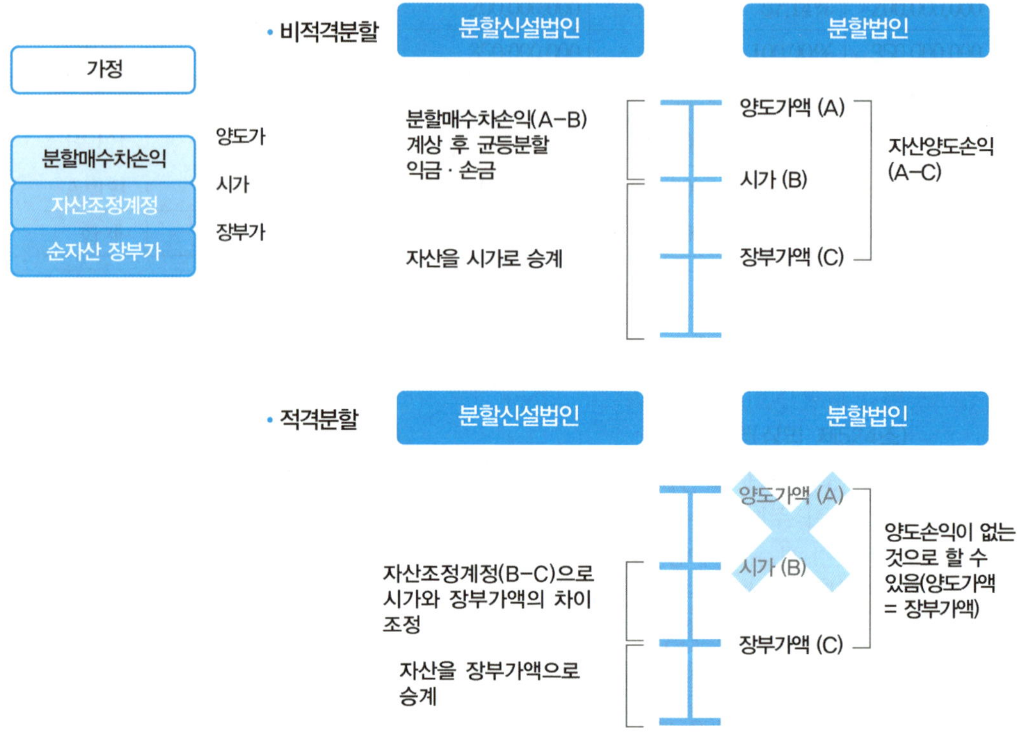

* 적격분할시 분할로 인한 최종과세표준 = B-C
* 비적격분할시 분할로 인한 최종과세표준 = (A-C)-(A-B) = B-C
* 비적격분할과 적격분할의 최종과세가액은 동일하며, 동 금액은 분할법인의 미실현이익(시가-장부가액)입니다. 즉, 자산의 양도차익에 대한 과세는 실현시기의 차이만 있을 뿐입니다.

195) 인적분할로 인한 과점주주 취득세 과세는 일반적이지 않습니다. 설립시 발행하는 주식을 취득하여 과점주주가 된 경우에는 과점주주취득세 대상으로 보지 않기 때문입니다. 그러나, 분할신설법인이 분할법인으로부터 주식을 승계 받아 과점주주가 된 경우에는 과세 가능성이 있다는 해석이 있으므로, 실행시에는 이러한 해석의 유효성 여부등을 확인할 필요가 있습니다.

[그림 20] 물적분할 과세체계

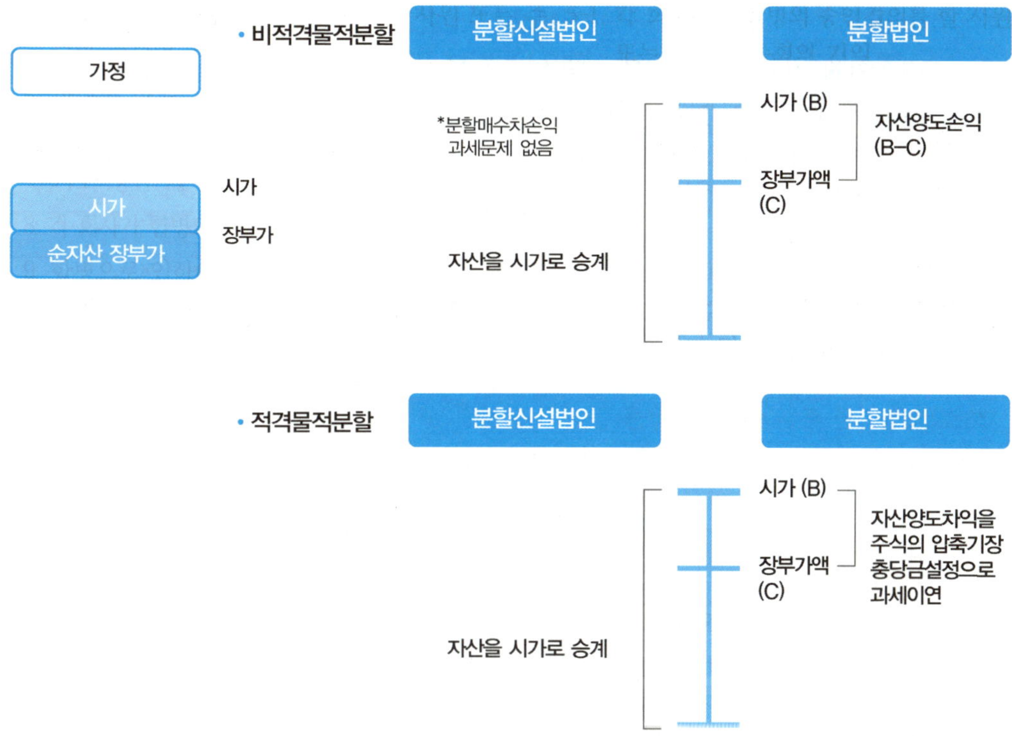

② 적격분할의 요건

세법상 일정 요건을 충족하는 분할은 여러가지 세제상 혜택이 주어집니다. 이러한 일정 요건을 "적격분할의 요건"이라고 하는데, 적격분할의 요건은 분할이 형식적인 형태의 변경일 뿐 기본적인 내용은 분할전과 큰 변화가 없는 경우를 말합니다. 즉, 기존 사업을 분할 후에도 계속 영위하도록 사업과 관련된 자산부채가 포괄적으로 이전되어야 하고, 주주 및 근로자가 연속성을 가져야 한다는 조건 등을 담고 있습니다.

[표 29] 적격분할 및 적격물적분할[196]의 요건

구분		인적분할	물적분할
분할주체 (사업목적분할)	사업영위기간	5년[197] 이상 사업을 영위하는 내국법인의 분할일 것	
	독립된 사업부문[198]	분리하여 사업이 가능한 독립된 사업부문을 분할	
	포괄승계[199]	분할하는 사업부문의 자산·부채를 포괄적으로 승계	
	단독출자	분할법인만의 출자에 의하여 분할	
지분의 연속성	분할대가	분할대가의 전액이 주식	
	주식배정	분할법인 주식소유비율에 따라 배정	-
	주식보유	지배주주 등이 분할 사업연도 종료일까지 신설법인 주식 2분의 1 이상을 보유[200]	
사업의 계속성		분할등기일이 속하는 사업연도 종료일까지 승계받은 사업을 계속 영위 -사업용 고정자산 2분의 1 이상 처분 금지 or 사업에 미사용 금지	
고용승계		분할등기일 1개월 전 당시 분할하는 사업부문에 종사하는 근로자 중 분할신설법인등이 승계한 근로자의 비율이 100분의 80 이상이고, 분할등기일이 속하는 사업연도의 종료일까지 그 비율을 유지할 것[201]	

독립된 사업부문

적격분할의 요건을 충족하기 위해서는 분할법인의 사업부문을 분리하여 독립된 사업이 가능하여야 합니다. 독립된 사업부문을 판단하는데 있어서 한 가지 주의할 점은 부동산 임대업을 주업으로 하는 사업부문[202]이나 신설법인의 자산 중 토지·건물 등 부동산의 비중

196) 법인세법 제46조, 법인세법 시행령 제82조의2, 법인세법 시행규칙 제41조

197) 5년 이상 사업의 계속이란 단순히 법인이 5년 동안 존속하는 것을 의미하는 것이 아닙니다. 만약 5년 이내의 기간 중에 휴·폐업의 상태에 있다면 본 요건을 충족하지 못한 것으로 볼 수 있는 것입니다. 또한 사업을 5년간 계속하여 영위하였는지 여부는 매출의 발생, 생산 및 영업활동 등을 수행하였는지 등을 종합적으로 판단하여야 합니다(조심 2014중 1410, 2014.9.5).

198) 독립된 사업부문으로 보지 않는 경우: 예외는 있지만 ⓐ 부동산임대업을 주업으로 하는 사업부문, ⓑ 부동산비율이 80% 이상인 사업부문, ⓒ 주식등과 그와 관련된 자산·부채만으로 구성된 사업부문은 기본적으로 독립된 사업부문으로 보지 않습니다.

199) 포괄승계의 예외: 기본적으로 사업과 관련된 자산부채는 포괄적으로 승계되어야 하지만, 공동으로 사용하던 자산이나 분할이 어려운 자산부채는 포괄승계의 예외로 규정하고 있습니다(이와 관련하여서는 법인세법 시행령 제82조의2 참고).

200) 분할로 인해 보유한 주식과 분할이외의 방법으로 취득한 주식을 동시에 보유할 경우에는 분할이외 방법으로 취득한 주식을 먼저 처분한 것으로 봅니다.

201) 단, 분할신설법인의 근로자 수가 5명 미만인 경우에는 예외에 해당됩니다.

202) 분할하는 사업부문(분할법인으로부터 승계하는 부분)이 승계하는 자산총액 중 부동산 임대업에 사용된 자산가액이 100분의 50 이상인 사업부문을 말합니다. 이 경우 하나의 분할신설법인등이 여러 사업부문을

이 80% 이상인 사업부문, 주식 등으로 구성된 사업부문은 독립된 사업부문으로 보지 않아 세무상 적격분할이 되지 않는 것이 원칙이라는 점입니다. 그러나 신설법인 자산총액 중 부동산임대업에 사용된 자산가액이 50% 미만이거나, 사업에 3년 이상 계속하여 직접 사용한 부동산인 경우, 사업과 직접적인 관련성이 있는 주식의 경우 등은 예외를 두어 신설법인으로 이전할 경우에도 독립된 사업부문으로 볼 수 있도록 하고 있습니다.

보유하는 주식등을 이전하면서 독립된 사업부문으로 인정받기 위해서는 분할법인이 분할등기일 전일 현재 보유한 모든 지배목적 보유 주식등(지배주주등이 3년 이상 보유한 주식 또는 출자지분)과 그와 관련된 자산・부채만으로 구성된 사업부문을 분할하거나, 분할하는 사업부문이 지배주주등으로서 보유하는 주식등과 그와 관련된 자산・부채만을 분할하면서 공정거래법 상 지주회사가 되는 경우 등입니다.

포괄승계

적격분할을 위해서는 독립된 사업부문 요건과 더불어 분할하는 사업부문의 자산 및 부채가 포괄적으로 승계되어야 합니다. 다만, 공동으로 사용하던 자산, 채무자의 변경이 불가능한 부채 등 분할하기 어려운 자산과 부채 등으로서 법령에서 정하는 경우에는 예외가 될 수 있습니다.

[표 30] 포괄승계 예외사항

공동으로 사용하던 자산, 채무자의 변경이 불가능한 부채 등 분할하기 어려운 자산과 부채 등으로서 대통령령으로 정하는 것

1.

자산	부채
가. 변전시설・폐수처리시설・전력시설・용수시설・증기시설 나. 사무실・창고・식당・연수원・사택・사내교육시설 다. 물리적으로 분할이 불가능한 공동의 생산시설, 사업지원시설과 그 부속토지 및 자산 라. 가목부터 다목까지의 자산과 유사한 자산으로서 기획재정부령으로 정하는 자산(상표권)	가. 지급어음 나. 차입조건상 차입자의 명의변경이 제한된 차입금 다. 분할로 인하여 약정상 차입자의 차입조건이 불리하게 변경되는 차입금 라. 분할하는 사업부문에 직접 사용되지 아니한 공동의 차입금 마. 가목부터 라목까지의 부채와 유사한 부채로서 기획재정부령으로 정하는 부채(아직 없음)

승계하였을 때에는 분할신설법인등이 승계한 모든 사업부문의 자산가액을 더하여 계산합니다.

2. 분할하는 사업부문이 승계하여야 하는 자산・부채로서 분할 당시 시가로 평가한 총자산가액 및 총부채가액의 각각 100분의 20 이하인 자산・부채
 - 분할하는 사업부문과 존속하는 사업부문이 공동으로 사용하는 자산・부채의 경우에는 각 사업부문별 사용비율(사용비율이 분명하지 아니한 경우에는 각 사업부문에만 속하는 자산・부채의 가액과 사용비율로 안분한 공동사용 자산・부채의 가액을 더한 총액의 비율을 말한다)로 안분하여 총자산가액 및 총부채가액을 계산

[표 31] 적격인적분할 요건 충족 시 과세혜택 요약

구분	주체	과세 혜택
양도차익	분할법인	• 분할신설법인에 이전한 자산・부채를 장부금액으로 양도한 것으로 보아 양도손익을 '0'으로 함
의제배당	분할법인 주주	• 분할법인 주주가 분할대가로 취득한 주식가액을 종전의 취득가액으로 함.
취득세	분할신설법인	• 분할신설법인이 분할로 인해 취득한 자산에 대한 취득세 75% 면제
자산・부채 평가	분할신설법인	• 분할신설법인이 승계한 자산・부채를 분할법인의 장부가액으로 승계
이월결손금/세액감면・공제/세무조정 승계	분할신설법인	• 모두 승계 가능하나, 이월결손금의 경우 분할법인이 해산하여야만 이월결손금 공제 가능. 실무상 분할법인은 존속하므로, 이월결손금 승계 불가
양도차익	분할법인	• 양도차익을 손금(압축기장충당금 설정)으로 산입 • 분할법인 주식 및 분할신설법인의 자산을 처분하는 경우, 익금산입
취득세	분할신설법인	• 분할신설법인이 분할로 인해 취득한 자산에 대한 취득세 75% 면제

③ 적격분할 사후관리

이러한 적격분할의 요건은 일정기간 지속되어야 세무상 혜택이 유지될 수 있습니다. 이렇게 일정기간동안 지속되는지를 확인하는 것을 사후관리 요건이라고 합니다.

[표 32] 적격분할의 사후관리 요건

구분	인적분할	물적분할
지분의 연속성	ⓐ 원칙: 분할법인등의 주주가 분할등기일이 속하는 사업연도의 종료일부터 2년 이상 신설법인 주식의 1/2 이상을 보유하여야 함 ⓑ 적격분할, 적격합병의 경우 등 처분의 예외 규정 있음[203](법령 제82조의2, 법령 제80조의2)	ⓐ 원칙: 분할법인이 분할신설법인의 주식을 분할등기일이 속하는 사업연도의 종료일부터 2년 이상 50% 이상 보유하여야 함[204] ⓑ 적격분할, 적격합병의 경우 등 처분의 예외 규정 있음(법령 제84조, 법령 제80조의2)
사업의 계속성	분할신설법인이 분할등기일이 속하는 사업연도의 종료일부터 2년 이상 분할법인으로부터 승계받은 사업을 계속 영위하여야 함(승계한 고정자산의 50% 이상 처분하거나 사업에 사용하지 않을 경우에는 사업을 계속하지 않는 것으로 봄)[205]	
고용승계	각 사업연도 종료일 현재 분할신설법인에 종사하는 근로자수가 분할등기일 1개월 전 당시 분할하는 사업부문에 종사하는 근로자 수의 100분의 80 이상을 분할등기일이 속하는 사업연도의 종료일부터 3년 이상 유지하여야 함	

만약 사후관리 요건을 위배하게 되면, 분할시 과세되지 않았던 양도차익에 대해 과세를 하게 되는 등 적격분할의 혜택이 없어지게 됩니다.[206]

203) 지배주주 상호간 주식처분의 경우에는 그 주식을 처분한 것으로 보지 않으며, 기존주식과 신주를 모두 보유시 주식처분한 경우에는 분할이외 방법으로 취득한 주식을 먼저 처분한 것으로 보게 됩니다.

204) 분할법인이 분할신설법인의 발행주식총수 또는 출자총액의 100분의 50 미만으로 주식등을 "보유"하게 되는 경우"에서 용어를 '보유'라는 단어를 사용함에 따라 제3자 유상증자를 실시함으로 인하여 분할법인이 분할신설법인의 발행주식총수의 100분의 50 미만으로 주식을 보유하게 된 경우에도 적격물적분할 요건 미충족 또는 사후관리위배가 되어 압축기장충당금을 익금산입하는 것으로 해석될 수 있습니다(서면-2018-법령해석법인-0660, 2018.8.23. 등).

205) 법인세법 제46조의3, 법인세법 시행령 제82조의4

206) 사후관리 요건을 위반하면 분할 당시 이연된 양도차익에 대해 과세가 이루어지며(자산조정계정 익금산입, 분할매수차손익에 대해 과세), 분할 이후 공제한 결손금은 익금에 산입하며 및 세액감면·공제로 감면받은 법인세도 추징됩니다. 또한 분할당시 면제한 취득세에 대해서도 과세가 이루어지게 됩니다. 자산조정계정 잔액을 익금산입(분할시 손금산입(-) 유보처리했던 자산조정계정의 소멸)은 시가가 장부가액보다 큰 경우만 해당합니다.

[표 33] 처분 및 폐지의 예외 사유

주식 처분 예외 규정(법인세법 시행령 제80조의2 제1항 제1호)
지배주주 등이 신설법인 주식 1/2 미만 처분(지배주주 서로간에 처분하는 것은 처분으로 보지 않음)
지배주주 등이 사망하거나 파산하여 주식 등을 처분한 경우
지배주주 등이 적격합병, 적격분할, 적격물적분할, 적격현물출자에 따라 주식 등을 처분한 경우
지배주주 등이 「조세특례제한법」에 따라 주식등을 포괄적으로 양도, 현물출자 또는 교환·이전하고 과세를 이연받으면서 주식 등을 처분한 경우
지배주주 등이 「채무자 회생 및 파산에 관한 법률」에 따른 회생절차에 따라 법원의 허가를 받아 주식 등을 처분하는 경우
지배주주 등이 법령상 의무를 이행하기 위하여 주식 등을 처분하는 경우
사업 폐지 예외 규정(법인세법 시행령 제80조의2 제1항 제2호)
분할신설법인이 파산함에 따라 승계받은 자산을 처분한 경우
분할신설법인이 적격합병, 적격분할, 적격물적분할, 적격현물출자에 따라 사업을 폐지한 경우
분할신설법인이 포괄적 양도에 따라 자산을 장부가액으로 양도하면서 사업을 폐지한 경우
분할신설법인이 「채무자 회생 및 파산에 관한 법률」에 따른 회생절차에 따라 법원의 허가를 받아 승계받은 자산을 처분한 경우

④ 분할 세무회계

인적분할

세무상 적격 인적분할의 경우에 양도손익[207]계산시 양도가액을 분할법인 등의 분할등기일 현재의 순자산장부가액으로 보아 양도손익이 없는 것으로 할 수 있습니다.[208] 즉 분할법인 등이 분할신설법인 등으로부터 받은 양도가액인 분할신설법인의 주식가액은 분할법인 등의 분할등기일 현재 순자산 장부가액으로 하고, 분할신설법인은 양도받은 자산의 가액을 분할등기일 현재로 시가로 계상하되, 양도받은 자산과 부채의 시가와 장부가액과의 차이는 자산조정계정으로 계상하는 것입니다. 자산조정계정을 통해 적격 인적분할의 경우에는 분할법인의 자산양도차익에 대한 과세가 이연되는 것입니다.

비적격 인적분할의 경우에 양도손익[209]은 분할법인이 분할등기일이 속하는 사업연도의 소득금액을 계산할 때 익금 또는 손금에 산입하여 과세합니다. 이 경우 양도가액을 산정함

207) 양도손익=분할법인 등이 분할신설법인 등으로부터 받은 양도가액-분할법인 등의 분할등기일 현재의 순자산 장부가액
208) 법인세법 제46조 제2항
209) 양도손익=분할법인 등이 분할신설법인 등으로부터 받은 양도가액-분할법인 등의 분할등기일 현재의 순자산 장부가액

에 있어 같은 법 시행령 제82조 제1항 제2호의 분할신설법인이 분할로 인하여 분할법인의 주주에게 지급한 분할신설법인의 주식의 가액은 같은 영 제89조의 시가에 의하여 계산하고,[210] 분할신설법인은 분할법인의 자산을 해당자산의 시가로 승계하여 취득가액을 계상하게 됩니다.

물적분할

세무상으로 물적분할은 분할법인의 일부 사업부문을 이전하는 대신 이에 상응하는 주식을 취득하므로 일종의 자산 교환에 해당하기 때문에 분할법인이 취득하는 주식의 취득가액은 물적분할한 순자산의 시가가 됩니다. 그러므로 적격분할의 요건을 충족시키지 못하는 물적분할의 경우에는 원칙적으로 분할법인은 자산을 시가로 승계한 것으로 보아 자산양도차익에 대해 과세하게 됩니다.[211]

다만, 적격 물적분할의 경우 분할신설법인이 분할에 따라 취득하는 자산의 가액은 해당자산의 장부가액으로 할 수 있습니다. 즉, 「법인세법」 제46조에서 규정하는 적격요건을 충족시키는 물적분할의 경우 분할법인은 해당 순자산의 시가로 주식 등의 가액을 계상하고 장부가액과의 차액은 압축기장충당금으로 계상한 후 주식 등을 처분할 때 상계하는 것입니다.[212]

⑤ 분할시 취득가액

인적분할

비적격 인적분할의 경우 분할신설법인은 분할법인으로부터 취득하는 자산은 분할등기일 현재의 해당 자산의 시가로 평가합니다.[213]

적격 인적분할의 경우 분할신설법인등은 분할법인등의 자산을 장부가액으로 양도받은 것으로 합니다. 이 경우 장부가액과 분할등기일 현재의 시가와의 차액을 자산별로 계상하는데, 시가에서 분할법인등의 장부가액을 뺀 금액을 자산조정계정으로 계상하여야 합니다.[214]

분할법인의 자산을 장부가액으로 양도받은 경우 세무회계처리는 다음과 같습니다.

• 양도받은 자산 및 부채의 가액을 분할등기일 현재의 시가로 계상

210) 법인세과-825, 2010.8.3.
211) 법인세법 시행령 제72조 제2항 제3호
212) 법인세법 시행령 제72조 제2항, 법인법 제47조, 법인세법 시행령 제84조
213) 법인세법 시행령 제72조
214) 법인세법 시행령 제72조, 제82의4

- 회계 상 장부가액을 구함. 즉, 분할법인의 장부가액은 승계받은 세무조정사항이 있는 경우에 그 세무조정사항 중 익금불산입액은 더하고 손금불산입액은 뺀 가액으로 계산
- 시가에서 분할법인의 장부가액을 뺀 금액을 자산조정계정으로 계상. 즉, 동 자산조정계정 금액만큼 해당 계정과목에 익금산입(+) 유보처리하고 같은 금액을 손금산입하여(-) 유보처리
- 계상한 자산조정계정은 감가상각내용연수에 걸쳐 감가상각비에 가산 혹은 상계되거나, 자산을 처분하는 경우에 익금 또는 손금으로 처리

물적분할

물적분할은 원칙적으로 분할법인이 분할하는 사업부문의 자산・부채를 공정가치로 이전하고, 그 대가로 분할신설법인의 주식을 취득하는 것이므로 분할법인이 취득하는 주식의 가치는 물적분할한 순자산의 시가로 평가하게 됩니다.[215)]

적격 물적분할의 요건을 충족하는 경우에도 분할법인이 취득하는 분할신설법인의 주식은 물적분할한 순자산의 시가로 하게 됩니다. 적격 물적분할의 경우에는 분할법인이 취득하는 주식가액 중 자산의 양도차익은 바로 과세되지않고 이연됩니다. 이때 자산의 취득원가는 시가로 계상하고 시가와 장부가액의 차이를 압축기장충당금으로 손금에 산입하여 과세를 이연하는 것입니다.

분할신설법인은 비적격 물적분할의 경우 분할법인으로부터 취득하는 자산을 분할등기일 현재의 해당 자산의 시가로 평가하게 됩니다. 다만 적격 물적분할 및 적격 현물출자의 경우에 감가상각대상자산의 상각범위액을 정할 때는 적격합병 등과 동일하게 감가상각대상자산의 취득가액을 양도법인(분할법인이나 출자법인)의 취득가액으로 하도록 하였습니다. 이에 따라 적격분할 또는 적격 물적분할에 의하여 취득한 감가상각대상자산은 일종의 중고자산으로 보아 상각범위액을 정할 때 감가상각대상자산의 취득가액은 적격분할(및 적격물적분할)등에 의하여 자산을 양도한 법인의 취득가액으로 합니다. 미상각잔액은 양도법인의 양도 당시의 장부가액(양도 당시의 시가에서 자산조정계정을 뺀 금액)에서 적격합병 등에 의하여 자산을 양수한 법인이 이미 감가상각비로 손금에 산입한 금액을 공제한 잔액으로 합니다.[216)][217)]

215) 법인세법 시행령 제72조 제2항
216) 법인세법 시행령 제29의2
217) 해당 자산의 상각범위액은 양도법인의 상각범위액을 승계하는 방법(상각범위액은 양도법인이 적용하던 상각방법 및 내용연수에 의하여 계산한 금액)과 양수법인의 상각범위액을 적용하는 방법(상각범위액은

⑥ 인적분할시 양도차익

인적분할시에는 분할법인이 분할신설법인에 자산을 양도하는 것으로 보아 양도손익에 대한 법인세를 납부하여야 하지만, 적격인적분할시에는 분할등기일 현재의 순자산 장부가액을 양도가액으로 하여 양도손익이 발생하지 않습니다.

그러나, 비적격인적분할의 경우에는 분할법인의 주주에게 지급한 분할신설법인의 주식의 가액[218]과 순자산 장부가액(자산 장부가액 - 부채 장부가액)의 차이에 대해 양도손익으로 법인세를 납부하게 됩니다.

NOTE 14

❑ 인적분할시 양도차익과 물적분할시 자산양도차익의 차이

인적분할시 양도차익은 양도대가를 "분할신설법인의 주식"으로 계산함으로써 분할법인의 양도차액 전체에 대해 양도차익으로 과세가 이루어집니다. 그러나 물적분할시 자산양도차익은 양도대가를 "분할로 양도되는 신설법인의 순자산 시가"로 계산함으로써 이전되는 자산의 양도차액에 대해서만 양도차익으로 과세가 이루어집니다.

⑦ 인적분할시 분할매수차손익

비적격분할일 경우에는 양도가액과 순자산장부가액과 차이에 대해 양도차익으로 과세를 하게 됩니다. 이 경우 양도가액이 분할대상 순자산 시가보다 클 경우에는 분할매수차손이 발생하게 되고, 양도가액이 분할대상 순자산 시가보다 작을 경우에는 분할매수차익이 발생하게 됩니다. 이는 회계상 영업권 또는 부의영업권과 유사한 개념입니다.

분할매수차익은 분할등기일로부터 5년간 월할로 균등하게 익금에 산입하게 됩니다. 마찬가지로 분할매수차손도 분할등기일로부터 5년간 월할로 균등하게 손금에 산입하게 되는데, 분할매수차손은 상호, 거래관계, 그 밖의 영업상의 비밀 등에 대하여 사업상 가치가 있다고 인정되는 경우에 한하여 손금산입이 가능합니다.[219]

양수법인이 적용하던 상각방법 및 내용연수에 의하여 계산한 금액) 중 선택할 수 있으며, 선택한 방법은 그 후 사업연도에도 계속 적용하여야 합니다.

218) 주식 이외에 제공하는 금전 및 그 밖의 재산가액과 분할신설법인 등이 대신 납부하는 법인세 비용 등을 포함합니다.

219) 사업상 가치여부에 대한 판단은 "합병매수차손"에 설명한 내용과 유사합니다. 분할신설법인이 적정하게 산정된 분할대가를 분할법인의 주주에게 지급하고, 분할법인이 분할등기일 현재의 순자산시가를 초과하여 지급받은 양도가액을 익금에 산입한 경우 사업상 가치가 있다고 보아 지급한 대가에 해당하는 분할매수차손은 「법인세법 시행령」 제80조의3 제3항을 준용하여 손금에 산입할 수 있는 것임(서면-2018-법인-3776, 2019.3.28.).

[그림 21] 분할매수차손익 기본 구조

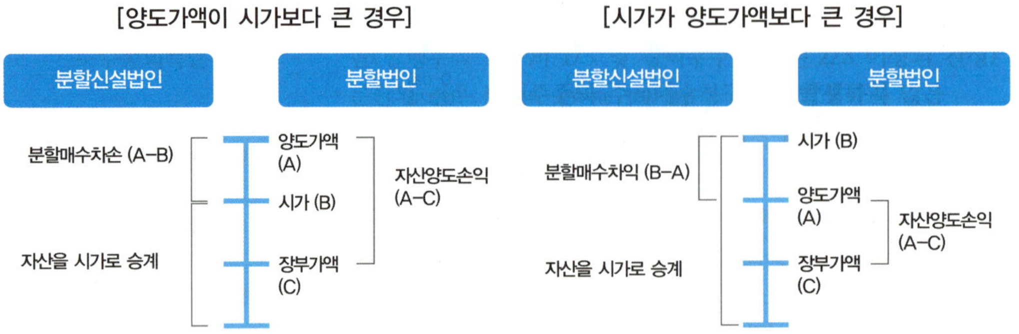

[양도가액이 시가보다 큰 경우]

분할신설법인
분할법인
분할매수차손 (A–B)
자산을 시가로 승계
양도가액 (A)
시가 (B)
장부가액 (C)
자산양도손익 (A–C)

[시가가 양도가액보다 큰 경우]

분할신설법인
분할법인
분할매수차익 (B–A)
자산을 시가로 승계
시가 (B)
양도가액 (A)
장부가액 (C)
자산양도손익 (A–C)

⑧ 인적분할시 자산조정계정

비적격분할의 경우에는 분할매수차익 및 차손을 5년간에 걸쳐 익금 및 손금으로 월할로 균등하게 산입하도록 하고 있습니다. 그러나, 적격분할의 경우에는 자산의 시가를 장부가액으로 조정하여 자산조정계정으로 계상함으로써 분할매수차익 또는 분할매수차손이 분할시점에 바로 과세되지 않고, 향후 감가상각비와 상계하여 과세되거나 비상각자산의 경우 매각 시까지 과세를 이연시킬 수 있도록 하고 있습니다.

즉, 적격분할의 경우에 자산을 장부가액으로 승계하지만 시가와 차이를 자산조정계정으로 세무상 관리하면서 사후에 해당 자산의 처분 등 실현시점에 익금산입하도록 한 것입니다.

⑨ 인적분할시 의제배당

인적분할시에는 분할법인의 주주가 분할신설법인으로부터 신주 등의 대가를 받을 때 분할로 인하여 감소된 주식의 취득가액을 초과하는 대가에 대해 배당금으로 의제하여 과세하게 됩니다.

의제배당소득금액 = 분할대가 – 분할로 인하여 감소된 주식의 취득가액

분할대가의 산정은 원칙적으로 시가이나, 적격분할의 경우에는 분할대가를 장부가액으로 평가함으로써 의제배당이 발생하지 않을 수 있습니다. 취득가액은 법인의 경우에는 세무상 자기자본비율로 안분하고, 주주가 개인인 경우 분할시 주식수 비율로 안분하며, 분할법인의 주식수 감소가 없는 인적분할의 경우에는 소액주주의 경우 액면가액을 취득가액으로 하고, 그외의 주주는 법인과 동일하게 세무상 자기자본비율로 안분하게 됩니다.

⑩ 물적분할시 자산양도차익

비적격 물적분할의 경우에는 분할신설법인의 시가와 순자산 장부가액의 차이에 대해 양도차익으로 법인세를 납부하여야 합니다.

> 양도차익 = 분할신설법인 시가(순자산 시가) − 분할신설법인 순자산 장부가액

위의 산식에서 분할신설법인의 시가는 주식의 평가액이 아니라 이전하는 사업부의 순자산 시가입니다.[220)]

적격분할의 경우에는 양도차익을 손금산입하여 해당 주식에 대해 압축기장충당금을 설정함으로써 과세이연을 받을 수 있습니다. 그렇기 때문에 손금산입액의 한도는 분할신설법인 주식의 가액이 됩니다.

적격분할시 손금산입하여 해당 주식에 대해 설정한 압축기장충당금은 사후관리 규정을 위배하게 되면 일시에 익금산입되고, 분할법인이 분할신설법인의 주식을 처분하거나 분할신설법인이 분할법인으로부터 승계받은 자산을 처분할 때에도 처분 비율에 따라 익금산입하게 됩니다.

그러나, 자산처분비율과 주식처분비율 각각에 대해 과세를 하게 되면 이중 과세 문제가 발생하기 때문에 중복영역 부분을 제외하고 과세합니다.

과세 방식은 [압축기장충당금 잔액 × (당기주식처분비율 + 당기자산처분비율 − 당기주식처분비율 × 당기자산처분비율)]의 계산식에 따라 이루어집니다.

만약 물적분할하는 법인이 분할하는 사업부문에 속하는 자산・부채를 분할신설법인에게 승계함에 있어서 공정가치로 평가하지 아니하고 장부가액으로 분할함으로써 시가보다 낮은 가액으로 승계한 경우에는 분할법인의 분할로 인한 자산양도차익을 계산함에 있어서 부당행위계산 부인의 규정이 적용될 수 있습니다.[221)]

220) 합병의 경우 비적격합병 시 양도차익을 계산할 때 양도가액은 합병법인으로부터 교부받은 주식의 시가인 점과 차이가 있습니다.

221) 법인세 기본통칙 47-83-1

[그림 22] 물적분할 압축기장충당금 과세 체계도

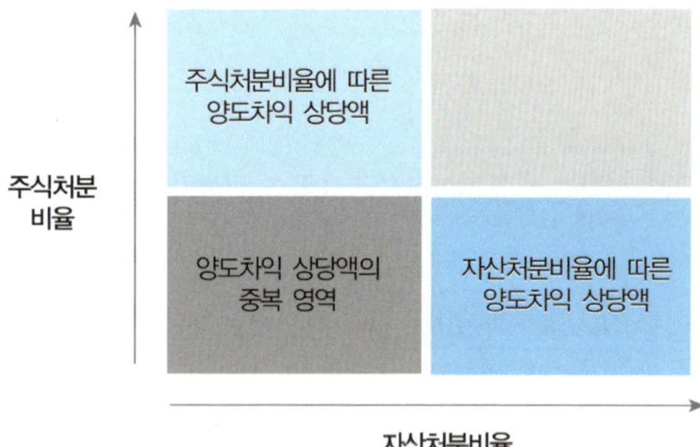

⑪ 세무조정사항의 승계

인적분할

비적격 인적분할에서 분할등기일 현재의 분할법인의 퇴직급여충당금 또는 대손충당금을 분할신설법인이 승계한 경우에는 그와 관련된 세무조정사항은 승계되고 그 밖의 세무조정사항은 승계되지 않습니다.[222)]

적격 인적분할의 경우에 분할신설법인 등은 분할법인 등의 분할등기일 현재의 세무 상 유보금액, 그 밖의 자산·부채 및 제59조에 따른 감면·세액공제 등을 승계하게 됩니다.[223)]

물적분할

퇴직급여충당금 및 대손충당금을 손금에 산입한 내국법인이 분할하는 경우 그 법인의 분할등기일 현재의 해당 퇴직급여충당금 및 대손충당금 중 분할신설법인이 승계받은 금액은 그 분할신설법인 등이 분할등기일에 가지고 있는 퇴직급여충당금 및 대손충당금으로 보게 됩니다. 즉, 퇴직급여충당금과 대손충당금 관련 세무조정사항은 적격 및 비적격 여부에 상관없이 분할신설법인 등에 승계됩니다. 단, 물적분할의 경우에는 적격 요건을 충족한 경우에도 퇴직급여충당금 및 대손충당금 관련 세무조정사항만 분할신설법인 등에 승계되고 나머지 세무조정 사항은 승계되지 않습니다. 분할신설법인으로 승계되지 않은 세무조정 유보금액은 분할법인에서 반대 세무조정을 통해 처리하게 됩니다.

222) 법인세법 시행령 제85조
223) 법인세법 제46의3

⑫ 세액감면, 세액공제, 이월결손금의 승계

인적분할

적격인적분할일 경우에도 존속하는 분할법인의 이월결손금은 분할신설법인에 승계되지 않습니다.[224] 다만, 소멸하는 적격인적분할의 경우에는 분할신설법인이 승계하여 이전 받은 사업에서 발생한 소득의 범위에서 공제가능합니다.

비적격 인적분할의 경우에는 분할법인의 이월결손금이나 세액공제, 감면 등의 사항은 분할신설법인에 승계되지 않습니다.

물적분할

분할신설법인은 분할법인이 압축기장충당금을 계상한 경우 분할법인이 분할 전에 적용받던 법인세법 제59조[감면 및 세액공제액이 계산] 규정에 따른 감면 또는 세액공제를 승계하여 감면 또는 세액공제의 적용을 받을 수 있습니다. 이 경우 법 또는 다른 법률에 해당 감면 또는 세액공제의 요건 등에 관한 규정이 있는 경우에는 분할신설법인이 그 요건 등을 갖춘 경우에만 이를 적용하게 됩니다.

적격, 비적격 여부에 관계없이 물적분할의 경우에는 분할법인의 이월결손금은 분할신설법인에 승계되지 않습니다.

⑬ 부당행위계산의 부인

특수관계인인 법인 간의 분할[225] 등에 의한 주식의 전환 · 인수 · 교환 등 법인의 자본(출자액을 포함한다)을 증가시키거나 감소시키는 거래를 통하여 법인의 이익을 분여하였다고 인정되는 경우에는 부당행위로 보아 법인세를 과세합니다.[226]

「상법」 규정에 의하여 적법하게 진행되었고 「법인세법」상 과세이연 요건을 갖춘 적격분할 및 적격물적분할이라고 하더라도 경제적 합리성을 결여하고 조세를 부당히 감소시킨 것으로 판단되는 경우에도 「법인세법」상 부당행위계산부인으로 과세가 될 수 있습니다.[227]

⑭ 분할시 취득세 과세표준 및 세율

분할법인에 취득세 과세대상 자산이 있을 경우에는 분할신설법인의 취득세 과세 대상 자산에 대한 취득세 납부가 필요합니다. 합병 및 인적분할의 경우에는 무상취득(대법원 98두

224) 법인세법 제46의5
225) 합병 및 분할합병을 포함합니다.
226) 법인세법 시행령 제88조 제1항
227) 조심 2014서352, 2014.9.25

19193, 2000.10.13.)으로 3.5%의 표준세율이 적용되고, 물적분할은 유상취득으로 보아 4.0%의 표준세율이 적용됩니다.

단, 적격요건을 충족한 분할의 경우에는 표준세율을 적용한 취득세의 75%를 감면받을 수 있습니다.[228]

[표 34] 분할시 취득세 과세표준 및 세율

구분	취득구분	과세표준	표준세율[229]
인적분할	무상취득 (단, 지자체별 해석 다를 수 있음)	시가인정액 (단, 시가인정액을 산정하기 어려운 경우 취득당시가액은 시가표준액)[230]	3.5% (단, 지자체 해석에 따라 4.0% 적용 가능)
물적분할	유상취득 (단, 자자체별 해석 다를 수 있음	Max[법인장부가액, 시가표준액]	4.0%

위의 표준세율에는 취득세에 부과되는 농어촌특별세와 지방교육세가 포함되지 않은 금액입니다. 즉, 부동산 취득세를 3.5%세율로 납부할 경우, 지방교육세 0.3%[231]와 농어촌특별세 0.2%[232]를 적용하여 총 4.0%를 취득세(부가세 포함) 관련하여 납부하여야 합니다.[233]

단, 적격요건을 충족한 분할의 경우에는 표준세율을 적용한 취득세의 75%를 감면받을 수 있습니다.[234] 그러나 적격요건의 사후관리 규정을 분할등기일이 속하는 사업연도말로부터 3년내에 위배할 경우에는 감면받은 취득세가 추징됩니다.

또한 분할이 이루어지면 분할신설법인은 설립 자본금에 대해 자본금등록세(0.48%, 지방교육세 포함)를 납부하여야 하는데, 분할등기일 현재 5년 이상 계속하여 사업을 한 대도시

228) 단, 분할등기일부터 3년 이내에 「법인세법」 제47조 제3항 따른 적격분할 및 적격물적분할 사후관리 위배사항이 발생한 경우에는 감면된 취득세를 추징합니다(지방세특례제한법 제57의2).

229) 위의 표준세율은 부동산 취득에 대한 표준세율이고, 부동산 이외의 취득세율은 각 종류별로 달리 정하고 있습니다(지방세법 제12조).

230) 시가인정액은 불특정 다수인 사이에 자유롭게 거래가 이루어지는 경우 통상적으로 성립된다고 인정되는 가액(매매사례가액, 감정가액, 공매가액 등)을 말하며 감정가액의 경우 둘 이상의 감정기관의 결과를 제출하여야 함(시가표준액 10억원 이하의 부동산 및 법인 합병·분할 및 조직 변경을 원인으로 취득하는 부동산은 1개의 감정기관 평가결과만 제출 가능).

231) 3.5%에서 2.0% 뺀 세율을 적용하여 산출한 금액의 20%(지방세법 제151조)

232) 「지방세법」 제11조 및 제12조의 표준세율을 100분의 2로 적용하여 산출한 취득세액의 10%(농어촌특별세법 제5조)

233) 물적분할의 경우에 부가되는 세금을 포함하여 총 4.6%를 납부하여야 합니다.

234) 법인세 기본통칙 47-83-1

의 내국법인이 법인의 분할로서 법인세법 상 적격분할을 하여 법인을 설립하는 경우에는 중과세 대상으로 보지 아니합니다.

적격분할, 적격물적분할의 요건을 충족하여 취득세를 감면 받은 경우에는 농어촌특별세도 비과세됩니다.[235] 분할의 경우에는 합병과 달리 사치성 재산(별장, 골프장 등)에 대해서도 감면의 제한규정이 없습니다.

NOTE 15

❑ 분할신설법인의 지분 취득에 따른 과점주주 취득세

「지방세특례제한법」 제57조의 2 제3항 제2호에서 규정된 바에 따라 적격분할(물적분할포함)의 요건을 갖춘 분할의 경우에는 과점주주취득세 납세의무가 없다는 의견, 법인설립시 발행하는 주식을 취득함으로 과점주주가 되는 경우에는 취득으로 보지 않아 과점주주취득세 납세의무가 없다는 의견이 있는 반면, 기업분할의 경우 조세법률주의에 의거 엄격해석을 하여야 하는 것이므로 분할에 따라 부동산을 형식적인 승계취득하였다고 하더라도 별도의 비과세 규정이 없는 한 과세대상으로 보아야 한다는 의견이 있습니다. 단, 특수관계자간 지분변동이 없는 경우에는 과점주주취득세 부담이 없기 때문에, 물적분할의 경우에는 과점주주 취득세 부담이 없다는 데 이견이 없을 것이나, 인적분할의 경우에는 이견이 있을 수 있습니다. 그러므로 인적분할시에는 분할법인과 분할신설법인간의 특수관계여부를 살펴보고, 특수관계인에 해당하지 않는 경우에는 과점주주취득세 부담여부에 대해 관할 관청의 의견을 확인하는 것이 필요할 수 있습니다.

❑ 분할로 이전한 주식의 취득으로 과점주주가 되었을 때 간주취득세

기업의 분할로 인하여 신설되는 법인이 분할되기 전에 법인이 소유하고 있던 비상장법인의 주식을 취득하여 과점주주가 된 경우라도 과점주주 취득세 납세의무가 있다고 보고 있습니다(행자부 세정 13407-342, 2002.4.10.). 단, 특수관계자 전체 지분의 변동이 없는 상황에서는 과점주주 취득세 추가 납부 의무가 없기 때문에 이 부분을 함께 살펴보아야 합니다. 예를 들어 물적분할시 분할법인이 분할신설법인의 주식을 100% 소유하게 되므로 분할법인과 분할신설법인 간에는 특수관계인에 해당되어 과점주주 간주취득세 부담은 없을 것입니다. 인적분할의 경우에도 분할법인과 분할신설법인이 특수관계인에 해당될 경우에는 과점주주 지분변동이 없을 것이므로 과점주주 간주취득세 부담은 없을 수 있습니다. 그러나 인적분할시 분할법인과 분할신설법인이 특수관계인에 해당하지 않을 경우에는 과점주주 취득세 의무가 발생할 수 있습니다. 단, 해당 분할법인이 유가증권시장상장법인인 경우에는 과점주주 취득세 납부대상이 아니며,[236] 코스닥시장상장법인도 과점

235) 「농어촌특별세법 시행령」 제4조 제6항 제1호

주주 취득세 납부대상의 예외 적용을 받고 있습니다(일몰규정으로 24년 12월 31일까지로 규정되어 있으며, 일몰기한의 연장여부에 대해서는 법 개정시 확인이 필요합니다. 지방세특례제한법 제57조의2 제5항 제8호).

⑮ **증권거래세**

분할로 양도되는 자산 중 지분 증권이 있는 경우에는 해당 지분 증권의 양도로 인한 증권거래세 납부 의무가 있습니다. 그러나, 적격분할 및 적격물적분할을 통해 이전되는 경우에는 증권거래세가 면제됩니다.[237)]

⑯ **연대납세의무**

법인이 분할되거나 분할합병된 후 분할되는 법인(분할법인)이 존속하는 경우 분할법인, 분할신설법인, 분할합병의 상대방 법인은 분할등기일 이전에 분할법인에 부과되거나 납세의무가 성립한 국세 및 체납처분비에 대하여 분할로 승계된 재산가액을 한도로 연대하여 납부할 의무가 있습니다. 또한 법인이 분할 또는 분할합병한 후 소멸하는 경우 분할신설법인, 분할합병의 상대방 법인은 분할법인에 부과되거나 분할법인이 납부하여야 할 국세 및 체납처분비에 대하여 분할로 승계된 재산가액을 한도로 연대하여 납부할 의무가 있습니다.[238)]

12) 분할 회계

분할 회계처리는 K-IFRS를 적용하느냐, 일반기업회계기준을 적용하느냐, 그리고 동일지배거래 여부에 따라 다르게 적용될 수 있습니다.

일반기업회계기준은 인적분할과 물적분할 모두 기본적으로 장부가액법으로 회계처리합니다.[239)] 즉, 분할회사는 이전하는 자산부채를 장부금액으로 이전함으로써 분할과 관련한 처분손익을 인식하지 않습니다. 분할신설회사도 분할회사로부터 이전 받은 자산부채를 장부금액으로 회계처리하고, 이전대가로 발행한 주식의 액면금액과 이전 받은 자산부채의 장부금액과 차이는 주식발행초과금 등 적절한 자본 항목으로 인식합니다.

K-IFRS에서는 분할회계처리를 별도로 다루고 있지 않기 때문에 사업결합회계처리(제

236) 지방세기본법 제46조의 2항에 따라 유가증권시장에 상장된 법인의 지분취득은 과점주주취득세 납부대상이 아닙니다.
237) 조세특례제한법 제117조
238) 국세기본법 제25조
239) 2015년 12월 개정 이전 기준에서는 물적분할은 공정가액법으로 회계처리하도록 하였으나, 개정되어 인적분할과 동일하게 장부가액법으로 회계처리합니다.

1103호) 기준서와 소유주에 대한 비현금자산의 분배(제2117호) 해석서 같은 기준을 통해 판단하여야 하는데, 물적분할은 분할법인과 분할신설법인 모두 장부금액으로 회계처리하는 것이 일반적입니다. 인적분할은 동일지배하의 거래가 아닌 경우에는 분할회사는 공정가액법으로 회계처리합니다. 즉, 분할회사가 분할신설회사에게 자산부채를 공정가액으로 처분하고, 처분대가로 교부받은 분할신설회사의 주식을 주주에게 배당한다는 개념입니다. 그러나 동일지배하의 거래에서는 공정가액법과 장부가액법을 선택하여 적용할 수 있는 것으로 해석하고 있습니다. 분할신설법인은 취득자의 요건을 충족하지 않으므로 동일지배하의 거래 여부와 상관없이 장부가액으로 회계처리하는 것이 현재의 기준서 체계하에서의 해석이라고 보는 견해와, 동일지배하의 인적분할에서는 장부가액으로 회계처리하지만 동일지배하의 거래가 아닌 인적분할에서는 분할회사가 자산부채를 공정가액으로 이전하는 회계처리를 하므로 분할신설회사의 회계처리도 이전 받은 자산부채를 공정가액으로 회계처리하여야 한다는 견해가 존재합니다.[240)]

[표 35] 일반기업회계기준과 K-IFRS 회계처리 비교

기준	인적분할	물적분할
일반기업회계 기준	장부가액법 분할법인: 자산부채를 장부가액으로 이전(처분손익을 인식하지 않음) 분할신설법인: 자산부채를 장부가액으로 승계	
K-IFRS	명확한 규정 없으나 -분할법인은 동일지배하의 거래가 아닌 경우는 공정가액법, 동일지배하의 거래에서는 장부가액과 공정가액법 선택적용 -신설법인은 장부가액법(이견 존재)	명확한 규정없으나 일반적으로 장부가액법 적용

[표 36] 분할 존속법인 공정가액 회계처리의 경우 예시

일정	내용	회계처리 예시
이사회 승인일	회계처리 없음	회계처리 없음
주주총회 승인일	• 분할사업부문의 공정가치(FV)측정 • 소유주에 대한 비현금성 자산의 분배로 보아 공정가치 만큼 미지급배당금을 인식하고 자본 차감	미지급배당금 인식 기타자본조정 ××× / 미지급배당금 ×××

240) 경영권승계와 지배구조 개선, 박길동/최대현 공저, 삼일인포마인, 2018

일정	내용	회계처리 예시
결산일	• 주주총회 승인일 이후 미지급배당부채의 공정가치 변동을 추가적으로 인식 • B/S: 분할사업부문의 각 계정별 자산/부채를 소유주분배 예정 자산/부채로 재분류하여 별도 표시 • I/S: 분할사업부문의 손익을 중단사업손익으로 별도표시(전기도 동일)	1) 미지급배당금 추가익식 기타자본조정 ××× / 미지급배당금 ××× 2) 자산부채의 재분류 소유주분배예정자산 ××× / 자산(분할예정분) ××× 부채(분할예정분) ××× / 소유주분배예정부채 ×××
분할 기준일	• 분할부문에 대한 자본의 감자 회계처리 • 분할사업부문(중단사업) 처분손익 인식 • 자기주식 보유로 인해 분할신설 회사의 주식을 취득하게 되는 경우 분할신설 회사의 주식은 분할기준일의 공정가치로 측정, 자기주식 제거에 따른 차액은 자기주식 처분손익으로 인식함	1) 감자 자본금 ××× / 기타자본조정 ××× 자본잉여금 ××× 감자차손 ××× 2) 중단영업처분손익 미지급배당금 ××× / 소유주분배예정자산 ××× 소유주분배예정부채 ××× / 중단영업처분손익 ×××

존속법인이 공정가액으로 회계처리하는 경우는 인적분할시에 K-IFRS을 적용하는 경우입니다. 동일지배하의 분할일 경우에는 존속법인은 공정가액과 장부가액법을 선택하여 적용할 수 있고, 동일지배하의 분할이 아닐 경우에는 존속법인은 공정가액을 적용하는 것으로 해석하고 있습니다.

[표 37] 분할신설법인 장부가액 회계처리의 경우 예시

차변		대변	
자산(장부가액)	×××	부채(장부가액)	×××
		자본금	×××
		주식발행초과금	×××
		기타자본(장부가액)	×××

분할신설회사는 분할회사로부터 인수하는 자산·부채를 장부가액으로 인식합니다.[241] 자본과 관련해서는 분할회사로부터 인수하는 순자산장부가액과 자본금과의 차액을 주식발행초과금으로 회계처리하면 됩니다.

241) 물론 K-IFRS를 적용하는 경우, 분할존속회사가 공정가액으로 회계처리를 하는 상황에서는 분할신설회사도 공정가액으로 회계처리하는 것이 타당하다는 견해도 존재합니다.

13) 분할계획서 필요 기재사항

존속법인과 관련한 사항 (상법 제530조의5 제2항)	신설법인과 관련한 사항(상법 제530조의5 제1항)
1. 감소할 자본금과 준비금의 액 2. 자본감소의 방법 3. 분할로 인하여 이전할 재산과 그 가액 4. 분할후의 발행주식의 총수 5. 회사가 발행할 주식의 총수를 감소하는 경우에는 그 감소할 주식의 총수, 종류 및 종류별 주식의 수 6. 정관변경을 가져오게 하는 그 밖의 사항	1. 분할에 의하여 설립되는 회사(이하 "단순분할신설회사"라 한다)의 상호, 목적, 본점의 소재지 및 공고의 방법 2. 단순분할신설회사가 발행할 주식의 총수 및 액면주식·무액면주식의 구분 3. 단순분할신설회사가 분할 당시에 발행하는 주식의 총수, 종류 및 종류주식의 수, 액면주식·무액면주식의 구분 4. 분할회사의 주주에 대한 단순분할신설회사의 주식의 배정에 관한 사항 및 배정에 따른 주식의 병합 또는 분할을 하는 경우에는 그에 관한 사항 5. 분할회사의 주주에게 제4호에도 불구하고 금전이나 그 밖의 재산을 제공하는 경우에는 그 내용 및 배정에 관한 사항 6. 단순분할신설회사의 자본금과 준비금에 관한 사항 7. 단순분할신설회사에 이전될 재산과 그 가액 8. '연대채무단절"의 내용이 있는 경우에는 그 내용 8의2. 분할을 할 날 9. 단순분할신설회사의 이사와 감사를 정한 경우에는 그 성명과 주민등록번호 10. 단순분할신설회사의 정관에 기재할 그 밖의 사항

14) 분할계획서 작성 예시

분할계획서에는 상법상 규정된 필요적 기재사항이 포함되어야 합니다. 그리고, 분할계획서에는 관련자산의 귀속을 명확하게 기재하여야 합니다. 특히, 상표권과 같은 재무제표에 나타나지 않은 권리의무 등도 분할계획서에 귀속을 분명히 하여야 사후적으로 법적인 문제 등으로부터 대응이 가능합니다. 다음은 분할계획서를 작성한 예를 설명과 함께 보여주고 있습니다.

분할계획서

주식회사 ABC(이하 "분할되는 회사" 또는 "존속회사")는 상법 제530조의2 내지 제530조의11의 규정이 정하는 바에 따라 아래와 같이 단순·인적분할방식으로 분할(이하 "본건 분할"이라 함)하여 새로운 회사(이하 "분할신설회사" 또는 "신설회사")를 설립하기로 한다.

1. 분할에 관한 기본사항

가. 분할의 목적

(1) 분할되는 회사가 영위하는 사업 중 "가나다" 사업부문을 분리하여 사업 전문성을 제고하고 경영의 효율성을 강화함으로써 주주가치를 극대화 한다.

(2) 각 사업부문별 투자위험을 분리하여 경영위험을 최소화하고, 경영자원의 효율적 배분을 통하여 사업 경쟁력을 강화하며, 사업부문별 특성에 적합한 의사결정체재를 확립한다.

(3) 각 사업부분을 전문화하여 전문적인 의사결정을 통해 관리상의 효율성을 높여 부문별 경쟁력을 강화한다.

나. 분할의 방법

(1) 상법 제530조의2 내지 제530조의11의 규정이 정하는 바에 따라 분할되는 회사의 주주가 분할신주배정기준일 현재의 지분율에 비례하여 분할신설회사의 주식을 배정받는 인적분할 방법으로 분할하되, 아래 표와 같이 분할되는 회사가 영위하는 사업 중 "가나다" 사업부문(이하 "분할대상부문")을 분할하여 분할신설회사를 설립하고, 분할되는 회사는 존속하여 분할대상부문을 제외한 나머지 사업을 계속하여 영위하게 될 예정이다.

[회사 분할내용]

구분	회사명	사업부문
분할되는 회사(존속회사)	주식회사 ABC	XXX사업부문
분할신설회사	주식회사 ABC가나다(가칭)	XXX사업부문

주) 분할신설회사의 상호는 분할계획서 승인을 위한 주주총회 또는 분할신설회사 창립총회에서 각각 변경될 수 있음

(2) 분할기일은 2015년 1월 31일로 한다. 다만, 분할되는 회사의 이사회 결의로 분할기일을 변경할 수 있다.

(3) 상법 제530조의3 제1항 및 제2항에 의거 주주총회의 특별결의에 의해 분할하며, 상법 제530조의9 제2항에 의거 신설회사는 분할되는 회사의 채무 중에서 분할로 인해 이전되는 채무(책임을 포함함, 이하 본 분할계획서에서 동일함)만을 부담하며, 분할되는 회사의 채무중 그 밖의 채무에 대해서는 연대하여 변제할 책임을 부담하지 아니한다. 또한, 존속회사도 신설회사로 이전되는 채무에 대해 연대하여 변제할 책임을 부담하지 아니하고, 신설회사로 이전되지 아니하는 채무만을 변제할 책임이 있다. 한편 분할되는 회사는 상법 제530조의9 및 제527조의5에 의거 분할결의가 있은 날로부터 2주 내에 채권자 이의 신청기간을 공고하고 이미 알고 있는 채권자에 대해서는 최고하며, 채권자 이의 제출기간을 1개월 이상 두어 동 규정에 따른 채권자 보호절차를 진행한다.

(4) 분할되는 회사에 속한 일체의 적극·소극 재산과 공법상의 권리·의무를 포함한 기타의 권리·의무 및 재산적 가치가 있는 사실관계(인허가, 근로관계, 계약관

▪ 비상장사 ABC가 "가나다" 사업부를 매각하기 위한 목적의 인적분할 계획서 사례

▪ 상장회사의 경우 다음의 문구가 포함됨
"분할후 분할신설회사의 발행주식은 한국거래소의 유가증권시장 상장규정에 따른 재상장 심사를 거쳐 한국거래소에 재상장할 예정이며, 분할되는 회사의 발행 주식은 변경상장할 예정이다"

▪ 매각목적의 인적분할이므로 연대채무를 부담하지 아니함. 연대채무 부담의 경우 다음과 같이 기재
"상법 제530조의3 제1항에 의거 주주총회의 특별결의에 의해 분할하며, 동법 제530조의9 제1항의 규정에 의거 분할로 인하여 "분할신설회사" 또는 "분할존속회사"는 분할 전의 회사채무에 관하여 연대하여 변재할 책임이 있다. 분할되는 회사와 신설회사가 분할 전의 회사채무에 대해 연대채무를 부담하는 것과 관련하여, 분할되는 회사가 본 분할계획서에 따라 신설회사가 승계한 채무

계, 소송 등을 모두 포함)는 분할대상부문에 관한 것이면 신설회사에게, 분할대상부문 이외의 부문에 관한 것이면 분할되는 희사에게 각각 귀속되는 것을 원칙으로 한다.

(5) 분할되는 회사의 사업과 관련하여 분할기일 이전의 행위 또는 사실로 인하여 분할기일 이후에 발생·확정되거나 취득하는 채무 또는 분할기일 이전에 이미 발생·확정되었으나 이를 인지하지 못하는 등의 여하한 사정에 의하여 본 분할계획서에 반영되지 못한 채무(공·사법상의 우발채무 기타 일체의 채무를 포함)에 대하여는 그 원인이 귀속되는 부문 또는 재산의 귀속 등 기타 합리적인 기준에 따라 분할되는 회사 또는 신설회사로 귀속시키기로 한다.

(6) 분할되는 회사의 사업과 관련하여 분할기일 이전의 행위 또는 사실로 인하여 분할기일 이후에 취득하는 채권 기타권리 또는 분할기일 이전에 이미 취득하였으나 이를 인지하지 못하는 등의 여하한 사정에 의하여 본 분할계획서에 반영되지 못한 채권 기타권리(공·사법상의 우발채권 기타 일체의 채권을 포함)의 귀속에 관하여도 (5)항과 같이 처리한다.

다. 분할일정

구분	일자
이사회결의일	2014년 12월 12일
분할계획서 승인을 위한 주주총회일	2014년 12월 29일
채권자 이의제출 기간 및 구주권 제출기간	2014년 12월 30일~2015년 01월 30일
분할기일	2015년 01월 31일
분할보고총회 및 창립총회일(예정)	2015년 01월 31일
분할등기일(예정)	2015년 02월 04일

주1) 상기 일정은 관계법령, 분할되는 회사의 사정 및 관계기관과의 협의에 따라 변경될 수 있음.
주2) 상기 내용 중 분할보고총회 및/또는 창립총회는 필요시 이사회 결의에 의한 공고로 갈음할 수 있음
주3) 분할되는 사업부문의 재무상태표 등의 서류를 분할존속회사의 본점에 비치할 예정임

를 변제하거나 분할되는 회사의 기타 출재로 면책이 된 때에는 분할되는 회사가 신설회사에 대하여 구상권을 행사할 수 있고, 신설회사가 본 분할계획서에 따라 분할되는 회사에 귀속된 채무를 변제하거나 신설회사의 기타 출재로 면책이 된 때에는 신설회사가 분할되는 회사에 대하여 구상권을 행사할 수 있다."

■ 상장회사의 경우 (4)번 문구에 추가하여 다음과 같은 문구를 추가하는 사례 있음
"분할신설회사의 자산, 부채, 자본의 결정방법은 분할되는 회사의 분할대상사업부문에 관한 모든자산, 계약, 권리, 책임 및 의무를 분할신설회사에, 분할대상 사업부문에 속하지 않는 것은 분할되는 회사에 각각 배분하는 것을 원칙으로 하며, 분할 신설회사가 유가증권시장 상장규정 소정의 재상장 요건을 충족할수 있는 요소, 분할되는 회사 및 분할신설회사의 향후 운영 및 투자계획, 각 회사에 적용되는 관련 법령상의 요건 등을 복합적으로 고려하여, 분할되는회사와 분할신설회사의 자산, 부채, 자본금액을 결정한다"

■ (5)번의 "기타 합리적인 기준"을 구체적으로 기재한 사례
"이 경우 분할대상부문에 관한 것인가를 확정하기 어려운 경우에는 본 건 분할에 의하여 분할되는 순자산가액의 비율로 분할신설회사와 분할존속회사에 각각 귀속된다."

■ 분할의 목적 및 상황에 따라 필요한 문구를 추가할 수 있음: 영업양도인의 경업금지 조항에 대한 문구를 추가한 사례
"(9) 분할되는 회사에 대하여는 상법 제41조의 적용이 배제된다"

■ 상장회사의 경우 분할 일정 기재 사례

구부	일자
이사회결의일	201X년 05월 18일
분할계획서작성일	201X년 05월 18일
주요사항보고서제출일	201X년 05월 18일
분할 주주총회를 위한 주주확정일	201X년 06월 03일
증권신고서 제출일(예정)	201X년 07월 22일
분할계획서승인을 위한 주주총회일	201X년 08월 27일
분할기일	201X년 10월 01일
분할보고총회일 또는 창립총회일	201X년 10월 02일
분할등기일(예정일)	201X년 10월 02일
기타일정	
주식명의개서정지공고일	201X년 05월 19일
주주명의개서정지기간	201X년 06월 04일~201X년 06월 11일
주주총회 소집통지서 발송 및 소집공고	201X년 08월 12일
구주권 제출 공고일	201X년 08월 28일
구주권 제출 기간	201X년 08월 29일~201X년 09월 30일
매매거래정지기간	201X년 09월 25일~상장전일
변경상장(예정일)	201X년 10월 23일
재상장(예정일)	201X년 10월 23일

주1) '주주확정일'은 분할계획서 승인에 대하여 회사의 임시주주총회에서 의결권을 행사하거나 또는 이 과정에서 반대의사를 표시하고자 하는 주주를 확정하기 위한 기일이며, '분할계획서 승인을 위한 주주총회일'은 분할승인을 위한 임시주주총회일임.
주2) 상기 일정은 관계법령 및 관계기관과의 협의에 따라 변경될 수 있음.
주3) 상기 내용 중 분할보고총회 및 창립총회는 이사회의 결의공고로 갈음할 예정임.
주4) 분할대상 사업부문의 재무상대표등의 서류를 분할되는 회사의 본점에 비치할 예정임.
주5) 분할계획서 승인을 위한 주주총회는 상법 제530조의3(분할계획서·분할합병계약서의 승인) 제2항에 따라 출석한 주주의 의결권의 3분의 2 이상의 수와 발행주식총수의 3분의 1 이상의 수로써 특별결의를 하여야 함.

2. 분할신설회사에 관한 사항

(1) 상호, 분할방식, 목적, 본점소재지, 공고방법, 결산기

구분	내용
상호	국문명: 주식회사 ABC가나다(가칭) 영문명: ABCganada(가칭)
분할방식	단순인적분할
목적, 본점소재지, 공고방법	【별첨】 분할신설회사 정관 참조
결산기	사업연도는 매년 1월 1일부터 동 매년 12월 31일까지임(단, 최초 사업연도는 설립일로부터 2015년 12월 31일까지로 함)

주) 상호는 분할관련 주주총회 또는 창립총회에서 변경될 수 있음

▪ 제530조의5 제1항 제1호

(2) 발행할 주식의 총수 및 1주의 금액

발행할 주식의 총수	1주의 금액
5,000,000주	10,000원(액면주식)

▪ 제530조의5 제1항 제2호 (수권주식수)

(3) 분할 당시에 발행하는 주식의 총수, 종류 및 종류별 주식의 수, 액면주식 및 무액면주식의 구분

구분	내용
발행하는 주식의 총수	5,000주
주식의 종류 및 종류별 주식의 수	기명식 보통주식 5,000주
액면주식 무액면주식의 구분	액면주식(1주의 금액: 10,000원)

주) 단, 상기 발행주식 수 및 금액은 분할기일에 이전될 최종 자산가액에 따라 변동될 수 있음

▪ 제530조의5 제1항 제3호

(4) 분할신설회사 주주에 대한 주식 배정에 관한 사항

① 배정 조건: 분할되는 회사의 분할신주 배정기준일 현재 주주명부에 등재되어 있는 주주에게 배정한다.

② 배정 비율: 분할되는 회사 소유주식 1주당 아래의 표와 같은 비율로 배정한다.

주식의 종류	배정비율
보통주	0.0047061주

주) 배정 비율은 2014년 9월 30일 현재 재무상태표 금액 기준으로 분할대상부문의 순자산 장부가액을 분할 전 순자산 장부가액으로 나누어 산정하였으며 소수점 여덟째 자리에서 반올림하였음.(배정비율: 219,236,150원/46,585,527,297원) 또한, 분할기일에 이전될 최종 자산가액에 따라 변동될 수 있음.

③ 배정방법: 분할되는 회사의 주주가 가진 주식수에 비례하여 신설회사의 주식수를 배정한다.

④ 단주처리: 1주 미만의 단주에 대해서는 신설회사신주 1주를 신설회사 예정주주가 체결한 주식양수도 계약상의 신설회사 1주당 양도가액으로 환산하여 단주가 귀속된 주주에게 현금으로 지급한다.

⑤ 신주 배정기준일: 2015년 1월 30일

⑥ 신주의 배당기산일: 2015년 1월 1일

▪ 제530조의5 제1항 제4호
▪ 상장회사의 경우 배정비율 산정 방식 표현사례: "주) 배정비율 산정 근거: '유가증권시장업무규정 시행세칙 별표 1'의 취지를 고려하여, 2015년 3월 31일 현재의 재무상태표를 기준으로 산정된 분할존속회사와 분할신설회사의 순자산가액을 기준으로 배정비율을 산정함"

▪ ③ 배정방법 다음에 다음의 문구 추가하는 경우도 있음 "분할에 따라 분할되는 회사가 분할신설회사 주주에게 배정하는 주식은 당해 주주가 분할기일 현재 보유하고 있는 분할되는 회사의 주식과 동일한 내용으로 한다."

▪ 상장회사의 경우 단주처리 문구: "1주 미만의 단주에 대해서는 분할신설회사신주의 재상장 초일종가로 환산하여 현금으로 지급한다"

(5) 분할신설회사의 주주에게 지급할 금액을 정한 때에는 그 규정

위 (4)의 단주처리를 위한 현금지급 이외에는 별도의 교부금을 지급하지 않는다.

(6) 분할신설회사의 자본금 및 준비금

구분	내용
자본금	50,000,000원
준비금	169,236,150원

주1) 준비금은 주식 발행 초과금임.
주2) 준비금은 분할기일 전까지 분할대상부문재산의 증감 등의 사유로 변동될 수 있고, 분할기일 기준 이전대상재산이 확정되면 공인회계사의 검토를 받아 최종 확정함.
주3) 1주의 액면금액은 10,000원임.

■ 제530조의5 제1항 제5호, 제6호

■ 신주배정기준일: 본 사례의 경우 분할기일은 1월 31일, 배정기준일은 1월 30일. → 1월 30일 24시를 의미. 많은 사례들이 신주배정기준일을 분할기일 직전일로 정하고 있음 단, 신주배정기준일이 기일과 같은 날인 경우가 있음. 이 경우 분할기일 0시를 의미

〉사례:

사례	분할(or 합병)기일	신주배정기일
현대종합상사	(분할) 15년 10월 1일	10월 1일(0시)
골프존	(분할) 15년 03월 1일	3월 1일
제일모직	(합병) 15년 09월 1일	9월 1일
현대제철	(합병) 15년 07월 1일	7월 1일
SK C&C	(합병) 15년 08월 1일	8월 1일

■ 상장회사의 경우 일정에 상장과 관련된 일정들이 추가됨

〉사례:
⑤ 신주의 배당기산일: 2015년 10월 1일
⑥ 배정방법: 분할되는 회사의 주주가 가진 주식수에 비례하여 분할신설회사의 주식수를 배정한다.
⑦ 배정기준일: 2015년 10월 1일
⑧ 주식매매거래정지기간: 2015년 9월 25일 ~ 상장 전일(신설회사주주와 분할회사주주가 동일하여 주식매매정지기간을 왼쪽과 같이 표시하기도 함)
⑨ 신주교부예정일: 2015년 10월 22일
⑩ 신주권의 상장계획
분할신설회사는 유가증권시장상장규정 제1항 제1호 나목 및 제39조에 따른 상장예비심사청구를 거쳐, 신설회사는 유가증권시장상장규정 제41조의 규정에 의하여 유가증권시장 재상장을 신청한다.
- 한국거래소는 유가증권시장상장규정 제42조 제2항 및 제5항의 규정에 의하여 심사를 하며, 요건이 충족될 경우 재상장을 허용한다.
- 재상장 예정일: 2015년 10월 23일(관계기관과의 협의 과정에서 변경될 수 있음)

(7) 분할신설회사에 이전될 분할되는 회사의 재산과 그 가액

① 분할되는 회사는 분할계획서가 정하는 바에 따라 분할대상부문에 속하는 일체의 적극소극적 재산과 공법상의 권리·의무를 포함한 기타의 권리·의무와 재산적 가치 있는 사실관계(인허가, 근로관계, 계약관계, 소송 등을 모두 포함함)(이하 "이전대상재산"이라 함)를 분할신설회사에 이전한다.

② 전항에 의해 분할신설회사로 이전되는 구체적인 자산 및 부채는 【별첨 1】 분할재무상대표와 【별첨 2】 승계대상재산목록에 기재된 바에 의하되, 분할기일 전까지 분할대상부문에서 발생한 재산의 추가적인 증감사항을 분할계획서상의 분할재무상태표와 승계대상재산목록에서 가감하는 것으로 한다.

③ 이전 대상 재산에 속하는 권리나 의무 중 법률상 또는 성질상 분할에 의하여 이전이 금지되는 것은 분할되는 회사에 잔류하는 것으로 보며, 분할에 의한 이전에 정부기관 등의 승인, 인허가, 신고수리 등이 필요함에도 이를 받을 수 없는 경우에도 같다.

④ 자산은 분할기일인 2015년 1월 31일(0시) 기준으로 분할신설회사로 이전

■ 제530조의5 제1항 제7호

■ ②항에 추가로 다음과 같은 문구 기재한 사례:
"2015년 4월 1일부터 분할기일 전까지 분할대상부문의 영업 또는 재무적 활동 등으로 인하여 분할대상부문의 자산 및 부채에 변동이 발생하거나 또는 승계대상재산목록에 누락되거나 잘못 기재된 자산 또는 부채가 발견되거나 그 밖에 자산 및 부채의 가액이 변동된 경우에는 이를 정정 또는 추가하여 기

하되 등기, 등록 등 소유권 이전절차가 필요한 자산은 분할기일로부터 1개월 이내로 소유권 이전절차를 완료할 예정이다.

재할 수 있다. 이에 따른 변경 사항은 분할계획서의【별첨 1】 분할재무 상대표와【별첨 2】 승계대상재산 목록에서 가감하는 것으로 한다. 이전대상재산의 가액은 이전대상자산이 확정된 후, 공인회계사의 검토를 받아 확정한다"

(8) 분할신설회사가 분할되는 회사의 채무 중에서 출자한 재산에 관한 채무만을 부담할 것을 정한 경우 그에 관한 사항

① 신설회사는 상법상 분할계획서에서 별도로 정하지 않는 한 분할되는 회사의 채무 중에서 신설회사에 출자한 재산에 관한 채무만을 부담하며, 신설회사로 이전되지 아니한 분할되는 회사의 다른 채무에 대해 연대하여 변제할 책임을 지지 않는다.

② 분할되는 회사도 분할신설회사로 이전된 채무에 대해 연대하여 변제할 책임을 지지 아니한다.

(9) 분할신설회사의 임원에 관한 사항

① 이사와 감사의 성명 및 약력에 관한 사항

■ 제530조의5 제1항 제8호, 제9호

직명	성명	주민등록번호	약력	비고
대표이사	최○○	5xxxxx-xxxxxxx	XX대학교 경영학과 졸업, 前 XXXX 경영기획실 상무이사, 現 ABC 대표이사	
사내이사	이○○	6xxxxx-xxxxxxx	XX대학교 경영학과 졸업, 前 XXXX 재경실 팀장, 現 ABC 대표이사	
감사	윤○○	5xxxxx-xxxxxxx	XX대학교 경제학과 졸업, 前 XXXXXXX 상무, 現 ABC 감사	

② 분할신설회사의 이사 및 감사의 임기는 본건 분할로 인한 분할등기일로부터 개시하는 것으로 한다.

■ 승계되는 권리, 의무를 명확히 할 필요가 있는 부분에 대해서는 다음과 같은 문구가 추가되기도 함

〉 사례:

1. 분할기일 이전에 국내외에서 분할되는 회사가 보유하고 있는 "XXXXX", "가나다라" 및 이와 유사성을 인정할 수 있는 일체의 상표 그리고 기타 모든 상표(해당 상표에 대한 일체의 권리와 의무 포함)는 분할신설회사로 이전되는 것으로 한다.
2. 전항에서 규정한 상표를 제외한 기타 산업재산권 등 일체의 지적재산권은 분할대상부문에 관한 것이면 분할신설회사에게, 분할대상부문 이외의 부문에 관한 것이면 분할존속회사에게 각각 귀속한다.

■ 연대채무를 부담하는 경우의 사례

〉 사례:

(8) 설립되는 회사가 분할되는 회사의 채무 중에서 출자한 재산에 관한 채무만을 부담할 것을 정한 경우 그에 관한 사항

분할존속회사 또는 분할신설회사는 분할 전 채무에 대하여 연대하여 책임을 부담하므로 해당 사항 없음

■ 이사 및 감사에 관한 사항은 상법 및 자본시장법상 이사회 요건을 고려하여 결정

■ 이사 및 감사에 관한 사항에 일반적으로 추가되는 사항

〉 사례:

주) 상기 임원 목록은 잠정안으로서 분할승인을 위한 주주총회 소집의 통지 또는 공고일 이전에 분할되는 회사의 이사회결의를 통해 변경될 수였음. → *변경가능성*

② 분할신설회사 이사 및 감사위원회 위원의 임기는 이 분할로 인한 분할신설회사 분할등기일로부터 개시하는 것으로 한다.

③ 최초사업년도 이사의 보수한도는 5,000백만원으로 한다. → *보수 한도*

④ 분할신설회사 이사에게 적용되는 퇴직금 규정은【별첨5】분할신설회사 임원퇴직금 지급규정에 의한다. → *퇴직금규정*

(10) 분할신설회사의 정관에 관한 사항
신설회사의 정관은 【별첨 3】과 같다.

(11) 분할신설회사의 설립방법
분할신설회사를 설립함에 있어 다른 주주를 모집하지 않고 분할되는 회사에서 분리되는 재산만으로 분할신설회사의 자본을 구성한다.

3. 분할되는 회사에 대한 사항

(1) 감소할 자본금과 준비금의 액
본건 분할로 인하여 분할되는 회사에서 감소할 자본금과 준비금은 다음과 같다.

■ 第530条의5 第2項 第1号

구분	내용
감소할 자본금	50,040,000원
준비금의 액	1,638,669원

주1) 준비금은 주식발행초과금임.
주2) 분할 전 자본금과 준비금은 2014년 9월 30일 현재 재무상태표 기준이며, 상기 금액은 분할기일에 변동될 수 있음.

(2) 자본감소의 방법
① 상법 제440조 내지 제444조에 의한 주식병합 절차에 따라, 분할기일 현재 분할되는 회사의 주주명부에 등재되어 있는 주주들이 보유한 주식 1주당 0.9952939주의 비율(이하 "병합비율")로 주식을 병합한다.
② 전항의 주식병합으로 인하여 발생하는 1주 미만의 단주에 대해서는 신주 1주를 분할기일의 분할되는 회사의 1주당 순자산가치로 환산하여 단주가 귀속된 주주에게 현금으로 지급한다

■ 第530条의5 第2項 第2号
■ 상장회사의 경우 사례
"상법 제440조 내지 제444조에 의한 주식병합절차에 따라, 분할기일 현재 분할되는 회사의 주주명부에 등재되어 있는 주주에게 1주당 0.6081866주의 비율로 주식을 병합하며, 병합후 1주 미만의 단주는 분할존속회사의 변경상장 초일의 종가로 환산하여 현금 지급한다.

■ 第530条의5 第2項 第3号

(3) 분할로 인하여 이전할 재산과 그 가액
① 분할되는 회사에서 설립되는 회사로 이전하는 재산과 그 가액은 본 계획서 【별첨1】의 분할재무상태표와 【별첨2】의 분할승계재산목록에 기재된 바에 의하되, 그 외에 i) 분할기일 전까지 분할대상부문의 영업 및 재무활동으로 인하여 자산 및 부채의 변동이 발생하는 경우 또는 ii) 분할승계재산목록에 누락되거나 잘못 기재된 자산 또는 부채가 발견된 경우 또는 iii) 그 밖에 자산 및 부채의 가액이 변동된 경우에는 관련 재산의 증감 사항을 분할재무상태표와 분할승계재산목록에서 가감하는 방식으로 정정 또는 추가하여 기재할 수 있다.
② 분할 전후의 재무구조(2014년 9월 30일 기준)

(단위: 원)

구분	분할전	분할후	
		분할존속회사	분할신설회사
⋮	000,000,000	000,000,000	000,000,000
⋮	000,000,000	000,000,000	000,000,000
자산총계	000,000,000	000,000,000	000,000,000
⋮	000,000,000	000,000,000	000,000,000
⋮	000,000,000	000,000,000	000,000,000
부채총계	000,000,000	000,000,000	000,000,000
⋮	000,000,000	000,000,000	000,000,000
⋮	000,000,000	000,000,000	000,000,000
자본 총계	000,000,000	000,000,000	000,000,000
부채와 자본총계	000,000,000	000,000,000	000,000,000

주1) 상기 금액은 2014년 9월 30일 기준의 결산 재무제표를 자료로 한 금액이며 분할기일 전

까지 분할대상부문 재산의 증감 등의 사유로 변동될 수 있고, 분할기일 기준 이전대상 재산이 확정되면 공인회계사의 검토를 받아 최종 확정함

주2) 상기 재무정보는 (주)ABC와 (주)DEF의 계약 체결 예정인 건물매입거래를 반영한 후의 금액임

주3) 승계대상재산목록: 【별첨2】 승계대상재산목록을 참조하되 동 목록은 추후 변동될 수 있음

(4) 분할 후 발행주식 총수

■ 제530조의5 제2항 제4호

(단위: 원, 주)

구분	종류	분할전(A)	분할후(B)	A-B
수권주식수	보통주	5,000,000	5,000,000	-
발행주식수	보통주	1,062,872	1,057,868	5,004
1주의 금액	보통주	10,000	10,000	-
자본금	보통주	10,628,720,000	10,578,680,000	50,040,000
준비금 총액		348,201,000	346,562,331	1,638,669

주) 분할기일에 이전될 최종 지산가액에 따라 변동될 수 있음.

(5) 회사가 발행할 주식의 총수를 감소하는 경우에 감소할 주식의 총수, 종류 및 종류별 주식의 수

■ 제530조의5 제2항 제5호

해당사항없음.

(6) 정관 변경을 가져오게 하는 그 밖의 사항

■ 제530조의5 제2항 제6호

해당사항없음

4. 기타 투자자보호에 필요한 사항

(1) 분할계획서의 수정 및 변경

본 분할계획서는 (i) 본 분할계획서에서 그 수정 또는 변경을 예정하고 있는 경우, (ii) 그 수정 또는 변경이 합리적으로 필요한 경우로서 그 수정 또는 변경으로 인해 분할되는 회사 또는 분할신설회사의 주주에게 불이익이 없는 경우 또는 (iii) 본건 분할의 기본원칙에 대한 동질성을 해하지 않는 범위 내의 수정 또는 변경의 경우에는 2014년 12월 29일(예정)에 개최될 임시주주총회에서 본건 분할계획서가 승인된 이후에도 분할등기일 전까지 주주총회의 추가승인 없이 분할되는 회사의 이사회 결의로 수정 또는 변경이 가능하고 동 수정 및 변경사항은 관련 법령에 따라 공고 또는 공시됨으로써 효력을 발생한다. 수정 또는 변경이 가능한 항목은 아래 항목을 포함하되 이에 한정되지 않는다.

① 분할존속회사 및 분할신설회사의 상호
② 분할일정
③ 분할(배정)비율 및 단주처리시 신주 1주의 환산금액
④ 자본감소비율(병합비율) 및 단주처리시 신주 1주의 환산금액
⑤ 분할로 인하여 이전할 재산과 그 가액(【별첨1】 재무상태표 및 【별첨2】 승계대상재산목록을 포함하나, 이에 한정되지 아니함)
⑥ 분할 전후의 재무구조
⑦ 감소할 자본금과 준비금의 액, 분할 후 발행주식 총수
⑧ 분할 당시 신설회사가 발행하는 주식의 총수, 1주의 금액, 자본금 및 준비금
⑨ 분할신설회사의 이사 및 감사에 관한 사항
⑩ 분할존속회사 및 분할신설회사의 정관

(2) 주주의 주식매수청구권
상법 제530조의2 내지 제530조의11에 따른 단순분할의 경우이므로 해당사항 없음.

(3) 본 분할계획서의 시행과 관련하여 분할되는 회사와 분할신설회사간에 인수인계가 필요한 사항(문서, 데이터 등 분할대상부문과 관련한 각종 자료 및 사실관계 포함)은 분할되는 회사와 신설회사 사이의 별도 합의에 따른다.

(4) 종업원 승계와 퇴직금
신설회사는 분할기일 현재 분할대상부문에서 근무하는 모든 종업원의 고용 및 관련 법률 관계(퇴직금, 대여금 등 포함)를 승계한다.

(5) 분할되는 회사가 분할로 신설회사로 이전하는 자산 및 부채, 기타 권리의무와 사실관계 일체에 대한 계산은 분할기일 이후부터는 신설회사가 한 것으로 한다.

(6) 분할기일 이전에 분할되는 회사를 당사자로 하는 모든 계약 및 소송은 분할대상 부문에 관한 것이면 신설회사에게, 기타분할대상부문 이외의 부문에 관한 것이면 분할되는 회사에게 각각 귀속되는 것을 원칙으로 한다.

(7) 분할에 관하여 본 계획서에서 정하지 않은 절차 등 제반 사항에 대한 권한은 이사회에 위임한다.

이상의 내용을 증명하기 위하여 본 분할계획서를 작성하고 분할되는 회사의 공동대표이사가 기명 날인하여 보관한다.

■ 분할계획서에는 기명날인등을 하지 않고 이를 요약한 의안요지서, 이사회결의서등에 기명날인하는 경우 많음

■ 추가되는 기타 사항 예시
〉사례:
"주식의 매매거래 정지기간(예정일)
① 분할존속회사
2015년 9월 25일~변경상장 전일(변경상장예정일: 2015년 10월 23일)
(단, 관계법령 및 관계기관과의 협의에 따라 변경될 수 있음)
② 분할신설회사
2015년 9월 25일~재상장 전일(재상장예정일: 2015년 10월 23일)
(단, 관계법령 및 관계기관과의 협의에 따라 변경될 수 있음) 신설회사는 10월 1일에 설립. → 신설법인의 매매거래정지기간 삭제 또는 기일 변경 여부 고려"

〉사례:
"회사간에 인수인계가 필요한 사항
본 분할계획서의 시행과 관련하여 분할되는 회사와 분할신설회사 간에 인수인계가 필요한 사항(문서, 데이터 등 분할대상부문과 관련한 각종 자료 및 사실관계 포함)은 분할되는 회사와 분할신설회사 간의 별도 합의에 따른다."

2014년 12월 12일
주식회사ABC
공동대표이사 최 XX (인)
공동대표이사 이 XX (인)

【별첨1】 분할재무상태표
【별첨2】 승계대상재산목록
【별첨3】 신설회사 정관(안). 끝

■ 별첨에 "【별첨4】 분할존속회사정관, 【별첨5】 분할신설회사임원퇴직금 지급규정"등이 추가될 수 있음

【별첨 1】 분할재무상태표(2014.9.30. 재무제표 기준)

(단위: 원)

구분	분할전	분할후	
		분할존속회사	분할신설회사
⋮	000,000,000	000,000,000	000,000,000
⋮	000,000,000	000,000,000	000,000,000
자산총계	000,000,000	000,000,000	000,000,000
⋮	000,000,000	000,000,000	000,000,000
⋮	000,000,000	000,000,000	000,000,000
부채총계	000,000,000	000,000,000	000,000,000
⋮	000,000,000	000,000,000	000,000,000
⋮	000,000,000	000,000,000	000,000,000
자본 총계	000,000,000	000,000,000	000,000,000
부채와 자본총계	000,000,000	000,000,000	000,000,000

주1) 상기 금액은 2014년 9월 30일 기준의 결산 재무제표를 자료로 한 금액이며 분할기일 전까지 분할대상부문 재산의 증감 등의 사유로 변동될 수 있고, 분할기일 기준 이전대상 재산이 확정되면 공인회계사의 검토를 받아 최종 확정함

【별첨 2】 승계대상재산 목록(2014.9.30. 재무제표 기준)

1. 승계대상 자산목록

(단위: 원)

구분	내역	금액
I. 유동자산		
(1) 당좌자산		
1. 현금및현금성자산	현금 및 예금	
2. 단기투자자산	정기예금 및 자유적금	
3. 매출채권	"가나다"사업관련 매출채권	
4. 대손충당금	매출채권 관련 대손충당금	
II. 비유동자산		
(1) 유형자산		
1. 기계장치	XXXXXX 장치	
감가상각누계액		
2. 집기비품	"가나다" 사업 관련 비품, 컴퓨터 등	
감가상각누계액		
(2) 무형자산		
1. 소프트웨어	XXXX 및 사무용 소프트웨어 등	
(3) 기타비유동자산		
1. 비유동이연법인세자산	퇴직급여충당금 관련 이연법인세 자산	
2. 임차보증금	전신 전화 가입권, 비품 관련 보증금	
자산총계		
I. 유동부채		
1. 선수금	"가나다" XXX 선수금	
2. 선수수익	XXXX 수수료 선수수익	
II. 비유동부채		
1. 퇴직급여충당부채	"가나다" 직원분	
2. 국민연금전환금	"가나다" 직원분	
3. 예수보증금	XXXX "가나다" XX 보증금	
부채총계		

4 분할합병 실무 가이드

1) 분할합병의 절차

분할회사는 분할이라는 절차와 합병이라는 절차가 동시에 진행되고, 분할합병의 상대방 회사는 합병절차가 진행됩니다. 전체적인 일정은 합병과 동일하다고 볼 수 있습니다.

한 가지 고려할 사항은 분할합병계약서와 분할계획서에 관한 것입니다. 합병은 합병계약서가 필요하고, 분할은 분할계획서가 필요합니다. 분할합병은 분할과 합병이 하나의 절차로 진행되는 것이기 때문에 분할합병계약서가 주 계약서가 되지만, 합병을 위해 사실상 선행되어야 하는 분할이 필요하다는 측면에서 분할계획서도 작성하여야 합니다.[242)]

[표 38] 분할과 합병, 분할합병의 비교

구분	분할	합병	분할합병
기본서류	분할계획서	합병계약서	분할합병계약서 및 분할계획서
채권자보호절차	연대책임 시 불필요, 연대책임이 아닌 경우 필요	필요	연대책임 여부와 관계없이 반드시 필요
주식매수청구권 절차	불필요[243)]	필요	필요
공정거래법상 신고의무	면제	신고의무 부담	신고의무 부담
소규모 및 간이제도	불인정	인정	인정

[표 39] 분할합병 주요 절차 일정 예시[244)]

구분	롯데제과(주) (분할합병 상대회사)	롯데쇼핑(주) 등 (분할되는회사)
이사회 결의일	2017. 04. 26	2017. 04. 26
주요사항보고서 제출일	2017. 04. 26	2017. 04. 26
분할합병계약 체결일	2017. 04. 26	2017. 04. 26
주주확정기준일 지정 및 주주명부 폐쇄 공고	2017. 05. 16	2017. 05. 16

242) 실무상으로 분할계획서는 분할회사의 분할합병이사회 때 분할합병계약서의 첨부서류로 작성되어 승인절차를 거치게 됩니다.
243) 단, 분할의 경우에도 분할신설법인이 재상장되지 않고 비상장법인이 되는 경우에는 주식매수청구권이 필요합니다.
244) 전자공시시스템, 주요사항보고서 2017.10.30 참조

구분		롯데제과(주) (분할합병 상대회사)	롯데쇼핑(주) 등 (분할되는회사)
합병 주주총회를 위한 주주확정 기준일		2017. 05. 31	2017. 05. 31
주주명부 폐쇄 기간	시작일	2017. 06. 01	2017. 06. 01
	종료일	2017. 06. 08	2017. 06. 08
분할합병수정계약체결일		2017. 06. 29	2017. 06. 29
증권신고서 제출일		2017. 07. 06	-
분할합병수정계약(2차) 체결일		2017. 07. 25	2017. 07. 25
주주총회 소집 통지 및 공고일		2017. 08. 14	2017. 08. 14
분할합병반대의사 통지 접수	시작일	2017. 08. 14	2017. 08. 14
	종료일	2017. 08. 28	2017. 08. 28
분할합병승인을 위한 주주총회일		2017. 08. 29	2017. 08. 29
주식매수청구권 행사기간	시작일	2017. 08. 29	2017. 08. 29
	종료일	2017. 09. 18	2017. 09. 18
채권자 이의제출 기간	시작일	2017. 08. 29	2017. 08. 29
	종료일	2017. 09. 29	2017. 09. 29
구주권 제출 기간	시작일	2017. 08. 29	2017. 08. 29
	종료일	2017. 09. 29	2017. 09. 29
분할합병기일		2017. 10. 01	2017. 10. 01
분할합병종료보고총회일(이사회결의일)		2017. 10. 12	2017. 10. 12
분할합병종료보고 공고일		2017. 10. 12	2017. 10. 12
분할 및 분할합병 등기 신청 예정일		2017. 10. 12	2017. 10. 12
주권교부예정일		2017. 10. 27	2017. 10. 27
재상장 / 변경상장 예정일		2017. 10. 30	2017. 10. 30

*1) 상기사례에서 분할합병종료보고총회는 이사회 결의에 의한 공고로 갈음합니다.
*2) 상기 일정은 관계법령 상의 인허가, 승인 및 관계기관과의 협의 등의 사정에 의해 변경될 수 있습니다.
*3) 분할합병종료보고총회일(이사회결의일)과 분할합병종료보고 공고일은 2017년 10월 2일이 임시공휴일로 지정되어 2017년 10월 12일로 변경되었습니다. 이처럼 휴일 등이 있을 경우 일정이 조정될 수 있습니다.

2) 분할합병비율의 산정

분할합병의 경우에도 합병과 동일하게 분할합병비율을 산정하여야 합니다. 비상장법인이 분할하여 합병할 경우에는 시가가 없는 상황이기 때문에 합리적인 방법을 적용하여 평가한 후 합병비율이 산정될 것입니다. 그런데 시가가 있는 상장법인의 분할합병일 경우에 시가를 구분하여 합병비율에 적용하여야 하는지, 아니면 분할부문은 시가가 없으므로 별도로 평가하여야 하는지 의문이 생길수 있습니다. 분할전 상장법인이 시가가 존재한다고 하더라도 분할부문의 시가를 정확하게 구분하는 것이 쉽지 않습니다. 그렇기 때문에 분할합병비율을 산정함에 있어서 분할부문의 가치는 상장법인의 경우 본질가치[245]를 통해 산정하도록 하고 있습니다.[246]

분할합병비율은 분할비율과 합병비율을 동시에 고려하여 산정합니다. 다음의 사례는 합병비율과 분할비율을 통해 분할합병비율을 산정한 예를 잘 보여주고 있습니다.

[표 40] 분할합병비율 산정 예시 1

합병비율	합병의 상대방법인 : 합병대상 분할부문 = 1 : 0.5442446
분할합병비율	분할비율(0.7156116) × 합병비율(0.5442446) = 0.3894677 분할합병비율 1 : 0.3894677

[표 41] 분할합병비율 산정 예시 2[247]

구분	롯데제과 투자사업부문 (합병법인)	롯데쇼핑 투자사업부문 (피합병법인)	롯데칠성음료 투자사업부문 (피합병법인)	롯데푸드 투자사업부문 (피합병법인)
가. 주당 분할비율	0.7038762	0.1069784	0.3539094	0.1734773
나. 본질가치	77,435원	828,430원	1,800,764원	797,680원
- 자산가치	67,638원	472,593원	1,666,655원	687,877원
- 수익가치	83,967원	1,065,655원	1,890,170원	870,882원
다. 합병가액(=나)	77,435원	828,430원	1,800,764원	797,680원
라. 주당 합병비율 (피합병법인 주당가치/ 합병법인주당가치)	1	10.6983579	23.2550881	10.3012487
마. 분할합병비율(가×라)	1	1.1444932	8.2301943	1.7870328

*) 상기 롯데제과 투자사업부문의 분할 전 주식수는 주식분할(액면금액 500원에서 200원으로 변경)을 반영한 수치입니다.

245) 자본시장법에 따라 수익가치와 자산가치를 가중평균한 가액을 의미합니다.
246) 자본시장법 시행령 제176조의6 제2항, 기업공시실무 안내(금융감독원) 등
247) 전자공시시스템, 주요사항보고서, 2017년

3) 분할합병 세무와 회계

분할합병의 회계와 세무는 분할과 합병의 회계와 세무를 모두 고려하여야 합니다. 분할과 합병의 회계와 세무에 대해서는 앞장에서 설명한 "합병실무가이드"와 "분할실무가이드" 부분을 참고하시기 바랍니다.

[표 42] 분할합병 주체별 주요 세무 검토 사항

주체	세목	적격분할합병	비적격분할합병
분할법인	자산양도차익 법인세	과세이연	과세
	부가가치세	면제	포괄적 승계가 아닐 경우 과세
	증권거래세 (및 농어촌특별세)	면제	과세
분할합병의 상대방 법인	자산부채 승계	자산취득을 장부가액으로 승계	자산을 시가로 승계
	분할매수차손익	분할매수차손익 미인식	분할매수차손익 익금 및 손금
	이월결손금	(존속분할시)이월결손금 승계 불가	이월결손금 승계 불가
	세액공제	세액공제 등 승계	세액공제 등 승계 불가
	취득세	취득세 일부 면제[248](감면에 따른 농어촌특별세 포함)	취득세 과세
	자본등록세	자본등록세 (자본금의 0.48%)	자본등록세 (자본금의 0.48%)[249]
분할법인의 주주	주주 의제배당	미발생	과세
	과점주주 취득세	과세	과세

4) 삼각분할합병

합병과 마찬가지로 분할합병의 경우에도 삼각분할합병이 가능합니다. 즉, 분할합병의 대가로 합병법인의 주식 대신 합병법인이 보유한 모회사 주식으로 분할합병의 대가를 지급할 수 있는 것입니다. 회사분할의 대가로 분할승계회사의 주식을 분할회사에게 교부하는 분할합병과 달리 자회사가 분할승계회사로 분할회사의 일부 사업 부문만 합병하고 그 대가로

248) 법인세법 제46조에 따른 적격분할합병 요건을 갖춘 분할의 경우 2024년 12월 31일까지 취득하는 경우에는 취득세의 100분의 75를 경감합니다(지방세 특례제한법 제57조의2 제3항).

249) 대도시 안(중과대상 지역)에서 설립후 5년 이상 법인간의 합병에서는 등록세를 중과하지 않으나, 5년 미만의 법인이 합병대상에 포함되는 경우에는 해당 법인의 자산비율 만큼 중과세가 이루어집니다. 이는 적격합병의 경우에도 동일합니다(행자부 세정-1268, 2005.6.21).

모회사의 주식을 분할회사에게 교부하는 방식으로, 이때 자회사는 분할승계회사로서 존속하고 다른 합병 대상회사는 피합병으로 소멸합니다. 삼각분할합병 제도를 통해 모회사는 인수 대상회사의 사업부분 중 원하는 부분만 분할하여 자회사와 합병시킬 수 있게 되는 것입니다. 이 제도는 분할합병과 삼각합병을 혼합한 제도로서 삼각합병과 관련한 사항은 "합병실무가이드"의 "삼각합병" 부분을 참고하시기 바랍니다.

5) 분할합병계약서 예시[250)]

분할합병계약서

000주식회사(이하 "갑"이라 한다)와 000주식회사(이하 "을"이라 한다)는 000년 00월 아래 조건으로 분할합병계약(이하 "본 계약")을 체결한다.

제1조 목적 및 분할합병의 방법

"본 계약"에 따른 분할합병은 경영효율성을 증대하고 시너지 효과를 창출하여 기업가치를 제고하기 위하여 상법 제530조의2 내지 제530조의11에서 정하는 바에 따라 "을"이 분할하는 000의 제조 및 판매 사업부문(이하 "분할합병 사업부문"이라 한다)을 "갑"이 흡수합병(이하 "분할합병"이라 한다)함으로써 그 권리의무를 포괄적으로 승계하고, "을"은 분할되지 않은 나머지 사업부문(이하 "존속 사업부문"이라 한다)만으로 존속하는 것으로 한다.

제2조 분할합병 대상재산

① "을"의 "분할합병" 대상재산(이하 "분할합병 대상재산"이라 한다)과 그 가액은 000년 0월 00일 현재의 [첨부1] 분할재무상태표(이하 "분할재무상태표"라 한다)와 [첨부2] 승계대상 재산목록(이하 "승계대상 재산목록"이라 한다)에 의한다.
② "분할합병 대상재산"은 제5조 제1항의 분할합병기일(이하 "분할합병기준일"이라 한다) 전까지 발생한 추가 증감사항에 따라 가감될 수 있으며, 그 가액은 "분할합병기준일"의 최종 재산가액에 따라 변경될 수 있다.
③ "분할합병 대상재산"의 세부항목별 최종가액은 공신력 있는 감정평가법인의 평가 또는 공인회계사의 검토를 받아 최종 확정한다.

제3조 발행주식총수 및 증가할 자본금과 준비금 총액

① "갑"의 "분할합병" 전후의 발행할 주식의 총수는 변동이 없는 것으로 한다.

250) 분할합병계약서에는 회사의 분할이 포함되기 때문에 별첨으로 분할계획서가 포함되어야 합니다.

② "분할합병"으로 인하여 증가할 "갑"의 자본금은 ______원으로 하고, 준비금 등은 "분할합병기준일"에 있어서의 "분할합병 사업부문"의 자산 및 부채 상태를 기준으로 하여 관계법령 및 회계기준에 따라 결정된다.

제4조 분할합병 신주의 발행 및 배정

① 제2조 제1항의 "분할합병 대상재산"을 기초로 산정한 "갑"과 "을" 사이의 분할합병 비율은 1 : 0.0000000(0.0000000(분할비율)×0.0000000(합병비율)=0.0000000)로 한다.

② "갑"은 "분할합병기준일" 현재 "을"의 주주명부에 등재된 주주에게 다음과 같이 "갑"의 분할합병 신주(이하 "분할합병 신주"라 한다)를 배정하고 이를 발행한다.

1. "분할합병 신주"의 종류 및 총수
   기명식 보통주식 ______주
2. "분할합병 신주"의 액면금액
   금 5,000원
3. "분할합병" 비율에 따른 "분할합병 신주"의 배정
   "을"의 주주에게 제1항의 비율(1 : 0.0000000)에 따라 "을"의 보통주식 1주당 "갑"의 "분할합병 신주" 0.0000000주를 배정하고 교부한다.

③ 제1항의 분할비율은 별첨 1의 분할재무상태표의 2xxx년 x월 xx일 현재 "분할합병 사업부문"과 "존속 사업부문"간의 순자산가액 비율을 적용한다.

④ 제1항의 분할합병 비율에 따라 "분할합병 신주"를 배정할 때 발생하는 단주에 관하여는, 단주가 귀속될 "을"의 주주에게 "분할합병 신주"가 한국거래소에 추가상장되어 거래되는 초일의 "갑"의 보통주식 종가를 기준으로 산정된 금액(1원 단위 미만은 절상한다)을 추가상장일로부터 1개월 이내에 "갑"이 현금으로 지급하고, 그 단주는 "갑"이 자기주식으로 보유한다.

⑤ "본 계약" 체결일 현재 "을"이 보유한 자기주식 xxx,xxx주 및 제5조 제3항에 의거 "을"이 주식매수청구권을 행사한 주주들로부터 매수한 주식(이하 "을의 자기주식 등"이라 한다)은 "을"이 보유하도록 한다.

⑥ 본조에 의하여 발행된 "분할합병 신주"에 대한 이익배당의 기산일은 2013년 1월 1일로 한다.

⑦ "분할합병"으로 인하여 "갑"과 "을"의 주주에게 "갑" 또는 "을"이 지급할 교부금은 없는 것으로 한다.

제5조 분할합병에 관한 절차 및 기타 합의사항

① "분할합병"을 할 날인 "분할합병기준일"은 000년 00월 00일로 하되, 사실상 또는 법률상의 장애로 인해 분할합병의 실행이 제한되는 경우 또는 분할합병 절차의 진행에

따라 부득이한 경우 “갑”과 “을”은 이사회 결의를 거쳐 대표이사 간의 서면합의에 의해 “분할합병기준일”을 변경할 수 있다.

② “본 계약”의 승인을 위한 "갑"과 “을”의 주주총회(이하 “분할합병 승인 주총”)는 000년 00월 00일에 개최한다.

③ “분할합병 승인 주총”에서 “본 계약” 승인이 가결되는 경우, 이에 반대하는 주주의 주식매수청구에 관해서는 관련 법령 및 아래 각 호에서 정하는 바에 따른다.

1. 주식매수청구권을 행사할 수 있는 주주 및 주식의 수
   “분할합병”과 관련하여 주식매수청구권을 행사할 수 있는 자는 “분할합병 승인 주총”에서의 의결권을 행사할 주주를 확정하기 위한 기준일 현재 “갑”과 “을”의 주주명부에 기재된 주주로서 “분할합병 승인 주총” 전까지 보유하고 있는 주식의 발행회사에 대해 서면으로 “분할합병”에 대한 반대의사를 표시한 자(“분할합병 승인 주총”에서 “분할합병”에 대해 찬성 표결을 한 주주는 제외함)로서 관련 법령의 요건을 충족하는 자로 하고, 주식매수청구권을 행사할 수 있는 주식의 수는 위 주주명부에 기재된 주식수로 한다.
2. 주식매수청구기간
   “분할합병”과 관련하여 주식매수청구권을 행사할 수 있는 기간은 분할합병계약서 승인 주주총회일로부터 20일 이내로 한다.
3. 주식매수기간
   “분할합병”에 반대하는 주주들의 주식을 매수하는 기간은 본항 제2호 소정의 주식매수청구기간이 종료하는 날로부터 1월 이내로 한다.

④ “갑”은 “분할합병”과 관련하여 임원을 새로이 선임 또는 변경하지 아니한다.

⑤ “분할합병”에 관한 보고총회는 상법 제530조의11 제1항 및 제526조 제3항에 의거 “갑”과 “을” 각사의 이사회 결의에 따라 분할합병에 관한 사항의 공고로써 보고에 갈음한다.

⑥ 전항의 분할합병 보고 공고일 후 지체없이 “갑”과 “을”은 분할합병에 관한 등기(이하 “분할합병 등기”)를 완료한다.

제6조 자산 · 부채 및 권리 · 의무의 승계 및 연대책임의 배제

① “을”은 제2조 제1항의 “분할합병 대상재산”을 기초로 하여 그로부터 “분할합병기준일”에 이르기까지의 변동사항을 가감한 “분할합병 대상재산”을 구성하는 자산 · 부채 및 권리 · 의무 일체를 “분할합병기준일”에 “갑”에게 인계하고, “갑”은 이를 승계한다.

② 상법 제530조의9 제3항 및 동조 제2항에 의거 “갑”은 “갑”과 “을”의 “분할합병 승인 주총”의 결의에 따라 “갑”에게 이전되는 “분할합병 대상재산”에 관한 채무만을 부담

하며, 자신에게 이전되지 아니하는 "을"의 다른 채무에 대해 연대하여 변제할 책임을 지지 아니한다. 또한 "을"도 "갑"에게 이전된 채무에 대해 연대하여 변제할 책임을 지지 아니한다.

③ "분할합병 사업부문"과 관련하여 "분할합병기준일" 이전의 행위 또는 사실로 인하여 "분할합병기준일" 이후에 발생 또는 확정되는 채무(우발채무 및 소송 기타 일체의 채무를 포함한다) 또는 "분할합병기준일" 이전에 이미 발생 또는 확정되었으나 이를 인지하지 못하는 등의 여하한 사정에 의하여 본 계약에 반영되지 못한 채무에 대해서는 합리적인 기준에 따라 "갑" 또는 "을"에게 귀속시킨다.

④ "분할합병 사업부문"과 관련하여 "분할합병기준일" 이전의 행위 또는 사실로 인하여 "분할합병기준일" 이후에 취득하는 채권(우발채권 기타 일체의 채권을 포함한다), 기타 권리 또는 "분할합병기준일" 이전에 이미 취득하였으나 이를 인지하지 못하는 등의 여하한 사정에 의하여 본 계약에 반영되지 못한 채권, 기타 권리의 귀속에 관하여도 제3항과 같은 기준으로 처리한다

제7조 분할되는 회사 "을"에 관한 사항

① "분할합병"으로 인하여 감소할 "을"의 자본금은 ______원으로 하고, 준비금 등은 "분할합병기준일"에 있어서의 "존속 사업부문"의 자산 및 부채 상태를 기준으로 하여 관계법령 및 회계기준에 따라 결정된다.

② 전항에 의한 자본금의 감소는 상법 제440조 내지 제444조에 의한 주식병합 절차에 따라 분할합병기준일 현재 "을"의 주주명부에 등재되어 있는 주주들이 보유한 주식 1주당 0.0000000주의 비율로 주식을 병합하며(위 비율은 주식병합 전 주식 1주당 주식병합 후 잔존하는 주식의 비율을 의미함), 병합 후 1주 미만의 단주는 단주가 귀속될 "을"의 주주에게 분할합병으로 인한 매매정지 이후 한국거래소에 변경상장되어 거래되는 초일의 "을"의 보통주식 종가를 기준으로 산정된 금액(1원 단위 미만은 절상한다)을 변경상장일로부터 1개월 이내에 "을"이 현금으로 지급하고 그 단주는 "을"이 자기주식으로 취득한다.

③ "분할합병"으로 인하여 "갑"에게 이전할 "을"의 재산과 그 가액은 제2조와 같다.

④ "분할합병" 후의 "을"의 발행주식 총수는 _______________ 주로 한다.

⑤ "분할합병"을 전후하여 "을"의 발행할 주식의 총수는 변경이 없는 것으로 한다.

⑥ "분할합병"으로 인한 "을"의 정관변경 사항은, 그 정관 제2조 제2호 "○○○○ 제조 및 판매업"을 삭제하는 것으로 한다.

제8조 합의사항

"갑" 및 "을"은 "분할합병기준일"까지 다음 각호의 사항이 이행될 것임을 합의한다.

1. "분할합병"을 제한 또는 금지하는 사항의 제거
"갑"과 "을"은 자신과 제3자와의 계약관계에 의해 "분할합병"의 이행을 제한하거나 금지하는 사항이 존재하는 경우, "분할합병기준일" 이전까지 당해 제3자로부터 "분할합병"의 이행에 동의한다는 확인을 받는 등의 방법으로 그와 같은 제한 또는 금지 사항을 제거하여야 한다.
2. "분할합병"과 관련된 각종 신고사항의 성실 이행
"갑"과 "을"은 "분할합병"과 관련하여 관련 법령에 따라 이행하여야 하는 각종 신고 등을 성실히 이행하여야 한다.

제9조 분할합병계약의 효력

① "본 계약"은 제5조 제2항에 따른 "갑"과 "을"의 주주총회의 승인을 얻지 못하거나 또는 "분할합병"에 대해 관계법령에서 정하는 관계기관의 승인, 인가, 신고수리 등을 얻지 못한 때에는 그 효력을 상실한다.
② "분할합병"에 대하여는 "본 계약"상의 합의 내용이 가장 우선하여 적용되며, "본 계약" 체결 이전에 이루어진 당사자들 간의 어떠한 합의내용도 "본 계약"의 내용에 우선하지 못한다.
③ "본 계약"의 내용은 "본 계약"에서 달리 정하지 아니하는 한, "갑"과 "을"간의 서면 합의에 의하지 않고서는 수정 및 변경될 수 없다.

제10조 본 계약의 해제

① "본 계약" 체결일로부터 "분할합병기준일"에 이르기까지 천재지변, 법령 미준수, 정부기관의 명령, 판결, 결정, 법규의 제정 또는 법규해석의 변경 기타 이에 준하는 사유로 인하여 "갑", "을" 또는 "분할합병 사업부문"의 재산상태에 중대한 부정적 변경이 발생하였거나 향후 중대한 부정적 영향 또는 변경이 발생할 것으로 합리적으로 예상되는 경우에는, 그러한 중대한 부정적 영향이나 변경이 발생함으로써 "분할합병"의 완료 시에 피해를 입게 되는 당사자는 상대방 당사자에게 서면 통지를 함으로써 "본 계약"을 해제할 수 있다. 다만, "갑"과 "을"은 서면으로 합의하여 "본 계약"에서 정한 분할합병 조건을 변경하여 "본 계약"을 유지할 수 있다.
② "갑" 또는 "을"은 상대방이 "본 계약"을 위반할 경우 15일의 기간을 정하여 서면으로 이행 또는 시정을 최고할 수 있으며, 그 상대방이 동 기간내에 이를 이행 또는 시정하지 아니할 경우 "본 계약"을 즉시 해제할 수 있다.
③ "갑"과 "을"의 주주 중 "분할합병"에 반대하는 주주의 주식매수청구권 행사로 인하여 "갑"과 "을"이 지급하여야 하는 매수대금의 합이 ____억원을 초과하는 경우에는, "갑"과 "을" 중 어느 당사자는 상대방에 대한 서면통지로써 "본 계약"을 해제할 수

있다.

④ "본 계약"의 해제의 효과는 다음과 같다.

1. "본 계약"이 해제되는 경우 본 계약에 달리 규정된 경우를 제외하고는 "갑"과 "을"은 더 이상 "본 계약"에 따른 권리를 가지거나 의무를 부담하지 아니한다.
2. "본 계약"의 해제에도 불구하고 제12조 제1항(조세 및 비용부담), 제12조 제2항(본 계약의 해석), 제12조 제3항(비밀유지), 제12조 제6항(분쟁해결) 및 기타 "본 계약"에 명시적으로 또는 그 성질상 해제 이후에도 존속하는 것으로 예정된 조항들은 계속 그 효력을 유지한다.

제11조 기타

① 조세 및 비용부담

"분할합병"과 관련된 자문비용, 분할합병비율 평가를 포함한 회계, 세무에 필요한 비용, 실사비용, 변호사비용, 제세금 및 이와 관련한 제반 비용은 "갑"과 "을"이 합의하여 분담한다.

② "본 계약"의 해석

"본 계약"의 해석, 이행 및 분쟁의 해결에 관한 준거법은 대한민국 법률로 한다.

③ 비밀유지

"본 계약"의 일방 당사자는 상대방 당사자의 사전 서면 승인 없이 "본 계약"의 내용 및 "본 계약"의 협상, 체결 및 이행과정에서 상대방 당사자로부터 제공받은 자료나 정보를 제3자에게 공개, 누설, 유출할 수 없다. 다만, 법령 또는 법원의 명령에 의해 공개가 요구되는 경우에는 예외로 한다.

④ 신의성실의 원칙

"본 계약"의 당사자는 신의성실의 원칙에 입각하여 "분할합병"을 진행하며, "분할합병"이 완료되기 전까지 그 재산 및 권리의무에 중대한 영향을 주는 행위를 하는 경우에는 사전에 "갑"과 "을"이 상호 합의하여 이를 실행하기로 한다. "본 계약"에서 정한 내용 이외에 "분할합병"에 필요한 사항은 "본 계약"의 취지에 따라 "갑"과 "을"이 상호 협의하여 이를 결정하기로 한다.

⑤ 양도금지

"본 계약"상의 권리 의무는 타방 당사자의 사전 승인 없이 직접 또는 간접적으로 제3자에게 양도할 수 없다.

⑥ 분쟁해결

"본 계약" 및 "분할합병"으로부터 발생되는 모든 분쟁에 관하여는 서울중앙지방법원을 전속 관할법원으로 한다.

본 계약의 성립을 입증하기 위하여 계약서 2부를 작성하고 "갑"과 "을"이 각각 기명날인하여 각각 1부씩 보관한다.

0000년 00월 00일

000 주 식 회 사
대 표 이 사 000 印

XXX 주 식 회 사
대 표 이 사 000 印

5 주식의 포괄적 교환 및 이전 실무가이드[251)]

1) 주식의 포괄적 교환 및 이전의 제한 규정

① 상법상 제한 규정

교환 및 이전에 의한 완전모회사의 자본증가 한도

주식교환을 통해 완전모회사가 부실해지는 것을 방지하기 위해서 주식교환 및 이전으로 인한 완전모회사의 자본금은 완전자회사의 순자산 범위내에서만 증가할 수 있도록 제한하고 있습니다.

완전모회사의 자본금 증가 한도액	≤	완전자회사 순자산 × (1-주식교환 전 보유 지분율) − (완전자회사 주주에게 지급할 금전 등의 재산가액[252)])

상호주 보유 제한

주식교환전에 완전자회사가 완전모회사의 주식을 보유할 경우에는 주식의 포괄적 교환이 이루어지면 상호간에 주식을 보유하게 됩니다. 상법에서는 A회사가 B회사의 주식을 50% 초과하여 보유할 경우 B회사는 A회사 주식을 취득할 수 없고, 만약 주식의 포괄적 교환이나 합병 등으로 인해 불가피하게 상호주가 되는 경우에는 자회사는 모회사의 주식을

251) 주식의 포괄적교환 및 이전의 기본 개념 및 일반사항은 "제3장 M&A의 실행"편의 "주식의 포괄적 교환 및 이전"을 참고해 주시기 바랍니다.

252) 완전자회사 주주에게 지급할 금전 등의 재산가액에서 신주발행에 갈음하여 자기주식을 지급하는 경우 자기주식은 장부가액으로 가산합니다(상법 제360조의7, 제360조의18).

6개월 이내에 처분하도록 하고 있습니다.[253)]

② 공정거래법 상 신고

주식의 포괄적 교환 및 이전으로 완전모-자회사가 되는 경우에는 공정거래법상 기업결합신고를 하여야 합니다. 자산총액 또는 매출액이 3천억원 이상의 회사는 주식교환 및 이전일로부터 30일 이내에 사후신고를 하여야 하고, 자산총액 또는 매출액이 2조원 이상인 경우에는 기업결합일 이전에 신고를 하여야 합니다. 사전 신고의 경우에는 공정위 심사결과를 통지받기 전에는 기업결합을 할 수 없습니다.[254)] 또한 주식 교환 및 이전을 통해 공정거래법상 지주회사가 되는 경우에는 지주회사 설립 또는 전환 신고를 하여야 합니다.

③ 자본시장법 상 고려사항

주식의 포괄적 교환 대상 법인에 상장법인이 포함된 경우에는 상법이외에도 자본시장법상 준수해야하는 사항을 살펴보아야 합니다. 예를 들어 주요사항보고서 등 신고서를 제출하거나 공시하여야 합니다. 이를 위반할 경우에는 손해배상, 금융위 조사, 형사적 책임 또는 과징금 등의 벌칙이 부과될 수 있습니다. 만약 상장법인이 비상장법인과 주식의 포괄적 교환을 할 경우에는 비상장법의 주주가 보유한 주식이 상장주식이 되기 때문에 상장심사를 거치지 않고 상장되는 효과가 발생할 수 있습니다. 그러므로 주식의 포괄적 교환으로 경영권이 변동될 경우(우회상장), 비상장법인은 상장요건을 충족하여야 주식교환이 가능합니다.

[표 43] 주식포괄교환 및 이전 시 자본시장법 상 고려사항

구분	주요 고려사항
주요신고사항	주요사항보고서, 투자설명서, 증권신고서, 증권발행실적보고서(또는 주식교환(이전) 종료보고서) 등
교환비율 평가	합병비율 평가 규정과 기본적으로 동일 • 상장법인과 상장법인의 주식교환은 기준시가 • 상장법인과 비상장법인 주식교환은 교환비율에 대한 외부평가기관의 평가 필요
우회상장 제한	우회상장에 해당할 경우 비상장법인은 상장요건을 충족하여 주식교환이 가능하며, 비상장법인 최대주주는 일정기간동안 보유지분에 대한 매각이 제한

253) 상법 제342조의2. 참고로 A회사가 B회사의 지분을 10% 이상 보유할 경우에는 B회사가 보유한 A회사의 지분에 대해서는 의결권이 인정되지 않습니다(상법 제369조, 제342조의3).

254) 독점규제 및 공정거래에 관한 법률 제12조

2) 소규모 주식교환[255)]

합병은 주식교환과 법적 실체의 구분을 제외하고는 여러 가지 유사한 효과를 가져옵니다. 상법은 소규모합병과 마찬가지로 소규모 주식교환제도를 두고 있습니다.

완전모회사가 되는 회사가 주식교환을 위하여 발행하는 신주 및 이전하는 자기주식의 총수가 그 회사의 발행주식총수의 100분의 10을 초과하지 아니하는 경우에는 주주총회의 승인을 이사회의 승인으로 갈음할 수 있습니다. 다만, 완전자회사가 되는 회사의 주주에게 제공할 금전이나 그 밖의 재산을 정한 경우에 그 금액 및 그 밖의 재산의 가액이 최종 대차대조표에 의하여 완전모회사가 되는 회사에 현존하는 순자산액의 100분의 5를 초과하는 때에는 소규모주식교환의 대상이 되지 않습니다.

주주총회를 개최하지 않더라도 소규모 주식교환과 관련한 사항은 주주들에게 통지하여야 하며,[256)] 완전모회사가 되는 회사의 발행주식총수의 100분의 20 이상에 해당하는 주식을 가지는 주주가 공고 또는 통지를 한 날부터 2주 내에 회사에 대하여 서면으로 주식교환에 반대하는 의사를 통지한 경우에는 소규모주식교환을 할 수 없습니다.

3) 간이주식교환

간이주식교환은 간이합병과 마찬가지로 주식의 포괄적 교환시 완전자회사에 대해서 인정되는 제도입니다.[257)] 완전자회사의 총주주 동의가 있거나 완전모회사가 완전자회사의 주식 90% 이상을 소유한 경우에 인정됩니다. 간이합병과 동일하게 완전자회사는 주주총회 승인을 거치지 않고 이사회 승인만으로 주식교환이 가능합니다. 단, 총주주의 동의를 구하지 못할 경우에는 반대주주의 주식매수청구권이 인정됩니다. 완전자회사가 간이주식교환 절차를 진행하는 것과 완전모회사의 절차는 무관하기 때문에 완전모회사의 절차는 일반 주식교환 절차가 필요한지, 소규모주식교환 절차가 가능한지 별도로 살펴볼 필요가 있습니다.

4) 삼각주식교환

삼각주식교환은 삼각합병과 유사한 효과를 가져다주는 구조재편 방안입니다. 완전자회사(C법인)가 되는 회사의 주주에게 제공하는 재산이 완전모회사(B법인)가 되는 회사의 모

255) 상법 제360조의10

256) 완전모회사가 되는 회사는 주식교환계약서를 작성한 날부터 2주내에 완전자회사가 되는 회사의 상호와 본점, 주식교환을 할 날 및 주총 특별결의 승인을 얻지 아니하고 주식교환을 한다는 뜻을 공고하거나 주주에게 통지하여야 합니다.

257) 주식의 포괄적이전시에 간이주식이전은 인정되지 않습니다.

회사(A법인) 주식을 포함하는 경우에는 완전모회사(B법인)가 되는 회사는 그 지급을 위하여 그 모회사의 주식을 취득할 수 있습니다.[258] 완전모회사(B법인)가 되는 회사가 주식교환의 대가로 자신의 모회사(A법인)의 주식을 교부하는 것을 삼각주식교환이라 합니다. 완전모회사가 되는 회사의 모회사는 삼각주식교환을 통해 인수대상 회사를 자신이 지배하는 자회사의 완전자회사(손자회사)로 지배할 수 있게 되는데, 대상회사가 존속하게 되므로 대상회사의 계약상 지위, 특허권, 상호권 등을 그대로 사용할 수 있게 됩니다. 또한 모회사(A회사) 주주총회를 생략할 수 있고, 반대주주의 주식매수청구권도 인정되지 않으므로 모회사 입장에서는 절차가 간편하다고 볼 수 있습니다.

5) 포괄적 주식교환 절차 및 일정

포괄적 주식교환의 절차는 합병과 많은 부분 유사하다고 설명하였습니다. 그러므로 포괄적 주식교환의 절차와 일정을 합병과 비교하여 설명하면 주식교환절차가 좀 더 쉽게 이해될 것입니다.

[표 44] 합병절차와 비교한 포괄적 주식교환 절차 및 일정의 예

절차	설명	(합)상장	(합)비상장	(교)상장	(교)비상장	규정
• 이사회결의	이사회 승인 후 합병계약 체결	D-41	D-32	D-41	D-32	
• 계약 체결 • 주주총회 소집 이사회결의		D-41	D-32	D-41	D-32	(상법 제362조), 상법 제360조의3
• (상)우회상장 관련확인서 제출	우회상장요건 확인서류 거래소 제출	D-41		D-41		유가상장 제33조 (코스닥 제19조)
• (상)이사회결의사항 신고 및 공시	거래소	D-41		D-41		유사공시 제7조(코스닥 제6조)
• (상)주요사항보고서 제출	사유발생 3일 이내 금융위에 제출	D-41		D-41		자본시장 제161조
• (상)증권신고서 제출	금융위, 효력발생기간 7영업일	D-41		D-41		자본시장 제119조
• (상)공시관련 매매거래 정지		D-41		D-41		유가공시 제40조 (코스닥 제37조)
• 주주명부 폐쇄 및 기준일 공고	명부확정 기준일 2주전 공고	D-40	D-31	D-40	D-31	상법 제354조
• (상)투자설명서 제출	신고서 효력발생 시 금융위 제출	D-30		D-30		자본시장 제123조
• 주주명부 확정 기준일	주주총회를 위한 권리주주 확정일	D-25	D-16	D-25	D-16	상법 제354조

258) 상법 제360조의3 제6항. 완전모회사가 되는 회사는 취득한 그 회사의 모회사 주식을 주식교환 후에도 계속 보유하고 있는 경우 주식교환의 효력이 발생하는 날부터 6개월 이내에 그 주식을 처분하여야 합니다.

절차	설명	(합)상장	(합)비상장	(교)상장	(교)비상장	규정
• 주주총회 소집공고, 통지, (비치)	주주총회 2주전 공고 및 통지	D-15	D-15	D-15	D-15	상법 제363조, 제360조의5 (상법 제542조의4)
• 계약서, 재무제표 등 비치 및 공시	주주총회 2주전 ~ 합병일부터 6개월	D-15	D-15	D-15	D-15	(상법 제522조의2) 상법 제360조의4
• 반대의사 서면통지 접수마감	주주총회통지일 ~ 주주총회 전일	D-1	D-1	D-1	D-1	(상법 제522조의3), 상법 제360조의5
• 주주총회 개최	주주총회 특별결의	D	D	D	D	(상법 제522조), 제360조의3
• 반대주주 주식매수청구권 시작	주주총회일로부터 20일 이내 청구	D	D	D	D	(상법 제522조의3), 제350조의5
• (상)합병주주총회 결과 보고	주주총회 결의 공시 및 결과보고	D		D		유가공시 제7조
• 채권자이의제출 공고 및 최고	주주총회일부터 2주 이내 공고	D+1	D+1			상법 제527조의5
• 주식의 병합 및 구주권 제출 공고	주주총회일부터 2주 이내 공고	D+1	D+1	D+1	D+1	(상법 제440조), 제360조의8
• 주식매수청구권 행사 만료	주주총회일부터 20일 이내	D+20	D+20	D+20	D+20	상법 제522조의3
• (상)주식매수청구 서류제출	매수청구관련 서류 거래소 제출	D+20		D+20		유가상장 제80조
• 채권자 이의제출기간 만료	공고기간 1월 이상	D+32				상법 제527조의5
• 구주권 제출기간 만료	공고기간 1월 이상	D+32	D+32	D+32	D+32	상법 제440조
• 합병기일, 주식교환일	합병 기준일	D+33	D+33	D+33	D+33	
• 합병보고주주총회갈음이사회	합병보고	D+34	D+34			상법 제526조
• 이사회결의 공고	합병보고총회는 이사회결의에 의한 공고로 갈음함	D+35	D+35			상법 제526조
• 합병등기(소멸등기, 변경등기), 주식교환 등기	본점은 공고일부터 2주 이내, 지점은 공고일부터 3주 이내	D+35	D+35	D+34	D+34	(상법 제528조, 상업등기법 제62조~제64조), 등기규칙 제146조
• (상)합병종료보고 또는 증권발행실적보고서 제출	합병등기 후 지체없이 제출	D+35		D+34		발행공사 규정 제2-19조, 제5-15조
• (상)주식등의 대량보유상황보고	5%보고, 합병등기일 익일부터 5영업일 이내에 복	D+40		D+39		자본시장 제147조
• (상)임원등 소유상황보고	10%보고, 신주상장/합병등기일부터 5영업일	D+40		D+39		자본시장 제173조
• 주권교부 및 단주대금 지급					-	
• (상)신주상장		-		-		유가상장 제43조(코스닥 제18조)
• (상)주식매수청구대금 지급	매수청구종료일부터 1월 이내	D+50		D+50		자본시장 제165조의5
• 주식매수청구대금지급	매수청구종료일부터 2월 이내		D+81		D+81	상법 제74조의2

[표 45] 주식의 포괄적 교환(이전) 주요절차 요약

주요절차	주요내용
주식교환계약서의 작성	• 모회사로 예정된 회사와 자회사로 예정된 회사 간에 주식교환(주식이전)에 대한 제반사항을 담은 주식교환계약서(주식이전계획서)를 작성하고 이사회 승인을 받아 주식교환(주식이전)계약 체결
주요사항보고서 등 공시	• 상장법인 및 사업보고서 제출대상 법인은 주요사항보고서 공시 필요 • 주요사항보고서 제출 시 합병비율에 대한 외부평가 의견서 첨부 필요
증권신고서 등 신고	• 주식교환회사가 신주 발행 시, 발행하는 신주가 모집매출에 해당하는 경우 증권신고서, 투자설명서, 증권발행실적 보고서를 제출하여야 함 • 사업보고서 제출대상이 아닌 경우에도, 모집매출에 해당하는 경우 신고의무 존재
주주총회 소집통지 및 공고	• 주주총회 소집통지서에 주식교환계약서의 주요내용, 반대주주의 주식매수청구권의 내용 및 행사방법, 일방회사의 정관에 주식의 양도에 관하여 이사회의 승인을 요한다는 뜻의 규정이 있고 다른 회사의 정관에 그 규정이 없는 경우에는 그 뜻을 기재하여야 함
주주총회특별결의	• 주식교환대상 회사의 주주총회 특별결의가 필요함 • 상법상 소규모 주식교환(모회사), 간이 주식교환(완전자회사)에 해당되는 경우 주주총회 특별결의 불필요
주식매수청구권	• 반대주주의 주식매수청구권이 인정됨 • 소규모주식교환(모회사)은 주식매수청구권 불인정, 간이주식교환(자회사)는 주식매수청구권 인정
채권자 보호절차 불필요	• 주식교환회사는 신주발행 또는 자기주식을 처분하므로, 채권자의 이해관계를 침해하지 않으므로 채권자 보호절차 불필요 • 완전자회사의 경우 주주구성이 변동될 뿐이므로 불필요
현물출자 법원 검사 불필요	• 출자가 현금이 아닌 주식인 현물로 이루어짐에도 불구하고 주식교환에 따른 현물출자는 법원 검사인의 조사보고가 면제됨
자본금 증가한도	• 신주발행을 통한 주식 교환 시, 상법상 자본금 증가 한도에 대한 검토 필요
추가상장신청	• 주식교환법인이 상장법인인 경우 신주 발행분에 대해 추가상장 신청 필요
지분변동보고	• 상장법인의 주식포괄교환(이전) 시 해당 주주는 '주식등의 대량상황보고' 및 '임원등의 특정증권 등 소유상황 보고'를 공시하여야 함
기업결합신고	• 기업결합신고 요건 충족 시 공정거래위원회에 결합신고 필요

6) 주식교환비율 평가

주식의 교환비율은 당사법인이 합리적이고 공정가액으로 평가해야 합니다. 단, 법규상 정해진 방법이 있는 경우에는 법규상 방법에 따라 평가하여야 하는데, 자본시장법상 평가가 그 예일 수 있습니다. 합병비율 산정과 마찬가지로 상장법인과 상장법인간의 주식교환은 자본시장법상 기준시가에 따라 평가하고, 상장법인과 비상장법인 주식교환은 교환비율에 대한 외부평가기관의 평가가 필요합니다. 비상장법인간의 주식교환에서 특수관계자간의 거래인 경우에는 세법상 평가방법에 대한 고려가 필요할 수 있습니다. 상증법상 보충적 평가방법에 의한 평가에 있어서 합병비율 계산을 위한 주식평가시에는 합병 당사법인의 주식 모두 할증하지 않고 평가를 하지만, 주식의 포괄적 교환 시에는 완전모회사가 교환대가로 발행하는 주식에 대해서는 할증을 하지 않으나, 완전자회사의 주식은 할증을 하도록 하고 있습니다.[259] 단, 중소기업 및 직전 3개년 매출액 평균이 5천억원 미만인 중견기업법 상 중견기업의 경우에는 할증이 배제됩니다.

7) 벤처기업의 주식교환 제도

주식회사인 벤처기업(상장된 법인은 제외)은 전략적 제휴를 위하여 정관으로 정하는 바에 따라 자기주식을 다른 주식회사의 주요주주(해당 법인의 의결권 있는 발행주식 총수의 100분의 10 이상을 보유한 주주) 또는 주식회사인 다른 벤처기업의 주식과 교환할 수 있습니다.[260]

주식교환을 하려는 벤처기업은 「상법」 제341조에서 규정한 자기주식 취득방법의 제한에도 불구하고 주식교환에 필요한 주식에 대하여는 자기의 계산으로 자기주식을 취득할 수 있습니다. 이 경우 그 취득금액은 같은 법에서 규정하고 있는 이익배당이 가능한 한도 이내이어야 합니다.

주식교환을 하려는 벤처기업은 전략적제휴에 관한 사항, 자기주식 취득방법 및 가격, 교환할 주식의 가액, 다른 주식회사의 주요주주와 주식을 교환할 경우 주주의 성명, 주민등록번호, 교환할 주식의 종류 및 수량 등의 사항[261]이 포함된 주식교환계약서를 작성하여 주주총회의 승인(특별결의)을 받아야 합니다.

벤처기업이 주식교환을 하는 주주총회결의를 하게 되면 주주총회 승인 결의 전에 그 벤처기업에 서면으로 주식교환을 반대하는 의사를 알린 주주는 주주총회 승인 결의일부터 10일 이내에 자기가 보유한 주식의 매수를 서면으로 청구할 수 있습니다. 매수청구를 받은 벤처기업은 청구를 받은 날부터 2개월 이내에 그 주식을 매수하여야 하고, 이 경우 그 주식은 6개월 이내에 처분하여야 합니다.

259) 상속증여-431, 2014.117
260) 벤처기업육성에 관한 특별조치법 제15조
261) 벤처기업육성에 관한 특별조치법 제15조 제3항 참고

8) 주식의 포괄적 교환 및 이전의 세무

주식의 포괄적교환 및 이전시에는 완전모회사와 완전자회사의 주주에게 과세문제가 발생할 수 있으며, 주요 세무사항은 다음과 같습니다.

[표 46] 당사자별 주식의 포괄적교환 및 이전의 세무

구분	세목	세목별 주요 내용
완전모회사	완전자회사의 주식평가	시가로 계상[262]
	과점주주취득세	조특법 제38조의 과세특례요건을 충족하는 경우에는 85% 면제[263] (면제받은 취득세에 대한 농어촌특별세는 부담[264])
	자본등록세	납부
	수입배당금 익금불산입	100% 자회사로부터 배당은 100% 익금불산입
완전자회사의 주주	양도세 과세이연	조특법 제38조의 과세특례요건을 충족하는 경우에는 주식교환으로 취득한 완전모회사 주식을 처분할 때까지 과세 이연. 단, 주식의 포괄적 교환·이전일이 속하는 사업연도의 다음 사업연도 개시일부터 2년 이내에 사후관리규정을 위배할 경우에는 즉시 과세
	증권거래세	조특법 제38조의 과세특례요건을 충족하는 경우에는 증권거래세 면제[265] (면제된 증권거래세에 대한 농어촌특별세도 비과세[266])

주식의 포괄적 교환 및 이전의 경우에도 조세특례제한법 제38조의 과세특례요건을 충족하는 경우, 주식교환으로 발생한 양도차익을 주식교환으로 교부받은 모회사 주식을 처분할 때까지 과세를 이연할 수 있도록 하고 있습니다.

262) 조세특례제한법 제38조
263) 지방세특례제한법 제57조의2 5항 7호, 제177조의2
264) 농어촌특별세법 제3조, 제4조(별도로 비과세 규정이 없음)
265) 조세특례제한법 제117조 1항
266) 농어촌특별세법 제4조 7의2

[그림 23] 주식의 포괄적 교환 및 이전 과세특례 체계

Structure	a, b → A, B ⇒ a b → A → (100%) B
완전모회사(A)의 조세	완전자회사의 주주가 과세를 이연받은 경우 완전모회사는 완전자회사 주식을 장부가액이 아닌 「법인세법」 제52조 제2항에 따른 시가로 취득하는 것으로 하여 주식양도 시에 완전자회사의 주주만 과세되도록 함 단, 완전모회사는 이후 2년 이내에 아래의 어느 하나의 사유가 발생하는 경우 해당 사유의 발생 사실을 발생일부터 1개월 이내에 완전자회사의 주주에게 알려야 하며, 완전자회사의 주주는 과세를 이연 받은 양도소득세 또는 법인세를 납부하여야 함 가. 완전자회사가 사업을 폐지하는 경우[267] 나. 완전모회사 또는 완전자회사의 일정 지배주주 등이 주식의 포괄적 교환 등으로 취득한 주식을 처분하는 경우[268]
완전자회사의 주주(b) 조세	• 법인: 과세이연금액을 압축기장충당금으로 설정(교환대가 - 완전자회사(B) 주식의 취득가액) • 개인: 완전모회사 주식 처분 시 취득가액을 최초 완전자회사 주식의 취득가액으로 양도세 과세

267) 완전자회사가 적격합병, 적격분할, 적격물적분할 또는 적격현물출자에 따라 사업을 폐지한 경우, 완전자회사가 자산의 포괄적 양도에 따라 자산을 장부가액으로 양도하면서 사업을 폐지한 경우등은 사업을 계속하는 것으로 보는 불가피한 사유에 해당합니다(조특법 제38조 제3항 및 조특령 제35조의2 제13항).

268) 단, 주식의 포괄적 교환등으로 교부받은 전체 주식등의 2분의 1 미만을 처분한 경우, 완전모회사 또는 완전자회사의 일정 지배주주 등이 사망하거나 파산하여 주식등을 처분한 경우, 완전모회사 또는 완전자회사의 일정 지배주주 등이 적격합병, 적격분할, 적격물적분할 또는 적격현물출자에 따라 주식 등을 처분한 경우, 완전모회사 또는 완전자회사의 일정 지배주주 등이 「조세특례제한법」 제37조・제38조 또는 제38조의2에 따라 주식 등을 포괄적으로 양도, 현물출자 또는 교환・이전하고 과세를 이연받으면서 주식 등을 처분한 경우 등의 경우에는 주식을 보유하는 것으로 보는 불가피한 사유에 해당됩니다(조특법 제38조 제3항 및 조특령 제35조의2 제13항).

[표 47] 주식의 포괄적 교환 및 이전 과세특례 요건

구분	내용
① 사업목적 교환(이전)	주식의 포괄적 교환·이전일 현재 **1년 이상 사업을 하던 내국법인간**의 교환일 것 (포괄적 이전 시, 신설회사의 경우 1년 이상 사업영위요건 배제)
② 지분의 연속성	• 완전자회사의 주주가 받는 교환대가의 총 합계액 중 80% **이상이 주식**일 것[269)] • 완전자회사 주주에 대해 주식 교부 시 각 완전자회사 주요 지배주주 등의 지분율대로 교부할 것 • 완전자회사 주요 지배주주 등이 교환·이전등기일이 속하는 사업연도 종료일까지 보유할 것
③ 사업의 계속성	완전자회사가 교환·이전일이 속하는 사업연도의 종료일까지 사업을 계속할 것

[표 48] 적격요건 충족 시 과세혜택

구분	주체	과세혜택
완전자회사 주식 평가	모회사	완전자회사의 주주가 과세를 이연받은 경우 완전모회사는 완전자회사 주식을「법인세법」제52조 제2항에 따른 시가로 취득
양도차익 이연	기존 자회사 주주	완전자회사 주식 이전에 따른 양도차익을 손금산입(압축기장충당금)하여, 양도차익 과세를 이연함

다른 재편방안의 특례규정과 마찬가지로 교환·이전일이 속하는 사업연도말부터 2년이내에 완전자회사가 사업을 폐지하거나, 완전모회사 또는 완전자회사의 지배주주등이 50% 이상 주식을 처분하는 경우, 기존 과세 이연분을 추징하는 사후관리제도를 두고 있습니다. 이 경우 주식의 포괄적 교환등 외의 다른 방법으로 취득한 완전모회사등 주식이 있으면 주식의 포괄적 교환등으로 취득한 주식을 먼저 양도한 것으로 보고 있습니다.

단, 한 가지 고려하여야 할 점은 주식교환을 통해 과세이연 받은 주식을 양도하게 되면, 양도가액과 주식교환 전 지분의 취득가액과의 차이에 대해 양도소득으로 과세하지만, 만약 과세 이연받은 주식을 증여하게 되면, 증여시점의 증여세도 납부하여야 하고, 주식교환 시

269) 지배주주인 경우에는 주식의 포괄적 교환·이전일 전 2년 이내에 취득한 주식의 취득가액을 금전으로 교부한 것으로 보아 교환·이전대가의 총합계액에 가산하고, 지배주주가 아닌 경우에는 완전모회사가 주식의 포괄적 교환·이전일 전 2년 이내에 취득한 완전자회사의 주식이 완전자회사의 발행주식총수의 100분의 20을 초과하는 경우 그 초과하는 주식의 취득가액을 금전으로 교부한 것으로 보아 교환·이전대가의 총합계액에 가산합니다.

점에 이연받은 양도세도 납부하여야 한다는 점입니다. 이러한 이유 등으로 인해 주식의 포괄적교환 및 이전은 법인이 주주인 경우에 활용되는 경우가 많습니다.

[표 49] 주식 포괄교환 후 증여 시 과세 체계[270]

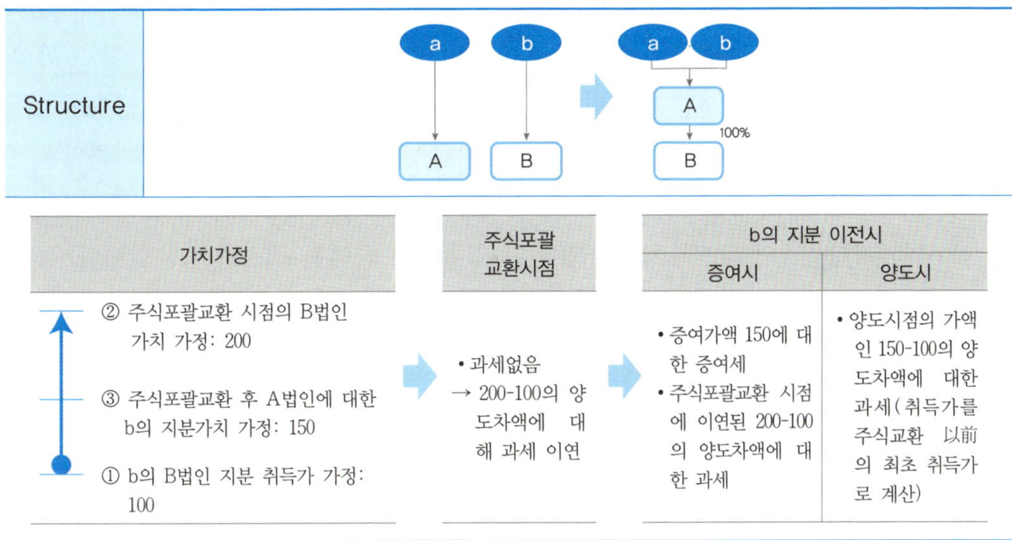

9) 기타과세

① 취득세

「조세특례제한법」 제38조 제1항 각 호의 요건을 모두 갖춘 주식의 포괄적 교환·이전으로 완전자회사의 주식을 취득하는 경우에는 과점주주에게 취득세가 과세되지 않습니다. 그러나, 주식의 포괄적 교환·이전일이 속하는 사업연도의 다음 사업연도 개시일부터 2년 이내에 사업의 폐지, 지분의 처분 등 사후관리 규정을 위반할 면제받은 취득세를 추징합니다.[271]

② 증권거래세

조특법 제38조 제1항 각 호의 요건을 모두 갖춘 주식의 포괄적 교환·이전을 위하여 주식을 양도하는 경우에는 증권거래세가 면제됩니다.[272]

270) 증여와 달리 상속은 불가피하게 주식을 처분하는 것으로 간주되어 위의 과세 문제는 발생하지 않는 것으로 해석되고 있습니다.
271) 지방세특례제한법 제57조의2 ⑤ 7호
272) 조세특례제한법 제117조

10) 주식의 포괄적 교환 및 이전의 회계[273)]

주식의 포괄적 교환 및 이전은 사업결합과 동일한 성격으로 볼 수 있으므로, 동일지배하에서 이루어지는 거래가 아니라면 사업결합회계기준서에 따른 취득법 회계처리가 필요합니다.

그러므로 이전대가는 취득자가 발행한 지분의 취득일 현재 공정가치의 합계로 산정합니다. 그러나 사업결합으로 교환된 이전대가가 지분증권으로만 이루어져 있고, 취득자의 지분증권보다 피취득자의 지분증권의 가치가 보다 신뢰성 있게 측정될 수 있는 상황이 있을 수 있습니다. 이런 상황은 비공개기업이 시장에서 신뢰성 있는 시장가격으로 거래되는 공개기업을 취득할 때 발생합니다. 이 경우, 취득자는 이전된 지분증권의 공정가치 대신에, 피취득자의 지분증권의 공정가치를 이용하여 영업권의 금액을 결정하여야 합니다.

11) 포괄적 주식교환계약서(주식이전계획서)에 포함되어야 할 내용

포괄적 주식교환 계약서에 포함되어야 할 내용(상법 제360조의3)
• 완전모회사가 되는 회사가 주식교환으로 인하여 정관을 변경하는 경우에는 그 규정 • 완전모회사가 되는 회사가 주식교환을 위하여 발행하는 신주의 총수 종류와 종류별 주식의 수 및 완전자회사가 되는 회사의 주주에 대한 신주의 배정에 관한 사항 • 완전모회사가 되는 회사의 증가할 자본의 액과 자본준비금에 관한 사항 • 완전자회사가 되는 회사의 주주에게 지급할 금액을 정한 때에는 그 규정 • 각 회사가 주식의 포괄적 교환에 관한 결의를 할 주주총회의 기일 • 주식교환을 할 날 • 각 회사가 주식교환을 할 날까지 이익을 배당하거나 중간 배당에 의하여 금전으로 이익배당을 할 때에는 그 한도액 • 회사가 자기의 주식을 이전하는 경우에는 이전할 주식의 총수 종류 및 종류별 주식의 수 • 완전모회사가 되는 회사에 취임할 이사와 감사 또는 감사위원회의 위원을 정한 때에는 그 성명 및 주민등록번호
포괄적 주식이전 계획서에 포함되어야 할 내용(상법 제360조의16)
• 설립하는 완전모회사의 정관의 규정 • 설립하는 완전모회사가 발행하는 주식의 종류와 수 및 완전자회사가되는 회사의 주주에 대한 주식의 배정에 관한 사항 • 설립하는 완전모회사의 자본액 및 자본준비금에 관한 사항 • 완전자회사가 되는 회사의 주주에 대하여 지급할 금액을 정한 때에는 그 규정 • 주식이전을 할 시기 • 완전자회사가 되는 회사가 주식이전의 날까지 이익을 배당하거나 중간 배당으로 이익배당을 할 때에는 그 한도액

273) 한국채택국제회계기준 제1103호, 일반기업회계기준 제12장

- 설립하는 완전모회사의 이사와 감사 또는 감사위원회 위원의 성명 및 주민등록번호
- 회사가 공동으로 주식이전에 의하여 완전모회사를 설립하는 때에는 그 뜻

12) 포괄적 주식교환 계약서 예시

포괄적 주식교환 계약서

000주식회사(완전모회사, 이하 "갑"이라 한다)와 000주식회사(완전자회사, 이하 "을"이라 한다)는 상법 제360조의2 내지 제360조의14의 조항이 정하는 바에 따라 아래와 같이 포괄적 주식교환(이하 "주식교환"이라 한다)에 관한 계약을 체결하고 이를 성실히 이행할 것을 약정한다.

제1조 (목적)

"갑"과 "을"은 제7조의 규정에 의한 주식교환일에 본 계약에 의한 주식교환을 함으로써 "갑"이 "을"의 발행주식총수를 취득하여 "을"의 완전 모회사가 되고, "을"은 "갑"의 완전 자회사가 된다.

제2조 (정관의 변경 및 신설)

주식교환과 관련하여 "갑"의 정관 변경 사항은 해당사항이 없다.

제3조 (주식교환 비율)

본 주식교환에 따라 "갑"이 발행하는 신주의 주당 발행가액은 외부평가기관인 00회계법인이 000 평가방법에 따라 산정한 금 000원으로 하고, "을"주식의 주당 가격은 외부평가기관인 00회계법인이 000 평가방법에 따라 산정한 금 000원으로 한다. 이에 따라 "갑"과 "을"의 주식교환비율은 1 : 0.0000000로 한다.

제4조 (신주의 배정 및 발행 등)

1. 제3조 주식교환 비율에 따라 "갑"은 "을"의 기명식 보통 주식에 대하여 아래와 같이 "갑"의 기명식 보통주식을 배정한다.
   ① "을"의 기명식 보통주식 1주(액면가 10,000원) 당 "갑"의 기명식 보통주식 0.0000000주(액면가 0,000원)를 배정
2. 제1항에 따라 "갑"은 주식교환일에 "을"이 각 발행한 기명식 보통주식 000주 중 "갑"이 보유한 "을"주식 000주를 제외한 000주에 대하여 "갑"의 기명식 보통주식 000주를 발행하며, 주식교환일 전일의 "을"의 주주들에게 그 보유주식비율에 따라 배정한다.
3. 제1항의 경우에 주식교환일 전일 현재 "을"이 자기주식(주식교환에 반대하는 주주들

이 주식매수청구권을 행사하여 "을"이 취득하는 주식을 포함 한다)을 보유한 경우에는 "을"에 대하여도 "갑"의 주식을 배정 및 발행하기로 한다. 다만, "갑"이 갖고 있는 "을"의 주식(기명식 보통주식 000주)에 대하여는 "갑"의 주식을 배정하지 아니한다.

4. 제1항의 따른 주식교환비율의 계산과정에서 1주 미만의 단주가 발생하는 때에는 주식교환 후 상법 제360조의11 규정에 따른 금액(단, 거래소 시세 없는 주식은 제3조의 가액으로 한다.)을 현금으로 해당 주주에게 지급한다.

제5조 (증가할 자본금과 자본준비금)

1. "갑"이 주식교환으로 인해 증가할 자본금의 총액은 제4조에서 정한 발행예정 주식의 총수인 000주에 주식액면금액인 0,000원을 곱한 금 000원으로 한다.
   이에 따라 "갑"의 총발행주식은 000주, 자본금의 총액은 금 000원으로 한다.
2. "갑"이 주식교환으로 인해 증가할 자본준비금은 본 주식교환으로 인하여 발행되는 "갑"의 신주발행가액 총액 금 000원에서 증가되는 자본금의 액 금000원을 공제한 금액으로 한다.

제6조 (교부할 금액)

주식교환과 관련하여 완전 자회사가 되는 "을"의 주주에게 지급할 금액에 관하여는 해당사항이 없다.

제7조 (주식교환의 절차)

"갑"과 "을"은 상법 제360조의2 내지 제360조의14의 조항이 정하는 바에 의거, 아래의 일정에 따라 주식교환을 실시하며, 주식교환계약서의 승인을 위한 주주총회 기일은 000년 0월 0일로 한다.

구분	000 주식회사	000 주식회사
주식교환 승인 주주총회	000.0.0.	000.0.0
주식매수청구 행사기간	000~000	000~000
구주권 실효 공고 통지	-	000.0.0.
주식 교환일	000.0.0.	000.0.0.
주식교환 등기 신청	000.0.0.	-
신주 주권 교부	000.0.0.	000.0.0.
주식매수 청구 대금 지급일	000.0.0.	000.0.0.

제8조 (주식교환일)

본 계약에 따라 실시할 주식교환일은 000년 0월 0일로 한다.

제9조 (이익배당)

주식교환과 관련하여 각 회사가 주식교환을 할 날까지 이익 배당에 대하여는 해당사항이 없다.

제10조 (자기주식 이전)

주식교환과 관련하여 "갑"이 "을"의 주주에게 이전하는 자기주식은 해당사항이 없다.

제11조 (신주의 이익배당)

본 계약에 의한 주식교환으로 "갑"이 "을"의 주주에게 배정하는 신주의 이익배당에 관하여는 신주를 발행하는 때가 속하는 영업연도의 직전 영업연도 말에 발행된 것으로 본다.

제12조 (이사 및 감사위원의 임기)

본 주식교환 이전에 취임한 "갑"과 "을"의 이사 및 감사의 임기는 상법 제360조의13 규정에도 불구하고 종전의 임기를 그대로 적용한다.

제13조 (계약의 효력)

본 계약은 체결과 동시에 효력을 발생한다. 단, 다음 각 호의 어느 하나에 해당하는 사유가 발생한 경우, 본 계약은 당사자들의 별도의 조치 없이도 당연히 소급하여 효력을 상실한다. "갑"과 "을"은 본 조에 따라 본 계약의 효력이 상실되는 경우, 효력 상실의 원인을 제공한 상대방에게 이를 원인으로 한 손해배상청구를 하지 않기로 한다.

1. 제7조에 따라 개최된 "갑" 또는 "을"의 주주총회에서 본 계약의 승인 안건이 부결된 경우
2. 본 주식교환과 관련한 "갑" 주주들의 주식매수청구권 행사 주식수에 주식매수 예정가격을 곱한 금액의 합계가 금 000원을 초과하는 경우
3. 본 주식교환과 관련한 "을" 주주들의 주식매수청구권 행사 주식수에 주식매수 예정가격을 곱한 금액의 합계가 금 000원을 초과하는 경우

제14조 (본 계약의 변경 및 해제)

1. 계약 체결 후 주식교환일까지 본 계약의 조건과 관련된 사항이 관계 법령과 회계기준에 위배되는 경우, "갑"과 "을"은 서면합의에 의하여 관계 법령과 회계기준에 적합하게 본 계약을 변경할 수 있다.
2. 본 계약 체결 후 주식교환일까지 다음 각 호의 어느 하나에 해당하는 사유가 발생한 경우 "갑"과 "을"은 서면합의에 의하여 본 계약을 해제할 수 있다.
   ① 정부 또는 관련기관으로부터 본 주식교환에 필요한 승인을 획득하지 못하거나 본 주식교환으로 인하여 치유할 수 없는 법령위반의 결과가 초래되는 등 본 계약을

존속시킬 수 없는 사유가 발생한 경우

② 본 계약 체결일 이후 본 계약을 해제하기로 하는 양 당사자의 합의가 있는 경우

3. 본 계약 체결 후 주식교환일까지 다음 각 호의 어느 하나에 해당하는 사유가 발생한 경우 일방 당사자가 해당 사유 발생에 귀책사유가 있는 상대방에게 서면 통지를 함으로써 본 계약을 해제할 수 있다. 다만, "갑"과 "을"은 서면 합의에 의하여 본 계약 조건을 변경하여 본 계약을 유지할 수 있다.

① 천재지변 기타 "갑" 또는 "을"의 유·무형의 자산 및 경영상태에 중대한 변동이 발생한 경우

② "갑" 또는 "을"이 본 계약 상에 정해진 일정 지연의 경우를 포함하여 본 계약 사항을 위반하고 이에 대해 상대방으로부터 5 영업일의 기간을 정하여 서면으로 이행 또는 시정을 최고 받은 후, 그 기간 내에 이를 이행 또는 시정하지 아니한 경우

4. "갑"과 "을"은 본 주식교환을 위하여 추가 합의가 필요한 사항에 대하여 별도 협약을 체결할 수 있으며, 그와 같은 별도 협약은 본 계약의 일부로 간주된다.

제15조 (주식매수청구의 거절)

본 계약 제13조 및 제14조의 사유가 발생하여 본 계약이 실효되거나 해제되는 등 본 주식교환 절차가 중단되는 경우에는 그에 따른 주식매수청구권 행사의 효과도 실효되어 "갑"과 "을"은 주식매수청구권이 행사된 각 회사 주식의 매수를 거절할 수 있다.

본 계약의 성립을 증명하기 위하여 본 계약서 2통을 작성하고, "갑"과 "을"의 대표자가 각각 기명 날인 또는 서명하여 각각 1통씩 보관한다.

000년 0월 0일

"갑": 000 주식회사
0000
대표이사: 000

"을": 000 주식회사
000
대표이사: 000

6 현물출자 실무 가이드[274)]

1) 현물출자의 절차

현물출자는 출자자 입장에서는 양수도(출자)의 대가가 신주 발행에 따른 주식일 뿐이고 성격상으로는 자산 또는 영업의 양수도와 동일합니다. 그러므로 기본적으로 자산을 출자하는 것이라면 자산양수도에 따른 절차를, 영업을 출자하는 것이라면 영업양수도에 따른 절차가 필요합니다.

신주를 발행하는 회사에서는 신주발행에 따른 절차와 현물출자 재산가액의 적정성에 대한 법원 인가가 필요합니다.

단, 현물출자의 목적인 재산의 가액이 자본금의 5분의 1을 초과하지 아니하고 5천만원을 초과하지 않거나, 거래소의 시세있는 유가증권으로서 이사회 또는 주주총회의 결의가 있은 날(결의일)부터 소급하여 1개월간의 거래소에서의 평균 종가, 결의일부터 소급하여 1주일간의 거래소에서의 평균 종가 및 결의일 직전 거래일의 거래소에서의 종가를 산술평균하여 산정한 금액과 결의일 직전 거래일의 거래소 종가 중 낮은 금액을 초과하지 않는 경우에는 법원이 선임한 검사인의 검사 또는 공인된 감정인의 감정을 받지 않아도 됩니다.[275)]

또한 벤처기업에 특허권・실용신안권・디자인권・저작권, 그 밖에 이에 준하는 기술과 그 사용에 관한 지적재산권을 현물출자하는 경우에는 일정 자격의 기술평가기관이 지식재산권등의 가격을 평가한다면 상법에 따른 공인된 감정인이 감정한 것으로 보도록 하고 있습니다.[276)]

274) 현물출자의 기본 개념 및 일반사항은 "제3장 M&A의 실행"편의 "현물출자"를 참고해주시기 바랍니다.
275) 상법 제422조(법인설립시 현물출자의 경우에 상법 제299조)
276) 벤처기업육성에 관한 특별조치법 제6조

[표 50] 현물출자의 주요 절차

주요 절차	주요 내용
이사회결의 (현물출자의 결정)	현물출자 재산이 중요하지 않은 경우 '이사회 결의'로 현물출자 가능함
	• 회사설립 시 현물출자는 변태설립사항으로서 현물출자를 하는 자의 성명과 그 목적인 재산의 종류, 수량, 가격과 이에 대하여 부여할 주식의 종류의 수를 정관에 미리 정하여야 함(상법 제290조) • 신주발행시의 현물출자에 관해서는 정관의 근거를 요하는 규정이 「상법」상 존재하지 않음. 다만, 신주발행에 의한 현물출자는 이사회 결의사항으로서 현물출자를 하는 자의 성명, 그 목적인 재산의 종류, 수량, 가액과 이에 부여할 주식의 종류와 수를 정하도록 되어 있음(상법 제416조)
주주총회특별결의	현물출자 재산의 규모, 양수도 회사에 미치는 영향을 고려하여 '중요한 영업양수도'에 해당할 수 있으며, 중요한 영업양수도에 해당할 경우 주주총회 특별결의 필요
현물출자의 이행	현물출자를 할 발기인은 지체없이 출자 목적인 재산을 인도, 등기, 등록 등을 이행하여야 하며(상법 제295조), 이러한 사항은 신주발행 시에도 준용됨(상법 제425조)
현물출자 재산의 평가	법원이 선임한 검사인에게 현물출자에 대한 가액 적정성을 평가 받는 절차로서 원칙적으로 법원이 선임한 검사인의 조사를 받도록 요구하지만, 공증인의 조사, 보고와 감정인(감정평가사 또는 공인회계사)의 감정으로 갈음할 수 있음(상법 제299의2, 제422조). 실무적으로는 감정인의 감정/평가에 의해 현물출자재산의 평가가 많이 이루어지고 있음
법원인가	• 현물출자 재산가액의 적정성에 대해 법원 인가가 필요 • 통상 공증인 및 감정평가법인의 평가보고서를 법원에 보고 후 인가 받는 절차로 진행됨

[표 51] 법원인가를 받지 않아도 되는 현물출자

- 현물출자의 목적인 재산의 가액이 자본금의 5분의 1을 초과하지 아니하고 5천만원을 초과하지 아니하는 경우
- 현물출자의 목적인 재산이 거래소의 시세 있는 유가증권인 경우 발행가액으로 결정된 가격이 [a. 이사회 또는 주주총회의 결의가 있은 날("결의일")부터 소급하여 1개월간의 거래소에서의 평균 종가, 결의일부터 소급하여 1주일간의 거래소에서의 평균 종가 및 결의일 직전 거래일의 거래소에서의 종가를 산술평균하여 산정한 금액, 시세를 초과하지 아니하는 경우], [b. 결의일 직전 거래일의 거래소에서의 종가]중 낮은 금액을 초과하지 않은 경우
- 변제기가 돌아온 회사에 대한 금전채권을 출자의 목적으로 하는 경우로서 그 가액이 회사장부에 적혀 있는 가액을 초과하지 아니하는 경우

[그림 24] 현물출자 후 지분 양도 일정 예시

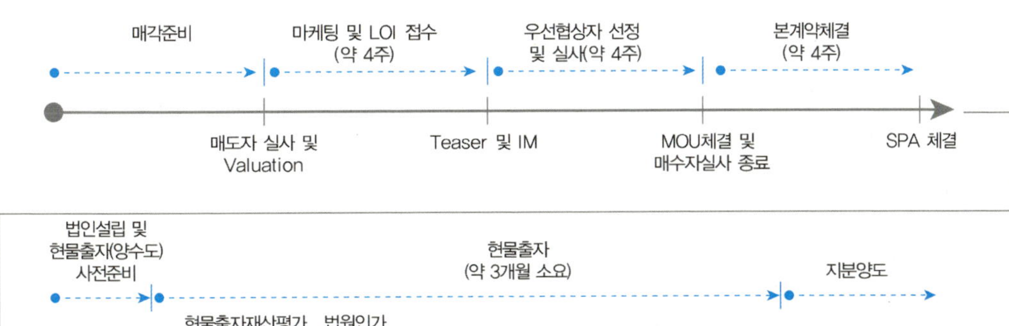

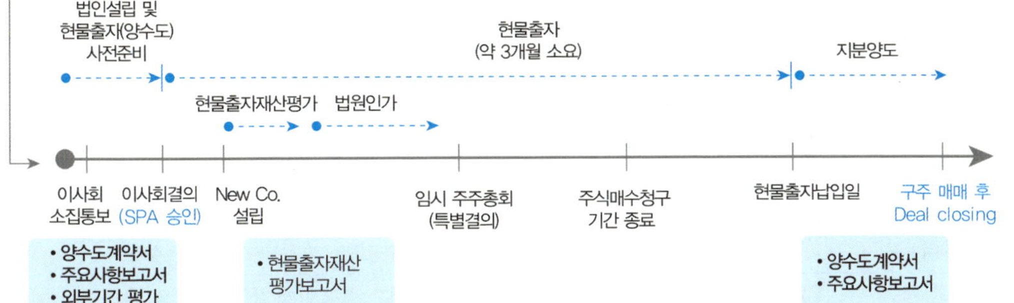

2) 현물출자 재산의 평가[277)]

상법상 현물출자의 재산평가에서 중요한 고려사항은 자본충실의 원칙에 따른 평가의 보수성입니다. 주식회사는 물적회사로서 회사채권자에 대한 유일한 담보가 자본이기 때문에 자본을 충실하게 유지할 필요가 있습니다. 즉, 주식회사는 항상 자본액에 상당하는 재산을 확보하여야 하며, 현물출자에 대해 법원의 엄격한 감독 규정을 두고 있는 것도 이러한 개념이 반영되어 있는 것입니다. 이로 인하여 현물출자 시의 재산평가도 다른 평가에 비해 상대적으로 보수적인 평가가 이루어지고 있습니다. 재산평가는 보고서로 작성되어 법원의 인가를 받아야 합니다. 그러나 상장회사 주식과 같이 시가가 존재하는 경우에는 법원이 선임한 검사인 또는 공인된 감정인의 감정을 받지 않아도 되는 예외가 있습니다. 사업을 평가할 때에는 영업권에 대한 평가가 필요할 수 있으며, 개별자산을 평가할 때에는 일반적으로 객관적인 시가가 존재할 경우에는 시가에 의하고, 그렇지 않을 경우에는 실사 등을 통해 회수가능가액을 확인하는 방식으로 이루어집니다. 사업을 현물출자 할 때 영업권의 경우는 미래현금흐름할인법(DCF) 등 적절한 가치평가 방법을 적용하여 평가되고 있습니다.

277) 기업가치평가와 재무실사, 이중욱, 김성수 공저, 삼일인포마인

3) 현물출자의 세무

법인세법 제47조의2에 따른 적격현물출자[278] 요건 충족 시, 출자법인이 출자한 재산에 대한 양도차익이 과세 이연되며, 피출자법인이 취득한 재산에 대한 취득세의 75% 감면 혜택이 존재합니다.[279]

현물출자 양도세 과세이연 세무는 물적분할 양도세 과세이연 세무와 상당부분 유사합니다.[280] 그러나, 2017년 12월 19일 법인세법 개정으로 현물출자시 과세이연요건 중 독립된 사업부문 요건이 삭제되어, 과세 이연 요건에 다소 차이가 있다고 볼 수 있습니다.

[표 52] 현물출자 과세이연의 요건

구분	내용
사업영위요건	출자법인은 현물출자일 현재 5년 이상 사업을 계속한 법인일 것
사업의 계속성	피출자법인이 현물출자일이 속한 사업연도 종료일까지 승계받은 사업을 계속할 것
공동출자자	다른 내국인 또는 외국법인과 공동출자하는 경우 공동출자자가 특수관계인이 아닐 것
지분의 연속성	출자법인 및 공동출자자가 피출자법인 발행주식 총수의 80% 이상을 현물출자일이 속하는 사업연도 종료일까지 보유할 것

현물출자의 경우에도 다른 특례규정과 마찬가지로 현물출자일이 속하는 사업연도의 다음 사업연도 개시일로부터 2년(취득세는 현물출자일로부터 3년)내 피출자법인이 승계받은 사업을 폐지하거나, 출자법인 및 공동출자자가 피출자법인 주식을 50% 미만으로 보유하는 경우에는 기존의 양도차익 및 취득세를 납부하여야 합니다.

278) 세무상으로 "적격"의 의미는 세무상 과세혜택을 받기 위한 요건을 충족하였는지 여부에 따른 구분입니다.

279) 사업이 포괄적으로 양도되면 부가가치세가 면제되고, 기존법인에 현물출자하는 경우 과점주주 취득세 대상이나, 법인을 설립하는 경우에는 과점주주 취득세 대상이 아닙니다. 피출자법인은 자산을 시가로 승계하고, 유보/이월결손금/세액공제 등은 승계대상이 아닙니다.

280) 물적분할 관련 과세는 "부록"의 "분할실무가이드"를 참고하시기 바랍니다.

[표 53] 현물출자 각 당사자별 주요 발생 가능 세무사항[281)]

주체	세목	적격현물출자	비적격현물출자
현물출자법인	자산양도차익에 대한 법인세	과세이연	과세
	부가가치세	면제	포괄적 승계가 아닐 경우 과세
	증권거래세(및 농어촌특별세)	면제	과세
	과점주주 취득세	설립시에는 비과세, 기존법인 출자시에는 과세	
피출자법인	자산·부채의 승계	시가승계	
	유보사항 승계	미승계	
	세액공제, 세액감면 승계	미승계	
	이월결손금 승계	미승계	
	취득세(및 농어촌특별세)	75% 감면	과세
	자본등록세(및 지방교육세)	과세	

① 현물출자의 세무회계

현물출자에 의한 개인사업자의 법인전환

현물출자를 통해 개인사업자가 법인으로 전환하게 되면, 개인사업에서 사용하던 사업용자산을 법인명의로 이전하고, 그 대가로 개인은 새로 설립되는 법인이 발행하는 주식을 취득하게 됩니다. 이때 개인사업자가 취득하는 주식의 취득가액은 현물출자한 순자산의 시가가 됩니다.[282)]

사업용자산의 양도에 대해서는 양도소득세를 부담하게 되며, 만약 사업용자산 중 부가가치세 대상 자산이 있는 경우에는 현물출자시 부가가치세를 부담하게 됩니다.

단, 조세특례제한법상 양도소득세 이월과세요건을 충족한 적격 현물출자의 경우에는 현물출자시점에 양도소득세를 과세하지 아니하고, 이를 양수한 법인이 그 사업용고정자산등을 양도하는 시점에 개인이 현물출자를 한 사업용고정자산 등을 그 법인에 양도한 날이 속하는 과세기간에 다른 양도자산이 없다고 보아 계산한 양도소득 산출세액 상당액을 법인세로 납부하게 됩니다.[283)]

281) 법인세법 제47조의2 등. 각 항목의 세부적 사항은 "부록"의 "분할실무가이드"를 참고하시기 바랍니다.
282) 법인세법 시행령 제72조 ②항
283) 조세특례제한법 제2조 ①항

법인의 현물출자

출자법인이 법인세법상 현물출자의 과세특례의 요건을 충족하지 못한 경우에는 출자법인의 자산양도차익에 상당하는 금액에 대해서는 법인세가 과세됩니다. 또한 적격현물출자의 요건을 충족하지 못한 출자법인이 현물출자로 인하여 피출자법인을 새로 설립하면서 그 대가로 주식을 취득하는 현물출자의 경우에는 출자법인이 취득한 주식의 취득가액은 현물출자한 순자산의 시가가 됩니다.[284)]

법인세법상 적격현물출자의 요건을 갖춘 현물출자의 경우에는 출자법인의 취득한 주식의 취득가액은 현물출자한 순자산의 시가이지만, 현물출자로 발생한 자산의 양도차익에 상당하는 금액은 현물출자일이 속하는 사업연도의 소득금액을 계산할 때 손금에 산입할 수 있습니다.[285)] 이 경우 피출자법인은 양도받은 출자법인의 자산, 부채의 가액을 현물출자일 현재의 시가로 계상하되, 시가에서 출자법인의 장부가액을 뺀 금액을 자산조정계정으로 계상하게 됩니다.

② 법인전환에 대한 양도소득세의 이월과세[286)]

거주자가 사업용고정자산을 현물출자의 방법에 따라 법인(소비성서비스업을 경영하는 법인은 제외)으로 전환하는 경우 그 사업용고정자산에 대해서는 이월과세를 적용받을 수 있습니다. 다만, 해당 사업용고정자산이 주택 또는 주택을 취득할 수 있는 권리인 경우에는 제외됩니다.

그러나 법인설립 후 5년 이내에 법인이 승계받은 사업을 폐지하거나 거주자가 주식등의 100분의 50 이상을 처분하는 경우에는 거주자가 사유발생일이 속하는 과세연도의 과세표준신고를 할 때 이월과세액(해당 법인이 이미 납부한 세액을 제외한 금액을 말함)을 양도소득세로 납부하여야 합니다.

이 규정은 현물출자를 통하여 법인을 설립시에 적용되는 규정이므로 기존 법인에 현물출자하거나 또는 현물출자를 통해 법인전환한 이후에 추가적으로 출자하는 경우는 이월과세 대상이 아닙니다.[287)]

사업용 고정자산[288)]은 현물출자일 현재 당해사업에 직접 사용하는 유형자산 및 무형자

284) 법인세법 시행령 제72조 ②항
285) 법인세법 제47의2 ①항
286) 조세특례제한법 제32조
287) 세정 13407-947, 2000.7.27.
288) 사업용 고정자산은 현물출자일 현재 3년 이상 계속하여 사업을 경영한 사업부문이 직접 사용한 자산(부동산 임대업에 사용되는 자산은 제외)으로서 토지, 건물, 부동산권리 등의 자산을 말합니다(법인세법 시행규

산을 말하는 것으로 사업에 사용하고 있지 않은 비사업용 고정자산 또는 사업과 관련이 없는 자산은 감면대상이 되지 않습니다.

또한 이 규정은 거주자가 사업장별로 당해 사업에 사용한 사업용고정자산을 새로이 설립되는 법인에 현물출자하여 법인으로 전환하는 경우이므로 사업장별로 본 조의 규정을 적용하는 것이어서 동일사업장을 분할하여 그 중 일부만을 법인으로 전환하는 경우에는 이 규정의 적용대상에서 제외하는 것으로 보고 있습니다.[289)]

설립되는 법인의 자본금은 개인사업장의 순자산가액이상이어야 합니다. 순자산가액은 현물출자일 현재 시가로 평가한 자산의 합계액에서 충당금을 포함한 부채의 합계액을 차감한 금액을 말하며,[290)] 자산의 합계액에는 영업권은 포함하지 않습니다.[291)]

법인전환에 대한 양도소득세의 이월과세를 적용받고자 하는 내국인은 과세표준신고(예정신고를 포함함)시 새로이 설립되는 법인과 함께 이월과세적용신청서[292)]를 제출하여야 합니다.[293)]

NOTE 16

□ 소비성서비스업종(조세특례제한법 시행령 제29조)[294)]

1. 호텔업 및 여관업(「관광진흥법」에 따른 관광숙박업은 제외)
2. 주점업(일반유흥주점업, 무도유흥주점업 및 「식품위생법 시행령」 제21조에 따른 단란주점 영업만 해당하되, 「관광진흥법」에 따른 외국인전용유흥음식점업 및 관광유흥음식점업은 제외)
3. 그 밖에 오락·유흥 등을 목적으로 하는 사업으로서 기획재정부령으로 정하는 사업

칙 제41조). 단, 본 규정의 예규상으로는 건물과 토지를 함께 양도하는 경우 부동산임대업도 양도소득세 이월과세 대상이 될 수 있다는 해석이 있으므로 실행시에는 최신예규 및 관할기관의 확인이 필요할 수도 있습니다.

289) 재산 01254-611, 1988. 3. 2

290) 조세특례제한법 시행령 제28조 ①항

291) 조세특례제한법 기본통칙 32-29-2

292) 조세특례제한법 시행규칙 제61조 제1항 제13호

293) 조세특례제한법 시행령 제29조 제4항

294) 부동산임대업은 소비성서비스업종이 아니므로 법인전환 혜택의 대상이 될 수 있으나, 건물 없 토지만을 임대하던 부동산 임대업은 법인전환 양도소득세 이월과세 대상이 아니라는 해석이 있습니다(서면-2017-부동산-0140, 2017.11.29., 서면-2019-부동산-3898, 2020.09.28., 서면-2017-부동산-2079, 2018.2.7.).

③ 법인의 현물출자시 과세특례[295)]

현물출자는 출자법인이 자산・부채를 이전하고 그 대가로 피출자법인의 주식등을 취득하는 것이므로 자산양도차익에 대한 과세문제가 발생합니다. 그러나 경영합리화 및 구조조정 지원을 위하여 일정한 과세이연 요건을 갖춘 현물출자의 경우에는 출자법인이 취득하는 주식가액 중 자산양도차익에 상당하는 금액을 해당 주식등에 대한 압축기장충당금으로 설정하여 손금산입하고 해당 주식의 처분시점등에 익금산입하도록 하는 과세특례를 두고 있습니다.

내국법인이 앞에 언급한 "[표]현물출자 과세이연의 요건[296)]"을 갖춘 현물출자를 하는 경우 그 현물출자로 취득한 현물출자를 받은 내국법인("피출자법인")의 주식가액 중 현물출자로 발생한 자산의 양도차익에 상당하는 금액에 대하여는 법인세법 제47조의2의 규정에 따라 과세를 이연 받을 수 있습니다.

이때, 피출자법인이 현물출자일이 속하는 사업연도의 종료일 이전에 출자법인으로부터 승계한 자산가액(유형자산, 무형자산 및 투자자산의 가액)의 50% 이상을 처분하거나 사업에 사용하지 아니하는 경우에는 출자법인으로부터 승계받은 사업을 폐지한 것으로 보아 과세 이연 혜택을 적용받을 수 없습니다.

이 규정에 따라 과세이연요건을 갖춘 출자법인은 현물출자일이 속하는 사업연도의 소득금액을 계산할 때 피출자법인으로부터 취득한 주식등의 가액 중 현물출자로 인하여 발생한 자산의 양도차익에 상당하는 금액에 대하여 해당 주식등의 압축기장충당금으로 계상하여 손금에 산입함으로써 자산양도차익에 대한 과세를 이연받을 수 있습니다.[297)]

출자법인이 손금에 산입한 양도차익에 상당하는 금액은 출자법인이 피출자법인으로부터 받은 주식등을 처분하거나, 피출자법인이 출자법인등으로부터 승계받은 감가상각자산(사업에 사용하지 아니하는 자산을 포함), 토지 및 주식등 승계자산을 처분하는 경우 해당 사유가 발생하는 사업연도에 아래의 산식에 해당하는 금액을 익금에 산입합니다.[298)] 익금산입 규정은 앞에서 설명한 "물적분할"시 압축기장충당금 익금산입과 같은 방식입니다.

295) 법인세법 제47조의2
296) 현물출자시 과세이연요건 중 "분리하여 사업이 가능한 독립된 사업부문일 것"이라는 독립된 사업부문의 요건은 2017년 12월 19일 법 개정시 삭제되었습니다.
297) 법인세법 시행령 제84의2 ①, ②항
298) 이 경우 출자법인으로부터 승계 자산을 처분하는 피출자법인은 그 자산의 처분 사실을 처분일부터 1개월 이내에 출자법인에 알려야 한다(법인세법 시행령 제24조 ③항 1호 및 시행령 제84의 2 ③, ④항).

익금산입액 = 압축기장 충당금 × (당기주식처분비율 + 당기자산처분비율 − 당기주식처분비율 × 당기자산처분비율)

양도차익 상당액을 손금에 산입한 출자법인은 현물출자일이 속하는 사업연도의 다음 사업연도 개시일부터 2년 이내에 "① 피출자법인이 출자법인이 현물출자한 자산으로 영위하던 사업을 폐지하는 경우"[299]이거나 "② 출자법인등이 피출자법인의 발행주식총수 또는 출자총액의 50% 미만으로 주식등을 보유하게 되는 경우"에 해당하는 사유가 발생하는 경우에는 손금에 산입한 금액 중 위의 산식에 따라 익금 산입하고 남은 금액을 그 사유가 발생한 날이 속하는 사업연도의 소득금액을 계산할 때 익금 산입합니다. 단, 출자법인 또는 피출자법인이 최초로 적격합병, 적격분할, 적격분할합병, 적격현물출자, 주식의 포괄양도·교환에 따라 주식을 처분하거나 승계받은 사업을 폐지하는 경우에는 부득이한 사유로 보아 계속 과세이연할 수 있습니다.

출자법인의 적격 현물출자의 요건을 갖추어 현물출자를 한다면 출자법인이 취득한 주식의 취득가액은 현물출자한 순자산의 시가가 됩니다. 이때 출자법인은 주식의 시가를 취득가액으로 계상한 후 양도차익에 상당하는 금액을 투자주식에 대한 "압축기장충당금"으로 실징하여 손금에 산입합니다.

피출자법인은 적격, 비적격 여부에 관계없이 현물출자에 따라 출자법인으로부터 취득하는 자산을 현물출자일 현재의 해당 자산의 시가로 평가합니다. 다만, 적격 현물출자도 감가상각대상자산의 상각범위액을 정할 때는 적격합병 및 적격분할과 동일하게 감가상각대상자산의 취득가액을 출자법인의 취득가액으로 합니다. 적격 현물출자에 의하여 취득한 자산은 일종의 중고자산으로 상각범위액을 정할 때 감가상각대상자산의 취득가액은 적격현물출자에 의하여 자산을 양도한 법인의 취득가액으로 합니다. 미상각잔액은 양도법인의 양도당시의 장부가액(양도 당시의 시가에서 자산조정계정을 뺀 금액)에서 적격현물출자에 의하여 자산을 양수한 법인이 이미 감가상각비로 손금에 산입한 금액을 공제한 잔액으로 합니다.[300]

---

299) 피출자법인이 현물출자일이 속하는 사업연도의 다음 사업연도 개시일부터 2년 이내 기간 중 출자법인으로부터 승계한 자산가액(유형자산, 무형자산 및 투자자산의 가액)의 50% 이상을 처분하거나 사업에 사용하지 아니하는 경우에는 출자법인으로부터 승계받은 사업을 폐지한 것으로 본다(법인세법 시행령 제80의5 ⑧, 제84의2 ⑭).

300) 법인세법 시행령 제29의2

이 규정에 따라 자산양도차익에 대한 과세이연을 적용받으려는 출자법인 또는 주식승계법인은 법인세 과세표준 등의 신고를 할 때 피출자법인 또는 자산승계법인과 함께 현물출자과세특례신청서및 자산의 양도차익에 관한 명세서를 납세지 관할 세무서장에게 제출하여야 합니다.[301] 피출자법인은 자산조정계정명세서도 함께 제출하여야 합니다.

④ 취득세

피출자법인이 「법인세법」 제47조의2, 「조세특례제한법」 제32조에 따른 적격현물출자를 받는 경우에는 2024년 12월 31일까지 취득하는 재산에 대해서 취득세가 75% 경감됩니다.[302]

그러나 취득일부터 3년 이내 「법인세법」 제47조의2 제3항 각 호에 따른 a. 피출자법인이 출자법인으로부터 승계받은 사업을 폐지하는 경우, b. 출자법인 등이 피출자법인의 발행주식총수 또는 출자총액의 50% 미만으로 주식 등을 보유하게 되는 경우에는 감면된 취득세가 추징됩니다.

「독점규제 및 공정거래에 관한 법률」에 따른 지주회사(금융지주회사를 포함한다)가 되거나 지주회사가 같은 법 또는 「금융지주회사법」에 따른 자회사의 주식을 취득하는 경우에는 과점주주에게 취득세가 과세되지 않습니다. 3년 이내에 지주회사 요건 미충족 등 사후관리 규정을 위반할 경우에는 면제받은 취득세를 추징하게 됩니다.[303]

NOTE 17

❏ 현물출자로 인한 과점주주 취득세

현물출자로 인하여 법인이 설립되는 경우에는 과점주주 간주취득세 부담은 없습니다. 그러나 현물출자로 인하여 증자되는 경우에는 부동산 소유가 먼저인지 아니면 출자가 먼저인지에 따라 과세여부가 달라질 수 있습니다. 즉, 부동산을 현물출자하여 지분이 증가함에 따라 과점주주취득세 납부의무가 발생하는지에 대해서 과세당국은 현물출자 대상 부동산이 과점주주의 지분 증가가 이루어진 시점의 과세물건으로 보아 간주취득세 과세대상에 해당한다고 해석하고 있으나(지방세운영과-998, 2012.4.2), 대법원 판례에서는 부동산 현물출자를 통한 지분증가시에는 해당 지분 증가로 인한 과점주주 취득세 납부의무는 없다고 판시하고 있습니다(대법원 3013두19523, 2013.12.26.).

301) 법인세법 시행령 제84의2 〈17〉, 법인세법 시행규칙 제82조 ①항 44호, 44호의3
302) 지방세특례제한법 제57의2 ③
303) 지방세특례제한법 제57의2 ⑤ 3호

⑤ 부가가치세

출자법인이 적격 혹은 비적격 현물출자에 따라 재화를 피출자법인에게 공급하는 경우 부가가치세가 과세되어 매출세액을 납부하여야 하며, 현물출자에 대해서 세금계산서를 교부받은 경우 피출자법인은 매입세액공제가 가능합니다. 그러나 그 사업에 관한 모든 권리와 의무를 포괄적으로 승계하는 경우에는 재화의 공급으로 보지 않기 때문에 부가가치세가 과세되지 않습니다.

그러므로 개인 사업자가 법인설립을 위하여 사업장별로 그 사업에 관한 모든 권리와 의무를 포괄적으로 현물출자하는 경우[304]에는 부가가치세가 과세되지 아니하지만, 고정자산만 현물출자하는 경우에는 부가가치세가 과세됩니다. 또한, 적격현물출자에 해당하더라도 현물출자 자산과 별도로 영업권을 평가하여 양도하는 것은 부가가치세 과세대상에 해당할 수 있습니다.

4) 현물출자의 회계

현물출자와 관련된 회계기준은 일반기업회계기준은 [제15장 자본]에서 규정하고 있으며, 한국채택국제회계기준은 [제1102호 주식보상거래]에서 규정하고 있습니다. 일반기업회계기준 및 한국채택국제회계기준 모두 현물출자의 금액은 제공받은 현물출자 재산의 공정가치를 주식의 발행금액으로 하도록 정하고 있습니다.

① 일반기업회계기준

기업이 현물출자 재산을 받아 주식을 발행한 경우에는 제공받은 현물출자재산의 공정가치를 주식의 발행금액으로 합니다. 주식의 발행금액과 액면금액의 차액은 주식발행초과금 또는 주식할인발행차금으로 회계처리합니다.

② 한국채택국제회계기준

현물출자는 기업이 재화를 지급받고 그 대가로 기업의 주식을 발행하는 거래로 '주식기준보상' 거래의 정의를 충족하므로, 주식기준보상거래의 기준에 따라 회계처리합니다. 또한, 이 거래는 기업이 주식을 발행하여 결제하는 것이므로 주식결제형 기준보상거래로 볼 수 있습니다. 주식결제형 주식기준보상거래의 경우, 제공받는 재화나 용역과 그에 상응하는 자본의 증가를 제공받는 재화나 용역의 공정가치로 직접 측정하게 됩니다. 그러나 제공받는 재화나 용역의 공정가치를 신뢰성 있게 추정할 수 없다면, 제공받는 재화나 용역과 그에 상응하는

304) 부가가치세법 본통칙 10-23-1

자본의 증가는 부여한 지분상품의 공정가치에 기초하여 간접 측정하게 됩니다.[305)]

5) 벤처기업에 대한 특례

① 산업재산권 현물출자 이익에 대한 과세특례[306)]

산업재산권을 보유한 거주자가 특수관계가 없는 벤처기업 등에 산업재산권을 2020년 12월 31일 이전에 출자하고 해당 벤처기업 등의 주식을 받은 경우에는, 그 현물출자에 따른 이익을 현물출자자가 해당 주식을 양도할 때 양도소득세로 납부할 것을 신청하면 해당 주식의 취득시점에 소득세를 과세하지 않고, 해당 벤처기업 등의 주식을 양도할 때 해당 주식을 소득세법 제94조 제1항 제3호에 따른 주식 등에 해당하는 것으로 보아 양도소득세로 신고·납부할 수 있습니다.

② 전략적 제휴를 위한 비상장 벤처기업 주식교환 및 현물출자 등에 대한 과세특례[307)]

비상장 또는 코넥스 상장 벤처기업 및 매출액 대비 R&D 비중 5% 이상 중소기업 등의 주주(그 법인의 발행주식 총수의 10% 이상을 보유한 주주)가 소유하는 벤처기업등의 주식을 2024년 12월 31일 이전에 제휴법인이 보유한 자기주식 또는 제휴법인의 주주(발행주식 총수의 10% 이상을 보유한 주주)의 주식과 교환하거나 제휴법인에 현물출자하고 그 제휴법인으로부터 출자가액에 상당하는 주식을 새로 받음으로써 발생하는 양도차익에 대해서는 그 주주가 주식교환 또는 현물출자로 인하여 취득한 제휴법인의 주식을 처분할 때까지 양도소득세의 과세를 이연받을 수 있습니다. 단, 주식교환이나 현물출자를 할 때에는 ① 벤처기업등과 제휴법인 간에 법소정의 전략적 제휴계획을 추진하고 그 계획에 따라 주식교환 등이 이루어져야 하며, ② 벤처기업등의 주주 1인과 특수관계인이 제휴법인의 최대주주와 특수관계에 있지 않아야 하고, ③ 벤처기업등의 주주가 주식교환등으로 인하여 취득한 주식과 제휴법인 또는 제휴법인의 주주가 주식교환등으로 취득한 주식을 각각 1년 이상 보유하도록 하는 계약을 벤처기업등과 제휴법인 간에 체결하여야 합니다.

6) 현물출자에 의한 개인사업자의 법인전환

거주자가 사업용 고정자산을 현물출자하거나 해당 사업을 영위하던 자가 발기인이 되어 법인으로 전환하는 사업장의 순자산가액 이상을 출자하여 법인을 설립하고 법인설립일로

305) 한국채택국제회계기준 제1102호 문단10
306) 조세특례제한법 제16조의5
307) 조세특례제한법 제46조의7

부터 3개월 이내에 해당 법인에게 사업에 관한 모든 권리와 의무를 포괄적으로 양도하는 방법인 사업 양도・양수의 방법에 따라 법인(소비성서비스업을 영위하는 법인은 제외)으로 전환하는 경우에, 그 사업용고정자산의 현물출자 또는 사업 양도・양수에 따라 발생한 소득에 대하여는 양도소득세를 과세하지 아니하고, 그 대신 이를 양수한 법인이 당해 사업용고정자산 등을 양도하는 경우 개인이 종전사업용고정자산 등을 동법인에게 양도한 날이 속하는 과세기간에 다른 양도자산이 없다고 보아 계산한 양도소득산출세액 상당액을 법인세로 납부하게 됩니다.[308)]

이를 법인전환에 대한 양도소득세의 이월과세라고 하는데, 이월과세를 적용받게 되는 경우에는 세목이 소득세에서 법인세로 변경되고, 납세의무자가 개인에서 법인으로 변경되며, 이와 함께 양도소득세액 상당액의 납부시기가 이연되는 효과가 발생하게 됩니다.

그러나, 만약 법인 설립 후 5년 이내에 전환법인이 해당 거주자로부터 승계받은 사업을 폐지하는 경우나, 해당 거주자가 법인전환으로 취득한 주식 또는 출자지분의 50% 이상을 처분하는 경우에는 이월과세액을 양도소득세로 납부하여야 합니다.

7) 주식의 현물출자 등에 의한 지주회사의 설립 등에 대한 과세특례[309)]

내국법인의 내국인 주주가 2026년 12월 31일까지 아래의 요건을 모두 갖추어 주식을 현물출자함에 따라 독점규제 및 공정거래에 관한 법률에 따른 지주회사(금융지주회사법에 따른 금융지주회사를 포함)를 새로 설립하거나 기존의 내국법인을 지주회사로 전환하는 경우 그 현물출자로 인하여 취득한 주식의 가액 중 그 현물출자로 인하여 발생한 양도차익에 상당하는 금액은 양도소득세 또는 법인세의 과세를 이연받거나 분할납부할 수 있습니다(2023년까지는 과세이연, 2024년~2026년은 분할납부).

[표 54] 주식의 현물출자 등에 의한 지주회사의 설립 등에 대한 과세특례를 위한 요건

① 지주회사 및 현물출자를 한 주주 중 현물출자 등의 대상이 된 주식을 발행한 법인의 주주 중 법인세법 시행령 제80조의 2 제5항에 해당하는 주주가 현물출자로 취득한 주식을 현물출자일이 속하는 사업연도의 종료일까지 보유할 것
② 현물출자로 인하여 지주회사의 자회사로 된 내국법인("자회사)이 현물출자일이 속하는 사업연도의 종료일까지 사업을 계속할 것

308) 조세특례제한법 제32조
309) 조세특례제한법 제38조의2

또한, 내국법인의 내국인 주주가 현물출자 또는 적격분할에 의하여 지주회사로 전환한 내국법인에 아래의 요건을 모두 갖추어 2026년 12월 31일까지 주식을 현물출자하거나 그 전환지주회사의 자기주식과 교환하는 경우, 그 현물출자 또는 자기주식교환으로 인하여 취득한 전환지주회사의 주식가액 중 현물출자 또는 자기주식교환으로 인하여 발생한 양도차익에 상당하는 금액은 양도소득세 또는 법인세의 과세를 이연받거나 분할납부할 수 있습니다(2023년까지는 과세이연, 2024년~2026년은 분할납부).

[표 55] 지주회사에 지분미달 자회사 지분을 현물출자할 때 과세특례를 위한 요건

① 주식의 현물출자 등에 의한 지주회사의 설립 등에 대한 과세특례를 위한 요건 모두 충족할 것
② 지분비율미달자회사로서, 전환지주회사가 될 당시 해당 전환지주회사가 출자하고 있는 다른 내국법인이나 전환지주회사의 분할로 신설・합병되는 법인 및 분할 후 존속하는 법인의 주식을 현물출자하거나 자기주식교환하는 것일 것
③ 전환지주회사가 된 날부터 2년 이내에 현물출자하거나 자기주식교환하는 것일 것
④ 자기주식교환의 경우에는 지분비율미달자회사의 모든 주주가 그 자기주식교환에 참여할 수 있어야 하며, 그 사실을 공시하였을 것

이 규정에 따라 양도소득세 또는 법인세의 과세를 이연받거나 분할납부하는 경우에는 ① 내국법인은 양도차익에 상당하는 금액에 대해 양도일이 속하는 해당 사업연도와 해당 사업연도의 종료일 이후 3개 사업연도의 기간 중 익금에 산입하지 아니하고 그 다음 3개 사업연도의 기간 동안 균분한 금액 이상을 익금에 산입하고, ② 거주자는 양도소득세를 양도일이 속하는 해당 연도의 양도소득세 과세표준 확정신고기한 종료일 이후 3년이 되는 날부터 3년의 기간 동안 균분한 금액 이상을 납부하여야 합니다.

내국법인의 내국인 주주가 위의 방법에 따라 양도소득세 또는 법인세 전액을 납부하기 전에 현물출자 또는 자기주식교환으로 취득한 주식을 처분[310)]하는 경우에는 처분한 주식의 비율에 상당하는 금액을 주식을 처분한 날이 속하는 과세연도의 소득금액을 계산할 때 익금에 산입하거나 해당 과세연도의 양도소득세 과세표준 확정신고기한 종료일까지 납부하여야 합니다.

310) 현물출자주식의 상속도 처분에 해당합니다. 주주가 전환지주회사에 현물출자로 인하여 발생한 양도차익을 과세이연 받은 후, 그 주주가 해당 전환지주회사의 주식을 '처분'하는 경우 과세이연된 양도소득세를 추징(사후관리)하는 바 '처분'에는 양도뿐 아니라 '상속'이 포함됨(재금융세제-242, 2016.11.15.).

내국법인의 주주가 위의 방법에 따른 현물출자등을 한 날이 속하는 사업연도의 다음 사업연도 개시일부터 2년 이내에 다음의 어느 하나에 해당하는 사유가 발생하는 경우에는 익금에 산입하지 아니한 양도차익 또는 납부하지 아니한 양도소득세 전액을 해당 사유가 발생한 날이 속하는 과세연도의 소득금액을 계산할 때 익금에 산입하거나 해당 과세연도의 양도소득세 과세표준 확정신고기한 종료일까지 납부하여야 합니다.

[표 56] 사후관리 요건

① 이 규정을 통해 신설되거나 전환된 지주회사 또는 전환지주회사가 지주회사에 해당하지 아니하게 되는 경우(단, 독점규제 및 공정거래에 관한 법률 등 지주회사의 기준을 정한 법령의 개정으로 지주회사에 해당하지 아니하게 된 경우 등은 제외) ② 전환지주회사가 지주회사로 전환한 날의 다음 날부터 2년이 되는 날까지 지분비율미달자회사의 주식을 독점규제 및 공정거래에 관한 법률[311]에서 정한 비율 미만으로 소유하는 경우 ③ 자회사(지분비율미달자회사를 포함함)가 사업을 폐지하는 경우 ④ 지주회사(전환지주회사를 포함함) 또는 현물출자등을 한 주주 중 현물출자등의 대상이 된 주식을 발행한 법인의 주주 중[312] 지배주주 등에 해당하는 주주가 현물출자 등으로 취득한 주식을 처분하는 경우

이 규정의 요건에 따라 주식을 다른 금융지주회사의 지배를 받는 금융지주회사("중간지주회사")에 이전하거나 중간지주회사의 주식과 교환함에 따라 양도차익 과세 또는 양도소득세 납부를 이연받은 주주가 2024년 12월 31일까지 그 주식교환·주식이전의 대가로 받은 중간지주회사의 주식을 다시 그 중간지주회사를 지배하는 금융지주회사의 주식과 교환하는 경우에는 해당 주주가 그 중간지주회사의 주식을 처분하지 아니한 것으로 보고, 그 주식교환의 대가로 받은 금융지주회사의 주식을 처분할 때 그 중간지주회사의 주식을 처분한 것으로 봅니다.

8) 내국법인의 외국자회사 주식 등의 현물출자에 대한 과세특례[313]

5년 이상 계속하여 사업을 영위한 내국법인이 2021년 12월 31일까지 외국자회사(내국법

311) 독점규제 및 공정거래에 관한 법률 제18조 제2항 제2호 각 목 외의 부분 본문
312) 법인세법 시행령 제80조의2 제5항에 따른 지배주주 등
313) 조세특례제한법 제38조의3

인이 현물출자일 현재 발행주식총수 또는 출자총액의 100분의 20 이상을 출자하고 있는 외국법인)의 주식 등을 현물출자하여 새로운 외국법인을 설립하거나 이미 설립된 외국법인에 현물출자하는 경우에는 그 현물출자로 인하여 발생한 외국자회사의 주식등의 양도차익에 상당하는 금액은 그 양도일부터 4년이 되는 날이 속하는 사업연도부터 각 사업연도의 소득금액을 계산할 때 그 금액을 36으로 나눈 금액에 해당 사업연도의 개월 수를 곱하여 산출한 금액을 익금에 산입합니다.

9) 공모부동산투자회사의 현물출자자에 대한 과세특례[314)]

내국법인이 「부동산투자회사법」에 따른 영업인가일부터 1년 이내에 같은 법에 따른 공모부동산투자회사("공모부동산투자회사")에 「소득세법」 제94조 제1항 제1호에 따른 토지 또는 건물을 2022년 12월 31일까지 현물출자함으로써 발생하는 양도차익에 상당하는 금액은 해당 사업연도의 소득금액을 계산할때 현물출자로 취득하는 주식의 가액에서 현물출자한 자산의 장부가액을 차감한 금액을 압축기장충당금으로 계상하고 손금에 산입하여 그 내국법인이 현물출자로 취득한 주식을 처분할 때까지 과세를 이연받을 수 있습니다.

7 지주회사 실무 가이드[315)]

1) 지주회사의 유형

제3장에서 살펴본 바와 같이 지주회사는 사업여부, 업종의 성격, 적용 법률 여부 등에 따라 다양한 유형으로 구분될 수 있습니다.

[표 57] 지주회사의 유형

구분		설명
사업여부	순수지주회사	순수하게 자화사의 주식만 보유(배당수익 위주로 운영)
	사업지주회사	사업을 하면서 지주회사 역할
업종별(법규정에 따른 구분)	일반지주회사	비금융회사(일반회사)를 지배하는 지주회사 → 공정거래법에서 규정
	벤처지주회사	벤처기업 또는 중소기업을 자회사로 지배하는 회사 → 공정거래법에서 규정

314) 조세특례제한법 제97의8 ①, 조세특례제한법 시행령 제97의8 ①
315) 지주회사의 기본 개념 및 일반사항은 "제3장 M&A의 실행"편의 "지주회사"를 참고해 주시기 바랍니다.

구분		설명
	금융지주회사	금융회사를 지배하는 회사 → 금융지주회사법에서 규정
	지주형회사	법규정의 적용을 받지 않으나, 지주회사 형태를 유지하고 있는 회사

이 중에서 자산총액이 5천억원 이상인 금융회사가 아닌 일반 지주회사는 공정거래법(독점규제 및 공정거래에 관한 법률)의 적용을 받게 됩니다. 공정거래법은 일반지주회사(벤처지주회사 포함)의 요건과 지주회사 및 자회사, 손자회사가 지켜야할 요건을 규정하고 있습니다.

[표 58] 지주회사의 요건 및 행위제한 사항

구분		규정	지주회사	자회사	손자회사
지주회사 요건	자산규모	자산총액 5천억원 이상[316)	○	–	–
	지주비율	국내자회사지분합계액이 자산총액의 50% 이상	○	–	–
행위제한	부채비율	부채비율 50% 초과금지	○	–	–
	자회사·손자회사 지분율	비상장자회사 50%, 상장자회사 30% 미만 소유 금지 (벤처지주회사의 자회사, 손자회사는 20%)	○	○	100% 소유만 허용[317)
	계열회사외 타법인 주식	국내 비계열회사 주식 5% 초과보유 금지[318)	○	–	–
	자회사·손자회사 이외의 계열지분	지주회사는 자회사, 자회사는 손자회사 이외의 국내계열회사 주식소유 금지	○	○	○
	금산분리	일반지주회사는 금융업 또는 보험업을 영위하는 국내회사 주식 소유 금지(자회사는 금융업이나 보험업을 영위하는 회사를 손자회사로 지배하는 행위 금지)	○	○	○

316) 개별 또는 별도재무제표 기준이며, 직접사업연도말 기준 또는 합병·분할의 경우에는 합병·분할 등기일 기준

317) 손자회사가 벤처지주회사인 경우 50% 이상 소유 허용

2) 지주회사 설립/전환 방법 및 사례

지주회사를 설립하거나 전환하는 방법은 다양합니다. 사업부문과 투자부문을 인적분할한 후 사업부문의 지분을 투자부문이 취득하는 방법을 통해 지주회사로 전환할 수 있습니다. 사업부문을 물적분할하여 존속회사가 물적분할한 법인의 지분을 소유하면서 지주회사로 전환할 수도 있고, 포괄적주식교환이나 이전을 통해 지주회사로 전환할 수도 있습니다. 다음의 표는 그 동안 지주회사로 전환한 다양한 사례를 설립/전환 방법별로 구분하여 정리한 것입니다.

[표 59] 지주회사 설립/전환 방법별 사례

설립/전환방법		지주회사명	
존속 인적분할	기존회사의 투자부문을 존속법인으로, 사업부문을 신설법인으로 인적분할하여 지주회사로 전환	상장	LG, GS, SK, 한진중공업홀딩스, 대웅, 평화홀딩스, 디피아이홀딩스, 태평양, 한라홀딩스
신설 인적분할	기존회사의 사업부문을 존속법인으로, 투자부문을 신설법인으로 인적분할하여 지주회사로 전환	상장	농심홀딩스, 대상홀딩스, 세아홀딩스, 현대중공업지주
		비상장	대교홀딩스, 이수
물적분할	기존회사의 수개의 사업부문을 물적분할하여 자회사 투자주식화 한 후 지주회사로 전환	상장	풀무원(2008년 7월 1일 재차 인적분할)
		코스닥 상장	동화홀딩스
		비상장	한국컴퓨터지주
현물출자	자회사 투자주식을 현물출자하여 신규법인 설립	비상장	에스케이이엔에스, 온미디어, 동원엔터프라이즈
포괄적 주식교환 또는 이전	양사 주주간 포괄적 주식교환에 의한 지주회사 전환	코스닥 상장	비에스이홀딩스(코아시아홀딩스), 한국투자금융지주, KB금융지주
기타	분할합병, 합병, 자회사 주식가액 증가, 지분인수 등	비상장	롯데지주, 다함이텍, 삼성종합화학, 한화도시개발, 에이치씨엔, 엘아이지홀딩스, 일진홀딩스

318) 계열회사 아닌 타법인 주식가액이 자회사주식가액의 15% 미만인 경우에만 5% 초과 보유 허용

위의 지주회사 전환 방법 중에서 인적분할 후 자회사의 지분을 공개매수의 방법으로 추가 취득하여 지주회사로 전환하는 방법의 이행 계획안 및 주요 절차를 예시적으로 살펴보면 다음과 같습니다.

[표 60] 인적분할 후 자회사 지분 공개매수 절차의 예시

구분	주요 사항
사전검토	• 지주회사 전환 Structure(전환방법, 전환절차 등) • 전환 Cost 검토 • 전환 후 지배구조 및 재무사항 • 공정거래법상 행위제한 요건 충족 여부 • 재상장, 상장유지 등 요건 충족 여부 • 지주회사 수익모델 검토 • 기타 관계법령 및 계약상 제약사항 여부 • 기타 고려사항: CI, 경영진/조직구성, 정관, 상호, 법인별/부서별 to-do사항, 이해관계자 고려사항 등
인적분할	• 인적분할에 따른 절차 이행
재상장 및 변경상장	• 상장법인의 경우 존속법인은 변경상장, 신설법인은 재상장 절차 이행
지주회사 설립 · 전환 신고	• 인적분할 후 지주회사 전환 시 분할등기일로부터 30일 이내 신고(인적분할시점에는 지주회사 未전환, 이후 현물출자 · 공개매수 시점에 지주회사 전환 시에는 해당 사업연도 종료일로부터 4개월 이내)
공개매수 가격결정을 위한 기간	• 신설법인 지분 공개매수 시 자본시장법에 의한 기준주가 산정을 위해 재상장 후 최소 1개월 이상의 기간 필요
공개매수 및 유상증자	• 지주회사 또는 지주회사 예정 법인은 유상증자 및 자회사지분의 취득을 위한 공개매수 절차 이행
지주회사의 자회사편입신고, 기업결합신고	• 거래소 및 공정거래위원회에 신고

[그림 25] 인적분할 후 자회사 지분 공개매수 이행 Roadmap 예시

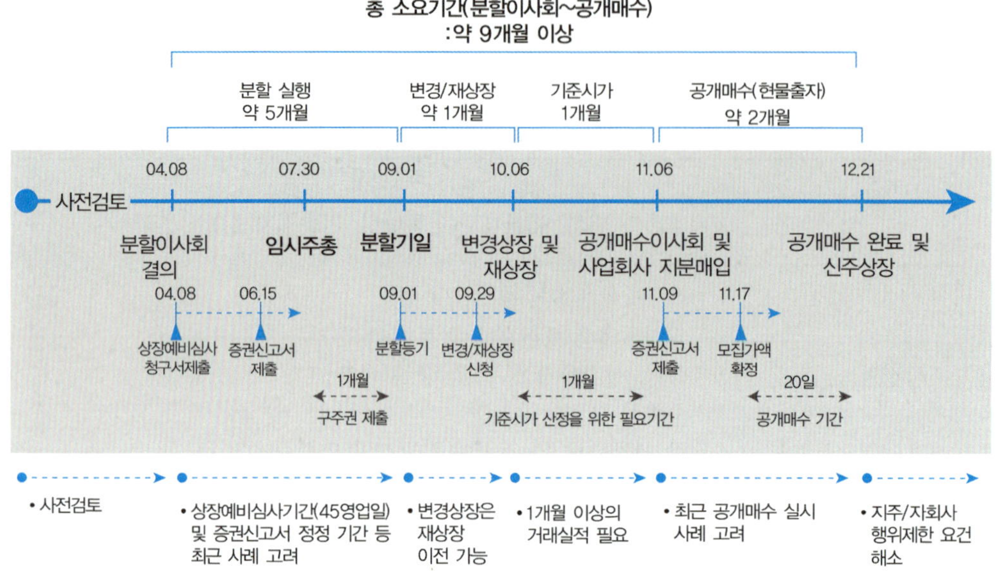

지주회사가 자회사 지분을 추가로 취득하는 방법으로는 공개매수의 방법 등이 있으며, 이때 공개매수의 대가는 현금 등이 아닌, 지주회사의 지분으로 제공하는 경우도 있습니다. 이 경우 각각의 주식 평가방법에 다소 차이가 있는데, 그 차이를 정리하면 다음과 같습니다.

[표 61] 상장회사의 주식교환가격 산정 방법 비교

구분		공개매수 방법	제3자 배정 방법	
			일반	1년간 보호 예수시
평가방법	발행가액(지주회사)	• 일반공모증자 규정 적용(증방공[*4] 제5-18조 제1항) -기준주가=평가기준일 동안의 가중산술평균주가[*1] -발행가액=기준주가 × (1-할인율) -할인율: 30% 이내	• 기준주가 및 발행가액 산정방식은 좌동(단, 할인율은 10% 이내)	• 제3자배정증자 규정 선택적 적용 가능(증방공 제5-18조 제2항) -기준주가 = Min[(1개월 가중산술평균주가[*1]) + 1주일 가중산술평균주가[*1]) + 최근일 가중산술평균주가[*1]))/3, 최근일 가중산술평균주가] -발행가액 = 기준주가×(1-할인율) -할인율: 10% 이내
	현물출자 가액	• 현물출자 주식 평가 규정 적용(자본시장법 시행령 제176	• 좌동	• 좌동

구분		공개매수 방법	제3자 배정 방법	
			일반	1년간 보호 예수시
	(자회사)	조의5 제1항 제1호) -출자가액=Min[(최근 1개월간 평균종가*2) + 최근 1주일간 평균종가*2) + 최근일 종가)/3, 최근일 종가]		
평가 기준일	지주회사	• 청약일*3) 전 제3거래일~제5거래일	• 좌동	• 유상증자 이사회결의일 전일
	자회사	• 공개매수 이사회결의일과 계약체결일 중 빠른 날의 전일	• 좌동	• 좌동

*1) 가중산술평균주가: Σ일별거래대금÷Σ일별거래량
*2) 평균종가: 거래량 가중평균 종가
*3) 청약일: 공개매수기간의 초일
*4) 증권의 발행 및 공시 등에 관한 규정

공정거래법상 지주회사로 전환한 경우에는 신고기한내에 설립 또는 전환 신고가 이루어져야 합니다. 일반적으로 지주회사를 설립하거나 전환하는 경우에는 설립 등의 등기일로부터 30일 이내에 지주회사 전환 신고가 이루어져야하고, 자산총액 증감이나 다른 회사 주식의 취득으로 인하여 지주회사로 전환하는 경우에는 결산이 완료되어야 하므로 사업연도 종료일로부터 4개월 이내에 신고를 하여야 합니다.

[표 62] 설립 또는 전환 case별 신고기한[319)]

구분	신고 기한
지주회사를 설립하는 경우	설립 등기일로부터 30일 이내
다른 회사와의 합병 또는 회사의 분할을 통하여 지주회사로 전환하는 경우	합병 및 분할등기일로부터 30일 이내
다른 법률에 따라 법 제8조(지주회사 설립·전환의 신고)의 적용이 제외되는 회사의 경우	다른 법률에서 정하고 있는 제외기간이 지난 날부터 30일 이내
다른 회사의 주식취득, 자산의 증감 및 그 밖의 사유로 인하여 지주회사로 전환하는 경우	자산총액 산정 기준일(사업연도 종료일)부터 4개월 이내

319) 자회사의 지분을 처분하는 등의 사유로 지주회사에서 제외되는 경우에는 주권교부일 등을 사유발생일로 보고 지주회사 적용제외 신고를 할 수 있습니다(공정거래법 시행령 제15조, 지주회사 보고요령 제8조).

지주회사로 설립하거나 전환하는 경우에는 주주현황, 계열사현황, 재무제표 등을 제출하여야 합니다. 설립 또는 전환시점에 제출하는 자료는 설립/전환 사유서를 제외하고는 매년 지주회사 보고요령 제10조에 따른 주식소유현황 보고 서류로서 제출하여야 합니다.

[표 63] 지주회사 설립 · 전환 신고 시 제출자료

구분	제출 자료
지주회사	가. 설립·전환 사유서 나. 정관 다. 주주현황 라. 계열회사현황 마. 소유주식명세서*) 바. 대차대조표*) 사. 법인등기부등본
자회사	가. 정관 나. 주주현황 다. 소유주식명세서*) 라. 직전 사업연도의 감사보고서**) 마. 금융지주회사의 자회사 주식 소유제한의 규정에 의하여 소유하고 있는 자회사인 경우에는 당해 자회사의 주요사업내용 및 직전 사업연도의 거래처별 거래내역*)
손자회사, 증손회사	가. 정관 나. 주주현황 다. 소유주식명세서*) 라. 직전 사업연도의 감사보고서

*) 공인회계사의 회계감사를 받은 것이어야 합니다.
**) 감사인의 감사보고서를 말하며, 외감법에 따른 외부감사를 받아야 하는 회사가 아닌 경우에는 공인회계사의 확인을 받은 재무제표를 제출합니다.

만약, 채무보증제한 기업 집단이 지주회사로 전환 또는 설립하여 신고할 경우에는 추가적으로 지주회사 및 자회사가 계열회사에 대하여 제공한 채무보증명세서, 지주회사 및 자회사가 계열회사로부터 제공받은 채무보증명세서, 최근 1년간 지주회사 및 자회사가 계열회사에게 제공한 채무보증 및 계열회사로부터 제공받은 채무보증의 해소실적을 제출하여야 합니다(지주회사 보고 요령 제4조).

3) 행위제한 위배시 제재사항

공정거래법상 지주회사는 공정거래법에서 규정하는 지주회사의 부채비율, 자회사/손자회사/증손회사에 대한 지분율 요건 등을 충족하여야 합니다. 이를 위배할 경우에는 과징금(공정거래법 제17조), 시정조치(공정거래법 제16조), 벌칙[320](공정거래법 제66조, 제68조) 등의 제재를 받을 수 있습니다.

[표 64] 과징금

항목	과징금	기준재무제표
부채비율 위반	200%를 초과한 부채액 × 10% 이하	규정을 위반한 사실이 최초로 나타난 재무상태표
(손)자회사 지분율 요건 위반	(자회사주식 장부가 × [40%(20%) - 보유지분]) ÷ 보유지분 × 10% 이하	규정을 위반한 사실이 최초로 나타난 재무상태표 단, 재무상태표 작성 전 시정된 경우 법 위반일을 기준으로 작성한 재무상태표
계열사 외 주식보유, (손)자회사 외 계열주식 보유	위반하여 소유한 주식의 장부가 × 10% 이하	

[표 65] 시정조치

1. 당해 행위의 중지, 2. 주식의 전부 또는 일부의 처분, 3. 임원의 사임, 4. 영업의 양도, 5. 채무보증의 취소, 6. 시정명령을 받은 사실의 공표, 7. 기업결합에 따른 경쟁제한의 폐해를 방지할 수 있는 영업방식 또는 영업범위의 제한, 7의2. 공시의무의 이행 또는 공시내용의 정정, 8. 기타 법위반상태를 시정하기 위하여 필요한 조치

4) 지주회사 제외 신고

자회사 주식의 비율이 감소하는 등의 이유로 공정거래법상 지주회사에서 제외되는 경우에는 사유발생일을 기준으로 하여 지주회사에서 제외되었음을 신고하여야 합니다.

320) 3년 이하의 징역 또는 2억원 이하의 벌금

[표 66] 적용제외 신고 기준일[321)]

구분		사유 발생일
자회사 주식감소	자회사 주식을 매각	주권교부일
	자회사의 청산 또는 자본감소	청산등기일 또는 자본감소에 관한 사실의 등기일
	기타	실질적인 주식의 감소가 있는 날
기타 자산의 증감	자본의 증감	당해 사실의 등기일
	사채의 발행 또는 상환	발행일 또는 상환일
	기타	실질적인 자산의 증감이 있는 날

지주회사 적용 제외 신고를 할 경우에는 ㉮ 지주회사 적용 제외 신고서와 함께, ㉯ 주식매매계약서 및 주식매매대금영수증 등 지주회사 적용 제외 사실 입증 서류, ㉰ 소유주식명세서, ㉱ 대차대조표, ㉲ 주주현황 자료를 제출하여야 합니다. 이때 소유주식명세서와 대차대조표는 사유발생일을 기준으로 공인회계사의 회계감사를 받은 것이어야 합니다.

5) 지주회사의 수익모델

지주회사는 자회사로부터의 배당 수익등이 주요 수익 원천입니다. 그러나, 지주회사의 운영자금 및 투자재원 등을 조달하는데 배당수익만으로는 충분하지 않을 수 있어 배당수익 이외의 수익모델을 갖는 경우가 많이 있습니다. 배당 수익이외의 수익모델 중 대표적인 것이 지주회사가 그룹 전사의 브랜드를 보유하면서 브랜드 사용에 대한 대가를 수취하거나, 그룹의 통합관리 기능을 수행하는 Shared Service Center의 운영 등을 하는 것입니다. 다음은 몇가지 지주회사 수익모델의 예를 정리해 보았습니다.

[표 67] 지주회사의 수익모델 예시

구분	수익 Model 내역
자본수익/배당수익/대여이자	지주회사의 기본수익
브랜드사용료(수수료수익)	지주회사가 자회사로부터 브랜드사용에 대한 대가를 수행
부동산임대수익	부동산 등을 자회사에 임대
경영관리용역수익	자회사의 경영관리 및 기획지원
구매대행/물류전담	그룹차원의 원가절감 차원에서 통합 구매대행 등을 통해 일정 수수료 수령

321) 공정거래법 시행령 제15조, 지주회사 보고요령 제8조

구분	수익 Model 내역
전산용역료	ERP 또는 System에 대한 유지보수
사업수익(매출액)	사업지주회사의 경우 사업부문을 추가시켜 수익사업을 일부 수행

6) 지주회사의 세무

① 지주회사 설립/전환 시 세무

내국법인의 내국인 주주가 2023년 12월 31일까지 요건을 모두 갖추어 주식을 현물출자함에 따라 지주회사를 새로 설립하거나 기존의 내국법인을 지주회사로 전환하는 경우 그 현물출자로 인하여 취득한 주식의 가액 중 그 현물출자로 인하여 발생한 양도차익에 상당하는 금액은 양도소득세 또는 법인세의 과세를 출자로 취득한 지주회사 주식 처분시까지 과세이연 받을 수 있으며, 2024년 1월 1일부터 2026년 12년 31일까지 이루어진 양도분에서 대해서는 4년 거치 3년 분할납부할 수 있습니다.

과거 규정은 과세를 처분시점까지 이연하는 것이었으나, 2019년 법 개정으로 과세혜택 기간을 연장하는 대신, 분할납부 방식으로 변경하였습니다. 분할납부의 방법은 4년 거치 3년 분할 익금산입(분할 납부)하는 방식입니다.

마찬가지로 내국법인의 내국인 주주가 현물출자 또는 분할에 의하여 지주회사로 전환한 전환지주회사에 법정 요건을 모두 갖추어 2023년 12월 31일까지 주식을 현물출자하거나 그 전환지주회사의 자기주식과 교환하는 경우 그 현물출자 또는 자기주식교환으로 인하여 취득한 전환지주회사의 주식가액 중 현물출자 또는 자기주식교환으로 인하여 발생한 양도차익에 상당하는 금액은 양도소득세 또는 법인세의 과세를 출자로 취득한 지주회사 주식 처분시까지 과세이연 받을 수 있으며, 2024년 1월 1일부터 2026년 12년 31일까지 이루어진 양도분에서 대해서는 4년 거치 3년 분할납부할 수 있습니다.

[표 68] 지주회사 설립/전환 시 세무

부담 주체	Tax 구분	관련법률	주요 내용
주주	자회사 지분 양도손익에 대한 소득세	조세특례제한법 제38조의2	현물출자를 통한 지주회사 전환 시 과세 분할납부
	현물출자에 따른 부당행위 계산의 부인 및 증여의제	법인세법 시행령 제89조, 상증법 제63조	평가기준일 등의 차이에 따른 발생 가능성 존재[322), 323)]
	증권거래세	증권거래세법 제1조	**면제조항 없음**
지주 회사	현물출자로 증가한 자본금 등록세	지방세법 제28조 · 제151조	**면제조항 없음**
	과점주주 등의 간주취득세	조세특례제한법 제120조 제6항 제3호	지주회사 전환(자회사 주식취득)시 과점주주에 대한 간주 취득세 일부 면제(지방세특례제한법 제57조)
	현물출자에 따른 부당행위 계산의 부인	조세특례제한법 제119조 제1항 제10호	평가기준일 등의 차이에 따른 발생 가능성 존재

지주회사를 설립/전환하거나 지주회사의 자회사 지분을 추가로 취득할 때 과세혜택은 조세특례제한법 제38조의2에 규정되어 있으며, 그 구조는 다음과 같습니다.

[그림 26] 조세특례제한법 제38조의2 과세혜택 종류

조특법 제38조의2 제1항: 출자로 인한 지주회사 전환	조특법 제38조의2 제2항: 지분미달자회사 지분 출자
• 현물출자를 통하여 지주회사를 새로 설립하거나 기존의 법인을 지주회사로 전환하는 경우, 그 현물출자로 인하여 발생한 양도차익에 대한 과세혜택	• 지주회사의 소유비율이 20%(비상장 40%) 미만인 법인 또는 분할로 설립된 법인의 지분을 지주회사 전환 후 2년 이내에 현물출자할 경우 양도차익에 대한 과세혜택

322) 자회사 지분의 현물출자 가액을 산정할 때, 법인은 거래일의 종가를 시가로 보고, 개인은 양도일 · 취득일 이전 1월간에 공표된 매일의 거래소 최종시세가액의 단순 평균액을 시가로 시가로 보게 되는 경우 상호간 평가액의 차이로 부당행위계산부인 문제가 발생할 수 있습니다. 단, 공개매수에 의한 현물출자는 부당행위계산부인을 적용하지 아니한다는 예규가 존재(서면2팀-714)하지만, 이행 시에는 관련 해석의 변경 사항 등을 확인할 필요가 있습니다.

323) 공개매수의 대가 등으로 지주회사의 신주를 발행하여 줄 때, 상장법인의 신주발행가액과 상증법상 시가가 차이가 발생하여 증여의제 문제가 발생할 수 있습니다.

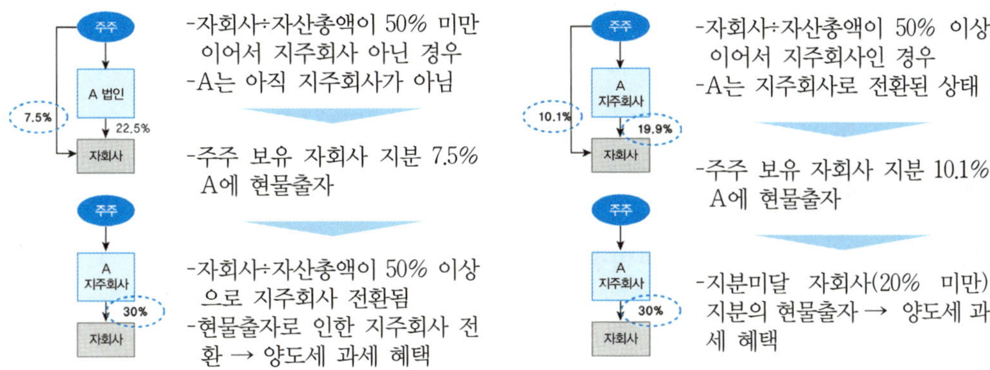

위의 과세혜택은 지분을 처분하거나 현물출자후 다음 사업연도 개시일부터 2년 이내에 지주회사가 아니게 되는 등의 사유가 발생할 경우에는 해당사유가 발생한 과세연도에 관련 양도차익을 납부하여야 합니다.

② 지주회사 운영 시 세무

지주회사는 자회사 지분의 소유를 통해 다른 회사의 사업을 지배하는 것을 목적으로 하는 회사이기 때문에 자회사로부터의 배당소득이 기본적인 소득의 원천일 가능성이 높습니다. 그렇기 때문에 지주회사의 경우에는 일반기업에 비해 배당소득의 익금불산입비율을 높여서 지주회사의 운영이 용이할 수 있도록 하는 특례를 적용받아왔으나, 2023년부터는 이러한 차등적용이 단순화되어 내국법인은 동일한 수입배당금 익금불산입율을 적용받게 됩니다. 단, 지주회사는 2023년 수입배당금까지는 종전의 비율을 적용받을 수 있습니다. 한편 익금불산입율을 적용받는 자회사는 배당기준일 현재 3개월 이상 계속하여 보유하고 있는 주식을 기준으로 계산합니다.

[표 69] 피투자법인별 수입배당금 익금불산입률

피출자법인에 대한 출자비율	익금불산입률
50% 이상	100%
20% 이상 50% 미만	80%
20% 미만	30%

II 참고자료

1 인수의향서(LOI) 예시

1) Private deal에서의 인수의향서 예시[324)]

인수의향서

수신: 0000 대표이사 0000
참조:
발신:
제목: 인수의향서 제출

20□□년 □월 □일

귀사의 무궁한 발전을 기원합니다.

__________________(이하 "인수희망자"라 함)은 0000이 자문하는 경기도 00시 00면 00로 00에 본점을 둔 000(이하 "회사"라 함)의 인수에 의향이 있어, 이의 검토 진행을 위한 자료제공 등의 업무 협조를 위하여 본 인수의향서를 드리며, 아래와 같이 상호 비밀유지계약을 체결하고자 합니다.

[비밀유지계약]

상기 인수의향서와 더불어 _____________(이하 "인수희망자"라 함)와 경기도 □□시 □□면 □□로 □□에 본점을 둔 □□□(이하 "회사"라 함) 사이에 비밀유지계약을 체결한다.

제1조 (목적)

본 비밀유지계약은 인수희망자가 회사의 지분 인수에 대한 인수의향서 전달과 함께 원활한 협력을 위하여 작성한 것으로 상호 외부유출을 금지하며, 본 용도 이외의 목적으로 사용할 수 없다. 또한 본 의향서가 확정적인 투자를 의미하지는 않는다.

324) 인수의향서 작성시 고려사항은 "제2장 M&A의 절차"의 "인수의향서" 부분 참고

제2조 (인수의향에 대한 비밀유지의 의무)

회사와 인수희망자는 상대방의 동의 없이 본 의향서의 체결과정, 내용, 이행과정 등에 관하여 제3자가 알게 하여서는 아니 된다. 다만, 관계법령 및 감독기관에 의하여 요구되거나, 법원의 재판에 의하여 요구되는 경우에는 그러하지 아니하다.

또한, 회사와 인수희망자는 인수를 위한 협력 과정에서 취득된 상대방의 정보를 상대방의 동의 없이 독자적으로 제3자에게 정보를 제공하거나 지시, 의뢰 등을 통해 제품을 개발하는 등 상업적으로 정보를 이용하지 않는다. 인수의향에 의한 비밀유지의 의무는 매각거래 추진이 중단된 때까지 유효하나, 비밀정보는 본 문서의 서명일로부터 □년간 유효하다. 단, 인수 논의가 진전되어 본 계약이나 양해각서를 체결하는 경우에는 그 문서의 내용을 우선으로 하기로 한다.

제3조 (비밀 정보의 종류)

비밀정보는 회사와 인수희망자 간에 상호 취득된 모든 정보와 자료를 말한다.

그러나, 정보를 수령한 당사자의 계약위반이나 과실 등의 귀책 사유 없이 공지의 사실이 된 정보, 상대방으로부터 제공받은 정보를 이용하지 않고 독자적으로 개발한 정보, 해당 정보를 공개할 수 있는 정당한 권한이 있는 제3자로부터 합법적으로 제공받은 정보, 이미 일반에게 알려진 정보나, 공공영역의 정보는 비밀 정보의 범위에 해당하지 않는다.

제4조 (비밀 정보의 회수)

회사와 인수희망자간 매각거래 추진이 중단되는 경우 상호 제공된 자료나 정보의 사본을 남기지 않고 모두 상대방에 돌려주거나 파기하여야 한다.

제5조 (배타적 우선협상 권리)

회사는 인수희망자에게 매각 거래 검토 및 매매계약 체결에 관한 배타적 우선 협상권을 부여하되, 배타적 우선협상기간은 회사와 인수희망자가 서면 합의에 의해 연장하지 않는 한 본 의향서의 날인일 후 □개월이 되는 날 또는 상호간의 매각거래 협상이 중단되는 날 또는 주식매매계약이 체결되는 날 중 가장 먼저 도래하는 날까지로 한다.

제6조 (손해배상)

계약당사자는 회사의 비밀정보 누설, 고의에 의해 발생되는 손해에 대하여 변호사 비용을 포함한 소송비용 등을 상대사에 배상하여야 한다.

제7조 (분쟁해결)

본 계약에서 정하지 않은 사항은 일반 상 관례에 따라 상호 협의하여 정하기로 하되, 분쟁이 발생할 경우 양 당사자의 합의로 해결한다. 만약 소송으로 진행될 경우 서울중앙지방법원을 관할법원으로 한다.

인수희망자:

____

________________________ 대표이사 ________________________

회사:

(인)

2) 공개입찰에서의 인수의향서 예시

인수의향서
(단독 입찰자용)

(________________________)귀중

1. 제출인

제출인의 모든 법적 행위에 대한 권한과 책임을 가지고 있는 제출인의 대표자/대표이사에 대한 사항을 기록하십시오.

회사명:	
대표자/대표이사명:	
주소:	
담당자 연락처	
성명/이름:	직급/직위:
Tel:	Fax:
Email:	Mobile:

2. 제출인의 대리인

본 거래와 관련하여 대리인을 선정한 경우 대리인의 다음 사항을 기재하여 제출해 주시고, 공증을 득한 위임장(Power of Attorney)을 첨부하여 주십시오.

회사명:	
대표자/대표이사명:	
주소:	
담당자 연락처	
성명/이름:	직급/직위:
Tel:	Fax:
Email:	Mobile:

3. 제출인의 자문사 명단

본 거래와 관련하여 제출인 또는 그 대리인과 용역계약 체결을 예정하고 있거나 체결한 자문사명, 자문내용(재무, 세무, 법률 및 기타), 담당자 연락정보 등을 기재해주시기 바랍니다.

자문기관명	자문내용	담당자(직급)	휴대폰	팩스	이메일

4. 제출인의 개요

본 제출인의 개요는 입찰적격자 여부를 결정하는데 있어 중요한 평가항목이므로 작성 및 제출에 신중을 기하여 주십시오.

제출인이 영위하고 있는 주요 사업에 대해 다음의 사항을 포함하여 간략하게 서술하여 주십시오. 사업보고서 사본, 회사소개 책자 등 기타 유사한 소개자료의 추가제출도 가능합니다.

1) 연혁

2) 소유구조(지분비율 5% 이상인 주요주주 목록)

주주명	소유주식수	금액(단위: 원)	지분율	비고

3) 대표자 및 주요 임직원

직위	성명	주요경력/학력 사항	비고

4) 주요 사업 내용

5) 최근 재무 정보

최근 감사보고서 및 반기검토보고서를 제출하여 주십시요. 감사보고서 및 반기검토보고서를 작성하지 않는 제출자의 경우 제출자의 자산 규모 등을 확인할 수 있는 객관적인 자료를 제출하여 주시고 PEF 등의 경우 운용자산규모 또는 출자약정액 등을 입증할 수 있는 자료를 제출하여 주십시오.

6) 진행 중이거나 계류중인 소송사건

7) 참여목적

8) 기타 특이사항(과거 부도, 파산 등의 사항 등)

5. 주식 취득과 관련한 투자자 내부 및 법령요건의 검토

본 거래와 관련하여 이사회, 주총 결의 등 회사 내부의 승인 절차와 요건 및 법령상 관계 당국의 인허가나 승인이 필요한 경우, 동 승인 절차 및 요건에 대해 설명(예상 소요기간 포함)하고 동 문제를 해결하기 위한 제출인의 계획 및 예상 소요 기간, 확실성 등에 대해 기술해 주시기 바랍니다. 컨소시엄의 경우, 각각의 구성원에 대하여 기재해 주십시오. 다만, 법령상의 요건 검토 등에 대하여는 변호사의 검토의견서 등 전문가의 의견서를 추가로 첨부하여 주십시오.

6. 인수의향 사업부문 및 예상 입찰금액

본 거래는 인수의향자의 요구에 따라 분할신설법인 주식 양수도의 형태로 매각이 진행될 예정입니다. 이에 따라 투자자의 예상 입찰가격에 대해 기술해 주시기 바랍니다. 예상 입찰금액은 Non-binding이나 입찰적격자 여부를 결정하는데 있어 중요한 평가항목이므로 작성 및 제출에 신중을 기하여 주십시오.

1) 인수대상 사업부문 및 예상 입찰가격

구분	내용
인수대상 사업부문	
예상 입찰금액(non-binding-offer)	

2) 예상 입찰금액 산정기준

7. 자금조달 계획

본 거래에 필요한 자금조달에 관한 계획을 아래 자기자본과 타인자본으로 구분하여 금액, 조달예상기간, 조달기관에 대하여 구체적으로 서술하여 주십시오.

1) 자기자본

① 제출일 현재 제출인이 보유중인 현금성 자산 및 단기금융상품 잔액이나 시장성유가증권 내역: 자료 기준일, 상세 명세 제출

(단, 사용제한 등으로 본 거래에 투자할 수 없는 자금은 제외)

② 재무적 투자자의 경우, 본 거래에 투자할 수 있는 펀드 운용 내역 및 출자약정액 잔고 내역: 자료 기준일, 운용펀드명, 펀드운용사원, 출자자, 출자약정총액, 미실행액 내역

③ 향후 자기자본 조달예정금액 및 계획: 소요기간, 대상기관 등 구체적으로 제시

④ 상기 1,2,3의 합계 금액

2) 타인자본

본 거래를 위하여 조달할 타인자본 예정금액: 자료 기준일, 금액, 조달 기관, 가능한 경우 해당 기관 대출의향서

① 본 거래에 투자 시 예상되는 타인자본 조달금액의 자기자본 금액 비율(예시. 타인자본 100, 자기자본 100일 경우 100%로 기재)

② 제출일 현재 신용평가기관 또는 금융기관 등에서 평가한 제출인에 대한 신용등급 혹은 자체적인 신용도 평가내역 기술

*) 자료의 내용은 상기 열거된 사항에 국한되지 아니하고, 제출인 판단 하에 추가할 수 있습니다. 다만, 제출이 불가능한 자료가 아닌 경우 상기 사항에 대하여 전부 제출하여야 합니다.

당사는 (   )의 매각절차에 의한 인수를 위한 투자안내서 및 인수의향서 작성 안내문의 조건을 숙지하고 그에 동의하며, 본 거래에 참가하고자 다음과 같이 인수의향서 및 부속서류를 제출합니다.

첨부서류: 법인인감증명서
법인등기부등본(주민등록등본)
사업자등록증 사본
최근 감사보고서 및 반기검토보고서

20□□년 월 일

회사명:
주 소:
대표자:

2 비밀유지약정서(NDA/CA) 예시

비밀유지확약서

20□□년 [●]월 [●]일

수 신: □□□

참 조: □□□

주식회사 □□□(이하 "귀사")는 □□□□(이하 "매각주간사")을 투자유치를 위한 자문사로 선정하여 자본투자유치 및 지분매각(이하 "본건 거래")을 하고자 합니다.

귀사는 당사가 본건 거래를 검토할 수 있도록 귀사에 관한 특정한 정보 및 자료를 제공할 예정입니다.

이에 당사자들은 본건 거래와 관련하여 본 확약서에 따라 다음 사항을 준수할 것을 확약합니다.

1. **목적.** 귀사, 자문사는 오로지 당사가 잠재적 투자자로서 본건 거래의 투자 검토를 하기 위한 목적으로 당사에 특정 기밀정보(아래에서 정의)를 이용하게 하였거나 할 예정이다.
2. **기밀정보의 정의.** "기밀정보"라 함은 귀사(이사, 임직원, 대리인들을 포함함), 귀사의 주주, 매각주간사가 직접 혹은 간접적으로, 또한 구두나 서면 혹은 전자적인 형태로, 당사에게 제공하는 일체의 기술적, 재무적, 영업적 및 그 외의 정보, 자료, 교신, 제안 혹은 노하우(회사 혹은 계열회사들에 대한 기술, 리서치, 사업계획, 생산계획, 제품, 용역, 공급처, 수급자/하청업체, 발주처/고객, 시장, 소프트웨어, 주문, 마케팅 또는 재무에 관계되는 것을 포함하나, 이에 한정되지 아니함) 그리고 당사가 귀사, 매각주간사의 시설이나 사무소를 방문하여 획득한 정보를 의미한다. 기밀정보는 전체적으로든 혹은 부분적으로든 위와 같은 기밀정보를 포함하거나 그에 기초한 모든 노트, 요약, 메모, 분석, 자료 모음, 데이터 분석 및 당사에 의하여 준비된 기타의 서류를 포함한다. 다만, (i) 귀사, 매각주간사가 공개하기 전에 당사가 적법한 권리에 의하여 취득, 보유하고 있거나, (ii) 공개 이전 혹은 이후에, 당사의 본 확약서 위반에 의하지 아니하고, 공공의 지식 혹은 인쇄물의 일부가 되었거나, (iii) 귀사가 서면으로 그 공개를 허락한 경우라면, 그러한 정보, 기술 자료 혹은 노하우는 기밀정보에 포함되지 않는다.
3. **기밀정보의 공개 및 이용 금지.**

   1) 당사는 본 확약서 제1조에 따른 목적 이외의 용도로 기밀정보를 사용하지 않기로

동의한다. 당사는 본 확약서 제1조에 기재된 목적을 수행하기 위하여 기밀정보를 취득할 것이 요구되는 자문사, 이사 및 임직원들을 제외하고는 당사의 어떠한 자문사, 이사 및 임직원 혹은 기타 제3자에게 기밀정보를 공개하여서는 아니 되며, 귀사의 고객이나 거래선을 직·간접으로 끌어들이기 위해서 기밀정보를 사용하여서는 아니 된다.

2) 당사는 기밀정보를 제공받거나 기밀정보에 접근할 자문사, 이사 및 임직원들에게 기밀정보를 공개하기 전에 본 확약서의 조건을 알려주어야 하고, 당사의 자문사, 이사 및 임직원들이 본 확약서상의 조건을 위반하는 경우 이에 대하여 책임을 져야 한다. 당사의 자문사, 이사 및 임직원들에 의한 기밀정보의 공개는 당사에 의한 기밀정보의 공개로 간주된다. 당사는 기밀정보가 일반 대중이나 기밀정보를 지득할 권한이 없는 자에게 유출되는 것을 방지하기 위하여 기밀정보의 기밀성을 보호하고 그 공개나 사용을 방지하기 위한 합리적인 모든 조치를 취하여야 한다. 당사는 자문사, 이사 및 임직원들에 의한 기밀정보의 오용이나 남용을 파악한 경우, 그러한 사실을 서면으로 귀사에 신속하게 알려야 한다.

4. <u>의무적 공개사항.</u> 당사(혹은 당사로부터 본 확약서의 위반 없이 기밀정보를 전달받은 자)는 법률적으로 기밀정보의 전체 혹은 일부의 공개가 강제되는 경우에는 귀사에 그 사실을 신속하게 통지하여 귀사가 보호 명령(ProtectiveOrder)을 구하거나 기타 적절한 소치를 취할 수 있도록 한다. 그러한 보호 명령 혹은 기타의 조치가 취하여 지지 않는 경우, 당사나 기밀정보 수령자는 기밀정보 중 법률적으로 공개가 강제되는 부분만 제공하여야 하고, 당사는 그와 같이 공개된 기밀정보가 비밀로서 취급될 것이라는 점에 대한 신뢰할 만한 확인을 얻을 수 있도록 최대한의 노력을 기울여야 한다.

5. <u>비공개의무.</u> 당사는 본건 거래와 그 거래 조건들을 대중에게 공개하거나 그에 대한 공개적 언급을 하지 않고, 귀사의 사전 서면 동의 없이는 어떤 형태로든 다음의 정보를 광고하거나 출판하거나 공공연하게 암시하지 않을 것임에 동의한다.

1) 당사가 기밀 정보를 제공받았다는 사실 혹은 그러한 기밀정보의 제공을 암시하는 자료들;

2) 당사가 본건 거래에 관하여 공동 매각주간사와 협의·협상 중에 있다는 사실 혹은 그와 같은 협의·협상의 존재를 암시하는 자료들; 및

3) 본건 거래의 조건이나 사실적 배경 및 그와 같은 조건이나 배경의 존재를 암시하는 자료들.

6. <u>자료의 반환</u>. 기밀정보는 언제나 귀사, 귀사의 주주들의 자산에 속한다. 귀사의 서면 요청이 있으면, 언제든지 귀사가 제공한 자료나 서류들 및 그러한 자료나 서류들의 모든 사본들은 신속하게 반환되거나 파기되어야 한다. 당사는 그러한 자료나 서류들을 파기한 경우에는 그와 같이 파기하였다는 사실을 확인하는 문서를 귀사에 제공하

여야 한다.

7. <u>권리부여 없음.</u> 본 확약서의 어떠한 조항도 당사에게 귀사의 주주, 귀사가 보유한 특허권, 저작권, 영업비밀 혹은 기타 지적재산권을 부여하거나, 본 확약서 제1조에 기재된 목적을 위하여 기밀정보를 검토할 수 있는 권한 이외의 기밀정보에 대한 권리를 부여하지 아니한다.
8. <u>고용권유의 금지</u>. 본 확약서 제10조에 기재된 기간 동안, 당사는 본건 거래와 관련하여 직・간접으로 소개를 받았거나 달리 접촉을 하게 되었던 귀사의 현 임직원 중 누구에 대하여서든지 그들이 귀사에 고용되어 있는 한 직・간접으로 고용을 권유하여서는 아니 된다.
9. <u>진술 및 보장의 부존재</u>. 당사는 귀사, 귀사의 주주, 매각주간사가 기밀정보의 정확성, 적정성 혹은 완전성에 관하여 어떠한 진술 및 보증도 하지 않음을 인정하고 이에 동의하며, 귀사는 기밀정보에 관하여 당사에게 어떠한 의무나 책임도 부담하지 않는다.
10. 기간. 앞서 규정된 사항들은 본 확약서의 체결일로부터 효력이 발생하고, 본건 거래의 완료나 당사자들의 협의 종료에도 불구하고 본 확약서의 체결일로부터 ×년 간 그 효력이 유지된다.
11. <u>수정.</u> 본 확약서의 수정이나 변경은 적법하게 권한을 위임받은 각 당사자의 대표자가 서명한 서면 합의에 의하지 아니한 경우에는 아무런 효력이 없으며 당사자들을 구속하지 아니한다.
12. <u>준거법.</u> 본 확약서는 대한민국 법률에 따라 해석되고 규율된다. 본 확약서에 기하여 발생하는 모든 분쟁에 대하여는 서울중앙지방법원이 배타적 관할권을 갖는다.
13. <u>손해배상 등</u>. 당사가 본 확약서에서 정한 합의 및 확약 사항을 위반하는 경우에는 귀사의 주주, 매각주간사, 귀사는 각자 당사에 대하여 그와 같은 위반으로 인하여 그들에게 발생하는 일체의 금전적・비금전적 손해 및 합리적인 수준의 변호사 비용을 포함한 모든 비용에 관해 배상을 청구할 수 있고, 그 밖에 당사의 그러한 위반 혹은 위반의 위협에 대한 금지의 청구나 가처분을 할 권리가 있음을 인정한다.
14. <u>기타.</u> 본 확약서는 여기에 정한 사항에 관하여 종전의 모든 협의, 이해 및 서면들에 우선하며, 당사자들 사이의 완전한 합의 및 이해를 구성한다. 본 확약서 상 특정 조항이 집행되지 아니하였더라도, 이는 본 확약서상 어떠한 조건의 포기로도 간주되지 않는다. 본 확약서 상 어느 조항이 무효이거나 집행불가능 하더라도 이는 다른 조항의 효력이나 집행가능성에 영향을 미치지 아니하며, 나머지 조항들은 계속 유효하다.

성명: ________________(인)

3 Term sheet 예시

구분	내용
발행회사	주식회사 ABC
발행상품	사모 전환상환우선주(RCPS)
발행규모	00억원
전환시 주식수	000주(투자 전 유통보통주식수 000주)
기업가치	Pre-Value 000백만원
예상 발행일자	00년 00월 00일
우선주 존속기간	00년
우선배당률	0%
배당의 성격	누적적, 참가적
의결권	보통주로 전환전에는 의결권 없으나, 합병 등 중요한 의사결정 시에는 보통주와 동일하게 1주당 1개의 의결권 있음
조기상환청구권	거래완결일의 다음날부터 0년 이후
YTM/조기상환수익률	0%
전환비율	우선주 1주당 보통주 1주
전환시기	최초 발행일 이후 존속기간 0년의 만료 전일까지
전환가격	000원/주(액면가 000원)
Re-fixing	1) IPO 공모가 Refixing: Min[전환가격, 공모가격의 00%] 2) 일반적인 조정사항 발생 시 전환가격 조정 - 액면분할, 병합, 주식배당, 무상증자, 감자 등의 사유 발생시
기업공개의무	피투자기업은 거래완결일로부터 0년 이내에 유가증권 or 코스닥시장에 상장하도록 노력하여야 함.
Tag along	이해관계인의 주식을 제3자에게 매도 시 동일조건으로 투자자 매도 가능
Exit 방안	• 00년 IPO후 장내매도 • 발행일로부터 0년후 상환청구권 행사 • IPO 이전 Series C 단계 등에서 구주매각

4 양해각서(MOU) 예시[325)]

양해각서

주식회사 A("매수인")와 B 주식회사, B 주식회사의 대주주 및 그 특수관계자(통칭하여 "매도인")는 20□□. □□□. [*]. 본 양해각서를 체결한다.

제1조 지분매매거래

당사자들은 본 양해각서 및 양해각서 이후 체결하고자 하는 지분매매계약에서 정하는 조건과 내용에 따라, B 주식회사("회사")의 지분일부("대상지분")을 매도인이 매수인에게 매도하고, 매수인은 이를 매수하고자 한다("본건 거래").

제2조 매매조건

본건 거래의 대상지분은 회사의 지분 □□%이며, 매매대금은 □□억원(₩□□)으로 하되, 제4조에 따라 조정될 수 있다. 그 밖의 매매조건은 '별첨. 주요 매매조건'에 따른다.

제3조 실사

(1) 매수인은 본 양해각서 체결 후 당사자간의 협의를 통해 확정한 실사 개시일로부터 최대[□□]주 동안 매수인의 임직원, 변호사, 회계사 기타 자문사로 하여금 회사의 자산, 부채 등의 재무 및 경영상황, 기타 회사의 상태를 확인하기 위한 재무, 회계, 세무, 영업 및 법률 등에 대한 실사를 할 수 있다.

(2) 매수인은 위 기간의 연장이 필요할 경우, 매도인과 협의하여 연장할 수 있다. 매도인 또는 회사의 준비 미비로 인하여 실사가 지연되는 경우 지연되는 일수만큼 실사기간은 연장된다.

(3) 매도인은 매수인 또는 매수인이 지정한 자가 실사를 위하여 영업, 재산, 채무, 기타 제반 사항에 관한 자료를 요청하는 경우 협조한다.

(4) 실사기준일은 [20□□년 □월 □□일]로 하며, 실사 개시일 전까지 실사기준일 현재의 재무제표("회사 제시 재무제표")를 작성하여 매수인에게 교부한다.

(5) 매수인은 실사결과를 반영한 실사기준일 현재의 재무제표("실사재무제표")를 작성하여 매도인에게 교부한다.

(6) 매도인과 매수인은 쌍방간의 합의로 실사재무제표를 확정한다("확정 실사재무제표").

325) 양해각서 작성시 고려사항은 "제2장 M&A의 절차"의 "양해각서" 부분 참고

(7) 매도인은, 본 양해각서 체결 후 본 양해각서가 제9조에 따라 실효되거나 회사의 지분매매에 관한 본 계약서("지분매매계약")가 체결되기 전까지 회사가 주요계약을 체결하는 경우 및 회사에 중대한 영향을 미칠 수 있는 상황이나 사실이 발생하는 경우, 즉시 매수인에게 이를 통지하여야 한다.

제4조 매매대금의 조정

실사기준일의 회사 제시 재무제표에 따른 순자산가치("회사 제시 순자산가치")와 확정 실사재무제표에 따른 순자산가치("실사 결과 순자산가치")의 확인 결과, 실사 결과 순자산가치가 회사 제시 순자산가치와 차이가 날 경우, 아래 산식에 따라 매매대금을 조정한다.

*조정후 매매대금 = 조정전 매매대금 + (실사결과 순자산가치 - 회사제시 순자산가치)

제5조 본건 거래의 완결을 위한 선행조건

본건 거래의 완결은 다음 각호의 조건이 모두 성취되는 것을 선결조건으로 한다.

(1) 회사에 대한 매수인의 재무, 회계, 세무, 영업 및 법률 등에 관한 실사가 완료되고 그 결과가 매수인이 만족할 수 있는 수준일 것. 만일 실사에서 중요한 부실 관련 사항이 발견되는 경우 매수인이 만족할 만한 수준의 해결책이 제시, 실행될 것

(2) 당사자들 사이에 구속력 있는 지분매매계약이 상호 합의되고 체결될 것

(3) 본건 거래에 관한 법령상·계약상의 각 당사자의 내부적 수권절차 및 대외적 동의, 승인, 신고 절차 등이 완결될 것

(4) 회사가 통상적인 영업과정에 따라 운영되고, 매도인과 회사 및 본건 거래에 대한 중대한 부정적 변화가 없을 것

(5) 본 양해각서 및 지분매매계약에 정한 사항의 불이행이 없고 또는 매도인과 회사의 진술보증사항이 진실되고 정확할 것

제6조 지분매매계약의 체결

(1) 당사자들은 신의성실의 원칙에 따라 협상을 진행하며, 본 양해각서 체결 후 [□□개월] 이내에 지분매매계약을 체결하기로 한다. 다만 위 기한은 매수인과 매도인의 합의에 의해 연장될 수 있다.

(2) 당사자들은 20□□년 말일까지 본건 거래를 완료하도록 한다.

제7조 비밀유지

(1) 당사자들은 본 양해각서의 존재 및 내용, 향후 협상 진행상황 및 내용, 그와 관련하여 각 당사자들이 상대방으로부터 받은 정보를 제9조에 따른 본 양해각서의 유효기간 및 그 종료일로부터 [□□]년간 비밀로 유지하고 본건 거래 외의 다른 목적을 위하여 사용하지 아니하기로 한다. 다만, 본건 거래의 협상과 이행을 위하여 합리적

으로 필요한 경우 각 당사자 또는 계열회사의 임직원, 재무자문사, 변호사, 공인회계사에게 본 조와 동일한 내용의 비밀유지의무를 준수하도록 하고 해당 정보를 제공하는 경우는 예외로 하고, 또한, (a) 어느 당사자의 본 양해각서의 위반 또는 불이행에 기인하지 않고 공중에 공개된 정보, (b) 본 양해각서와 관련하여 상대방 당사자로부터 수령하기 전에 그 당사자가 이미 가지고 있던 정보, (c) 본조 위반 없이 독자적으로 당사자에 의하여 생성된 정보, 또는 (d) 어느 당사자가 상대방 당사자에 대한 기밀유지 의무를 지지 않는 출처로부터 취득한 정보는 본 조의 적용대상이 되는 비밀정보에서 제외한다.

(2) 본 조 제(1)항의 규정은 법원 기타 정부기관의 구속력 있는 명령이나 법령상 요구되는 경우에는 적용되지 아니한다. 그러나 이 경우에도 공개하려는 당사자는 상대방 당사자에게 위 공개에 대한 의견을 제시하거나 법적 구제수단을 취할 수 있는 적절한 사전 기회를 제공하여야 하며, 그 공개의 범위도 요구되는 최소한도로 제한하여야 한다.

제8조 독점적 협상권

매수인은 본 양해각서의 유효기간 동안 본건 거래 일체와 관련하여 배타적이고 독점적인 협상 권한을 가지며, 매도인은 본건 거래 또는 그와 유사한 거래와 관련하여 매수인을 제외한 제3자와 매매, 교환, 양도, 기타 일체의 처분행위 및 그에 관한 협의, 의향의 타진, 양해각서의 교환 등 일체의 교섭행위를 진행할 수 없다.

제9조 효력

(1) 본 양해각서는 체결한 날부터 효력을 발생하고, (a) 본 계약이 체결되는 때, (b) 본 계약이 체결되지 아니하고 제6조 제1항에서 정한 본 계약 체결 기한이 만료되는 때에 자동 종료된다.

(2) 본 양해각서는 (a) 당사자들이 상호 합의한 때 및 (b) 일방 당사자가 본 양해각서에 정한 사항을 위반하고 시정요구를 받은 날로부터 상당한 기간 내에 이를 치유하거나 시정하지 아니하는 경우 중도 해지될 수 있다.

(3) 본 양해각서 제6조 내지 제8조는 구속력 있는 합의이나, 나머지 조항에 따라 본건 거래를 이행하여야 할 당사자들의 권리의무는 구속력 있는 지분매매 관련 본 계약서가 체결된 때에 비로소 발생한다.

제10조 비용부담

본 양해각서 및 지분매매계약의 체결과 이행, 그리고 본건 거래와 관련하여 각자에게 발생하는 비용은 각자 부담하는 것을 원칙으로 한다.

제11조 기타

(1) 매도인은 본 양해각서 체결 후 통상적인 영업활동의 범위 내에서 회사를 경영하기로 한다.

(2) 본 양해각서는 본건 거래와 관련하여 당사자들 사이에 교환된 이전의 모든 구두상 및 문서상의 내용에 우선한다.

(3) 매수인은 본 양해각서 또는 지분매매계약상의 지위, 권리, 의무의 일부를 매수인의 계열회사 및/또는 매수인이 지정하는 자에게 이전할 수 있다.

(4) 본 양해각서에 대해서는 대한민국 법령이 적용되고, 대한민국 법령에 의하여 해석된다. 본 양해각서와 관련하여 당사자간에 분쟁이 발생할 경우 서울중앙지방법원을 제1심 관할법원으로 하여 이를 해결하기로 한다.

이상의 내용을 증명하기 위하여 본 양해각서 3통을 작성하여 체결하고 각 당사자가 각 1통씩 보관하기로 한다.

별첨: 주요 매매조건

[별첨]

주요 매매조건

1. 대상지분

회사가 발행한 액면가액 1주당 금□□□□원(₩□□□)의 보통주식 □□□주 가운데 회사 지분 □□%.

2. 매매대금

대상지분의 매매대금은 □□억원임(1주당 매매금액은 □□□원).

계약금은 매매대금의 □%를 계약체결일에, 잔금은 주식매매거래 종료일("거래종료일")에 지급한다.

3. 이익배당

4. Call Option

5. Put Option

5 본계약(SPA, DA) 예시

1) 주식양수도 계약서(short-form)

주식양수도 계약서

□(이하 "갑")는 □주식회사(이하 "대상회사")의 발행주식을 □주식회사(이하 "을")에 양도하기 위하여 다음과 같이 양수도 계약을 체결한다.

제1조 (주식양수도의 내용)

본 계약의 목적물 및 주식양수도 조건은 다음과 같다.

- 발행회사: 주식회사 □□□
- 대상 주식수: □주
- 매매 가액: 주당 □원
- 매매 대금 총액: □원

제2조 (주식 인수 및 권리 이전)

대상 주식에 대한 모든 권리는 매도인이 매수인으로부터 매매대금 총액을 지급 받음과 동시에 매수인에게 이전된다. 매도인은 회사로 하여금 주권미발행확인서 및 본 건 주식양수도에 따른 권리 변동이 기재된 주주명부를 매수인에게 교부하도록 하여야 한다.

제3조 (매매 대금의 지급방법 및 시기)

매매 대금은 현금으로 다음과 같이 지급한다.

구분	지급시기	지급액
계약금	계약체결일	총 거래금액의 □%
잔금	□년 □월 □일 (명의개서일)	총 거래금액의 □%

제4조 (매도인의 진술 및 보장)

① 매도인은 본 계약을 체결하고 본 계약에 따른 의무를 이행하는 데에 필요한 권한과 자격을 보유하고 있다.

② 매도인이 본 계약을 체결하고 본 계약에 따른 의무의 이행에 관한 절차를 진행하는 것을 본 계약체결일 현재 대한민국 법률이나 대상회사의 정관에 위반되지 아니하고, 매도인이 당사자인 중요 계약에 위반되는 것이 아니다.

③ 매도인은 본 건 주식을 적법, 유효하게 소유하고 있으며, 대상 주식을 표창하는 주권은 적법, 유효하게 발행되었다. 대상주식에는 제3자의 질권 기타 일체의 담보권이나, 제3자가 대상주식의 양도를 우선적으로 구할 수 있는 권리가 설정되어 있지 아니하다. 또한, 주식양수도일에 매수인이 매도인으로부터 대상주식을 표창하는 주권을 인도받는 경우, 매수인은 본건 주식의 소유자로서 권리 행사를 함에 있어 법률상 또는 사실상의 제한 또는 장애가 존재하지 아니하며, 매수인이 대상 주식에 대한 소유권 및 의결권을 포함한 주주로서의 권리를 행사하는 것이 제한되거나 상실할 위험이 없다.

제5조 (매수인의 진술과 보장)

① 매수인은 본 계약을 체결하고 본 계약에 따른 의무를 이행하는 데에 필요한 권한과 자격을 가지고 있다.

② 매수인이 본 계약을 체결하고 본 계약에 따른 의무를 이행하는 것은 대한민국 법률이나 매수인의 정관에 위반되지 아니하고, 매수인이 당사자로 된 중요한 계약에 위반되는 것이 아니다.

제6조 (양도)

본 계약의 일방 당사자는 상대방 당사자의 사전 서면동의 없이 본 계약 및 본 계약에 따른 권리의무를 제3자에게 양도할 수 없다.

제7조 (계약의 변경 및 해제)

본 계약은 주식양수도일 전까지 다음 각 호의 사유가 발생하는 경우 변경 또는 해제할 수 있다.

① 계약 체결 후 주식양수도일까지 본 계약의 조건과 관련된 사항이 관계 법령과 회계기준에 위배되는 경우, 또는 관계 법령과 회계기준이 변경되는 경우 “갑”과 “을”은 서면합의에 의하여 관계 법령과 회계기준에 적합하게 본 계약을 변경할 수 있다.

② ①항 이외에도 갑과 을이 필요하다고 인정하는 경우에는 상호 합의에 따라 서면으로 본 계약의 내용을 변경할 수 있다.

③ 본 계약 체결일 이후 양 당사자의 합의가 있는 경우, 매수자가 본 계약 제1조 및 제3조에 따른 매매 대금의 지급의무를 정당한 이유 없이 지연하거나 불이행할 경우, 일방이 본 계약상 의무를 위반하고 상대방 당사자로부터 그 시정을 요구 받은 날로부터 □일 이내에 이를 시정하지 않은 경우, 천재지변 또는 대상회사의 경영상태에 중요한 변동(본 계약 제5조 제3항의 사항은 제외한다)이 발생한 경우, 본 계약을 해제할 수 있다. 다만, “갑”과 “을”은 서면 합의에 의하여 본 계약 조건을 변경하여 본 계약을 유지할 수 있다.

제8조 (신의성실)

본 계약의 이행에 있어 매도인과 매수인은 신의성실의 원칙에 입각하여 상호 성실하게 협조한다. 특히, 갑은 대상 주식에 대하여 양도 후 발생할 주식교환, 유무상 증자 등과 같은 주주로서의 모든 권리를 행사할 수 있도록 적극 협력한다.

제9조 (준거법)

본 계약 및 본 계약에 따른 당사자들의 권리의무에 대하여는 대한민국의 법률이 적용되고, 대한민국의 법률에 따라 해석된다.

제10조 (계약의 효력)

본 계약의 효력은 계약 당사자가 기명 날인한 날로부터 발생한다.

제11조 (기타)

본 계약에 명시되지 아니하거나 해석에 관하여 이견이 있는 사항은 계약 당사자가 협의하여 결정하되, 협의되지 아니한 사항은 관계법령 및 일반적인 거래관행 또는 관례에 따른다.

매도인과 매수인은 본 계약의 내용을 증명하기 위하여 본 계약서를 2부 작성하여 각각 서명 날인한 후 각각 1통씩 보관한다.

00년 00월 00일

매도인 (인)

매수인 (인)

2) 주식양수도 계약서(long-form)

주식매매계약

서울특별시 000에 본점을 두고 있는 주식회사 A사(이하 "**매도인**")와 서울특별시 000에 본점을 두고 있는 주식회사 B사(이하 "**매수인**")는 다음과 같이 주식매매계약(이하 "**본 계약**")을 체결한다(이하 매도인과 매수인을 총칭하여 "**당사자들**", 그 각각을 지칭할 때에는 "**당사자**").

전 문

매도인은 ㈜T사(이하 "**대상회사**") 발행의 기명식 보통주식 □주(이하 "**대상주식**")를 보유하고 있는 대상회사의 최대주주이고, 매수인은 대상주식을 매도인으로부터 매수하고자 하는 자이다.

매도인과 매수인은 현재까지 합의된 대상주식의 매매와 관련된 내용 및 조건을 계약서에 명문화하여 법적 구속력을 부여하기 위해 본 계약을 다음과 같이 체결한다.

다 음

제1조 (주식의 매매)

본 계약에서 정해진 제반 조건에 따라, 매도인은 대상주식을 매수인에게 매도하고, 매수인은 이를 매도인으로부터 매수한다.

제2조 (매매대금)

(1) 매수인이 대상주식을 매수하는 대가는 금 □원(이하 "**매매대금**")으로 한다. 매수인은 (i) 본 계약 체결일에 계약금으로 금 □원을, (ii) **제3조 제(1)항**의 거래완결일에 잔금으로 금 □원을 매도인에게 지급한다.

(2) 매수인은 매도인이 지정하는 은행계좌로 현금 또는 즉시 현금화할 수 있는 지급수단으로 본 계약에서 정하는 바에 따라 매도인에게 지급되는 몫을 입금하기로 한다.

제3조 (거래의 완결)

(1) 본건 거래는, (i) 본 계약 **제4조**에 규정된 선행조건이 모두 충족되는 것을 조건으로 00년 00월 00일에, (ii) 위 선행조건의 전부 또는 일부가 00년 00월 00일까지 충족되지 아니하는 경우에는 그 전부가 충족되는 날에, 그 이행을 완결하기로 한다(이하 대상주식의 매매가 완결되는 것을 "**거래완결**", 거래완결이 일어나는 날을 "**거래완결일**").

(2) 매도인은 거래완결일에 매수인에게 다음의 서류를 교부하여야 한다.
가. 대상주식을 표창하는 주권
나. 본 계약의 체결 및 이행을 승인하는 매도인의 이사회의사록 사본
다. 매도인의 법인등기부등본 및 법인인감증명서
라. 대상회사의 이사 및 감사 중 매도인이 지명하여 선임된 이사 및 감사의 사임서, 사임 등기에 필요한 서류

(3) 매수인은 거래완결일에 **제2조**에 따른 매매대금 잔금의 지급과 함께 매도인에게 본 건 거래의 완결을 위해 매도인이 합리적으로 요구하는 서류를 교부하여야 한다.

(4) 본 조 **제**(2)**항** 및 **제**(3)**항**에 따른 매도인과 매수인의 의무는 동시에 이행되어야 한다.

제4조 (선행조건)

(1) 다음의 조건들이 충족되거나 매도인이 그 충족을 면제하는 경우, 매수인은 **제3조**에 따라 거래완결을 할 의무를 부담한다.
가. 본 계약 **제5조**에서 정한 매도인의 진술 및 보장 사항이 거래완결일 현재 중요한 부분에 있어 모두 진실하고 정확할 것
나. 본 계약에서 정한 매도인의 의무 사항을 중요한 점에서 이행하고 준수하였을 것
다. 본 계약에서 달리 정하고 있는 경우를 제외하고, 매도인이 거래완결일 또는 그 이전에 본 계약에 따라 이행하여야 할 의무를 이행하거나 이행의 제공을 하였을 것
라. 본 계약의 체결이나 이행을 제한 또는 금지하거나 본 계약의 조건을 중대하게 변경시키거나 영향을 미치는 법령, 정부 또는 공공기관의 법적 구속력있는 명령, 처분 또는 판결 등이 존재하지 아니할 것
마. 독점규제 및 공정거래에 관한 법률 소정의 기업결합 신고를 비롯하여 거래완결 이전에 득해야 하는 정부기관으로부터의 승인이나 동의, 혹은 정부기관에 대한 신고가 유효하게 수리, 승인 또는 충족될 것

(2) 다음의 조건들이 충족되거나 매수인이 그 충족을 면제하는 경우, 매도인은 **제3조**에 따라 거래완결을 할 의무를 부담한다.
가. 본 계약 **제6조**에서 정한 매수인의 진술 및 보장 사항이 거래완결일 현재 중요한 부분에 있어 모두 진실하고 정확할 것
나. 본 계약에서 정한 매수인의 의무 사항을 중요한 점에서 이행하고 준수하였을 것
다. 본 계약에서 달리 정하고 있는 경우를 제외하고, 매수인이 거래완결일 또는 그 이전에 본 계약에 따라 이행하여야 할 의무를 이행하거나 이행의 제공을 하였을 것
라. 본 계약의 체결이나 이행을 제한 또는 금지하거나 본 계약의 조건을 중대하게 변경시키거나 영향을 미치는 법령, 정부 또는 공공기관의 법적 구속력있는 명령,

처분 또는 판결 등이 존재하지 아니할 것

마. 독점규제 및 공정거래에 관한 법률 소정의 기업결합 신고를 비롯하여 거래완결 이전에 득해야 하는 정부기관으로부터의 승인이나 동의, 혹은 정부기관에 대한 신고가 유효하게 수리, 승인 또는 충족될 것

제5조 (매도인의 진술 및 보증)

매도인은 매수인에 대하여 본 계약 체결일 및 거래완결일 현재 다음 각 항이 진실하다는 점을 진술하고 보증한다.

(1) 매도인은 대상주식의 적법한 소유자이며, 본 계약의 체결 및 이행에 필요한 모든 법률상의 능력과 자격을 가지고 있다.

(2) 매도인은 본 계약의 체결 및 이행에 대해 모든 필요한 내부절차에 따라 적법하게 승인되었다.

(3) 본 계약은 매도인에 의하여 계약체결일 및 거래완결일 현재 적법하게 체결되고 유지되며, 매도인에 대하여 본 계약의 조건들에 따라 집행할 수 있는 유효하고 구속력이 있는 의무를 구성한다.

(4) 본 계약의 체결 및 이행은 매도인의 정관 기타 설립서류에 위반되거나 제3자와의 계약 또는 매도인에게 적용되는 법규 또는 정부승인에 위반되지 아니한다.

(5) 대상주식은 적법하게 발행되었으며 아무런 제한없이 타인에게 양도가능한 주식이다.

(6) 매도인은 대상주식을 질권, 저당권 등의 담보권 또는 계약에 의한 제한없이 소유하고 있으며, 대상주식과 관련한 모든 권리는 아무런 법적 제한없이 거래완결일에 매수인에게 이전된다.

(7) 대상회사는 대한민국 법률에 따라 적법하게 설립되어 유효하게 존속하고 있다.

(8) 대상회사의 수권주식 총수는 기명식 보통주식 □주이고, 발행주식 총수는 □주이다. 대상회사로 하여금 주식 또는 주식으로 교환되거나 전환될 수 있는 증권을 발행하도록 요구할 수 있는 계약 또는 권리는 존재하지 아니한다.

(9) 대상회사는 현재 영위하고 있는 사업을 수행하기 위하여 필요한 인허가, 등록, 신고 등을 모두 취득, 경료하였고 이를 유지하고 있다.

(10) 매도인이 아는 한, 대상회사의 고용계약, 취업규칙은 중요한 점에서 관련 법령에 부합되고, 대상회사는 고용계약, 취업규칙을 중요한 점에서 위반하고 있지 않다.

(11) 대상회사를 상대로 제기되어 계속 중인 소송이나 진행중인 분쟁은 20□□년 □월 □□일 현재 **별첨1**에 기재된 것을 제외하고는 존재하지 아니한다.

제6조 (매수인의 진술 및 보증)

매수인은 매도인에 대하여 본 계약 체결일 및 거래완결일 현재 다음 각항이 진실하다는

점을 진술하고 보증한다.

(1) 매수인은 본 계약의 체결 및 이행에 필요한 모든 법률상의 능력과 자격을 가지고 있다.

(2) 본 계약의 체결 및 이행은 매수인의 모든 필요한 내부절차에 따라 적법하게 승인되었다.

(3) 본 계약은 매수인에 의하여 계약체결일 및 거래완결일 현재 적법하게 체결되고 유지되며, 매수인에 대하여 본 계약의 조건들에 따라 집행할 수 있는 유효하고 구속력이 있는 의무를 구성한다.

(4) 본 계약의 체결 및 이행은 매수인의 정관 기타 설립서류에 위반되거나 매수인이 당사자인 계약 또는 매수인에게 적용되는 법규 또는 정부승인에 위반되지 아니한다.

(5) 매수인은 □법률 제□조에 따른 □업을 경영하는 법인의 주식 소유제한 조건에 해당하지 아니하고, 동 법에 따라 적법하고 유효하게 대상주식을 취득 및 보유할 자격이 있다.

제7조 (거래완결 전 확약사항)

(1) 본 계약의 다른 규정이나 관련 법령에 의하여 예정되거나 요구되는 경우를 제외하고, 매도인은 본 계약의 체결일로부터 거래완결일까지의 기간 동안 대상회사로 하여금 통상의 영업과정에 따라 운영하도록 하여야 한다.

(2) 거래완결 전에 매도인은 매도인의 특수관계인인 대상회사의 등기임원들(단, 매도인이 지명 및/또는 추천하지 아니한 임원은 제외함)로부터 사임서를 징구하여야 한다.

(3) 본 계약 체결일로부터 거래완결일에 이르는 기간 동안 매도인은 직접 또는 간접적으로 대상주식의 매각, 대상회사의 합병, 대상회사의 사업 또는 중요한 자산의 양도를 포함하여 대상회사를 대상으로 하는 일체의 기업결합 거래와 관련하여 매수인 외의 제3자와 논의 또는 협상을 진행할 수 없다.

(4) 매수인은 독점규제 및 공정거래에 관한 법률 소정의 기업결합 신고를 비롯하여 거래완결 이전에 득해야 하는 정부기관으로부터의 승인이나 동의, 혹은 정부기관에 대한 신고가 유효하게 수리, 승인 또는 충족될 수 있도록 관련 법령상의 절차를 성실하게 이행할 것을 약속한다.

제8조 (거래완결 후의 확약 사항)

(1) 고용유지…………

(2) 경업금지…………

(3) 대상회사 임직원 영입 금지…………

(4) 비밀유지………

제9조 (계약의 해제)

(1) 해제의 사유와 방법: 다음 각호의 어느 하나에 해당하는 경우, 각 당사자는 상대방에 대한 서면통지로 본 계약을 해제할 수 있다. 다만, 거래완결일 이후에는 본 계약을 해제 또는 취소할 수 없다.

가. 상대방이 본 계약상의 진술 및 보증사항 또는 의무를 중대한 면에서 위반하여 그 상대방에게 그 시정을 최고하였음에도 그 최고를 받은 날로부터 10 영업일 이내에 상대방 당사자가 시정하지 아니하는 경우. 다만, **제6조 제(5)항** 소정의 진술 사항이 허위이거나 진실이 아니라 하더라도 어떠한 경우에도 이를 이유로 본 계약이 해제될 수는 없다.

나. 매수인이 공정거래위원회에 제출한 기업결합 신고에 대하여 공정거래위원회로부터 본 계약의 체결 및 이행, 그리고 거래완결이 실질적으로 경쟁을 제한하는 행위라는 통지가 있는 경우

다. 상대방이 부도 또는 지급정지되거나 상대방에 대하여 파산이나 회생절차 개시의 신청이 제기된 경우

라. 천재지변, 법령, 정부기관의 조치 기타 불가항력적인 사유로 인하여 본건 계약에 따른 거래의 이행이 불가능해지거나 불법화되는 경우

(2) 해제의 효과: 본 조 **제(1)항** 각호의 사유로 본 계약이 해제되는 경우, 본 계약의효력은 소급적으로 소멸하며 당사자들은 상대방에게 민법 등 관련법률에 따른 원상회복의무를 부담한다. 그리고, 본 조에 따라 본 계약이 해제되는 경우, 당사자는 귀책사유 있는 상대방에게 이로 인하여 입은 모든 손해의 배상을 청구할 수 있다. 다만, 본 조에 따라 본 계약이 해제되는 경우에도 **제10조** 내지 **제14조**는 계속 효력을 유지한다. 당사자들은 거래완결일 이후에는 본 계약을 해제 또는 취소할 수 없다.

제10조 (손해배상 등)

(1) 본 계약에서 달리 규정한 경우를 제외하고, 일방 당사자의 본 계약상 진술 및 보장사항이 허위이거나 그 확약사항과 기타의 의무사항을 위반하여 상대방 당사자가 손해를 입은 경우, 위반 당사자는 상대방이 입은 손해를 배상하여야 한다. 다만, 손해 및/또는 손해액의 입증이 용이하지 아니함을 고려하여 (i) **제2조 제(3)항** 및/또는 **제8조 제(1)항** 내지 **제(5)항** 위반의 경우 매매대금의 □%에 해당하는 금액을 손해배상의 예정으로 합의하고, (ii) **제8조 제(7)항** 위반의 경우 매매대금의 □%에 해당하는 금액을 위약벌로 합의한다.

(2) 진술 및 보장사항의 위반, 혹은 거래완결 전에 이행되어야 하는 확약사항 기타 의무의 위반과 관련된 손해배상의무는 거래완결일로부터 1년째 되는 날에 만료되어 소

멸한다.

(3) 본 계약의 다른 조항들에도 불구하고 매수인은 본 계약 체결일 이전에 존재하던 원인을 바탕으로 대상회사의 운영과 관련하여 매도인의 합리적인 경영상의 판단에 따라 통상적인 사업운영과정에서 발생한 대상회사의 손해 또는 손실에 대해 매도인에게 그 어떤 책임도 묻지 아니하기로 하고, 이와 관련하여 소송의 제기, 기타 일체의 청구나 이의를 제기하지 아니하기로 한다. 또한, 본건 거래의 성사를 위해 매도인에게 자문을 제공한 매도인의 자문기관에 대해서도 매수인은 어떠한 소송, 청구나 이의를 제기하지 아니하기로 한다.

(4) 본 조 **제(1)항** 내지 **제(3)항**에도 불구하고, (i) 매도인이 제공한 대상회사의 20□□년 □□월□□일 기준 재무제표상 계상된 채무, 그리고 (ii) 본 계약 체결 이전에 매도인이 매수인에게 그 존재나 내역을 기(旣) 제공하였거나 진술한 채무, 이외의 채무(조세채무는 제외함. 이하 "**우발채무**")가 발견되어 그 우발채무의 내역 및 금액을 매수인이 매도인에게 본 계약 체결일로부터 6개월 이내에 서면으로 통지하는 경우, 당해 우발채무의 존재가 법적으로 더 이상 다툴 수 없는 단계에서 확정되는 것을 전제로, 매도인은 당해 우발채무 금액의 □%(이하 "**우발채무 손해액**")를 매수인에게 손해배상으로 지급해야 한다. 다만, 매도인과 매수인은 우발채무의 1건당 금액이 금 □원을 초과하는 경우에 한하여 우발채무 손해배상의 대상이 되기로 합의하고 위 금액에 미치지 못하는 우발채무의 경우 매수인은 매도인을 면책하기로 하며, 어떠한 경우에도 본 계약에 따라 매도인이 매수인에게 배상하는 우발채무 손해액의 총 금액은 매매대금의 □%를 넘을 수 없다.

제11조 (통지)

당사자간의 별도의 합의가 없는 한, 본 계약에 따른 모든 통지는 아래 통지처에 서면(인편, 팩시밀리, 등기우편)으로 해야 하며, 이러한 서면은 아래 표시된 담당자에게 실제 도달한 시점(팩시밀리로 통지된 것은 당일에 실제 도달한 것으로 간주된다) 또는 발송 후 3일 경과시점 중 먼저 도래하는 시점에 도달한 것으로 간주한다.

매도인에 대해 통지하는 경우:

매수인에 대해 통지하는 경우:

제12조 (비밀유지)

당사자들은 본 계약의 내용 및 조건에 관하여 비밀을 유지하고 제3자에게 누설하여서는 아니된다. 다만 법령이나 정부의 명령에 의한 경우, 당사자의 합의에 의한 경우에는 그러하지 아니하다.

제13조 (세금 및 기타 비용의 부담)

본 계약의 거래완결 여부와 관계없이 본 계약과 관련하여 각 당사자가 지출한 모든 제세 공과금, 경비와 비용(변호사, 회계사, 자문인, 대리인 및 중개인 수수료를 포함하되 이에 한하지 아니함)은 각자 부담하기로 한다.

제14조 (준거법 및 관할)

본 계약에 따른 당사자간 권리·의무는 대한민국 법률에 의하여 해석되고 규율된다. 본 계약과 관련하여 발생하는 분쟁에 대하여는 서울중앙지방법원에 배타적, 전속적 관할권이 있다.

제15조 (기타)

(1) 본 계약은 당사자들의 완전한 합의를 구성하고 본 계약에서 예정하고 있는 거래와 관련하여 본 계약 체결 전에 이루어진 당사자간 모든 의사표시 또는 서면 또는 구두의 합의에 우선한다.

(2) 본 계약의 수정 또는 변경은 당사자들의 서면동의 또는 서면계약에 의하여만 효력이 발생한다.

(3) 본 계약 또는 본 계약과 관련하여 작성된 서류에 포함된 특정 규정이 관련법에 의해 무효, 불법, 또는 집행할 수 없게 된 경우에도, 그로 인하여 나머지 규정의 유효성, 적법성 및 집행가능성이 어떠한 형태로든 영향을 받거나 침해되지 아니한다.

(4) 본 계약은 수통의 부본으로 작성될 수 있다. 본 계약의 당사자들이 기명날인 또는 서명한 개개의 부본은, 각 경우에 있어서, 모든 목적을 위한 완전한 원본 약정서가 된다.

상기 합의사실을 증명하기 위하여 매도인과 매수인은 본 계약서를 2부 작성하여 각각 1부씩 보관하기로 한다.

20□년 □월 □일

매도인:

매수인:

3) 상환전환우선주 투자 계약서

제#회 기명식 상환전환우선주
투 자 계 약 서

아래의 당사자들은 20□년 □월 □일 다음과 같이 주식회사 □ 상환전환우선주 투자계약서(이하 "본 계약(서)")를 체결한다.

1. 투자자 (이하 "인수인" 또는 "투자자")
   □□ 주식회사 (이하 "인수인" 또는 "투자자")
   :

2. 회사 (이하 "회사" 또는 "발행회사")
   주식회사 □□□
   :

3. 이해관계인 (이하 "이해관계인")
   이름: □□
   :

주식회사 □(이하 "발행회사"라 한다.)는 20□년 □월 □일에 개최한 이사회 결의에 의하여 20□년 □월 □일에 발행하는 권면총액 금 □원(₩□)의 주식회사 □기명식 상환전환우선주식(이하 "본 건 우선주"라 한다.)에 관하여 □ 주식회사를 인수인으로 하여 아래와 같이 인수계약(이하 "본 계약"이라 한다.)을 체결한다.

제1조 계약의 목적

본 계약은 발행회사가 행하는 신주 발행에 인수인이 투자자로 참여함에 있어 당사자 사이에 발생하는 권리의무를 확정하고, 나아가 인수인이 자본참여를 한 후 발행회사의 사업운영에 관한 제반사항을 규정하는 것을 목적으로 한다.

제2조 주식발행 및 인수조건

발행회사는 본 계약에서 정하는 조건과 내용에 따라 "본 건 우선주"를 발행하고 이를 인수인에게 아래와 같이 배정하고 인수인은 이를 인수한다.

1. "회사"가 발행할 주식의 내용은 각 목과 같다.
   가. 발행할 주식의 종류: 종류주식 (기명식 상환전환우선주식)
   나. 발행할 주식의 총수: □□주
   다. 일주의 액면가액: □□원
   라. 일주의 발행가액: □□원
   마. 발행할 주식의 총액: 금 □□원 (₩□□)
2. "인수인"은 본 계약 제10조에 정한 선행조건이 모두 이행되는 경우에 한하여 본 조 1호의 발행할 주식 중 다음 각목와 같은 내용의 기명식 상환전환우선주식을 인수한다.
   가. 인수할 주식의 총수 □□주
   나. 인수의 인수가액: 금 □□원 (₩□□)
   (이하 "발행가액"이라고 하며, 무상증자, 주식분할, 병합등의 사유가 발생한 경우에는 1주당 발행가액은 증자, 분할, 병합등의 비율에 상응하여 조정된다)
   다. 인수할 주식의 총액: 금 □□원 (₩□□)
   라. 주금 납입일(이하 "인수종결일"이라고도 한다): 20□□년 □월 □□일
   마. 투자자에게 배정할 본 건 우선주의 총 수: □□주
3. 발행회사는 본 조에서 정하는 조건과 내용에 따라 본 건 우선주를 발행하고 이를 인수인에게 아래와 같이 배정하고 인수인은 이를 인수한다.

인 수 인	배정주식수 (주)	납입할 총액
□□ 주식회사	□□주	금 □□원 (₩ □□)
합　　계	금 □□원 (₩ □□)	

4. 인수회사는 본 계약 제2조에서 정한 주금납입일에 아래 기재된 주금납입처로 총 인수금액을 납입하는 것을 원칙으로 한다.
5. 주금납입처: □□은행/□□지점, □□, 예금주: (주)□□
6. "발행회사"는 주금납입일에 다음 각목의 서류를 "인수인"에게 교부하여야 한다.
   가. 주식인수대금 납입영수증
   나. 통일규격에 의한 주권 또는 주식미발행확인서
   다. "회사"의 주금 납입일 현재 유효한 정관, 법인등기부등본
   라. "인수인"의 주식인수를 승인하는 "회사"의 이사회의사록 사본(필요할 경우 주주총회의사록 사본) 기타 관련서류
   마. "회사"의 재무제표 등 "인수인"이 요청하는 회계관련자료
   바. 기타 본 계약서상의 주식인수를 적법, 유효하게 하는 것으로서 "인수인"이 요청하는 자료
7. "인수인"이 "회사"에 "본 건 우선주"의 인수대금을 납입한 후 지체 없이 "회사"는

본 조에 따른 신주발행사항에 대하여 변경등기를 경료하여야 한다.

제3조 상환전환우선주식의 내용

본 계약에 따라 발행되는 "본 건 우선주"의 내용은 다음 각 목과 제4조 내지 제8조에서 정하는 바와 같다.

1. 이익배당과 잔여재산분배에 있어 보통주에 대해 우선하는 권리가 있다.
2. 전환조건에 관하여 특별한 정함이 있는 전환주식이다.
3. 상환조건에 관하여 특별한 정함이 있는 상환주식이다.
4. 의결권이 인정되는 주식이다.
5. 상기 각 호와 같은 "본 건 우선주"(상환전환우선주식)의 존속기간은 발행일로부터 □년으로 한다. 그러나, 위 존속기간 중 소정의 배당가능이익이 없어 우선배당을 하지 못하거나 상환청구에도 불구하고 상환을 하지 못하는 경우에는 소정의 우선배당 또는 상환을 완료할 때까지 그 기간이 연장된다.

제4조 의결권에 관한 사항

"본 건 우선주"는 보통 일주와 동일하게 일주당 일 의결권을 가진다. 단, 전환비율의 조정시기에 따라 전환 후 보유하는 보통주 일주당 일 의결권을 갖는다.

제5조 배당금에 관한 사항

1. "본 건 우선주"는 참가적 우선주로서, 발행가액기준으로 매년 최저 연(□)%의 현금배당을 "회사"가 발행하는 모든 다른 우선주식과 보통주에 우선하여 배당하고, 보통주식의 배당률이 "본 건 우선주식"의 배당률을 초과할 경우에는 그 초과분에 대하여 보통주식과 동일한 비율로 참가시켜 배당한다.
2. "본 건 우선주"는 누적적 우선주로서, 당해 사업연도의 "본 건 우선주"에 대한 배당액이 본 조 제1호에 정한 배당률에 따른 배당액에 미달할 때에는 미달하는 배당액(이하 "부족 우선배당액"이라 한다)은 당해 사업연도 이후의 사업연도에 다른 우선주 및 보통주에 우선하여 지급한다.
3. "회사"가 현금배당 대신 주식배당을 실시하는 경우에도 본 조 제1호 내지 제2호과 같은 방법으로 배당하되, "본 건 우선주"에 대하여는 동일한 내용의 우선주의 형태로 주식배당을 한다.
4. 배당결의가 있기 전에 "본 건 우선주"를 보통주로 전환청구한 경우에는, "인수인"은 "회사"에 미지급배당금의 지급청구를 할 수 없다.

제6조 전환에 관한 사항

1. 전환청구권 및 전환의 청구기간: 투자자는 본 주식의 발행일로부터 1개월 되는 날부

터 본 주식의 존속기간 만료일의 전일까지 언제든지 발행회사에 대하여 본 주식을 보통주식으로 전환할 것을 청구할 수 있다. 한편, 본 주식의 존속기간 내에 상환이 완료되지 않고(단, 투자자의 상환청구가 있는 경우를 제외한다) 보통주식으로도 전환되지 아니한 경우 존속기간 만료와 동시에 자동적으로 보통주식으로 전환된다.

2. 전환방법: 발행회사는 전환청구를 받은 경우 본 주식을 보통주식으로 전환하여야 한다. 보통주식의 발행은 투자자가 전환청구를 한 날에 이루어진 것으로 본다.
3. 전환비율 및 전환가격: 본 주식의 보통주식으로의 전환비율은 본 주식 1주당 보통주식 1주로 하고 최초의 전환가격은 발행가액으로 한다. 명확하게 하기 위하여, 제6조 4호의 전환가액 조정이 발생되는 경우 최초 전환가격을 조정된 전환가액으로 나눈 값으로 전환비율을 조정하여 이에 따르기로 한다.
   조정후 전환비율 = 본건 우선주 1주당 취득가액/조정 후 전환가액
4. 전환비율 및 전환가격의 조정[326]: 다음 각 목에 따라 전환비율 및 전환가격을 조정한다.
   가. 발행회사는 투자자가 전환청구를 하기 전에 조정 전 전환가격을 하회하는 발행가격으로 유상증자 또는 주식 관련 사채를 발행할 경우 본건 우선주의 전환조건 및 1주당 전환되는 보통주식의 수를 정하는 전환비율을 다음과 같이 조정한다.

$$\text{전환비율} = \frac{\text{조정 전 전환비율} \times (\text{신주발행 전 주식수} + \text{신주 등 발행주식수})}{(\text{신주발행 전 주식수} + \text{신주 등 발행주식수} \times \text{신주발행가액} / \text{본 주식 발행가격})}$$

   나. 준비금의 자본전입(무상증자), 주식배당 또는 액면분할의 경우에는 다음의 산식에 의해 전환가격을 조정한다.

$$\text{조정후 전환가격} = \frac{\left[\text{조정전 전환가격} \times \text{기발행 주식수}\right]}{\text{기발행 주식수} + \text{신발행 주식수}}$$

   다. 자본의 감소, 합병, 주식액면분할/병합 등에 의하여 전환가격의 조정이 필요한 경우에는 해당 사유 발생일 직전에 본 주식이 전액 보통주로 전환되었더라면 투자자가 가질 수 있었던 보통주 주식수에 상응하는 가치를 보장하는 방법으로 전환가격을 조정한다.
   라. 본 호의 전환가격 조정이 현실적으로 불가능하거나 불합리할 경우 투자자는 제7조에서 정한 상환기간에도 불구하고 발행회사 및 보증회사와 협의 하에 상환을 청구할 수 있다.
   마. 발행회사가 제19조에 따라 IPO를 성공하는 경우 IPO 직전 전환가격이 확정공모가액의 □%에 해당하는 가액을 초과할 경우에는 확정공모가액의 □%에 해당하

326) 증권의 발행 및 공시 등에 관한 규정의 개정으로 시가 하락에 따른 하향조정이 가능한 사모발행 전환사채에 대해서는 주가가 다시 상승할 경우 최소 전환가액 범위 내에서 전환가격을 상향조정하도록 하였으므로 이

는 가액으로 전환가격을 조정하며, 이와 반대로 IPO 직전 전환가격이 확정공모가액의 □%에 해당하는 가액 이하인 경우에는 전환가격을 조정하지 않는다.

바. 발행회사가 다른 회사와의 합병을 통하여 상장에 성공하는 경우 상장 직전 전환가격이 상장 신주의 발행가액의 □%에 해당하는 가액을 초과할 경우에는 상장 신주 발행가액의 □%에 해당하는 가액으로 전환가격을 조정하며, 이와 반대로 상장 직전 전환가격이 상장 신주의 발행가액의 □%에 해당하는 가액 이하인 경우에는 전환가격을 조정하지 않는다.

사. 발행회사가 IPO를 할 경우, 상장후 3개월이 되는 날 및 그 이후 매 3개월이 되는 날을 전환가격 조정일로 하고, 본 건 우선주의 전환가격을 조정하되 각 전환가격 조정일 전일을 기산일로 하여 그 기신일로부터 소급하여 산정한 1개월 가중산술평균주가, 1주일 가중산술평균주가 및 최근일 가중산술평균주가를 산술평균한 가액과 최근일 가중산술평균주가 중 높은 가액이 해당 조정일 직전일 현재의 전환가격보다 낮은 경우 동 낮은 가액을 새로운 전환가격으로 한다. 단, 위와 같이 산출된 전환가격이 발행 당시 전환가격(조정일 전에 신주의 할인발행 등 또는 감자 등의 사유로 전환가격을 이미 하향 또는 상향 조정한 경우에는 이를 감안하여 산정한 가액)의 □%에 미달하는 경우에는 발행 당시 전환가격의 □%에 해당하는 가액을 새로운 전환가격으로 본다.

아. 발행회사가 IPO를 한 후, 발행회사가 본 사채 발행 이후 시가를 하회하는 발행가액으로 유상증자, 주식배당 및 준비금의 자본전입 등을 함으로써 주식을 발행하거나 또는 시가를 하회하는 전환가액 또는 행사가액으로 전환사채 또는 신주인수권부사채를 발행하는 경우에는 아래와 같이 전환가액을 조정한다. 전환가액의 조정일은 유상증자, 주식배당, 준비금의 자본전입 등으로 인한 신주발행일 또는 전환사채 및 신주인수권부사채의 발행일로 한다.

$$\text{조정후 전환가격} = \text{조정전 전환가격} \times \left\{ \frac{\text{기발행 주식수} + \left[\text{신발행 주식수} \times \dfrac{\text{1주당 발행가액}}{\text{시가}} \right]}{\text{기발행 주식수} + \text{신발행 주식수}} \right\}$$

다만, 위 산식 중 "기발행주식수"는 당해 조정사유가 발생하기 직전일 현재 "발행회사"의 발행주식 총수로 하며, 전환사채 또는 신주인수권부사채를 발행한 경우 "신발행주식수"는 당해 사채 발행의 전환(행사)가액으로 전부 전환(행사)될 경우 발행될 주식의 수로 한다. 또한 "1주당 발행가격"은 주식분할, 무상증자, 주식배당 및 준비금의 자본전입의 경우에는 영(0)으로 하고, 전환사채 또는 신수인수권부사채를 발행할 경우에는 당해 발행가액 산정 기준이 되는 『자본시장과 금융투자업에 관한 법률』 및 『증권의 발행 및 공시 등에 관한 규정』에 의한 기준주가 또는 이론적 권리락 주가(유상증자 이외의 경우에는 조정사유 발생 전일을 기산일로 계산한 기준주가)로 하고, 비상장 법인으로서 주식공모를 한 경우에는 그 공모가액으로 하되 공모를 하지 않았을 경우에는 당해 조정사유 발생일 직전의 본건 사채의 전환가액을 "시가"로 한다.

5. 전환청구권 행사로 발생하게 되는 단주는 그 단수에 상응하는 금원을 현금으로 지급하기로 한다.
6. 전환주식의 발행, 전환의 청구, 기타 전환에 관한 사항은 상법 제346조 내지 제351조의 규정을 따른다. 다만, 전환청구권을 행사한 우선주식 및 전환으로 발행된 보통주식의 배당에 관하여는 보통주식으로 전환된 영업연도의 직전 영업 연도 말에 전환 또는 발행된 것으로 본다.
7. "회사"는 전환가격 조정 사유가 발생하는 경우 조정사유 및 조정된 전환가격을 "인수인"에게 통지하여야 한다. "회사"는 "인수인"이 서면으로 요청하는 경우 (i) 전환가격의 조정, (ii) 당시의 전환가격 및 발행가액과 (iii) 전환권 행사로 받을 보통주식 수를 확인하는 확인서를 교부하기로 한다.
8. "회사"는 "본건 우선주"가 현존하는 동안 유효한 전환을 보장하기 위하여 미발행 수권주식수가 "본건 우선주"의 전환에 충분하도록 유지하여야 한다.

제7조 상환에 관한 사항

1. "투자자"는 "회사"에 대하여 다음과 같이 상환 청구한 경우에, "회사"는 청구일로부터 1개월 이내에 현금으로 상환하여야 한다.
   가. 상환기간: 발행일로부터 2년이 경과한 때부터. 다만, 제23조 제1호의 사유가 발생하는 경우에는 "투자자"는 상환기간이 도래하기 전이라도 상환청구할 수 있다.
   나. 상환방법: "투자자"는 "회사"에게 상환청구의사 및 상환일정을 서면으로 통지한다.
   다. 상환가액: "본 건 우선주"의 "당초 발행가액"과 동금액에 대하여 발행일로부터 상환일까지 연복리 □%(단, 상환시점에 발행회사가 상장되어 있지 않은 경우에는 연복리 □%)를 적용하여 산출한 금액의 합계액으로 함. 이때, "본 건 우선주"에 대해 배당금이 지급되었다면 이를 상환가액에서 차감한다.
2. "회사" 및 "이해관계인"은 이익잉여금 처분 시 법정준비금을 제외한 배당가능이익의 범위내에서 상환주식에 대한 상환준비금을 최대한 최우선적으로 적립할 수 있도록 필요한 조치를 취하여야 하며, "이해관계인"은 관련절차에서 그에 따른 의결권을 행사하여야 한다.

제8조 신주인수권에 관한 사항

1. "본 건 우선주"에 관한 신주인수권의 내용은 본 조에서 정하는 바와 같다.

2. "본건 우선주"에는 유・무상증자의 경우 같은 종류의 주식을 배정받을 권리가 부속된다. "인수인"이 유상증자에 참여하여 신주를 인수하는 경우, 인수한 신주에 대하여 본 계약을 준용한 별도의 계약을 체결하여야 한다.

제9조 "인수인"의 진술 및 보증

"인수인"은 "회사"에 본 계약서의 체결일자로부터 인수종결일까지 제11조 기재 사항을 진술하고 보증한다.

제10조 인수종결의 선행조건

인수인은 다음 각 호의 조건이 충족된 경우에만 본 건 우선주를 인수하고 그에 따른 인수 대금을 지급할 의무가 있다.

1. 본 계약서 일자로부터 발행회사 또는 그 자회사의(재무 혹은 기타) 상황이나 일반적인 업무가 본 건 우선주의 발행으로 인하여 중대하게 불리한 상태로 변경되거나 불리한 변경을 수반할 것으로 합리적으로 예상되는 어떠한 사건도 존재하지 아니할 것
2. 본 계약에서 발행회사 및 이해관계인이 제공한 진술 및 보장은 본 계약일 현재 및 동 진술 및 보장이 행해진 것으로 간주되는 각 일자에 진실되고 정확하며, 위 진술 및 보장은 납입일 당시 존재하는 사실 및 상황에 대하여 진실되고 정확할 것
3. 납입일 현재 발행회사의 경영이나 재무상태에 중대한 악영향을 미칠 수 있는 변동이 없을 것
4. 납입일 현재 발행회사의 본 계약상 의무의 불이행이 없을 것
5. 납입일 현재 발행회사의 정관 및 이사회의사록 기타 인수인이 합리적으로 필요하다고 판단하여 요구하는 서류들이 인수인이 만족하는 내용과 형식으로 작성, 제출되어 있을 것

제11조 발행회사 및 이해관계인의 진술 및 보장

1. 발행회사 및 이해관계인은 본 계약과 관련하여 다음과 같이 진술하고, 진술의 내용은 본 계약 체결일 현재뿐만 아니라 본 건 우선주 인수에 따르는 납입기일 및 발행일 현재에도 모두 진실하고 정확함을 보증한다.
   가. 발행회사는 대한민국의 법률에 따라 적법하게 설립되어 유효하게 존속 중인 회사로서 회사의 자산을 적법하게 소유하고 회사의 운영에 필요한 제반 인허가를 취득하여 상법 등 관계법령 및 정상적인 상관행에 따라 회사의 사업을 영위하고 있으며, 청산, 파산, 회사정리, 지급불능, 지급유예 및 기타 주주 및 채권자의 권리에 부정적 영향을 미치는 사실관계에 놓여 있거나 개시되려고 하는 상태에 있지 아니하다.
   나. 발행회사는 본 계약의 체결에 따른 의무를 이행하는 데 필요한 법률적 및 사실적인 모든 권한을 가지고 있다.

다. 본 계약에 의한 발행회사의 의무는 관계법령 및 발행회사의 정관에 반하지 않는 적법·유효한 것으로서 집행 가능한 법적 의무이다.

라. 본 계약 체결일을 기준으로 발행회사의 주식, 특수사채, 주식매수선택권, 기타 회사의 지배구조에 영향을 줄 수 있는 제반 권리의 내용의 현황은 인수인에게 제공한 바와 같고, 그 이외의 사항은 존재하지 아니한다.

마. 발행회사는 설립 이후 본 계약의 체결일 현재까지 증권의 발행에 있어서 가장납입을 한 사실은 전혀 없다.

바. 발행회사의 사업에 중요한 영향을 미치는 것으로서 본 계약 체결일 현재 인수인에게 제공된 사실 이외에는 진행되고 있는 행정절차, 소송절차, 클레임 및 기타 이에 준하는 절차는 전혀 없다.

사. 발행회사가 인수인에게 제공한 발행회사의 재무제표 및 회계서류 일체는 한국에서 통용되는 기업회계기준을 포함하여 일반적으로 인정되는 회계원칙 및 관행에 따라 작성된 것으로서 발행회사의 재무상태를 충실하게 반영하고 있다.

아. 발행회사가 인수인에게 제공한 부외 부채 관련 사항 및 재무제표에 드러난 사항을 제외하고는 발행회사가 본 계약 체결일 현재 부담하고 있는 법적 의무는 존재하지 아니한다.

자. 발행회사는 사업의 영위를 위하여 현재 사용하고 있거나 장차 사용이 필요한 특허권, 실용신안권, 의장권, 상표권, 저작권 등의 지적재산권에 관하여 적법한 권리를 보유하고 있고, 제3자에 의하여 권리를 제한받지 아니하고 있으며, 나아가 발행회사가 가지고 있는 지적재산권이 제3자의 권리를 침해하고 있지도 아니하다.

차. 발행회사는 국세·지방세 등 모든 종류의 세금, 의료보험·국민연금·고용보험·산재보험 등 모든 종류의 강제보험료의 납부의무를 성실히 이행하고 있고, 계약 체결일 현재 체납된 세금 및 보험료는 없다.

카. 발행회사는 업무의 내용, 시설, 자산, 임차물 및 장비 등과 관련하여 환경 및 노동관계 법령을 준수하였다.

타. 발행회사가 인수인에게 제공한 사업계획서 등 일체의 자료는 진실 되고 거짓이 없으며, 인수인의 합리적인 투자결정시 요구되는 모든 정보를 담고 있다.

파. 발행회사는 인수인에게 별도 고지한 내용 이외에 제3의 법인과 직·간접적으로 경영상의 지배·피지배 관계 또는 이와 유사한 관계를 형성하고 있지 아니하다.

하. 발행회사는 인수인에게 별도 고지한 내용 이외에 주주·이사·감사·직원 및 그 관계인과의 거래관계를 맺고 있지 아니하다.

거. 발행회사는 전·현직 임직원이 업무수행의 과정에서 취득하였거나 취득하게 되는 특허권, 실용신안권, 의장권, 상표권, 저작권과 같은 지적재산권 및 기타 이에 준하는 노하우가 발행회사에 귀속되도록 하기 위하여 필요한 약정을 체결하여 두고 있다.

너. 발행회사는 본 계약 체결 이전에 발생한 공시사항에 대해서는 모두 적법한 절차를 거쳐 공시하였으므로 향후 불성실 공시로 코스닥시장에서의 퇴출, 매매거래정지를 포함한 어떠한 제재를 받을 만한 사유가 존재하지 아니한다.

더. 회사의 발행주식은 본 계약의 체결일을 기준으로 주당 액면가가 금 [□□□원]인 보통주 [□□□]주이고, 우선주 [□□]주이다. 그 이외의 발행 주식은 존재하지 아니한다. 주주별 지분율, 전환사채 발행내역, 신주인수권부사채, 주식매수선택권, 주식배당, 기타 장래 회사의 지배구조에 영향을 줄 수 있는 제반 권리의 주요 내용 및 주식매수선택권 부여내역은 아래 주식 등의 현황 기재와 같으며 아래 기재 사항 이외에 회사의 주식 지분율 기타 장래 회사의 지배구조에 영향을 줄 수 있는 어떠한 사항도 없다.

주주별 소유 주식수

주주명	주식수	지분율(%)	기타(담보권설정여부, 최대주주 및 그 특수관계인 여부)
계			

전환사채

회수	총 발행가액	미 전환금액	전환가액	전환기간

신주인수권부사채

회수	총 발행가액	미 행사금액	행사가액	행사기간

주식매수선택권

부여받은 자	주식수	행사가액	행사기간	행사방법
계				

2. 위 제1호의 진술 사항들은 본 계약의 중요한 내용을 이루는 것으로서 이러한 사항이 허위 이거나 부정확한 경우 발행회사는 이로 인하여 인수인이 입게 되는 모든 손해, 손실 및 비용을 배상 또는 보상하여야 한다.

3. 발행회사는 위 제1호의 진술 사항에 영향을 미칠 사유가 발생하는 경우에는 즉시 인수인 에게 그 사유를 서면으로 통지하여야 하고, 인수인의 요청에 따라 적절한 대응조치를 취하여야 할 의무를 부담한다. 본 호의 의무를 이행하지 아니한 효과는 위 제2호와 같다.

제12조 주식매수선택권에 관한 사항

1. "발행회사"는 "인수인"의 사전 서면동의 없이 "발행회사"의 임, 직원 기타 제3자에게 주식매수선택권(STOCK OPTION)을 총발행주식수의 0%를 초과하여 부여할 수 없다.
2. 상장 이후, "발행회사"는 "인수인"의 서면동의 없이 주식매수선택권(STOCK OPTION)의 행사가격을 자본시장과 금융투자업에 관한 법률시행령 제176조의7 제2항의 규정을 준용하여 산정된 주식가치 이하로 정할 수 없다.
3. 비상장시, 상속세 및 증여세법상 회계법인이 평가한 가격 이내인 경우에는 "인수인"과 협의를 해야 한다.

제13조 "이해관계인"의 책임

1. "이해관계인"은 본 계약 제11조의 진술 및 보증사항의 진정함을 확인하고 본 계약상 "회사"의 의무를 연대하여 책임지며, "이해관계인" 본인도 "회사"의 본 계약상 의무이행을 위하여 그에 부합하는 이사회 및 주주총회의 의결권 행사등 이를 성실하게 이행하여야 한다.
2. 본 계약상 의무이행자로 "발행회사"외에 "이해관계인"이 별도로 명시되지 않은 경우에도 "이해관계인"의 본 조 제1호의 의무가 면제되는 것은 아니다.

제14조 인수종결일전 계약의 해제

1. 다음 각 목의 1에 해당하는 경우에 본 계약은 해제된다.
   가. 당사자 상호간의 합의
   나. "인수인"이 본 계약서에 포함된 진술, 보증이나 약정을 중대하게 위반하고, 이에 따라 "발행회사"가 해제권을 행사하는 경우
   다. "발행회사"가 본 계약서에 포함된 진술, 보증이나 약정, "인수인"에게 제출한 사업계획서상의 기재사항을 중대하게 위반하고, 이에 따라 "인수인"이 해제권을 행사하는 경우
   라. 당사자가 합리적으로 통제할 수 없는 불가항력적 사유 등으로 인하여 인수의 종결이 20□□. □.□까지 이루어지지 아니하고, 이에 따라 "인수인"이 해제권을 행사하는 경우
2. 본 조 제1호에 의하여 본 계약서가 해제되는 경우, 해제의 효력발생일로부터 본 계약서는 즉시 효력을 상실한다. 다만, 본 계약 해제일 이전에 발생한 손해배상책임이나 채무에는 영향을 미치지 않는다.

제15조 투자금의 용도제한 등

1. 발행회사는 인수인으로부터 본 건 우선주의 발행을 통해 조달한 납입대금을 □□자금으로 사용하여야 한다. 만약 발행회사가 그 외 용도를 변경하여 사용하고자 하는 경우에는 인수인으로부터 사전의 서면동의를 얻어야 한다.
2. 발행회사는 인수인으로부터 본 건 우선주의 발행을 통해 조달한 납입대금을 상기 제1호에 기재된 용도로 집행완료하기 전에 본 건 우선주의 발행을 통해 조달한 납입대금을 제3자에게 자금의 대여 또는 제3자의 주식을 매입하여서는 아니된다. 다만, 발행회사가 본 건 우선주의 발행을 통해 조달한 납입대금으로 제3자에게 자금대여 또는 제3자의 주식을 매입하고자 하는 경우에는 인수인으로부터 사전의 서면동의를 얻어야 한다.
3. 만일 발행회사가 상기 제1호 및 제2호에 따른 행위를 이행하지 아니할 경우 인수인은 제3조에도 불구하고, 발행회사에 상환청구권을 행사할 수 있으며, 발행회사는 조기상환금액(원금에 기간경과이자를 가산한 금액)에 부가하여 위약벌로써 인수인이 보유한 본 건 우선주의 발행금액의 □%에 해당하는 금액을 인수인에게 지급하여야 한다.
4. 발행회사는 인수인으로부터 본 건 우선주의 발행을 통해 조달된 자금의 사용기록부를 작성・비치하고, 인수인의 열람 및 등사의 요구가 있을 때에는 언제든지 이에 응하여야 한다.
5. 발행회사는 인수인이 필요하다고 판단하는 경우 인수인으로부터 본 건 우선주의 납입일로부터 1년 이내(또는 1년이 경과한 날 또는 납입금의 소진을 완료한 것으로 파악된 날 중 먼저 도래하는 날로부터 30일 이내)에 납입금의 사용내역 및 상기 제2호의 거래유무의 확인을 위해 '투자자'가 지명하는 회계법인을 통한 실사를 받아야 하며, 실사는 투자금의 사용내역 및 상기 제2호의 거래유무의 확인에 한정한다. 이에 소요되는 비용은 실사를 요청한 인수인이 부담한다.

제16조 특약사항

발행회사는 본 건 우선주의 상환이 완료되기 전까지 다음 사항을 준수할 것을 약정한다. 본 조에서 자본금은 자본금 증감에 관한 결정 직전의 자본금(액면금액×발행주식수)으로 한다. 자기자본은 최근 사업연도말 별도 재무제표를 기준으로 최근 사업연도말 경과 후 신고 또는 공시사유 발생일까지의 자본금 및 자본잉여금의 증감액을 반영한 금액을 말하며, 최근 사업연도말 경과 후 상법 제522조, 제527조의2, 제527조의3에서 규정한 사실이 있는 때에는 당해 효력발생일의 별도 재무제표상 자기자본을 말한다.

1. 발행회사는 다음의 사항에 관하여 0영업일 이전에 인수자에게 서면으로 통지한 뒤 각 사항의 시행일의 전일까지 인수자로부터 서면동의를 얻어야 한다.
   가. 대표이사의 변경

나. 발행회사의 경영에 참여하는 대주주가 변경될 경우(단, 특수관계인 간의 변동은 제외한다)
다. 발행회사가 직전년도 재무제표상 총자산의 00/100 이상(발행일 이후 누적적으로 적용)에 해당하는 인수, 합병, 분할, 분할합병, 주식의 포괄적 교환 또는 이전, 영업의 양도, 영업의 양수와 감자 발생시 또한 경영임대차, 위탁경영 기타 회사조직의 근본적인 변경
라. 직전년도 재무제표상 총자산의 00/100 이상(발행일 이후 누적적으로 적용)에 해당하는 관계회사 또는 합작회사의 신설 및 기타 제3자에 대한 주식인수, 사채인수 등을 포함한 투자, 융자, 보증 또는 담보제공
마. 본 계약 체결일 당시 사업계획에 명시한 것과 현저히 다른 사업에 착수하거나, 사업의 전부 또는 일부의 중단, 포기
바. 중요자산의 처분(영업과 밀접한 관련 있는 유・무형자산 및 직전년도 재무제표상 총자산의 00/100 이상에 해당하는 자산, 발행일 이후 누적적으로 적용)
사. 중요채무의 부담(직전년도 재무제표상 총자산의 00/100 이상에 해당하는 부채)
아. 발행회사가 직전년도 재무제표상 총자산의 00/100 이상(발행일 이후 누적적으로 적용)에 해당하는 자회사의 설립, 합자회사의 설립 등 기업가치에 분산 결과를 초래하는 행위를 하는 경우(단, 발행회사의 100% 자회사인 경우 예외로 한다)

2. 발행회사는 다음의 사항에 관하여 인수자에게 서면으로 통지하여야 한다. 다만, 발행회사가 금융감독원 및 한국거래소의 공시서류를 제출한 경우 이에 갈음한다.
가. 주주총회의 안건
나. 이사회의 안건
다. 중요자산의 취득
라. 자산재평가
마. 기타 채무의 부담
바. 외부감사인의 선정
사. 이해관계인의 특수관계인 및 임원의 지분변동

3. 발행회사는 다음의 사항이 발생하거나 그에 관한 서면을 작성하는 경우 인수자의 요청이 없더라도 그 사유의 발생일로부터 2주 이내에 인수자에게 이를 서면으로 보고하여야 한다. 다만, 발행회사가 금융감독원 및 한국거래소의 공시서류를 제출한 경우 그 제출 사실을 인수자에게 통지함으로써 이에 갈음한다.
가. 매 영업연도별 사업계획서, 재무제표, 감사보고서 및 분기・반기보고서의 작성
나. 중요 손해의 발생(직전년도 재무제표상 총자산의 00/100 이상의 가액에 해당하는 손해)
다. '발행회사'가 발행・배서・보증한 어음이나 수표의 부도

라. 금융기관과의 거래 정지
마. 정부 및 준정부기관에 의한 행정적 제재
바. 중요한 사업계획의 변경
사. 중요한 소송 등 분쟁의 진행과정
아. 등기사항의 변동 및 임원 및 이해관계인의 신상 변동
자. 주요주주의 변동(단, 보유주식의 00%를 초과한 변동에 한하며, 발행일 이후 누적적으로 적용)
차. 기술인력의 채용 및 퇴직 상황
카. 기타 투자자가 요청하는 사항

4. 인수자는 발행회사의 경영에 대한 외부감사인의 감사 결과 또는 인수자의 감사 결과에 따라 발행회사에 일정한 기간을 정하여 그 시정을 요청할 수 있다. 이 경우 발행회사는 시정을 요구받은 사항에 대해 정하여진 일정한 기간 내에 시정 조치를 이행하고 그 결과를 인수자에게 서면으로 통지하여야 한다.
5. “인수인”의 투자 이후 “발행회사”가 자기자본의 [□]%를 초과하는 유상증자, 특수사채(전환사채, 신주인수권부사채를 포함하는 자본의 변동을 가져오는 모든 사채) 및 옵션 등을 발행하는 경우 또는 “발행회사”의 임직원에게 주식매수선택권을 부여하는 경우(단, 주식매수선택권은 기발행주식수의 00%를 초과하여 부여할 수 없다.) 사전에 서면으로 동의를 받아야 한다.

제17조 자료 제출의 의무

발행회사는 본 건 우선주의 원리금이 상환될 때까지 인수인의 요구가 있을 때에는 언제든지 재무제표의 열람 또는 제출의 요구에 응하여야 하나, 공시서류를 제출한 경우에는 이에 갈음한다.

제18조 통지의무

인수종결 전후를 불문하고, “회사” 및 “이해관계인”은 “회사” 또는 “이해관계인”에게 다음 각 호의 어느 하나의 사유가 발생하는 경우 즉시 해당 사실을 인수인에게 통지하여야 한다.

1. 본 계약에 기재된 진술 및 보장, 확약 또는 합의사항에 위반이 발생하는 경우
2. 어음교환소의 거래정지 처분이 있는 경우
3. 청산, 회생절차, 파산절차, 부실징후기업 인정 및 그와 유사한 절차(기업개선작업, 채권금융기관의 퇴출결정 등을 포함)의 개시신청이 있는 경우
4. 발행회사의 재산에 대하여 압류명령 또는 체납처분 압류통지가 발송된 때 또는 기타의 방법에 의한 강제집행개시의 신청이 있거나 체납처분의 착수가 있는 경우
5. 제세공과금에 대하여 국세징수법 제14조 제2항에 따른 납기전 납부고지를 받은 경우

6. 지급불능 상태인 것으로 확인되는 경우
7. 기타 발행회사 또는 "이해관계인"에게 중대하게 부정적인 영향을 미칠 만한 사유가 발생한 경우

제19조 공개의무

1. 발행회사는 인수인과 협의를 거쳐 양자가 합의하는 적절한 시기에 유가증권시장, 코스닥시장 또는 코넥스시장에 발행회사의 주식을 상장하도록 노력한다. 발행회사는 위 기간 내의 가능한 한 빠른 시일내에 주식의 상장에 필요한 관계법령 및 한국거래소 규정상의 요건을 갖추어야 한다. 발행회사가 한국거래소 상장심사요건중 자기자본, 매출액, 기준시가총액등 외형적 요건을 갖추었음에도 불구하고 특별한 사정 없이 유가증권시장, 코스닥시장, 코넥스시장에 기업공개를 시행하지 않는 경우, "인수인"은 "회사"에 대하여 기업공개를 서면으로 요청할 수 있으며, 본 호에 따라 지분의 처분을 위하여 발행회사 IR자료를 요청하는 경우 발행회사는 이에 응할 의무가 있다.

제20조 경업금지

1. "회사" 및 "이해관계인"은 "인수인"의 사전 서면 동의 없이는 현재 회사 또는 "이해관계인"이 보유하고 있는 기술 및 향후 개발하거나 도입하는 기술의 일부 또는 전부에 관한 사업을 내용으로 하는 신회사 설립, 경쟁사 주식취득 또는 기술자문, 개인사업의 창업 등 "회사"의 이해관계에 배치되거나 "회사"와 경쟁하는 일제의 행위를 할 수 없다.
2. "이해관계인"의 본 조 제1호의 의무는 "인수인"이 "본건 우선주"의 일부라도 보유하고 있는 동안은 "이해관계인"이 보유주식을 전부 처분하거나 "회사"에서 퇴사한 시점으로부터 0년간 유효하다.

제21조 "이해관계인" 보유 주식 처분

1. 지분보유의무: "이해관계인"은 본 계약에서 달리 정한 경우를 제외하고는 자신이 보유하고 있는 "회사" 발행 주식 중 □% 이상(발행일 이후 누적적으로 적용)을 양도, 담보제공 기타 처분(이하 "처분"이라고 함)하고자 하는 경우에는, "인수인"의 사전 서면동의를 얻어야 한다. 다만, "회사"가 기업공개에 성공한 경우에는 그러하지 아니하다.
2. 절차
   가. "이해관계인"은 자신이 보유하고 있는 "회사"발행주식을 양도, 담보제공 기타 처분하고자 하는 경우에는 처분예정일로부터 [30]일 이내에 "인수인"에게 처분하고자 하는 주식수, 처분가격, 처분예정일 기타 처분조건과 처분상대방등 상세한 처분예정내용을 통지하여야 한다.
   나. "인수인"은 위 통지를 수령한 날로부터 [30]일 이내에 예정된 처분에 대하여 동의 여부를 표시하는 내용의 통지를 발송하여야 한다. "인수인"이 별도의 의사표시를

위 기간내에 하지 않는 경우에는 예정된 처분내용에 대하여 거절한 것으로 본다.

3. 처분조건: "이해관계인"이 "인수인"으로부터 처분에 대하여 동의를 받은 경우에는 본 조 제2호에 기해 통지된 내용과 동일한 조건으로 처분하여야 하며 "이해관계인" 보유 주식을 지분 50% 초과하여 처분하는 경우 양수하는 제3자로 하여금 "이해관계인"의 권리의무를 승계하는 것을 조건으로 하여야 한다.

제22조 공동매도권에 대한 사항

1. 발행회사의 최대주주가 경영권 양도를 수반하는 지분 매각을 진행 시 투자자에 서면으로 통지를 해야 한다. 또한, 투자자는 해당 지분 매각과 동일한 조건으로 투자자가 보유하고 있는 지분의 공동 처분을 요구할 수 있는 권리를 가진다. 투자자가 본 조에 의한 공동매도권을 행사하고자 하는 경우, 투자자는 서면 통지를 받은 날로부터 30일 이내에 최대주주에게 공동매도권 행사 여부, 공동매도권을 행사하기로 선택한 경우 공동 매도하고자 하는 지분의 종류와 수량을 서면으로 통지해야 한다. 최대주주는 투자자가 지분의 공동 매도를 요청하는 경우 공동매도의 실행을 위해 필요한 조치를 다 하여야 한다.
2. 투자자가 본 조에 따른 공동매도권을 행사하는 경우, 지분양수예정자가 최대주주 및 투자자로부터 최대주주와 투자자의 지분 비율에 따라 지분을 양수하지 않는 한, 최대주주는 보유 주식을 처분할 수 없다.

제23조 주식매수청구권등

1. "인수인"은 다음 각 목의 사항이 발생한 경우에는 "이해관계인"에 대하여 "인수인"이 당시 보유하고 있는 "회사" 발행 주식(주주배정 증자시 인수한 주식, 전환권을 행사하여 취득한 보통주를 포함함) 전부 또는 일부를 매수할 것을 청구할 수 있는 권리(이하 "주식매수청구권"이라고 함)를 가진다.
   가. 회사 또는 "이해관계인"이 본 계약에서 정한 의무를 위반한 경우
   나. 진술과 보장이 허위 또는 부정확하였다는 것이 사후적으로 밝혀지거나 "회사"가 본계약에 따라 제출한 서류가 허위이거나 인수인의 투자의사결정과 관계되는 중요한 자료를 누락 또는 은폐시킨 경우
   다. "인수인"의 사전 서면 동의 없이 "인수인"이 본 계약에 기해 지급한 인수대금을 본 계약 제15조 제1호에 정한 용도외로 사용하거나 제3자에 대한 자금대여 또는 제3자의 주식 매수를 위하여 사용한 경우
   라. "회사" 또는 "이해관계인"이 거래완결 후 상법 또는 자본시장과 금융투자업에 관한 법률 등의 제반 법규를 위반하여 본 계약의 내용을 이행할 수 없는 경우
   마. 주금의 가장납입 등 명목여하를 불문하고 회사가 중요자산을 사업목적 외의 용도

에 사용하거나 유출시킨 경우

바. 청산, 회생절차, 파산절차, 부실징후기업 인정 및 그와 유사한 절차(기업개선작업, 채권금융기관의 퇴출결정 등을 포함)의 개시신청이 있는 경우

사. 발행회사의 재산에 대하여 압류명령 또는 체납처분 압류통지가 발송된 때 또는 기타의 방법에 의한 강제집행개시의 신청이 있거나 체납처분의 착수가 있는 경우

아. 발행한 어음 또는 수표가 부도로 되거나 은행과 거래가 정지된 경우

자. "회사"가 1개월 이상 계속하여 영업을 하지 아니한 경우(폐업을 포함하되 이에 한정하지 않음)

차. "회사"와 "이해관계인" 또는 제3자와의 분쟁으로 "회사"의 영업 또는 사업추진이 불가능한 경우

카. "회사"의 기업공개 준비과정에서 회사와 이해관계인의 요청에 의하여 "인수인"이 전환권을 행사하여 보통주를 취득하였음에도 불구하고, "회사"가 한국거래소의 결정에 의하여 "기업공개"를 하지 못한 경우

타. 본 건 우선주 발행일로부터 □개월 이내에 코스닥 상장조건을 충족하고 있음에도 심사청구를 하지 않는 경우

파. 공인회계사의 발행회사에 대한 감사보고서 의견이 감사범위 제한으로 인한 "한정", "부적정" 또는 "의견거절"인 경우

2. "인수인"이 주식매수청구권을 행사하는 경우에는, "이해관계인"에게 매수를 청구하는 주식수, 매수대상 주식의 가격 기타 매매조건을 서면으로 통지하여야 한다. 본 호의 통지가 "이해관계인"에게 도달한 날 주식매매계약이 체결된 것으로 보고, "이해관계인"은 주식 매매계약체결일로부터 30일 이내에 계약을 이행하여야 한다. "이해관계인"은 "인수인"의 사전 서면동의를 얻어 제3자를 지정하여 "인수인'의 주식의 전부 또는 일부를 매수하게 할 수 있다.

3. 본 조에 따라 "이해관계인"이 매수할 대상 주식에 대한 매매가격은 해당주식의 발행가액 및 그에 대한 수금납입일로부터 제2호에 따른 매수이행일까지 연복리 □%의 비율(단, 제1호 카목 또는 타목의 사유의 경우에는 연복리 □%로 함)합계액으로 한다. 단, 기지급된 배당금에 본 조에 따른 총 주식매수대금에서 차감하기로 한다.

4. 제1호 각 목의 사유가 발생한 경우, "인수인"은 "회사"에게 관련법령이 허용하는 한도에서 제3호의 매수가격으로 "회사"의 자기주식매수를 청구할 수 있다. "인수인"의 "회사"에 대한 자기주식매수청구가 있는 경우, "회사"는 관련 법령상 요구되는 이사회, 주주총회 개최등 기타 필요한 일체의 조치를 하여야 한다. 만약 본 조항에 따른 자기주식 매수를 위하여 "회사"의 정관개정 또는 법정준비금 감소등 사전적 조치가 필요한 경우, 관련법령이 허용하는 범위내에서 각 가능한 빠른 시점에 그러한 조치를 취하여야 한다.

5. 제4호의 "회사"에 대한 자기주식매수청구권이 제1호 "이해관계인"에 대한 주식매수청구권 행사에 영향을 미치지 아니하며, "인수인"은 보유주식 매각을 위하여 합리적 재량범위 내에서 "이해관계인"에 대한 주식매수청구권이나 "회사"에 대한 자기주식매수청구권을 선택적으로 또는 동시에 행사할 수 있다.
6. 본 조에 규정된 "이해관계인"에 대한 주식매수청구 및 "회사"에 대한 자기주식매수청구는 "인수인"의 회사에 대한 위약 벌 및 손해배상청구에 영향을 미치지 아니한다.

제24조 계약의 기간

1. 본 계약은 당사자들이 서명날인함과 동시에 그 효력이 발생한다
2. 본 계약은 "인수인"이 보유한 주식을 모두 처분한 경우(제23조에 따른 처분은 제외함)에 종료한다. 단, "회사"의 기업공개후에는 관련법령 및 한국거래소 규정등이 허용하는 범위에서 "인수인"이 제2조 제2호에 기해 인수한 주식총수의 00% 이상을 처분하는 시점까지 그 효력이 존속한다.
3. 본 조 제2호에도 불구하고 계약 종료전 발생한 손해배상청구권을 포함하여 기발생한 권리의무에 영향을 미치지 아니한다.
4. 최초 주식 인수인이 아닌 경우 주식 발행일로부터 3년까지만 해당 효력이 존속되는 것으로 한다.

제25조 권리 · 의무의 승계

"회사"와 "이해관계인"은 "인수인"의 사전동의 없이 본 계약에 따른 권리를 제3자에게 양도하거나 의무를 제3자로 하여금 이행하도록 할 수 없다. 다만, 다음 각호의 경우에는 "회사"의 추가적인 동의 절차 없이 주식양도와 동시에 "인수인"의 본 계약상의 권리, 의무 및 기타 모든 계약상 지위가 양수인에게 자동적으로 승계된다.

1. "인수인"이 보유자산을 분배 또는 처분하여 "인수인"이 보유할 발행주식이 "인수인"의 조합원에게 귀속될 경우

제26조 비밀유지

본 계약과 관련하여 당사자가 상대방 당사자에게 제공하는 모든 정보는 다음의 각 호의 1에 해당하는 경우를 제외하고 제공받은 당사자가 비밀로 유지하며 제3자에게 제공하거나 다른 목적으로 사용하지 아니한다. 다만, 당사자가 별도로 합의하는 경우에는 그에 따른다.

1. 당사자가 정보를 제공받을 당시 이미 알고 있는 정보
2. 당사자가 다른 출처로부터 적법하게 매수한 정보
3. 공지의 사실에 속하는 정보
4. 제공한 당사자가 비밀유지에 관한 권리를 포기한 정보
5. 법원의 명령이나 정부기관이 적법 또는 정당하게 공개 또는 제공을 요구한 정보

제27조 기타 책임 부담

발행회사는 본 계약서 모두에 기재된 이사회에서 결의된 내용에도 불구하고 본 건 우선주의 발행 절차상 이의 제기가 있거나 기타 본 건 우선주의 발행과 관련하여 법적인 문제가 발생한 경우에는 발행회사의 전적인 책임 하에 이를 해결하기로 하며 만일 그로 인하여 인수인에게 손해가 발생한 경우에는 이를 전액 배상하기로 한다.

제28조 통지

본 계약에 따른 통지, 요청, 동의 기타 연락은 서면으로 하여야 하고, 다음 주소 및 번호로 또는 일방당사자가 상대방 당사자에 통지하여 지정한 주소 또는 번호로 인편, 특송우편, 등기우편, 전자우편(e-mail) 또는 팩시밀리 송신으로 전달하며, 서면통지가 다음 주소 및 번호로 실제로 도달한 날 또는 발송일로부터 [5영업]일이 경과한 날 중 먼저 도래한 날에 본 통지가 도달된 것으로 본다. 각 당사자는 아래 통지처가 변경된 경우 이를 즉시 다른 당사자들에게 서면통지해야 하며, 그 위반시 다른 당사자들이 해당 당사자에게 아래 통지처로 통지를 발송한 경우 적법한 통지가 이루어진 것으로 본다.

* 회 사:
* 인수인:
* 이해관계인:

제29조 재판에 관한 사항

본 건 우선주 및 이 계약에 관한 소송은 발행회사의 본점 소재지 관할 법원으로 한다.

제30조 재판에 관한 사항

이 계약서에서 정하지 아니한 사항에 대하여 이의가 있을 경우에는 상관례 또는 발행회사와 인수인이 협의하여 처리한다.

이를 증거하기 위하여 당사자들은 대표자 또는 적법하게 계약체결에 관한 권리를 위임받은 자에 의하여 본 계약서를 작성하고 기명날인하였다.

"회　　사": (인)
"인 수 인": (인)
"이해관계인": (인)

러한 개정사항이 계약서 작성시 고려되어야 할 것입니다(본 예시는 개정전 작성된 계약서 예시입니다).

4) 전환사채 투자 계약서

제□회 무기명식 이권부 사모 전환사채
인 수 계 약 서

아래의 당사자들은 20□□년 □월 □일 다음과 같이 주식회사 □□ 전환사채인수계약서(이하 "본 계약(서)")를 체결한다.

투자자(이하 "인수인" 또는 "투자자")
:
회사(이하 "회사" 또는 "발행회사")
:
이해관계인(이하 "이해관계인")
:

주식회사 □□(이하 "발행회사"라 한다.)는 20□□년 □월 □일에 개최한 이사회 결의에 의하여 20□□년 □월 □일에 발행하는 권면총액 금 □□원(₩□□)의 주식회사 □□ 제□회 무기명식 이권부 무보증 사모 전환사채(이하 "본 사채"라 한다.)에 관하여 □□ 주식회사를 인수인으로 하여 아래와 같이 인수계약(이하 "본 계약"이라 한다.)을 체결한다.

제1조 계약의 목적

본 계약은 발행회사가 발행하는 본 사채를 인수인이 인수함에 있어 발행회사와 인수인 또는 사채권자 사이에 발생하는 권리와 의무를 확정시키는데 목적이 있다.

제2조 사채의 인수

발행회사는 본 계약에서 정하는 조건과 내용에 따라 본 사채를 발행하고 이를 인수인에게 아래와 같이 배정하고 인수인은 이를 인수한다.

인 수 인	인수금액
□□ 주식회사	금 □□원 (₩ □□)
합 계	금 □□원 (₩ □□)

제3조 사채의 발행조건

발행회사가 발행하는 본 사채의 발행조건은 다음 각 호와 같다.

1. 회사의 상호: 주식회사 □□
2. 사채의 명칭: 주식회사 □□ 제□회 무기명식 이권부 무보증 사모 전환사채
3. 사채의 종류: 무기명식 이권부 무보증 사모 전환사채
4. 사채의 발행총액: 금 □□원(₩□□)
5. 사채의 발행가액: 사채 권면총액의 100%
6. 사채의 금액 및 권종: 금 □원권 □매, (총 □매)
7. 사채의 분할 및 병합금지: 본 사채의 사채권은 발행일로부터 1년 이내에는 그 분할 및 병합은 인정하지 아니한다.
8. 사채의 이율: 본 사채 발행일 익일로부터 상환기일까지 각 사채 권면총액에 대하여 표면금리는 연 □%로 하며, 조기상환수익률(YTP) 및 만기보장수익률(YTM)은 각각 연 □%(분기복리로 계산)로 한다.
9. 사채의 상환방법과 기한: 만기까지 보유하고 있는 본 사채의 원금에 대하여는 20□□년 □월 □일에 권면금액의 만기보장수익률 □%에 해당하는 금액을 일시 상환한다. 단, 상환기일이 은행영업일이 아닌 경우에는 그 다음 영업일에 상환하고 원금 상환기일 이후의 이자는 계산하지 아니한다.
10. 이자지급 방법과 기한: 본 전환사채의 이자는 발행일로부터 원금상환기일 전일까지 계산하며, 매 3개월 단위로 아래 이자지급기일 마다 이자지급기일 당일 현재 본 전환사채의 미상환원금잔액에 본 조 제8호의 이율에 따라 산출한 금액을 후급한다. 다만, 아래 각 이자지급기일이 영업일이 아닌 경우에는 그 직후 영업일로 하고 이자지급기일 이후의 이자는 계산하지 아니한다.

    20□□년 7월 20일, 20□□년 10월 20일, 20□□년 1월 20일, 20□□년 4월 20일,
    20□□년 7월 20일, 20□□년 10월 20일, 20□□년 1월 20일, 20□□년 4월 20일,
    20□□년 7월 20일, 20□□년 10월 20일, 20□□년 1월 20일, 20□□년 4월 20일,
    20□□년 7월 20일, 20□□년 10월 20일, 20□□년 1월 20일, 20□□년 4월 20일,
    20□□년 7월 20일, 20□□년 10월 20일, 20□□년 1월 20일, 20□□년 4월 20일
11. 조기상환청구권(Put Option): 본 사채의 사채권자는 본 사채의 발행일로부터 00개월이 되는 날인 20□□년 □월 □일 및 이후 매 0개월에 해당되는 날에 본 사채의 원금에 해당하는 금액의 전부 또는 일부에 대하여 만기 전 조기상환을 청구할 수 있다. 단, 조기상환지급일이 은행영업일이 아닌 경우에는 그 다음 영업일에 상환하고 조기상환지급일 이후의 이자는 계산하지 아니한다.

    가. 조기상환 청구금액: 각 권면금액의 100%

    나. 조기상환 청구장소: 발행회사의 본점

    다. 조기상환 지급장소: □은행/□지점

라. 조기상환 청구기간: 사채권자는 조기상환일 60일전부터 30일전까지 발행회사에게 서면통지로 조기상환 청구를 하여야 한다. 단, 조기상환청구기간의 종료일이 영업일이 아닌 경우에는 그 다음 영업일까지로 한다.

구분	조기상환 청구기간		조기상환일	조기상환율
	FROM	TO		
1차	20□□-02-20	20□□-03-21	20□□-04-20	□.□%
2차	20□□-05-21	20□□-06-20	20□□-07-20	□.□%
:	:	:	:	:
:	:	:	:	:

마. 조기상환 청구절차: 조기상환 청구권을 행사하고자 하는 사채권자는 조기상환 청구기간까지 조기상환 청구내역서(조기상환 청구금액, 사채권자 내역 및 상환 관련 결제은행 등) 및 사채권자임을 증명하는 서류(사채권)를 조기상환 청구장소에 제출하여야 한다.

12. 연체이자: 발행회사가 제9호 내지 제11호에 의한 각 기일에 원금 또는 이자를 지급하지 아니한 때에는 동 원리금에 대하여 연체이자를 지급한다. 이 경우 연체이자는 연단리 □%의 이율로 한다. 본 계약에 의한 연체이자의 계산에 있어서는 1년을 365일로 하여 1일 단위로 계산한다.
13. 원금상환 및 이자지급장소: □은행/□지점
14. 사채의 납입장소: □은행/□지점
15. 사채의 인수계약 체결일: 20□년 □월 □일
16. 사채의 납입일: 20□년 □월 □일
17. 사채의 발행일: 20□년 □월 □일
18. 사채의 만기일: 20□년 □월 □일(0년)
19. 사채의 발행방법: 사채권을 실물로 발행한다.
20. 발행회사의 기한의 이익상실: 발행회사에 대하여 다음 각 호에 해당하는 사유가 발생한 경우 발행회사는 별도의 독촉, 통지 없이도 본 사채에 관한 기한의 이익을 상실하고 본 사채의 미상환 원금과 본 사채상환일까지 발생한 이자 전액을 합산한 금액을 사채권자에게 즉시 지급하여야 한다.

가. 발행회사가 파산, 회생절차 개시의 신청을 하거나 이에 동의한 경우, 또는 발행회사에게 파산이 선고되거나 회생절차가 개시된 경우

나. 발행회사에게 존립기간의 만료 등 정관으로 정한 해산사유의 발생, 법원의 해산명령 또는 해산판결, 주주총회의 해산결의가 있는 경우

다. 발행회사가 휴업 또는 폐업하는 경우(다만, 감독기관의 행정처분 등으로 인한 일

시적인 영업정지의 경우는 제외한다.)

라. 발행회사에게 어음교환소의 거래정지 처분이 있는 때 및 채무불이행명부 등재 신청이 있는 때 등 발행회사가 지급불능 또는 지급정지의 상태에 이른 것으로 인정되는 경우

마. 발행회사의 발행어음 및 수표의 부도 또는 은행거래가 정지된 때

바. 본 사채의 원금의 일부 또는 전부를 상환하여야 할 의무 또는 기한이 도래한 이자 지급 의무를 불이행하고 3영업일 이내에 그 지급이 완료되지 아니한 경우

사. 본 사채 이외의 발행회사의 채무 중 지급기일이 도래한 원리금의 지급이 이루어지지 않거나 또는 채무불이행 등으로 인하여 기한이익의 상실 사유가 발생하거나 당해 채무에 관한 담보권이 실행된 경우

아. 발행회사의 재산의 전부 또는 직전 사업연도 재무제표상 자본총계의 00% 이상에 해당하는 압류 명령이 결정되거나 또는 임의 경매가 개시되어 발행회사가 사채원리금을 지급하지 못하는 것이 객관적으로 증명된 경우

자. 발행회사의 재산의 전부 또는 직전 사업연도 재무제표상 자본총계의 00% 이상에 해당하는 자산에 가압류 또는 가처분이 선고되고, 90일 이내에 취소되지 않은 경우

차. 발행회사의 보통주가 관리종목 지정 및 상장 폐지되거나 상장폐지를 위한 상장실질심사가 진행될 경우 또는 5연속거래일(발행회사의 일정한 회사법적 행위로 인해 법규 및 한국거래소 규정에 따라 의무적으로 일시적 거래정지 되는 경우는 제외)동안 거래가 정지되는 경우

카. 발행회사가 횡령, 배임, 허위지출, 가공지출, 과다지출 등의 면탈행위나 불법행위로 발행회사에 재산상 중대한 손실을 초래하였거나, 수사기관, 금융위원회, 기획재정부 등의 관계당국의 형사처벌을 받는 경우

타. 발행회사가 어떠한 명목으로든지 법령을 위반하여 형사처벌 또는 행정제재를 받아 본 계약을 성실히 이행할 수 없을 경우

파. 제7조의 발행회사의 진술 및 보장, 기타 본 계약에서 정하고 있는 발행회사가 당사자인 계약서들에서 발행회사가 한 확인사항의 전부 또는 일부가, 동 확인 시점에서 중요한 점에 있어서 허위인 것으로 판명되거나, 제10조에 따른 특약사항을 이행하지 아니한 경우

하. 발행회사가 본 인수계약서에 의거 인수인 또는 사채권자에게 준수하여야 하는 제반 사항을 위반하고 2주 이내에 동 위반 사항이 시정되지 아니한 경우

거. 발행회사가 본 호 가.목 내지 하.목에 따라 본 사채에 관한 기한의 이익을 상실함으로써 지급하여야 할 원리금을 기한 내에 지급하지 않은 경우에는 해당 지급기일 익일부터 실제 지급일까지 본 조 제12호의 이율을 적용한 연체이자를 지급한다.

너. 공인회계사의 발행회사에 대한 감사보고서 의견이 감사범위 제한으로 인한 "한

정", "부적정" 또는 "의견거절"인 경우

더. 발행회사는 특정 기한의 이익 상실 사유(또는 통지서 전달 및/또는 시간 경과 및/또는 확인서 발급 과정과 함께 동 기한의 이익 상실 사유를 구성할 수 있는 제반 조건, 사태 또는 행위) 발생 사실을 인지하는 즉시 관련 내용을 인수인 또는 사채권자 앞으로 서면 통지하여야 한다.

21. 사채의 반환: 발행회사는 본 사채에 관한 원리금지급의무를 모두 이행하기 전까지는 사채권자에 대하여 본 사채의 반환을 청구할 수 없다.

22. 전환권에 관한 사항

가. 전환권 행사에 따라 발행할 주식의 종류: 발행회사의 기명식 보통주식

나. 행사비율과 행사가액은 다음과 같다.

(가) 최초 행사가액: 금 □원 (₩□)

(나) 행사비율: 사채권면금액(2 이상의 사채권으로 행사 청구시에는 그 권면금액의 합산금액)의 100%를 행사가격으로 나눈 수를 행사주식수로 하고, 1주 미만의 단수주는 배정하지 않고 단수주에 해당하는 금액을 주권교부시 발행회사에서 현금으로 지급하며, 단수주 대금의 해당기간 이자는 지급하지 아니한다. 다만, 사채권면금액의 일부에 해당하는 금액에 대하여는 행사를 청구할 수 없다. 제3조 제23호에 따른 행사가액의 조정이 발생되는 경우 본 계약에 따른 최초 행사가격을 조정된 행사가액으로 나눈 값으로 행사비율을 조정하여 이에 따르기로 한다.

다. 전환권 행사기간: 전환기간은 본 사채 발행일 이후 1년이 경과한 날(20□년 □월 □일)로부터 원금 상환기일 1개월 전일(20□년 □월 □일)까지로 하되, 전환기간의 말일이 영업일이 아닌 경우 익영업일로 한다.

라. 전환권 행사장소: 발행회사의 본점

마. 전환권 행사절차 및 방법: 소정의 전환권행사청구서에 행사하고자 하는 사채의 범위, 청구 연월일 등 필요한 사항을 기입 날인하여 사채권과 함께 행사장소에 제출하여 청구한다. 사채권 권면금액 일부에 대하여는 행사청구를 할 수 없다.

바. 전환권 행사의 효력 발생시기: 위 전환권 행사장소에 전환권행사청구서 및 관계서류 일체를 제출한 때에 효력이 발생한다. 전환권 행사에 의하여 교부된 주식은 행사청구일에 행사된 것으로 본다.

사. 전환권 행사로 인하여 발행된 주식의 최초 배당금 및 이자: 전환권 행사로 발행된 주식은 전환권행사 청구일이 속한 영업연도의 직전 영업연도 말에 주식으로 발행된 것으로 보아 배당의 효력을 가진다.

아. 미발행 주식의 보유: 발행회사는 전환권 행사기간 종료 시까지 발행회사가 발행할 주식의 총수 중에 전환권 행사로 인하여 발행될 주식수를 미발행 주식으로 보

유하여야 한다.

자. 명의개서 및 주권 교부: 발행회사는 본 전환사채권을 소유한 자의 전환권 행사청구 후 지체 없이 주주명부에 본 전환사채권을 소유한 자를 주주로 등재하고, 발행회사의 주식에 대한 주권을 발행하여 본 전환사채권을 소유한 자에게 교부하여야 한다. 단, 주권 발행 전에는 주권미발행확인서를 교부한다. 한편, 본 전환사채권을 소유한 자가 전환권에 대한 행사청구를 한 때가 발행회사의 IPO이후인 경우에는 한국예탁결제원에 예탁 발행되므로, 관련 절차에 따라 주권발행 등의 조치를 취하기로 한다. 단, 전환권 행사로 인하여 발행되는 주식은 명의개서대리인과 협의하여 전환권 행사에 의한 주금 납입일로부터 00 영업일 이내에 추가상장에 필요한 모든 절차를 완료하여야 한다.

23. 전환권 행사가격(이하 "행사가격"이라 한다)의 조정

가. 본 전환사채권을 소유한 자가 전환권 행사청구를 하기 이전에 "발행회사"가 시가를 하회하는 발행가액으로 유상증자, 주식배당, 준비금의 자본전입을 함으로써 신주를 발행하는 경우, 또는 시가를 하회하는 전환가액이나 행사가액으로 전환사채 또는 신주인수권부사채를 발행하는 경우에는 아래와 같이 행사가격을 조정한다. 유·무상증자를 병행 실시하는 경우, 유상증자의 1주당 발행가액이 시가를 상회하는 때에는 유상증자에 의한 신발행주식수는 행사가격 조정에 적용하지 아니하고, 무상증자에 의한 신발행주식수만 적용한다. 본 목에 따른 행사가격의 조정일은 유상증자, 주식배당, 준비금의 자본전입 등으로 인한 신주의 발행일로 한다.

$$\text{조정후 전환가액} = \text{조정전 전환가액} \times \left\{ \frac{\text{기발행 주식수} + \left[\text{신발행 주식수} \times \dfrac{\text{1주당 발행가액}}{\text{시가}} \right]}{\text{기발행 주식수} + \text{신발행 주식수}} \right\}$$

다만, 위 산식 중 "기발행주식수"는 당해 조정사유가 발생하기 직전일 현재 "발행회사"의 발행주식 총수로 하며, 전환사채 또는 신주인수권부사채를 발행한 경우 "신발행주식수"는 당해 사채 발행의 전환(행사)가액으로 전부 전환(행사)될 경우 발행될 주식의 수로 한다. 또한 "1주당 발행가격"은 주식분할, 무상증자, 주식배당 및 준비금의 자본전입의 경우에는 영(0)으로 하고, 전환사채 또는 신주인수권부사채를 발행할 경우에는 당해 발행가액 산정 기준이 되는『자본시장과 금융투자업에 관한 법률』및『증권의 발행 및 공시 등에 관한 규정』에 의한 기준주가 또는 이론적 권리락 주가(유상증자 이외의 경우에는 조정사유 발생 전일을 기산일로 계산한 기준주가)로 하고, 비상장 법인으로서 주식공모를 한 경우에는 그 공모가액으로 하되 공모를 하지 않았을 경우에는 당해 조정사유 발생일 직전의 본건 사채의 행사가격을 '시가'로 한다.

나. 합병, 자본의 감소 및 주식분할 등에 의하여 행사가격의 조정이 필요한 경우에는

당해 합병, 자본의 감소 및 주식분할 등의 직전에 전환권이 행사되어 전액 주식으로 인수되었더라면 전환사채권자가 가질 수 있었던 주식수를 산출할 수 있는 가액으로 행사가격을 조정한다. 본 목에 따른 행사가격의 조정일은 합병, 자본의 감소 및 주식분할 등의 기준일로 한다.

다. 감자 및 주식 병합 등 주식가치 상승사유가 발생하는 경우에는 감자 및 주식 병합 등으로 인한 조정비율만큼 행사가격을 조정한다. 단, 감자 및 주식병합 등을 위한 주주총회 결의일 전일을 기산일로 하여 증권발행 및 공시 등에 관한 규정 제5-22조 제1항(제3호는 제외한다)에 의하여 산정한 가액(이하 "산정가액"이라 한다)이 액면가액 미만이면서 기산일 전에 행사가격을 액면가액으로 이미 조정한 경우에는 조정 후 행사가격은 산정가액을 기준으로 감자 및 주식병합 등으로 인한 조정비율만큼 상향 조정한 가액 이상으로 조정한다.

라. 발행회사가 제16조에 따라 IPO를 성공하는 경우 IPO 직전 행사가격이 확정공모가액의 00%에 해당하는 가액을 초과할 경우에는 확정공모가액의 00%에 해당하는 가액으로 행사가격을 조정하며, 이와 반대로 IPO 직전 행사가격이 확정공모가액의 00%에 해당하는 가액 이하인 경우에는 행사가격을 조정하지 않는다.

마. 발행회사가 다른 회사와의 합병을 통하여 상장에 성공하는 경우 상장 직전 행사가격이 상장 신주의 발행가액의 00%에 해당하는 가액을 초과할 경우에는 상장 신주 발행가액의 00%에 해당하는 가액으로 행사가격을 조정하며, 이와 반대로 상장 직전 행사가격이 상장 신주의 발행가액의 00%에 해당하는 가액 이하인 경우에는 행사가격을 조정하지 않는다.

바. 발행회사가 IPO를 할 경우, 상장 후 3개월이 되는 날 및 그 이후 매 3개월이 되는 날을 행사가격 조정일로 하고, 본 사채의 행사가격을 조정하되 각 행사가격 조정일 전일을 기산일로 하여 그 기산일로부터 소급하여 산정한 1개월 가중산술평균주가, 1주일 가중산술평균주가 및 최근일 가중산술평균주가를 산술평균한 가액과 최근일 가중산술평균주가 중 높은 가액이 해당 조정일 직전일 현재의 행사가격보다 낮은 경우 동 낮은 가액을 새로운 행사가격으로 한다. 단, 위와 같이 산출된 행사가격이 발행 당시 행사가격(조정일 전에 신주의 할인발행 등 또는 감자 등의 사유로 행사가격을 이미 하향 또는 상향 조정한 경우에는 이를 감안하여 산정한 가액)의 00%에 미달하는 경우에는 발행 당시 행사가격의 00%에 해당하는 가액을 새로운 행사가격으로 본다.

사. 본 목에 의해 조정된 행사가격이 발행회사의 보통주의 액면가 이하일 경우에는 액면가를 행사가격으로 한다.

아. 조정 후 행사가격 중 원 단위 미만은 절상한다.

제4조 원리금상환사무의 대행

본 사채의 원리금 상환업무는 □은행/□지점이 대행하며, 취급장소 및 절차 등은 발행회사가 동 은행과 체결하는 계약에서 정하는 바에 따른다.

제5조 비용부담

본 사채 발행과 관련하여 발생되는 제비용은 발행회사가 부담한다.

제6조 사채의 전매

1. 인수인은 인수한 사채를 사채상환기일 전에 발행회사의 동의 없이 제3자에게 전매할 수 있다. 단, 발행 후 1년 이내에는 50인 이상의 자에게 전매하지 아니한다.
2. 인수인은 본 계약에 따라 인수한 본 사채가 제3자에게 양도된 때에는 제3자는 이 계약상의 모든 권리, 의무 및 기타 계약상의 지위를 승계하며, 발행회사는 이를 승인한다.
3. 최초 사채 인수인이 아닌 경우 발행일로부터 0년까지만 해당 권리가 인정되는 것으로 한다.

제7조 발행회사 및 이해관계인의 진술 및 보장

1. 발행회사 및 이해관계인은 본 계약과 관련하여 다음과 같이 진술하고, 진술의 내용은 본 계약 체결일 현재뿐만 아니라 사채인수에 따르는 납입기일 및 발행일 현재에도 모두 진실하고 정확함을 보증한다.
   가. 발행회사는 대한민국의 법률에 따라 적법하게 설립되어 유효하게 존속 중인 회사로서 회사의 자산을 적법하게 소유하고 회사의 운영에 필요한 제반 인허가를 취득하여 상법 등 관계법령 및 정상적인 상관행에 따라 회사의 사업을 영위하고 있으며, 청산, 파산, 회사정리, 지급불능, 지급유예 및 기타 주주 및 채권자의 권리에 부정적 영향을 미치는 사실관계에 놓여 있거나 개시되려고 하는 상태에 있지 아니하다.
   나. 발행회사는 본 계약의 체결에 따른 의무를 이행하는 데 필요한 법률적 및 사실적인 모든 권한을 가지고 있다.
   다. 본 계약에 의한 발행회사의 의무는 관계법령 및 발행회사의 정관에 반하지 않는 적법·유효한 것으로서 집행 가능한 법적 의무이다.
   라. 본 계약 체결일을 기준으로 발행회사의 주식, 특수사채, 주식매수선택권, 기타 회사의 지배구조에 영향을 줄 수 있는 제반 권리의 내용의 현황은 인수인에게 제공한 바와 같고, 그 이외의 사항은 존재하지 아니한다.
   마. 발행회사는 설립 이후 본 계약의 체결일 현재까지 증권의 발행에 있어서 가장납입을 한 사실은 전혀 없다.
   바. 발행회사의 사업에 중요한 영향을 미치는 것으로서 본 계약 체결일 현재 인수인

에게 제공된 사실 이외에는 진행되고 있는 행정절차, 소송절차, 클레임 및 기타 이에 준하는 절차는 전혀 없다.

사. 발행회사가 인수인에게 제공한 발행회사의 재무제표 및 회계서류 일체는 한국에서 통용되는 기업회계기준을 포함하여 일반적으로 인정되는 회계원칙 및 관행에 따라 작성된 것으로서 발행회사의 재무상태를 충실하게 반영하고 있다.

아. 발행회사가 인수인에게 제공한 부외 부채 관련 사항 및 재무제표에 드러난 사항을 제외하고는 발행회사가 본 계약 체결일 현재 부담하고 있는 법적 의무는 존재하지 아니한다.

자. 발행회사는 사업의 영위를 위하여 현재 사용하고 있거나 장차 사용이 필요한 특허권, 실용신안권, 의장권, 상표권, 저작권 등의 지적재산권에 관하여 적법한 권리를 보유하고 있고, 제3자에 의하여 권리를 제한받지 아니하고 있으며, 나아가 발행회사가 가지고 있는 지적재산권이 제3자의 권리를 침해하고 있지도 아니하다.

차. 발행회사는 국세・지방세 등 모든 종류의 세금, 의료보험・국민연금・고용보험・산재보험 등 모든 종류의 강제보험료의 납부의무를 성실히 이행하고 있고, 계약 체결일 현재 체납된 세금 및 보험료는 없다.

카. 발행회사는 업무의 내용, 시설, 자산, 임차물 및 장비 등과 관련하여 환경 및 노동관계 법령을 준수하였다.

타. 발행회사가 인수인에게 제공한 사업계획서 등 일체의 자료는 진실 되고 거짓이 없으며, 인수인의 합리적인 투자결정시 요구되는 모든 정보를 담고 있다.

파. 발행회사는 인수인에게 별도 고지한 내용 이외에 제3의 법인과 직・간접적으로 경영상의 지배・피지배 관계 또는 이와 유사한 관계를 형성하고 있지 아니하다.

하. 발행회사는 인수인에게 별도 고지한 내용 이외에 주주・이사・감사・직원 및 그 관계인과의 거래관계를 맺고 있지 아니하다.

거. 발행회사는 전・현직 임직원이 업무수행의 과정에서 취득하였거나 취득하게 되는 특허권, 실용신안권, 의장권, 상표권, 저작권과 같은 지적재산권 및 기타 이에 준하는 노하우가 발행회사에 귀속되도록 하기 위하여 필요한 약정을 체결하여 두고 있다.

너. 발행회사는 본 계약 체결 이전에 발생한 공시사항에 대해서는 모두 적법한 절차를 거쳐 공시하였으므로 향후 불성실 공시로 코스닥시장에서의 퇴출, 매매거래정지를 포함한 어떠한 제재를 받을 만한 사유가 존재하지 아니한다.

더. 회사의 발행주식은 본 계약의 체결일을 기준으로 주당 액면가가 금 □원 [□원]인 보통주 [□]주이고, 우선주 [□]주이다. 그 이외의 발행 주식은 존재하지 아니한다. 주주별 지분율, 전환사채, 신주인수권부사채, 주식매수선택권, 주식배당, 기타 장래 회사의 지배구조에 영향을 줄 수 있는 제반 권리의 주요 내용 및 주식매수선택권 부여내역은 아래 주식 등의 현황 기재와 같으며 아래 기재 사항 이외에 회사의 주식 지분율 기타 장래 회사의 지배구조에 영향을 줄 수 있는 어떠한 사항도 없다.

주주별 소유 주식수

주주명	주식수	지분율(%)	기타(담보권설정여부, 최대주주 및 그 특수관계인 여부)
계			

전환사채

회수	총 발행가액	미 전환금액	전환가액	전환기간

신주인수권부사채

회수	총 발행가액	미 행사금액	행사가액	행사기간

주식매수선택권

(단위: 주/원)

부여받은 자	주식수	행사가액	행사기간	행사방법
계				

2. 위 제1호의 진술 사항들은 본 계약의 중요한 내용을 이루는 것으로서 이러한 사항이 허위 이거나 부정확한 경우 발행회사는 이로 인하여 인수인이 입게 되는 모든 손해, 손실 및 비용을 배상 또는 보상하여야 한다.
3. 발행회사는 위 제1호의 진술 사항에 영향을 미칠 사유가 발생하는 경우에는 즉시 인수인 에게 그 사유를 서면으로 통지하여야 하고, 인수인의 요청에 따라 적절한 대응조치를 취하여야 할 의무를 부담한다. 본 호의 의무를 이행하지 아니한 효과는 위 제2호와 같다.

제8조 주식매수선택권에 관한 사항

1. "발행회사"는 "인수인"의 사전 서면동의 없이 "발행회사"의 임, 직원 기타 제3자에게 주식매수선택권(STOCK OPTION)을 총발행주식수의 00%를 초과하여 부여할 수 없다.(단, 기존에 부여된 주식매수선택권 포함)
2. 상장 이후, "발행회사"는 "인수인"의 서면동의 없이 주식매수선택권(STOCK OPTION)의 행사가격을 자본시장과 금융투자업에 관한 법률시행령 제176조의7 제2항의 규정을 준용하여 산정된 주식가치 이하로 정할 수 없다.
3. 비상장시, 상속세 및 증여세법상 회계법인이 평가한 가격 이내인 경우에는 "인수인"과 협의를 해야한다.

제9조 "이해관계인"의 책임

1. "이해관계인"은 본 계약 제7조의 진술 및 보증사항의 진정함을 확인하고 본 계약상 "회사"의 의무를 연대하여 책임지며, "이해관계인" 본인도 "회사"의 본 계약상 의무 이행을 위하여 그에 부합하는 이사회 및 주주총회의 의결권 행사등 이를 성실하게 이행하여야 한다.
2. 본 계약상 의무이행자로 "회사"외에 "이해관계인"이 별도로 명시되지 않은 경우에도 "이해관계인"의 제1호의 의무가 면제되는 것은 아니다.

제10조 납입의 선행조건

인수인은 다음 각 호의 조건이 충족된 경우에만 본 사채를 인수하고 그에 따른 인수 대금을 지급할 의무가 있다.

1. 본 계약서 일자로부터 발행회사 또는 그 자회사의(재무 혹은 기타) 상황이나 일반적인 업무가 본 사채의 발행으로 인하여 중대하게 불리한 상태로 변경되거나 불리한 변경을 수반할 것으로 합리적으로 예상되는 어떠한 사건도 존재하지 아니할 것
2. 본 계약에서 발행회사가 제공한 진술 및 보장은 본 계약일 현재 및 동 진술 및 보장이 행해진 것으로 간주되는 각 일자에 진실되고 정확하며, 위 진술 및 보장은 납입일 당시 존재하는 사실 및 상황에 대하여 진실되고 정확할 것
3. 납입일 현재 발행회사의 경영이나 재무상태에 중대한 악영향을 미칠 수 있는 변동이 없을 것
4. 납입일 현재 발행회사의 본 계약상 의무의 불이행이 없을 것
5. 납입일 현재 발행회사의 정관 및 이사회의사록 기타 인수인이 합리적으로 필요하다고 판단하여 요구하는 서류들이 인수인이 만족하는 내용과 형식으로 작성, 제출되어 있을 것

제11조 자료 제출의 의무

발행회사는 본 사채의 원리금이 상환될 때까지 인수인의 요구가 있을 때에는 언제든지 재무제표의 열람 또는 제출의 요구에 응하여야 하나, 공시서류를 제출한 경우에는 이에 갈음한다.

제12조 특약 사항

발행회사는 사채권의 상환이 완료되기 전까지 다음 사항을 준수할 것을 약정한다. 본 조에서 자본금은 자본금 증감에 관한 결정 직전의 자본금(액면금액×발행주식수)으로 한다. 자기자본은 최근 사업연도말 별도 재무제표를 기준으로 최근 사업연도말 경과 후 신고 또는 공시사유 발생일까지의 자본금 및 자본잉여금의 증감액을 반영한 금액을 말하며, 최근 사업연도말 경과 후 상법 제522조, 제527조의2, 제527조의3에서 규정한 사실이 있는 때에는 당해 효력발생일의 별도 재무제표상 자기자본을 말한다.

1. 발행회사는 다음의 사항에 관하여 7영업일 이전에 사채권자에게 서면으로 통지한 뒤 각 사항의 시행일의 전일까지 사채권자로부터 채권잔액 기준 2/3 이상의 서면동의를 얻어야 한다.
   가. 대표이사의 변경
   나. 발행회사의 경영에 참여하는 대주주가 변경될 경우(단, 특수관계인 간의 변동은 제외한다)
   다. 발행회사가 직전년도 재무제표상 총자산의 00/100 이상(발행일 이후 누적적으로 적용)에 해당하는 인수, 합병, 분할, 분할합병, 주식의 포괄적 교환 또는 이전, 영업의 양도, 영업의 양수와 감자 발생시 또한 경영임대차, 위탁경영 기타 회사조직의 근본적인 변경
   라. 직전년도 재무제표상 총자산의 00/100 이상(발행일 이후 누적적으로 적용)에 해당하는 관계회사 또는 합작회사의 신설 및 기타 제3자에 대한 주식인수, 사채인수 등을 포함한 투자, 융자, 보증 또는 담보제공
   마. 본 계약 체결일 당시 사업계획에 명시한 것과 현저히 다른 사업에 착수하거나, 사업의 전부 또는 일부의 중단, 포기
   바. 중요자산의 처분(영업과 밀접한 관련 있는 유·무형자산 및 직전년도 재무제표상 총자산의 00/100 이상에 해당하는 자산, 발행일 이후 누적적으로 적용)
   사. 중요채무의 부담(직전년도 재무제표상 총자산의 00/100 이상에 해당하는 부채)
   아. 발행회사가 직전년도 재무제표상 총자산의 0/100 이상에 해당(발행일 이후 누적적으로 적용)하는 자회사의 설립, 합자회사의 설립 등 기업가치에 분산 결과를 초래하는 행위를 하는 경우(단, 발행회사의 100% 자회사인 경우 예외로 한다)
2. 발행회사는 다음의 사항에 관하여 사채권자에게 서면으로 통지하여야 한다. 다만, 발행회사가 금융감독원 및 한국거래소의 공시서류를 제출한 경우 이에 갈음한다.

가. 주주총회의 안건
나. 이사회의 안건
다. 중요자산의 취득
라. 자산재평가
마. 기타 채무의 부담
바. 외부감사인의 선정
사. 이해관계인의 특수관계인 및 임원의 지분변동

3. 발행회사는 다음의 사항이 발생하거나 그에 관한 서면을 작성하는 경우 사채권자의 요청이 없더라도 그 사유의 발생일로부터 2주 이내에 사채권자에게 이를 서면으로 보고하여야 한다. 다만, 발행회사가 금융감독원 및 한국거래소의 공시서류를 제출한 경우 그 제출 사실을 사채권자에게 통지함으로써 이에 갈음한다.
가. 매 영업연도별 사업계획서, 재무제표, 감사보고서 및 분기・반기보고서의 작성
나. 중요손해의 발생(직전년도 재무제표상 총자산의 0/100 이상의 가액에 해당하는 손해)
다. '발행회사'가 발행・배서・보증한 어음이나 수표의 부도
라. 금융기관과의 거래 정지
마. 정부 및 준정부기관에 의한 행정적 제재
바. 중요한 사업계획의 변경
사. 중요한 소송 등 분쟁의 진행과정
아. 등기사항의 변동 및 임원 및 이해관계인의 신상 변동
자. 주요주주의 변동(보유주식의 00%를 초과한 경우에 한하며, 발행일 이후 누적적으로 적용))
차. 기술인력의 채용 및 퇴직 상황
카. 기타 투자자가 요청하는 사항

4. 사채권자는 발행회사의 경영에 대한 외부감사인의 감사 결과 또는 사채권자의 감사 결과에 따라 발행회사에 일정한 기간을 정하여 그 시정을 요청할 수 있다. 이 경우 발행회사는 시정을 요구받은 사항에 대해 정하여진 일정한 기간 내에 시정 조치를 이행하고 그 결과를 사채권자에게 서면으로 통지하여야 한다.

5. "인수인"의 투자 이후 "발행회사"가 자기자본의 [□]%를 초과하는 유상증자, 특수사채(전환사채, 신주인수권부사채를 포함하는 자본의 변동을 가져오는 모든 사채) 및 옵션 등을 발행하는 경우 또는 "발행회사"의 임직원에게 주식매수선택권을 부여하는 경우(단, 주식매수선택권은 기발행주식수의 00%를 초과하여 부여할 수 없다.) 사전에 서면으로 동의를 받아야 한다.

제13조 사채권자의 지분 처분

1. 사채권자는 본 사채를 포함하여 거래완결 이후 사채권자가 취득하고 있는 발행회사의 주식(이하 상환되지 않은 전환사채와 전환권을 행사하여 발행회사로부터 인수받은 주식을 모두 가리켜 "지분"이라고 한다)을 자유로이 처분할 수 있다. 발행회사는 사채권자의 요청에 따라 지분 처분에 따른 권리이전에 필요한 절차를 즉시 이행하여야 한다.
2. 사채권자가 본 조 1호에 따라 지분의 처분을 위하여 발행회사 IR자료를 요청하는 경우 발행회사는 이에 응할 의무가 있다.

제14조 "이해관계인" 보유 주식 처분

1. 지분보유의무: "이해관계인"은 본 계약에서 달리 정한 경우를 제외하고는 자신이 보유하고 있는 "회사" 발행 주식 중 □% 이상(발행일 이후 누적적으로 적용)을 양도, 담보제공 기타 처분(이하 "처분"이라고 함)하고자 하는 경우에는, "인수인"의 사전 서면동의를 얻어야 한다. 다만, "회사"가 기업공개에 성공한 경우에는 그러하지 아니하다
2. 절차
   가. "이해관계인"은 자신이 보유하고 있는 "회사"발행주식을 양도, 담보제공 기타 처분하고자 하는 경우에는 처분예정일로부터 [30]일 이내에 "인수인"에게 처분하고자 하는 주식수, 처분가격, 처분예정일 기타 처분조건과 처분상대방등 상세한 처분예정내용을 통지하여야 한다.
   나. "인수인"은 위 통지를 수령한 날로부터 [30]일 이내에 예정된 처분에 대하여 동의 여부를 표시하는 내용의 통지를 발송하여야 한다. "인수인"이 별도의 의사표시를 위 기간내에 하지 않는 경우에는 예정된 처분내용에 대하여 거절한 것으로 본다.
3. 처분조건: "이해관계인"이 "인수인"으로부터 처분에 대하여 동의를 받은 경우에는 제2호에 기해 통지된 내용과 동일한 조건으로 처분하여야 하며 "이해관계인" 보유 주식을 지분 50% 초과하여 처분하는 경우 양수하는 제3자로 하여금 "이해관계인"의 권리의무를 승계하는 것을 조건으로 하여야 한다.

제15조 사채권자의 공동매도권

1. 발행회사의 최대주주가 경영권 양도를 수반하는 지분 매각을 진행 시 사채권자에 서면으로 통지를 해야 한다. 또한, 사채권자는 해당 지분 매각과 동일한 조건으로(단, 전환사채가 공동매도권의 대상이 되는 경우에는 해당 전환사채가 전환된 경우의 주식수를 기준으로 가액을 산정함) 사채권자가 보유하고 있는 지분의 공동 처분을 요구할 수 있는 권리를 가진다. 사채권자가 본 조에 의한 공동매도권을 행사하고자 하는 경

우, 사채권자는 서면 통지를 받은 날로부터 30일 이내에 최대주주에게 공동매도권 행사 여부, 공동매도권을 행사하기로 선택한 경우 공동 매도하고자 하는 지분의 종류와 수량을 서면으로 통지해야 한다. 최대주주는 사채권자가 지분의 공동 매도를 요청하는 경우 공동매도의 실행을 위해 필요한 조치를 다하여야 한다.

2. 사채권자가 본 조에 따른 공동매도권을 행사하는 경우, 지분양수예정자가 최대주주 및 사채권자로부터 최대주주와 사채권자의 지분 비율에 따라 지분을 양수하지 않는 한, 최대주주는 보유 주식을 처분할 수 없다

제16조 IPO에 관한 의무

1. 발행회사는 인수인과 협의를 거쳐 양자가 합의하는 적절한 시기에 유가증권시장, 코스닥시장 또는 코넥스시장에 발행회사의 주식을 상장하도록 노력한다. 발행회사는 위 기간 내의 가능한 한 빠른 시일내에 주식의 상장에 필요한 관계법령 및 한국거래소 규정상의 요건을 갖추어야 한다. 발행회사가 한국거래소 상장심사요건중 자기자본, 매출액, 기준시가총액등 외형적 요건을 갖추었음에도 불구하고 특별한 사정 없이 유가증권시장, 코스닥시장, 코넥스시장에 기업공개를 시행하지 않는 경우, "인수인"은 "회사"에 대하여 기업공개를 서면으로 요청할 수 있으며, 본 호에 따라 지분의 처분을 위하여 발행회사 IR자료를 요청하는 경우 발행회사는 이에 응할 의무가 있다.

제17조 사채 납입대금의 사용 등

1. 발행회사는 인수인으로부터 본 사채의 발행을 통해 조달한 납입대금을 □□자금으로 사용하여야 한다. 만약 발행회사가 그 외 용도를 변경하여 사용하고자 하는 경우에는 인수인으로부터 사전의 서면동의를 얻어야 한다.
2. 발행회사는 인수인으로부터 본 사채의 발행을 통해 조달한 납입대금을 상기 제1호에 기재된 용도로 집행완료하기 전에 본 사채의 발행을 통해 조달한 납입대금을 제3자에게 자금의 대여 또는 제3자의 주식을 매입하여서는 아니된다. 다만, 발행회사가 본 사채의 발행을 통해 조달한 납입대금으로 제3자에게 자금대여 또는 제3자의 주식을 매입하고자 하는 경우에는 인수인으로부터 사전의 서면동의를 얻어야 한다.
3. 만일 발행회사가 상기 제1호 및 제2호에 따른 행위를 이행하지 아니할 경우 인수인은 제3조에도 불구하고, 발행회사에 상환청구권을 행사할 수 있다.
4. 발행회사는 인수인으로부터 본사채의 발행을 통해 조달된 자금의 사용기록부를 작성·비치하고, 인수인의 열람 및 등사의 요구가 있을 때에는 언제든지 이에 응하여야 한다.
5. 발행회사는 인수인이 필요하다고 판단하는 경우 인수인으로부터 본 사채의 납입일로부터 1년 이내(또는 1년이 경과한 날 또는 납입금의 소진을 완료한 것으로 파악된 날

중 먼저 도래하는 날로부터 30일 이내)에 납입금의 사용내역 및 상기 제2호의 거래유무의 확인을 위해 '투자자'가 지명하는 회계법인을 통한 실사를 받아야 하며, 실사는 투자금의 사용내역 및 상기 제2호의 거래유무의 확인에 한정한다. 이에 소요되는 비용은 실사를 요청한 인수인이 부담한다.

제18조 기타 책임부담

발행회사는 본 계약서 모두에 기재된 이사회에서 결의된 내용에도 불구하고 본 사채의 발행 절차상 이의 제기가 있거나 기타 본 사채의 발행과 관련하여 법적인 문제가 발생한 경우에는 발행회사의 전적인 책임 하에 이를 해결하기로 하며 만일 그로 인하여 인수인 또는 사채권자에게 손해가 발생한 경우에는 이를 전액 배상하기로 한다.

제19조 재판에 관한 사항

본 사채 및 이 계약에 관한 소송은 발행회사의 본점 소재지 관할 법원으로 한다.

제20조 이의 처리

이 계약서에서 정하지 아니한 사항에 대하여 이의가 있을 경우에는 상관례 또는 발행회사와 인수인이 협의하여 처리한다.

제21조 통지

본 계약에 따른 통지는 서면에 의하여야 하고, 다음 주소 또는 번호로 인편, 팩시밀리 송신 또는 등기우편에 의하여 전달되어야 한다.

인수인에 대한 통지:

담당자:

본 계약 체결의 증거로서 본 계약서 2부를 작성하여 각 당사자가 기명 날인하여 각각 1부씩 보관하기로 한다.

20□년 □월 □일

"발행회사": (인)

"인수인": (인)

"이해관계인": (인)

6 상장요건[327)]

1) 유가증권시장 상장 요건

상장요건		일반회사	지주회사
규모요건(모두)	기업규모	자기자본 300억원 이상	좌동
	상장주식수	100만주 이상	좌동
분산요건(모두)	주식수	다음 중 하나만 충족하면 됨 1. 일반주주소유비율 25% 이상 또는 500만주 이상 (다만, 상장예정주식수 5천만주 이상 기업은 상장예정주식수의 10% 해당 수량) 2. 공모주식수 25% 이상 또는 500만주 이상 (다만, 상장예정주식수 5천만주 이상 기업은 상장예정주식수의 10% 해당 수량) 3. 자기자본 500억원 이상 법인은 10% 이상 공모하고 자기자본에 따라 일정규모이상 주식 발행 • 자기자본 500억원~1,000억원 또는 기준시가총액 1,000억원~2,000억원: 100만주 이상 • 자기자본 1,000억원~2,500억원 또는 기준시가총액 2,000억원~5,000억원: 200만주 이상 • 자기자본 2,500억원 이상 또는 기준시가총액 5,000억원 이상: 500만주 이상 4. 국내외 동시 공모법인은 공모주식수 10% 이상 & 국내 공모주식수 100만주 이상	좌동
	주주수	일반주주 700명 이상	좌동
	양도제한	발행주권에 대한 양도제한이 없을 것	좌동
경영성과요건(택1)	매출액 및 수익성	• 매출액: 최근 1,000억원 이상 및 3년 평균 700억원 이상 & • 최근 사업연도에 영업이익, 법인세차감전계속 사업이익 및 당기순이익 각각 실현 & • 다음중 하나 충족 1. ROE: 최근 5% & 3년 합계 10% 이상 2. 이익액: 최근 30억원 & 3년 합계 60억원 이상 3. 자기자본 1천억원 이상 법인: 최근 ROE 3% 또는 이익액 50억원 이상이고 영업현금흐름이 양(+)일 것	좌동

327) 한국거래소 홈페이지 참조

상장요건		일반회사	지주회사
	매출액 및 기준시가총액	• 최근 매출액 1,000억원 이상 & • 기준시가총액 2,000억원 이상 * 기준시가총액 = 공모가격 × 상장예정주식수	좌동
	기준시가총액 및 이익액	• 기준시가총액 2,000억원 이상 & • 최근 이익액 50억원 이상	좌동
	기준시가총액 및 자기자본	• 기준시가총액 5,000억원 이상 & • 자기자본 1,500억원 이상 • 기준시가총액 1조원[328]	좌동
안정성 및 건전성 요건	영업활동기간	• 설립후 3년 이상 경과 & 계속적인 영업활동 (합병 등이 있는 경우 실질적인 영업활동기간 고려)	좌동 (주요자회사의 실질적인 영업활동기간 고려)
	감사 의견	• 최근적정, 직전 2년 적정 또는 한정(감사범위 제한에 따른 한정의견 제외)	좌동 (개별 및 연결재무제표)
	매각제한 (보호예수)	• 최대주주등 소유주식 & 상장예비심사 신청전 1년 이내 최대주주등으로부터 양수한 주식: 상장후 6월간 • 상장예비심사 신청전 1년 이내 제3자배정 신주: 발행일로부터 1년간. 단, 그날이 상장일로부터 6월 이내인 경우에는 상장후 6월간	좌동 (금융지주회사의 경우 최대주주등 소유주식 매각제한 제외)

* 미래 성장형 기업의 특성 등을 고려하여 분기별 매출액 미달로 인한 상장폐지 실질심사를 상장일이 속하는 사업연도 및 그 다음 사업연도부터 연속하는 5개 사업연도에 대해 유예합니다.

2) (분할)재상장 요건

상장요건		일반재상장(상장폐지후 5년 이내 상장)	인적분할 재상장
규모 요건	기업규모	자기자본 300억원 이상	자기자본 100억원 이상
	상장주식수	100만주 이상	좌동
분산 요건 (모두)	주식수	다음 중 하나만 충족하면 됨 1. 일반주주 소유비율 20% 이상 또는 400만주 이상(다만, 상장예정주식수 4천만주 이상 기업은	해당 없음

328) 대규모 자금조달이 필요한 미래 성장형 기업의 원활한 상장을 지원하기 위해 시가총액 단독 상장요건(시가총액 1조원 이상)을 2021년에 신설하였습니다.

상장요건		일반재상장(상장폐지후 5년 이내 상장)	인적분할 재상장
		상장예정주식수의 10% 해당 수량) 2. 10% 이상 공모하고 자기자본 또는 기준시가총액에 따라 일정규모 이상 주식 발행 • 자기자본 500억원 ~ 1,000억원 또는 기준시가총액 1,000억원 ~ 2,000억원: 100만주 이상 • 자기자본 1,000억원 ~ 2,500억원 또는 기준시가총액 2,000억원 ~ 5,000억원: 200만주 이상 • 자기자본 2,500억원 이상 또는 기준시가총액 5,000억원 이상: 500만주 이상	
	주주수	일반주주수 500명 이상	
	양도제한	발행주권에 대한 양도제한이 없을 것	좌동
경영성과 요건 (택1)	매출액 및 이익 등	1. 최근 매출액 1,000억원 이상 2. 최근 사업연도에 영업이익, 법인세차감 전 계속 사업이익 및 당기순이익 각각 실현 & 3. 다음중 하나를 충족하면 됨 • ROE: 최근 5% 이상 • 이익액: 최근 30억원 이상	• 이전될 영업부문의 최근 매출액 300억원 이상 • 이전될 영업부문의 최근 이익액 25억원 이상
	매출액 및 기준시가 총액	최근 매출액 2,000억원 이상 & 기준시가총액 4,000억원 이상	해당 없음
안정성 및 건전성 요건	주된 영업의 계속연수	해당 없음	• 분할 등으로 이전된 주된 사업부문의 영업기간이 3년 이상일 것
	감사의견	최근연도 적정, 직전연도 적정 또는 한정 (단, 감사범위 제한으로 인한 한정의견은 제외)	• 이전될 영업부문에 대한 3사업연도의 매출액 및 이익 현황에 대한 감사인의 검토의견이 적정 • 분할 신설법인의 설립등기일 현재 재무상태표에 대한 감사인의 검토의견이 적정
	합병 등이 있는 경우	상장폐지 후 합병을 한 사실이 없을 것(소규모합병 제외)	해당 없음
	사외이사	지배구조요건에 미달되지 않을 것	• 사외이사 1/4 이상

상장요건		일반재상장(상장폐지후 5년 이내 상장)	인적분할 재상장
	감사위원회	• 사외이사 1/4 이상(자산 2조원 이상: 3명 & 과반수) • 감사위원회 설치 OR 감사위원 2/3 이상 사외이사(자산 2조원) • 사외이사 결원시 최초 주총에서 선임	(자산 2조원 이상: 3명 & 과반수) • 감사위원회 설치 OR 감사위원 2/3 이상 사외이사(자산 2조원)
	매각제한	• 최대주주등 소유주식: 상장후 6개월간 • 상장예비심사 신청전 1년 이내 제3자 배정 신주: 발행일로부터 1년간(단, 그날이 상장일로부터 6개월 이내인 경우에는 상장후 6개월간)	해당 없음

3) 코스닥시장 상장 및 기술성장기업 상장 요건

<table>
<tr><th rowspan="2">구분</th><th colspan="2">일반기업(벤처 포함)</th><th colspan="2">기술성장기업</th></tr>
<tr><th>수익성 · 매출액 기준</th><th>시장평가 · 성장성 기준</th><th>기술평가 특례</th><th>성장성 추천</th></tr>
<tr><td>주식분산
(택일)</td><td colspan="4">• 소액주주 500명 & 25% 이상, 청구후 공모 5% 이상(소액주주 25% 미만시 공모 10% 이상)
• 자기자본 500억원 이상, 소액주주 500명 이상, 청구후 공모 10% 이상 & 규모별 일정주식수 이상
• 공모 25% 이상 & 소액주주 500명</td></tr>
<tr><td rowspan="2">경영성과
및
시장평가
등
(택일)</td><td rowspan="2">• 법인세차감전계속사업이익 20억원 [벤처: 10억원] & 시총 90억원
• 법인세차감전계속사업이익 20억원 [벤처: 10억원] & 자기자본 30억원 [벤처: 15억원]
• 법인세차감전계속사업이익 있을것 & 시총 200억원 & 매출액 100억원 [벤처: 50억원]
• 법인세차감전계속사업이익 50억원</td><td rowspan="2">• 시총 500억원 & 매출 30억원 & 최근 2사업연도 평균 매출증가율 20% 이상
• 시총 300억원 & 매출액 100억원 이상[벤처: 50억원]
• 시총 500억원 & PBR 200%
• 시총 1,000억원
• 자기자본 250억원</td><td colspan="2">• 자기자본 10억원
• 시가총액 90억원</td></tr>
<tr><td>• 전문평가기관의 기술 등에 대한 평가를 받고 평가결과가 A등급 이상일 것</td><td>• 상장주선인이 성장성을 평가하여 추천한 중소기업일 것</td></tr>
<tr><td>감사의견</td><td colspan="4">최근사업연도 적정</td></tr>
</table>

구분	일반기업(벤처 포함)		기술성장기업	
	수익성 · 매출액 기준	시장평가 · 성장성 기준	기술평가 특례	성장성 추천
경영투명성 (지배구조)	사외이사, 상근감사 충족			
기타 요건	주식양도 제한이 없을 것 등			
질적 요건	기업의 성장성, 계속성, 경영의 투명성 및 안정성, 기타 투자자 보호, 코스닥시장의 건전한 발전, 업종별 특성, 고용창출효과 및 국민경제적 기여도 등을 종합 고려			

* 일반기업은 최대주주 등 지분매각제한이 상장 후 6개월인데, 기술성장기업은 상장 후 1년입니다.

4) 코넥스 시장 진입 요건

구분	내 용	비 고
주권의 양도제한	주식의 양도제한이 없을 것 * 다만, 법령 또는 정관에 의해 제한되는 경우로서 그 제한이 코넥스시장에서의 매매거래를 저해하지 인정되는 경우는 예외	
감사의견	최근 사업연도 감사의견이 적정일 것	
지정자문인	지정자문인 1사와 선임계약을 체결할 것	특례상장은 제외
중소기업 여부	중소기업기본법 제2조에 따른 중소기업에 해당될 것	
액면가액	100원, 200원, 500원, 1,000원, 2,500원, 5,000원 중 하나일 것	액면주식에 한함

5) 기술평가제도; 전문가 평가항목

구분 (대분류)	평가항목 (중분류)	주요 평가 사항
기술성	기술의 완성도	• 기술의 완성도 • 기술의 자립도 및 확장성 • 기술의 모방 난이도
	기술의 경쟁우위도	• 주력기술의 차별성 • 주력기술제품의 수명 • 기술개발 및 수상(인증) 실적 • 지식재산보유현황 • 연구개발 활성화 수준 • 연구개발 투자비중, 규모 및 적정성
	기술인력의 수준	• 기술경영 경험수준 • 기술경영 지식수준 • 기술경영 관리능력 • 주요 경영진의 전문성 • 주요 경영진의 사업 몰입도 • 최고기술경영자의 전문성 • 기술인력의 전문성
	기술제품의 상용화 경쟁력	• 기술제품의 생산역량 • 기술제품 상용화를 위한 자본조달능력 • 기술제품 판매처의 다양성 • 기술제품 판매처의 안정성 • 기술제품을 통한 부가가치 창출능력
시장성	기술제품의 시장규모 및 성장잠재력	• 주력 기술제품의 시장규모 • 주력 기술제품 시장의 성장성 • 주력 기술제품의 시장구조 및 특성
	기술제품의 경쟁력	• 기술제품의 시장지위 • 경쟁제품 대비 비교우위성

7 상장절차[329)]

1) 유가증권시장 상장절차

① 유가증권시장 상장절차 흐름도

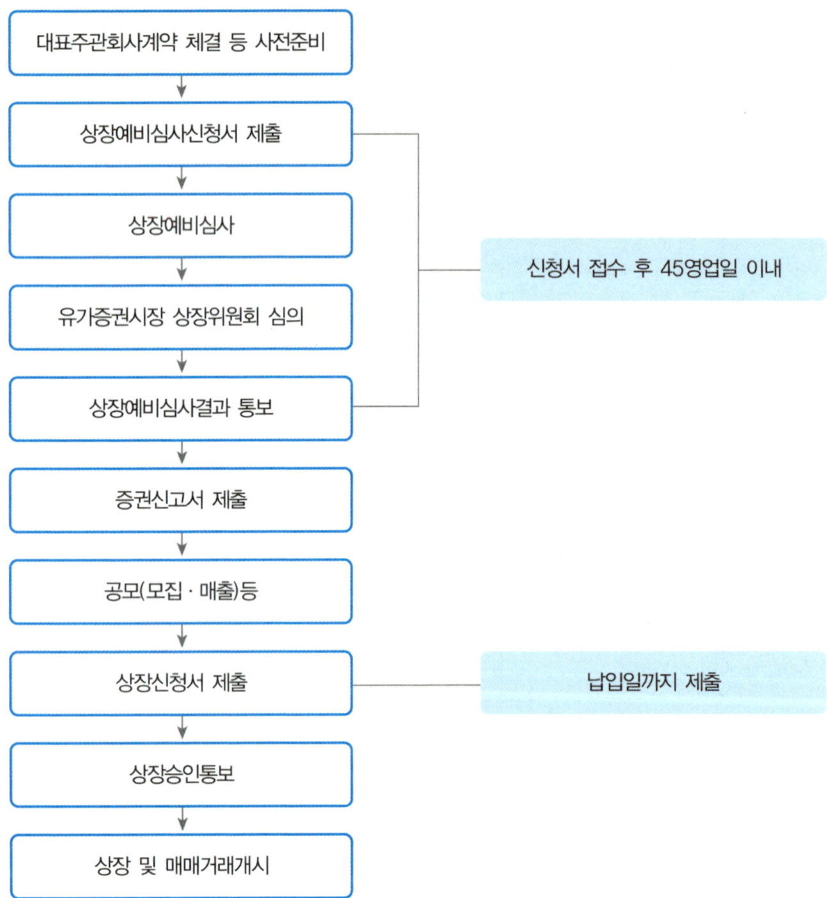

329) 한국거래소 홈페이지 참조

② 유가증권시장 상장 세부절차

세부절차		내용
선행절차	지정감사인 감사	증선위가 지정하나 회계감사인에 의하여 직전사업연도에 대한 감사
사전준비	대표주관회사계약 체결	대표주관회사 선임 및 계약 체결
	정관 정비	상장회사협의회에서 정한 표준정관 참고
	명의개서대행계약 체결	한국예탁결제원, 국민은행, 하나은행 중에서 선택 및 계약 체결
	우리사주조합 결성	
	유가증권시장본부 예비접촉	상장요건 및 일정 등에 관하여 협의
상장예비심사	상장심사신청	상장예비심사신청서 제출
	상장심사	계량적, 비계량적 요건 심사
	유가증권시장상장위원회 심의	상장 적격성 심의
	상장심사결과 통보	상장신청인과 금융위에 통보
공모	증권신고서 제출	금융위원회에 제출(수리후 15일 경과되면 효력발생)
	수요예측 및 발행가격 결정	수요예측후 인수회사와 협의하여 발행가격 결정
	청약·배정 및 납입	납입후 등기
	증권발행실적 보고	증권발행실적을 금융위에 보고
상장	상장신청	납입일까지 상장신청서 제출
	상장 및 매매거래 개시	

③ 유가증권시장 상장 시 제출서류

상장예비심사신청시 제출할 서류(유가증권시장 상장규정 시행세칙 별표 1·2)

- 상장예비심사신청서
- 최근 3사업년도 재무제표 및 이에 대한 감사보고서
- 최대주주 등이 소유하는 주식 등의 계속보유확약서
- 한국예탁결제원이 발행한 최대주주 등이 소유하는 주식 등의 보호예수증명서
- 당해 주권의 권종별 견양(예비상장심사신청 후 공모하는 경우 신규상장신청시 제출) 또는 명의개서대행기관이 발행한 통일규격증권발행증명서
- 법인 등기부등본
- 정관

- 최근 연도말 현재 주주명부 및 자본시장법 제316조 제1항의 규정에 의한 실질주주명부

상장신청시 제출할 서류(유가증권시장 상장규정 시행세칙 별표 3)

- 신규상장신청서(모집·매출완료일까지 제출)
- 상장명세서(직상장에 한함)
- 상장 계약서
- 당해 주권의 권종별 견양 또는 통일규격증권발행증명서
- 예탁자계좌부기재확인서(상장일 전일까지 제출)
- 주금납입을 증명하는 서류(납입완료후 지체없이 제출)
- 법인등기부등본(변경등기후 7일이내 제출)
- 증권발행실적보고서 사본(모집·매출완료후 지체없이 제출)
- 주식분포상황표(상장일 전일까지 제출)
- 명의개서 대행회사와 체결한 명의개서대행계약서 사본 등

2) 코스닥시장 상장절차

① 코스닥시장 상장절차

구분	주체	비고
외감법에 의한 외부감사 (지정감사인 지정)	발행사, 금감원, 회계법인	금융감독원 회계제도실
대표주관계약 체결	발행사, 증권사	금융투자협회 자율규제기획부에 계약서 등 제출(체결일로부터 5영업일 이내)
정관 정비 및 사전준비	발행사, 증권사	표준 정관으로 개정
기업실사 및 발행가액 분석자료 준비	발행사, 증권사	
명의개서대행기관 선정	발행사	국민은행, 하나은행, 한국예탁결제원
주권가쇄 계약	발행사, 가쇄소	
예비심사청구서 제출	발행사, 증권사	
예비심사청구서 검토	코스닥시장본부 상장심사팀	
청구기업 심의	코스닥시장상장위원회	상장위원회 상정
예비심사 승인	코스닥시장본부	
증권신고서 제출	발행사, 감독원	

구분	주체	비고
발행가액 결정	발행사, 증권사	
증권신고서 효력발생	-	수리 후 15일
청약	증권사	
배정	증권사	
신규상장 신청	발행사, 증권사	
증자 등기	발행사	
코스닥상장 승인	코스닥시장본부	
매매 개시	코스닥시장본부	

② 벤처기업의 기준[330)]

구분	기준	확인기관
공통기준	중소기업기본법에 의한 중소기업	
벤처투자기업	• 벤처투자기관으로부터 투자받은 금액이 자본금의 10% 이상일 것 • 투자금액이 5천만원 이상일 것 • 상기 1,2의 투자내역을 벤처확인요청일의 직전 연속하여 6개월 이상 유지할 것	한국벤처캐피탈협회
연구개발기업	• 기술개발촉진법 제7조 규정에 의한 기업부설연구소를 보유할 것 • 연간연구개발비가 5,000만원(창업 1년 미만 기업의 경우 2,500만원) 이상일 것 • 연간 총매출액에 대한 연구개발비의 합계가 5% 이상으로서 중기청장 고시 업종별 비율 이상일 것(창업후 3년이 경과하지 않은 기업은 적용하지 않음) • 연구개발기업 사업성평가기관으로부터 사업성이 우수한 것으로 평가받을 것	기술보증기금 중소기업진흥공단
기술평가보증·대출기업	• 기보의 보증 또는 중진공의 대출을 순수신용으로 받을 것 • 기보 또는 중진공으로부터 기술성이 우수한 것으로 평가받을 것 • 보증 또는 대출금액이 8천만원 이상이고, 당해기업의 총자산에 대한 보증 또는 대출금액 비율이 10% 이상일 것	기술보증기금 중소기업진흥공단

330) 벤처기업 확인은 기술보증기금에서 운영하는 벤처인(http://www.venturein.or.kr) 사이트에서 온라인으로 진행할 수 있습니다.

8 재무실사 체크리스트[331)]

주요 Checkpoint 예시	고려사항, To-do 사항 예시	필요자료 예시
	A. 계획단계	
거래 속성 파악	■거래 당사자에 대한 이해, ■거래의 성격 파악, ■실사 목적에 대한 이해	
대상에 대한 기본 사항 이해	■기초자료 검토, ■Business에 대한 이해, ■잠재적 이슈사항 파악	공시자료, 외부에서 입수 가능한 자료, 사전적으로 입수한 자료 활용
실사 계획 수립	■TFT 구성 및 업무 분장, ■실사 범위 및 일정 확인, ■평가에 적용될 가치평가방법 이해, ■To-do list, ■요청자료 리스트 작성	
	B. 일반사항	
연혁, 지배구조, 일반 사항 검토	■연혁, ■주소, ■정관, ■사규, ■제품/서비스에 대한 이해, ■결산월, ■주주현황, ■발행주식 및 권리 현황(CB, BW 우선주 등), ■거래은행 및 채무현황, ■신용등급, ■법률자문 현황, ■인허가 사항, ■특수관계자/계열사/투자-피투자 현황 등	등기부등본, 정관 및 사규집, 주주명부, 주주간 협약서, 계약목록, 이사회 및 주총 의사록, 회사 소개자료, 특수관계자 현황 등
산업 현황 검토	■산업현황, 성장성, 기술변화 및 전망, ■산업구조, ■경쟁자 현황, ■업계 관행	
사업구조 및 Value chain 분석	■사업구조에 대한 이해, 생산 및 서비스 흐름도 파악	
규제 사항 검토	■환경 규제, ■인허가 등 법적 규제 여부	
인사, 조직 현황 및 급여정책 검토	■조직 및 인원 현황, ■인력운용 계획 검토, ■급여 및 성과분배 내역, ■stock-option 계약 내역, ■퇴직급여 정책 및 설정 내역	조직도, 급여대장, 관련 계약서/협약서 등
영업사항 및 시장현황 검토	■주요 경쟁요소, ■SWOT, ■고객 추이, ■고객 확보 방법, ■향후 고객 유치 전략, ■관계사간 거래 현황, ■계절성 여부, ■판매 계약의 형태	제품별/고객별 판매 현황, 판매 계약서, 전략보고서, 관계사 거래 현황 등
통제활동 검토	■내부통제 활동의 적정성, ■예산 작성 절차 및 신뢰성	내부통제 기술서 및 검토보고서, 예산-실적 비교 자료

331) 기업가치평가와 재무실사, 삼일인포마인 참고

주요 Checkpoint 예시	고려사항, To-do 사항 예시	필요자료 예시
	■담보제공 및 사용제한 자산 여부, ■지급보증 내역 검토, ■내부거래 내역 검토	담보/사용제한/지급보증 현황, 내부거래 내역서
경영진 보고 사항 및 KPI 검토	■경영진 보고자료 검토(영업실적 현황 등), ■KPI 분석자료 검토, ■중점 관리 Point 검토	경영진 보고서, KPI 관리 보고서
C. 기본재무정보		
분석적 검토(BS)	■주요 비율 및 추세 분석(이익률, 성장률, 비중, 회전율 등), ■증감분석, ■재무정보 상호관계 분석, ■재무-비재무정보 관계 분석	과거 3~5개년 재무제표, 결산명세서, 계정원장, 제조원가명세서, 월별/분기별 결산 자료, 예산 또는 사업계획서, 투자계획서
분석적 검토(IS)	■주요 비율 및 추세 분석(이익률, 성장률, 비중 등), ■재무정보 상호관계 분석, ■재무-비재무 상호관계 분석, ■동종 업종 비율과 비교 분석	
실질 순자산 검토	■비경상적/일시적 발생 항목 검토, ■과대/과소계상 내역 검토(자산의 실재성, 금액의 적정성, ■부채의 완전성 등), ■사용제한/담보제공 자산, 투자내역 및 투자 필요액 검토	
지속가능한 정상적 손익 분석	■비경상적/일시적 발생 항목 검토, ■지속가능한 정상적 이익수준 검토	
회계정책 및 관리회계 검토	■정책의 타당성 및 일관성, ■인수자와의 차이 검토, ■관리회계와 차이 및 관리회계 중점사항 검토	
D. QoA(재무상태표)		
현금 등가물 실재성 및 평가 적정성	■금융기관별 잔액 확인, ■운용 실적 파악, ■비경상적으로 이자가 높거나 낮은 항목 파악, ■필요현금수준 검토, ■사용제한 현금, ■시가평가 내역	금융기관조회서, 잔액확인서, 어음/수표 현황
매출채권 적정성, 회수가능성	■비경상적/일시적 변동 항목 검토, ■채권잔액의 적정성(정상적 수준의 운전자본, 회전율 분석), ■기간귀속 적정성, ■기준일 이후 회수 내역, ■매출계약 및 회수정책 검토, ■동업종과 비교(거래조건, 회수기간 등), ■과거 매출채권 제각 내역, ■매출채권 연령분석, ■회수가능성/대손충당금 설정 합리성, ■매출채권 할인내역, ■매출채권 구성내역 및 추이 분석, ■외화환산 적정성 검토, ■장기매출채권 현재가치 할인 적정성 등	매출채권 연령분석표, 대손충당금 설정 총괄표, 제품별/고객사별 매출채권 내역 등

주요 Checkpoint 예시	고려사항, To-do 사항 예시	필요자료 예시
적정 재고자산 수준 및 관리, 평가	■적정 재고수준, ■회전율 분석, ■장기체화재고, ■진부화 정도 검토, ■위탁/타처보관 재고, ■원가계산Logic 파악, ■원가구성항목 검토, ■원가동인 분석, ■생산량 및 출하량 검토, ■평가내역 검토(시가 검토), ■필요시 재고자산 실사	재고수불부, 사이트별 재고현황, 재고자산연령분석표, 재고자산평가내역서, 재고실사보고서 등
지분증권 보유 목적 및 평가	■보유 목적 검토, ■(시가)평가의 적정성(손상 여부), ■관계사간 거래내역 분석, ■배당정책, ■수익인식 방법	시가평가보고서, 매매계약서, 내부거래 내역
유형자산 Capability (생산능력 및 정상적 수준의 필요 투자 규모)	■유형자산의 사용현황(생산내역 등), ■증감분석, ■감가상각 내역검토(상각방법, 내용연수, 잔존가치 등), ■취득/처분 내역검토, ■금융비용 자본화 내역 검토, ■건설중인 자산의 목적/진행현황/자산성/향후 지출예상액 검토, ■재평가여부 및 시가(손상 여부), ■운휴자산 존재여부, ■담보/사용제한 여부, ■보험가입내역, ■자산의 노후화/생산성(매출 계획을 뒷받침할 수준의 자산 보유 여부), ■수익적/자본적 지출 내역, 향후 투자계획	유형자산 관리대장, 취득/처분 계약서, 부동산 등기부등본, 감가상각명세서, 감정평가보고서 또는 공시지가, 임대차 계약서 등
	■금융리스/운용리스의 리스조건 검토, ■회계처리의 적정성	리스자산 목록, 리스계약서 등
무형자산의 권리 및 자산성	■보유 무형자산의 권리 및 사업에 미치는 영향, 회계정책(내용연수, 평가방법, 상각방법 등), ■산업의 특성과 비교, ■개발비 등의 자산성(자본화 적정성), ■손상 여부, ■상각 적정성, ■소유권 및 소송 여부, ■국고보조금 수령 및 사용 내역, ■향후 투자계획	무형자산관리대장(특허권/라이선스 등 무형자산리스트), 취득/처분 계약서, 등록증 등
기타자산에 대한 자산성 및 회수가능성	■내역파악, ■변동요인 분석, ■회전율, ■증감내역, ■실재성, ■회수가능성, ■평가의 적정성, ■계약서 검토, ■경상적/지속적 발생 여부 검토	계약서 등
매입채무 완전성 및 지급정책	■비경상적/일시적 변동 항목 검토, ■채무잔액의 적정성 및 완전성(정상적 수준의 운전자본, 회전율 분석), ■기간귀속 적정성, ■기준일 이후 지급 내역, ■매입계약 및 지급정책 검토, ■동업종과 비교(거래조건, 지급기간 등), ■회수가능성/대손충당금 설정 합리성, ■매입채무 구성내역 및 추이 분석, ■외화환산 적정성 검토, ■장기 미지급매입채무 내역, ■관계사간 거래 내역	거래처 목록, 매입채무 연령분석표, 품목별/고객사별 매입 및 매입채무 내역, 매입계약서 및 구매조건 등

주요 Checkpoint 예시	고려사항, To-do 사항 예시	필요자료 예시
차입금 및 사채의 완전성 및 조건	■차입 목적 및 차입 약정 사항, ■특약사항 여부, ■담보여부, ■상환스케줄, ■지급여력, ■여신한도, ■변동내역, ■이자계상 적정성, ■외화환산, ■환위험/이자위험의 헤지 등 파생거래 분석 등	차입약정서, 금융거래조회서, 은행연합회 조회, 파생거래계약서 등
	■주주/임직원에 대한 차입금/대여금 존재 여부, ■발생원인 및 적정 이자 수취여부, ■지급 및 회수 관리 현황	기간별 차입-대여 명세, 약정서 등
퇴직급여 정책	■퇴직급여 정책, ■기간별 주요 변동 내역, ■설정 내역 및 설정 기준 검토, ■M&A가 미치는 영향 검토	인원별 퇴직급여 설정 내역서
기타부채의 완전성	■미지급급여/이자/배당/법인세 등의 적정 계상 여부, ■주주-임원-종업원 등에 대한 부채, ■손해배상 및 소송관련 부채의 계상 여부, ■하자보수/판매보증/반품 등 필요한 충당금 설정 사항 검토, ■장기 채무 내역 및 위험	
우발부채 발생 위험	■계약/소송/주요 자산의 취득-처분 관련 계약서/이사회 및 주주총회 의사록/법률자문 변호사 등을 통해 우발채무 발생 가능성 검토, ■파생거래 내역 검토, ■담보제공/지급보증 내역 검토, ■금융거래 조회서 등을 통한 검토, ■클레임의 내용 및 빈도, ■세무조사/공정거래위원회 등의 조사 내역 검토, ■기타 계약서/약정사항 검토	계약서 목록, 담보/지급보증 목록, 조회서, 은행연합회 자료, 주주총회 및 이사회의사록 등
자본의 구성 현황	■증감내역 검토, ■발행주식 현황, ■배당/의결권/상환권/전환권 등이 부여된 주식 여부 및 관련 조건 검토, ■배당내역 및 자기주식 내역, ■Stock-option 부여 내역, ■우리사주 정책 및 대출 내역, ■M&A가 주주구성에 미치는 영향	주주간 약정서, 투자약정서 또는 관련 계약서 등
E. QoE(손익항목)		
매출 Key driver 및 성장성	■매출 Key driver 파악, ■제품별/시장별/거래처별 매출 내역 분석(수익성, 성장성, 지속가능성 등 검토), ■매출 계약서 및 거래조건 검토, ■매출 경쟁 현황 및 경쟁 요인 검토, ■시장점유율 추세 및 시장규모 분석, ■관계사간 거래 내역, ■매출과 부가세공급가액 비교 검토, ■환산	매출 현황 분석 자료, 산업 분석 및 전망 자료, 수주 및 계약현황, 주요 매출 계약서, 제품별 단가 및 판매수량 등

주요 Checkpoint 예시	고려사항, To-do 사항 예시	필요자료 예시
매출원가 변동요인 및 수익성	■원가계산 logic 검토, ■원가구성항목 검토 및 추세분석, ■원가구성항목 변동요인 검토, ■고정비 발생원인 및 투자현황, ■간접비용 배부기준 검토, ■매입조건 검토, ■원재료 등 단가 추세 분석, ■로열티 지급 여부 및 지급 조건 검토, ■동업종 원가율과 비교	원가명세서 또는 BOM (자재명세서), 거래처별/품목별 매입리스트, 매입계약서
판매관리비 변동요인 및 수익성	■항목별 구성비율 및 추세분석, ■주요 항목 증감 분석 및 세부 내역 검토, ■항목별 변동요인 분석, ■비경상 항목여부 파악	
영업외 손익의 지속성	■항목별 발생 사유 및 변동 원인 분석, ■계상 내역의 적정성 확인, ■타계정과의 연관성 검토, ■계속적 발생 가능성 검토	
법인세 비용	■유효법인세율 및 한계법인세율 검토, ■이월결손금 등 내역 검토, ■세액공제 등 특례의 지속적 적용 가능성 검토, ■세무관련 우발부채 존재 여부 검토, ■이연법인세자산/부채 적정성 검토	
F. Cash flow		
현금 창출능력 및 필요현금	■EBIT/EBITDA 추세 분석, ■운전자본 추세분석, ■영업현금/투자현금/재무현금흐름 추세 분석, ■현금흐름 계절성 분석, ■필요현금 분석, ■향후 투자계획 검토, ■차입계획 및 목표자본구조 검토	
비영업 현금흐름	■비영업자산/부채 관련 현금흐름 내역 및 평가 적정성 검토	
G. 세무		
세액 신고의 적정성	■법인세/부가가치세/지방세 등 신고의 적정성, ■특수관계자 거래 내역의 적정성, ■세액공제/감면사항의 지속적 적용 가능성, ■세무조정사항이 평가에 미치는 영향	과거 5개년 세무조정계산서, 부가가치세 신고서, 원천징수신고서, 국세/지방세 완납 증명서
세무관련 부채 계상의 적정성	■잠재적 세무 부채 존재 여부, ■실사조정 사항이 세무에 미치는 영향	
조사, 소송, 분쟁 현황 및 잠재적 이슈	■세무조사 내역, 소송 내역, ■분쟁 가능 항목 및 위험 검토	

주요 Checkpoint 예시	고려사항, To-do 사항 예시	필요자료 예시
M&A 거래의 영향	■거래과정에서 발생할 수 있는 과세문제, ■거래 전후 상황의 변화로 발생 가능성 있는 과세 문제 검토	
	H. Reporting	
목적 적합한 보고	■QoE(이익의 질)분석, ■QoA(실질순자산, 자산 부채의 과소/과대 조정사항)분석, ■현금흐름 분석, ■M&A 적합성 분석, ■PMI 관련 이슈 분석, ■기회 및 위험 분석 사항 등	

9 M&A 용어 모음

용어	설명
A & D(Acquisition & Development)	기업을 인수한 후 피인수기업의 보유 기술 등의 적용범위를 넓히고 기술을 상용화하는 방식으로 가치를 높이는 방식의 M&A
Anchor LP (앵커 투자자)	여러 투자자들이 함께 투자하는 경우, 그 중에서 가장 비중이 크면서 딜과 관련된 핵심적인 의사결정을 하는 투자자
Back End Rights Plan (매도권 계획)	매수 기업이 일정 비율 이상의 주식을 인수할 경우 주주 등이 그들이 보유한 주식을 현금, 사채, 우선주 등으로 교환해 줄 것을 발행 기업에게 청구할 수 있는 권리
Backdoor Listing (우회상장)	비상장회사가 상장법인(거래소, 코스닥)과 합병, 영업양수도, 주식의 포괄적교환, 자산양수도 등을 통해 M&A를 진행 한 뒤 별도의 기업공개(IPO)를 거치지 않고 상장법인으로 바뀌는 방식
Basket	손해가 일정 금액(Basket amount)를 초과하는 경우에만 전체 금액을 배상하는 조항
BATNA	(Best Alternative To a Negotiated Agreement) BATNA는 협상을 통해선 합의가 불가능할 경우, 협상당사자들이 생각할 수 있는 최선의 대안
Binding offer (구속력 있는 제안서)	법률적인 책임을 져야 하는 제안서
BO(Break out) Session	대상회사 담당 임직원과 현장(혹은 유선) 인터뷰를 진행하는 절차
Boutique	소수의 M&A 전문가들로 구성된 M&A 중개기관으로 금융자문, 자체 자금 조달을 통한 투자까지 다양한 역할을 수행

Bridge financing	M&A에 소요되는 자금은 대규모 자금이 소요될 수 있고 이러한 자금의 조달은 단기간에 이루어질 수 없기 때문에, 소요자금의 필요시기와 자금조달의 시기의 차이에 제공되는 금융을 말함
Bustup Takeover (버스트업 인수)	대상 기업의 자산의 일부 또는 전부를 처분한 후 수행되는 인수
Buy-out	적극적인 경영참여를 목적으로 경영권을 획득하게되는 M&A 거래
Buy-side DD	잠재적 투자자가 투자목적으로 대상회사를 실사하는 것
CA (Confidential Agreement)	비밀유지 확약서(NDA와 같은 의미로 사용됨)
Cap(면책배상한도)	면책 및 손해배상의 한도를 일정금액 또는 매매대금에 대한 일정비율로 제한하는 조항(예: 매매대금의 10%)
carry	PEF 만기 후 청산을 하면서 실적에 따라 PEF 운영회사인 GP에 지급하는 성과급에 해당하는 수수료
carve out (손해배상 예외사유)	손해배상 시 제외하기로 사전에 약속하는 내용
Carved-out deal	일부 사업부를 분리하여 매각하는 방식의 거래
Change of control	경영권이 변동되면 계약이 종료되거나 상대방의 사전동의를 받도록 하는 계약조건
Closing deliverable	거래 종결시에 전달해야 하는 서류
Club deal	공동 투자를 진행하는 여러 투자자가 한 번에 동일한 계약서로 계약을 진행하는 방식
CoC(change of control)	경영권 변동
Consortium (컨소시엄)	M&A에서 대상회사를 인수할 때 두 개 이상의 연합체가 공동으로 인수하는 경우 해당 연합체
Covenant	계약서상에 포함되는 약정사항. 장래에 어떤 행위를 하거나 하지 않겠다는 약속
Cross-border M&A	해외 기업과의 M&A
Crowd Funding	크라우드 펀딩이란 창업초기기업, 영세중소기업, 사회적기업 등 특정한 목적으로 설립된 기업 등이 불특정 대중으로부터 소액의 자금을 인터넷을 통해 모집하는 것
DA(Definitive Agreement)	본계약
Deadlock (교착상태)	교착상태. 합작투자회사에서 합작 당사자들 사이에 중요한 사안에 대하여 의견 불일치가 발생하여 합작 관계를 지속할 수 없는 상태
Debt Financing	차입을 통한 자금조달

Debt free & cash free	현금과 차입금이 전혀 없는 것을 전제하여 가치를 평가하는 것 대상회사 혹은 대상사업의 가치를 평가할 때 순현금과 순부채의 영향을 배제하여 평가하고, 이후 정산도 순현금과 순부채를 배제하고 정산하는 방식
Deductible	손해가 일정 금액(Basket amount)를 초과하는 경우 그 초과금액에 대해 배상을 하는 조항
De-Minimis (일정금액 이상 배상 조항)	손해배상이 요구되는 각 사안별로 일정 금액 이상의 손해가 발생한 경우에만 배상하기로 약속한 조항. 즉, 개별 건 기준으로 일정금액 미만인 경우에는 손해배상 청구를 하지 못하도록 하는 조항(Basket 이나 deductible 산정시에도 포함하지 않은 경우가 많음)
Disclosure Schedule	공개목록. 예를 들어 대상회사를 상대로 한 소송이 없다는 진술 및 보장을 제공하는 경우이지만, 실제로 진행되고 있는 소송이 있다면, 이를 매수인에게 공개목록을 통해 알리게 될 경우에는 해당 진술 및 보장을 위반하지 않게 됨
Drag along (동반매도청구권)	주주간 약정을 맺은 주주(a)가 지배주주 등(b)에게 (a)+(b)를 합하여 제3자게에 매각할 것을 요구할 수 있는 권리
Dry powder	펀드의 미소진액. 즉, 투자를 많이 받았으나 아직 투자처가 정해지지 않아 잔액이 남아 있는 경우 해당 금액
Due Diligence (DD, 실사)	실사는 M&A를 위한 대상회사의 이해를 목적으로 회사에 대해 충분히 파악할 수 있도록 하는 절차. 대상회사에 대한 세부적인 사항을 점검하고 가치를 평가하는 과정으로, 재무실사, 세무실사, 회계실사, 법률실사, 마케팅 및 영업실사, 기술실사, 인력 및 영업실사, 환경실사 등 다양
Earn Out (성과연동분납)	M&A거래가 종료된 이후에 M&A 거래대금을 나누어 지급하는 매도자금융(Seller's Financing) 형태의 대금지급 방식. 사후 정산방식의 하나로 인수후 일정기간이 지난 성과를 토대로 잔여 인수대금을 정산하는 방식
EBO(Employee buyout)	종업원에 의한 경영권 인수 거래
Equity Financing	자본(주식 등의 발행)을 통한 자금조달
Escrow Account	금전 예치, 임시 보관 계좌
Exclusivity	독점적 교섭권
FDD(재무실사)	Financial Due Diligence
FI(Financial Investor)	재무적 투자자
First Refusal right (우선매수권)	주식을 양도하려는 주주가 제3자가 제시하는 조건대로 먼저 회사나 기존 주주에게 자신의 주식을 매수할 권리를 부여하는 것

용어	설명
Golden Parachute (황금낙하산)	적대적 M&A 공격으로 인해 기존 경영진이 임기만료 이전에 강제로 퇴임할 경우, 거액의 퇴직금 지급 조건을 정관에 삽입함으로써 부담을 주려는 적대적 M&A 방어기법
GP(General Partner)	무한책임사원으로 통상적으로 PEF 구성원 중 투자 기획, 운영, 회수 등 전 단계를 관리하고 실행하는 주체가 되는 회사를 말함
Green Field Investment	신규 설립 투자
Hold back	지급유보
Hybrid securities	주식과 채권의 성격을 모두 보유한 형태의 상품
IM(Information Memorandum)	회사소개서(투자 안내서). Teaser보다는 회사에 대한 많은 정보가 포함됨
Inbound M&A	해외기업이 국내에 투자하는 M&A
Indemnification	손해배상
Indicative offer	예비입찰제안서
Inorganic growth	M&A를 통해 성장을 하는 방법과 같은 외적 성장
Invitation Package	M&A과정에서 공개입찰 등의 경우에는 회사를 소개하고 입찰에 응하기위해 필요한 자료들을 잠재적 인수자들에게 제공하는데, 이를 Invitation Package라고 하며, Invitation letter, LOI, 회사소개서, CA/NDA등이 포함됨
LBO(leveraged buyout)	인수자금의 대부분을 차입을 통해 조달하여 매수하는 방식
Lehman Formula (레만방식)	M&A 거래가액이 낮으면 높은 비율의 수수료율(%)을 책정하고 거래가액이 높아질 수록 낮은 비율의 수수료율(%)을 책정하는 M&A 중개자문 수수료를 결정하는 방식
Leveraged Buy-out (차입매수)	대상회사의 자산 또는 미래 수익창출 능력을 담보로 대부분의 인수자금을 빌려오는 M&A 자금조달 기법으로 법률적 문제가 있을 수 있음에 유의해야 함
LOC(Letter of Commitment)	투자(인수)확약서. 인수의향서(LOI)와 다르게 단지 의향에 그치지 않고 투자(인수)를 공식적으로 약속하는 것으로 내용에 대한 법적인 효력을 갖는다.
Lock up period	일정기간 주식을 제3자에게 양도하지 못하도록 하는 약정에 따른 양도금지 기간
Lock-box mechanism	실사기준일(Lock-box date)에 대상회사의 가치변화 위험을 모두 매수자에게 이전하여 사후정산이 이루어지지 않은 형태의 거래방식. Lock-box date는 실사기준일이면서 인수자에게 경제적 이익과 위험이 모두 이전되는 날임
LOI(Letter of Intent)	인수의향서

LP(Limited Partner)	유한책임사원으로 통상 PEF의 재무적 투자자로 참여하지만 운영 등에는 참여하지 않고 단순히 자금을 지원하는 투자자를 말함
MAC	Material Adverse Change. '중대악화사유' 또는 '중대한 부정적 변화'. MAC/MAE는 보통 이런 중대하게 나쁜 변화가 '없다면' 그러한 사유 변화로 진술 및 보증을 위반한 것은 아니라는 맥락에서 주로 사용됨
MAE	Material Adverse Effect. '중대악화사유' 또는 '중대한 부정적 변화'. MAC/MAE는 보통 이런 중대하게 나쁜 변화가 '없다면' 그러한 사유 변화로 진술 및 보증을 위반한 것은 아니라는 맥락에서 주로 사용됨
Mandate	주선위임, 주간업무를 하는 독점적 지위
Markups	계약서의 초안 작성 후에 이루어지는 거래 상대방이 이견
MBO (Management buyout)	경영자에 의한 경영권 인수 거래
Merger Filing	기업결합신고
Mezzanine Financing (메자닌파이낸싱)	인수금융의 한 방식으로 주식과 채권의 성격을 모두 보유한 형태의 자본조달을 의미함. 회사채나 금융기관 대출과 같은 선순위채권을 발행하는 자금조달 방식과 보통주, 우선주 등을 발행하는 자금조달 방식의 중간 형태에 해당하는 M&A 자금조달 기법
Miscellaneous	기타사항
MOU (Memorandum of Understanding)	약해각서 본계약에 이르기 전에 잠정적으로 합의를 이룬 내용에 대한 정리와 합의 내용을 준수하여 지속적인 협력을 통해 본계약까지 체결하기위해 필요한 사항 등을 정리한 문서
MP Session (경영자 인터뷰)	매도자 측의 경영진과 숏리스트에 오른 후보자간 이뤄지는 절차로 잠재적 인수후보자들은 제공된 자료로 해결되지 않은 궁금점을 묻고 매각자는 각 인수후보자의 인수 의지를 확인하는 자리임
Multi Closing	1차적으로 투자자가 먼저 투자를 진행한 뒤, 이후 다른 투자자가 비슷한 조건으로 추가로 공동 투자를 진행하는 방식
NDA(Non disclosure agreement)	비밀유지 확약서(CA와 같은 의미로 사용됨)
No Shop Provisions (노샵 조항)	대상기업이 특정인을 제외한 어떠한 매수자와도 매도협상을 하지 않을 것임을 약속하는 계약
Non binding offer	구속력 없는 제안서
Non compete	경업금지
ordinary course of business	통상적인 사업과정으로서의 회사 운영
organic growth	내적 성장, 신규사업을 Green field 투자를 진행하는 것

Outbound M&A	국내기업이 해외에 투자하는 M&A
PEF(Private Equity Fund)	PEF는 여러 투자자의 자금을 펀드 형태로 모아서 운용하는 것으로 펀드를 운용하는 사람을 "Fund Manager"라고 하고, 이러한 서비스를 전문적으로 제공하는 집단을 "PE(Private Equity Firm)"라고 함
Poison Pill(독약조항)	대상기업이 적대적 M&A 위협에 처할 경우 대상기업의 기존 주주들에게 액면가 이하의 낮은 가격으로 신주를 인수할 수 있는 권리를 부여하는 등의 특수한 권리나 유가증권을 통해 적대적 인수자의 잠재적인 인수비용을 높이고 적대적 인수자의 지분율도 낮추는 경영권 방어기법
Post deal value (or Post money value)	투자(유상증자 등)가 이루어지 후의 기업가치
Post Merger Integration(PMI, 통합)	M&A 후 이루어지는 통합 M&A 종료 후, 인수기업과 피인수기업의 물리적 통합과 화학적 통합을 성공적으로 마무리 하는 과정
Post-Closing Adjustment	실사 등을 통해 평가기준일과 거래종결일 사이에 발행한 가치변화 또는 순자산등의 변화를 파악하고 이를 바탕으로 거래 가격을 조정하는 방법
Post-Closing Covenants	거래실행 후의 약속사항으로 거래실행(Closing) 이후에 계속 지켜져야 하는 약정내용. 예를 들어 주식양수도의 경우 이행과 동시 또는 그 즉시 기존 경영진 교체를 위한 주주총회/이사회 절차 실행 또는 대금의 후속 정산 등 절차 이행 등
PPA (Purchase Price Allocation)	사업결합원가배분은 취득자가 피취득자산을 회계처리할 때 사업을 취득한 대가를 취득한 자산의각 자산 및 부채별로 배분하여 회계처리하는 것
Pre deal value (or Pre money value)	투자(유상증자 등)가 이루어지기 전의 기업가치
Pre IPO	Pre-IPO는 기업공개, 즉 상장 전 단계에서 투자자들의 자금 유치를 받는 것을 의미함
Pre-Closing Covenants	거래실행 전 약정사항으로 본 계약 체결 이후 종결일 전까지 통상의 업무를 제외하고 거래 대상에 변화를 주어서는 안 된다는 약정내용. 예를 들어 매도인/회사: 통상적인 사업과정으로 회사 운영(ordinary course of business)/경영진 및 정관 변경 등을 위한 주총소집/정부인허가 기타 선결조건 이행 등, 매수인: 인수금융/ 정부인허가 기타 선결조건 이행
Pro-rata Investment Right(증자참여 우선권)	투자대상 기업이 제3자배정 유상증자를 할 경우에도 투자자가 지분율에 비례하여 참여할 수 있는 권리를 갖는 것

QoA (Quality of net Asset)	자산부채의 건전성 분석
QoE(Quality of Earnings)	이익의 질, QoE는 지속가능한 경상적인 이익수준을 의미함. 일시적이거나 비경상적인 손익을 제거한 경상적인 이익수준을 분석
RCPS (Redeemable Convertible Preferred Stock)	전환상환우선주
Representations & Warranties	진술과보장. 계약서상에 M&A 거래 당사자가 이해하고 있는 거래사실을 '명확히 진술'하고 '틀림없음을 보장'하는 것
Sandbagging	계약 당시 이미 알고 있었던 사항에 대해 진술보증 위반으로 인한 손해배상청구를 하는 것. 이러한 사항을 계약서에 명시한 조항이 Explicit sandbagging clause 또는 Pro-sandbagging clause임. 반대로 계약 당시 이미 알고 있었던 사항에 대해서는 배상청구할 수 없다고 명시한 규정을 Anti-sandbagging clause라고 함
Sell-down	M&A금융계약체결 시점에 계약체결이 가능한 대주만 계약을 체결하고, 그 이후에 대주단결성을 위하여 기타의 사유로 금융계약상 지위 및 이에 수반하는 권리와 의무의 양도나 대출채권의 양도가 이루어지는 것
sell out	소수주주가 지배주주에게 매수를 청구하는 것
Short-list	선정기준에 따라 인수대상 기업을 몇 개의 후보군으로 압축한 것을 Short-list라고 함
SI(Strategic Investor)	전략적투자자
SPA(Sales and Purchase Agreement)	주식매매계약서
SPAC(Special Purpose Acquisition Company)	자금을 조달하여 해당 자금으로 비상장기업을 인수합병해 상장시키는 것을 목적으로 하는 명목 회사(Paper company)
squeeze-out	수주관리비용 절감 등을 목적으로 소수주주의 지분을 매입하는 것
Stalking horse bidding(스토킹호스)	스토킹호스 방식은 유력한 인수후보자를 사전에 확보한 후 공개입찰 경쟁을 진행하는 방식
Standstill	일정기간 거래 금지
Stock Option Pool	스톡옵션 발행의 상한을 두는 것(투자자의 지분희석 방지 조항)
Tag along(동반매도권)	주주간 약정에 따라 지배주주 등이 보유지분을 매각할 때, 약정을 맺은 다른 주주도 동일한 조건으로 보유 주식을 팔 수 있는 권리
Tapping	인수자와의 초기 접촉
Target selection	인수대상 기업의 선정

Teaser	회사소개서(간략한 투자 안내서)
Term sheet	계약조건의 기본적인 사항을 서면으로 정리한 문서
Termination	해제
Threshold	각 건별로 일정 금액 이상의 손해가 발생한 경우에만 이를 배상한다는 조항에서 일정 기준 금액
TOB (공개매수, Takeover bid)	일정한 기간 동안 인수 대상회사의 주식을 특정한 가격에 매수하겠다는 의사를 대상회사의 주주들에게 공개적으로 권유하여 매입하는 것
TRS(Total Return Swap)	자산의 매도자가 투자자에게 자산을 매각한 후 해당 자산으로부터 발생되는 수익을 매도자에게 귀속하는 대신 투자자에게 일정 수익률을 보장하는 상품
VC(Venture Capital)	벤처캐피탈
Vendor's DD	매각자가 잠재적 투자자를 위해 실시하며, 객관성 확보를 위해 외부 전문가를 통해 수행
Vulture Fund(벌처 펀드)	파산기업의 채무증권 등을 값싸게 매입해 주요 채권자가 되고 난 후에 파산기업을 회생시켜 자본차익을 남기는 인수 기금
W&I(Warranty and Indemnification)	진술보증보험. 매도인의 진술과 보장으로 인한 손해배상을 보험회사가 대신 부담하는 보험상품
ZOPA(Zone of Possible agreement)	협상에서 합의 가능 지대를 의미하며, 협상에서 양측 모두가 받아들일 수 있는 모든 가능한 결과의 집합을 의미함
교환사채 (Exchange Bond)	사채 발행회사가 보유하고 있는 다른 회사 주식으로 교환 할 수 있는 권리가 부여된 사채
냉각기간제도 (Cooling off Period)	적대적 M&A 시도 등이 있는 경우 일정기간 동안 추가 주식취득과 의결권행사를 금지함으로써 기존 경영진과 투자자에게 적대적 M&A에 대응하고 그 가능성에 대하여 숙지할 수 있는 기간을 부여하는 제도
데모데이(Demoday)	스타트 업(Startup) 기업이 투자자들에게 서비스나 제품 등을 소개하는 행사
매도자금융 (Seller's Financing)	매각회사의 현금흐름 또는 인수자가 회사채 등의 채무증서를 발행해 매각회사로부터 인수자금을 빌리는 자금조달 방식
면책배상한도(cap)	면책 및 손해배상의 한도를 일정금액 또는 매매대금에 대한 일정비율로 제한하는 조항(예: 매매대금의 10%)
모집과 매출	모집은 신규로 발행되는 증권의 취득청약을 권유하는 것이고, 매출은 이미 발행된 증권의 매도청약이나 매수청약을 권유하는 것임.

백기사 전략 (White Knight Strategy)	외부에서 적대적 M&A 공격이 들어올 경우 방어회사 측에 우호적인 제3의 인수 가능 세력(백기사)을 물색해 대상 세력에게 방어회사의 경영권을 넘기는 전략
블라인드 펀드 (Blind fund)	일반적으로 펀드는 투자대상을 정한 후에 자금을 출자 받지만, 블라인드 펀드는 자금 출자를 미리 받고 이후에 투자처를 찾아서 투자하는 방식임
비상장대법인	상장법인과 비상장법인이 합병 등을 할 때 자산총계, 자본금, 매출액 중 두가지 이상이 상장법인보다 더 큰 비상장법인을 비상장대법인이라고 함
선행조건 (condition precedent)	M&A 계약 종결을 위해 먼저 실행해야 할 계약 조건
세컨더리 펀드 (Secondary fund)	인수 타깃 기업의 지분을 해당 타깃에게서 직접 인수하는 것이 아니라, 해당 지분을 들고 있는 다른 투자자로부터 지분을 인수하는 펀드
시리즈 A투자	창업 벤처기업이 시제품을 개발하여 제품으로 발전시키는데 소요되는 자금을 투자하는 단계
시리즈 B투자	시장에서 어느 정도 성공 가능성을 인정받은 창업 벤처기업이 제품의 최종 버전, 즉, 판매가능한 제품을 만들기 위해 필요한 자금을 투자하는 단계
시리즈 C투자	제품 출시 후 수익이 창출되어 안정적인 이익을 발생될 때까지 소요되는 자금을 투자하는 단계
시장매집(Market Sweep)	인수대상 기업의 주식을 시장 등에서 지속적으로 매수해 가는 방법
신주인수권사채 (Bond with Warrant, BW)	일정 가격에 신주를 별도로 인수할 수 있는 권리가 부여된 사채. 전환사채와 다른 점은 전환사채는 사채가 전환되어 주식이 되지만, 신주인수권부사채는 주식인수를 위해서는 현금등의 대가를 지급해야 함
엑셀러레이터 (Accelerator)	스타트업 기업을 발굴해 지원하는 기업이나 기관. '시드 엑셀러레이터(Seed Accelerator)'라고도 부름
엔젤투자	창업회사가 아이디어를 실현시키는데 드는 초기 비용에 투자하는 투자자
우선협상권 (Right of First Offer)	우선협상권은 양도인이 상대방 주주에게 매수의사를 먼저 타진하고 상대방 주주가 제시한 거래조건보다 더 낮은 가격이나 나쁜 조건으로 제3자에게 양도하지 못하도록 하는 조항
위임장대결 (Proxy Fight)	대상회사의 주요한 의사결정 기구인 주주총회의 의결권을 확보해 임원을 교체하는 등 대상회사의 경영권을 확보하려는 전략
인수금융 (Acqusition Financing)	인수금융은 M&A시 인수자가 기업 또는 사업인수(Acquisition)에 필요한 자금을 외부에서 조달하는 방법

일반경쟁입찰	불특정 다수의 잠재적 투자자를 입찰에 참가할 수 있도록 하여, 가장 높은 배점을 받은 업체를 선정하는 방법
잔여재산분배우선권 (Liquidation Preference)	투자자가 보통주주에 우선하여 투자원금을 보호하려는 장치(Downside protection)임
전환사채 (Convertible Bond, CB)	일정가격에 주식으로 전환할 수 있는 권리가 부여된 사채
제한경쟁입찰	입찰자격을 특정 요건을 충족하는 자로 제한하여 경쟁입찰을 진행하는 방식
주식매수청구권 (Appraisal Rights of Dissenting)	합병, 중요한 영업양수도 등의 반대주주가 해당 안건 승인 주주총회 결의 일부터 20일 이내에 회사에 대해 본인 소유의 주식을 매수해 줄 것을 청구할 수 있는 권리
프로그레시브 딜 (Progressive Deal)	인수 후보끼리 가격 경쟁을 붙여 호가가 오를 때마다 다른 인수후보에게 더 높은 가격으로 인수할 것인지를 제안하는 방식. 즉 경매입찰과 동일한 방식임
후행조건 (Condition subsequent)	사후적으로 실행해야 할 계약 조건. 통상적으로 해제조건(解除條件)과 비슷한 조건으로 계약체결 후 특정의 사유가 발생할 경우 계약자체가 무효가 된다든가 특정의 의무를 부담하지 아니한다든지 하는 조건을 의미함

10 참고문헌

- 기업가치평가와 재무실사, 삼일인포마인, 이중욱/김성수, 2021
- M&A Essence, 중소기업벤처부, 삼일회계법인 M&A지원센터, 2020
- 기업구조조정 세무가이드, 한국공인회계사회, 2021
- 기업금융과 M&A, 삼일인포마인, 최상우/조성태/박준영, 2016
- M&A와 자본거래의 세무, 박정우/정래용, 영화조세통람사, 2015
- Creating Value beyond the deal 2019, PwC & Mergermarket
- LG Business Insight 1397
- 세계경제포럼(WEF) 글로벌 리스크 보고서 2018
- 사모펀드체계 개편방향, 금융위원회/금융감독원, 2018.9.
- 2016 상장회사 유무상증자 실무해설, 상장사협의회
- M&A 성공을 위한 통합전략, 삼일PwC컨설팅
- 회사법 강의, 이철송, 박영사
- 삼일IFRS 해설, 삼일회계법인
- M&A전략과 실전사례, 매일경제신문사
- 경영권승계와 지배구조개선, 삼일인포마인
- 회사법강의, 박영사, 이철송, 2021
- 상법강의, 홍문사, 송옥렬, 2021
- 상법총론, 정독, 정준우, 2021
- 자본시장법 강의, 캐피털북스, 성희활, 2020
- 상장회사 법제 공시 상담사례집, 한국상장회사협의회, 2020
- 상장회사 실무해설집, 한국상장회사협의회, 2021
- 기업공시 실무안내, 금융감독원, 2020
- 유가증권시장 상장 공시 업무해설서, 한국거래소, 2020
- ESG 시대: 기업의 대응과 역할, 이음연구소, 2021
- 한경무크: ESG K-기업 서바리벌 플랜, 한국경제신문, 2021
- 밸런싱 그린, 리스크 인텔리전스 경영연구원, 2021
- 뉴 애브노멀, 드루, 2021
- ESG Investing For Dummies, John Wiley & Sons, Inc, 2021

- 승계전략의 기법과 세무, 삼일인포마인
- 2023 최고경영자가 알아야할 세무관리, 국세청
- 스타트업 투자유치 전략, 나무

11 참고사이트

- 삼일인포마인
- 통계청
- 국가법령정보센터
- 금융감독원 전자공시시스템(DART)
- 한국거래소(krx.co.kr)
- 한국공인회계사회
- 국민연금
- 공정거래위원회
- 금융위원회
- 금융감독원
- 한국거래소
- 한국상장회사협의회
- 중소벤처기업부
- 한국기업지배구조원
- 대신경제연구소
- 서스틴베스트
- 전국경제인연합회
- 한국경제매거진
- GRI
- SASB
- 국세청
- 한국벤처캐피탈협회

| 저 | 자 | 소 | 개 |

■ 이중욱

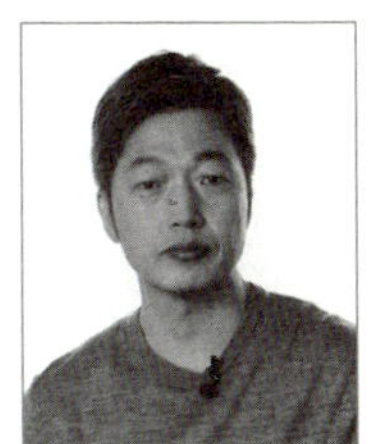

• 서강대학교 경영학과
• 공인회계사, 세무사
• 전) 삼일회계법인 이사

주요저서
• 기업가치평가와 재무실사
• 가치투자를 위한 나의 첫 주식가치평가

■ 김성수

• 서강대학교 경제학과
• 서강대학교 재무관리 석사
• 중앙대학교 회계학 박사과정
• 공인회계사, 세무사
• 전) 삼일회계법인 이사
• 전) PwC컨설팅 상무

주요저서
• 기업가치평가와 재무실사

■ 박윤진

• 한림대학교 법학과
• 명지대학교 철학 박사과정 수료
• 전) 한국상장회사협의회 정책본부
  (정책, 법규/제도/공시 등)
• 현) 한국상장회사협의회 연수팀(M&A, 인사 및 조직
  문화, 컴플라이언스, 공시 등)

주요저서
• 쉽게 이해하고 적용하는 ESG 투자와 경영(공역)

개정증보판 **M&A와 투자, 기업재편 가이드**

2020년 10월 15일 초판 발행
2023년 5월 23일 3판 발행

저 자 이 중 욱
김 성 수
박 윤 진
발 행 인 이 희 태
발 행 처 삼일인포마인

저자협의 인지생략

서울특별시 용산구 한강대로 273 용산빌딩 4층
등록번호 : 1995. 6. 26 제3-633호
전 화 : (02) 3489-3100
F A X : (02) 3489-3141
I S B N : 979-11-6784-171-1 93320

♣ 파본은 교환하여 드립니다. **정가 60,000원**